Deutschland und China
1937–1949

Quellen zur Geschichte der deutsch-chinesischen Beziehungen 1897–1995

Herausgegeben
von Mechthild Leutner

Deutschland und China 1937–1949

Politik – Militär – Wirtschaft – Kultur

Eine Quellensammlung

Herausgegeben von Mechthild Leutner
Bearbeitet von Wolfram Adolphi und Peter Merker

THEORIA CUM PRAXI

Akademie Verlag

Kalligraphie: Chen Ning

Die Deutsche Bibliothek – CIP-Einheitsaufnahme

Quellen zur Geschichte der deutsch-chinesischen Beziehungen 1897 bis 1995 /
hrsg. von Mechthild Leutner. – Berlin : Akad. Verl.
Literaturangaben
Deutschland und China 1937–1949. – 1998
Deutschland und China 1937–1949 : Politik, Militär, Wirtschaft, Kultur ;
eine Quellensammlung / hrsg. von Mechthild Leutner. Bearb. von Wolfram Adolphi
und Peter Merker. – Berlin : Akad. Verl., 1998
(Quellen zur Geschichte der deutsch-chinesischen Beziehungen 1897 bis 1995)
ISBN 3-05-002986-2

Der Akademie Verlag ist ein Unternehmen der R. Oldenbourg-Gruppe.

Das eingesetzte Papier ist alterungsbeständig nach DIN/ISO 9706.

Druck und Bindung: Druckhaus „Thomas Müntzer“, Bad Langensalza
Einbandgestaltung: Hans Herschelmann, Berlin

Printed in the Federal Republic of Germany

INHALTSVERZEICHNIS

Vorwort zur Quellensammlung „Deutsch–chinesische Beziehungen“

Deutschland und China gelten gemeinhin als Länder, die sehr unterschiedlichen Kulturkreisen zugehören. Dennoch sind sie im Verlauf der vergangenen hundert Jahre immer wieder in vielfältige Beziehungen zueinander getreten. Wie sich diese gestaltet haben und welche welt– und landesgeschichtlichen Wirkungen davon ausgingen, wird in einer acht Bände umfassenden Quellensammlung für den Zeitraum 1897 bis 1995 dargestellt. Hiermit wird Band 4 der Reihe vorgelegt. Band 1 (1897–1914), Band 5 (BRD – China 1949–1995) und Band 6 (DDR – China 1949–1990) sind bereits erschienen.

Sechs Bände dieser Reihe „Deutsch–chinesische Beziehungen“ sind chronologisch, zwei thematisch–biographisch angelegt. Die Aufteilung der chronologischen Bände folgt den von der Geschichte vorgegebenen Zäsuren, aber auch sachlichen Gesichtspunkten. Der Rückblick erfaßt die direkte kriegerische Auseinandersetzung auf chinesischem Boden zur Jahrhundertwende ebenso wie Perioden raschen Aufschwungs beiderseits gesuchter enger Zusammenarbeit. Auch die Zeit des Zweiten Weltkrieges wird thematisiert und die unterschiedlichen Phasen der Unentschiedenheit und des gegenseitigen Abtastens nach 1949, wie sie für die Beziehungen Chinas sowohl zur DDR als auch zur Bundesrepublik Deutschland zu beobachten sind. So wird die Entwicklung nach dem Zweiten Weltkrieg entsprechend der Teilung Deutschlands in zwei Bänden erfaßt. Die beiden thematisch–biographischen Bände der Reihe sind der Deutschlandrezeption durch chinesische Intellektuelle und Politiker und dem Chinabild der im Fernen Osten tätigen deutschen Wissenschaftler und Politiker gewidmet.

Dem wechselvollen Verlauf der Geschichte der deutsch–chinesischen Beziehungen entsprechend, sind die Schwerpunkte in den einzelnen Bänden unterschiedlich gesetzt. Gemeinsam aber ist allen der Versuch, den deutschen Blick auf China und den chinesischen Blick auf Deutschland, die politischen, wirtschaftlichen, militärischen und kulturellen Beziehungen als interkulturelles Geschehen – will heißen: als Auseinandersetzung mit der vom jeweils anderen Land ausgehenden politisch–wirtschaftlichen und kulturellen Herausforderung – zu dokumentieren.

Die zwischenstaatlichen Beziehungen geraten so – vor dem Hintergrund der jeweiligen innenpolitischen Entwicklungen und eingeordnet in das Gesamtgeflecht der internationalen Beziehungen – zu einer Art Spiegel dieser Auseinandersetzung mit dem Anderen, dem Fremden, bei der sich klischeebeladene Wunschbilder, rationale Planungen und machtpolitisches Kalkül oft miteinander vermischt haben.

Um dies in aller Breite aufzeigen zu können, mußte einer diplomatiegeschichtlichen Verengung der Darstellung so weit wie möglich vorgebeugt werden. So bilden die diplomatischen Akten zwar schon allein wegen ihrer Geschlossenheit und guten Überlieferung die Grundlage der Veröffentlichung, aber es sind auch Quellen anderer Herkunft einbezogen worden. Kultur- und Wirtschaftsorganisationen wurden dabei ebenso berücksichtigt wie die Publizistik beider Länder, und auch die individuelle Erfahrung der Begegnung mit dem anderen Land – nicht selten ganz außerhalb der politischen bilateralen Beziehungen stehend – wurde nicht ausgespart. Der Vollständigkeit halber gelangten einige Standardquellen in den Bänden zu einem erneuten Abdruck. Doch die Mehrzahl des präsentierten Quellenmaterials deutscher und chinesischer Herkunft wird hier erstmals publiziert. Und: Nahezu alle chinesischen Dokumente werden zum ersten Mal in einer deutschen Übersetzung vorgelegt.

Entsprechend der einheitlichen inhaltlichen Konzeption der Reihe, gliedert sich jeder Band in mehrere Kapitel, denen eine jeweilige thematische Einführung vorangestellt ist. Jedes einzelne Dokument ist mit quellenkritischen Angaben und – wo erforderlich – mit knappen zusätzlichen Personen- und Sachinformationen versehen. Eine Gesamteinleitung, ein Verzeichnis der Quellennachweise und bibliographische Angaben sowie ein Personen- und Institutionenindex runden die Bände jeweils ab.

Die in Umfang und Form in dieser Größenordnung bislang einmalige Dokumentation – Vergleichbares liegt weder für das Verhältnis Deutschlands zu anderen Ländern noch für Chinas Kontakte zu anderen westlichen Ländern vor – richtet sich an eine Leserschaft, die weit über den Kreis der Chinaspezialisten hinausreicht. Sollte das Quellenwerk zudem beitragen können zu einer Überwindung der Kluft, die in Deutschland zwischen einer oft zu stark philologisch ausgerichteten Sinologie einerseits und einer zu sehr nationalgeschichtlich geprägten Historiographie andererseits besteht, wäre ein weiteres mit der Edition verknüpftes Anliegen erfüllt.

Herzlicher Dank zu sagen ist der Stiftung Volkswagenwerk, Hannover, die die mehrjährige Arbeit am Projekt „Quellensammlung zu den deutsch-chinesischen Beziehungen“ mit ihrer finanziellen Förderung erst ermöglicht hat.

Mechthild Leutner

Vorbemerkungen zur Edition

Der vorliegende Dokumentenband gliedert sich in acht Kapitel. Die Gliederung folgt den für die deutsch–chinesischen Beziehungen entscheidenden Einschnitten der Jahre 1938, 1941 und 1945. Demgegenüber wurde das Jahr 1939 mit dem Beginn des Zweiten Weltkrieges in Europa für das bilaterale Verhältnis nicht als eine gleichermaßen grundlegende Zäsur gesehen.

Die ersten vier chronologisch angelegten Kapitel behandeln die deutsch–chinesischen Beziehungen vorrangig in ihrer politischen Dimension und Wechselwirkung. Es erschien zweckmäßig, die deutschen Verbindungen, die in den Jahren von 1938 bis 1941 durch die Aufspaltung Chinas in den japanisch besetzten Teil und das unbesetzte China unter Guomindang–Herrschaft zweigleisig liefen, in zwei voneinander abgegrenzten Kapiteln zeitlich parallel zu behandeln. Wirtschaftsbeziehungen, Kultur– und Propagandaverbindungen sowie die deutsche Emigration und ausgewählte Fragen des Zusammenlebens von Chinesen und Deutschen werden in drei dafür besonders eingerichteten Kapiteln dokumentiert. In einem abschließenden Kapitel geht es um die unmittelbaren Nachkriegsfolgen für Chinesen und Deutsche in der Übergangszeit von 1945 bis 1949.

Der von 1931 bis 1945 von China abgetrennte japanische Marionettenstaat Manzhouguo wird nur im Zusammenhang mit dem von Japan okkupierten Nord–, Mittel– und Südchina behandelt und nicht gesondert dargestellt. Als Hauptaktionsfeld der deutsch–chinesischen Beziehungen in den Kriegsjahren gelten die territorialen Strukturen, wie sie sich durch die japanische Aggression herausgebildet haben.

Den Dokumenten in den einzelnen Kapiteln sind ausführliche Darlegungen zum historischen Umfeld der edierten Quellen unter Bezug auf den aktuellen Forschungs– und Publikationsstand vorangestellt worden. Die Dokumente folgen kapitelabgegrenzt in chronologischer Reihung. In der Regel gelten die ermittelten Ausstellungsdaten institutionell gebundener wie persönlicher Schriftsätze. So diese den Schriftstücken nicht zweifelsfrei zu entnehmen waren, sind sie aus den begleitenden Vorgängen erschlossen und in eckigen Klammern hinzugefügt worden. Bei Literatur, Medienbeiträgen und anderen publik gemachten Zeugnissen war entweder der Erstveröffentlichungszeitpunkt oder der Zeitraum des Dokumentierten maßgebend.

Die Kriegsjahre in Ostasien sind im Weltkriegsverbund in einer weltweit verzweigten, kaum noch überschaubaren Literatur unterschiedlichen Genres als historisch abgeschlossene Periode in der Zeitgeschichte untersucht worden. Viele zeitgenössische Quellen sind dazu bislang in besonderen amtlichen und wissenschaftlichen Dokumentationsreihen von Rang, aber auch in vielen weniger bekannten Veröffentlichungen in extenso, im Auszug oder im Zitat bereits zugänglich. In China hat sich in letzter Zeit eine bemerkenswerte Forschungs– und Quelleneditionsarbeit auch den lange ausgeblendeten Kriegsjahren von 1937 bis 1945 sowie ihren vorausgegangenen und nachfolgenden Geschehnissen zugewandt. Es fehlen aber weiterhin Quelleneditionen, die umfassend die deutsch–chinesischen Beziehungen dieses Zeitraums behandeln. Der vorliegende Dokumentenband will diese Lücke schließen und hat neben deutschen auch englisch– und chinesischsprachige Quellen in größerem Umfang herangezogen, um beide Seiten bzw. beide Perspektiven des deutsch–chinesischen Verhältnisses adäquat herausarbeiten zu können.

Ausgewählt wurden für den vorliegenden Dokumentenband vornehmlich Quellenzeugnisse, die wesentliche Ereignisse und Zusammenhänge aus deutscher und chinesischer Sicht auf unterschiedlichen Ebenen und Aktionsfeldern unabhängig von der Überlieferungsform widerspiegeln. Es wurde Wert darauf gelegt, möglichst viele bislang unveröffentlichte und schwer zugängliche schriftliche Beiträge einzubeziehen. Im Vordergrund stand zunächst die Behörden–, Organisations– und Firmen–Überlieferung deutscher, chinesischer und britischer Provenienz aus einer Vielzahl von Archiv– und Dokumentationsbeständen. Erstmals sind chinesische Archivalien aus dem Zweiten Historischen Archiv der Volksrepublik China in Nanjing aufgenommen worden.[1] In die engere Wahl kamen aus nichtchinesischen Archiven in erster Linie amtliche Schriftstücke aus dem Bundesarchiv in Berlin, dem Politischen Archiv des Auswärtigen Amtes in Bonn, aus dem Public Record Office in London sowie ergiebige Mikrokopien–Fonds, die nach dem Zweiten Weltkrieg für US– und britische Kriegsforschungsprojekte von deutschen Behörden–, Partei–, Organisations– und Firmenakten angelegt worden waren.

Diplomatische Schriftstücke, die in Dokumentenpublikationen wie in der ADAP (Akten zur deutschen auswärtigen Politik) zum Abdruck kamen, sind dann berücksichtigt worden, wenn es sachliche Gründe unumgänglich machten. Auf Veröffentlichungen wurde auch dort zurückgegriffen, wo Buchausschnitte (v.a. aus der Erinnerungsliteratur), Programme, Konzeptionen, Rede–Niederschriften und Brief–Korrespondenzen geeignet waren, den oftmals einseitigen Blickwinkel der Behörden, Parteien und Firmen durch ein vielseitigeres Spektrum anzureichern.

Aus Platz– und Sachgründen ist teilweise auf den Vollabdruck verzichtet worden. Auslassungen, Kürzungen, Einschübe und Ergänzungen sind im Dokumententext durch eckige Klammern kenntlich gemacht und in den Anmerkungen erläutert. In den Dokumenten angesprochene Sachverhalte, Personen, Abkürzungen und Zusammenhänge sind für den Leser, soweit erforderlich, erläutert worden. Weiterführende Literatur von Bedeutung ist sowohl in

---

1 Das Nanjinger Archiv bewahrt einen großen Teil der Akten der Guomindang–Regierung (1927–1949) auf, die den antijapanischen Krieg und Bürgerkrieg überstanden haben, ebenso wie erhalten gebliebene Unterlagen der japanischen Marionetten–Regierung (1940–1945) und ihrer regionalen Vorgänger–Regime (1938–1940/41). Die Materialien aus der Kriegszeit sind bislang nur partiell erschlossen und verfügbar. Vgl. Shi Xuancen/Zhao Mingzhong 1987:4–8; Zhao Mingzhong/Li Zhaming 1994:1–9.

den Einleitungs– und Dokumenten–Teilen als auch zusammenfassend in einem Quellen– und Literaturverzeichnis ausgewiesen.

Das Editions–Formular ist vereinfacht. Jedem Dokument sind vorangestellt:

1. Dokumenten–Nummer.
2. Überschrift, die Schriftstückart, Aussteller bzw. Verfasser und Adressat bzw. Empfänger (Institution, Vor– und Familienname) angibt. Betreffe bzw. Bezüge sind nur dann in die Überschrift miteinbezogen worden, wenn sie das Dokument unverwechselbar kennzeichnen sollen.
3. Ort und Datum der Ausstellung bzw. Entstehung des Dokuments. Konnten diese Angaben nicht aus dem Schriftstück, sondern nur aus Begleitmaterial bzw. aus dem Umfeld ermittelt werden, sind sie in eckige Klammern gesetzt.

Eingangs– und Bearbeitungsvermerke, Aktenverfügungen, Geschäftszeichen, Ein– und Ausgangsdaten für Telegramme, Anreden, Schlußformeln und Unterschriften sowie weitere Formalangaben werden, soweit sie für den Inhalt relevant sind, in einschlägigen Anmerkungen erläutert. Gleiches trifft für Überlieferungsformen und Entstehungsgeschichte des Dokuments zu. Unter jedem Dokument ist in kursiver Schrift der Fundort angegeben. Die Dokumente sind über die einzelnen Kapitel hinweg fortlaufend numeriert. Sie werden im Überblick in einem Dokumentenverzeichnis aufgelistet und dort durch Kurzregesten charakterisiert.

Schreibweise und Zeichensetzung wurden nur bei offensichtlichen Fehlern berichtigt. Die Transkription chinesischer Termini erfolgt in Hanyu–Pinyin. Aus Gründen der Einheitlichkeit und leichteren Verifizierbarkeit wurden alle abweichenden Schreibungen angeglichen. Ausnahmen bilden die Ortsbezeichnungen Peking (Beijing), Kanton (Guangzhou), Hongkong (Xianggang), Macao (Aomen) sowie die Personennamen Chiang Kaishek (Jiang Jieshi) und Sun Yatsen (Sun Zhongshan).

Die Dokumentensammlung schließen ein Abkürzungsverzeichnis, ein Quellen– und Literaturverzeichnis sowie ein Personenindex ab. Der Personenindex führt die in diesem Band vorkommenden Namen mit der jeweiligen Seitenangabe und biographischen Kurzinformation auf, die vor allem Angaben zu maßgeblichen Funktionen im behandelten Zeitraum unter besonderer Berücksichtigung ihres Deutschland–China–Bezuges enthält.

Danksagung

Die Arbeit an diesem Band, der im Rahmen des Forschungsprojektes „Dokumente zur Geschichte der deutsch-chinesischen Beziehungen“ entstanden ist, wurde von vielen Seiten unterstützt. Dafür möchten wir uns an dieser Stelle bedanken. Besonderer Dank gilt der Stiftung Volkswagenwerk, Hannover, für die geduldige finanzielle Förderung des Projektes. Für die Hilfe bei der oft aufwendigen Materialsuche danken wir folgenden Institutionen: Bundesarchiv in Potsdam bzw. in Berlin, Zweites Historisches Archiv in Nanjing, VR China, Public Record Office in London, Bibliothek des Instituts für Moderne Geschichte an der Akademie für Sozialwissenschaften in Peking, Universitätsbibliothek der Peking-Universität, Nationalbibliothek Peking, Staatsbibliothek Preußischer Kulturbesitz in Berlin, Verein Aktives Museum Faschismus und Widerstand in Berlin.

Unser besonderer Dank gilt den folgenden Personen, die uns auf vielfältige Weise beraten und durch Hilfe bei der Materialsuche unterstützt oder eigene Materialien zur Verfügung gestellt haben: Bernd Martin (Universität Freiburg), Ma Zhendu (Zweites Historisches Archiv Nanjing), Roland Felber (Humboldt-Universität zu Berlin), Barbara Merker (Bundesarchiv Berlin), Wolfgang Merker (Potsdam), Yafang Merker-Qi (Berlin), Mi Rucheng (Institut für Wirtschaftsforschung, CAAC, Peking), Dagmar Yü-Dembski (Freie Universität Berlin), Françoise Kreissler (Sorbonne Nouvelle Paris), Xu Youwei (Hochschule für Textilindustrie, Fachbereich Geschichte, Shanghai), Zhang Xianwen (Nanjing-Universität).

Für die große Mühe bei der Erstellung des Typoskriptes, die vielfältigen redaktionellen Hinweise und sorgfältigen Korrekturarbeiten sowie für die Endformatierung und Erstellung der Druckvorlage danken wir besonders Ingrid Dammalage-Kirst. Pia Spies, Monika Gertner und Ines Eben v. Racknitz haben uns in verschiedenen Stadien der Bearbeitung bei Korrekturarbeiten unterstützt. Tim Trampedach hat sich der Mühe unterzogen, die Druckfahnen durchzusehen. Auch ihnen danken wir herzlich.

DOKUMENTENVERZEICHNIS[1]

KAPITEL 1

---

1 Die Daten beziehen sich auf die Ausfertigung der Dokumente bzw. auf den Zeitraum des im Dokumententext Beschriebenen, geben also nicht unbedingt den Zeitpunkt der Entstehung des Dokuments wieder.

KAPITEL 2

KAPITEL 3

KAPITEL 4

KAPITEL 5

KAPITEL 6

KAPITEL 8

Einführung

Der Band dokumentiert die Entwicklung der deutsch–chinesischen Beziehungen von Beginn des antijapanischen Krieges am 7. Juli 1937 bis zum Jahre 1949, als sich sowohl in Deutschland als auch in China neue Staaten etablierten. Durch den im November 1936 abgeschlossenen Antikominternpakt stand Deutschland mit vertraglich fixierten politischen Verpflichtungen an der Seite des Aggressors Japan. Diese Bündniskonstellation wurde letztendlich bestimmend für die Gestaltung der deutsch–chinesischen Beziehungen. China wiederum entwickelte seinen militärischen und politischen Widerstandskampf gegen die japanische Aggression im Laufe des Krieges immer entschiedener auch zu einem mit anderen Staaten koordinierten Kampf gegen die Achse Berlin–Rom–Tokio. Als Deutschland am 8. Mai 1945 bedingungslos kapitulierte und das Bündnis mit Japan, dessen Kapitulation am 2. September 1945 folgte, obsolet geworden war, gehörte China als Mitglied der Antihitlerkoalition zu den Siegermächten. Es stand am Kriegsende in einer Reihe mit der UdSSR, Großbritannien, Frankreich und den USA, anerkannt von diesen als souveräner Staat und Großmacht und mitwirkend an der Gestaltung der Nachkriegswelt als Gründungsmitglied der UNO und Mitglied ihres Sicherheitsrates.[1]

Dieser Wandel der internationalen Stellung der beiden Staaten ist in zwei Hauptabschnitten festzumachen. Der erste umfaßt die Periode von 1937 bis 1941/42, die für Deutschland Vormarsch, für China Rückzug bedeutete. Die zweite umgreift die Jahre von 1941/42 bis 1945, in der sich dieses Verhältnis umkehrte: Nun gelangte China politisch in die Offensive, Deutschland hingegen wurde militärisch zum Rückzug gezwungen.

Der erste Hauptabschnitt von 1937 bis 1941 ist dadurch geprägt, daß Deutschland trotz seiner projapanischen Politik und der damit für China verbundenen Verluste einen bedeutenden Platz in den chinesischen Außenbeziehungen behielt und daß auch das unbesetzte, gegen den japanischen Vormarsch Widerstand leistende China trotz des deutsch–japanischen Bündnisses weiterhin einen gewichtigen Faktor in der deutschen Außenpolitik darstellte. Beide Staaten standen mehrfach vor kriegsstrategischen Grundsatzentscheidungen: erstens 1937/38, als Deutschland das in die Wege geleitete Bündnis mit Japan ausbaute und China vor die Wahl gestellt wurde, auf die mit deutscher Hilfe vermittelten japanischen Bedingun-

1 Vgl. Kirby 1997:443.

gen einzugehen oder den antijapanischen Widerstandkampf fortzusetzen und zu verstärken; zweitens 1940, als das faschistische Deutschland nach dem Nichtangriffspakt mit der Sowjetunion und den schnell errungenen Siegen auf der Höhe seiner Macht stand und China erneut zu entscheiden hatte, ob es mit oder gegen Deutschland in die Offensive gelangen wollte; und schließlich drittens 1941, als Deutschland mit der Anerkennung der im japanisch besetzten China installierten Marionettenregierung Wang Jingweis die von Japan herbeigeführte Spaltung Chinas mitbetrieb, China darauf mit dem Abbruch seiner Beziehungen zu Deutschland antwortete und nach dem Angriff Japans auf Pearl Harbour (7.12.1941) Deutschland den Krieg erklärte. Bis dahin war die Situation zwiespältig: Neben Deutschland hatten auch die USA und Großbritannien China im Kampf gegen Japan weitgehend alleingelassen, ja zeitweilig sogar Japan unterstützt, und die chinesische Führung sah im schnellen Vordringen Deutschlands in Europa 1939/40 trotz des japanisch–deutschen Zusammengehens für ein paar Monate die Chance, nicht gegen, sondern mit Deutschland eine internationale Offensive zu starten.

Diese dritte kriegsstrategische Grundsatzentscheidung markierte jedoch zugleich den Übergang zum zweiten Hauptabschnitt des Kriegsverlaufs. Ende 1941 waren die Bedingungen für die Entstehung der Antihitlerkoalition gegeben, und die Regierung unter Chiang Kaishek war nun in der Lage, der von Deutschland herbeigeführten deutsch–japanischen Bündniskonstellation eigene Bündnisbeziehungen entgegenzusetzen. Mit der Festigung der Achse Berlin–Rom–Tokio durch den Dreimächtepakt vom 27. September 1940 wurden China, die USA und Großbritannien zusammengeführt. Überdies trat durch den chinesischen Widerstand nie eine „Lageberuhigung“ ein, die es Japan ermöglicht hätte, beträchtliche Truppenkontingente aus China abzuziehen und an anderen Kriegsschauplätzen einzusetzen. Alle deutschen Versuche, Japan für einen zeitgleichen Zweifrontenkrieg 1940 gegen England und 1941 gegen die Sowjetunion zu gewinnen, schlugen daher fehl. Somit schuf der antijapanische Widerstandskrieg seit 1937 mit die Voraussetzungen für das Wirken Chinas in der Antihitlerkoalition ab 1941.

Charakter der deutsch–chinesischen Beziehungen 1937

Deutschland stand 1937 nicht nur an der Spitze der Handelspartner Chinas, sondern es war mit China auch durch ein Netz strategisch bedeutsamer Wirtschaftsvereinbarungen, durch das Wirken einer einflußreichen deutschen Militärberaterschaft, durch rege Kulturkontakte und nicht zuletzt durch gesellschaftskonzeptionelle und ideologische Gemeinsamkeiten[2] und

---

2 Vgl. auch Kirby 1984:145ff. In der Guomindang existierten auch Gruppierungen wie die sog. Blauhemden oder die Lixingshe (Gesellschaft für eine kraftvolle Praxis), die als faschistisch charakterisiert werden können. Faschistische Ideen bei führenden Politikern wie auch eine Bewunderung des Faschismus als Gegenpol zum „Kommunisten tolerierenden Liberalismus“ kontrastiert auch Wakeman 1997:428f. Vgl. ausführlich Wakeman 1997, der die Debatte um den faschistischen Charakter der

die weltpolitische Übereinstimmung, daß das Versailler System überwunden werden müsse, verbunden.

Allerdings waren die deutsch–chinesischen Beziehungen selbst auf ihrem Höchststand ungleichgewichtig.[3] Die Großmacht Deutschland strebte nach profitabler Beherrschung des chinesischen Marktes, nach Nutzung dieser Wirtschaftsressourcen für ihre Kriegsvorbereitungen und nach Eingliederung Chinas in ein politisches System faschistischer Weltherrschaft. Das weltpolitisch schwache und innenpolitisch instabile, durch das Vorgehen Japans zusätzlich entscheidend in die Defensive gezwungene China war von der Formulierung solcher Ziele weit entfernt. Es versuchte, die Beziehungen zu Deutschland für den Aufbau eines starken Nationalstaates, den Auf– und Ausbau der Streitkräfte, erste bedeutendere Industrialisierungsschritte und die Gewinnung internationalen Handlungsspielraums zu nutzen.

Diese Ungleichgewichtigkeit spiegelte sich auf allen Feldern der Beziehungen. Betrug Deutschlands Anteil am chinesischen Außenhandel 1937 20,5 Prozent, so machte Chinas Anteil am deutschen Außenhandel nur drei Prozent aus.[4] Die starke wirtschaftliche Präsenz Deutschlands in China hatte in Deutschland ebenso keinerlei chinesisches Pendant wie die deutsche Militärberaterschaft in China. Der Warenaustausch war für das Verhältnis zwischen Industrie– und Entwicklungsländern typisch: Industrieerzeugnisse aus Deutschland gegen Rohstoffe aus China. Die in China lebenden Deutschen nahmen als Militär–, Wirtschafts– und Regierungsberater mit zuweilen außergewöhnlich gutem Zugang zur chinesischen Führungsspitze, als Repräsentanten führender deutscher Industrieunternehmen, Kaufleute alteingesessener großer deutscher Handelshäuser, Diplomaten, Wissenschaftler und Journalisten vielfältigen Einfluß auf die Politik der chinesischen Regierung und die wirtschaftliche Entwicklung. Die in Deutschland lebenden Chinesen hingegen gehörten im wesentlichen zwei Gruppen an, die keinerlei öffentlichen Einfluß besaßen: Sie waren Studenten oder kleine Händler. Lediglich die kleine Gruppe der für die Einfuhr kriegswichtiger chinesischer Rohstoffe nach Deutschland und die Ausfuhr deutschen Kriegsgeräts nach China zuständigen chinesischen Diplomaten und Militärs in Berlin verfügte über einen gewissen Einfluß auf die deutsche Seite. Auch die Kultur– und Wissenschaftsbeziehungen bestanden wesentlich aus deutscher Kulturpropaganda und entsprechenden Aktivitäten der Deutschen in China.

Der von Deutschland 1937/38 herbeigeführte Bruch in den Beziehungen war ein direkter, zugespitzter Ausdruck dieser Ungleichgewichtigkeit, und er verlieh ihr zugleich eine neue

---

Chiang–Kaishek–Regierung in den 30er Jahren aufgreift und von einem spezifischen „konfuzianischen Faschismus" spricht.

3 Diese Ungleichgewichtigkeit resultierte aus der realen, nicht der vertraglich fixierten Situation, vor allem dem unterschiedlichen ökonomischen Potential. Im Unterschied dazu charakterisiert Kirby 1997:444f die deutsch–chinesischen Beziehungen dieser Zeit als Chinas „first co–operative relationship based upon both the principle and practice of equality and mutual benefit."

4 Vgl. Ratenhof 1987:562, 565; China Handbook 1943:542f.

Qualität. Die deutschen Chinainteressen sollten nun nicht mehr vorrangig durch die Beziehungen mit China selbst, sondern durch das Bündnis mit Japan verfolgt werden. Davon waren 1938 wesentliche Säulen der deutsch–chinesischen Beziehungen betroffen: Die deutsche Militärberaterschaft wurde aus China abgezogen, und die deutschen Kriegsgerätelieferungen wurden bis auf einige wenige Restgeschäfte eingestellt. Der bilaterale Handelsaustausch ging bis 1941 fast bis zur Bedeutungslosigkeit zurück, und die Kulturbeziehungen wurden stark eingeschränkt. Dennoch sorgten die bis dahin erreichte Dichte der Beziehungen, das Gewicht der sie begründenden wirtschaftlichen und politischen Faktoren, die Entwicklung des Kriegsverlaufs und Widersprüche im deutsch–japanischen Bündnis dafür, daß es nicht zu einem Bruch kam. Das Interesse der Führungen beider Staaten aneinander blieb für die bilateralen Kontakte und die jeweiligen kriegsstrategischen Planungen bedeutsam.

Die Dichte der Beziehungen 1937 und ihre aus deutscher Sicht große weltpolitische, weltwirtschaftliche und kriegsstrategische Bedeutung waren es auch, die dazu führten, daß sich um die Entscheidung zum Bündnis mit Japan in Deutschland eine Kontroverse entwickelte.

Über die Bedeutung der in China vorhandenen Bodenschätze[5] und landwirtschaftlichen Rohprodukte[6] für die deutsche Rüstungsindustrie und Kriegswirtschaft einerseits und des Chinamarktes für deutsche Maschinen, technische Ausrüstungen, elektrische Anlagen und für die Erzeugnisse der Chemieindustrie andererseits herrschte in der deutschen Wirtschaft und in den Spitzen von Politik und Militär bereits seit Anfang der dreißiger Jahre eine kaum in Frage gestellte Einigkeit. Auch die besondere Rolle der Beziehungen zu China für die Entwicklung und Erprobung deutscher Waffen und militärischer Ausrüstungen war unbestritten. Die zunehmende Verquickung von ziviler Wirtschaft und Rüstungsindustrie, wie sie für das Deutschland der dreißiger Jahre insgesamt typisch wurde, prägte das Chinageschäft in ganz besonderer Weise. Alle führend am Chinageschäft beteiligten großen deutschen Konzerne – von den Großkonzernen Kohle–Eisen–Stahl der Otto–Wolff–Konzern, die Ferrostahl AG, die Friedrich Krupp AG, die August–Thyssen–Hütte, der Bochumer Verein für Großstahlfabrikation AG und die Deutsche Maschinenfabrik AG Duisburg (Demag); von den Großkonzernen der chemischen, der optisch–feinmechanischen und der Elektroindustrie die IG Farbenindustrie AG, die AEG, die Siemens–Schuckert–Werke AG und Carl Zeiss Jena; ferner die Daimler–Benz AG, MAN, Henschel, Büssing–NAG, Rheinmetall–Borsig, die Mauser–AG und die Junkers–Werke[7] – gehörten bereits 1934 zu den wichtigsten deutschen Rüstungsbetrieben.[8]

---

5 Hier ging es vor allem um Kupfer, Zinn, Molybdän, Mangan, Antimon und Wolfram.

6 Im Mittelpunkt standen vor allem Baumwolle und Seide, Tierhaare und Produkte aus Tierknochen sowie – insbesondere für die Herstellung von Nahrungsreserven – Trockeneiprodukte und Erzeugnisse aus Sojabohnen.

7 Diese Zusammenstellung folgt Drechsler 1978:11.

8 Vgl. Schreiner 1934/1978:169–174.

Mitte der dreißiger Jahre wurden jedoch erhebliche Unterschiede der einzelnen Konzerngruppen und der mit ihnen jeweils besonders eng verbundenen Kreise aus Politik und Militär im Herangehen an die Kriegsplanung sichtbar. Während die Repräsentanten der „klassischen" Kriegsindustrie für einen längeren Zeitraum der Aufrüstung plädierten, vertraten Teile der Chemieindustrie, wie z.B. die I.G. Farbenindustrie, die Auffassung, daß nichts gegen eine baldige Expansion Deutschlands spreche. Nachteile im Ausrüstungsstand der Streitkräfte sollten durch eine entsprechende politische und militärische Strategie ausgeglichen werden.[9]

In dieser Auffassung traf sich die Chemieindustrie – repräsentiert vor allem durch die IG Farbenindustrie AG – mit den Spitzen des NS–Staates. Seinen konkreten Ausdruck fand dies mit dem am 18. Oktober 1936 in Kraft gesetzten Vierjahresplan, der das Ziel verfolgte, bis 1940 die deutsche Wirtschaft kriegs– und die deutsche Armee einsatzfähig zu machen.

Die Entscheidung der nationalsozialistischen Regierung für Japan

Fast zeitgleich mit der Verabschiedung des auf Krieg zielenden Vierjahresplans schloß Deutschland am 25. November 1936 mit Japan den Antikominternpakt ab, der den Grundstein für das deutsch–japanische Kriegsbündnis legte und damit eine bis 1938 andauernde Auseinandersetzung zwischen einem sog. „China–" und einem „Japanflügel" auslöste. Die an der Fortdauer der Chinabeziehungen interessierten politischen und wirtschaftlichen Kreise votierten letztlich für die Fortsetzung der „klassischen" Verbindung des rohstoffarmen Industriestaates Deutschland mit dem industriell schwach entwickelten Rohstofflieferanten China und gegen die Ersetzung dieser kriegsstrategisch sowohl unter rüstungswirtschaftlichen als auch territorialen Gesichtspunkten erfolgverheißenden Allianz durch das Bündnis mit dem rohstoffarmen und auf dem China– und Weltmarkt als scharfer Konkurrent Deutschlands auftretenden Japan. Die dem Bündnis mit Japan Priorität gebenden Kreise, in der Wirtschaft verankert in der aufstrebenden Chemie–Elektro–Optik–Gruppe und in der Politik repräsentiert zuallererst durch Hitler und von Ribbentrop, setzten statt dessen ausdrücklich auf die Verbindung mit dem zwar wirtschaftlich konkurrierenden, aber militärstrategisch wichtigeren Japan. Die chinesischen Rohstoffe und der chinesische Markt würden Deutschland auf diesem Wege nicht nur nicht verlorengehen, sondern unter noch günstigeren Bedingungen nutzbar werden.

Die prinzipielle Entscheidung dieser Auseinandersetzung zugunsten der Japanorientierung fiel zusammen mit den Maßnahmen Hitlers zur Ablösung von wichtigen Persönlichkeiten der traditionellen Eliten: Am 5. November 1937 legte Hitler der deutschen Militärspitze sein auf sofortiges Handeln orientiertes Kriegsprogramm[10] vor, für dessen Verwirklichung das Bünd-

---

[9] Vgl. auch Goßweiler 1986:630f.

[10] Niedergeschrieben in einem Protokoll von dieser Besprechung, das – angefertigt von Hitlers Adjutant Oberst Hoßbach – wegen seiner hohen Aussagekraft für die deutsche Außenpolitik der Jahre 1937/38

nis mit Japan als Mittel der Zweifrontenbedrohung insbesondere Großbritanniens und der Sowjetunion unmittelbare Bedeutung gewann. Im Umfeld dieser Entscheidung verloren Schacht im November 1937 und Blomberg im Februar 1938 ihre Posten, im gleichen Monat wurde Neurath von Ribbentrop als Außenminister abgelöst. Die öffentliche Mitteilung des neuen Kurses und der damit verknüpften personellen Veränderungen verband Hitler am 20. Februar 1938 vor dem Reichstag mit der sowohl für die deutsche Fernostpolitik als auch für die Kriegsstrategie insgesamt bedeutsamen Entscheidung zur Anerkennung des von Japan auf chinesischem Territorium geschaffenen Marionettenstaates Manzhouguo.

Trotzdem wurden die Vertreter einer engeren Zusammenarbeit mit China nicht völlig zurückgedrängt. Zum einen blieben deren Kontakte in China weiter interessant: in der Politik sowohl für die Beziehungen mit China bis Ende 1940/Anfang 1941 als auch für später noch stattfindende Kontaktaufnahmen zur chinesischen Regierung – und sogar für die 1942/43 unternommenen deutschen Versuche, die japanische Marionettenregierung Wang Jingweis in ihrem Streben nach Selbständigkeit gegenüber Japan zu unterstützen und eigenständige, von Japan unabhängige Beziehungen zwischen Deutschland und dem besetzten China herzustellen; in der Wirtschaft bei der Fortführung der traditionellen Geschäftsbeziehungen mit chinesischen Firmen und Partnern. Zum anderen wurden auch deren japankritische Argumente immer wieder aufgegriffen, nämlich dort, wo das brutale Vorgehen Japans in China auch gegen die deutsche Wirtschaftskonkurrenz direkt erlebt wurde: im deutschen Chinahandel, in den Firmenvertretungen in China und in der Chinadiplomatie. Und die japankritischen Argumente wurden nun zum Instrument sowohl der Auseinandersetzung mit Japan, um die deutschen Forderungen nach Teilhabe am Chinamarkt als auch des mehrmaligen deutschen Versuches, das politische und militärische Vorgehen Japans in China direkt im Sinne der deutschen Kriegsführung zu beeinflussen.[11]

Antifaschistische Positionen in China

Auch in China nahmen die strategischen Auseinandersetzungen um die Beziehungen zu Deutschland ihren entscheidenden Beginn mit dem Abschluß des deutsch-japanischen Antikominternpaktes. Dabei ging der entscheidende Druck auf Chiang Kaishek, dem deutschen und japanischen Drängen auf Beitritt zum Antikominternpakt nicht nachzugeben, von einer breiten antijapanischen Widerstandsbewegung aus, zu der auch die KPCh gehörte. Die unter

---

und somit für den Übergang zur unmittelbaren Kriegsvorbereitung dem internationalen Militärtribunal in Nürnberg 1945 als Dokument vorgelegen und später allgemein als „Hoßbach-Protokoll“ Eingang in die Geschichtsschreibung gefunden hat. Den Wortlaut des Protokolls, das vom 10.11.1937 datiert, s. ADAP, Serie D, Bd.I, S.25–31. Die Überlieferung des Protokolls ist allerdings strittig. Vgl. zur Wendung der deutschen Fernostpolitik von China auf Japan Martin 1984.

11 Gemeint ist mit letzterem der bereits genannte, mehrfach unternommene – und jedesmal gescheiterte – deutsche Versuch, mittels Friedensverhandlungen die Lage auf dem chinesischen Kriegsschauplatz zu „beruhigen“.

dem Druck dieser Widerstandsbewegung erfolgte Bildung der antijapanischen Einheitsfront führte auch zur Zurückweisung der japanischen Forderungen im Rahmen der deutschen „Vermittlung" zwischen Japan und China um die Jahreswende 1937/38.

Die chinesische antijapanische Widerstandsbewegung war nicht nur entscheidend für die Durchsetzung der antijapanischen Position Chiang Kaisheks, sondern zugleich auch antifaschistisch und in diesem Sinne antideutsch orientiert. So verurteilte die KPCh öffentlich die deutsche Kriegsvorbereitung und die deutschen Annexionen der Jahre 1938 und 1939 und nahm den deutschen Überfall auf Polen am 1. September 1939 zum Anlaß, zum gemeinsamen Kampf gegen die Achsenmächte aufzurufen.

Die antijapanische Ausrichtung der herrschenden Guomindang wurde durch die Positionen der KPCh und der antijapanischen Widerstandsbewegung insgesamt verstärkt, was sich auch in der Gestaltung der Außenpolitik zeigte: beim Abschluß des Nichtangriffsvertrages mit der Sowjetunion am 21. August 1937, der von Deutschland heftig kritisiert wurde, und bei der sich anschließenden Inanspruchnahme sowjetischer Militärhilfe; bei der Festigung der antijapanischen Positionen im Verlauf der deutschen Vermittlung an der Jahreswende 1937/38; und in den Auseinandersetzungen im Sommer/Herbst 1940, als in der Guomindang–Führung die entscheidende Auseinandersetzung zwischen den prodeutschen Kräften einerseits und den Verfechtern eines Zusammengehens mit den USA und Großbritanniens andererseits stattfand. Die mit den deutsch–chinesischen Beziehungen befaßten politischen und wirtschaftlichen Kreise Deutschlands, auch diejenigen, die für ein Zusammengehen mit China optiert hatten, sahen dabei als Hauptgegner ihrer Ziele in China die Kommunisten an und glaubten sich in dieser Haltung prinzipiell mit Chiang Kaishek einig. So wandten sie sich vielfach gegen das Vorgehen der Japaner in China, da sie in deren brutaler Kriegsführung die eigentliche Ursache für das Erstarken der kommunistischen Bewegung sahen.

Die deutsch–chinesischen Beziehungen im internationalen Kontext, 1937–41

Die Entwicklungen im deutsch–chinesischen Verhältnis in der Periode von 1937 bis 1941 haben ihre Eckpunkte in Daten, die für den Verlauf des Weltkrieges wie für die bilateralen Beziehungen gleichermaßen bedeutsam sind. Das erste dieser Daten ist der 7. Juli 1937 als Beginn der japanischen Aggression gegen China und zugleich Beginn des Zweiten Weltkrieges in Asien. Bis Ende Oktober 1938 schloß Japan den ersten Teil seiner Großoffensive ab, eroberte dabei weite Teile Nord– und Mittelchinas und versuchte, durch Massaker, wie insbesondere das bei der Einnahme der Hauptstadt Nanjing verübte, China zur Kapitulation zu zwingen. Auf dem Höhepunkt dieses Vorgehens bot es China Friedensverhandlungen an, für die sich Deutschland, das sich zuvor in Unterstützung Japans gegen eine internationale Verurteilung Japans durch den Völkerbund[12] eingesetzt hatte, in einer von November 1937 bis Januar 1938 andauernden diplomatischen Aktion als Vermittler verwandte. Diese Aktion scheiterte an überzogenen japanischen Forderungen. Mit der Anerkennung des japanischen Marionettenstaates Manzhouguo am 20. Februar 1938 zog die deutsche Regierung die Konsequenz aus der gescheiterten Vermittlung und unterstützte fortan die japanische Aggression in China.

Damit begann ein neuer Abschnitt in den deutsch–chinesischen Beziehungen, der bis Juni 1941 dauerte. Vor dem Hintergrund der Spaltung Chinas in einen japanisch besetzten Teil und einen nach wie vor unbesetzten Teil führte Deutschland einerseits die Beziehungen mit der Chiang–Kaishek–Regierung fort, andererseits begann die Entwicklung eigenständiger politischer und wirtschaftlicher Kontakte zu den von Japan in Nord– und Mittelchina eingesetzten lokalen Regierungen.

Die Bedeutung der Beziehungen zwischen Deutschland und dem unbesetzten China ergab sich nun allerdings nicht mehr aus der Intensität ihrer ehemals wichtigen Wirtschafts– und Militärbeziehungen, sondern vielmehr aus ihren global– und kriegsstrategischen Dimensionen. China gelang es trotz seiner wirtschaftlichen Schwächung durch den Krieg und den gewaltigen Verlust an Territorium, politisch ab etwa Mitte 1939 in eine Offensive zu gelangen. Zu einer entscheidenden äußeren Bedingung dafür wurde der deutsch–sowjetische Nichtangriffsvertrag vom 23. August 1939, der Deutschland in eine vertragliche Situation mit der Sowjetunion brachte, wie sie für China bereits seit dem 21. August 1937 bestand, und damit bereits seit den zwanziger Jahren bestehenden chinesischen Vorstellungen neuen Raum gab, mittels eines Kontinentalbundes China–Sowjetunion–Deutschland zu einer Überwindung der Ungleichheit Chinas gegenüber den Westmächten – und damit zu einer völlig neuen Stellung in der Welt – zu gelangen. Deutschland seinerseits sah in diesem Positionsgewinn Chinas neue Chancen zu einer fernöstlichen Friedensregelung, die Japan in China militärisch entlasten und Deutschland größeren Einfluß geben würde. Den deutsch-chinesischen Beziehungen kamen daher im Sommer/Herbst 1940 verstärkt internationale Bedeutung zu. So begannen beide Seiten Aktivitäten zur Wiederbelebung des rüstungswirtschaftlichen Warenaustausches. Im gesamten Zeitraum existierte die starke Wirtschaftspräsenz Deutschlands in China unabhängig vom Frontverlauf und vom dramatischen Rückgang des bilateralen Warenaustausches fort. Sie blieb auch dann erhalten, als die Standorte der deutschen Firmen, Firmenvertretungen und Handelshäuser im Ergebnis des Vormarsches der japanischen Truppen Bestandteil des japanisch besetzten China wurden.

Die Beziehungen Deutschlands zum besetzten China, d.h. zu Manzhouguo, Nord–, Mittel– und Südchina, begannen allmählich einen eigenständigen Charakter anzunehmen, inso-

12 Gemeint ist die Brüsseler 19–Staaten–Konferenz vom November 1937, an der teilzunehmen Deutschland und Japan ablehnten. Der Rückschlag für China war um so größer, als es selbst mit dieser Vorentscheidung auf der Konferenz nicht zu einer Verurteilung Japans kam, weil die USA und Großbritannien sich im Unterschied zur UdSSR zu einer Unterstützung Chinas gegen Japan nicht entschließen konnten.

fern sie sich de facto abhängig von den verschiedenen japanischen Militärinstanzen gestalteten. Dabei standen wirtschaftliche Interessen im Vordergrund: Deutschland forderte von Japan gleiche Betätigungsmöglichkeiten für die deutsche Wirtschaft und eine rechtliche und steuerrechtliche Stellung der Deutschen, die der der Japaner entsprach. Das wurde zum Hauptfeld der Kontakte Deutschlands mit den von Japan eingesetzten Regierungen, und Wirtschaftsfragen wurden zugleich zu einem Hauptthema bei den Gesprächen über ein Militärbündnis in Berlin und Tokio.

Die Beziehungen Deutschlands zur japanischen Marionettenregierung in Nanjing, 1941–45

Der Überfall Deutschlands auf die Sowjetunion am 22. Juni 1941 und der Überfall Japans auf den USA–Pazifikstützpunkt Pearl Harbour am 7. Dezember 1941 leiteten eine neue Phase des Weltkrieges ein und veränderten zugleich grundlegend das deutsch–chinesische Verhältnis.

Nachdem Chiang Kaishek bereits unmittelbar nach der deutschen Anerkennung der japanischen Marionettenregierung in Nanjing unter Wang Jingwei am 2. Juli 1941 – nach dem Überfall auf die Sowjetunion – die diplomatischen Beziehungen zu Deutschland abgebrochen hatte, erklärte er nun nach dem japanischen Angriff auf Pearl Harbour Deutschland den Krieg. Einen Tag darauf verkündete er, daß er den antijapanischen Befreiungskampf Chinas als Bestandteil des weltweiten Kampfes gegen die Achsenmächte betrachte und China diesen Kampf künftig gemeinsam mit den USA, Großbritannien, der Sowjetunion und anderen befreundeten Staaten führen werde. Als am 1. Januar 1942 in Washington eine erste Deklaration über die Kriegsziele der Vereinten Nationen gegen die Achsenmächte beschlossen wurde, gehörte China gemeinsam mit den Großmächten USA, Großbritannien und UdSSR zu den insgesamt 26 Unterzeichnerstaaten. Deutsch–chinesische Beziehungen existierten nun in keinerlei offiziellen Formen mehr. Politisch relevante Einzelkontakte, die fortbestanden, dienten verschiedentlich wieder auftauchenden, aber erfolglos bleibenden Vermittlungsideen oder – vor allem zum Ende des Krieges hin – deutschen Versuchen, im Nachkriegschina präsent bleiben zu können. Die Dominante im deutsch–chinesischen Verhältnis wurden nun die internationalen Prozesse, in deren Verlauf sich die Antihitlerkoalition weiter festigte und China direkt in die Verhandlungen über die Nachkriegsregelungen einbezogen wurde.

Auch in den Beziehungen Deutschlands zum besetzten China vollzogen sich tiefgreifende Veränderungen. Schon im März 1940 waren die Separatregierungen im besetzten Nord– und Mittelchina durch eine Zentralregierung für das besetzte China[13] ersetzt worden. Diese unter der Führung des wegen seiner kapitulationsbereiten Positionen bereits im Dezember 1938 aus Chongqing geflohenen Guomindang–Spitzenpolitikers Wang Jingwei stehende Regie-

---

13 Gemeint ist das besetzte China ohne Manzhouguo.

rung war jedoch durch Deutschland wegen des Gewichtes der deutsch–nationalchinesischen Beziehungen im Sommer 1940 sowie wegen der erheblichen Differenzen mit Japan über die wirtschaftlichen Betätigungsmöglichkeiten Deutschlands zunächst nicht anerkannt worden. Nun – am 1. Juli 1941 – erfolgte die Anerkennung. Dies geschah vor allem, um Japan für die Eröffnung einer zweiten Front gegen die Sowjetunion zu gewinnen und um im besetzten China größeren Spielraum zu erlangen. Für letzteres schienen sich mit Wang Jingwei, der seinerseits um größeren innen– und außenpolitischen Spielraum gegenüber Japan bemüht war und dafür auch den Beitritt seiner Regierung zum Antikominternpakt am 25.11.1941 sowie den Kriegseintritt gegen die USA und Großbritannien am 9. Januar 1943 zu nutzen versuchte, günstige Möglichkeiten zu ergeben.

Der Weltkriegsverlauf insgesamt machte jedoch den Vorstellungen von der Herstellung intensiver neuer deutsch–chinesischer Beziehungen spätestens im Sommer 1943 ein Ende. Nun hatte Deutschland von sich aus keinerlei Möglichkeiten mehr, solche Beziehungen zu entwickeln, und gleichzeitig fanden auch die Bemühungen der Wang–Jingwei–Regierung um selbständiges Handeln ein Ende. Zum einen war Japan zunehmend gezwungen, seine Chinapolitik ganz dem Kampf ums Überleben unterzuordnen. Zum anderen konnte die Wang–Jingwei–Regierung nie die von ihr intendierte Selbstständigkeit im politischen Handeln erreichen.

In den Beziehungen zwischen Deutschland und der japanischen Marionettenregierung in Nanjing sind von 1941 bis 1945 zwei Perioden auszumachen: eine erste des Aufbaus der Beziehungen, die bis 1943 reichte, und eine zweite des Zusammenbruchs von 1943 bis zum Kriegsende. In beiden Perioden gab es zwei fernöstliche Hauptschauplätze der Beziehungen: den Sitz der Wang–Jingwei–Regierung in Nanjing und die japanische Hauptstadt Tokio. Im ersten Abschnitt fanden in Tokio die für die deutsche Präsenz im besetzten China ausschlaggebenden deutsch–japanischen Wirtschaftsverhandlungen statt, während in Nanjing begleitende Verhandlungen über die Stellung der Deutschen geführt wurden. Beide Verhandlungslinien führten nicht zum deutscherseits gewünschten Erfolg: Die Verhandlungen in Tokio führten nicht zu einem eigenständigen Abkommen zwischen Deutschland und Wang–Jingwei–China, und die deutschen Versuche in Nanjing, den Deutschen einen bevorrechteten Sonderstatus einzuräumen, wurden von der Wang–Jingwei–Regierung abschlägig beschieden. Nach 1943 galten die deutschen Aktivitäten in Nanjing ergänzend zu denen in Tokio fast nur noch der unmittelbaren Zusammenarbeit mit Japan. Die deutschen Diplomaten organisierten auf japanisches Ersuchen hin die Einschaltung deutscher Chinaunternehmen in die japanische Rüstungsproduktion und Truppenversorgung, und gleichzeitig wurden mit Blick auf die sich zunächst vor allem in Europa abzeichnende Kriegsniederlage diplomatische Anstrengungen dahingehend unternommen, die Existenz der diplomatischen und Wirtschaftsvertretungen auch in einer Situation zu sichern, in der der Krieg in Ostasien und im Pazifik vielleicht deutlich über den in Europa hinaus dauern würde.

Von einer nennenswerten staatlichen chinesischen Präsenz in Deutschland konnte in dem Zeitabschnitt von 1941 bis 1945 nicht mehr die Rede sein. Die Diplomaten der chinesischen Nationalregierung verließen nach dem Abbruch der diplomatischen Beziehungen zwischen China und Deutschland im Juli 1941 Berlin. Die japanische Marionettenregierung ernannte dann zwar einen Botschafter für Deutschland, konnte ihn aber wegen der unterbrochenen Transportwege nie nach Berlin entsenden. Zudem hatten die Kriegsbedingungen jeden nennenswerten Warenverkehr, aber auch die Kultur– und Wissenschaftskontakte zwischen Deutschland und China zum Erliegen gebracht.

Wirtschaftsbeziehungen

Die deutsch–chinesischen Wirtschaftsbeziehungen, vor allem auch die deutsche Wirtschaftspräsenz in China, gestalteten sich im wesentlichen parallel zu den politischen Beziehungen bzw. waren eng mit diesen verwoben. Das bedeutete, daß die projapanischen Entscheidungen der nationalsozialistischen Führung 1937/38 auch den Niedergang der florierenden deutsch–chinesischen Wirtschaftsbeziehungen einleiteten. Ungeachtet einzelner Versuche, den Handel mit dem unbesetzten China fortzuführen, begann eine schrittweise Umorientierung der deutschen Wirtschaft auf Japan und auf die japanisch besetzten Gebiete bis hin zur Integration einzelner deutscher Firmen in die japanische Kriegswirtschaft gegen Kriegsende. Insgesamt jedoch führte diese Umorientierung nicht zu den gewünschten Ergebnissen, nämlich der bevorzugten Teilhabe deutscher Firmen an der wirtschaftlichen Ausbeutung Chinas an der Seite des Bündnispartners Japan. Die zukunftsorientierten Großostasien–Pläne, wie sie im Wunschprogramm der deutschen Wirtschaft 1942 niedergelegt worden waren, wurden angesichts des Kriegsverlaufs Makulatur. Der Kriegsverlauf selbst – die Unterbrechung der Schiffahrtswege nach China 1939, die Unterbrechung der Transportverbindungen über Land 1941 und der dann stetig voranschreitende Zusammenbruch von Warenproduktion und Handel insgesamt – hatte überdies die realen Möglichkeiten für Handels– und Wirtschaftsbeziehungen zunächst mehr und mehr reduziert und dann bis auf Null heruntergeführt.

Kultur und Propaganda

Der starken deutschen Wirtschaftspräsenz 1937 in China lief eine ebenso starke kulturpolitische Präsenz parallel. Eine Reihe staatlicher und halbstaatlicher Träger, angefangen bei deutschen Schulen über deutsche Zeitungen und Zeitschriften bis hin zu deutschen Kirchengemeinden, suchte im Wettstreit mit anglo–amerikanischen Einflüssen eine spezifisch als deutsch verstandene Kulturarbeit durchzuführen. Diese wurde, von Ausnahmen abgesehen, zunehmend im nationalsozialistischen Sinne definiert und betrieben und stieß durchaus auf wohlwollendes Interesse und Rezeption durch Teile der chinesischen Führung. Das Ende der diplomatischen Beziehungen 1941 bedeutete auch das Ende der offiziellen staatlichen Kulturbeziehungen und eine Konzentration der kulturellen und der propagandistischen Bemühungen der nationalsozialistischen Führung auf die japanisch besetzten bzw. indirekt kontrollierten Gebiete. Während deutsche Propagandaorgane im Verlauf des Krieges mehr und mehr dazu übergingen, gegenüber der chinesischen Intelligenz und gegenüber den in China lebenden Deutschen die deutschen Kriegsziele und nationalsozialistische Politik insgesamt wie speziell die politische Orientierung auf Japan zu propagieren, suchte die chinesische Regierung zumindest bis zum Abbruch der Beziehungen 1941, ihrererseits ihre antijapanische Haltung in Deutschland zu vermitteln.

Deutsche in China, Chinesen in Deutschland

Im Jahre 1937 befanden sich mehr als 4.500 Deutsche in China, ein Großteil davon in Shanghai. Zum gleichen Zeitpunkt lebten etwa 3.000 Chinesen, vor allem Studenten und kleine Händler, in Deutschland, davon die Mehrzahl in Berlin.

Nach den Novemberpogromen 1938 in Deutschland setzte in China eine Einwanderungswelle deutscher und österreichischer Juden und politischer Gegner des Faschismus ein, die angesichts der besonderen Einwanderungsbestimmungen Shanghais hier in großer Zahl – bis 1941 etwa 20.000 – Zuflucht fanden. Die deutschen Emigranten bildeten aufgrund ihrer Gegnerschaft zur Hitler–Regierung und ihrer 1941 erfolgten Aberkennung deutscher Staatsbürgerschaft eine nicht nur zahlenmäßig besondere Gruppe.

Der jeweilige Alltag der sog. Chinadeutschen, der Emigranten und der Chinesen in Deutschland gestaltete sich insbesondere unter den zunehmenden Kriegseinflüssen in spezifischer Weise.

Die Gruppe der sog. Chinadeutschen – Kaufleute, Wissenschaftler und Spezialisten, Diplomaten und Missionare, die zumeist in gesicherten beruflichen Positionen waren, deren soziale Lage sich gemeinhin von der der chinesischen Bevölkerung abhob – war durch ein Netzwerk deutscher Organisationen in China miteinander verbunden. Bedingt durch ihren Status vielfach konservativ geprägt, griff die Mehrzahl von ihnen nationalsozialistische Ideen auf, auch wenn sie die projapanische Orientierung der deutschen Regierung ablehnte oder mit Skepsis betrachtete.

Demgegenüber lebten die deutschen Emigranten inmitten der chinesischen Bevölkerung häufig am Rande des Existenzminimums und wurden insbesondere nach der Einrichtung des sog. Ghettos 1943 auch räumlich ausgegrenzt. Sie bauten sich – trotz ihres Status als kurzzeitige Exilanten – ein eigenes kulturelles und soziales Netzwerk auf, einschließlich eigener Zeitungen, die der offiziellen deutschen Propaganda etwas entgegensetzen wollten.

Angesichts der nationalsozialistischen Rassenpolitik war das Schicksal der in Deutschland nach 1937 verbleibenden Chinesen schwierig. Die chinesischen Kleinhändler erhielten vielfach keine Gewerbeerlaubnis mehr, waren folglich zur Existenzsicherung vielfach zu unerlaubtem Handel gezwungen und gerieten daher häufig in die Fänge der nationalsozialistischen Justiz. Die Studenten wiederum waren in der Regel antijapanisch gesinnt, engagierten sich teilweise in diesem Sinne und zogen daher die Aufmerksamkeit nationalsozialistischer Sicherheitsorgane auf sich. Überhaupt unterstanden die Chinesen in Deutschland nach Beginn des Krieges in Europa einer besonderen Sicherheitsaufsicht, waren durch Heiratsverbote aufgrund der Rassengesetze diskriminiert und Verfolgungen ausgesetzt. Eine kleine Zahl von ihnen wurde in Konzentrationslagern inhaftiert.

Nach 1945 trat die Mehrzahl der in Deutschland verbliebenen Chinesen die Rückkehr nach China an; umgekehrt verließen auch die deutschen Emigranten bis 1947 China, nur ein kleiner Teil von ihnen kehrte nach Deutschland zurück; die Chinadeutschen wurden in ihrer Mehrzahl repatriiert. Angesichts des Bürgerkrieges in China und der nachfolgenden gesellschaftlichen Umwälzungen war ihnen eine Fortsetzung der vor 1937 ausgeübten Tätigkeiten und der damit verbundenen privilegierten Lebensweise nicht mehr möglich.

Mit der Beendigung des Zweiten Weltkrieges in Europa am 8. Mai 1945 und in Asien am 2. September 1945 begann eine Übergangsphase bis 1949, in der für Deutschland die Regelungen der Siegermächte, die Teilung Deutschlands in vier Besatzungszonen und die allmähliche Herausbildung einer einheitlichen Westzone und einer Ostzone, die 1949 zur Bildung der Bundesrepublik Deutschland und der Deutschen Demokratischen Republik führen sollten, bestimmend waren. In China wiederum fand nach dem Abzug der japanischen Truppen ein Wettlauf der Truppen von Guomindang und KPCh um die Besetzung chinesischen Territoriums statt, der ab 1946 in einen Bürgerkrieg mündete und mit dem Sieg der KPCh 1949 und der Ausrufung der Volksrepublik China endete. Die besiegte Guomindang unter Chiang Kaishek zog sich auf die Insel Taiwan zurück.

In dieser Nachkriegssituation konnte von institutionalisierten bilateralen Beziehungen nicht die Rede sein. Es ging vor allem um die Rückkehr und Rückführung der Deutschen aus China, die als eine Art Beseitigung von Folgeschäden nationalsozialistischer Herrschaft unter dem Schutz der Alliierten stattfand, sowie um Rehabilitierung der Chinesen in Deutschland und Hilfe bei deren Rückkehr nach China.

Kapitel 1

Deutschland und China 1937/1938

Der chinesisch–japanische Krieg, der am 7. Juli 1937 als lokaler Konflikt begann, sich dann über ganz China ausbreitete und schließlich in den Zweiten Weltkrieg mündete, war eine einschneidende Zäsur in den deutsch–chinesischen Beziehungen. Die auf Japan, aber zugleich auch noch auf China ausgerichtete mehrgleisige Außenpolitik der NS–Führung geriet ins Wanken. Die deutsche Reichsregierung erklärte ihre Neutralität und hoffte auf eine baldige Konfliktbeilegung.

Die chinesische Führung war insgesamt jedoch nicht bereit, sich den Japanern zu beugen. Sie gab die Politik des ständigen Zurückweichens vor den japanischen Forderungen auf und suchte die nationalen Interessen Chinas zu verteidigen. Sie erwartete, daß die ausländischen Mächte, deren Interessen durch den Krieg in Mitleidenschaft gezogen wurden, sich Japan entgegenstellten. Im außenpolitischen Kalkül spielte Deutschland dabei eine besondere Rolle: Es hatte seine aus den Ungleichen Verträgen resultierenden Privilegien in China aufgegeben, war wichtiger Waffenlieferant und Wirtschaftspartner und schien durch den Antikomintern–Pakt dazu prädestiniert, mäßigend auf Japan einzuwirken.

Deutschland folgte dem Wunsch beider Kriegsparteien, eine Vermittlerrolle zu übernehmen, die sich allerdings auf eine „Briefträgerfunktion" beschränken sollte. Damit hofften die deutschen konservativen Eliten in Deutschlands Diplomatie und Militär, ihre bisherige, als gleichgewichtig präsentierte Politik gegenüber Japan und China fortsetzen zu können. Die Vermittlung scheiterte jedoch an der unnachgiebigen Haltung Japans.

Als Hitler im November 1937 zur unmittelbaren Kriegsvorbereitung in Europa schritt und Japan zur Absicherung seiner Eroberungspläne brauchte, wurden die Befürworter guter Beziehungen zur chinesischen Führung ausgeschaltet. Das nationalsozialistische Deutschland gab unter dem neuernannten Reichsaußenminister Ribbentrop im Februar 1938 seine Neutralitätsposition auf. Es machte Japan gegenüber wesentliche Zugeständnisse: die diplomatische Anerkennung von Manzhouguo, die Reduzierung bzw. zeitweilige Einstellung der Kriegsmateriallieferungen an China, die Rückberufung der deutschen Militärberater und des deutschen Botschafters Trautmann.

Kriegsbeginn und deutsche „Neutralität"

Am 7. Juli 1937 inszenierten japanische Einheiten südwestlich von Peking an der Marco–Polo–Brücke (Lugouqiao) ein Feuergefecht. Sowohl die chinesischen Militärverantwortlichen in Nordchina mit Song Zheyuan an der Spitze als auch die Regierung in Nanjing glaubten zunächst, den Konflikt lokalisieren zu können und bauten auf Verhandlungen. Ohne formelle Kriegserklärung weiteten jedoch die Japaner die Kämpfe aus. Ende Juli 1937 hatten die Kriegshandlungen bereits ein Ausmaß angenommen, das weit über den Rahmen eines „lokalen Konfliktes" hinausging.[1]

In der chinesischen Führung war nach harten internen Diskussionen der Entschluß herangereift, nicht wie bislang vor den Japanern kampflos zurückzuweichen. Der ausgeprägte Widerstandswillen in breiten Bevölkerungsschichten ließ einen Friedensschluß um den Preis der Unterwerfung bzw. weitgehender Zugeständnisse an Japan überdies zu einem innenpolitischen Risiko werden. Auf der Lushan–Konferenz wandte sich Chiang Kaishek am 17. Juli mit einem Appell an die gesamte Nation, dem Aggressor mit vereinten Kräften entgegenzutreten.[2] Es folgten Schritte zur Ausgestaltung der Einheitsfront mit der KPCh.[3]

Mit massivem militärischem Widerstand sollte den Japanern klargemacht werden, daß China nicht in einem Blitzkrieg zu bezwingen sei und ein langandauernder Krieg unweigerlich zum Verschleiß der unzureichenden japanischen Ressourcen führen würde. Indem die chinesische Führung dem Krieg nicht auswich, wollte sie Japan zum Frieden zwingen. Außerdem rechnete sie fest damit, daß die Großmächte sich zu einer Friedensvermittlung bereit finden und bei Verletzung ihrer Interessen Japan Einhalt gebieten würden.

In den Wochen vor und nach Beginn des chinesisch–japanischen Krieges hielt sich Finanzminister Kong Xiangxi in Deutschland zur politischen Orientierung sowie zu Verhandlungen über den Fortgang der HAPRO–Geschäfte und die Wirtschaftsbeziehungen mit Hitler, Göring, Schacht und Wirtschaftsführern auf.[4] In den Gesprächen wurde der Eindruck

---

1 Vgl. Hsu Long–hsuen/Chang Ming–kai 1971:175–187; Garver 1992:6f.; Eastman 1986:548–551; Iriye 1986:495; Osterhammel 1989:292; Spence 1995:531; Zhonggong Beijing shiwei dangshi yanjiushi 1995:71–82; Shi Yuanhua 1996:4f.

2 Vgl. An Zuozhang 1986:890; Yan Qi/Zhang Tongxin 1991:427–429.

3 Nach intensiven Geheimverhandlungen hatte sich Chiang Kaishek am 23. September 1937 öffentlich bereit erklärt, mit der bis dahin befehdeten KPCh gemeinsam gegen die Japaner zu kämpfen. Zu den wesentlichen Resultaten der Bildung der Einheitsfront gehörten die Eingliederung der von der KPCh geführten 8. Armee in die chinesische Front in Nordchina und die Bildung der regulären Neuen Vierten Armee in Zentralchina. Außerdem hatte die KPCh, deren Hauptquartier in Yan'an verblieb, von nun an mit Zhou Enlai einen offiziellen Vertreter am Sitz der Nationalregierung. Diese Einheitsfront vermochte es jedoch nicht, die grundlegenden Gegensätze der beiden Parteien zu überbrücken, und konnte kurzzeitig keinen Umschwung im Kriegsgeschehen herbeiführen. Vgl. Yan Qi/Zhang Tongxin 1991:433–436; Wu 1992b:80f.

4 Offizieller Anlaß der Europareise Kongs war die Teilnahme an den Krönungsfeierlichkeiten für König Georg VI. in London. In Wirklichkeit bildete für Kong der Deutschlandbesuch den wichtigsten Pro-

erweckt, daß sich die deutsche China–Politik in ihren Grundsätzen und Zielen nicht verändern würde. Hitler äußerte am 13. Juni 1937 gegenüber Kong Xiangxi, „daß seiner Meinung nach die Beziehungen zu China, überhaupt zu den Ländern im Fernen Osten, auf dem Geschäftlichen aufgebaut seien. Deutschland als Industriestaat und China als ein Land reich an Rohstoffen und Bodenprodukten seien auf natürliche Weise auf den Austausch ihrer Güter zum beiderseitigen Vorteil angewiesen. Deutschland verfolge im Fernen Osten keinerlei politische und territoriale Ziele. ... Er hoffe, daß es auch zu einem Ausgleich zwischen China und Japan kommen werde. Unter Umständen böte sich auch hier die Möglichkeit einer deutschen Vermittlung“ (Dok. 1). Göring ließ Kong in seinem Gespräch am 11. Juni in der Annahme, daß Deutschland weiterhin den „Warenaustausch auf Grund regierungsseitiger Abmachungen“ langfristig ausrichten werde. Künftige Militärlieferungen sollte China jedoch in Devisen bezahlen. Göring war sich sicher, daß China auch zu ungünstigen Konditionen zur Fortführung der Geschäfte bereit wäre, weil es auf deutsche Kriegsmaterialien nicht verzichten könne. Nach Abstimmung mit Chiang Kaishek ging Kong auf die deutschen Devisenforderungen ein, um in der für China äußerst angespannten Situation die Wirtschaftskooperation mit Deutschland nicht aufs Spiel zu setzen (Dok. 7).

Alle Großmächte wurden vom Kriegsbeginn überrascht. England wie die USA hofften auf eine schnelle Beendigung der Kampfhandlungen, waren aber zu keiner Intervention bereit und setzten im wesentlichen ihre Appeasementpolitik gegenüber Japan fort. Großbritannien forderte von beiden Seiten „Mäßigung“. Am 12. Juli warnte der britische Außenminister Eden zwar den japanischen Botschafter davor, durch den Konflikt die Beziehungen zu Großbritannien zu gefährden, lehnte aber am darauffolgenden Tag das chinesische Ersuchen um eine Vermittlung ab. An dieser Haltung änderte sich auch in den folgenden Wochen und Monaten nichts Entscheidendes.[5]

Für Deutschland kam der Krieg in Ostasien sehr ungelegen, da er das bisherige Lavieren zwischen China und Japan wesentlich komplizierte.[6] Am 14. Juli 1937 konferierte Außenminister von Neurath mit dem chinesischen Botschafter Cheng Tianfang in Berlin (Dok. 2). Am gleichen Tag ließ er sich den japanischen Standpunkt von Japans Botschafter Mushakoji erläutern. Es folgten weitere Sondierungen.[7]

---

grammpunkt. Der Delegation gehörten u.a. an: Weng Wenhao (Rohstoffbehörde), Chen Shaokuan (Marineministerium), Gui Yongqing (Kriegsministerium), Zeng Yangfu (Eisenbahnministerium), Qi Jun (Dolmetscher und Verbindungsmann im HAPRO–Geschäft) u.a. Vgl. National Archives/Microcopy T120, Roll 1802, Serial 3708H, AA, Abt. Pol. VIII, Aufn. E0365612 – Chinesische Botschaft Berlin an AA, Liste der Teilnehmer der Kong–Delegation. Vgl. auch: Kirby 1984:238; Guan Demao 1985:69f.; Tan Guang 1990:8.

5 Vgl. Xu Lan 1991:115–117; Sa Benren/Pan Xingming 1996:218f.

6 Vgl. Fox 1982:229.

7 Kong Xiangxi nutzte am 23. Juli seine Anwesenheit in London, um die Auffassung der Guomindang–Regierung zum japanischen Überfall über ein Gespräch mit Botschafter Joachim v. Ribbentrop den chinesischen Standpunkt zum japanischen Überfall direkt an Adolf Hitler heranzutragen. Vgl. die entspre-

Die deutsche Diplomatie versuchte, sich im Konflikt zwischen Japan und China nach außen hin nicht festzulegen. Der in den Beziehungen zu China und Japan erreichte Stand wie auch die deutschen Kriegsvorbereitungen in Europa sollten nicht gefährdet werden. Hitler wies Außenminister Neurath an, im Fernostkrieg „strikte Neutralität" zu beziehen und den „Wunsch nach baldiger friedlicher Konfliktbeilegung" kundzutun. Am 20. Juli ergingen entsprechende sprachregelnde Weisungen an den diplomatischen Dienst.[8]

Die Guomindang–Führung aktivierte die diplomatischen Kanäle, um einen für sie günstigen Ausgleich mit Japan zu suchen. Chiang Kaishek ließ in einem Gespräch mit Trautmann anklingen, daß ihm sehr an einer deutschen Vermittlung im Konflikt gelegen sei, da Deutschland die „einzige Macht sei, die friedlich mit den Japanern sprechen könnte". Die deutsche Regierung wagte zu diesem Zeitpunkt jedoch noch keine direkte Vermittlung, da sie deren Chancen als zu gering einschätzte (Dok. 3). Am 21. Juli 1937 ließ Chiang Kaishek über die deutschen Militärberater die deutsche Reichsregierung davon in Kenntnis setzen, daß er eine friedliche Lösung des Konfliktes anstrebe, sich aber keineswegs einem japanischen Ultimatum beugen würde.[9]

Zeitgleich forcierte Japan seinen politischen Druck gegenüber Deutschland. Während der deutsche Botschafter in Tokio, Herbert von Dirksen, forderte, für die „Spannungsdauer" sämtliche deutschen Waffentransporte nach China einzustellen,[10] bemühte sich Botschafter Trautmann, Chiang Kaishek und seine Umgebung zu beschwichtigen, um für die deutschen Interessen in China so viel wie nur möglich zu retten. Die „Neutralität" schloß aus Hitlers Sicht prinzipiell „ein Zusammengehen mit Japan" ebenso ein wie die Weiterführung der Rüstungs– und Waffenlieferungen an China, „allerdings unter möglicher Tarnung nach außen" (Dok. 5). Die japanischen Forderungen nach sofortigem Abbruch der Kriegsmateriallieferungen nach China und dem Abzug der Militärberater wurden allerdings vorerst nicht erfüllt. Ungeachtet dieses taktischen Lavierens war unverkennbar, daß Japan für die NS–Führung politisch–strategisch der entscheidende Faktor in Ostasien wurde.[11]

---

chende Aufzeichnung Ribbentrops für Hitler vom 24.7.1937 (ADAP, Serie C, Bd.VI/2, Dok.493). Die Argumentationslinie Kongs glich im wesentlichen der von Botschafter Cheng Tianfang vorgetragenen.

8 In einem Telegramm an die deutschen Botschaften in London, Washington, Paris, Rom, Brüssel, Haag, Lissabon, Tokio, Nanjing und Moskau informierte Staatssekretär von Mackensen vom AA „zur vertraulichen Information und Regelung der Sprache", daß die deutsche Regierung „im Fernostkonflikt strikte Unparteilichkeit wahren" werde. Deutschland verfolge die Entwicklung „mit großer Besorgnis" und wünsche im Interesse seiner wirtschaftlichen Belange „dringend [eine] baldige friedliche Beilegung [des] Zwischenfalls" (ADAP, Serie D, Bd.I, Dok.463).

9 ADAP, Serie D, Bd.I, Dok.465 – DB Nanjing, Trautmann, an AA, 21.7.1937.

10 Vgl. NA/Microcopy T120, Roll 3184, Serial 7069H, AA, Abt. Pol. VIII, Aufn. E525905 – DB Tokio, Dirksen, an AA, 20.7.1937.

11 Vgl. dazu die in ADAP, Serie D, Bd.I, als Dok.469–473 abgedruckten, zwischen Berlin und der deutschen Botschaft in Tokio gewechselten Telegramme.

Am 23. August 1937 unterbreitete Dirksen von Tokio aus den Vorschlag, nunmehr eine Vermittlungsaktion anzubahnen. Chiang Kaishek sollte von den deutschen Militärberatern vor einer „Fortführung der Kämpfe bis zum Verbluten Chinas" gewarnt werden.[12] Als weiteres Argument für eine rasche Beendigung der Kampfhandlungen führte das Auswärtige Amt deutsche Rücksichten auf die Antikominternpolitik an. Ein Krieg zwischen Japan und China würde „[der] Sowjetregierung zugute kommen, welche ein Interesse daran hat, Japan anderweitig zu binden und durch militärische Aktionen zu schwächen".[13] Unablässig warnten die deutschen China–Diplomaten davor, daß China durch das japanische Vorgehen in die Hände von Sowjetrußland getrieben werde.[14] Als am 30. August Deutschland offiziell vom chinesisch–sowjetischen Nichtangriffspakt, der am 21. August in Moskau abgeschlossen worden war, erfuhr, schienen sich diese Vorhersagen zu bewahrheiten (Dok. 6).

Hitlers Sicht auf den Kriegsverlauf in China wurde stark von Ribbentrop geprägt. Am 19. September 1937 notierte Ribbentrop für Hitler „die feste Überzeugung, daß die japanischen Truppen in nicht zu ferner Zeit einen entscheidenden Sieg davontragen werden". Die deutschen Wirtschaftsinteressen in China schienen davon unangetastet zu bleiben. Ribbentrop griff Vorschläge des japanischen Militärattachés Oshima auf, „jetzt schon bald ein gemeinsames Vorgehen in China mit Japan zu vereinbaren" (Dok. 8). Damit wurde den in der deutschen Chinawirtschaft vorherrschenden Auffassungen entgegengetreten, die nach wie vor davon ausgingen, daß die Realisierung ihrer Wirtschaftsinteressen von guten politischen Beziehungen zur chinesischen Regierung abhängig sei.

Die fernostpolitischen Äußerungen Ribbentrops in seiner Eigenschaft als deutscher Botschafter in London irritierten die Westmächte, die davon ausgingen, daß die beträchtlichen Wirtschaftsinteressen Deutschlands in China den Ausschlag bei der Gestaltung der nationalsozialistischen Fernost–Politik geben würden. Das kam auch in der Reaktion des britischen Außenministers Eden vom 27. Oktober 1937 zum Ausdruck (Dok. 9).

Deutsche Vermittlung statt Völkerbundhilfe

Die chinesischen Hoffnungen auf eine friedliche Beilegung des Lugouqiao–Zwischenfalls erfüllten sich nicht. Zunehmend verhärteten sich auf beiden Seiten die Fronten. Die Japaner drangen mit einer 300.000 Mann starken, militärtechnisch und organisatorisch der chinesischen weit überlegenen Armee in kürzester Zeit in Nordchina vor und besetzten Peking, Tianjin und weitere wichtige Plätze.[15]

---

[12] ADAP, Serie D, Bd.I, Dok.483 – DB Tokio, Dirksen an AA, 23.8.1937.

[13] Ebenda.

[14] ADAP, Serie D, Bd.I, Dok.476 – DB Nanjing, Trautmann an AA, 1.8.1937.

[15] Vgl. Zhu Guisheng u.a. 1982:58f.; An Zuozhang 1986:898; Li Youren/Guo Chuanxi 1988:243–247; Zhu Hanguo 1993:564–577; Dreyer 1995:210–216.

In Zentralchina stieß der japanische Vormarsch auf starke Gegenwehr. Am 13. August 1937 begannen die japanischen Truppen mit umfangreicher Flotten- und Luftwaffenunterstützung den Angriff auf Shanghai. Die Schlacht dauerte auf Grund des hartnäckigen Widerstandes der hier konzentrierten chinesischen Eliteverbände drei Monate. Die Mitwirkung der deutschen Beraterschaft bei Ausbildung, Bewaffnung und Führung des chinesischen Militärs spielte im Abwehrkampf eine wesentliche Rolle.[16] Die Japaner protestierten deshalb vehement und forderten unablässig deren Abzug.[17]

Nach für beide Seiten äußerst verlustreichen Kämpfen, in deren Verlauf die Masse der von den deutschen Beratern ausgebildeten Truppen aufgerieben wurde, nahmen die Japaner am 12. November 1937 Shanghai ein. Danach gelang es der japanischen Armee rasch, die beiden Verteidigungslinien vor Nanjing zu durchbrechen. Am 12. Dezember zog sich die Hauptmacht der von Chiang Kaishek geführten chinesischen Verbände aus Nanjing in den Raum von Hankou zurück. Am 15. Dezember wurde die damalige Hauptstadt Chinas, Nanjing, von den japanischen Invasionstruppen eingenommen und in den darauf folgenden Wochen ein beispielloses Massaker angerichtet.[18]

Die chinesische Regierung hatte sich mehrmals an den Völkerbund um Hilfe gewandt. Dieser verwies China an die Vertragsmächte von Washington. Chiang Kaishek hoffte, auf der für November 1937 angesetzten Brüsseler Konferenz zur Fernostproblematik internationale Hilfe gegen die japanische Aggression zu erhalten.[19]

Die deutsche Regierung lehnte eine Teilnahme an der Konferenz ab.[20] Als Nichtmitglied des Völkerbundes wollte Deutschland zum einen nicht mit den Westmächten politisch und

---

16 Vgl. Martin 1981a:48f.; Liang 1978:93; Garver 1992:7; Tao Wenzhao/Yang Kuisong/Wang Jianlang 1995:98; vgl. ausführlich Martin 1997.

17 Am 27.7.1937 hatte Botschafter von Dirksen aus Tokio die japanische Auffassung nach Berlin gemeldet, wonach die „Arbeit deutscher Militärberater zugunsten Chinas“ im „jetzigen Spannungszustand“ die „Stimmung ... gegenüber Deutschland schwer belastete“ (ADAP, Serie D, Bd.I, Dok.469). S. auch ein weiteres Telegramm von Dirksens an das AA vom 23.8.1937 (ebenda, Dok.483).

18 Vgl. An Zuozhang 1986:892–899; Williamsen 1992:135–145; Dreyer 1995:216–224. Zur Einnahme Nanjings durch die japanischen Truppen s. die in Kap. 3 enthaltenen Berichte deutscher Diplomaten.

19 Die Brüsseler Konferenz tagte vom 3. bis zum 24.11.1937. Teilnehmer waren 18 Staaten, darunter mit den USA, Großbritannien, Frankreich, Italien, Belgien, Holland, Portugal und China acht der neun Signatarstaaten des Neunmächteabkommens der Washingtoner Konferenz vom 6.2.1922. Neunter Signatarstaat war Japan, das die Teilnahme verweigerte. China berief sich in Brüssel vor allem auf Artikel 7 des Neunmächteabkommens, in welchem das Prinzip der Achtung der Souveränität sowie der territorialen und administrativen Integrität Chinas anerkannt worden war. Vgl. Shi Yuanhua 1994:508–514; Tao Wenzhao/Yang Kuisong/Wang Jianlang 1995:52ff.

20 Deutschland als Nichtsignatarstaat des Neunmächteabkommens und Nichtvölkerbundsmitglied war nicht automatisch zur Konferenz nominiert, wurde aber auf Grund seiner Wichtigkeit ebenfalls eingeladen. Die Entscheidung der Ablehnung traf Hitler laut einer Aufzeichnung Neuraths am 27.10.1937 (BArch, R901, AA, Nr.60970, Bl.159). Angekündigt hatte sie Neurath im Gespräch mit Botschafter Cheng Tianfang aber bereits am 15.10. (ebenda, Bl.231).

diplomatisch gemeinsam in Aktion treten, zum anderen Japan nicht öffentlich desavouieren. Statt dessen ging die Reichsregierung auf die japanische Anregung zu einer deutschen Vermittlung im Konflikt ein.[21] Botschafter Trautmann, der am 16. Oktober 1937 noch für eine Teilnahme Deutschlands in Brüssel plädiert hatte,[22] wurde angewiesen, im Gespräch mit dem chinesischen Vize–Außenminister Chen Jie die deutsche Bereitschaft zur Vermittlung mit einer Prognose über die Nutzlosigkeit der Brüsseler Konferenz zu koppeln.[23]

Die Brüsseler Konferenz brachte für China keinerlei greifbare Resultate. Die Guomindang–Regierung mußte enttäuscht zur Kenntnis nehmen, daß sich die Westmächte nicht zu einer konsequenten Verurteilung Japans und zu konkreten Boykottmaßnahmen gegenüber dem Aggressor bereit fanden.[24]

Die „Briefträgerrolle" und ihr Scheitern

Bereits am 21. Oktober ließ der japanische Außenminister Hirota Koki den deutschen Botschafter in Tokio wissen, Japan sei jederzeit zu direkten Verhandlungen mit China bereit und würde es auch begrüßen, wenn eine von China befragte Macht wie Deutschland oder Italien der Nanjing–Regierung zuredete, einen Ausgleich zu suchen.[25] Eine Woche später erneuerte Hirota den japanischen Wunsch nach einer deutschen Vermittlung.[26] Daraufhin nahm der vom deutschen Militärattaché in Tokio, General Eugen Ott, ins Bild gesetzte Trautmann am 29. Oktober entsprechende Fühlung mit dem chinesischen Vizeaußenminister Chen Jie auf. Er eröffnete seinem Gesprächspartner, „daß jetzt die Zeit gekommen sei, einen Ausgleich mit Japan zu suchen. Wir wären zur Vermittlung bereit".[27]

---

21 Eine erste Zusammenstellung der deutschsprachigen Vermittlungs–Dokumente hat Peck 1961 vorgelegt. Einige der hier zitierten Akten aus ADAP und BArch, R9208, DBC, Nr.2103, 2104, 2105 (damals ZStAP) gelangten bei Peck bereits zum Abdruck. Chinesische Quellen in: Jindaishi ziliao 1957/3. Zum Verlauf und zur Einordnung der Vermittlung vgl. weiterhin: Bloch 1939:40–41; Iklé 1956:62–67; Drechsler 1964:41–48; Fabritzek 1973:124–128; Martin 1976:410–411; Yan Qi/Zhang Tongxi 1991:440–443; Xu Lan 1991:168–173; Zhu Hanguo 1993:578f; Shi Yuanhua 1994:514–519; ders. 1996:523f; Tao Wenzhao/Yang Kuisong/Wang Jianlang 1995:173–186.

22 ADAP, Serie D, Bd.I, Dok.498 – DB Nanjing, Trautmann an AA, 16.10.1937.

23 ADAP, Serie D, Bd.I, Dok.508 – DB Nanjing, Trautmann an AA, 30.10.1937.

24 Vgl. Xu Lan 1991:249f.

25 BArch, R9208, DBC, Nr.2103, Bl.189f. – DB Tokio, Dirksen, an DB Nanjing, 21.10.1937. In dieser Unterredung teilte Hirota mit, daß Japan nicht und Italien im japanischen Sinne auf der Brüsseler Konferenz auftreten werde.

26 ADAP, Serie D, Bd.I, Dok.506 – DB Tokio, Dirksen, an AA und DB Nanjing, 28.10.1937. Am 30.10. ließ das japanische Außenministerium auch in der Öffentlichkeit verlautbaren, daß es „chinesische Friedensvorschläge nicht prinzipiell ablehnen" werde (Wu Xiangxiang Bd.1, 1973:425).

27 BArch, R9208, DBC, Bd.2103, Bl.184f. – DB Nanjing, Trautmann, an AA, 29.10.1937.

Am 30. Oktober fand ein weiteres Gespräch mit Mitgliedern der chinesischen Regierung statt.[28] Die Verantwortlichen im Auswärtigen Amt befürworteten nun eine deutsche Beteiligung bei der Konfliktbeilegung. Die Einschaltung in eine Vermittlung schien den Diplomaten eine wirkungsvolle Einflußnahme auf die weitere Konzipierung der deutschen Fernostpolitik zu sichern. Allerdings sollte der von Ribbentrop mit dem Antikomintern–Pakt eingeleitete Pro–Japan–Kurs zu keinem Zeitpunkt grundsätzlich aufs Spiel gesetzt werden. Das Auswärtige Amt strebte weiterhin nach einer Fortsetzung der mehrgleisigen Politik in Ostasien. Gleichzeitig befürchtete es jedoch, daß Trautmann die deutsche Regierung auf eine Stellungnahme festlegen könnte. Deshalb wies Staatssekretär von Mackensen am 30. Oktober Trautmann an, der chinesischen Seite deutlich zu machen, daß Deutschland nicht über die „Rolle eines Briefträgers“ zwischen Japan und China hinausgehen wolle. Die Guomindang–Regierung solle die deutsche Vermittlungsbereitschaft nicht weiter auslegen, als das von Deutschland beabsichtigt sei.[29]

Am 3. November übermittelte Dirksen aus Tokio die „japanischen Grundlagen eines Friedensschlusses“ nach Berlin. Diese liefen auf sieben Punkte hinaus: 1. Autonome Regierung in der Mongolei, 2. Ausweitung der entmilitarisierten Zone in Nordchina und Einsetzung einer japanfreundlichen Regierung, 3. Vergrößerung der entmilitarisierten Zone um Shanghai, 4. Einstellung jeglicher antijapanischen Propaganda, 5. Gemeinsamer Kampf gegen den Bolschewismus, 6. Herabsetzung der Zölle auf japanische Waren, 7. Achtung der Rechte der fremden Staatsangehörigen.[30]

Als Trautmann am 3. November mit Chiang Kaishek und Kong Xiangxi zu einer Geheimbesprechung zusammentraf, kannte er die japanischen Forderungen noch nicht im einzelnen, empfahl aber grundsätzlich eine Verständigung mit Japan.[31] Auf Anweisung aus Berlin informierte Trautmann dann am 5. November Chiang Kaishek und Kong Xiangxi über die japanischen Friedensbedingungen und riet ihnen, diese als Grundlage für Verhandlungen zu akzeptieren. Chiang Kaishek verlangte, daß die Japaner vor Verhandlungsbeginn den Zustand vor Kriegsausbruch wiederherstellen müßten. Bei sofortiger Annahme der Forderungen drohe „die chinesische Regierung von der öffentlichen Meinung hinweggefegt“ zu werden.[32] Außerdem wollte Chiang Kaishek das Ergebnis der Brüsseler Konferenz abwarten. Daraufhin einigte man sich, die japanischen Bedingungen geheim zu halten.

Innerhalb der chinesischen Führung war die Haltung zu Friedensverhandlungen mit Japan nicht einheitlich. Wang Jingwei hatte am 29. Juli in einer Rundfunkrede erklärt, daß die nationale Kraft Chinas nicht ausreiche, um die japanische Aggression abzuwehren, weil China

---

[28] ADAP, Serie D, Bd.I, Dok.508 – DB Nanjing, Trautmann, an AA, 30.10.1937.

[29] ADAP, Serie D, Bd.I, Dok.510.

[30] BArch, R9208, DBC, Bd.2103, Bl.176f. – DB Tokio, Dirksen, an DB Nanjing, 3.11.1937.

[31] Vgl. BArch, R9208, DBC, Bl.155f. – DB Nanjing, Trautmann, an AA, 3.11.1937.

[32] Vgl. ADAP, Serie D, Bd.I, Dok.516 – Trautmann an AA, 5.11.1937.

gegenüber Japan um sechzig bis siebzig Jahre in seiner Entwicklung zurückgeblieben sei.[33] In der Folgezeit wurde Wang zu einem der aktivsten Befürworter eines Ausgleichs mit Japan.[34] Am 5. Dezember erklärte er öffentlich, daß China beim Vorliegen akzeptabler japanischer Friedensbedingungen über einen Waffenstillstand nachdenken sollte.[35] Auch bekannte Persönlichkeiten des öffentlichen Lebens, wie der Philosophieprofessor Hu Shi, der Chefredakteur der Zeitung Da Gong Bao, Zhang Jiluan, sowie die Führer der Chinesischen Staatssozialistischen Partei, Zhang Junmai, und der Jugendpartei, Zuo Shunsheng und Li Huang, legten Chiang nahe, er solle die Vermittlung annehmen und über günstige Modalitäten mit den Japanern verhandeln.[36] Die deutschen Diplomaten Trautmann, Fischer und Lautenschlager versuchten, in ihren weiteren Gesprächen mit Regierungsvertretern die Verhandlungsbereitschaft auf chinesischer Seite zu erhöhen.[37]

Die Geschwindigkeit des japanischen Vormarsches, die zu Differenzen in der Beurteilung der militärischen Lage zwischen Chiang Kaishek und dem deutschen Berater Falkenhausen geführt hatte, beeinflußte den Fortgang der Gespräche nicht unwesentlich. Die deutschen Berater seien „in bezug auf die Fähigkeiten der chinesischen Armee keine Optimisten mehr“, meldete die britische Botschaft am 20. November 1937 an das Foreign Office in London (Dok. 10). So agierte Falkenhausen im Vermittlungsversuch parallel zu den deutschen Diplomaten.[38] Am 9. November warnte er Chiang Kaishek, Kong Xiangxi und den stellvertretenden Generalstabschef Bai Chongxi davor, daß „bei einer langen Dauer des Krieges und

---

33 Vgl. Huang Meizhen/Zhang Yun 1987:17; Wang Guanxing 1994:161.

34 Am 30. November 1937 sprach sich Wang vor Mitgliedern der Militärakademie für einen „engen Anschluß Chinas an Deutschland und Italien“ und gegen die Entwicklung von Beziehungen zur Sowjetunion aus. Am selben Tag vertrat er gegenüber Mitgliedern des Nationalen Verteidigungsrates die Auffassung, „es entspreche nicht den Tatsachen, daß China über genügend Kriegsmaterial ... verfüge“ und die „Hoffnung“ auf „einen unerschöpflichen Vorrat an ausgebildeten Menschen absolut unberechtigt“ sei (BArch, R9208, DBC, Nr.2103, Bl.106 – Bericht DNB Hankou, 4.12.1937).

35 Vgl. Shen Bao 6.12.1937; Xinwen Bao 6.12.1937.

36 Vgl. Cai Dejin/Yang Lixian 1987:104.

37 So fanden folgende Gespräche statt: am 9.11. mit Kong; am 17.11. mit dem Generalsekretär des Politischen Rates, General Zhang Qun; am 18.11., 26.11. und 28.11. mit Kong; am 29.11. mit Außenminister Wang Chonghui und Vize–Außenminister Xu Mo; am 13.12. erneut mit Zhang Qun; am 2. und 21.12. mit Chiang Kaishek; am 25.12. erneut mit Xu Mo; am 27.12. mit Kong Xiangxi und dem Eisenbahnminister; am 31.12. mit Xu Mo; am 2.1.1938 mit dem nun zum Ministerpräsidenten ernannten Kong Xiangxi; am 4.1. mit dem Provinzgouverneur von Shanxi, Marschall Yan Xishan; am 13.1. mit Wang Chonghui. Vgl. Cai Dejin/Yang Lixian 1987; Shi Yuanhua 1994:516. Im November traf Trautmann mehrfach mit dem zur Guomindangspitze gehörenden Chen Lifu zusammen, um diesen von der „Notwendigkeit eines Friedensschlusses mit Japan aus militärischen, innen– und außenpolitischen Gründen“ zu überzeugen (BArch, R9208, DBC, Nr.2321, Bl.98–107 – DB Hankou, Trautmann an AA, 28.11.1937).

38 Die Idee, die deutschen Militärberater in die Vermittlungsbemühungen einzuspannen, stammte von Dirksen.

einer ökonomischen Zerrüttung Chinas der Bolschewismus in China“ komme.[39] Nach einem Gespräch am 18. November mit General Chen Cheng vertrat er die Auffassung, „daß jetzt vielleicht der Augenblick gekommen wäre, einen Druck auf die Chinesen auszuüben, daß sie Frieden schließen“.[40] Trautmann vermerkte, daß Falkenhausen „jede Gelegenheit“ benutze, um in Zusammenarbeit mit ihm den Boden für Verhandlungen zu bereiten.[41] Am 29. November traf Falkenhausen erneut mit Kong Xiangxi zusammen, und Anfang Dezember flog er von Hankou aus zu Chiang Kaishek nach Nanjing.[42]

In Berlin hielt man inzwischen einen chinesischen Sieg für ausgeschlossen. „Auch bei größter Kraftanstrengung“, erklärte Neurath am 1. Dezember 1937 Botschafter Cheng Tianfang, könnten „die militärischen Erfolge der Japaner ... nicht mehr in das Gegenteil umgewandelt werden“ (Dok. 11).

Ende November zeichnete sich dann ein Wandel innerhalb der Guomindang–Führung in bezug auf Friedensverhandlungen mit Japan ab. Das Scheitern der Brüsseler Konferenz, mehr aber noch die chinesischen Niederlagen in Nordwestchina und der Fall von Shanghai ließen die japanischen Forderungen in einem anderen Licht erscheinen. Nach einer Zusammenkunft mit Generalstabsoffizieren, in der die Zustimmung zu Verhandlungen gegeben wurde, empfing Chiang Kaishek am 2. Dezember Botschafter Trautmann.[43] Chiang erklärte, daß China bereit sei, die Dienste Deutschlands anzunehmen, allerdings unter der Voraussetzung, daß „Deutschland als wirklicher Vermittler“ auftrete (Dok. 12). Am 6. Dezember gab der Oberste Verteidigungsrat der Guomindang unter Vorsitz von Wang Jingwei auf seiner 34. Sitzung der deutschen Vermittlung seine offizielle Billigung.[44] Am 7. Dezember hatte laut Tagebuchaufzeichnung von John Rabe das Shanghai Radio berichtet, daß die von Trautmann gemachten Friedensvorschläge von Chiang Kaishek abgelehnt worden seien. Vertraulich hatte Rabe allerdings von Rosen erfahren, daß die Vorschläge akzeptiert worden seien.[45]

Am 4. Dezember hatte Außenminister Neurath bereits eine Niederschrift vorgelegt, in der die seit dem 3. November zwischen Japan und China via Deutschland ausgetauschten Ver-

---

39 BArch, R9208, DBC, Bd. 2103, Bl.152 – DB Nanjing, Trautmann an AA, 9.11.1937. Auch in: Peck 1961:104.

40 BArch, R9208, DBC, Bd.2103, Bl.142f. – DB Nanjing, Trautmann an AA, 18.11.1937. Auch in: Peck 1961:106f. Im Dezember 1937 war Falkenhausen jedoch zur Auffassung gekommen, daß China Japan langandauernden Widerstand leisten solle und könne, vgl. Martin 1981:448.

41 Vgl. Peck 1961:106f.

42 BArch, R9208, DBC, Bd.2103, Bl.104 – DB Nanjing, Trautmann an AA, 6.12.1927. Auch in: Peck 1961:119.

43 Trautmann war zu diesen Verhandlungen eigens in das bereits von japanischen Truppen bedrohte Nanjing zurückgekehrt, vgl. Wickert 1997:82f.

44 Vgl. Cai Dejin/Yang Lixian 1987:104; Wang Guanxing 1994:165; Shi Yuanhua 1994:516.

45 Vgl. Wickert 1997:90.

handlungspositionen festgehalten waren.[46] Dieses Papier sollte die Aufgabe erfüllen, den Regierungen in Tokio und in Nanjing eine wortgleiche Grundlage dafür zu bieten, „direkte Waffenstillstandsverhandlungen und danach Friedensverhandlungen zwischen den militärischen und später den politischen japanisch–chinesischen Instanzen einzuleiten".[47] Für den Fall der beiderseitigen Zustimmung kündigte Neurath einen „feierlichen deutschen Appell wegen Einstellung der Feindseligkeiten zum Zwecke der Herstellung friedlicher Verhältnisse" an. „Dieser Appell", so Neurath weiter, werde „gegebenenfalls vom Führer selbst ausgehen" und „sich jeder politischen Stellungnahme enthalten".[48]

In Japan, wo die Forderungen vom November bereits einen Kompromiß dargestellt hatten, setzten sich angesichts der Waffenerfolge die Befürworter einer härteren Linie durch. An Verhandlungen mit China bestand kein wirkliches Interesse. Beugte sich China nicht den ultimativen Forderungen, sollten diese mit militärischen Mitteln eingelöst werden. Propagandistisch bemühten die Japaner in verstärktem Maße den Antikomintern–Pakt.[49] Am 16. Dezember informierte Dirksen darüber, daß japanischerseits eine Beantwortung der Niederschrift von Neurath beschlossen worden sei. Mit dieser Beantwortung werde sich aber eine „Verschärfung der Grundlinien vom 2. November" verbinden, denn der „Siegeszug" der japanischen Armee habe eine „völlige Umwälzung" der öffentlichen Meinung zur Folge gehabt.[50]

Am 24. Dezember 1937 teilte Neurath Trautmann die wesentlich verschärften neuen japanischen Bedingungen mit,[51] die von diesem am 26. und 27. Dezember an die chinesische Regierung weitergeleitet wurden.[52] Diese Bedingungen waren für die Guomindang–Führung aus Gründen der Selbsterhaltung unannehmbar. So versuchte sie Zeit zu gewinnen. Am 2. Januar 1938 meldete Trautmann eine Stellungnahme von Kong Xiangxi nach Berlin, die es als möglich erscheinen ließ, daß die chinesische Regierung die japanischen Forderungen nicht völlig zurückweisen würde (Dok. 13). Am 13. Januar ersuchte die chinesische Regie-

---

46 Den Wortlaut dieser Darlegung vgl. ADAP, Serie D, Bd.I, Dok.532. Auch in: Peck 1961:122–124.

47 BArch, R9208, DBC, Nr.2103, Bl.87ff. – Neurath an DB Hankou, Berlin 6.12.1937. Auch in: Peck 1961:120f.

48 Ebenda.

49 Am 25.11.1938 äußerte Außenminister Hirota, daß der Antikominternpakt seit seiner Unterzeichnung „die wichtigste Richtlinie" der japanischen Außenpolitik gewesen sei. Mit der „Bekämpfung der kommunistischen Gefahr", zu der auch Chiang Kaishek gezählt wurde, weil er „seine 400 Millionen Landsleute mit seiner prokommunistischen und antijapanischen Politik in äußerste Not gebracht" habe, habe Japan „den ersten Schritt getan, um das große Ideal der Schaffung einer neuen Ordnung in Ostasien zu verwirklichen" (BArch, R901, AA, Nr.60405, Bl.16).

50 Ebenda, Bl.191 – DB Tokio, Dirksen, an DB Hankou (gleichlautend an AA), Tokio 16.12.1937. Auch in: Peck 1961:135.

51 BArch, R9208, DBC, Nr.2104, Bl.129ff. Auch in: Peck 1961:138–141.

52 Ebenda, Bl.166 – DB Hankou, Trautmann, an AA, Hankou 26.12.1927; und ebenda, Bl.153 – DB Hankou, Trautmann, an AA, Hankou 27.12.1937. Auch in: Peck 1961:145f.

rung über Trautmann die japanische, die neuen Verhandlungsbedingungen gründlicher zu erläutern, um ihr eine Entscheidung zu ermöglichen,[53] am 15. Januar gab Kong Xiangxi gegenüber Trautmann eine ähnlichlautende, nach Tokio weiterzuvermittelnde Erklärung ab.

Die japanische Regierung war mit ausweichenden Antworten nicht einverstanden. Dirksen telegraphierte, daß Militärattaché Ott „aus unbedingt sicherer Quelle" erfahren hatte: Die japanische Regierung „vermisse in chinesischer Antwort jede Friedensbereitschaft". Sie „lehne daher weitere Anerkennung [der] Regierung Chiang Kaishek [ab] und breche Besprechungen" ab.[54] Außenminister von Neurath erfuhr am 16. Januar 1938 durch den japanischen Botschafter Togo, daß Japan nicht mehr bereit sei, eine von Chiang Kaishek geführte chinesische Regierung als Verhandlungspartner anzuerkennen (Dok. 14). Am 18. Januar bekräftigte die Guomindang–Regierung, daß sie den Kampf um die Souveränität und Integrität Chinas fortsetzen und keine Marionettenregierung anerkennen werde. Am 20. Januar brachen Japan und China die diplomatischen Beziehungen ab.[55] Damit war der deutsche Versuch, beide Seiten an den Verhandlungstisch zu bringen, vollends gescheitert.

Die Anerkennung Manzhouguos

Japan hatte seit Errichtung seines Marionettenstaates Manzhouguo 1932 auf dessen Anerkennung gedrängt.[56] Dabei ging es weit weniger um die Akzeptanz der mandschurischen Selbständigkeit als um eine sichtbare Unterstützung für die japanische Außenpolitik. Deutsche diplomatische Kreise in Tokio und Xinjing regten nach Abschluß des Handelsvertrages mit Manzhouguo vom Frühjahr 1936 mehrmals an, eine Anerkennung ernsthaft in Erwägung zu ziehen. Sie versprachen sich von diesem Schritt größere wirtschaftliche Handlungsspielräume in der Mandschurei und weitere Einflußmöglichkeiten in Fernost. Die China–Diplomaten um Trautmann blieben bei ihrer ablehnenden Haltung, weil sie dadurch das Verhältnis zu China gefährdet sahen (Dok. 4).

Ein Meinungswandel zeichnete sich ab, als – parallel zum erfolgreichen Vormarsch der Japaner in China – die militärstrategischen Planungen für Europa im November 1937 in eine neue Phase traten. Hitler wollte nunmehr direkt zur gewaltsamen Lösung seiner Expansionsziele übergehen. Die Einverleibung Österreichs und der Tschechoslowakei waren erste Nahziele. Da England und Frankreich als Hauptgegner einer Veränderung des Status quo galten, sah Hitler den Krieg gegen beide Mächte als unvermeidbar an. Dieser Sicht widersprachen konservative Eliten in Militär und Diplomatie, vor allem Blomberg, Fritsch und Neurath. Sie

---

[53] BArch, R9208, DBC, Nr.2104, Bl.55–56 – DB Hankou, Trautmann, an AA, 13.1.1938. Auch in: Peck 1961:170f.

[54] BArch, R9208, DBC, Bd.2104, Bl.26 – DB Tokio, Dirksen, an AA, Tokio, 15.1.1938. Auch in: Peck 1961:174.

[55] Vgl. Wu Xiangxiang Bd.1, 1973:91; Shi Yuanhua 1994:518.

[56] Vgl. Sommer 1962:104.

hielten Deutschlands Rüstung für noch nicht ausreichend, um gegen die Westmächte zu bestehen.[57] Deshalb waren sie auch gegen eine einseitige Orientierung auf Japan. Sie erachteten es für wünschenswert, die Beziehungen zu China auszubauen, um militärisch und kriegswirtschaftlich stark zu bleiben.

Für Hitler waren solche Konzeptionen gegenüber den global angelegten Kriegsplänen zweitrangig geworden. Ribbentrops Überlegungen zur Neutralisierung Englands gewannen für ihn zunehmend an Bedeutung. Nach außen hin sollte mit Großbritannien weiter Verständigung gesucht werden. „In aller Stille, aber mit aller Zähigkeit“ empfahl Ribbentrop den Aufbau einer überlegenen Mächtekonstellation Deutschland–Italien–Japan, die „schlagartig eingesetzt“ werden könnte.[58] Japan wurde favorisiert, weil es durch seine geostrategische Lage am besten geeignet schien, starke westliche Kräfte in Fernost und im Pazifik zu binden und gleichzeitig die Sowjetunion von einem Eingreifen in Europa abzuhalten.[59]

Die Anerkennung Manzhouguos sollte jedoch noch aufgeschoben werden, um „gewisse Sicherheiten“ für Deutschlands Handel „sowohl in Manzhouguo als auch in den etwa von Japan neu zu besetzenden chinesischen Provinzen“ gegenüber Japan durchzusetzen.[60] Außerdem schien es der Reichsregierung nicht angezeigt, eine Anerkennung bereits während der Vermittlung auszusprechen und deren Ergebnis dadurch zu gefährden. Außenminister Neurath votierte noch im Januar 1938 gegen einen solchen Schritt.[61]

Im Februar 1938 wurde im Zuge der Kriegsvorbereitung die Spitze des Auswärtigen Amtes sowie der Wehrmacht- und Wirtschaftsführung umgruppiert. Mit dem neuen Reichsaußenminister Ribbentrop wurde der Übergang zu einer aggressiven Außenpolitik auch personell deutlich gemacht.

Nach dem Scheitern der deutschen Vermittlung empfahl Botschafter Dirksen, Tokio, „dringend eine Neuordnung unserer Beziehungen zu Japan und China“.[62] Aus dem Chinakrieg, dessen Ende noch nicht absehbar sei, werde Japan als Sieger hervorgehen und der unterlegene Chiang Kaishek werde sich zwangsläufig zur UdSSR hin orientieren.

Auffassungen der deutschen Diplomaten in China selbst, die im Februar 1938 noch einmal nachdrücklich auf die zu erwartenden negativen Folgen einer Anerkennung Manzhouguos für

---

57 Vgl. ADAP, Serie D, Bd.I, Nr.19 – Niederschrift des Obersten Hoßbach über die Besprechung in der Reichskanzlei vom 5.11.1937, datiert vom 10.11.1937. Zu den Teilnehmern der Besprechung gehörten Reichskriegsminister von Blomberg, die Oberbefehlshaber des Heeres, von Fritsch, der Kriegsmarine, Raeder, der Luftwaffe, Göring, sowie Reichsaußenminister von Neurath.

58 ADAP, Serie D, Bd.I, Dok.93 – Notiz für den Führer, 2.1.1938. Zur Entstehung dieser „Notiz“ vgl. Kordt 1950:175.

59 Vgl. Martin 1984:6.

60 Vgl. ADAP, Serie D, Bd.I, Dok.526 – AA, Mackensen, an DB Rom, Hassell, 27.11.1937.

61 Vgl. ADAP, Serie D, Bd.I, Dok.549 – Aufzeichnung Neuraths, 10.1.1938.

62 ADAP, Serie D, Bd.I, Dok.564 – DB Tokio, Dirksen, an AA, 16.1.1938: Politischer Bericht.

das deutsch–chinesische Verhältnis hinwiesen,[63] fanden in Berlin kein Gehör mehr. Das Auswärtige Amt wies dagegen an, die chinesische Regierung zu bewegen, trotz der nun vorgesehenen Anerkennung Manzhouguos die Beziehungen zu Deutschland nicht einfrieren zu lassen (Dok. 15). Wirtschaftsgesichtspunkte sollten zur Erklärung der Motive dieses Schrittes in den Vordergrund gestellt werden.[64]

Am 20. Februar 1938 kündigte Hitler in einer Reichstagsrede die Anerkennung Manzhouguos an.[65] Zur Begründung führte er an, er halte „China nicht für seelisch oder materiell gekräftigt genug, um aus eigenem einem bolschewistischen Ansturm standhalten zu können" (Dok. 16). Hitler stellte damit die globalstrategische Orientierung bei der Kriegsvorbereitung über die speziellen China–Interessen. Wirtschaftliche Einbußen in Fernost sollten durch Abmachungen mit Japan kompensiert werden.

Die chinesische Regierung erhob scharfen Protest gegen die deutsche Manzhouguo–Anerkennung (Dok. 18). Da sie aber dringend weiter auf die deutschen Kriegsmateriallieferungen angewiesen war und auch an der Tätigkeit der Militärberater festzuhalten gedachte, vermied sie eine Grundsatzdiskussion über die Verschlechterung des deutsch–chinesischen Verhältnisses. Die chinesische Presse hingegen sprach offen davon, daß Deutschland in seiner Ostasienpolitik durch die Sanktionierung der japanischen Aggression nunmehr einen einschneidenden Wechsel vollzogen habe (Dok. 17).

Unterbrechung der Kriegsmateriallieferungen, Abzug der Berater und Rückberufung des deutschen Botschafters

Die Kriegsmateriallieferungen von Deutschland nach China waren nach ihrem kurzzeitigen Stopp im Oktober 1937 zunächst weitergegangen. In Verbindung mit dem Italienbesuch Hitlers im Mai 1938[66] untersagte Göring jedoch alle weiteren Kriegsmateriallieferungen nach China[67] (Dok. 19). Auf Intervention einflußreicher chinaengagierter Großunternehmen lenkte man aber wieder ein. Das Reichswirtschaftsministerium wurde beauftragt, die Rü-

---

63 ADAP, Serie D, Bd.I, Dok.566, S.677f., und Dok.567.

64 Vgl. FOSD/Microcopy, German War Documents, GFM 2–5, Serial 7072, AA, Pol. VIII, Handakte Clodius, Bd.2, Aufn. E526438–E526441 – Aufzeichnung Voss, AA, über die voraussichtlichen Rückwirkungen der Anerkennung Manzhouguos auf die deutsch–chinesischen Beziehungen, 20.2.1938.

65 Ihre völkerrechtliche Verbindlichkeit fand die Anerkennung mit der Unterzeichnung eines „Freundschaftsvertrages zwischen dem Deutschen Reich und Manzhouguo" am 12.5.1938. Dieser von Staatssekretär von Weizsäcker und dem „Handelskommissar von Manzhouguo in Deutschland", Kato Hiyoshi, unterzeichnete Vertrag regelte die sofortige Aufnahme diplomatischer und konsularischer Beziehungen und enthielt die Festlegung, „alsbald" einen Handelsvertrag abzuschließen (RGBl. 1938, Teil II vom 30.7.1938). Ein solcher Handelsvertrag wurde am 13.9.1938 in Xinjing unterzeichnet. Vgl. auch Weinberg 1957:149–164.

66 Vgl. Ratenhof 1987:500 und 502.

67 Vgl. dazu Drechsler 1964:50–54; Bloß 1981:269.

stungssendungen im HAPRO–Rahmen den veränderten Bedingungen anzupassen und in China darüber zu verhandeln.[68]

Die NS–Führung war hingegen bereit, ihre Hinhaltetaktik hinsichtlich der deutschen Militärberater in China[69] aufzugeben und den japanischen Forderungen nachzugeben. Am 22. April 1938 wurde dem Chef der Militärberater, General von Falkenhausen, der „Wunsch der Reichsregierung“ mitgeteilt, daß „die als Berater im Dienst der chinesischen Regierung befindlichen ehemaligen deutschen Offiziere ihr Vertragsverhältnis lösen“ und „alsbald“ nach Deutschland zurückkehren sollten.[70] Das Auswärtige Amt führte gegenüber dem chinesischen Botschafter zur Begründung an, daß es mit dem deutschen „Bedürfnis nach einer neutralen Haltung“ auf die Dauer „nicht zu vereinbaren“ sei, wenn „durch die Anwesenheit und Beteiligung von etwa dreißig ehemaligen deutschen Offizieren der Glaube in der Welt entstehe, als beeinflußten wir aktiv die chinesische Kriegführung“.[71] Tatsächlich waren die deutschen Militärberater, u.a. Falkenhausen, wesentlich an der Ausarbeitung der chinesischen Verteidigungslinien gegenüber dem japanischen Vormarsch beteiligt gewesen.[72]

Da die Rückberufungsentscheidung sowohl bei der chinesischen Regierung als auch bei den Beratern selbst auf Ablehnung stieß, kam es im Mai und Juni zu einem intensiven diplomatischen Tauziehen (Dok. 20, 22).[73] Schließlich gab die chinesische Seite dem deutschen Druck nach. Sie teilte am 23. Juni mit, daß sie die Beraterverträge – allerdings mit fünf Ausnahmen[74] – auflöse. Mit dem Bedauern über den deutschen Schritt verband sie ihre Hoffnung, die „besondere Freundschaft“, die in der Vergangenheit zwischen China und Deutschland geherrscht habe, auch in der Zukunft berücksichtigt zu sehen. Am 5. Juli verließen die deutschen Berater in einem von der chinesischen Regierung zur Verfügung gestellten Sonderzug China in Richtung Hongkong.[75]

---

68 Vgl. dazu Kap. 5.

69 Eine Liste aller im April 1938 in China tätigen deutschen Militärberater s. ADAP, Serie D, Bd.I, Dok.577. Die Zahl der Berater betrug dieser Liste zufolge im April 1938 insgesamt 33 (24 Offiziere und neun Beamte), nachdem sie auf ihrem höchsten Stand im Oktober 1935 43 Offiziere und „verschiedene Beamte“ betragen hatte.

70 BArch, R9208, DBC, Nr.2247, Bl.77 – Ribbentrop an DB Hankou, Berlin, 22.4.1938.

71 ADAP, Serie D, Bd.I, Dok.578 – Aufzeichnung des Staatssekretärs von Weizsäcker, Berlin, 27.4.1938.

72 Vgl. in jüngster Zeit auch Wickert 1997:49.

73 Vgl. ADAP, Serie D, Bd.I, Dok.578, 583–585.

74 Auch dieser Ausnahmeregelung stimmte die deutsche Führung nicht zu. Die Berater Martin, Stein, Stennes, Stölzner und Vogt blieben – gemeinsam mit einem sechsten Berater, dem im Juli 1938 nach Nationalchina gelangten Imhof – gegen den Willen der Reichsregierung im unbesetzten Teil Chinas. Vgl. Schenke 1971:44; Ratenhof 1987:501.

75 Zum Beraterabzug insgesamt vgl. Drechsler 1964:48–50; Fabritzek 1973:131; Liang 1978:132; Martin 1981a:15; Bloß 1981:267–269; van Briessen 1982:32; Shi Yuanhua 1994:543.

Ribbentrops Entscheidung, Botschafter Trautmann aus China abzuberufen (Dok. 21, 22), wurde trotz des Einlenkens der chinesischen Regierung nicht rückgängig gemacht.[76] Die deutsche Regierung hatte zeitweilig sogar einen vollständigen Abbruch der diplomatischen Beziehungen erwogen. Erst als alle deutschen Forderungen erfüllt waren, hielt man die „Möglichkeit einer Aufrechterhaltung der Beziehungen" für gegeben.[77]

---

76 ADAP, Serie D, Bd.I, Dok.600.

77 ADAP, Serie D, Bd.I, Dok.601 – Weizsäcker an DGK Hongkong, Berlin 29.6.1938. Die Adressierung „Hongkong" hat damit zu tun, daß Trautmann seine Rückreise über Hongkong antrat.

1

Aufzeichnung[1] über den Empfang von Finanzminister Kong Xiangxi bei Reichskanzler Adolf Hitler auf dem Obersalzberg

Berlin, 15. Juni 1937

Am Sonntag, den 13. Juni d.J., empfing der Führer und Reichskanzler auf dem Obersalzberg den Besuch des Vizepräsidenten des Executive Yuan und chinesischen Finanzministers Dr. H.H. Kong [Xiangxi] und seiner Begleiter, des chinesischen Marineministers, Admiral S.K. Chen [Chen Shaokuan], des Generalsekretärs des Executive Yuan, Dr. W.H. Wong [Weng Wenhao], und des Generalleutnants Y.C. Xuei [Gui Yongqing]. An dem Empfang nahmen weiter teil der chinesische Botschafter in Berlin sowie deutscherseits Obergruppenführer Brückner, Ministerialrat Kiewitz und Legationsrat von Schmieden.

Die Unterhaltung zwischen dem Führer und Reichskanzler und Minister Kong berührte allgemeinpolitische Tagesfragen unter Voranstellung der deutsch–chinesischen Beziehungen, jedoch ohne auf Einzelheiten (wie Staatsvertrag[2]) einzugehen.

Minister Kong schilderte die Lage in China als eines international zum Teil entrechteten Staates (Ungleiche Verträge[3]) und versuchte eine Parallele zu ziehen zur Lage Deutschlands, womit vielleicht die Voraussetzung für ein gewisses Zusammengehen von Deutschland und China gegeben sei. Er machte des weiteren Anspielungen auf die durch die „östlichen Zwerge" (Japaner) geschaffene Lage im Norden und Osten Chinas. Er bemühte sich, das ausweichende Verhalten der Chinesen gegenüber den Japanern aus der chinesischen Sinnesart heraus, deren Art nicht in unmittelbarer Vergeltung läge, verständlich zu machen. In diesem Zusammenhang wurde aber keine Frage nach der Bedeutung des deutsch–japanischen Vertrages[4] gestellt. Weiter verbreitete er sich über die innere Lage Chinas, die er als gefestigt darstellte. Das Vorhandensein einer kommunistischen Gefahr im eigentlichen Sinne für China bestritt er, auch die meisten der ärmsten Chinesen seien noch Besitzer von

---

[1] Aufzeichnung des Vortragenden Legationsrates Werner von Schmieden, AA, Politische Abteilung, Referat Pol. VIII (Ostasien und Australien) über Leiter der Politischen Abteilung (Unterstaatssekretär Woermann) und Staatssekretär (Ernst Freiherr von Weizsäcker) für Reichsminister des Auswärtigen Konstantin Freiherr von Neurath.

[2] Gemeint ist der am 8.4.1936 zwischen Deutschland und China gezeichnete Kredit–Zusatzvertrag zum „Ausführungs–Vertrag über den Austausch von Rohstoffen und Landesprodukten Chinas gegen Industrie– und sonstige Erzeugnisse Deutschlands", der sog. HAPRO–Vertrag. Deutscher Vertragstext abgedruckt in: ADAP, C, V, Nr.270.

[3] Gemeint sind die im Ergebnis des Opiumkrieges (1840–1842) von Großbritannien, den USA, Frankreich und weiteren Mächten von China erzwungenen Sonderrechte, vor allem die Exterritorialität in Vertragshäfen und ausländischen Niederlassungen.

[4] Gemeint ist das „Deutsch–Japanische Abkommen gegen die Kommunistische Internationale" (Antikomintern–Pakt) vom 25.11.1936 mit Zusatzprotokoll, RGBl. 1937 II, S.28.

einem kleinen Flecken Land. Die Masse der mittellosen Proletarier der Industriearbeiterklasse fehle in China, die das Grundelement des Kommunismus darstellte.

Der Führer und Reichskanzler stellte seinen Ausführungen voran, daß seiner Meinung nach die Beziehungen zu China, überhaupt zu den Ländern im Fernen Osten, auf dem Geschäftlichen aufgebaut seien. Deutschland als Industriestaat und China als ein Land reich an Rohstoff- und Bodenprodukten seien auf natürliche Weise auf den Austausch ihrer Güter zum beiderseitigen Vorteile angewiesen. Deutschland verfolge im Fernen Osten keinerlei politische noch territoriale Ziele, sondern, wie er nur wiederholen könne, allein die Absicht, Geschäfte zu machen. Sodann ging der Führer und Reichskanzler auf die kommunistische Weltgefahr ein. Das bolschewistische Rußland bedeute eine Bedrohung der Weltordnung wegen der von ihm weiter verfolgten Weltrevolutionsziele. Nicht die russische Armee halte er für gefährlich, eine deutsche Division würde genügen, zwei russische Armeekorps abzutun, die Gefahr würde vielmehr darin bestehen, daß Westeuropa bolschewisiert würde und damit Deutschland, das mit Frankreich und Belgien einen lebhaften Handel habe, wesentlichster Absatzgebiete beraubt würde. Es müsse deshalb der Bolschewismus bekämpft werden. Wenn Deutschland im Fernen Osten etwas Politisches[5] unternommen hätte, so sei das nur aus diesem Grunde erfolgt.

Der Führer und Reichskanzler entwickelte sodann die Notwendigkeit und die Vorteile starker autoritärer Regierungen. In diesem Sinne betrachte er den Marschall Chiang Kaishek als eine dem Chinesischen Reich von der Vorsehung besonders gesandte Persönlichkeit. Mit starken Regierungen könne man haltbare Abmachungen treffen, dies zeige die Entwicklung in Europa zwischen Deutschland und Polen[6].

Auch in den Beziehungen zwischen Italien und Jugoslawien[7] und Jugoslawien und Bulgarien[8] sei eine Beruhigung eingetreten, Deutschland hätte hierbei vermittelnd mitgewirkt. Er hoffe, daß es auch zu einem Ausgleich zwischen China und Japan kommen werde. Unter Umständen böte sich auch hier die Möglichkeit einer deutschen Vermittlung.

Auf diesen Punkt ist Minister Kong nach längeren allgemeinen Ausführungen nur mit der Bemerkung eingegangen, daß eine deutsche Vermittlung nicht ausgeschlossen sei, wenn der Zeitpunkt hierfür gekommen wäre.

Aus Bemerkungen, die anschließend an den Aufenthalt auf dem Obersalzberg Minister Kong und seine Begleitung zu mir machten, habe ich den Eindruck gewonnen, daß die Besorgnisse, die die chinesischen Herren hinsichtlich einer gegen China gerichteten Tendenz der deutsch-japanischen Abmachungen hegten, durch die ihnen schon in Berlin gegebenen und durch die Bemerkungen des Führers bekräftigten Erklärungen wirksam zerstreut wurden.

---

[5] Gemeint ist der Antikomintern-Pakt.

[6] Angespielt wird auf den am 26.1.1934 zwischen Deutschland und Polen abgeschlossenen Nichtangriffspakt und Freundschaftsvertrag, ergänzt durch nachfolgende bilaterale Wirtschaftsabkommen.

[7] Angedeutet wird der am 25.3.1937 zwischen Italien und Jugoslawien unterzeichnete Nichtangriffspakt, der fünf Jahre gelten und die seit den Friedensverträgen nach dem Ersten Weltkrieg gespannte Lage zwischen beiden Staaten ausgleichen sollte.

[8] Gedacht ist an den Freundschaftsvertrag zwischen Jugoslawien und Bulgarien vom 24.1.1937.

Herr Kong erkundigte sich später auch bei mir nach der Möglichkeit einer deutschen Rückkehr in den Völkerbund. Das eingangs seiner Bemerkungen zum Führer und Reichskanzler angedeutete mögliche politische Zusammengehen zwischen Deutschland und China scheint er sich innerhalb des Völkerbundes vorzustellen.

von Schmieden

ADAP, Serie C, Bd.VI, Dok.429.

2

Vermerk des Reichsaußenministers Konstantin Freiherr von Neurath über ein Gespräch mit Botschafter Cheng Tianfang

Berlin, 14. Juli 1937

Der chinesische Botschafter [Cheng Tianfang], der mich heute morgen aufsuchte, um seinerseits eine Darstellung über die Entstehung der Kämpfe bei Peking zu geben,[9] erklärte mir folgendes:

Am 7. d. Mts. hätten japanische Truppen von der Besatzung Pekings acht bis zehn Meilen südlich von Peking nächtliche Manöver abgehalten. Sie seien dabei in das Gebiet gekommen, in dem auch chinesische Truppen stationiert seien. Bei Auseinandersetzungen, die sich wegen des angeblichen Fehlens eines japanischen Soldaten zwischen den Kommandanten der chinesischen und japanischen Truppen ergeben hätten, hätten plötzlich die japanischen Truppen mit scharfer Munition geschossen. Das Feuer sei von den Chinesen erwidert worden, später sei jedoch ein Waffenstillstand verabredet worden, der am anderen Tage von den Japanern ohne Angabe von Gründen gebrochen worden sei. Dasselbe Schauspiel habe sich am 9. und 11. wiederholt. Nach dem Vertrag vom Jahre 1901 hätten die japanischen Besatzungstruppen zwar das Recht, Manöver nördlich der Eisenbahnlinie Peking–Tianjin abzuhalten. Diesmal seien sie ohne vorherige Verständigung der chinesischen Kommandeure in das zehn bis zwölf Meilen südlich Peking und der Eisenbahnlinie Peking–Tianjin gelegene Gebiet eingerückt. Dazu hätten die Japaner kein Recht gehabt. Die chinesische Regierung sei durchaus bereit, diesen Zwischenfall friedlich beizulegen, falls die Japaner sich entschuldigten und die Kämpfe nicht fortsetzten. Zur Zeit habe es allerdings den Anschein, als ob Japan, das Truppen und Schiffe von Japan nach China in Bewegung gesetzt habe, eine kriegerische Auseinandersetzung mit China suche.[10]

---

9 Am gleichen Tage hatte auch der japanische Botschafter Mushakoji Neurath aufgesucht, um „die durch den Zwischenfall bei Peking entstandene Lage zu klären“ (BArch, R901, AA, Nr.60970, Bl.205–206).

10 Neurath wußte zu diesem Zeitpunkt über die Haltung der chinesischen Regierung offensichtlich schon mehr, als ihm Botschafter Cheng Tianfang hier mitteilte. Am 13.7. hatte Botschafter Dirksen aus Tokio

Der Botschafter fragte sodann, welche Haltung wir in diesem Streit einnähmen. Ich erwiderte ihm, daß wir selbstverständlich strikte Unparteilichkeit einhalten würden. Ich hoffe aber, daß es doch noch gelingen würde, bei einigem guten Willen den Zwischenfall beizulegen.[11]

gez. Frhr. v. Neurath

BArch, R901, AA, Nr.60970, Bl.207–208.

3

Telegramm des Botschafters Oskar Trautmann, Nanjing, an das AA

Nanjing, 27. Juli 1937

Bei meiner heutigen Unterredung mit Marschall Chiang Kaishek fragte er mich nach unserer Haltung, die ich ihm auf Grund dortiger Instruktion auseinandersetzte. Er fragte dann, ob bei Besprechungen, die unser Botschafter in Tokio jetzt mit Japanern geführt habe, japanische Regierung sich uns gegenüber auf den Antikominternpakt berufen habe. Ich erwiderte, daß dieser Pakt überhaupt nicht erwähnt worden sei und für unsere Haltung keine Rolle [spielt], was ihn sichtlich beruhigte. Der Marschall machte dann sehr ernste Ausführungen zur Lage. Es wäre vollkommen abwegig, zu glauben, daß es sich hier um einen lokalen Konflikt handele. Wenn der japanische Angriff (aggression) weiterginge, dann müßte man mit Feindseligkeiten rechnen, die ganz Ostasien in ihren Strudel ziehen würden, und mit Abbruch der diplomatischen Beziehungen zwischen China und Japan. Ich fragte ihn, ob er glaube, daß

---

telegraphiert: „Nach streng vertraulichen völlig sicheren, dem japanischen Botschafter [in China, Kawagoe Shigeru] zugegangenen Nachrichten hat Nanjing–Regierung gestern abend ihren Botschaftern in London [Guo Taiqi], Moskau [Jiang Tingfu], Washington [Wang Shijie] gedrahtet, sie sei entschlossen, die Herausforderung Japans mit Kampf zu beantworten. Die Botschafter werden beauftragt, zu fragen, ob Nanjing–Regierung Unterstützung betreffender Regierungen erwarten könne. Chinesischer Botschafter in Berlin hat dieses Telegramm nicht erhalten“ (ADAP, Serie C, Bd. VI/2, Dok.460).

11 Die chinesische Regierung vertiefte ihren Standpunkt in einem Memorandum, das dem AA am 16.7. durch Botschaftsrat Tan Boyu übergeben wurde. Darin werden „dieser plötzliche Angriff auf Lugouqiao und die Invasion in Nordchina durch starke japanische Streitkräfte“ – an anderer Stelle im Memorandum ist von „mehr als 100 japanischen Flugzeugen und Truppen in Stärke von 20.000 Mann im Peking–Tianjin–Gebiet“ die Rede – als „klare Verletzung der chinesischen Hoheitsrechte“ und als „im Gegensatz zu den Worten und zu dem Geiste des Neunmächtevertrages [Washington 1922], des Pariser Friedenspakts [gemeint ist der Briand–Kellog–Pakt von 1928] und der Völkerbundsatzung“ stehend charakterisiert. China sei gezwungen, „sämtliche verfügbare Mittel einzusetzen, um sein Territorium und die nationale Ehre und Existenz zu verteidigen“, es halte sich „jedoch bereit, die Differenzen mit Japan durch jedes der friedlichen Mittel beizulegen, die dem Völkerrecht und den internationalen Verträgen bekannt sind“ (ADAP, Serie C, Bd.VI/2, Dok.471).

auch Rußland in einen eventuellen Krieg eingreifen würde. Er erwiderte, daß sich dies bis jetzt noch nicht ganz übersehen ließe, daß man aber mit Möglichkeit später rechnen müsse. Er könne mir versichern, daß er bis jetzt mit den Russen keinerlei Abmachungen getroffen habe, daß sich jetzt aber die Lage geändert habe, und er von diesem Zeitpunkt an frei sei.

Wir kamen dann zu einer Erörterung der diplomatischen Lage. Ich sagte, daß ich von meiner Besprechung mit [dem] Außenminister den Eindruck hätte, daß China sich von einer Vermittlung dritter Mächte viel verspräche, während ich glaube, daß eine solche bei der japanischen Haltung ganz zwecklos sei. Der Marschall sagte darauf: Wir hätten mit Japan den Antikominternpakt, der gegen Rußland gerichtet sei. Danach liege ein chinesisch-japanischer Konflikt nicht in unserem Interesse. Wir wären aber so intim mit den Japanern, daß wir [die] einzige Macht seien, die friedlich mit den Japanern sprechen könnte. Ich sagte ihm, unsere Regierung würde den Ausbruch eines Krieges in Ostasien aufs äußerste bedauern. Wir arbeiteten deshalb auch in Tokio für den Frieden. Ich bezweifle aber, ob wir [den] kleinen administrativen Antikominternpakt zur Handhabe nehmen könnten, um in dieser großen Frage auf die Japaner einzuwirken. Der Marschall bat mich dringend, seine Ausführungen zu berichten.

ADAP, Serie D, Bd.1, Dok.470.

4

Bericht des Leiters der Deutschen Handelsvertretung in Manzhouguo, Karl Knoll, Xinjing, an das AA[12]

Xinjing, 6. August 1937

Inhalt: Frage der Anerkennung Manzhouguos. [...][13]

3. Gesichtspunkte, die für die Anerkennung sprechen.

Die Anerkennung Manzhouguos durch Deutschland[14] wird von Ohashi nicht als eine dem Staat Manzhouguo erwiesene Wohltat, sondern ausschließlich als Schritt zur Festigung der

---

12 Der Politische Bericht Nr.146 ging der DB Nanjing abschriftlich zu. Randbemerkungen stammen von Botschafter Trautmann. Das Dokument trägt den Eingangsstempel „Oct. 28 1937".

13 Die Berichtsteile 1. „Aus der Gedankenwelt des Hern Ohashi" und 2. „Einstellung Ohashis und Matsuokas gegenüber Rußland und England" wurden ausgelassen. Ohashi war „Leiter des Büros für Auswärtige Angelegenheiten von Manzhouguo". Knoll sei mit ihm – so sein Bericht – „gelegentlich der deutsch-mandschurischen Freundschaftswoche [...] häufig" zusammengetroffen, und dabei sei Ohashi „mehrfach auf den weiteren Ausbau der deutsch-japanischen politischen Beziehungen und im Zusammenhang damit auf die Anerkennung Manzhouguos durch Deutschland zu sprechen gekommen".

14 Hierzu machte Trautmann in seinem Anmerkungen vom 1.11. noch einmal seine grundsätzliche Ablehnung der Art und Weise deutlich, wie die deutsche Ostasienpolitik sich mit der japanischen verband, und gab zugleich zu erkennen, daß er gegen die Existenz Manzhouguos und auch gegen dessen Aner-

politischen Beziehungen zwischen Deutschland und Japan angesehen. Sie würde, darin ist ihm beizupflichten, eine wesentliche, wahrscheinlich entscheidende Stärkung der deutschfreundlichen Politiker Japans bedeuten. Die Anerkennung Manzhouguos als Teil Japans würde jedoch, obwohl sie den tatsächlichen Verhältnissen eher gerecht würde als die Anerkennung eines selbständigen Staates, nicht unseren Interessen entsprechen.[15] Ich sehe davon ab, daß die Andeutung Ohashis noch nicht allzu ernst genommen werden kann, und daß Japan sich mit einer solchen Anregung in direkten Gegensatz zu seiner bisherigen Manzhouguo-Politik setzen würde. Wir haben kein Interesse daran, der in der Luft liegenden „Koreanisierung" Manzhouguos Vorschub zu leisten, weil unsere wirtschaftliche Stellung in einem von uns und Japan gleichermaßen als selbständig anerkannten Staat eine stärkere[16] sein muß als in einem Land, das wir als japanische Kolonie anerkannt haben. Außerdem würde die Anerkennung Manzhouguos als Teil des japanischen Imperiums eine Umkehr von unserer bisherigen Haltung gegenüber Manzhouguo bedeuten. Sie müßte in China auch noch bitterer empfunden werden als die Anerkennung eines selbständigen Staates.[17]

Politisch würden wir mit der Anerkennung Manzhouguos bekunden, daß wir den jetzigen Zustand in diesem Lande als einen Faktor des Friedens ansehen. Es liegt auf der Hand, daß weder wir noch irgendein anderer Staat, einschließlich Chinas,[18] ein Interesse an dem Versuch einer Änderung dieses Zustands in absehbarer Zeit haben können. Das chinesische Schlagwort vom „Puppenstaat" könnte kaum ein ernstliches Hindernis für die Anerkennung bedeuten. Ein Puppenstaat ist Manzhouguo nur, soweit der mandschurische Kaiser[19] und die mandschurischen Minister in Frage kommen. Im übrigen aber ist er ein gut organisiertes Staatswesen, das gezeigt hat, daß es Ordnung im Lande[20] halten kann, ein japanisches Staatswesen allerdings, ein zweites Japan, das den Vergleich mit den früheren Zuständen in diesem Lande ruhig aushalten kann.

Was die wirtschaftspolitische Seite der Frage betrifft, so sollten die bisherigen, noch unbefriedigenden[21] Erfolge unserer Politik gegenüber Manzhouguo nicht entmutigen. Für die ja-

---

kennung eigentlich nichts einzuwenden hatte. Wenn Japan – so formulierte er – „klug und weitsichtig gehandelt hätte, wäre es ihm „gegen die Aufgabe weiterer Pläne friedlicher oder kriegerischer Ausdehnung südlich der großen Mauer" möglich gewesen, „China allmählich zu einer Anerkennung Manzhouguos zu bringen". In einem anderen Schreiben am 21.11. wurde er – nun vor dem Hintergrund seiner „Vermittlungs"-Aktion – noch deutlicher: Einerseits erklärte er kategorisch: „Die Argumente, die Herr Knoll seinerzeit für die Anerkennung angeführt hat, halten einer objektiven Kritik nicht stand." Und andererseits schrieb er, Deutschland solle mit der Anerkennung lediglich „bis zur Beendigung des Krieges" warten (BArch, R9208, DBC, Nr.2356, Bl.107 – Trautmann an AA, Nanjing 21.11.1937).

15 An den Rand ist ein Fragezeichen gesetzt.

16 An den Rand ist ein Fragezeichen gesetzt.

17 An den Rand ist die Bemerkung geschrieben: Was Herr Knoll will, ist schon bitter genug.

18 An den Rand ist ein Fragezeichen gesetzt.

19 Pu Yi (1906–1967), letzter chinesischer Kaiser (1908–1911), wurde durch Japan am 24.2.1932 zunächst als Regierungschef und am 1.3.1934 als Kaiser von Manzhouguo eingesetzt.

20 An den Rand ist ein Fragezeichen gesetzt.

21 An den Rand ist ein Ausrufezeichen gesetzt.

panischen Manzhouguo–Beamten sind wir Leute, die mit einer gewissen Gerissenheit sich wirtschaftliche Vorteile hier zu verschaffen suchen, die sich aber in ihrer politischen Haltung in keiner Weise binden wollen, also m[it] a[nderen] W[orten] noch ziemlich unzuverlässige Freunde.[22] Unter diesen Umständen will man uns hier nicht allzu sehr mit Vorzug behandeln. Obwohl die Parole Ohashis „neben japanischen nur deutsche Waren“ sich immer mehr durchsetzt, wird die Verdrängung amerikanischer und englischer Waren vorläufig noch mit einer gewissen Vorsicht betrieben. Daß uns im Falle der Anerkennung sehr viel mehr Entgegenkommen gezeigt werden würde, halte ich für sicher.[23] Dazu kommt, daß die japanische Industrie durch die Erschließung des zukünftigen nordchinesischen Staates so stark in Anspruch genommen werden wird, daß sie mehr oder weniger in Manzhouguo die Zügel lokkern muß. Wie die Dinge heute liegen, würde sich dies nicht ausschließlich zugunsten Deutschlands auswirken.

Selbst wenn die Kapitalknappheit Japans einen schnellen Ausbau der mandschurischen Wirtschaft, wie ihn der mandschurische Fünfjahresplan[24] vorgesehen hat, nicht zulassen sollte, würde uns die Anerkennung Manzhouguos doch eine Basis geben, von der aus wir eine sehr wirksame wirtschaftliche Tätigkeit in ganz Nordostasien, bis nach Zentralasien hinein,[25] entfalten können. Hierin liegt meines Erachtens das stärkste Argument für die Anerkennung. Wir müssen uns darüber klar sein, daß der jetzige Zustand – Handelsregelung mit der Reichsstelle für Devisenbewirtschaftung, Austausch von Handelsvertretern – von unseren japanischen Freunden als Halbheit[26] betrachtet wird, und daß die Vorteile, die er uns gebracht hat, nicht mehr wirken, sobald hier die Überzeugung Platz greift, daß wir den eingeschlagenen Weg nicht zu Ende gehen bereit sind. Gehen wir den Weg aber zu Ende, so werden wir in diesem zukunftsreichen Lande, das einen Flächeninhalt von 1,4 Millionen qkm hat, das noch nicht die Hälfte der Einwohner hat, die es ernähren könnte, das die natürlichen Voraussetzungen zu einem Kohlenverarbeitungsland erster Ordnung hat, über große Holzbestände verfügt, und dessen Mineralschätze erst jetzt allmählich in Abbau genommen werden, neben Japan reiche Betätigungsmöglichkeiten finden.[27] Die Ausnutzung dieser Möglichkeiten würde allerdings auf unserer Seite einen weit höheren Einsatz an technischen und wissenschaftlichen Fachkräften in diesem Gebiet und auch die Bereitstellung einer größeren Quote der Produktionskapazität für dieses Gebiet erfordern. Aber wenn wir hierzu bereit sind, so werden wir uns eine große wirtschaftliche Zukunft in einem Gebiet schaffen, das

---

22 Die Passage ist durch einen Doppelstrich am Rand hervorgehoben.

23 Hier ist handschriftlich an den Rand geschrieben: Erst recht nicht. – Trautmann versuchte am 1.11.1937 darauf aufmerksam zu machen, daß Deutschland für eine mittels Druck auf Japan zu erreichende Sicherung wirtschaftlicher Vorzugsbedingungen „alle Machtmittel fehlen“, und Rosen stellte fest: „Schließlich opfert Japan nicht täglich Blut und Gut, um fremde Belange zu fördern.“

24 Laufzeit: 1937–1941. Dem ersten folgte ein zweiter Fünfjahresplan: 1942–1946.

25 Am Rand ist notiert: Wieso?

26 Am Rand ist vermerkt: Der kleine Finger!

27 Am Rand ist notiert: Wie?

man angesichts des lebhaften Vorwärtsdringens der Japaner[28] heute nicht mehr die „alte Welt" nennen kann, und das in seinen klimatischen Verhältnissen weit günstigere Voraussetzungen für deutsche Betätigung bietet als etwa die tropischen Teile Afrikas.

Es würde sich also bei Anerkennung dieser Argumente, und, falls gewichtige Gegenargumente nicht vorhanden sind,[29] darum handeln, den Zeitpunkt zu bestimmen, in dem der Schritt der Anerkennung Manzhouguos getan werden muß. Für den Augenblick ist die Frage nicht dringend, da in diesem Jahr erst die Handelsvertretung eingerichtet worden ist und voraussichtlich der Otto–Wolff–Kreditvertrag[30] zum Abschluß kommt. Dagegen wird unter der Voraussetzung, daß die nordchinesische Militäraktion nach Wunsch der Japaner verläuft, und sich ihr der wirkliche[31] chinesisch–japanische Krieg nicht unmittelbar anschließt, im nächsten Jahr die Frage der Anerkennung für uns voraussichtlich akut werden.

Die Botschaften in Tokio und Nanjing haben Abschrift dieses Berichts erhalten.

gez. Knoll

BArch, R9208, DBC, Nr.2356, Bl.136–145.

5

Vermerk des Reichsaußenministers Konstantin Freiherr von Neurath

Leinfelden, 17. August 1937

Bei dem gestrigen Vortrag beim Führer ist auch unsere Politik gegenüber China eingehend besprochen worden. Der Führer hat dabei betont, daß er an einem Zusammengehen mit Japan an sich festhalte, daß in dem derzeitigen Streit zwischen China und Japan aber Deutschland neutral bleiben müsse. Was die auf Grund des Abkommens mit China auszuführenden Leistungen betreffe, so sollen sie, soweit sie von China mit Devisen oder durch entsprechende Rohstofflieferungen gedeckt würden, weiter ausgeführt werden, allerdings unter möglichster Tarnung nach außen. Weitergehende Bestellungen von Heeresgerät durch die Chinesen sollen möglichst nicht angenommen werden.

Der Reichskriegsminister ist über diese Entscheidung des Führers orientiert.

gez. Frhr. v. Neurath

ADAP, Serie D, Bd.I, Dok.478.

---

28 Hier ist am Rand vermerkt: Überall wo die Japaner einziehen, werden die Europäer verdrängt.

29 Am Rand ist vermerkt: festina lente [Eile mit Weile].

30 Die Eisengroßhandlung Otto Wolff schloß am 4.9.1937 mit der Centralbank of Manchou ein erstes Kreditabkommen (Laufzeit: ein Jahr), dem weitere folgen sollten.

31 Die Unterstreichung zeigt, daß Trautmann Knolls Ansicht von einer begrenzten Militäraktion nicht teilte.

6

Telegramm des AA an die Deutsche Botschaft Nanjing[32]

Berlin, 31. August 1937

Chinesischer Botschafter [Cheng Tianfang], der von Abschluß des Nichtangriffspakts[33] auftragsgemäß Mitteilung machte, gab ungefähr gleichlautende Motivierung wie Nanjinger Außenministerium; er betonte, es handle sich um wirklichen Nichtangriffspakt, nicht dagegen um Bündnis. Vertrag enthielte keine geheimen Abmachungen. Botschafter versicherte unveränderte freundschaftliche Einstellung Chinas gegenüber Deutschland; er hoffe deshalb von uns Aufrechterhaltung bisheriger neutraler Haltung.

Ihm wurde erwidert, daß Tatsache Vertragsabschluß bei uns große Überraschung und ernste Bedenken hervorgerufen, da bei solchen Verträgen weniger konkreter Inhalt als politische Absichten entscheidend; hiesige öffentliche Meinung könnte bei aller Würdigung chinesischer Motive leicht geneigt sein, im Pakt innere Verständigung mit Sowjetrußland zu sehen; auffallend sei, daß Vertragstext keine Nichteinmischungsklausel enthalte.
Bismarck.

BArch, NL Trautmann, Nr.24, Bl.25.

7

Brief des Finanzministers Kong Xiangxi an Reichskanzler Adolf Hitler[34]

Bad Nauheim, 3. September 1937

An den Führer und Reichskanzler des Deutschen Reiches, Herrn Adolf Hitler
Berchtesgaden.

Hochzuverehrender Herr Reichskanzler!
Euer Exzellenz!

---

32 Das Telegramm war von Ministerialdirigent Fürst von Bismarck, Gesandter I. Klasse und Dirigent in der von Unterstaatssekretär Woermann geleiteten Politischen Abteilung des AA, gezeichnet, in Berlin am 31.8.1937, 21.15 Uhr abgesandt, in Nanjing am 1.9.1937, 8.30 Uhr empfangen und entziffert worden.

33 Chinesisch–sowjetischer Nichtangriffsvertrag vom 21.8.1937.

34 Überliefert in einer ins Deutsche übersetzten Abschrift, die der Politischen Abteilung des AA am 21.9.1937 zuging (Pol.VIII.1265).

Im Juni dieses Jahres hatte ich die Ehre, Euer Exzellenz persönlich besuchen zu können. Durch die offene Aussprache hatte ich die Möglichkeit, Sie als einen weit vorausschauenden, großen Staatsmann kennenzulernen. Ich habe aus Ihren Worten die volle Überzeugung gewonnen, daß Sie als großer Kämpfer für Gerechtigkeit, nationale Freiheit und Ehre uns allen ein Vorbild geworden sind. Bei meinen Reisen in den verschiedensten Ländern Europas und Amerikas habe ich auf die immer wiederkehrenden Fragen der Staatsmänner stets überzeugend von meinen tiefen Eindrücken, die ich von Deutschland und Euer Exzellenz empfangen hatte, berichten und meine Überzeugung zum Ausdruck bringen können, daß Deutschland in seinem heißen Kampf für die Befreiung aus den Klammern des Versailler Vertrages immer nur das eine Ziel verfolgt, im Frieden mit den anderen Nationen zu leben. Meine Regierung und das chinesische Volk haben für Ihre Bestrebungen, dem deutschen Volk die volle Freiheit zu erkämpfen, das allergrößte Verständnis.

Ich bin Euer Exzellenz dankbar für das große Verständnis und die Sympathie, die Sie für mein Land zum Ausdruck brachten. Sie sprachen den Wunsch aus, daß in Ostasien zwischen China und Japan ein erträgliches Verhältnis zustandekommen möge, und daß Deutschland die stärksten Wünsche für einen Frieden in Ostasien hege. Leider ist inzwischen durch die Eroberungspolitik Japans der blutige Kampf zwischen China und Japan bereits entbrannt. Unzählige Menschenleben und ungeheure Kulturgüter meines Landes werden vernichtet.

China, das sich im Interesse des Friedens durch die japanischen Eindringlinge ein Stück Land nach dem anderen abnehmen und sich immer mehr gefallen ließ, ist nunmehr gezwungen, sein Land, auch unter den größten Opfern, zu verteidigen. Die chinesische Regierung hat ohne jegliche Propaganda das ganze Volk hinter sich und ist entschlossen, äußersten Widerstand zu leisten. China kämpft für seine nationale Freiheit und Ehre ebenso wie Deutschland seinen Befreiungskampf unter Euer Exzellenz Führung so heroisch durchgeführt hat.

Wenn Japan in Deutschland propagiert, daß es gegen China nur deshalb vorgehe, weil es kommunistisch ist, so brauche ich Euer Exzellenz gegenüber dazu nur wenig zu sagen. Es ist ohne weiteres einleuchtend, daß ein Mann wie Marschall Chiang Kaishek und das chinesische Volk mit seiner Kultur auf der konfuzianischen Grundlage niemals kommunistisch sein und werden können. China hat ein Bauernvolk mit Eigenbesitz im Gegensatz zu Japan, das ein innerlich gespanntes Proletariat in der Industrie, der Landwirtschaft und der übrigen Bevölkerung hat. China wird autoritär geleitet von einer einzigen nationalistischen Partei im Gegensatz zu Japan, das nach einem parlamentarischen System regiert wird. China hat die roten Banden[35], die von der Komintern organisiert wurden, seit Jahren bekämpft. Wie in jedem Lande (auch Deutschland wurde nicht davon verschont) hat die [Kommunistische] Internationale versucht, auch in China ihren Einfluß geltend zu machen. China hat unter der starken und energischen Führung des Marschalls Chiang Kaishek und unter ungeheuren Opfern von vielen Millionen Menschen die kommunistischen Banden vernichtend geschlagen. Wider Erwarten hat Japan stets die Taktik verfolgt, China in seinem Kampf gegen den Kommunismus jedesmal empfindlich zu stören, wenn Marschall Chiang Kaishek gegen die

35 Streitkräfte der KPCh.

kommunistischen Banden vorging. Ohne diese absichtlichen Störungen Japans wäre der Kommunismus schon viel früher ausgerottet worden.

Japan bekämpft in China nicht etwa den Kommunismus, der gar nicht mehr vorhanden ist, es hat vielmehr den angeblichen Kampf gegen den Kommunismus in China nur als Vorwand benutzt, um seine imperialistischen Ziele in China zu verfolgen. Japan betrachtet auch Rußland nicht etwa deswegen als Gegner, weil Rußland kommunistisch ist, sondern verfolgt auch hier lediglich machtpolitische Ziele, die die europäischen Interessen auf das schwerste gefährden. Japan hat Rußland ja auch bekämpft, solange es noch zaristisch war. Japan wird auch heute bereit sein, sich mit Sowjetrußland zu einigen, wenn es dies für notwendig halten sollte, um seine machtpolitischen Ziele in China zu erreichen.

Durch die Eröffnung der Feindseligkeiten gegen China, die seit langem vorbereitet war, wird der wirtschaftliche Aufbau Chinas, der in enger Zusammenarbeit mit Deutschland durchgeführt werden soll, empfindlich gestört, zum Schaden beider Länder.

Japan ist in wirtschaftlicher Hinsicht ein Industrieland, braucht Rohstoffe und Absatzgebiete für seine Industrieerzeugnisse. Schon unter diesem Gesichtspunkt kann Japan niemals ein aufrichtiger Freund Deutschlands werden. Wenn aber Japan erst die Macht über Ostasien in Händen hat, würde Deutschland nicht nur keine Rohstoffe und Absatzgebiete in Ostasien mehr haben, sondern Japan würde in seiner unersättlichen Machtgier die größte Gefahr für Europa bedeuten. Es ist erwiesen, daß die Japaner immer versucht haben, die angeblich feindliche Einstellung Deutschlands gegen China im chinesischen Volke zu verbreiten. Die chinesische Regierung ist dauernd bemüht, das chinesische Volk über die falsche japanische Propaganda aufzuklären und zu beruhigen.

Gegen alle Gesetze von Treu und Glauben ist Japan – als Dank für die deutsche Lehrtätigkeit vor dem Weltkrieg – Deutschland während des großen Krieges in den Rücken gefallen und hat Qingdao mit Gewalt genommen.

Wenn ich im Hinblick auf diese Tatsachen davon überzeugt bin, daß gerade in Deutschland ganz allgemein großes Verständnis für den nationalen Befreiungskampf Chinas und großes Vertrauen zu der unbestechlichen Haltung des Marschalls in der Verfolgung seiner nationalen und weltanschaulichen Idee vorhanden sein müssen, so bin ich noch mehr davon überzeugt, daß bei Euer Exzellenz militärischem, politischem und kulturellem Empfinden die Lage Chinas ganz besonderes Verständnis finden wird.

Um so unverständlicher ist mir die Haltung eines großen Teils der deutschen Presse.[36] Ich habe mit großer Besorgnis verfolgt, daß die anfänglich verhältnismäßig neutrale Haltung der deutschen Presse sich teilweise mehr und mehr in eine einseitig projapanische Propaganda gewandelt hat. Durch die von japanischer Seite inspirierte Propaganda entsteht der Eindruck, daß Japan nur deshalb gegen China vorgehe, um damit den Kommunismus zu bekämpfen. Durch diese Propaganda gegen China und seine Regierung besteht die Gefahr, daß in dem mit uns seit Jahren in engem freundschaftlichem Verhältnis stehenden deutschen Volk eine

---

[36] Goebbels ließ im Vorfeld und nach Ausbruch des chinesisch–japanischen Krieges eine breite pro–japanische Propaganda–Kampagne in den deutschen Medien starten.

Vorstellung von China erweckt wird, die den Tatsachen absolut nicht entspricht. China bedeutet vielmehr mit seinem Marschall, seiner Regierung und seinen Menschenmassen sowie dank seiner geographischen Lage einen nicht zu unterschätzenden Faktor gegen den Kommunismus. Es wäre tief bedauerlich, wenn China der Stempel des Kommunismus aufgedrückt werden sollte.

Der kürzlich abgeschlossene Nichtangriffs–Pakt mit Sowjetrußland[37] hat mit dem Kommunismus nichts zu tun, ganz besonders nichts mit einer angeblichen Duldung des Kommunismus in China. China ist nach wie vor gegen den Kommunismus eingestellt. Gewitzigt durch seine jahrelangen Erfahrungen mit Japan mußte China auf jeden Fall verhüten, daß Japan sich etwa plötzlich mit Rußland verbünden würde. Die Zuspitzung des ernsten Grenzzwischenfalls am Amur[38] ist von den Japanern peinlichst vermieden worden. Durch den unerwarteten starken Widerstand der Chinesen in Shanghai und Nordchina wäre die Gefahr noch größer geworden, daß Japan zur Vermeidung eines Konfliktes mit Rußland mit diesem einen Pakt geschlossen hätte. Aus diesen Beweggründen mußte China mit Sowjetrußland schleunigst eine Klärung schaffen, zumal China zu Sowjetrußland bisher kein gutes Verhältnis hatte. Außerdem bestand für China die Gefahr, daß bei einem Fortbestehen des ungeklärten Verhältnisses mit Sowjetrußland die Russen unsere Grenzgebiete im Nordwesten Chinas gefährden könnten und durch die Komintern–Propaganda im inneren China Unruhen gestiftet würden, die für China in seinem Kampf gegen Japan verhängnisvoll geworden wären. Durch den Nichtangriffs–Pakt ist die Sicherheit geschaffen, daß China in seinem nationalen Verteidigungskampf gegen Japan durch Rußland nicht mehr gestört wird.

Ich übernehme die volle Verantwortung, daß außer den veröffentlichten Paragraphen keinerlei geheime Klauseln in dem Vertrag enthalten sind. China strebt nach wie vor eine freundschaftliche Politik mit Deutschland an. Ich bin bereit, im Einverständnis mit Marschall Chiang Kaishek die bestehenden, vertraglich festgelegten Wirtschaftsbeziehungen zwischen Deutschland und China noch weiter auszubauen und Deutschland beim wirtschaftlichen Aufbau Chinas bevorzugt heranzuziehen. Ebenso ist die Chinesische Regierung bereit, an Deutschland Konzessionen zu erteilen für die Ausbeutung für Deutschland wichtiger Erzvorkommen, um der deutschen Rohstoffnot tatkräftig abzuhelfen. Es ist ferner selbstverständlich, daß die Chinesische Regierung in der jetzigen Zeit, da China nicht in der Lage ist, ausreichend Rohstoffe und Landesprodukte als Gegenleistung für die deutschen Lieferungen zur Verschiffung zu bringen, entsprechend Devisen zur Verfügung stellen wird. Ich bin bereit, mit Ihrem Herrn Wirtschaftsminister diesbezügliche Vereinbarungen zu treffen.

Welch' große Sympathien die Chinesische Regierung, insbesondere Marschall Chiang Kaishek und ich selbst für Deutschland haben, können Sie schon daraus ersehen, daß wir trotz aller Anstrengungen und Beschwerden vieler europäischer Staaten, insbesondere aber der Japanischen Regierung, vorwiegend deutsche Offiziere für den Aufbau der chinesischen

---

37 Chinesisch–sowjetischer Nichtangriffspakt vom 21.8.1937. Englischer Text in: China Handbook 1944: 109f.

38 1935–1937 gab es wiederholte Zwischenfälle an der sowjetisch–mandschurischen Grenze, auf die von Japan und der UdSSR mit Protestnoten reagiert wurde. Vgl. auch Potjomkin, 3. Bd., Teil 2, 1948:243f.

Wehrmacht herangezogen haben und ihnen bis heute jegliches Vertrauen schenken. Seit 1925 haben die Herren Oberst Bauer, General Wetzel, Oberstleutnant Kriebel und Generaloberst von Seeckt führend in China gearbeitet. Wir hatten auch die Ehre, Herrn General der Artillerie von Reichenau und Herrn Klein als unsere Gäste in China aufnehmen zu können. Auch vor einigen Jahren hat die deutsche wirtschaftliche Studienkommission Gelegenheit gehabt, längere Zeit in China zu verweilen.[39] Ich bin überzeugt, daß alle unsere deutschen Freunde, die in China waren, die Freundschaft und das Vertrauen, das Marschall Chiang Kaishek und die Chinesische Regierung dem deutschen Volk entgegenbringen, bestätigen werden.

Als persönlicher Freund Deutschlands und Verehrer Euer Exzellenz habe ich meine Gedanken mit voller Aufrichtigkeit, nicht nur im Interesse der deutsch–chinesischen freundschaftlichen Beziehungen, sondern auch im Interesse Deutschlands, niedergeschrieben und bitte Sie, meine Ausführungen mit Wohlwollen entgegenzunehmen, und bin mit dem Ausdruck meiner aufrichtigsten Hochschätzung

Euer Exzellenz ganz ergebener

gez. Dr. H.H. Kong.

PA/AA, Nr.104816, o.Bl.

8

Notiz des Botschafters Joachim von Ribbentrop, London, für Reichskanzler Adolf Hitler[40]

Berlin, 19. September 1937

Im Anschluß an meine Aktennotiz vom 24. August übersende ich beiliegend drei Karten und eine Erläuterung[41] über die derzeitige Lage auf dem chinesischen Kriegsschauplatz, wie sie mir heute bei einem Besuch des Generals Oshima dargestellt wurde.

General Oshima glaubt, daß eine erste große Entscheidung im Norden im Laufe der nächsten Woche fallen wird, während die Operationen bei Shanghai länger dauern dürften. Während die Umfassungsoffensive der Japaner im Norden in vollem Gange ist, wird der Angriff

---

[39] Die China–Studienkommission des Reichsverbandes der Deutschen Industrie, aus der am 27.1.1931 die China–Studiengesellschaft hervorging, hielt sich von März bis Juni 1930 in Süd–, Mittel– und Nordchina auf. Vgl. Bericht der China–Studienkommission 1930:11–14.

[40] Anm. im ADAP–Druck: Das hier gedruckte Dokument enstammt den Akten der Adjutantur Hitlers und kam möglicherweise nicht zur Kenntnis des Auswärtigen Amtes.

[41] In ADAP nicht mit abgedruckt.

bei Shanghai erst demnächst beginnen, da die Landungen und der schwierige Aufmarsch der japanischen Truppen jetzt erst beendet werden.

Entgegen allen, besonders in Nürnberg[42] verbreiteten Gerüchten, die Japaner hätten sich festgefahren und hätten eine über ihre Kräfte gehende Sache angepackt, habe ich nach wie vor den klaren Eindruck und auch innerlich die feste Überzeugung, daß die japanischen Truppen in nicht zu ferner Zeit einen entscheidenden Sieg davontragen werden. Die Absicht scheint zu sein, sich dann mit der chinesischen Nanjing–Regierung in der Form zu einigen, daß diese ein Antikomintern–Abkommen mit Japan schließt.

Die Belastungsprobe, die Japan gegenüber England und Amerika besonders durch das Vorgehen in Shanghai (England hat dort 250 Millionen Pfund Sterling investiert) auf sich genommen hat, scheint glänzend bestanden und für uns von besonderer Bedeutung zu sein.

General Oshima[43] trat auch heute wieder mit dem Vorschlag heran, jetzt schon bald ein gemeinsames wirtschaftliches Vorgehen in China mit Japan zu vereinbaren. Ich habe Ministerpräsident Göring hiervon Mitteilung gemacht, der einen Vertrauensmann delegieren wird, um die entsprechenden Vorverhandlungen hierüber im Einvernehmen mit einem Mitarbeiter meiner Dienststelle in die Wege zu leiten.

gez. R[ibbentrop]

ADAP, Serie D, Bd.I, Dok.486.

9

Vermerk des britischen Außenministers Anthony Eden, London, über ein Gespräch mit Botschafter Joachim von Ribbentrop[44]

[London,] 27. Oktober 1937

Sir,[45]

während eines Gespräches mit dem deutschen Botschafter diesen Nachmittag merkte ich an, daß wir sehr besorgt seien über die Aussichten im Fernen Osten, und daß wir fürchteten, daß eine Fortsetzung dieses Krieges ernsthafte Konsequenzen für alle jene Länder haben müsse, die dort stark Handel trieben. Unter denen nehme Deutschland – natürlich – einen der

---

42 9. Parteitag der NSDAP in Nürnberg vom 7.–13.9.1937.

43 Der japanische Militärattaché in Berlin, General Hiroshi Oshima, war Ribbentrops (in seiner Eigenschaft als deutscher Sonderbotschafter) Gesprächs– und Verhandlungspartner für die Umsetzung des Antikominternpaktes.

44 Aus dem Englischen übersetzt von Wolfram Adolphi.

45 Beim nicht namentlich genannten Adressaten handelte es sich offensichtlich um den britischen Premierminister Neville Chamberlain.

vordersten Plätze ein. Ich mußte jedoch bald erkennen, daß Herr von Ribbentrop die Fernostangelegenheiten ausschließlich durch die gleiche antikommunistische Brille betrachtet wie andere internationale Probleme. Er erklärte mir, daß er angesichts seines aktiven Wirkens gegen den Kommunismus, in dessen Rahmen er auch – wie er etwas geheimnisvoll erwähnte – nach Rom geflogen sei,[46] die feste Überzeugung habe, daß es höchst wünschenswert sei, daß Japan den Sieg davon trage. Er fügte hinzu, daß er nichts gegen das chinesische Volk habe, da aber Japan der Feind Rußlands sei, und Rußland die Wurzel allen Übels, sei es ganz klar wünschenswert, daß Japan gegen Rußland gestärkt werde. Ich fragte, ob er glaube, daß Japans Aktionen der Vernichtung Zehntausender seiner Bürger und der Ausblutung seiner besten Märkte in China tatsächlich auf seine Stärkung hinausliefen. Herr von Ribbentrop schien sich aber der Bedeutung des Chinamarktes für Deutschland nicht bewußt zu sein – und noch weniger dessen, daß es sich bei diesem Markt um einen der wenigen handelt, die noch Expansionsmöglichkeiten in sich bergen.

PRO, FO371/20958, F8697/9/10.

10

Telegramm des britischen Diplomaten Robert Howe, Nanjing, an das Foreign Office[47]

Nanjing, 20. November 1937

[...][48] Es ist offensichtlich bedeutsam, daß die deutschen Berater in bezug auf die Fähigkeiten der chinesischen Armee keine Optimisten mehr sind und es über den Plan zur Schlacht um Shanghai zwischen General von Falkenhausen[49] und Chiang Kaishek zu einem Bruch gekommen ist.

Im Sommer hatte General von Falkenhausen einem Mitarbeiter meines Stabes erklärt, daß die chinesische Armee, wenn sie den Ratschlägen der deutschen Berater folgt, in der Lage ist, die Japaner hinter die Große Mauer zurückzudrängen. Er hatte hinzugefügt, daß Krieg im nationalen Maßstab eine notwendige Erfahrung für China sein und das Land einigen werde. Diese Auffassung war auch gegenüber den Chinesen zum Ausdruck gebracht worden und in

---

46 Die Rom–Reise Ribbentrops diente der unmittelbaren Vorbereitung des Beitritts Italiens zum Antikominternpakt, der am 6.11.1937 vollzogen wurde.

47 Aus dem Englischen übersetzt von Wolfram Adolphi. Das drahtlos abgesandte Telegramm traf in London am 22.11.1937, 19.00 Uhr ein.

48 Bezug auf Telegramm Nr.669 von Howe, Nanjing, an das Foreign Office London.

49 Generalleutnant Alexander von Falkenhausen hatte sich als Generalberater persönlich in die militärische Abwehr des japanischen Überfalls eingeschaltet.

hohem Maße für die entschiedene Position verantwortlich, die Chiang Kaishek zu Beginn eingenommen hat. Am 7. November – so wird gesagt – hat General von Falkenhausen Chiang Kaishek erklärt, es sei für die chinesischen Truppen wesentlich, Jinzhou Creek[50] zu halten, und sie seien auch in der Lage, dies zu tun. Das Creek wurde nicht gehalten, und Chiang Kaishek zog gegen den Rat Generals von Falkenhausen seine Armeen aus der Shanghai–Region zurück. An diesem Punkte gab General von Falkenhausen Chiang Kaishek zu verstehen, daß es klug sei, mit den Japanern zu einer Einigung zu kommen, weil die Bedingungen relativ gut seien. Er unterbreitete diesen Vorschlag, weil er wußte, daß 1. die „Hindenburg–Linie"[51] nicht – wie er geraten hatte – vollständig ausgebaut war, daß 2. die Linie vom Taihu–See nach Süden bis Hangzhou eine schwache Verbindung war, die man trotz seines Rates nicht verstärkt hatte, und daß 3. die chinesische Armee in Shanghai gewaltige Verluste hatte hinnehmen müssen und daß Zeichen einer Demoralisierung unübersehbar geworden waren.

Keiner seiner Ratschläge ist akzeptiert worden, obgleich die Japaner einen Anfang machten, indem sie Chiang Kaishek über den deutschen Botschafter Vorschläge unterbreitet haben, die keine endgültigen Friedensbedingungen enthielten. Chiang Kaishek hat diese Offerte ignoriert.

Der jüngste Streit zwischen Chiang Kaishek und General von Falkenhausen ging über die Frage der Verteidigung von Nanjing. Chiang Kaishek war entschlossen, die Stadt bis zum letzten zu verteidigen – selbst dann, wenn das ihre vollständige Zerstörung bedeutet hätte; General von Falkenhausen hat sich energisch gegen dieses Vorhaben gewandt, nicht nur, weil es militärisch sinnlos sein würde, sondern auch, weil es nur zu einer Situation führen könne, die noch viel schlechter wäre als die von 1927.[52]

Chiang Kaishek bleibt noch fest.

General von Falkenhausen hat nun seine Ansichten Chiang Kaishek schriftlich unterbreitet, und wenn sie keine Zustimmung finden, erwägt er ernsthaft den Abzug aller deutschen Berater aus China. Angesichts der oben angeführten Tatsachen hält er es jetzt für notwendiger, auf China mehr Druck auszuüben als auf Japan, damit Chiang Kaishek gezwungen wird, den Japanern Verhandlungswillen zu demonstrieren. Käme es zu solch einem Verhandlungswillen nicht, werde „die Nationalregierung mit all ihren schönen Errungenschaften der Vergangenheit in einer Wolke aus Rauch und Flammen untergehen".

Es muß hier angefügt werden, daß einiges an dieser Information nicht in Übereinstimmung damit steht, was Donald[53] uns berichtet hat. Bei ihm heißt es, daß Falkenhausen Chiang Kaishek niemals geraten hat, mit den Japanern zu einer Einigung zu gelangen, und daß das

---

50 Mit Bleistift korrigiert: Suzhou–Creek.

51 Unter wesentlicher Mitwirkung der deutschen Beraterschaft angelegte Befestigung zur weiträumigen Verteidigung Nanjings.

52 Anspielung auf die Kämpfe um die Machtergreifung der Guomindang und die Proklamation der Nanjinger Nationalregierung vom 18.4.1927.

53 Langjähriger australischer Berater von Chiang Kaishek; s. auch Kap. 2.

japanische Angebot über den deutschen Botschafter klar umrissene, aber unakzeptable Friedensbedingungen enthalten habe.[54]

An das Foreign Office als No. 678 vom 20. November [1937], gleichlautend an Peking, an Oberkommandierenden und an Kommandierenden General.

PRO, FO371/20959, F9943/9/10.

11

Vermerk des Reichsaußenministers Konstantin Freiherr von Neurath über ein Gespräch mit Botschafter Cheng Tianfang[55]

Berlin, 1. Dezember 1937

Der chinesische Botschafter kam im Laufe der Unterhaltung[56] auch auf die Lage in China zu sprechen. Ich sagte ihm, ich würde es im Interesse Chinas für angezeigter halten, etwaige japanische Friedensangebote nicht ohne weiteres abzulehnen, sondern möglichst bald zu einem Frieden zu kommen. Die militärischen Erfolge der Japaner könnten nach Lage der Dinge auch bei größter Kraftanstrengung nicht mehr in das Gegenteil umgewandelt werden. Es sei also notwendig, sich mit dieser Situation zunächst abzufinden. Je länger die chinesische Regierung mit dem Friedensschluß warte, desto größer werde die Gefahr für die Desorganisation des chinesischen Reichs.

gez. Frhr. v. Neurath

BArch, R901, AA, Nr.60970, Bl.292.

---

[54] Vom Druck Falkenhausens auf Chiang Kaishek hatte Howe auch bereits am 19.11. nach London berichtet. In seinem Telegramm Nr.669 informierte er über eine vertrauliche Mitteilung des Stabschefs Falkenhausens, Krummacher, wonach Falkenhausen die Zeit für gekommen halte, „Druck auf China auszuüben, damit es Frieden mache". Chiang Kaishek und General Bai Chongxi könnten, nachdem die chinesischen Armeen „ihre neuen Linien an der Shanghai-Front festigen konnten", „ohne Gesichtsverlust" Verhandlungen aufnehmen (PRO, FO371/20959, F9764/9/10). Zur Sicht Falkenhausens auf die chinesische Verteidigungsfähigkeit siehe auch eine Äußerung Trautmanns am 31.12.1937: „Falkenhausen sagte mir gestern, daß die Chinesen den Krieg noch sechs Monate weiterführen könnten. [...] Ich selbst bin nicht so optimistisch" (BArch, R9208, DBC, Nr.2104, Bl.141 – Trautmann an AA, Hankou 31.12.1937).

[55] In Durchschrift, registriert unter RM926, Trautmann zugeleitet.

[56] Die hier gedruckte Aufzeichnung RM926 ist die zweite über das Gespräch Neuraths mit Cheng Tianfang am 1.12.1937. Unter RM925 (BArch, R901, AA, Nr.60970, Bl.291) notierte Neurath, daß der Botschafter in Begleitung des Generalleutnants Jiang Baili erschienen sei, der „dem Führer persönlich einen Brief des Marschalls Chiang Kaishek übergeben" wolle. Neurath verwies diese Angelegenheit an die Präsidialkanzlei. Angaben zum Inhalt des Briefes liegen nicht vor.

12

Bericht des Stellvertretenden chinesischen Außenministers Xu Mo[57]

Hankou, 6. Dezember 1937

54. Sitzung des Ständigen Ausschusses des Obersten Militärrates
Ort: Central Bank of China, Hankou
Anwesende: Yu Youren, Ju Zheng, Kong Xiangxi, He Yingqin
Hinzugezogen: Chen Guofu, Chen Bulei, Xu Kan, Xu Mo, Weng Wenhao, Shao Lizi, Chen Lifu, Dong Xianguang
Vorsitz: Wang Jingwei, Stellvertretender Vorsitzender
Generalsekretär: Zhang Qun
Schriftführer: Zeng Zhongming

Bericht des Stellvertretenden Außenministers Xu Mo:

„Am 28. November erhielt der deutsche Botschafter in China, Herr Trautmann, die Instruktion seiner Regierung, sich mit Ministerpräsident Kong Xiangxi in Verbindung zu setzen. Bei einem Gespräch mit Außenminister Wang Chonghui am 29. November erklärte Trautmann, eine Anweisung seiner Regierung mit folgendem Wortlaut erhalten zu haben:

'Der deutsche Botschafter in Japan führte mit dem Heeresminister und dem Außenminister eingehende Gespräche, um anzufragen, ob und unter welchen Bedingungen Japan an der Beilegung des derzeitigen Konfliktes interessiert sei. Darauf unterbreitete die japanische Regierung ihre Bedingungen und bat, diese der chinesischen Seite zu übermitteln. Folgende Bedingungen wurden genannt: 1. Selbstverwaltung der Inneren Mongolei. 2. Die entmilitarisierte Zone in Nordchina muß ausgedehnt werden. Dabei soll die Regierung Nordchinas weiterhin vollständig der chinesischen Zentralregierung unterstellt bleiben, wobei aber gesichert werden muß, daß das Oberhaupt der Nordchinesischen Regierung nicht japanfeindlich eingestellt ist. Bei einem Friedensschluß könnte in dieser Weise verfahren werden. Sollte es aber nicht dazu kommen, und die Errichtung einer neuen Regierung Nordchinas nötig werden, so muß diese auch später respektiert werden. Allerdings hat sich Japan bis heute der Schaffung einer solchen Regierung enthalten. Die begonnenen Verhandlungen über die Gewährung von Bergbaukonzessionen müssen zufriedenstellend beendet werden. 3. Die entmilitarisierte Zone um Shanghai ist zu vergrößern. Die japanische Seite wird genaue Angaben dazu noch nachreichen. An der bisherigen Verwaltung Shanghais soll nichts verändert werden. 4. Hinsichtlich der antijapanischen Propaganda soll entsprechend den Vereinbarungen mit Außenminister Zhang Qun von 1935[58] verfahren werden. Die konkrete Durchfüh-

---

[57] Dieser Bericht ist Bestandteil des Protokolls der 54. Sitzung des Ständigen Ausschusses des Obersten Militärrates der Republik China. Aus dem Chinesischen übersetzt von Peter Merker.

[58] Chinesisch–japanisches Geheimabkommen, das im Gefolge der He–Umezo–Vereinbarungen vom 10.6.1935 die Zusage der Nanjing–Regierung einschloß, alle antijapanischen Boykotte und provokati-

rung stellt lediglich ein technisches Problem dar. 5. Man hofft, in der Frage der Bekämpfung des Kommunismus zu einer gemeinsamen Regelung zu kommen. 6. Abänderung der Zollbestimmungen für japanische Waren.[59] 7. Die chinesische Regierung hat die Rechte der Ausländer zu achten.'

Nach den Gesprächen mit Kong Xiangxi und Wang Chonghui bat Trautmann um eine Unterredung mit Marschall Chiang Kaishek. Ich sandte ein Telegramm an den Marschall, der in seiner umgehenden Antwort darum bat, Botschafter Trautmann möge sich zu ihm begeben. So begleitete ich noch am 30. November den deutschen Botschafter nach Nanjing. An Bord des Schiffes hatte ich die Gelegenheit, mit ihm ein persönliches Gespräch zu führen. Trautmann brachte seine Bewunderung darüber zum Ausdruck, daß China bis zum heutigen Tag Japan heldenhaft Widerstand geleistet habe. Nun sei aber der Zeitpunkt für die Beendigung des Kampfes gekommen. Deutschland hätte im letzten Weltkrieg mehrmals die Möglichkeit zur Aufnahme von Friedensverhandlungen gehabt, sei aber in Selbstüberschätzung nicht darauf eingegangen. Im Versailler Vertrag wurden dann Deutschland Bedingungen auferlegt, die es gezwungenermaßen anerkennen mußte. Trautmann sagte, es sei auch Hitlers Meinung, daß China alles noch einmal gut überlegen solle. Außerdem seien die japanischen Bedingungen nicht übermäßig hart.

Am 2. Dezember erreichten wir Nanjing. Ich begab mich unverzüglich zum Marschall. Nachdem Chiang Kaishek meine Ausführungen zur Kenntnis genommen hatte, überlegte er eine Weile und meinte dann, daß er sich erst mit den in Nanjing anwesenden Befehlshabern konsultieren müsse. Um 4 Uhr nachmittags begab ich mich wieder zu Chiang Kaishek. Gu Zhongtong, Bai Chongxi, Tang Shengzhi und Xu Yongchang waren bereits eingetroffen. Marschall Chiang Kaishek ließ mich Bericht über die Mission des deutschen Botschafters erstatten. Als ich geendet hatte, wurde ich darüber befragt, ob es noch weitere Bedingungen gebe, beispielsweise eine Begrenzung unserer Streitkräfte gefordert würde. Ich antwortete, daß es nach Aussage Trautmanns nur die oben genannten und keine weiteren Bedingungen gäbe. Wenn wir darauf eingingen, könnte umgehend ein Waffenstillstand vereinbart werden. Chiang Kaishek befragte Tang Shengzhi nach seiner Meinung, doch dieser nahm nicht sofort Stellung. Daraufhin wandte sich der Marschall an Bai Chongxi. Dieser meinte, wenn lediglich die oben genannten Bedingungen gestellt würden, wüßte er nicht, warum wir noch weiter Krieg führen sollten. Ich warf ein, daß Trautmann nur von den besagten Bedingungen gesprochen habe. Dann bat der Marschall Xu Yongchang um Meinungsäußerung. Xu vertrat den Standpunkt, daß man unter diesen Bedingungen annehmen sollte. Der ebenfalls befragte Gu Zhongtong stimmte dem zu. Als zum Schluß noch einmal Tang Shengzhi angesprochen wurde, schloß auch er sich den anderen an. Daraufhin faßte Chiang Kaishek die gemeinsam erarbeitete Position wie folgt zusammen: 1. Die deutsche Vermittlung soll nicht ausgeschla-

---

von Maßnahmen im Norden zu unterbinden. Vgl. dazu auch Ratenhof 1987:411; Osterhammel 1977:212ff; Upshur 1972:123ff., 284ff.

59 Japan hatte von der chinesischen Regierung mit den Zolltarifen vom 3.7.1934 für Waren, die China größtenteils aus Japan bezog, beträchtliche Zollsenkungen erzwungen.

gen werden. Die gestellten Bedingungen bringen das Vaterland noch nicht in Gefahr. 2. Die Herrschaft über Nordchina muß unter allen Umständen gewahrt bleiben.

Um 5 Uhr traf Trautmann zur Unterredung bei Chiang Kaishek ein. Ich nahm daran als Dolmetscher teil. Der deutsche Botschafter äußerte sich dem Marschall gegenüber, wie er bereits in Hankou gegenüber Ministerpräsident Kong Xiangxi und Außenminister Wang Chonghui getan hatte, fügte allerdings einen Satz hinzu: 'Wenn China jetzt nicht annimmt und der Krieg weiter geführt wird, ist zu befürchten, daß es nicht bei diesen Bedingungen bleibt.' Darauf erwiderte der Marschall: 'Den Japanern kann man nicht trauen. Sie brechen willkürlich Verträge; auf ihre Worte ist kein Verlaß. Aber Deutschland ist unser guter Freund, ihm schenken wir Glauben. Wenn Deutschland mit aller Kraft die Vermittlung übernimmt, so danken wir ihm dafür von Herzen. Die genannten Bedingungen können als Grundlage für die Verhandlungen akzeptiert werden. Allerdings gibt es noch zwei Punkte, die der deutschen Regierung mitgeteilt werden sollen: 1. In den Verhandlungen zwischen China und Japan muß Deutschland von Anfang bis Ende die Vermittlung übernehmen, das heißt, Deutschland muß als wirklicher Vermittler zwischen beiden Seiten agieren. 2. Die Integrität Nordchinas ist unbedingt zu wahren. Unter diesen Umständen können die japanischen Bedingungen als Grundlage für Verhandlungen angesehen werden. Allerdings soll sich Japan nicht schon als Sieger im Krieg betrachten und davon ausgehen, daß es sich bei den gestellten Bedingungen um ein Ultimatum handle.' Daraufhin fragte Trautmann: 'Ist mir noch eine Bemerkung gestattet?' Chiang Kaishek stimmte zu, woraufhin Trautmann sagte: 'Bei den Verhandlungen sollte China eine nachgiebige Haltung einnehmen.' Der Marschall meinte schließlich: 'Unter den Bedingungen des jetzigen erbitterten Krieges kann man wohl kaum mit Friedensverhandlungen beginnen. Deshalb hoffe ich, daß Deutschland an Japan herantritt und es zur Einstellung der Kämpfe bewegt.' Trautmann antwortete: 'Die beiden vom Marschall genannten Punkte werde ich meiner Regierung übermitteln. Wenn Deutschland weiterhin zur Vermittlung bereit und Japan damit einverstanden ist, könnte Reichskanzler Hitler China und Japan auffordern, einen Waffenstillstand zu vereinbaren.' Zum Schluß betonte Chiang Kaishek: 'Sollte sich Japan schon als Sieger wähnen, etwas von den Verhandlungen durchsickern lassen und etwa verbreiten, China hätte sich zur Annahme aller Bedingungen bereit erklärt, sind weitere Verhandlungen ausgeschlossen.'

Auf dem Rückweg brachte Trautmann mir gegenüber zum Ausdruck, daß er dieses Mal die Chancen für eine Vermittlung sehr optimistisch sähe. Beim Verlassen Nanjings hatte er auch gegenüber dem Marschall hervorgehoben: 'Die japanischen Bedingungen sind keineswegs ein Ultimatum.' Trautmann gab vom Schiff aus Telegramme nach Tokio und Berlin auf. Allerdings wissen wir heute noch nicht die Antwort darauf. Deshalb können wir auch noch nicht mit Sicherheit sagen, wie es weitergeht."

Zhang Pengzhou (Hg.): Jin wushi nian lai Zhongguo yu Riben 1932-1982 (China und Japan in den letzten fünfzig Jahren), Bd.3(1938-1939), S.394-397.

13

Telegramm des Botschafters Oskar Trautmann, Hankou, an das AA

Hankou, 2. Januar 1938

1. Ich habe heute auch dem neuen Ministerpräsidenten Kong Xiangxi die Eindrücke des Botschafters von Dirksen über den Inhalt der japanischen Forderungen[60] übermittelt. Dabei habe ich ihn vorsichtig auf die Möglichkeit einer Antwort an die Japaner hingelenkt. Er selbst schien dahin zu neigen, nicht einfach die japanischen Forderungen zurückzuweisen, und mitteilte, daß die Besprechungen mit Yan Xishan[61] und Bai Chongxi im Gange seien.[62]

---

60 Der japanische Außenminister habe Dirksen gegenüber folgende erläuternde Angaben gemacht: Es sollten drei demilitarisierte Zonen entstehen: Innen–Mongolei, Nordchina und ein Teil des besetzten Gebietes um Shanghai; ein „Spezial Regime" solle auch für Shanghai außerhalb der ausländischen Konzessionen geschaffen werden; unter der von China geforderten Wiedergutmachung werde verstanden: „Teilweiser Ersatz Kriegskosten, Schadenersatz für zerstörtes chinesisches Eigentum und Erstattung Unkosten für Besatzung". Schließlich prüfe Generalstab „Einrichtung von Kontrollkommissionen gegen chinesische Wiederaufrüstung" (BArch, R9208, DBC, Nr.2104, Bl.135ff. – Dirksen an DB Hankou, Tokio 30.12.1937. Auch in: Peck 1961:150f.). Außerdem hatte Dirksen am 1.1.1938 telegraphiert, daß die „japanische Regierung wünsche, bei Chinesen volle Klarheit über vier japanische Hauptpunkte herbeizuführen, damit China auf dieser Grundlage über Annahme oder Ablehnung entscheiden könne." Aus diesem Grunde solle Trautmann chinesische „Zweifelsfragen" „entgegennehmen und hierher weiterleiten"(BArch, R9208, DBC, Nr.2104, Bl.106. – Dirksen an DB Hankou, Tokio 1.1.1938. Auch in: Peck 1961:155).

61 Über ein Gespräch mit General Yan Xishan notierte Trautmann am 4.1.1938 u.a.: „Marschall Yan Xishan [...] formulierte seine Ansicht dahin, daß die Bedingungen so erträglich sein müßten, daß man ihre Annahme dem ganzen Volke begreiflich machen könne. Bei unerträglichen Bedingungen bestehe die Gefahr, daß die konservative Oberschicht, die jetzt an der Regierung sei, von der jüngeren fortschrittlichen weggefegt werden würde" (BArch, R9208, DBC, Nr.2104, Bl.111 – Trautmann an AA, o.O. 4.1.1938. Auch in: Peck 1961:159).

62 Knapp zwei Wochen später – am 13.1.1938 –meldete Trautmann nach Berlin, daß im Resultat dieser und weiterer intensiver Debatten die chinesische Regierung zu der Auffassung gelangt sei, vor einer Entscheidung über den Eintritt in Verhandlungen ausführlichere Informationen über die japanischen Bedingungen erhalten zu müssen, und daß Deutschland gebeten werde, eine entsprechende Bitte nach Tokio weiterzuleiten (BArch, R9208, DBC, Nr.2104, Bl.55–56. Auch in: Peck 1961:170f). Am 15.1.1938 trug Kong Xiangxi Trautmann eine diese Bitte unterstreichende mündliche Erklärung vor, die er ebenfalls nach Tokio weiterzuleiten bat (BArch, R9208, DBC, Nr.2104, S.33. Auch in: Peck 1961:173f.). Der Text dieser mündlichen Erklärung lautet in deutscher Übersetzung: „Es ist ein großes Unglück, daß China und Japan sich in dem gegenwärtigen bewaffneten Konflikt mit all seinen katastrophalen Folgen für beide Länder befinden. China hegt nach wie vor den Wunsch, zu einer wirklichen Verständigung mit Japan zu gelangen, damit ein dauerhafter Frieden in Ostasien gesichert werden kann. Wir haben den ehrlichen Wunsch zum Ausdruck gebracht, über die Art und den Inhalt der 'grundlegenden Bedingungen', die von Japan vorgeschlagen worden sind, informiert zu werden, weil wir jede ernsthafte Anstrengung erbringen wollen, um eine Möglichkeit zur Wiederherstellung des Friedens zwischen den beiden Ländern zu finden. Mit solch einer zusätzlichen Information glauben wir besser in der Lage sein zu können, unsere Auffassungen zu den von Japan unterbreiteten Bedingungen darzulegen."

Die Japaner irrten sich aber in der Annahme, daß die chinesische Militärkraft zusammengebrochen sei. Kong hat den Wunsch ausgesprochen, der Führer und Reichskanzler möchte ganz privatim, nicht als Vermittler, aber im Sinne seiner früheren Äußerungen Kong gegenüber ein kleines Wort der Mäßigung an Japan richten, besonders, um die Bolschewisierung ganz Ostasiens zu verhüten, die Japan heraufbeschwöre.

2. Ich habe die Gelegenheit benutzt, um unsere Befürchtungen wegen der Russenpolitik Chinas gemäß Drahterlaß Nr. 206 vom 21. Dezember[63] auszusprechen. Kong sagte mir, daß er sowohl wie Chiang Kaishek die alte Linie der Vermeidung von politischen Abmachungen entanglements[64] mit Rußland weiterverfolge, der Druck auf die Regierung werde von der öffentlichen Meinung ausgeübt. Auf die Freundschaft mit Deutschland lege China den größten Wert.

3. Über die Umbildung der Regierung sagte Kong, daß dieselbe eine Vereinfachung und Zusammenfassung bedeute.

Chiang Kaishek werde sich lediglich auf die militärischen Angelegenheiten beschränken. Alle Wirtschaftsorgane (Wiederaufbaukommission pp.) würden im Wirtschaftsministerium zusammengefaßt, alle Verkehrs– und Eisenbahnfragen im neuen Verkehrsministerium. Außenpolitische Bedeutung habe die Maßnahme nicht. Ich persönlich glaube, daß Chiang Kaishek nach wie vor der einzige maßgebende Mann der Zentralregierung bleibt. Eine Umwandlung der Regierung im Sinne des Drahterlasses Nr. 200 vom 14. Dezember[65] hat nicht stattgefunden.

4. Kong bestätigte mir, daß er von einem amerikanischen Bankenkonsortium eine Anleihe von 150 Millionen Golddollars erhalten habe, die teilweise zur Abdeckung von Lieferungen,

---

Trautmann fügte kommentierend hinzu: „Ich habe den Eindruck, daß die chinesische Regierung die Mängel ihrer Antwort durch diese Erklärung abschwächen möchte“ (ebenda).

63 In diesem Telegramm hatte Staatssekretär des AA, von Mackensen, zunächst festgestellt, daß Trautmanns Berichte in Berlin die „Besorgnis verstärkt“ hätten, „daß bei Weitergang der Feindseligkeiten chinesischerseits engere Anlehnung an die Sowjetunion gesucht werden wird“, und dann gefordert, die chinesischen „Persönlichkeiten in ernster Weise hiervor zu warnen und nicht im Zweifel darüber zu lassen, daß bei bekannter Einstellung Deutschlands zur Sowjetunion – ganz unabhängig von deutsch–japanischen Beziehungen – ein Fortschreiten Chinas auf diesem Wege in Deutschland nicht nur schlechten Eindruck machen würde, sondern uns schließlich zur Überprüfung unseres ... (Gruppe verst[ümmelt], wahrscheinlich: Verhaltens) zu China nötigen müßte“ (BArch, R9208, DBC, Nr.2104, Bl.199f. – AA, Mackensen an DB Hankou, Berlin 21.12.1937. Auch in: Peck 1961:137f).

64 So im Original.

65 In diesem Telegramm hatte Staatssekretär von Mackensen auf „Gerüchte in der Weltpresse“ verwiesen, wonach „Chiang Kaishek zurücktreten“ und eine „neue Regierung mit Wang Jingwei, Zhang Qun, He Yingqin und Bai Chongxi gebildet würde, die mit Japanern verhandeln soll.“ Für den Fall, daß es zu einer solchen Umbildung komme, solle Trautmann sich „unter einem Vorwand nach Shanghai begeben und dort weitere Entwicklung abwarten“ (BArch, R9208, DBC, Nr.2104, Bl.193f. – Mackensen an DB Hankou, Berlin 14.12.1937. Auch in: Peck 1961:132f).

teilweise zur Stützung der chinesischen Währung bestimmt sei. Ich glaube, daß diese Anleihe die chinesische Regierung erheblich stärken wird.
Gleichlautend Tokio.
Trautmann

BArch, R9208, DBC, Nr.2104, Bl.114.

14

Vermerk des Reichsaußenministers Konstantin Freiherr von Neurath über ein Gespräch mit dem japanischen Botschafter Shigenori Togo[66]

Berlin, 16. Januar 1938

Bei seinem heutigen Besuch kam der japanische Botschafter auf die „Vermittlertätigkeit" Deutschlands im japanisch-chinesischen Konflikt zu sprechen. Im Auftrage des Ministers Hirota[67] bedankte er sich für unsere Tätigkeit. Ich benutzte die Gelegenheit, um Herrn Togo auf die Gefahren hinzuweisen, die eine allzu lange Dauer des Krieges auch für Japan mit sich bringe. Herr Togo seinerseits erklärte, Japan wolle mit China in Frieden zusammenarbeiten und wünsche deshalb so bald wie möglich den Abschluß der Feindseligkeiten. Andererseits sei aber die japanische Regierung entschlossen, den Krieg bis zum bitteren Ende weiterzuführen, und naturgemäß würden die Friedensbedingungen, je länger der Krieg dauere, um so härter. Die japanische Regierung betrachte im übrigen schon heute Chiang Kaishek nicht mehr als Repräsentanten der chinesischen Zentralregierung.[68] Sie sei zwar bereit, noch mit ihm zu verhandeln, wenn er jedoch die japanischen Bedingungen nicht annehme, so würden die Japaner mit den einzelnen Provinzgouverneuren Frieden schließen. An die Möglichkeit eines militärischen Sieges Chinas zu glauben, sei eine Phantasie.

Der Botschafter betonte sodann noch, daß man in Japan das größte Interesse daran habe, bei der wirtschaftlichen Entwicklung Chinas mit Deutschland Hand in Hand zu gehen. Die

---

66 Von AA als Durchschlag, gekennzeichnet mit RM17, an Trautmann übersandt.

67 Japanischer Außenminister Koki Hirota (4.6.1937–27.5.1938).

68 In einer Aufzeichnung vom 25.1.1938 notierte Neurath einen weiteren Besuch Togos, bei dem sich dieser nochmals „für die Bemühungen Deutschlands um die Wiederherstellung des Friedens in Ostasien" bedankte und dann erklärte, „die chinesische Zentralregierung existiere nicht mehr". Darum werde sich Japan „nunmehr bemühen, mit einer neuen chinesischen Regierung, die sich vermutlich aus den schon jetzt bestehenden Regierungen in Peking und Shanghai zusammensetzen werde, über die Beendigung des Kriegszustandes zu verhandeln." Neurath habe dann eingeworfen, „daß dann vermutlich doch noch ein großes nichtbefriedetes Gebiet Chinas bestehen bleibe", worauf der Botschafter erklärte, Japan „werde auch die Lasten eines längeren Krieges zu tragen wissen" (BArch, R901, AA, Nr.60971, Bl.29–30).

von deutschen Kaufleuten vielfach befürchtete Ausschaltung des deutschen Handels in China würde nicht eintreten.

Ich kam sodann noch auf die Anerkennung von Manzhouguo zu sprechen und erklärte dem Botschafter unseren Standpunkt in dieser Frage. Ich wies darauf hin, daß z.B. unsere jetzige Tätigkeit als Briefträger zwischen Japan und China völlig ausgeschlossen wäre, wenn wir Manzhouguo mit den Italienern zusammen anerkannt hätten.[69] Der Botschafter schien dies einzusehen und drängte seinerseits jedenfalls nicht auf eine diesbezügliche deutsche Aktion.

gez. Frhr. von Neurath.

BArch, R901, AA, Nr.60971, Bl.1–2.

15

Telegramm des Staatssekretärs Hans Georg von Mackensen, AA, an die Deutsche Botschaft Hankou

Berlin, 10. Februar 1938

Es wird sich demnächst als nötig erweisen, chinesische Regierung darauf vorzubereiten, daß mit deutscher Anerkennung Manzhouguos in absehbarer Zeit zu rechnen sei. Bitte zunächst nichts dahingehend zu unternehmen, aber Frage, insbesondere geeignete Motivierung prüfen und berichten.

Hier besteht Gedanke, Chinesen zu sagen, daß Anerkennung keineswegs Änderung unserer neutralen Haltung im gegenwärtigen Konflikt bedeute, sondern lediglich tatsächlichem und auf absehbare Zeit wohl unabänderlichem Bestand Rechnung trage. Für unsere Absicht seien wirtschaftliche Gesichtspunkte maßgebend, weil unser Handel mit Mandschurei durch Nichtanerkennung steigenden Schwierigkeiten ausgesetzt wäre. Bevorstehende Wirtschaftsverhandlungen mit Japan und Manzhouguo erforderten vorherige Klärung Problems. Auch

---

[69] Ganz ähnlich hatte Neurath auch schon am 1.12.1937 gelegentlich des Abschiedsbesuches von Togos Vorgänger Mushakoji argumentiert. Neurath sagte zu diesem Zeitpunkt, daß Deutschland, wenn es Manzhouguo „jetzt anerkennen" würde, „jede Möglichkeit einer Einflußnahme auf die chinesische Regierung, auch bei eventuellen Friedensverhandlungen zwischen China und Japan", verlieren werde. Darum liege es wohl auch „im Interesse Japans [...], mit der Anerkennung Manzhouguos noch etwas zu warten." Zugleich hatte Neurath Mushakoji am 1.12. darauf aufmerksam gemacht, daß – worauf sich Togo jetzt, am 16.1., mit seinen Äußerungen über eine japanisch-deutsche Zusammenarbeit bei der wirtschaftlichen Entwicklung Chinas offenbar direkt bezog – Deutschland vor einer Anerkennung Manzhouguos „gewisse Sicherheiten" für seinen „Handel sowohl in Manzhouguo als auch in den etwa von Japan neu zu besetzenden chinesischen Provinzen" haben müßte (BArch, R0901, AA, Nr.60970, Bl.293–294).

wegen unseres europäischen Zusammengehens mit Italien, das ohne unser Zutun Anerkennung ausgesprochen habe, sei für uns gleicher Schritt geboten.

Streng vertraulich:

Wir beabsichtigen, Anerkennung gegen wertvolle japanische Gegenleistung auf anderem Gebiet auszuhandeln.

NA/Microcopy, T120, Roll 2195, Serial 4422H, AA Pol. VIII, Aufn. E084073–E084074.

16

Rede des Reichskanzlers Adolf Hitler im Deutschen Reichstag[70]

Berlin, 20. Februar 1938

[...][71] Die Festsetzung der Einberufung des Reichstages auf den heutigen Tag erklärt sich aus den folgenden zwei Gründen:

1. hielt ich es für richtig, eine Reihe personeller Veränderungen nicht vor, sondern nach dem 30. Januar vorzunehmen[72], und
2. schien es mir nötig, auf einem bestimmten Gebiet unserer auswärtigen Beziehungen vorher noch eine dringend notwendige Klärung herbeizuführen.[73] [...][74]

Deutschland hat einmal durch seine Mitgliedschaft im Völkerbund sich an einer solchen unvernünftigen Handlung beteiligen müssen[75], es hat Gott sei Lob und Dank infolge seines

---

70 Der Text auf der Grundlage der Verhandlungen des Deutschen Reichstages, Bd.459 (3. Wahlperiode 1936, 30.1.1937–18.3.1938) folgt dem Abdruck in „Deutsche Allgemeine Zeitung", Nr.85–86 vom 22.2.1938, 1. und 2. Beiblatt: Der Wortlaut der Führer–Rede.

71 Eingangs seiner Rede verwies Hitler auf deren besondere Bedeutung anläßlich der „Feier des 5. Jahrestages" der Machtübernahme durch die Nationalsozialisten.

72 Die gemeinten „personellen Veränderungen" – das „Revirement" vom 4.2.1938 – standen langfristig im Zusammenhang mit den strategischen Orientierungen von Anfang November 1937 und führten in bezug auf die Ostasienpolitik zur entscheidenden Zurückdrängung prochinesischer Positionen: Generalfeldmarschall von Blomberg verlor sein Amt als Reichskriegsminister, und Außenminister Neurath wurde durch Ribbentrop, der entscheidenden Anteil an der Gestaltung der Pro–Japan–Politik hatte, abgelöst.

73 Diese „dringend notwendige Klärung" betraf die Anerkennung Manzhouguos, mit der Hitler einen fundamentalen Angriff auf den Völkerbund verband und jedweder deutscher Teilnahme an Aktionen des Völkerbundes eine grundsätzliche Absage erteilte.

74 Es folgen Darlegungen zur „Bilanz des Nationalsozialismus" seit 1933, zum „Unwert des Konferenzwesens" sowie zum Völkerbund.

75 Mit „solcher unvernünftiger Handlung" ist die Entscheidung des Völkerbundes aus dem Jahre 1932 gemeint, das Vorgehen Japans in der Mandschurei als Aggression zu bezeichnen. Deutschland war damals noch Mitglied des Völkerbundes.

Austrittes[76] aus ihm in einem drohenden zweiten Fall der Vernunft und der Billigkeit entsprechend handeln können.[77] Ich will Ihnen aber, meine Herren Abgeordneten, heute bekanntgeben, daß ich mich nunmehr entschlossen habe, auch im ersten Fall die notwendige geschichtlich bedingte Korrektur vorzunehmen.

Deutschland wird Manzhouguo anerkennen. (Beifall)

Wenn ich mich zu diesem Schritt entschließe, dann geschieht es, um auch hier einen endgültigen Strich zu ziehen zwischen einer Politik phantastischer Unverständlichkeiten und einer solchen der nüchternen Respektierung der Tatsachen. [...][78]

[...][79] Ich kann mich nicht der Auffassung jener Politiker anschließen, die glauben, der europäischen Welt einen Dienst durch eine Schädigung Japans erweisen zu können. Ich befürchte, daß eine japanische Niederlage in Ostasien niemals Europa oder Amerika zugute käme, sondern ausschließlich dem bolschewistischen Sowjetrußland. Ich halte China nicht für seelisch oder materiell gekräftigt genug, um aus eigenem einem bolschewistischen Ansturm standhalten zu können. Ich glaube aber, daß selbst der größte Sieg Japans für die Kultur und den allgemeinen Frieden der Welt unendlich weniger gefährlich ist, als es ein Sieg des Bolschewismus sein würde. Deutschland hat mit Japan einen Vertrag zur Bekämpfung der Komintern–Bestrebungen. Es besaß zu China immer freundschaftliche Beziehungen. Ich glaube, daß wir vielleicht am ehesten als wirklich neutrale Zuschauer dieses Dramas gelten können. Ich brauche nicht zu versichern, daß wir alle den Wunsch hatten und haben, daß zwischen den beiden großen ostasiatischen Völkern wieder ein Zustand der Beruhigung und endlich des Friedens eintreten möge. Allein wir glauben, daß es zu einem Frieden vielleicht längst gekommen sein würde, wenn nicht gewisse Kräfte genau so wie im Falle von Abbessinien auch in Ostasien ihren Rat und vielleicht das Versprechen moralischer Hilfeleistung zu sehr in die Waagschale der einen Seite gelegt hätten. Dieser Stellungnahme konnte – wie die Dinge liegen – nur eine rein platonische Bedeutung zukommen. Wer jedoch am Ertrinken ist, greift nach jedem Strohhalm. Es wäre besser gewesen, China auf den vollen Ernst seiner Lage aufmerksam zu machen, statt, wie so oft, den Völkerbund als den sicheren Garanten des Friedens und der Sicherheit zu zitieren!

Ganz gleichgültig, in welcher Zeit und wie die Ereignisse in Ostasien ihre endgültige Lösung finden werden, Deutschland wird in seiner Abwehrstellung gegen den Kommunismus Japan stets als ein Element der Sicherheit betrachten und werten. Und zwar der Sicherung der menschlichen Kultur. Denn es gibt für uns keinen Zweifel, daß selbst der größte japanische Sieg die Kulturen der weißen Völker nicht im geringsten berühren wird, ebenso aber auch keinen Zweifel darüber, daß etwa ein Sieg des Bolschewismus gerade der heutigen tau-

---

76 Dieser Austritt war am 19.10.1933 erklärt worden.

77 Hier meinte Hitler offenbar die italienische Aggression in Abbessinien 1935/36.

78 Es folgen weitere Passagen zur Ablehnung des Völkerbundes.

79 Ausführungen zur Fernostpolitik Deutschlands, eingeleitet u.a. mit: „Wir stehen [...] jedem Versuch einer Ausbreitung des Bolschewismus, ganz gleich, wo er auch stattfindet, mit Abscheu und dort, wo er uns selbst bedroht, in Feindschaft gegenüber." „Daraus ergibt sich auch unser Verhältnis zu Japan."

sendjährigen Kultur der weißen Rasse ein Ende bereiten würde! (Stürmische Zustimmung – Beifall.)

Ich möchte mich hierbei schärfstens verwahren gegen jene geistlosen Angriffe, die gegen Deutschland den Vorwurf erheben, wir würden durch unsere Haltung im ostasiatischen Konflikt gegen die Interessen der weißen Rasse verstoßen. So etwas in französischen oder englischen Zeitungen lesen zu müssen, regt uns wahrhaftig nur zum Staunen an.

Daß ausgerechnet der wegen seinem Rassenstandpunkt so heftig bekämpfte nationalsozialistische Staat nun plötzlich die Ehre erhalten soll, für Rassenideale, sprich besser Rasseninteressen vom Leder zu ziehen, ist ein Witz der Weltgeschichte. (Heiterkeit.)

Deutschland hat in Ostasien keinerlei territoriale Interessen. Es hat den begreiflichen Wunsch, Handel und Geschäfte zu betreiben. Dies verpflichtet uns nicht, für die eine oder andere Seite Partei zu ergreifen. Wohl aber verpflichtet dies uns, zu erkennen, daß ein Sieg des Bolschewismus auch hier die letzten Möglichkeiten vernichten würde.

Im übrigen hatte Deutschland einst selbst in Ostasien Besitzungen.[80] Es hinderte dies gewisse Mächte nicht, durch eine Koalition von Völkern weißer und gelber Rasse das Deutsche Reich von dort zu vertreiben. Wir wünschen heute wirklich nicht mehr eine Einladung zu erhalten, etwa nach Ostasien zurückzukehren! [...][81]

„Deutsche Allgemeine Zeitung", Berlin, Nr.85–86 vom 22.2.1938 in der Textfassung der Verhandlungen des Deutschen Reichstages, Bd.459, 3. Wahlperiode 1936, 30.1.1937–18.3.1938.

17

Artikel der Hankouer Tageszeitung „Da Gong Bao"[82]

Hankou, 21. Februar 1938

Ein grundlegender Wandel in den deutsch–chinesischen Beziehungen

Der deutsche Reichskanzler Adolf Hitler hat eine Rede gehalten, die gestern in die ganze Welt übertragen wurde und auch in Hankou zu hören war. Hitlers Rede war lang; sie dauerte über drei Stunden. Dabei überwogen die innenpolitischen Fragestellungen. Im außenpolitischen Abschnitt wurden unterschiedliche Aspekte behandelt. Wir wollen uns hier nur mit je-

---

80 Gemeint ist das ehemalige „deutsche Pachtgebiet" Jiaozhou (Kiautschou).

81 Damit enden die Ostasien und die Anerkennung Manzhouguos betreffenden Passagen. – Am 21.2.1938 erteilte Ribbentrop Botschafter Trautmann in Hankou genaue wörtliche Anweisung, wie mit der Hitler–Rede, die er als „historisch" bezeichnete, gegenüber der chinesischen Regierung umzugehen sei, damit „nachteilige Folgen für [die] deutsch–chinesischen Beziehungen" verhindert würden (ADAP, Serie D, Bd.I, Dok.570, S.682f.).

82 Aus dem Chinesischen übersetzt von Peter Merker.

nem Teil beschäftigen, der direkten Bezug zu China hat. Alles andere soll einer weiteren Erörterung vorbehalten bleiben.

Gestern war zu vernehmen, wie Hitler den Völkerbund attackierte. Der Völkerbund sei zum Werkzeug einiger Großmächte herabgesunken. Deutschland sei gegen den Völkerbund und habe sich zur Anerkennung Manzhouguos entschlossen. Außerdem verkündete Hitler, daß die Gefahr in Asien von den Kommunisten ausgehen würde. Über die deutsch-chinesischen Beziehungen verlor er kein einziges Wort.

Wir wissen natürlich noch nicht, welche Haltung unsere Regierung zu diesen grundlegenden Veränderungen einnehmen wird. Wir stützen uns lediglich auf unsere Gefühle. Vom Standpunkt der Bürger unseres Landes wollen wir eine offene Kritik anbringen.

1. Die nach dem Weltkrieg gewachsene, langjährige tiefe Freundschaft zwischen dem chinesischen und dem deutschen Staat und den beiden Völkern wurde von Hitler wie ein Paar abgetragene Schuhe weggeworfen. Hitler hat nicht nur sein vor fünf Jahren abgegebenes Versprechen gebrochen und Manzhouguo als Staat anerkannt sowie Japan alle erdenkliche Hilfe erwiesen, sondern auch Japan als Ordungsmacht in Asien bezeichnet und damit ins gleiche Horn wie Japan gestoßen. Um seine hegemonialen Bestrebungen in Mittel- und Südeuropa verwirklichen zu können, verkauft Hitler sein Gewissen und preist Japan. Nach seinen Worten unterwerfe Japan China, um Ostasien zu stabilisieren. Mit anderen Worten: Erst wenn China untergegangen ist, kann Ostasien als befriedet gelten. Das beweist vollständig, wie Hitler das Recht des vierhundert Millionen großen chinesischen Volkes auf einen eigenen Staat negiert und Japan bei seinen bestialischen Untaten in China ermuntert. Japan begeht die scheußlichsten Grausamkeiten und zerstört Handel und Industrie auf dem asiatischen Festland; Hitler hingegen bezeichnet Japan als Ordnungsmacht im Fernen Osten – das ist die Gutheißung von Verbrechen.

2. Wir sind der festen Überzeugung, daß die Stellungnahme Hitlers nur die Meinung der NSDAP, nicht aber die der unter der Parteiherrschaft stehenden einfachen Deutschen widerspiegelt. Wir wissen, daß in den vergangenen Jahren hochstehende Persönlichkeiten aus Kultur und Militär mit China sympathisierten, China geholfen haben und Chinas Lage verstehen. Auch nicht wenige Kaufleute und Unternehmen wollen China bei seiner wirtschaftlichen Entwicklung unterstützen. Außerdem arbeiten in zahlreichen chinesischen privaten und staatlichen Institutionen deutsche Spezialisten mit großem Einsatz und hoher Effizienz. Und was die öffentliche Meinung in Deutschland anbelangt, so sympathisiert der überwiegende Teil der Presse, sofern er nicht unter der politischen Kontrolle der NSDAP steht, seit Kriegsausbruch eindeutig mit China und nicht mit Japan. Da Deutschland über ein hohes allgemeines Kulturniveau verfügt, ist auch der Gerechtigkeitssinn recht entwickelt. Den sichtbarsten Beweis dafür legte die langjährige Sympathie der Spitze des deutschen Reichskriegsministeriums für China ab, die tatkräftig den Aufbau der chinesischen Armee unterstützte. Diese Tatsachen wissen die Bürger Chinas zu danken. Nach der kürzlich erfolgten Auswechslung der Führungsspitze des Reichskriegsministeriums konnte man jedoch ahnen, daß sich die tiefen Beziehungen zwischen China und Deutschland so nicht fortsetzen lassen werden. Dies ist nun offenbar geworden. Wir haben die politischen Absichten der NSDAP erkannt und treten

der Haltung Hitlers entschieden entgegen. Ein Teil der mit China sympathisierenden Deutschen hat sich in seiner Einstellung nicht beeinflussen lassen. Wir sind nach wie vor äußerst dankbar für die offizielle und private Hilfe zahlreicher deutscher Prominenter für China.

3. Welchen konkreten Einfluß hat nun Hitlers Haltung in bezug auf das chinesisch–japanische Problem? Wir glauben, es gibt nur positive und keinerlei negative Auswirkungen. Deutschland hat sich bereits am Tag der Unterzeichnung des Antikominternabkommens fest mit Japan verschworen. In der internationalen Arena haben Deutschland, Italien und Japan einen Machtblock gebildet; das ist inzwischen unverrückbare Realität. Allerdings gab es im vergangenen halben Jahr in Deutschland noch genügend einsichtige Personen, die nicht bereit waren, die deutsch–chinesische Freundschaft zu opfern. So kam auch Hitler nicht umhin, darauf Rücksicht zu nehmen. Da Hitler jetzt in Europa va banque spielt und Druck ausüben will, ist er gewillt, China zu opfern, um die Unterstützung Japans zu gewinnen. Das hat zwei positive Auswirkungen. Zum einen auf die innere Situation in China. Im vergangenen halben Jahr kämpfte man mit aller Entschlossenheit gegen den japanischen Aggressor, hoffte aber auf die Unterstützung von Japans Bündnispartner Deutschland. Das war ein Widerspruch. Dieser Widerspruch ist nun gelöst, und die chinesische Außenpolitik wird entschlossen das faschistische Bündnis bekämpfen. Sicherlich sind damit einige vorübergehenden Nachteile verbunden, doch ist damit unsere Außenpolitik einfacher und rationaler geworden. Auch im Innern wurden die Meinungen einheitlicher und klarer, was ebenfalls einen günstigen Einfluß auf die Innenpolitik haben wird.

Eine zweite Auswirkung wird sich auf internationalem Gebiet ergeben. In der Rede Hitlers spielt das europäische Problem die zentrale Rolle. Sein Buhlen um Japan läßt auf seine Pläne in Europa schließen. Es ist zu befürchten, daß diese weit über die Angliederung Österreichs hinausgehen. Diese aktiven Vorstöße der faschistischen Staatengruppe werden den Zusammenschluß des antifaschistischen Blocks beschleunigen. Diese Entwicklung ist für China von Vorteil.

Zum Schluß sei es gestattet, noch einige Worte anzufügen. Hitler hat sich in der chinesischen Frage völlig gewissenlos geäußert. Japan will China unterwerfen und hat einen umfassenden Krieg entfacht; wie kann man da behaupten, die Gefahr ginge von der Sowjetunion aus? Die chinesische Regierung hat jahrelang den Kampf gegen den Kommunismus geführt, nun will Japan mit aller Macht diese Regierung auslöschen; wie kann man da behaupten, die Gefahr ginge von der Kommmunistischen Partei aus? Die japanischen Truppen verüben Greueltaten unter der Bevölkerung und schänden die Frauen; Hitler findet dafür aber noch anerkennende Worte. Daß er mit der Anerkennung des Marionettenstaates aufs gröblichste die chinesischen Interessen mißachtet, braucht wohl nicht erörtert zu werden. Bürger Chinas, wir haben Hitler und die NSDAP durchschaut. Gleichzeitig sind wir uns über den Platz Chinas in der weltpolitischen Konstellation klargeworden. Ein jeder gehe seinen Weg; wir werden schon sehen! Wir hoffen sehr, daß alle Landsleute fest im Gedächtnis behalten werden, welchen schweren Schlag und welche Mißachtung uns das deutsche Staatsoberhaupt durch dieses Vorgehen hat zuteil werden lassen![83]

Zhong De guanxi da bianhua (Große Veränderungen in den deutsch–chinesischen Beziehungen), in: Da Gong Bao, Nr.140, 21.2.1938, S.212.

18

Protesterklärung der chinesischen Regierung[84]

Hankou, 24. Februar 1938

Die chinesische Regierung hat mit tiefem Bedauern erfahren, daß die deutsche Regierung sich entschlossen hat, das fragwürdige Gebilde auf dem Gebiet der vier nordöstlichen Provinzen der Republik China, das unter der Bezeichnung „Manzhouguo" bekannt ist, anzuerkennen.

Es bedarf kaum einer Hervorhebung, daß dieses ungesetzliche Regime aus der japanischen Aggression heraus geboren wurde und von den japanischen Militaristen kontrolliert und am Leben erhalten wird.

Praktisch alle Nationen der Welt haben fest zum Prinzip der Nichtanerkennung gestanden, weil es sich um eine Marionettenorganisation handelt, und die Tatsache, daß diese voll und

---

83 In einem ähnlichen Tenor äußerten sich mehrere chinesische Zeitungen. In einem Leitartikel der „Xinhua Ribao" vom 22.2.1938 hieß es z.B.: „Die Absicht, Österreich anzugliedern, die Aggressionsvorbereitungen gegenüber der Tschechei und die Anerkennung 'Manzhouguos' – dies sind die ersten ans Licht der Öffentlichkeit gekommenen Aktivitäten in einer ganzen Kette vom deutschen Faschismus geplanter Aggressionsakte. Die Maske der früheren sogenannten 'deutsch–chinesischen Freundschaft' ist angesichts der Realität endgültig heruntergerissen!"

84 Aus dem Englischen übersetzt von Wolfram Adolphi. Die Erklärung datiert – wie aus der hier als Vorlage genutzten Veröffentlichung im regierungsoffiziellen, 1943 herausgegebenen „China Handbook 1937–1943" hervorgeht – vom 24.2.1938. Im von der Redaktion des „China Handbook" vorangestellten Einleitungstext heißt es unter der Überschrift „Chinesischer Protest an Deutschland in der 'Manzhouguo'–Frage": „Am 24. Februar 1938 sandte Dr. Wang Chonghui, chinesischer Außenminister, einen entschiedenen Protest [strong protest] an den deutschen Botschafter Dr. Oskar Trautmann in Hankou. Gleichzeitig wurde der Protest telegraphisch an die chinesische Botschaft in Berlin zur Präsentation im deutschen Auswärtigen Amt übermittelt." Seitens der deutschen Regierung wurde der Protest herablassend behandelt. Über die Präsentation im AA durch Botschafter Cheng Tianfang vermerkte Staatssekretär Mackensen in einer Aufzeichnung vom 24.2.1938, daß Cheng an diesem Tage Ribbentrop nicht habe erreichen können, sich aber bei der Übergabe „des für diesen bestimmten anliegenden Brief[es]" auf eine „kürzlich" mit Ribbentrop geführte Unterredung beziehe, in der er „schon einen weiteren Schritt seiner Regierung angekündigt habe." Mackensen habe dann „den Brief entgegengenommen, ohne ihn in Gegenwart des Botschafters zu lesen", und auf eine Bemerkung Chengs hin erklärt, daß dessen „Ansicht, daß die Anerkennung Manzhouguos einen unfreundlichen Akt darstelle", „völlig abwegig" sei (ADAP, Serie D, Bd.I, Dok.572, S.685f.).

ganz durch die japanischen Streitkräfte geschaffen worden ist, ist früher auch durch Deutschland selbst anerkannt worden – ebenso wie durch die übrige Welt.

Die nun bekanntgegebene Handlung der deutschen Regierung ist umso enttäuschender und überraschender für das chinesische Volk, als bisher herzliche Beziehungen zwischen China und Deutschland bestanden.

Das chinesische Volk hat das Wachstum und die Entwicklung Deutschlands mit Interesse und Verständnis beobachtet, und natürlich hat es erwartet, daß die Entwicklungen und Ereignisse in China deutscherseits mit dem Gefühl gleicher Sympathie betrachtet würden.

Unglücklicherweise hat es aber den Anschein, daß die deutsche Regierung die schmerzhaften Ereignisse, die in diesem Teil der Welt ablaufen, mißverstanden oder fehlinterpretiert und – indem sie den „geschaffenen Tatsachen" ein unangemessenes Gewicht verleiht – es nicht vermocht hat, diese Ereignisse in ihrer wahren Perspektive zu sehen.

Eine Anerkennung von etwas, von dem man glaubt, es seien reale Tatsachen, ohne die Umstände in Betracht zu ziehen, unter denen es entstanden ist, und ohne auch die Rechte derjenigen Seite oder Seiten zu beachten, die vor allem betroffen sind – das läuft auf eine Zerstörung der allgemein üblichen internationalen Beziehungen hinaus.

In Anbetracht all dessen hält es die chinesische Regierung für notwendig, Protest gegen die Handlung der deutschen Regierung einzulegen, ein Gebilde anzuerkennen, das gegen Recht und Gesetz auf dem Territorium der Republik China geschaffen worden ist.

China Handbook 1937–1943. A Comprehensive Survey of Major Developments in China in Six Years of War, Compiled by The Chinese Ministry of Information, New York 1943, S.173f.

19

Telegramm des Botschafters Oskar Trautmann, Hankou, an das AA[85]

Hankou, 9. Mai 1938

Marschall Chiang Kaishek bat mich heute zu sich, um mit mir über die Frage der Kriegslieferungen zu sprechen. Er hatte ein Telegramm aus Berlin erhalten, daß die Absicht besteht, die Lieferungen zu unterbinden.[86] Er führte aus, daß selbst Italien, mit dem China die unerfreulichsten Beziehungen habe, die Lieferungen, die bereits bestellt waren, nicht gestoppt. Neulich wären noch 19 italienische Tanks und Flugzeuge verschifft worden. Der Austauschvertrag mit Deutschland sei seit langer Zeit im Gange, und in China würde es größte Enttäuschung hervorrufen, wenn Deutschland Lieferungen jetzt unterbrechen würde. Trotz der An-

---

[85] Das Telegramm traf Geheim–Code–verschlüsselt am 9.5.1938, 21.00 Uhr im AA ein.

[86] Der Beauftragte des Vierjahresplanes, Göring, veranlaßte am 27.4.1938 die erneute Einstellung der Waffen– und Munitionslieferungen nach China.

erkennung von Manzhouguo habe sich Chinesische Regierung bemüht, die alte Freundschaft weiter zu pflegen. Wenn Deutschland jetzt, während doch andere Mächte praktisch an China liefern, die bestehenden Verträge löse, würde dies die Gefühle des chinesischen Volkes zu Deutschland aufs tiefste beeinflussen.

Wenn das alte Verhältnis zu Deutschland weiterbesteht, sei China bereit, seine Beziehungen zu Deutschland enger zu gestalten auf wirtschaftlichem und anderem Gebiete, wenn dies der Absicht Deutschlands entspreche, und Verhandlungen darüber zu beginnen.

Ich setzte Marschall die Schwierigkeiten unserer Lage gegenüber Japan auseinander, er bat mich aber dringend, seine Ausführungen meiner Regierung zu übermitteln.

Ich habe den Eindruck aus den sehr ernsten Darlegungen von Chiang Kaishek, daß wir jetzt an dem entscheidenden Wendepunkt unserer Beziehungen zu China angekommen sind, und daß wir unsere ganze Aufbauarbeit in China seit dem Kriege und vielleicht auch zukünftige aufs Spiel setzen, wenn wir jetzt in der Frage der Militärberater und der Kriegslieferungen abrupt vorgehen. Ich werde auch mit Botschafter Ott[87] in Hongkong diese Frage durchsprechen.
Trautmann

PA/AA, Nr.R104815, o.Bl.

20

Telegramm des Reichsaußenministers Joachim von Ribbentrop an Botschafter Oskar Trautmann, Hankou[88]

Berlin, 13. Juni 1938

1. Ein weiteres Hinausschieben Abreise Berater (gemäß Absatz 2 Telegramm Nr.248)[89] liegt absolut nicht im Sinne hiesiger Anordnungen. Führer persönlich erwartet sofortigen Reiseantritt.
2. Sollten General von Falkenhausen oder einzelne Berater Schwierigkeiten machen, würde Reichsregierung Betreffenden gegenüber zu schärftsten ihr zu Gebote stehenden Mitteln greifen. – Bestellung General von Falkenhausens als Militär–Attaché kommt nicht in

---

87 Der deutsche Botschafter in Tokio, General Eugen Ott, seit Februar 1938 Nachfolger Herbert von Dirksens, hielt sich im Mai 1938 kurzzeitig zu Abgleichungsfragen in der britischen Kronkolonie Hongkong auf.

88 Geheim–Telegramm Nr.136 bezog sich auf die Telegramme Nr.248 und 250 vom 12.6.1938, im AA als Durchdruck mit handschriftlichem Einschub für die Endfassung überliefert.

89 Trautmann hatte nach Abstimmung mit Chiang Kaishek mit Telegramm Nr.248 vom 12.6.1938 an AA ersucht, die Rückberufung der deutschen Militärberater zu verschieben.

Frage.[90]

3. Falls Marschall Chiang Kaishek sich Entlassung Berater weiterhin widersetzt, bitte ihm zu sagen, daß alsdann mit Ihrer sofortigen Abberufung zu rechnen sei.

Ribbentrop

PA/AA, Nr.R104815, o.Bl.

21

Telegramm des Staatssekretärs Ernst von Weizsäcker, AA, an Botschafter Eugen Ott, Tokio[91]

Berlin, 25. Juni 1938

Nur zu Ihrer Information.

1. Da Chinesische Regierung unserem befristeten Wunsche auf sofortige Abreise sämtlicher deutscher Militärberater termingemäß nicht entsprochen hat, wird Botschafter Trautmann heute Geschäfte Geschäftsträger übergeben und nach Deutschland zurückkehren. Auf dem Rückwege wird sich Botschafter Trautmann lediglich wegen schwerer Erkrankung seiner Frau kurze Zeit in Hongkong aufhalten. Presseverlautbarungen über Abreise Botschafters wird von hier veranlaßt.

Von dem weiteren Verhalten der Chinesischen Regierung zur Beraterfrage wird es abhängen, ob die diplomatischen Beziehungen von uns zu China überhaupt aufrecht erhalten werden können. Chinesische Regierung ist hiervon unterrichtet.

Unter diesen Umständen habe ich von Weiterleitung dortigen Telegramms 236 nach Hankou vorläufig abgesehen.[92]

2. Auf etwaige Fragen japanischer Stellen können Sie antworten, daß Berater am 24. Juni Arbeit niedergelegt haben und mit nächster Gelegenheit Abreise antreten werden.[93]

Weizsäcker

PA/AA, Nr.R104815, o.Bl.

---

90 Handschriftlicher Einschub des nachfolgenden Satzes: „Zu Ihrer Information: Es wird indessen erwogen, nach Abreise Berater geeigneten Offizier von Lier als Militärattaché zu entsenden.“

91 Telegramm (Geheim–Chiffrier–Schlüssel) in der von Weizsäcker bestätigten Referenten–Entwurfs–Fassung des Vortragenden Legationsrates Werner von Schmieden überliefert, der den leitenden Mitarbeitern der Politischen Abteilung zur Kenntnis gebracht und zur Ablage unter Pol I M 2187g verwiesen wurde.

92 Der Deutsche Botschafter in Tokio, Eugen Ott, hatte dem AA in Telegramm Nr.236 vom 23.6.1938 japanische Anfragen zur Berater–Rückberufung nach Deutschland übermittelt. Vgl. PA/AA, Nr.R104815.

93 Die deutschen Militärberater verließen China am 5.7.1938 nach Verabschiedung durch Chiang Kaishek. Sechs Berater blieben in China zurück.

22

Telegramm des Botschafters Oskar Trautmann an das AA[94]

Hankou, 25. Juni 1938

Cito

Ich habe heute meinen Abschiedsbesuch bei Chiang Kaishek gemacht, der selbst noch einmal Gespräch auf die Beraterfrage brachte. Er sagte, daß er sich entschlossen habe, den Wünschen Deutschlands nachzukommen. Er hätte bereits alle Berater von ihren Dienstobliegenheiten entbunden, er wolle sie auch alle abreisen lassen. Da sie zehn Jahre mit ihm gearbeitet hätten, wollte er sie nicht ohne seinen Dank abreisen lassen. Dieser solle darin bestehen, daß die Berater ihre Heimreise durch die Provinzen Chinas machen, die sie noch nicht gesehen haben, d.h. über Sichuan und Yunnan nach Hause. In einer oder spätestens zwei Wochen werden Abreisevorbereitungen fertig sein, in diesen Kriegszeiten gehe es nicht schneller.

Marschall bat mich, ob ich unter diesen Umständen nicht hätte noch bleiben wollen, was ich natürlich nicht tun konnte.

Zum Schluß hat er seine Hoffnung ausgesprochen, daß die Beziehungen mit Deutschland, auf die er den größten Wert lege, aufrechterhalten werden.

Ich abfliege Sonntag früh: Adresse Consugerma Hongkong.

Erbitte sofortige Drahtweisung an den Geschäftsträger,[95] ob Vorschlag Marschalls annehmbar. Bei Ablehnung wird es voraussichtlich zu Skandal in voller Öffentlichkeit kommen, wenn die Berater Dienstag früh geschlossen zur Abfahrt auf den Bahnhof gehen.

Trautmann

NA/Microcopy T120, Roll 1074, Serial 1927H, AA, Polit. Abt., Aufn. 432883.

---

94 Telegramm (Geheim–Chiffrier–Schlüssel) traf am 25.6.1938, 21.00 Uhr, im AA ein und wurde umgehend Ribbentrop, Weizsäcker, Woermann und anderen leitenden Mitarbeitern der Politischen Abteilung des AA zur Kenntnis gegeben. Nach Rücksprache mit Ribbentrop und Weizsäcker brachte der Leiter der Politischen Abteilung, Unterstaatssekretär Woermann folgende Verfügung auf dem Telegramm an: „Zurückhalten Berater zu dem von Ch[iang Kaishek] genannten Zweck und Heimreise über den von ihm vorgeschlagenen Weg kommt nicht in Frage. Es bleibt bei den getroffenen Anordnungen. Aufrechterhalten Beziehungen abhängt lediglich darin, daß die Ch[inesische] Reg[ierung] sofortigen, direkten und unbehinderten Verlassen Chinas nichts in den Weg legt. W[oermann].“

95 Am 26.6.1938 setzte Trautmann sein persönlich letztes offizielles Telegramm als deutscher Botschafter in Hankou an das AA ab. Sein Telegramm Nr.273, das am 26.6.1938, 16.30 Uhr in Berlin ankam, hatte folgenden Inhalt: „Verlasse heute Hankou und habe Gesandtschaftsrat Lautenschlager zum Geschäftsträger a[d] i[nterim] bestellt. Gleichlautend an Tokio. Trautmann“ (NA/Microcopy T120, Roll 1074, Serial 1927H, AA, Aufn. 432887).

Kapitel 2

Die politischen Beziehungen zwischen Deutschland und China 1938 – 1941

Bis zum Herbst 1938 konnten die Japaner in zwei großangelegten Operationen sowohl Hankou, den provisorischen Sitz der Guomindang–Regierung, als auch Kanton, den letzten noch unbesetzten größeren chinesischen Hafen, erobern. Nach diesen verlustreichen Kämpfen wurde jedoch deutlich, daß Japan trotz seiner militärischen Überlegenheit China nicht in einem Blitzkrieg bezwingen konnte. Die Japaner stellten den weiteren Vormarsch ein und konzentrierten sich auf den Ausbau ihrer Positionen in den okkupierten Gebieten. Es kam zu einer militärstrategischen Pattsituation. Die chinesische Regierung zog sich ins Landesinnere nach Chongqing zurück und blieb trotz der japanischen Besetzung ein eigenständiger Faktor in der Weltpolitik.[1]

Deutschland hielt seine Beziehungen zu China zunächst weiterhin aufrecht. Die außenpolitische Bindung an Japan hatte jedoch eindeutige Priorität. Durch den deutsch–sowjetischen Nichtangriffsvertrag vom 23. August 1939 kühlte sich die Achsenverbindung zu Japan vorübergehend ab, während sich die Kontakte zu Chiang Kaishek wiederbelebten. In dieser Zeit gab es chinesischerseits Versuche, Deutschland erneut in eine Friedensvermittlung einzuschalten.

Der Dreimächtepakt vom 27. September 1940 beschloß dann allerdings das politische und militärische Bündnis von Deutschland und Japan. Die chinesisch–japanische Frontlinie wurde dabei zu einer Außengrenze der Achse. Nach dem Überfall Deutschlands auf die UdSSR am 22. Juni 1941 beendete Hitler mit der Anerkennung der von Japan installierten Marionetten–Regierung in Nanjing am 2. Juli 1941 die mehrgleisige China–Politik. Daraufhin brach Chiang Kaishek die diplomatischen Beziehungen zu Berlin ab. Zu Beginn des Pazifikkrieges am 7. Dezember 1941 stand Deutschland voll auf der Seite Japans.

---

1 Vgl. Hsu Long–hsuen/Chang Ming–kai 1971:235–248; Hu Huazhu 1983:528; An Zuozhang 1986: 899–908; Williamsen 1992:137–156; Eastman 1986:568f; Zhu Hanguo 1993:618–623; Dreyer 1995: 229–237.

Rückzug der Guomindang–Regierung nach Chongqing

Kurz vor dem Fall von Nanjing, nachdem die Japaner am 12. November 1937 Shanghai erobert hatten und an der zentralchinesischen Front durchgebrochen waren, verlegte die chinesische Regierung ihren Sitz nach Hankou. Als die japanischen Verbände bei ihrer Herbstoffensive 1938 dann die Gebiete am mittleren Yangzi mit Hankou einnahmen, zog sich die Regierung zuvor am 27. Oktober 1938 weiter in das Landesinnere nach Chongqing, in das Industrie– und Verkehrszentrum der Provinz Sichuan am Yangzi, zurück.[2] Ihr folgten auch die meisten der bei ihr akkreditierten diplomatischen Vertretungen. Die Deutsche Botschaft, die von Nanjing mit nach Hankou übergesiedelt war, wich nunmehr nach Shanghai in die Internationale Niederlassung aus und etablierte in Chongqing nur eine Dienststelle.[3]

Der chinesisch–japanische Frontverlauf blieb in seinen Hauptlinien bis Anfang 1944 weitgehend unverändert. Es kam aber immer wieder zu Scharmützeln und Gefechten, die große Opfer forderten. Zwischen den besetzten und unbesetzten Gebieten existierten keine klaren Trennungslinien. Die Japaner waren weit davon entfernt, die ihrem Machtbereich einverleibten Gebiete effektiv zu beherrschen, und die ständig wechselnden Frontlinien trennten beide Seiten nicht hermetisch voneinander ab. Auch die japanische Küstenblockade funktionierte nicht durchgängig. Hinter der Frontlinie standen weite Landstriche unter dem Einfluß der chinesischen Regierung in Chongqing, andere wurden von den Verbänden der KPCh, Freischärlern oder lokalen Machthabern kontrolliert.[4]

Im Ergebnis der japanischen Invasion ging China ein Drittel seines einstigen Hoheitsgebietes mit wichtigen Küstenplätzen, Industriezentren und Verkehrswegen verloren. Es wurde von seinen traditionellen Außenhandelsverbindungen abgeschnitten. Die vor dem 7. Juli

---

2 Vgl. Yan Qi/Zhang Tongxin 1991:461; Zhu Hanguo 1993:610; Huang Liren/Zheng Hongquan 1996: 116–119.

3 Martin Fischer wurde 1938 nach Rückberufung von Oskar Trautmann im Range eines Geschäftsträgers mit der Leitung der Deutschen Botschaft bei der nationalchinesischen Regierung in Chongqing mit Dienstsitz in der Internationalen Niederlassung in Shanghai beauftragt. Ihm folgte im Juni 1939 Felix Altenburg, unter dem der Hauptsitz der Dienststelle in das japanisch besetzte Peking verlegt wurde. Legationsrat Richard Kempe, Generalkonsul Franz Siebert, Botschaftsrat Hans Bidder, Botschaftsrat Leopold von Plessen, Legationsrat Heinrich Northe und kurz vor Abbruch der Beziehungen wiederum Bidder residierten nacheinander als Dienststellenleiter im Bevollmächtigtenstatus in Chongqing.

4 Die chinesischen und japanischen Angaben zu ihren jeweiligen Herrschaftsgebieten gingen weit auseinander. Die chinesische Nationalregierung gab das tatsächlich unter japanischer Kontrolle stehende Gebiet der besetzten Provinzen mit 7% an, während die japanische Armee behauptete, 47% des chinesischen Territoriums zu beherrschen. Bezeichnenderweise unterschied der deutsche Handelssachverständige Winterfeldt für seine Wirtschaftsberichterstattung 1938 fünf größere Räume in China: „1. das China der Nationalregierung, 2. der japanischen Armeen, 3. der Provisorischen Regierungen, 4. der Guerillatruppen, 5. der Banditen.“ Unter 4. verstand er das Operationsgebiet der Verbände der KPCh, unter 5. Niemandsland mit ungeklärten Herrschaftsverhältnissen, in denen sich lokale Banden aufgeschwungen hatten (BArch, R9208, DBC, Nr.2429, Bl.50–103 – Bericht Winterfeldt, März 1939: Zur Wirtschaft Chinas 1938).

1937 angelegten Investitionen mußten weitgehend abgeschrieben werden. Infrastrukturell relativ erschlossene Wirtschaftszonen entlang der Küste, Regionen mit nennenswerter Kohle– und Eisenerzförderung sowie bedeutende landwirtschaftliche Anbaugebiete waren nicht mehr erreichbar.

Die Regierung in Chongqing stellte sich auf einen längeren Krieg ein. Gestützt auf die Agrargebiete von Sichuan, Guizhou und Yunnan und deren eingeleitete kriegswirtschaftliche Erschließung, konnte sie sich innenpolitisch und militärisch wieder stabilisieren. Die Rüstungsanstrengungen konzentrierten sich auf die industrielle Erschließung um Chongqing, am oberen Yangzi sowie in Yunnan, insbesondere im Raum Kunming.[5] Die Regierung startete ein umfangreiches Verkehrserschließungsprogramm, um die verbliebenen Gebiete auf neue Außenverbindungen umzustellen.[6] Dennoch kamen die wirtschaftlichen Aufbauarbeiten, insbesondere bei der Schaffung einer eigenen Rüstungs– und Schwerindustrie, nur langsam voran. Die Auslandsabhängigkeit bei Militärgütern blieb weiterhin bestehen bzw. erhöhte sich noch.

Die chinesische Regierung konnte sich in Reaktion auf die japanischen Verbrechen, Enteignungen und Terrorangriffe auf einen breiten Widerstandswillen in allen Schichten des Volkes stützen. Der von der japanischen Armeeführung erhoffte Zusammenbruch stellte sich nicht ein. Im antijapanischen Kampf bildete sich eine nationale Bewegung heraus, die die Spannungen der Einheitsfront von Guomindang und KPCh überlagerte und über die Fronten hinweg in die besetzten Gebiete ausstrahlte.[7]

China versuchte, ungeachtet der gescheiterten Vermittlungsbemühungen und der unnachgiebigen japanischen Expansionspolitik, ständig diplomatische Kanäle für einen Waffenstillstand und Ausgleich mit Japan offenzuhalten (Dok. 23). Die dazu 1938/39 den Westmächten, aber auch Deutschland und Italien[8] bekanntgemachten Angebote reichten von Verzichtsleistungen bei Kriegsentschädigungen und Einlenken in der Manzhouguo–Frage bis zur Bereitschaft, dem Antikominternpakt beizutreten und mit Japan wirtschaftlich zusam-

---

[5] Zur Wirtschaft Chinas unter den Bedingungen des Krieges vgl. Kirby 1992:185–212; Lu Yangyuan/Fang Qingqiu 1991:519–644; Weng Wenhao 1943:129–133; Shi Quansheng 1981:414–501.

[6] Dabei spielte das deutsch–chinesische Flugunternehmen EURASIA eine wichtige Rolle. Vgl. 2. HACh, Nr.20–1402 – Schriftwechsel zwischen Verkehrsministerium und Lufthansa. Vgl. auch Wiethoff 1986:247–274. Vgl. ferner BArch, R9208, DBC, Nr.2429, Bl.1–46, DB Shanghai an AA, 17.4.1939, Bericht des Eildienst–Vertreters Guhl „Chinas Wirtschaft im Krieg".

[7] Vgl. Jahresbericht der DHK Shanghai für das Geschäftsjahr 1937/38: „Vorläufig hat der Krieg gerade die Wirkung gehabt, die bisher noch nicht ganz miteinander verbundenen Teile des Reiches politisch zusammenzuschweißen und über Nacht die seit Jahren erstrebte, immer problematisch gebliebene Einheit auch der südlichen Provinzen mit der Zentralregierung zu schaffen. Wenn das so bleibt, dann ist die Zeit mit den Chinesen."

[8] Vgl. FOSD/Microcopy German War Documents Project, Serial 1929H, AA, Büro des Staatssekretärs, Aufn. 432769, Aufzeichnung, Ribbentrop, 17.3.1938, Zum Informationsbesuch des italienischen Botschaftsrates Graf Magistrati.

menzuarbeiten. Die diplomatischen Sondierungen führten jedoch weder vor noch nach Ausbruch des Krieges in Europa zu chinesisch–japanischen Friedensverhandlungen.[9]

Friedensvorschlag aus deutschen Oppositionskreisen

Trotz der Massivität, mit der Hitler und Ribbentrop in der ersten Hälfte des Jahres 1938 ihre projapanischen Entscheidungen durchgesetzt hatten, blieben sowohl unter den Chinadeutschen als auch in deutschen Politiker– und Wirtschaftskreisen erhebliche Widerstände und Bedenken meist wirtschaftspolitischer Art gegen diesen Kurs bestehen.

Ein Beispiel dafür, wie man sich in deutlicher Distanz zur projapanischen Hitler–Ribbentrop–Linie eine alternative deutsche Ostasienpolitik vorstellte, vermittelt ein im Juni 1938 entstandenes Memorandum des Juristen, späteren Diplomaten und im „Kreisauer Kreis" aktiven Hitlergegners Adam von Trott zu Solz,[10] der sich als Stipendiat der englischen Rhodes–Stiftung in Peking aufhielt. Das von ihm verfaßte Memorandum (Dok. 25) lief in seinem Kern auf eine gemeinsame deutsch–britische Vermittlung in Fernost hinaus. Chiang Kaishek wurde als einzig möglicher chinesischer Partner von Friedensverhandlungen hervorgehoben. Gleichzeitig sollte China seinen antijapanischen Widerstandskampf einstellen und Japan entgegenkommen. In seiner Argumentationsführung spiegelt das Memorandum Positionen von Teilen der in Opposition zum Hitlerschen Kriegskurs stehenden koservativen Eliten wider. Von Trott zu Solz verknüpfte seine Anregungen zur Lösung der Fernost–Frage mit Vorschlägen zur Erhaltung des Friedens in Europa. Nach seiner Rückkehr aus China Ende 1938 suchte er Kontakte zu Falkenhausen, Schacht und anderen Persönlichkeiten, die zuvor die deutsch–chinesische Zusammenarbeit aktiv gefördert hatten.[11] Da diese Kräfte aber bereits jeden Einfluß auf die Gestaltung der offiziellen Politik verloren hatten, blieben die Gedanken von Trott zu Solz ohne Wirkung auf den weiteren Verlauf der Ereignisse in Ostasien.

---

9 Vgl. Yan Ruping/Zheng Zemin 1992:352–358; Tao Wenzhao/Yang Kuisong/Wang Jianlang 1995:187–200.

10 Als „Kreisauer Kreis"ist eine von Helmut James Graf von Moltke gegründete Gruppe von Gegnern des Nationalsozialismus in die Geschichte eingegangen, der zahlreiche Vertreter der konservativen Eliten angehörten. Viele von ihnen – so auch Adam von Trott zu Solz – bezahlten ihren Einsatz nach dem fehlgeschlagenen Attentat auf Hitler vom 20. Juli 1944 mit dem Leben. Zur Tätigkeit des „Kreisauer Kreises" s. neuere Forschungsresultate bei Mommsen 1994:361–378. Zum Wirken von Adam von Trott zu Solz insgesamt vgl. Clarita von Trott zu Solz 1994; Sykes 1968; Malone 1986; v. Klemperer 1988; MacDonogh 1989. Zu einem außenpolitischen Memorandum Trotts aus dem Jahre 1942 vgl. VfZ 4/1957:388–396.

11 Vgl. Liang 1978:152 u. 155; Malone 1986:188 u. 214f. Vgl. auch die ausführliche Darstellung der deutschen „China–Freunde" unter Einschluß Trotts bei Liang 1978:114–157.

Außenpolitische Richtungskämpfe und prodeutsche Positionen in Chongqing 1938/39

Chiang Kaishek setzte seine auf nationale Eigenständigkeit und Unabhängigkeit von ausländischem Einfluß gerichtete Außenpolitik nach den zu Kriegsbeginn erlittenen militärischen Rückschlägen fort. Er strebte nach möglichst breiter internationaler Unterstützung gegenüber dem japanischen Aggressor, ohne sich dabei auf feste Bindungen an die angelsächsischen Mächte, an die UdSSR oder an Deutschland festzulegen.[12]

Die Westmächte waren darauf bedacht, ihren Einfluß in China durch eine Politik des Lavierens und der „Nichteinmischung" zu behaupten. Sie reagierten nur dann, wenn ihre privilegierte Stellung im chinesisch–japanischen Krieg in Gefahr geriet. Als Japan nach seinen Eroberungen in Nord– und Mittelchina den Druck auf die ausländischen Niederlassungen verstärkte, leisteten sie gemeinsam Widerstand.[13] Zugleich vermieden sie alles, was sie in den Krieg hätte verwickeln können.

Großbritanniens Appeasement–Politik im Vorfeld des Zweiten Weltkrieges griff auch nach Ostasien hinüber. Britisch–japanische Verhandlungen tendierten zur Nachgiebigkeit gegenüber Japan und zu einer Verständigung über die britischen und japanischen Interessensphären in Fernost ohne Einbeziehung Chinas. In der chinesischen Regierung, die darin einen politischen Wandel in Englands Chinapolitik sah, löste die nachfolgende Abkühlung im chinesisch–britischen Verhältnis erbitterte außenpolitische Richtungskämpfe aus. Chiang Kaishek befürchtete nicht nur einen Rückzug der Briten,[14] sondern auch der Amerikaner aus der Wirtschaftshilfe. Oppositionskreise um General Bai Chongxi griffen daraufhin massiv die angloamerikanische Ausrichtung der chinesischen Außenpolitik an, die von Ministerpräsident und Finanzminister Kong Xiangxi, der anfangs als Exponent prodeutscher Positionen in der Guomindang galt, Ende 1938 eingeleitet worden war.[15] Innerhalb der Regierung, in der sich eine „Kriegs"– und eine „Friedens"–Gruppe gegenüberstanden, gingen die Auseinandersetzungen ohne greifbare Resultate zunächst bis Herbst 1939 weiter.

Die Vereinigten Staaten von Amerika hielten an ihrer prochinesischen Haltung fest. Mit besonderem Nachdruck verlangten sie die Wiederherstellung der Unabhängigkeit Chinas und

---

12 Vgl. Da Gong Bao, 23.10.1937, zum Verhältnis von „China und Deutschland–Italien": „China sucht Freunde zur Verteidigung gegen seine Feinde. Je mehr Freunde, desto besser... Daher ist unsere Außenpolitik sehr klar: Wir wollen von jedem Land, daß es unser Freund ist und uns hilft, oder zumindest, daß es Japan nicht hilft."

13 Nach dem von Japan provozierten Xiamen–Zwischenfall auf Gulangyu entsandten England, Amerika und Frankreich Flotteneinheiten und Truppen. Damit hatte man japanischerseits nicht gerechnet.

14 Großbritannien verhielt sich bei der Stützung der chinesischen Währung äußerst zurückhaltend und brachte bis Juli 1939 nur fünf Millionen Pfund Sterling auf.

15 Vgl. NA/Microcopy T82, Roll 77–78, Serial 98, I.G. Farben, Aufn. 237215–237222, Fabel, Chongqing, 22.7.1939, an DEFAG Shanghai, Bericht Allgemeine Beobachtung Nr.21 betr. Chongqing.

die uneingeschränkte Wahrung der amerikanischen China–Interessen. Sie gaben schrittweise ihre isolationistische Außenpolitik im asiatisch–pazifischen Raum auf und begannen ab 1940, Japans Expansionismus Grenzen zu setzen.[16] Die chinesische Regierung war aber enttäuscht, daß die USA wie auch Frankreich und Großbritannien nach wie vor vorsichtig agierten. Die UdSSR war trotz des Nichtangriffsvertrages mit China für Chiang Kaishek weiterhin kein bevorzugter außenpolitischer Partner, obgleich darüber die Meinungen unter chinesischen Spitzenpolitikern auseinanderzugehen begannen.

Trotz des Abzugs der deutschen Militärberater und der Rückberufung des deutschen Botschafters bekundete die chinesische Regierung ihr unverändertes Interesse an der Fortsetzung der „guten Beziehungen" mit Deutschland. Prodeutsche Politiker, die sich nach wie vor in einflußreichen Positionen befanden, und andere Befürworter einer engen Anlehnung an Deutschland bemühten sich um einen Ausweg aus der durch Hitlers offenkundigen Japan–Schwenk hervorgerufenen ernsten Krise der deutsch–chinesischen Beziehungen. Sie traten mit zahlreichen Initiativen zur Intensivierung der bilateralen Beziehungen hervor und propagierten weiterhin das „Vorbild Deutschland", eine „Schicksalsverbundenheit" beider Völker sowie die Möglichkeit eines „Kontinentalbundes".

Im November 1937 hatte Chen Lifu, der Vorsitzende der Guomindang, dem Deutschen Botschafter Trautmann ein Memorandum überreicht, das der NSDAP–Führung in Berlin vorgelegt werden sollte. In diesem „Entwurf zu einer Regelung internationaler Beziehungen" griff Chen die von Sun Yatsen entwickelte Idee eines „Kontinentalbundes" zwischen China, der Sowjetunion und Deutschland auf. Mit ihrer Verwirklichung sollte Japan in die Schranken gewiesen, Deutschland in eine Führungsrolle in der Welt gebracht und ein starkes, souveränes China errichtet werden (Dok. 23).

Im Mai 1938 regte Zhu Jiahua an, die Guomindang "nach dem Muster der NSDAP" umzugestalten (Dok. 24). Der Vorsitzende der Chinesischen Staatssozialistischen Partei, Zhang Junmai, bemühte sich kontinuierlich um deutsche Unterstützung bei der antikommunistischen Propagandaarbeit.

Im September 1938 entwickelte der in China arbeitende Journalist Wolf Schenke Vorstellungen in bezug auf die Organisierung der neugegründeten Guomindang–Jugend „nach dem Muster der Hitlerjugend" (Dok. 27). Walter Stennes, Chef der Leibgarde von Chiang Kaishek, regte an, eine „Eliteeinheit, ähnlich der deutschen Sturmtruppe", ins Leben zu rufen.[17]

Die chinesische Regierung gab den diplomatischen Beziehungen auch nach Rückberufung des deutschen Botschafters und Einsetzung eines Geschäftsträgers weiterhin einen besonderen Stellenwert. Im September 1938 entsandte sie mit dem früheren Vizeaußenminister Chen

---

16 Das US–Neutralitätsgesetz (Waffenembargo) vom Mai 1937 war bereits gegen Japan gerichtet. Im Herbst 1938 begann das US–Aufrüstungsprogramm. Im April/Mai 1939 stationierten die USA vorläufig 270 Hochseekampfeinheiten mit Begleitschiffen im Pazifik.

17 Vgl. 2. HACh, Nr.773–711 – Stennes an Militärkommission, Eingabe (in chinesischer Übersetzung von He Baosen).

Jie einen ranghohen Repräsentanten als neuen Botschafter nach Berlin. Deutschland reagierte darauf hinhaltend. Erst nach drei Monaten, am 16. Dezember 1938, empfing Hitler Chinas Botschafter zur Übergabe des Beglaubigungsschreibens. Chongqing war sehr verunsichert, zumal es gleichzeitig Gerüchte gab, wonach Deutschland und Italien beabsichtigten, eine von Japan anvisierte chinesische Zentralregierung für die besetzten Gebiete anzuerkennen.[18] Friedrich Adolf Krummacher, zuvor die rechte Hand des Generalberaters Alexander von Falkenhausen, brachte in einer Schilderung vom ersten offiziellen Empfang, den Chen Jie am 19. Januar 1939 in Berlin gab, die unverminderten Sympathien einflußreicher Kreise für das unbesetzte China zum Ausdruck (Dok. 28).

Im Juli 1939 charakterisierte Chiang Kaishek in einem Interview für die deutsche Nachrichtenagentur Transocean die deutsch–chinesischen Beziehungen als „zufriedenstellend". Er verzichtete auf jegliche Kritik an der deutschen Politik und stellte die für China ungünstigen Schritte als Ergebnis japanischer Einflüsterungen dar. Da Japan für Deutschland kein zukunftsträchtiger Partner sei, sollte man zu den guten Beziehungen mit China zurückkehren. Auch hielt Chiang eine engere Zusammenarbeit zwischen Deutschland und der Sowjetunion für nicht ausgeschlossen (Dok. 29).

Seit Abschluß des Antikominternpaktes, und besonders nach der deutschen Anerkennung von Manzhouguo, kritisierten aber auch große Teile der chinesischen Öffentlichkeit diese prodeutschen Positionen innerhalb der Guomindang–Regierung.[19] Die KPCh verurteilte die deutschen Kriegsvorbereitungen in Europa und das deutsch–japanische Zusammenwirken in der Weltpolitik scharf.[20] Die von ihr herausgegebene Zeitung Xinhua Ribao sah in der Haltung Deutschlands eine direkte Unterstützung der japanischen Aggression in China und forderte eine grundsätzliche Neuorientierung der chinesischen Außenpolitik (Dok. 26). Im Zusammenhang mit dem deutsch–sowjetischen Nichtangriffsvertrag vom 23. August 1939 stellte sie ihre Kritik an Deutschland kurzfristig ein, um nach dem Einmarsch der deutschen Wehrmacht in die UdSSR am 22. Juni 1941 wieder zu ihren früheren Positionen zurückzukehren.[21]

Die deutschen Auslandsvertretungen waren in mehreren Erlassen des Reichsaußenministers angewiesen worden, jede kritische Äußerung über das nationalsozialistische Deutschland zu registrieren und nach Möglichkeit den Urheber ausfindig zu machen. Dazu legte der Presseattaché der Deutschen Botschaft eine umfangreiche Dokumentation an. Im Regelfall wurden die deutschen Diplomaten bei den zuständigen chinesischen Instanzen vorstellig und

---

18 ADAP, Serie D, Bd.IV, Dok.541, S.610–611. – Geschäftsträger Fischer an AA, Shanghai, 29.12.1938.

19 Vgl. Kap. 1.

20 Zur Bewertung der außenpolitischen Konzepte und Positionen der KPCh vgl. die zusammenfassenden Darstellungen bei Goldstein 1992:107–134 und Wu 1992b:79–106.

21 Vgl. auch die Erinnerungen von Schenke 1971:56f.

verlangten ein energisches Einschreiten gegen die betreffenden Zeitungen, Verlage oder Personen.[22]

Der deutsch–sowjetische Nichtangriffsvertrag als Ausgangspunkt neuer chinesischer Hoffnungen 1939/40

Am 1. September 1939 begann mit dem Angriff Deutschlands auf Polen der Zweite Weltkrieg in Europa. Die Auswirkungen des Krieges, den Zusammenbruch der internationalen Schiffahrts– und Handelswege, der auch deutsche Waffenlieferungen weitgehend unmöglich machte, bekam die chinesische Regierung erst nach und nach zu spüren. Von unmittelbarer Bedeutung war für sie hingegen ein Ereignis, das eine Woche zuvor – am 23. August 1939 – stattgefunden hatte: die Unterzeichnung des deutsch–sowjetischen Nichtangriffsvertrages.

Drei Tage nach der Unterzeichnung des Vertrages suchte die chinesische Regierung Kontakt in Berlin, um offiziell ihrer Freude über diesen Schritt Ausdruck zu verleihen (Dok. 30). Aus dem Vertrag hatte sich für China neuer Handlungsspielraum ergeben: War der chinesisch–sowjetische Nichtangriffsvertrag vom 21. August 1937 bis dahin deutscherseits wiederholt als Hindernis für die Entwicklung der deutsch–chinesischen Beziehungen betrachtet und entsprechend angegriffen worden, so hatte nun Deutschland einen ganz ähnlichen Vertrag mit der Sowjetunion abgeschlossen. Erstmals entstand eine – wenn auch indirekte – vertragliche Verbindung zwischen den drei Staaten, die schon Sun Yatsen gern in einem „Kontinentalbund" vereinigt gesehen hätte. Die deutschfreundliche Stimmung, die sich im Herbst 1939 in Chongqing neu ausprägte und etwa ein Jahr andauerte, war eng mit dem antibritischen und antifranzösischen Aspekt dieser „Kontinentalbund"–Idee verbunden. Es schien sich die Gelegenheit zu bieten, China endgültig vom kolonialen britischen und französischen Einfluß befreien zu können.[23]

---

[22] Ribbentrop hatte am 28.2.1938 unter Bezug auf die Hitler–Rede vom 20.2. „alle diplomatischen und berufskonsularischen Vertretungen im Ausland" aufgefordert, entschieden gegen „die von verschiedenen Regierungen fremder Staaten mit dem Begriff der 'freien Meinungsäußerung' entschuldigte und unter Hinweis auf die angeblich mangelnde gesetzliche Handhabe geduldete antideutsche Hetze" vorzugehen und „geeignete Gegenmaßnahmen konkreter Art gegen den betreffenden Staat in Vorschlag zu bringen." Am 27.10.1938 wurde diese Weisung dahingehend verschärft, daß nunmehr wöchentlich Berichte vorzulegen waren, die „das gesamte Hetzmaterial der Woche" enthalten sollten (BArch, R9208, DBC, Nr.3798, Bl.122f. u. Bl.63. – In diesem Aktenband 3798 sind viele der als „Hetzmaterial" eingestuften Zeitungsartikel erfaßt).

[23] Die gegen Nationalchina gerichteten Schritte Großbritanniens in dieser Zeit förderten solche Ansichten. Am 24. Juni 1939 wurde mit dem Arita–Craigie–Abkommen die japanische Aggression faktisch anerkannt. Für China hatte das Abkommen verheerende Folgen und wurde deshalb heftig kritisiert. Vgl. Xin Zhonghua Bao, 11.8.1939: „Japan hat durch massive Drohungen Chamberlain dazu gezwungen, nun auch im Fernen Osten ein 'Münchener Abkommen' zu inszenieren und die britische Politik, China zu helfen und Japan zu zügeln, genau in ihr Gegenteil zu verkehren." Vgl. auch Xu Lan

Die deutsche Regierung blieb den chinesischen Hoffnungen gegenüber zurückhaltend. Der Vertrag mit der Sowjetunion war nicht für eine längere Dauer, sondern lediglich für einen mittelfristig–strategischen Zeitgewinn gedacht. Eine Ausweitung um weitere vertragliche Verpflichtungen kam aus deutscher Sicht nicht in Frage. Dennoch wies die deutsche Diplomatie die chinesischen Überlegungen nicht völlig zurück.

Rückschläge in den deutsch–japanischen Beziehungen hatten diese kurzzeitige Belebung der deutschen Beziehungen zu China begünstigt. Japan hatte sich im Mai 1939 am Chalchin–Gol militärisch in den Grenzkonflikt zwischen Manzhouguo und der Mongolischen Volksrepublik gegen die UdSSR eingeschaltet,[24] unter anderem in der Hoffnung, Deutschland dadurch zum Kriegseintritt gegen den kommunistischen Gegner herauszufordern. Die deutsche Führung hatte jedoch ohne Absprache mit Japan andere Prioritäten für den Krieg in Europa gesetzt. Die Unterzeichnung des deutsch–sowjetischen Vertrages am 23. August fiel genau in die Tage der vom 20. bis 31. August dauernden Gegenoffensive der sowjetisch–mongolischen Truppen am Chalchin–Gol. Japan wurde Ende September 1939 zur Einstellung aller Kampfhandlungen gezwungen. Zeitgleich zur militärischen Niederlage Japans wurden prodeutsche Kräfte in der japanischen Führung zu Fall gebracht. In den deutsch–japanischen Beziehungen trat eine Vereisung ein,[25] und Japan blieb in der Folge im europäischen Krieg neutral.

Chiang Kaishek sah in dieser Entwicklung ein positives Zeichen für den Kampf gegen Japan. Der Vertrag wie auch der Kriegsbeginn in Europa veranlaßten ihn dazu, von grundsätzlich günstigeren äußeren Bedingungen für den antijapanischen Widerstandskampf zu sprechen (Dok. 31). Die Führung der KPCh begrüßte den deutsch–sowjetischen Vertrag. Mao Zedong würdigte ihn am 1. September 1939 vor allem als Schlag gegen Japan und hoffte auf sowjetische Hilfe für China im chinesisch–japanischen Krieg.[26]

Belebung der Beziehungen im Frühjahr/Sommer 1940

Nach Beginn des Krieges in Europa trat der Konflikt in China noch stärker in das Blickfeld der unmittelbar interessierten Großmächte USA, UdSSR und Großbritannien einerseits und der Achsenmächte andererseits. Ihr unterschiedlich motiviertes Interesse an einer baldmöglichen Beendigung des chinesisch–japanischen Krieges veranlaßte Chongqing, Friedensmöglichkeiten zu sondieren. Der chinesische Außenminister Wang Chonghui ließ Möglichkeiten für Vermittlungen durch die USA erkunden, nachdem Briten und Amerikaner in Chongqing

---

1991:239–244; Sa Benren/Pan Xingming 1996:224f. Von Juli bis Oktober 1940 sperrten die Briten auf japanische Forderungen hin die für Chongqing lebenswichtige Burma–Straße.

24 Vgl. Sazaki 1968:89ff.; Xie Xueshi 1995:631–634.

25 Vgl. Sommer 1962:291ff.; Ienaga 1979:82; Krebs 1984:302, 337–341. Das Kabinett Hiranuma trat zurück, neuer Regierungschef wurde General Abe Nobuyuki.

26 Vgl. Gespräch mit dem Generalsekretär der KPCh, Mao Zedong, in: Xinhua Ribao, 1.9.1939.

entsprechende Vorstöße unternommen hatten.[27] Auch auf japanischer Seite ließ man die Bereitschaft zu Friedensverhandlungen erkennen. Regierung, Armee und Marine räumten im Rahmen ihres Planes für eine „Neue Ordnung in Asien" der Beilegung des Chinakrieges Vorrang ein, zumal eine militärische Lösung nicht mehr in Sicht war.

Die außenpolitische Situation gestaltete sich für die chinesische Regierung weiterhin äußerst kompliziert. Keine der Großmächte war bereit oder in der Lage, China in seinem Kampf gegen Japan uneingeschränkt zu unterstützen.[28] Die britisch-japanischen Beziehungen verbesserten sich vor dem Hintergrund der europäischen Konfrontation, und Großbritannien begann, die japanische Machtstellung in Nord- und Mittelchina zu akzeptieren.[29] Dadurch wurde Japan darin bestärkt, die britische Diplomatie für eine Verständigung mit Chongqing in Anspruch zu nehmen. Chiang Kaishek lavierte, um die Beziehungen zur UdSSR nicht weiter zu verschlechtern und im Falle eines japanisch-sowjetischen Nichtangriffspaktes nicht noch mehr isoliert zu werden.[30] Besondere Anstrengungen richtete er auf den Ausbau der Beziehungen zu den USA. Diese hatten China bislang moralisch am stärksten unterstützt, ihre materielle Hilfe aber in Grenzen gehalten. Als sich das amerikanisch-japanische Verhältnis weiter zuspitzte, schienen sich die Hoffnungen Chiangs zu erfüllen.[31]

Die Haltung zu Deutschland blieb ambivalent und in Erwartung der Anerkennung einer von Japan installierten Marionettenregierung zurückhaltend. Im Zusammenhang mit der chinesisch-sowjetischen Annäherung setzte wieder eine vorsichtige Belebung ein (Dok. 32).

---

27 Im Oktober 1939 begannen Gespräche des britischen Botschafters mit chinesischen Staatsmännern.

28 Vgl. Garver 1992:17f. zur außenpolitischen Gesamtsituation Chinas im Sommer 1940: Frankreich und England waren nach ihren Niederlagen „für japanischen Druck besonders empfänglich". Die UdSSR hatte ihre Hilfe für Chongqing weitgehend eingestellt. Die USA blieben unentschlossen, denn „sie sahen eine Bedrohung vor allem von Deutschland ausgehen und hofften, ... Japan nicht auch noch auf die Liste ihrer Feinde setzen zu müssen".

29 Briten und Japaner verständigten sich über strittige Fragen in den Britischen Konzessionen sowie über eine Reduzierung britischer Streitkräfte am Yangzi. Japan zog seine Truppen an der Grenze des Hongkong-Gebietes zurück.

30 Chiang Kaishek setzte sich gegenüber verschiedenen Militärcliquen durch, vor allem vertreten durch Kriegsminister He Yingqin, die Japan, die UdSSR und die chinesischen Kommunisten als gleichzeitig zu bekämpfende Feinde ansahen. Waffen- und Materiallieferungen, die nach den Niederlagen auf dem europäischen Kriegsschauplatz sowie dem Ausfall des Burma- und Indochina-Nachschubs einschneidend absanken, konnten über die Sowjetunion kompensiert werden. Zeitgleich wurde in Verhandlungen zwischen Chiang Kaishek und Zhou Enlai die Konfrontation zwischen Guomindang und KPCh auf militärischem Gebiet abgebaut.

31 Japan geriet unter Zeitdruck, als die Kündigung des amerikanisch-japanischen Handelsvertrages im Februar 1940 wirksam geworden und damit die Einfuhr lebenswichtiger Güter aus Europa und USA gleichzeitig gefährdet war. China dagegen wollte diese Bedrängnis nutzen, um Japan kompromißbereiter zu stimmen. Vgl. Wu Jingping 1992:310ff.

Die chinesische Regierung war sich aber über das weitere Herangehen uneinig.[32] Ihre Anfang Oktober 1939 und im Mai 1940 an das Auswärtige Amt herangetragenen Vorschläge zu einer neuen deutschen Vermittlung zwischen China und Japan stießen dort auf Ablehnung.[33] Die deutsche Interessenlage hatte sich durch den deutsch–sowjetischen Nichtangriffsvertrag vom 23. August 1939 gewandelt. Ein Militärbündnis mit Japan war noch nicht zustandegekommen. Es blieb offen, ob Japan sich nach dem Kriegsausbruch in Europa an der Seite Deutschlands entschieden gegen Großbritannien wenden würde. Deutschland zeigte sich an einem weiteren Fortgang des Chinakrieges interessiert, weil damit Japans Streitkräfte gebunden schienen und keine Schläge in anderen, der deutschen Außenpolitik nicht genehmen Regionen ausführen konnten.[34] Die Konstituierung der Nanjinger Marionettenregierung unter Führung Wang Jingweis vom 30. März 1940 und die deutschen Siege in West– und Nordeuropa rückten dann aber ein deutsch–japanisches Zusammengehen wieder in den Vordergrund.[35]

In dieser komplizierten, von gleich– und gegenläufigen außenpolitischen Aktivitäten überlagerten Situation traten prodeutsche Kräfte in Chongqing dafür ein, „jederzeit“ die „frühere Zusammenarbeit mit Deutschland wieder aufzunehmen und der vergangenen Trübung mit keinem Worte zu gedenken“. Diese Kreise ließen sich davon leiten, „daß in Europa eine große und starke Macht im Kommen“ sei „und eine alte Welt in Trümmern“ gehe. Der deutsche Geschäftsträger in Shanghai, Felix Altenburg, der diese Verlautbarungen dem Auswärtigen Amt im Juli 1940 übermittelte (Dok. 33), sprach ergänzend von „einem mehr oder minder offenen Liebeswerben“ der Guomindang–Presse um Deutschland und dessen großem Ansehen in der öffentlichen Meinung Chinas. Zeitweilig wurde kolportiert, daß Botschafter Trautmann nach China zurückkehren werde. Die Westmächte, die sich noch nicht eindeutig für Chongqing festgelegt hatten, schenkten diesen Anzeichen deutsch–chinesischer Klimaverbesserung besondere Beachtung (Dok. 38). Die deutsche Diplomatie stellte sich darauf ein. Sie suggerierte ein baldiges Kriegsende in Europa und versuchte, Chiang Kaishek davon zu überzeugen, daß sich Deutschland danach stark in Ostasien engagieren werde.

---

32 Die innenpolitischen Auseinandersetzungen, die nach den militärischen Rückschlägen um Nanning mit der Guangxi–Gruppe sowie hinsichtlich grundlegender Kurskorrekturen zwischen Kong Xiangxi und Song Ziwen entbrannten, waren noch nicht entschieden.

33 Chongqing war auf dem Verhandlungswege bereit, Manzhouguo anzuerkennen und der japanischen Wirtschaft in Nordchina Vorzugsbedingungen einzuräumen. Vgl. ADAP, Serie D, Bd.VIII/1, Dok.201: Aufzeichnung, Legationsrat Knoll, AA, 5.10.1939, über ein Gespräch mit dem chinesischen Botschaftsrat Ding Wenyuan, der auf eine „Deutschland gegenüber sehr freundliche Stimmung in Chongqing“ aufmerksam machte. Vgl. auch ADAP, Serie D, Bd.IX, Dok.327: Aufzeichnung, AA–Staatssekretär Weizsäcker, 27.5.1940. Zu den Knoll–Verhandlungen vgl. ferner Liang 1978:162.

34 Vgl. ADAP, Serie D, Bd.VIII/1, Dok.217: Aufzeichnung, AA–Unterstaatssekretär Woermann, 8.10.1939.

35 Zur Wirkung der deutschen Siege auf Japan, die dortige Stärkung des prodeutschen Flügels und Japans Druck auf Frankreich und England vgl. Iklé 1956:148–163; Iriye 1986:526.

Mitte August 1940 entsandte Chiang Kaishek General Gui Yongqing als neuen Militärattaché nach Berlin, der für seine prodeutsche Einstellung bekannt war. Damit war der Auftrag gekoppelt, erneut Chongqings Bereitschaft zu signalisieren, mit Deutschland zusammenzugehen. Die nationalsozialistische Führung sollte erneut für eine Vermittlung im chinesisch–japanischen Krieg gewonnen werden. Gui Yongqing traf zweimal unter Umgehung der deutschen Diplomatie mit Göring zusammen. Seine Mission hatte aber nichts ausrichten können. Deutschland lehnte eine erneute Vermittlung grundsätzlich ab.[36]

Deutschland und China nach dem Dreimächtepakt

Mit dem Dreimächtepakt vom 27. September 1940[37] wurde die chinesisch–japanische Frontlinie bei Akzeptanz der japanischen Führung in Großostasien zur Außengrenze der Achse Berlin–Rom–Tokio in China bestimmt. Die im Dreimächtepakt eingegangene „Verpflichtung, sich mit allen politischen, wirtschaftlichen und militärischen Mitteln zu unterstützen, falls einer der drei Vertragsschließenden Teile von einer Macht angegriffen wird, die gegenwärtig nicht in den europäischen Krieg oder in den chinesisch–japanischen Konflikt verwickelt ist",[38] war langfristig auf eine deutsch–japanische Suprematie gegenüber Großbritannien und den USA gerichtet.

Hitlers Zielstellungen gingen allerdings über die von Japan erreichten Außengrenzen weit hinaus und bezogen ganz China in das Kalkül ein. Die nationalsozialistische Führung versuchte daher, den Pakt für eine „deutsch–japanische Generalverständigung"[39] im Interessen– und Güteraustausch zu nutzen. Dabei war man jedoch noch nicht bereit, die japanische Marionettenregierung in Nanjing diplomatisch anzuerkennen.

Deutschland traf in China auf durch den Krieg in Europa und in China weiter zugespitzte Interessengegensätze. Die in Chongqing akkreditierten Mächte setzten auf die besondere Stellung des unbesetzten China am Rande des japanischen Okkupationsraumes, auf Macht-

---

36 Vgl. Liang 1978:162: Gui Yongqing sei „der fähigste aller je in Deutschland tätigen chinesischen Diplomaten" gewesen, stark und selbstbewußt aufgetreten, mit fließender Beherrschung der deutschen Sprache und der militärischen Reputation eines Kommandeurs der von Deutschen ausgebildeten Elitedivision, die 1938 den japanischen Truppen erfolgreich Widerstand geleistet habe.

37 Zum Dreimächtepakt vgl. Iklé 1956:183–191; Presseisen 1958:265–270; Sommer 1962:426–449; Krebs 1984:484–487.

38 Dreimächtepakt zwischen Deutschland, Italien und Japan vom 27.9.1940, Artikel III: RGBl. 1940 II, S.280, s. Text mit Geheimdokumenten bei Sommer 1962:426ff.

39 Vgl. NA/Microcopy T82, Roll 77–78, Serial 98, I.G. Farben, Aufn. 236821–236823, Bericht, I.G.–Verbindungsmann Carl G. Gadow an I.G. Zentrale, Beijing, 16.10.1940, „Ausblicke Mitte Oktober 1940":„Deutsche Leistung und japanische Gegenleistung muß in einem gegenseitig eindeutig zugestandenen Präferenzverhältnis alle Gebiete umfassen, in denen Japan heute, gleichgültig ob durch zivile oder militärische Stellen, die administrative Stellung innehat. Eine solche regionale Regelung wird zwingend zur Aufstellung eines Rahmens für ein großes Verrechnungsabkommen führen, in dem der Spitzenausgleich aller Gebiete unter interner japanischer Verrechnung erfolgt."

strukturen, die Japan gegenüber langzeitig standhielten. Japans Expansion sollte sich durch die Ermattungsstrategie Chiang Kaisheks in den weiten Räumen Chinas erschöpfen.

Auf der anderen Seite geriet China direkt in den Einzugsbereich des Dreimächtepaktes, der es zum Bestandteil des von Japan geführten „Großostasien“ machen sollte. Chongqing kündigte hingegen am 30. September 1940 seinen entschlossenen Widerstand an, da der Pakt nicht nur China, sondern alle staatlichen Strukturen in Europa und in Asien zur Disposition stelle (Dok. 34). Dazu trieb das unbesetzte China trotz beträchtlicher Rückschläge seine innere Konsolidierung voran.[40] Die Regierung schloß weitere Kompromisse mit der KPCh, um die innenpolitische Konfliktlage spürbar zu entschärfen und die antijapanische Einheitsfront effizienter zu machen.[41] Damit trat Chiang Kaishek japanischen Spekulationen entgegen, mit der Sowjetunion unter Preisgabe chinesischer Interessen Einlußzonen Japans und der UdSSR in China auszuhandeln.

Chongqing knüpfte Ende 1940 neue außenpolitische Kontakte, um einer Isolation und Einkreisung durch den Dreimächtepakt gegenzusteuern. In einem Strategiedokument vom Oktober 1940 waren dazu Leitlinien abgesteckt worden (Dok. 35). Hauptverhandlungspartner wurden jetzt die USA, die ab Herbst 1940 erste Kredite zur Absicherung des Militärgüternachschubs und zur Währungsstabilisierung gewährten.[42] Damit übernahmen sie die bisher von der UdSSR geleistete Hilfe. Die deutschen Rüstungslieferungen waren demgegenüber bedeutungslos geworden. Die Handelsabteilung der chinesischen Botschaft in Berlin, seit 1929 Koordinierungsstelle für die chinesischen Waffenankäufe in Europa, stellte ihre Arbeit ein (Dok. 36).

Unter den neuen Bedingungen des Dreimächtepaktes versuchte die deutsche Außenpolitik in Chongqing mit Angeboten zur Friedensvermittlung zwischen Japan und China die außenpolitische Initiative zurückzugewinnen. Anfang Oktober 1940 wurden der chinesischen Seite entsprechende Vorstellungen bekannt (Dok. 36). Die neue Positionsbestimmung in den Beziehungen zu Chongqing (Dok. 37), die von Kreisen um Ribbentrop und Göring ventiliert wurden, lief darauf hinaus, den Dreimächtepakt zu stärken. An der Seite der Achsenmächte, so äußerte sich Ribbentrop gegenüber Botschafter Chen Jie am 11. November 1940, könnte Chiang Kaishek in Abstimmung mit der UdSSR zu den „letztendlichen Siegern“ im Krieg gegen England gehören (Dok. 39). Diese Sondierungen zogen sich bis Anfang 1941 hin.

---

40 Der Aufbau der Kriegswirtschaft in den West– und Südwest–Landesteilen und die Ausweitung der Selbstversorgung in den ländlichen Gebieten sollten durch eine straffere Planungs– und Lenkungsorganisation die von Japan blockierte Auslandszufuhr wettmachen. Vgl. Shi Yuanhua 1996:407.

41 Im Juli 1940 legte die KPCh der Guomindang–Regierung neue Vorschläge zur innerchinesischen Interessenabstimmung sowie zur engeren Zusammenarbeit mit der UdSSR vor, die im Herbst 1940 weiter verfolgt wurden. Die KP–Organe erhielten das Recht zur Ausgabe von Militärgeld.

42 Die USA bewilligten einen Kredit von 25 Millionen US–Dollar für den Währungs–Stabilisierungs–Fond sowie einen weiteren Kredit von 130 Millionen US–Dollar für amerikanische Rüstungslieferungen. Song Ziwen hatte ab Oktober 1940 in Washington entsprechende Verhandlungen begonnen.

Deutschland entzog sich den massiven japanischen Forderungen, zur Marionettenregierung Wang Jingweis diplomatische Beziehungen aufzunehmen.[43] Berlin ging es um Zeitgewinn, bis die japanisch–sowjetischen Verhandlungen für einen Nichtangriffspakt neue Handlungsspielräume in China öffnen würden. Zugleich suchte man Chiang Kaishek zu Friedensverhandlungen zu bewegen (Dok. 40). Das deutsche Verhalten nährte bei chinesischen Diplomaten die Hoffnung, Deutschland könnte sich in letzter Minute doch noch für ein Bündnis mit China entscheiden. Botschafter Chen Jie unterhielt engen Kontakt zu gut unterrichteten deutschen Kreisen und übermittelte dem chinesischen Außenministerium bereits am 31. Januar 1941 deutsche Angriffspläne gegen die Sowjetunion, die für April/Mai 1941 terminiert waren (Dok. 41).

Besonders nach Abschluß des japanisch–sowjetischen Nichtangriffspaktes vom 13. April 1941 war es für Japan klar, sich nicht an einem Krieg Deutschlands gegen die UdSSR zu beteiligen. In deutschen Führungskreisen gab es nach Ausweitung des Krieges auf Südosteuropa und Nordafrika Stimmen, die das weitere Verhältnis zu Großbritannien und einen möglichen Kriegseintritt der USA problematisierten. Zeitgleich mit dem spektakulären Flug des Hitler–Stellvertreters Rudolf Heß nach Schottland am 10. Mai 1941 unterbreitete der Reichsminister ohne Geschäftsbereich, Hjalmar Schacht, Überlegungen zu einer Annäherung zwischen Deutschland und China. Dabei habe, nach einer Aufzeichnung des polnischen Botschafters in Washington, Schacht sogar angedeutet, „daß Deutschland bereit wäre, Japan fallen zu lassen, um Chinas Freundschaft zu gewinnen ..., daß über eine Beeinflussung Chinas Deutschland die USA davon abhalten könnte, in den Krieg einzutreten“ (Dok. 43). Diese Vorstellungen fanden jedoch keine Beachtung.

Im Mai 1941 liefen dann jedoch zwischen Deutschland, Italien und Japan Verhandlungen an, um die diplomatische Anerkennung der von Japan eingesetzten Regierung unter Wang Jingwei durch die europäischen Achsenmächte vorzubereiten. Dies wurde von seiten des chinesischen Botschafters in Berlin mit Besorgnis verfolgt, der einen solchen Schritt wenn nicht zu verhindern, so doch zu verzögern versuchte (Dok. 44). Die deutsche diplomatische Vertretung in Chongqing wurde darüber nicht unterrichtet (Dok. 42). Sie erhielt erst wenige Tage vor dem Abbruch der Beziehungen davon Kenntnis (Dok. 63). Geschäftsträger Altenburg ging bis zuletzt davon aus, daß die Gesichtspunkte, die gegen eine Anerkennung Wang Jingweis sprachen, nach wie vor maßgebend waren (Dok. 62).

Der Bruch des deutsch–sowjetischen Nichtangriffsvertrages durch den militärischen Überfall Deutschlands auf die Sowjetunion am 22. Juni 1941 schuf binnen kurzem neue Konstellationen für Chinas Außenbeziehungen zu Deutschland, zur Sowjetunion und zu den Westmächten. Ribbentrop und Hitler zogen endgültig die Konsequenzen aus dem Dreimächtepakt

---

[43] Vgl. 2. HACh, Nr.762–1662, CB Berlin, Chen Jie, an Chiang Kaishek, 18.1.1941, Telegramm: Japan hatte eine militärische Studienkommission nach Deutschland entsandt. Nach einem Besuch des japanischen Außenministers Matsuoka im Frühjahr 1941 wurden japanische Vermittlungsvorschläge im Chinakrieg angekündigt.

und erkannten am 1. Juli 1941 die Marionettenregierung in Nanjing an, woraufhin Chiang Kaishek die diplomatischen Beziehungen zu Berlin abbrach (Dok. 45, 46). Gespräche, die Botschafter Chen Jie am 28. Juni 1941 im Auswärtigen Amt führte, konnten diese Entwicklung nicht mehr aufhalten. Damit verlief die Trennlinie zwischen den Achsenmächten und ihren Kriegsgegnern mitten durch China. Das unbesetzte China wurde im Vorfeld des Pazifikkrieges politisch und wirtschaftlich in die antijapanische und auch antideutsche Frontstellung integriert,[44] während das japanisch besetzte China mit Japan zugleich als Verbündeter Deutschlands fungierte.

44 Am 9. Oktober 1941 fand in Hongkong die chinesisch–englisch–amerikanische Wirtschaftskonferenz statt. Damit war die Aufteilung der Einflußzonen in China offenkundig. Zugleich erweiterten sich die chinesischen Wirtschaftsverbindungen zur UdSSR. Vgl. NA/Microcopy T92, Roll 75, Serial 96, I.G. Farben, Aufn. 233174–233180, Monats–Länderbericht China Nr.1/3 der Verkaufsgemeinschaft I.G. Farben, 1.1.1942 – 31.3.1942, Mai 1942.

23

Memorandum des Vorsitzenden der Guomindang, Chen Lifu[1]

[November 1937]

Entwurf zu einer Regelung internationaler Beziehungen[2]
(Von Chen Lifu, Vorsitzender der Guomindang)

1. Zweck.

a) Umgestaltung der gegenwärtig erstarrten, von der Kriegsgefahr bedrohten Weltlage; Wiederherstellung des Weltfriedens.

b) Zerstörung des Traumes der Japaner, Ostasien allein zu beherrschen; Beendigung des Kriegszustandes zwischen China und Japan.

c) Aufbau eines starken China, damit Verteidigung des zukünftigen, ewigen Friedens auf der Welt.

2. Mittel, die zu diesem Zwecke führen:

Herbeiführung eines gegenseitigen Nichtangriffspakts und eines Pakts für wirtschaftliche Zusammenarbeit zwischen China, Deutschland und der Sowjetunion[3] – wenn notwendig,

---

1 Das Memorandum ist eine Anlage zu einem Bericht von Botschafter Trautmann, Hankou, an das AA vom 28.11.1937, Bericht-Nr.1207, Az. 2722/8059/37. In diesem Bericht schrieb Trautmann u.a., daß er vor seiner Abreise aus Nanjing nach Hankou mehrfache Besprechungen mit Chen Lifu gehabt habe, in denen er Chen gegenüber „die Notwendigkeit eines Friedensschlusses mit Japan aus militärischen, innen- und außenpolitischen Gründen betont" habe. Zur Person Chens schrieb Trautmann: „Chen ist zwar modern erzogen, aber Ostasiate. Für ihn haben, wie er sagt, die Realitäten weniger Bedeutung als die Ideen. Deswegen ist er der Meinung, daß Deutschland durch den Abschluß des Antikominternpakts Japan die geistigen Ideen für seinen Kampf gegen China geliefert habe und Japan moralisch begünstige, was viel wertvoller sei als eine materielle Begünstigung. Herr Chen ist nun der Ansicht, daß Deutschland auch wieder es in der Hand habe, mit einem 'genialen' politischen Schachzug den gordischen Knoten der Außenpolitik in Europa und damit auch in Ostasien zu durchschneiden, und zwar durch eine Annäherung an Rußland. Er habe sich davon überzeugt, (wahrscheinlich durch seine Gespräche in Moskau, von wo er eben zurückgekehrt ist), daß Stalin ebenfalls diese Annäherung sehr dringend wünsche." Trautmann versprach, die Ideen Chens, die, wie Chen „mehrmals betonte, nicht seine Privatmeinung, sondern die der ganzen Partei seien", „der Parteileitung der Nationalsozialistischen Partei" vorzulegen. Kommentierend schrieb er, er habe Chen gesagt, daß „die von ihm angegebenen Mittel für eine praktische Politik nicht in Betracht" kämen.

2 Der hier gedruckte Text ist offensichtlich eine in der deutschen Botschaft in Hankou entstandene Arbeitsübersetzung aus dem Chinesischen.

3 Hier gibt es einen Widerspruch zu den Memoiren von Chen Lifu, die 1994 – ein Jahr nach seinem Tode – in den USA erschienen sind. Chen erinnert sich der Begegnung mit Trautmann und seines Vorschlags, charakterisiert diesen Vorschlag aber völlig anders, als er hier als Dokument vorliegt. So habe er zunächst erklärt, daß Frieden für China am ehesten dadurch zu erreichen sei, daß Japans Vormarsch in Richtung Sowjetunion gelenkt wird. Dabei sollten die Achsenmächte zusammenwirken: Japan solle sich nordwärts wenden und in Rußland eindringen, und Deutschland solle dasselbe ostwärts tun. Und weiter: „Ich drängte Trautmann, Hitler den Rat zu geben, ... sich dafür einzusetzen, daß sich China, Deutschland und Japan vereinigen, um die Sowjetunion zu schlagen. ... Ich schlug dann weiter vor,

wird der Beitritt der Vereinigten Staaten ersucht–; Annullierung der vom Völkerbund erhaltenen Rechte auf die früheren deutschen Kolonien Japans und Zurückerstattung dieser Kolonien an Deutschland.

3. Gründe.

a) Was Deutschland gegenwärtig praktisch am meisten nötig hat, das sind Rohstoffe und Kolonien. Und die Sowjetunion ist ein Land, das an dem Raub der deutschen Kolonien nicht teilgenommen hat, während es in der Lage ist, gegen Industrie–Erzeugnisse Rohstoffe an Deutschland zu liefern.

b) Die Sowjetunion kann tatsächlich garantieren, daß sie sich jeder kommunistischen Propaganda und Organisation in Deutschland enthält, und die Sowjetunion und Deutschland können die Unabhängigkeit und Zweckmäßigkeit ihres jeweiligen Staatsprinzips gegenseitig anerkennen.

c) Der Sunyatsenismus[4] in China stellt seinem Wesen gemäß ein Bindeglied dar zwischen dem Nationalsozialismus und dem Kommunismus, er kann infolgedessen die Versöhnung der beiden letzteren Prinzipien überbrücken. China ist außerdem ein Land, das gegen Industriefabrikate und Munition Deutschland seine Rohstoffe zur Verfügung stellen kann und eine hohe Zahl von technischen Kräften zu seinem Aufbauwerk braucht.

d) Sowohl Deutschland wie auch die Sowjetunion brauchen keinen Krieg, während die Beziehungen beider Länder am meisten gespannt sind. Beim Kampf beider mächtigen Gegner erntet nur ein Dritter, der selbstverständlich eine solche Lage mit Vergnügen aufrechtzuerhalten versucht.

e) An dem Gegensatz zwischen Deutschland und der Sowjetunion haben zwei Staaten Vorteile, nämlich Japan in Ostasien und Italien in Europa. Während Großbritannien und Frankreich sich, teils begünstigt und teils benachteiligt, in einer gefesselten Lage befinden. Japan und Italien, beide Industrieländer, stehen, wirtschaftlich betrachtet, im Gegensatz zu Deutschland, sie können sich in den wirtschaftlichen Beziehungen gegenüber Deutschland wenig helfen. Haben später Japan und Italien kraft des Bündnisses mit Deutschland sich verstärkt, dann wird Deutschland auf die Seite geschoben. Japan beherrscht allein Ostasien,

---

diese drei Nationen sollten einen Geheimpakt abschließen mit dem ersten Ziel, den Kommunismus zu schlagen, und dem zweiten, die Kolonien der Welt zu befreien. Wenn das erreicht wäre, sei das britische Weltreich zerschlagen. ... Wir würden Japan erlauben, durch unser Territorium zu marschieren, um die Sowjetunion anzugreifen, doch wenn der Krieg zu Ende wäre, würden wir von Deutschland Garantien für den Abzug der japanischen Truppen haben wollen. ... Ich trug Trautmann diese Gedanken vor und bat ihn, sie Hitler zu übermitteln." Chiang Kaishek habe er von seinem Vorschlag übrigens nicht in Kenntnis gesetzt (Chen Li–fu 1994:135). Es spricht vieles dafür, daß sich Chen Lifu in seinen Memoiren irrt: zum einen der Kontext der „Kontinentalbund"–Idee insgesamt, zum anderen wohl aber auch die Reaktionen Trautmanns, die im Falle der von Chen in den Memoiren unterbreiteten Version sicher ganz anders ausgesehen hätte; gehörte das Bestreben der Japaner, die Nationalregierung zu einem Beitritt zum Antikominterpakt zu bewegen, doch zu den wichtigsten Problemen innerhalb der zum Zeitpunkt des Trautmann–Chen–Gesprächs gerade im Gange befindlichen deutschen „Vermittlung".

4 Gemeint ist damit in engerem Sinne das von Sun Yatsen entwickelte, seither sehr unterschiedlich interpretierte Programm der „Drei Volksprinzipien" (sanminzhuyi).

Italien besitzt die Monopolstellung im Mittelmeer, dann wird Deutschland keinen Einfluß mehr auf Europa und Asien geltend machen können. Gezwungenermaßen muß es sich militärisch mit der Sowjetunion messen, und das wird mit ungeheuren Opfern verbunden sein. Dabei werden Japan und Italien ruhig die beste Gelegenheit für sich ausnutzen, um ihre Macht zu erhöhen. Falls Deutschland in diesem Krieg nicht siegreich davonkommt, wird die Lage in Deutschland katastrophal sein.

f) Es besteht eine kulturell untrennbare Geschichte zwischen Deutschland und Rußland. Beide Länder haben eigene zweckmäßige Staatsprinzipien, wirtschaftlich können sie sich sehr gut zusammen ergänzen. Sie sind Nachbarn, eine gute Beziehung ist beiden vorteilhaft.

4. Folgen des Vorschlages.

a) Wenn Rußland keine Sorgen im Westen hat, wird sein Verhalten Japan gegenüber stärker sein. Es braucht keinen Krieg mit Japan zu führen, es wird aber Japan in Schach halten können.

b) Deutschland wird dann im Osten keine Sorgen haben. Seine Beziehung zu Frankreich wird dadurch besser werden. Frankreich wird seine Einstellung gegenüber Deutschland ändern und gern freundschaftliche Beziehungen pflegen. Was Deutschland nötig hat, ist eine Lösung der wirtschaftlichen Frage, und China und Rußland werden bereit sein, an dieser Lösung mitzuwirken. Das ist der einzige Weg, wie Deutschland ohne Krieg reich und stark wird.

c) Die Einstellung Italiens hängt hauptsächlich von Deutschland ab. Wenn gute Beziehungen zwischen Deutschland und Rußland hergestellt werden, wird Italien nicht mehr wie bis jetzt von Deutschland gestützt, und es muß mit Großbritannien gute Beziehung pflegen.

d) Wenn England sieht, daß die alten guten Beziehungen zwischen Deutschland und Rußland wiederhergestellt sind, muß es sich beeilen, sich Deutschland gegenüber freundschaftlich zu zeigen. Wenn Deutschland auch die Zurückerstattung der Kolonien nicht verlangt, wird England doch einen Teil davon zurückgeben müssen. Eine freundschaftliche Beziehung zwischen England und Deutschland wird auch die Lage zwischen England und Italien entspannen. Dann ist die erstarrte Lage in Europa vollkommen gelöst, und England wird mit seiner freigewordenen Kraft Japan in Ostasien in Schach halten können.

e) Das Verhalten der Vereinigten Staaten hängt auch von England ab. Sie werden gern als Vermittler auftreten und ihre bisherige Politik ändern, die sich an Rußland angenähert und die wirtschaftliche Entwicklung Deutschlands behindert hat.

Ohne tatkräftige Hilfe Rußlands wird Frankreich gern freundschaftliche Beziehungen mit Deutschland pflegen und zweifellos gleichen Schritt mit England und Amerika halten.

Auf diese Weise wird Deutschland die Führerrolle in der Weltpolitik übernehmen. Es wird mit seiner vollen Möglichkeit China beim Aufbauwerk helfen und den Krieg zwischen China und Japan beendigen. So wird das ganze chinesische Volk tatkräftig seine Dankbarkeit Deutschland gegenüber erweisen und ewig Deutschland Freund bleiben. Auch Japan kann Deutschland dieses nicht übelnehmen, da nicht Deutschland, sondern Rußland den japanischen Plan verhindert hat. England würde auch Deutschlands guten Willen anerkennen, weil dann zwischen ihm und Italien die staatlichen Beziehungen besser werden würden und sein

Einfluß im Fernen Osten nicht erschüttert wird. Das wäre für England der beste Weg zur Erhaltung seines Weltreiches.

Die wirkliche Erlangung des Weltfriedens besteht wesentlich in der wirklich treuen Zusammenarbeit von China, Deutschland, Rußland unter Mitwirkung Amerikas. Damit wird der Frieden für Jahrhunderte garantiert. Das ist es, was Herr Sun Yatsen zum Ausdruck gebracht hat.[5]

BArch, R9208, DBC, Nr.2321, Bl.98–107.

24

Schreiben des NSDAP–Ortsgruppenleiters Heinz Lautenschlager, Hankou, an die NSDAP–Landesgruppenleitung in Shanghai

Hankou, 12. Mai 1938

An Landesgruppenleitung in Shanghai
Inhalt: Reorganisation der chinesischen Guomindang nach dem Muster der N.S.D.A.P.
Die chinesische Guomin–Partei (Guomindang) ist nach chinesischer Staatsdoktrin die alleinige politische Willensträgerin im Staate unter Führung des Generalissimus Marschall Chiang Kaishek und des Stellvertreters des Führers Wang Jingwei. In der Praxis ist einerseits Chiang Kaishek der allseitig anerkannte Führer der Nation, und ist andererseits die Guomindang ziemlich verrottet und ein Sammelbecken für stellungslose Politiker der verschiedensten Auffassungen.

Es wird daher erwogen, eine Neu–Organisation der Guomindang – und zwar nach dem Muster der N.S.D.A.P. – vorzunehmen. Der neu ernannte Generalsekretär der Partei, der in Deutschland ausgebildete frühere Verkehrsminister Zhu Jiahua, hat mich daraufhin angesprochen, und ein anderer Parteivertreter, der ebenfalls in Deutschland ausgebildete Dr.

---

5 Dem Memorandum beigefügt ist eine in der deutschen Botschaft angefertigte undatierte Niederschrift über ein Gespräch zwischen Chen Lifu und Botschafter Trautmann, in der über Chen Lifus Äußerungen u.a. notiert ist: China sei zu einem Friedensschluß mit Japan bereit, könne aber die japanischen Bedingungen unmöglich annehmen. Direkte Verhandlungen zwischen Japan und China würden gar nichts bringen, es bedürfe in jedem Fall einer Vermittlung durch Dritte. Was den Antikominternpakt betrifft, so wisse China sehr wohl, daß es sich dabei nicht um ein Militärbündnis handele; der Pakt bedeute aber „eine große moralische Stärkung Japans", und „nach asiatischer Auffassung" sei „gerade die moralische Stärkung eines Landes höher zu bewerten als eine materielle Unterstützung". Sein Memorandum betreffend habe Chen Lifu erläutert: Wenn die drei durch Deutschland, die Sowjetunion und China verkörperten Weltanschauungen Nationalsozialismus, Kommunismus und Sanminzhuyi [Drei Vokspringzipien] „sich zu einem großen Guß zusammenschließen ließen, so würde gegen diesen alles einschließenden Ideenwall keine neue Idee mit Erfolg anrennen können". Der „Sunyatsenismus" könne „das Gebäude des Faschismus und Nationalismus ergänzen, und der Kommunismus würde darin aufgehen".

Zhang Liangren, früherer Vorsitzender des deutsch–chinesischen Kulturverbandes, hat mich deswegen aufgesucht. Ich habe die erforderlichen Auskünfte gegeben und bleibe mit den chinesischen Herren in laufendem Gedankenaustausch.

Ich betone, daß es sich zunächst nur um Pläne und Erwägungen handelt. Außer der Guomindang ist kürzlich der chinesischen Nationalsozialistischen Partei die Arbeit gestattet worden. Sie steht unter Leitung des in Deutschland ausgebildeten Professors Dr. Zhang Junmai und ist praktisch noch ohne Bedeutung. Ich berichte darüber besonders.[6]

Ferner gibt es die nicht parteimäßig aufgezogene „Neue Lebens Bewegung“[7] unter Führung Chiang Kaisheks und seiner Gattin. Diese Bewegung ist zur Zeit in den Hintergrund getreten; an den leitenden Ideen haben junge Chinesen, die in Deutschland waren und dort den nationalsozialistischen Umbruch miterlebt haben, maßgeblich mitgearbeitet.

Schließlich ist noch eine chinesische Jugendbewegung im Entstehen im Zusammenhang mit der geplanten Reorganisation der Guomindang. Man erwägt, diese Bewegung, die unter Leitung der Deutsch sprechenden Generäle Xu Peigen und Gui Yongqing steht, nach dem Muster der Hitlerjugend zu organisieren. Ich habe mit beiden Generälen, die sich an mich gewandt haben, gesprochen und sie im übrigen an Pg. Wolf Schenke, der früher in der Reichsjugendführung war und jetzt Korrespondent des „Völkischen Beobachters“ in Hankou ist, verwiesen.

Doppel dieses Berichts habe ich der Deutschen Botschaft in Hankou vorgelegt.

Heil Hitler!

gez. Dr. H. Lautenschlager

Ortsgruppenleiter.

BArch, R9208, DBC, Nr.2286, Bl.21–22.

---

6 Mehrere Berichte über die Aktivitäten Zhang Junmais finden sich in: BArch, R9208, DBC, Nr.2286 und 3582. Der deutsche Diplomat Kempe schilderte im Januar 1939 unter Bezug auf ein ähnliches Treffen im Juli 1938 ein Gespräch mit Zhang Junmai, bei dem dieser unter Berufung auf die Förderung seiner Arbeit seitens der Guomindang um Unterstützung bei der Entwicklung einer „wissenschaftlichen Bekämpfung des Marxismus“ mit Büchern und Artikeln über die Auswirkungen des Marxismus in Europa gebeten habe (BArch, R9208, DBC, Nr.3582, Bl.30–33. Kempe an DB Shanghai, Chongqing 19.1.1939). Die Chinesische Nationalsozialistische Partei war nur eine sehr kleine, kaum Einfluß besitzende Gruppierung. Trautmann schrieb im Mai 1938, daß sie mit ihren 200 vorwiegend aus Intellektuellenkreisen stammenden Mitgliedern nur ein „Schattendasein“ friste. Bedeutung könne sie künftig möglicherweise allerdings als „eine Art Stoßtrupp gegen den Kommunismus“ erlangen, der die „Vorbereitung für einen etwaigen Anschluß [Chinas] an das Antikominternabkommen bei Friedensschluß“ betreiben könne. Die Chinesische Nationalsozialistische Partei blieb als eigenständige politische Kraft bedeutungslos und verschwand mit dem Ende der prodeutschen Politik der Nationalregierung von der Bildfläche.

7 Xinshenghuo yundong.

25

Memorandum des Juristen Adam von Trott zu Solz, Peking[8]

Peking, Juni 1938

Fernöstliche Möglichkeiten

Die kommende Phase des chinesisch-japanischen Konflikts wird die Mächte zwingen, ihre Politik in einem solchen Maße neu zu ordnen, daß die Situation in Europa und in der Weltpolitik überhaupt tiefgreifend davon betroffen sein wird. Da die militärische Situation klarer wird, müssen politische Entscheidungen getroffen werden, denen eine umfassende Einschätzung der Lage vorausgehen muß.

Japans Position in China

Die militärische Überlegenheit der japanischen Armee über die chinesischen Streitkräfte wird ein Axiom für die kommenden Ereignisse bleiben. [...][9]

Viel hängt natürlich davon ab, ob in den bevorstehenden Kämpfen wertvolle chinesische Einheiten geopfert werden. In jedem Falle aber werden beträchtliche chinesische Divisionen aktiv bleiben, und im Hinterland der okkupierten Eisenbahnzonen können sie, wenn sie jede größere Schlacht vermeiden, eine ständige Quelle der Bedrohung für die japanischen Posi-

---

8 Aus dem Englischen übersetzt von Wolfram Adolphi. – Das Memorandum entstand im Juni 1938 in Peking. Adam von Trott zu Solz betrieb dort als Stipendiat der britischen Rhodes-Stiftung Chinastudien. Die englischsprachige Fassung, die hier übersetzt abgedruckt wird, wurde von ihrem Verfasser mit einem vom 1. Juli 1938 datierenden Anschreiben an das Mitglied des britischen Oberhauses Lord Lothian gesandt. Diese Verbindung ging auf das Studium v. Trotts in Oxford 1931–33 zurück. Lord Lothian gab das Memorandum am 2.8.1938 an Außenminister Lord Halifax weiter, und in dem dazu verfaßten Anschreiben äußerte er über Trott zu Solz: „Ich habe das Beigefügte von einem deutschen Rhodes-Stipendiaten erhalten, der, erstickt von den Verhältnissen im Dritten Reich, ausgewandert ist, um die fernöstlichen Verhältnisse zu studieren – in der Hoffnung, auf diesem Gebiet ein Fachmann zu werden“(PRO, FO 371/22109, F8608/84/10). In seinem Anschreiben an Lord Lothian schrieb Trott zu Solz: „Ein gleiches Memorandum werde ich an einige mit dem Fernen Osten befaßte Leute in Berlin senden“ (ebenda). Clarita von Trott zu Solz schrieb später in bezug auf seinen China-Aufenthalt 1937/38 und das hier gedruckte Memorandum: „Viel wichtiger [als viele seiner zahlreichen Detailstudien] aber war ihm der politische Bericht, in dem er das Fazit aus seinen Beobachtungen zog und die – wie ihm schien – im europäischen und fernöstlichen Interesse möglichen Vorschläge zur Befriedung unterbreitete. ... Seinen englischen Trustees schickte er es unter dem Titel 'First draft of a memorandum on the present situation in the Far East'. In Deutschland bat er seine Mutter um Verteilung“ (Trott zu Solz 1994:114). Nach den bei Malone 1986:202–204 verarbeiteten Dokumenten erreichte das Memorandum u.a. Schacht, Reichsfinanzminister Schwerin Krosigk, die Botschafter von Dirksen, Ott und Trautmann, ferner Industrielle und Professoren.

9 Trott zu Solz begründete das im folgenden u.a. mit der überlegenen Ausbildung, Organisation und Ausrüstung. Damit seien die Japaner in der Lage, die strategischen Eisenbahnlinien zu besetzen und zu halten, und die chinesischen Truppen könnten dem keine strategischen Verteidigungshandlungen entgegensetzen.

tionen sein. [...][10] Eine vollständige Durchdringung des Hinterlandes [durch Japan] wäre, wenn überhaupt möglich, eine Sache von Jahrzehnten. [...][11]

Deutschlands gegenwärtige Position im Fernen Osten

Vor gar nicht langer Zeit war der deutsche Anteil an den fernöstlichen Angelegenheiten lediglich von rein wirtschaftlicher Bedeutung. Das hat sich seit dem Abschluß des Antikominternpakts, mit dem Deutschland sich für jede einigermaßen ernsthafte Diskussion des fernöstlichen Kräftegleichgewichts wieder als politischer Faktor in Erinnerung gebracht hat, geändert. Die „ideologische" Solidarität von Deutschland und Japan wird regelmäßig mißdeutet entweder als von lediglich imaginärer Bedeutung oder aber als geheime Verständigung über klar umrissene gemeinsame praktische Ziele. Beide Deutungen sind wahrscheinlich gleichermaßen weit von der Wahrheit entfernt. Die starke und wirkliche Sympathie, die zwischen den führenden Kreisen beider Länder existiert, gründet sich auf die Anerkennung dessen, daß die Macht beider Länder durch vergleichbare Frustrationen gehemmt wird, was beide Seiten zu einer starken Wiederbelebung ihrer jeweiligen militärischen Traditionen geführt hat, und sie gründet sich auf die gemeinsame Gegnerschaft zu den Zielen des Kommunismus. [...][12]

Aber gerade wegen seiner Freundschaft mit Japan hat Deutschland ein vitales Interesse daran, die japanische Macht nicht durch die tödlichen Konsequenzen eines grenzenlos ausgedehnten Vormarsches in China gefährdet zu sehen. Jede ernsthafte Gefahr für Japans Wirtschaft und für seine Schlagkraft und ganz gewiß Japans Isolierung in der Weltpolitik würden Deutschlands eigene Position auf höchst ungünstige Weise beeinflussen. [...][13]

Die Grundlagen einer Friedensregelung

[...][14] Um die militärische Konfusion auf dem chinesischen Kontinent zu überwinden, ist eine wirkungsvolle Autoritätskonzentration auf beiden Seiten notwendig. Die einzige Hoffnung für eine Zusammenfassung der regulären und nichtregulären Kräfte auf chinesischer Seite liegt in der Person von Chiang Kaishek. Ihn als Repräsentanten Chinas zu akzeptieren, wäre die erste und schwierigste Voraussetzung für jede Art von Regelung. Nur sein Tod oder eine lange Periode einer Veränderung könnten an diesem Axiom möglicherweise etwas än-

---

10 Hier folgt: Die „Befriedungsaktionen" der japanischen Truppen entlang der Eisenbahnlinien würden immer von nur beschränkter Wirkung bleiben. Einzige wirklich wirksame Methode zur Zerschlagung des Widerstandes sei die völlige Vernichtung von Ortschaften. Dies aber gebe den entsprechenden Gebieten natürlich überhaupt keine Entwicklungschance.

11 Es folgen Betrachtungen zum „Chinesischen Widerstand" und zu den „Friedenschancen".

12 Es folgen Ausführungen zu den Hauptträgern der japanischen Sympathien für Deutschland, zu den „jungen Offizieren".

13 Es folgen Überlegungen, daß Deutschland die einzige Macht sei, die Einfluß auf die japanischen Pläne nehmen könne, sowie Bemerkungen zu den „Möglichkeiten der englisch–deutschen Zusammenarbeit".

14 Einleitend zu diesem Abschnitt stellt Trott zu Solz fest, daß es „immer offensichtlicher" werde, daß es „wesentliche Kräfte in der japanischen politischen und militärischen Spitze" gebe, die sich einer Friedensregelung wie der vorgeschlagenen nicht verschließen würden.

dern. Wenn überhaupt jemandes, dann wäre es Chiangs persönliches Prestige, das stark genug wäre, eine Politik von Konzessionen gegenüber Japan zu verwirklichen, ohne den gegenwärtigen Kampf fortzusetzen. Wenn Chinas territoriale Integrität und Souveränität wiederhergestellt werden soll – was ein erklärtes Ziel Japans nach einer Beendigung des Zwischenfalls ist –, und wenn dies auch nur als Prinzip aufgerichtet werden soll: Chiang muß als Chinas Repräsentant akzeptiert werden.

Garantien für wirtschaftliche Zusammenarbeit mit Japan würden wahrscheinlich nur dann erreicht werden können, wenn Japan zeitweilig Teile Nordchinas und einige der Eisenbahnlinien im Besitz behalten kann.

Dies könnten, grob umrissen, die Grundlagen für einen Waffenstillstand sein, während eine stärkere Teilnahme Japans an Chinas Finanzwirtschaft und an der Verwaltung seiner Zollhäfen wahrscheinlich den Hauptgegenstand von Friedensverhandlungen bilden müßten. Wenn die Westmächte ihr Interesse an einer solchen Regelung nicht zum Ausdruck bringen, wird sie – wenn Japan nicht eine totale Niederlage erleidet – vollständig durch Japan diktiert werden, und zwar nicht nur gegenüber China, sondern auch gegenüber den westlichen Nationen.

China kann beim gegenwärtigen Stand der Dinge kaum auf mehr hoffen als auf eine günstigere Balance der verschiedenen internationalen Einflüsse auf seine Finanz– und Verwaltungspolitik. Seine einzige Hoffnung auf eine mehr als nur nominale „Unabhängigkeit" liegt in der Nutzung der Westmächte als Gegengewicht zu einer absoluten japanischen Vorherrschaft. Auf der Basis einer Zusammenarbeit mit Japan wird China sich den ausländischen Mächten noch weiter öffnen müssen, aber so lange das auf Wettbewerbs– und nicht auf der Grundlage des Monopols eines einzigen geschieht, kann es eine entscheidende Balance aufrechterhalten und diese für die Lösung seiner nationalen Bedürfnisse nutzen. Wenn der Frieden wiederhergestellt werden könnte und Chinas Territorium schrittweise von den Japanern verlassen wird, könnte China eine neue Möglichkeit erhalten, sich den grundlegenden Problemen seiner dörflichen und militärischen Wiedergeburt zuzuwenden. [...][15]

Diejenigen, die dies [eine Veränderung der Verhältnisse in Europa] für unmöglich halten, werden zur Kenntnis nehmen müssen, daß die Aussichten im fernen Osten wirklich gefährlich sind. Entweder wird Japan darin fortfahren, die totale militärische Kontrolle über alle wichtigen Verkehrs– und Handelswege in China herzustellen, was natürlich auch zu einer weitgehenden Ausschaltung des Westens führen wird. Oder aber Japan wird nach langwierigen fortgesetzten Kämpfen völlig ausgezehrt sein, und ein mächtiger Volksnationalismus unter militärischer Führung wird in China an die Macht kommen, und der wird nicht weniger eine Ausschaltung des Westens bedeuten. Beide Möglichkeiten bestehen – wenn nicht eine englisch–deutsche oder andere westliche Vermittlung zum Zuge kommt.

Der Krieg in Fernost wird ein langsamer Prozeß der gegenseitigen Demoralisierung sein, in dem keine der beiden Seiten einen entscheidenden Sieg wird erringen können, in dem aber auf jeden Fall die westlichen Interessen Stück für Stück zerstört werden. In diesem Prozeß

[15] Es folgen Ausführungen zur künftigen Fernost–Präsenz der Westmächte.

wird China ein ständiger Gefahrenherd für einen viel weiter greifenden Konflikt, in den viele Nationen einbezogen werden, sein. Die hoffnungslose Desorganisation des chinesischen Kontinents böte letztendlich einen günstigen Nährboden für russischen Einfluß und für einen Triumph des Kommunismus, der sehr wohl Ausgangspunkt sein könnte für einen allgemeinen Aufstand des Ostens gegen die bis jetzt unangetastete Überlegenheit des Westens in der Welt.

gez. Adam von Trott.

PRO, FO 371/22109, F8608/84/10.

26

Leitartikel der überrregionalen chinesischen Tageszeitung „Xinhua Ribao"[16]

Hankou, 19. Juli 1938

Die Linie unserer Außenpolitik

[...][17] Die Linie unserer Außenpolitik muß darauf hinzielen, die demokratischen Staaten zu einem Block gegen die „Eroberermächte" zusammenzuschließen und Japan zu isolieren. Vom internationalen Standpunkt aus sowohl wie vom Standpunkt Chinas ist diese Außenpolitik allein richtig.

Die im April des Jahres von der Großversammlung der provisorischen Vertreter der Guomindang bestätigten Grundsätze über Abwehrkampf und Aufbau Chinas haben hinsichtlich der Außenpolitik die folgenden Bestimmungen enthalten:

„Durchdrungen vom Geiste der Unabhängigkeit und Selbständigkeit müssen wir uns mit den Staaten und Völkern der Welt verbinden, die Sympathien für unser Land empfinden, um gemeinsam mit ihnen für Frieden und Gerechtigkeit in der Welt zu kämpfen. Wir müssen mit allen unseren Kräften das internationale Organ des Friedens sowie die Verträge, die den Frieden der Welt sichern, schützen und ihre Autorität verstärken. Wir müssen uns mit allen

---

16 Die hier gedruckte deutsche Übersetzung entstand im DGK Hankou und wurde dort unter dem handschriftlich zugefügten Aktenzeichen 5050/4925/38 archiviert. Sie trägt folgende handschriftliche Vermerke: „[Erstens:] W[ei]s[un]g. 1. Herrn Briest mit der Bitte, Xu Mo oder Tang Liangli oder Dong Xianguang auf den Artikel hinzuweisen mit dem Bemerken, daß ich ihn dem deutschen Geschäftsträger vortragen würde. 2. zdA Lau[tenschlager] 25/7/38. [Zweitens:] Ich habe Dr. Xu Mo auf den Artikel hingewiesen, der ihn mit dem Niveau der Zeitung zu entschuldigen suchte. Gleichzeitig habe ich auch Tang Liangli auf den Artikel aufmerksam gemacht. Bri[est]. 26/7." Dem Text ist vorangestellt: Xinhua Ribao vom 19. Juli 1938. Übersetzung: Leitartikel.

17 Es folgt eine Einführung in die internationale Kräftekonstellation und in die Stellung Guomindang-Chinas.

Mächten, die sich gegen die Eroberungssucht des japanischen Imperialismus richten, verbinden, mit ihnen dem japanischen Einfall Halt gebieten und einen dauernden Frieden in Ostasien errichten."

In diesem Falle wurde unsere Außenpolitik bereits sehr bestimmt und klar umrissen, das Wesentliche dieser außenpolitischen Linie ist die Verbindung mit allen demokratischen Staaten zur Abwehr gegen den Eroberer.

Neuerdings tauchen vereinzelt Bestrebungen auf, die diese Außenpolitik umstoßen und China zu einer Verbindung mit Deutschland und Italien bringen wollen. Diesen Leuten fehlt es wahrscheinlich an den nötigen Kenntnissen der politischen Lage in der Welt; oder sie verfolgen andere Absichten! Bei dem Umfange, in dem Italien und Deutschland Japan so unverhohlen Unterstützung gewährt haben, bedeuten die Absichten dieser Linie nichts anderes, als daß China durch die Hände Deutschlands und Italiens zum Paktieren mit und zur Unterwerfung vor Japan gebracht werden soll.

Während das sowjetrussische Volk und sein Führer mit so großer Sympathie den chinesischen Abwehrkampf unterstützen, gibt es noch Leute, die offen oder heimlich Sowjetrußland und seinen Führer verleumden. Diese Leute sind entweder von den Hetzplänen Japans vergiftet oder stehen unter dem Einfluß der Reaktion der Trotzkisten.

Ihre Absichten sind sehr durchsichtig und ihr japanfreundliches Gesicht ist schon längst von dem ganzen Volke entlarvt worden. Wenn sie sich unter ihrer japanfreundlichen Maske gegen den Abwehrkampf auflehnen wollen, so werden sie bei dem ganzen Volke bestimmt auf Widerstand treffen. Daher versuchen sie ihr Gesicht zu ändern und mit einem Plan zur Verbindung mit Deutschland und Italien aufzutauchen, um unter dem Deckmantel eines Bündnisses mit Deutschland und Italien ihre japanfreundliche Tätigkeit fortzusetzen. Aber auch diese Absichten werden keinen Erfolg haben, und sie werden bestimmt ebenso auf den Widerstand des ganzen Volkes treffen.

Am 1. Jahrestag des Abwehrkampfes, dem 7. Juli, hat Chiang Kaishek in seiner Botschaft an die Truppen und das Volk Chinas gesagt: „Bevor unser Ziel nicht erreicht ist, darf unser Abwehrkampf auch nicht einen Tag unterbrochen werden; solange es noch einen Zoll Land und einen Chinesen gibt, muß der Kampf bis zum Ende geführt werden."

Um die Politik des Abwehrkampfes bis zum Ende durchzuführen, müssen wir eine Verbindung mit Deutschland und Italien ablehnen, um der Schlinge zum Fall Chinas zu entgehen, die Japan uns gelegt hat. Um die Grundsätze der Guomindang über den Abwehrkampf und den Aufbau Chinas zu unterstützen, um die festgelegte Politik des Abwehrkampfes durchzuführen und um die Sympathie bei den demokratischen Staaten und den Menschen, die den Frieden und den Fortschritt lieben, zu erweitern, dürfen wir keine phantastischen Hoffnungen auf die Staaten der „Eroberergruppe" setzen.

Die chinesische Nation führt unermüdlich ihren Abwehrkampf gegen Japan und unterstützt die Regierung bei der Durchführung ihrer Grundsätze über Abwehrkampf und Aufbau Chinas, um den endgültigen Sieg zu erringen. Daher muß jeder Versuch, die in den Grundsätzen über den Abwehrkampf und Aufbau Chinas enthaltene außenpolitische Linie zu ändern, um bei uns phantastische Hoffnungen auf die Eroberer Deutschland und Italien zu erwecken, energisch unterdrückt werden.[18]

Xinhua Ribao, Hankou, 19.7.1938. Auch in: BArch, R9208, DBC, Nr.3798, Bl.74–78.

27

Schreiben des Journalisten Wolf Schenke, Hankou, an den Chef des Grenz– und Auslandsamtes der Reichsjugendführung, Stadler

Hankou, 1. September 1938

Lieber Kamerad Stadler!
Ich komme heute mit einer Sache zu Dir, die mir sehr am Herzen liegt. Es handelt sich um folgendes:

Wie Du weißt, hat bei Beginn dieses Krieges Marschall Chiang Kaishek, um nach außen hin Widerstand leisten zu können, nach innen mit den Kommunisten einen Burgfrieden abgeschlossen. In Wirklichkeit blieb der Marschall nach wie vor antikommunistisch bis dorthinaus, er konnte aber nicht anders handeln, da die Japaner ihn dazu zwangen. Nun haben in der Zwischenzeit die Kommunisten, die auch weiterhin auf die Regierung selbst nicht den geringsten Einfluß gewinnen konnten, die Gelegenheit benutzt, um im Innern zu wühlen. Dadurch ist eine ganz gespannte Stimmung zwischen der Regierung (Guomindang) auf der einen und den nach außen hin mit ihr verbündeten Kommunisten entstanden. Da die deutsche Presse unter dem Einfluß japanischer Propaganda bereits seit Beginn des Krieges China als halb, wenn nicht ganz kommunistisch hingestellt hat, werden die Tatsachen wie das Verbot der kommunistischen Zeitung, häufige Erschießungen von kommunistischen Agitatoren, Verbot kommunistischer getarnter Jugendorganisationen kaum bekannt sein und Dir seltsam

---

18 Noch schärfer hatte sich Frau He Xiangning in einem Artikel „Gegen die Eroberer!“ in der „Xinhua Ribao“ vom 24.4.1938, der ebenfalls in der deutschen Botschaft übersetzt und zu den Akten „Pressehetze gegen Deutschland“ genommen wurde, geäußert: „Japan hat direkt Abertausende von Chinesen abgeschlachtet. Deutschland und Italien haben für einen Teil davon jedoch die Verantwortung zu tragen. Wenn Blutschuld mit gleicher Münze bezahlt werden muß, dann muß China mit den tollen faschistischen Hunden von Deutschland und Italien abrechnen.“ Und mit Blick auf kapitulationsbereite chinesische Politiker weiter: „Wie sollen wir uns verhalten, wenn man ... sich selbst durch seine Handlung als Anti–Eroberer zeigt und andererseits jedoch auf den verschiedenen Kongressen Leute duldet, die wie Pferde– und Rindermist sind, deren Herkunft nicht klar ist, und die den Vorschlag einer Verbindung mit Deutschland und Italien (der außenpolitischen Linie Rom–Berlin) [unterbreiten]?“ China müsse „den Mut haben“, seine „Feinde beim Namen zu nennen“. „Wenn wir einerseits gegen die verbündeten Brüder Deutschland und Italien kämpfen und andererseits mit Mussolini und Hitler von 'alten Beziehungen' sprechen, so heißt das, mit dem Schicksal Chinas zu spielen“ (BArch, R9208, DBC, Nr.3798, Bl.71–73).

vorkommen. Tatsächlich ist der Kampf auf der ganzen Linie entbrannt, und die Regierung will besonders auf dem Gebiet der Jugenderziehung die Grundlage für ein antikommunistisches Bollwerk schaffen. So wurde beschlossen, die kürzlich gegründete Jugend der Guomindang völlig nach dem Muster der Hitlerjugend zu organisieren. Verschiedene Persönlichkeiten aus der nächsten Umgebung Chiang Kaisheks, die mit dieser Aufgabe betraut worden sind, haben mich des öfteren besucht und um Material gebeten. Ich finde, wir haben durch unsere blinde Unterstützung der japanischen Propaganda genug dazu beigetragen, um den einzigen Mann, der im fernen Osten den Kommunismus steuern kann, Chiang Kaishek, in eine Zwangslage zu bringen. So sollten wir jetzt meiner Meinung nach alles tun, um die antikommunistischen Kräfte zu unterstützen. Ich bitte Dich deshalb, alles erreichbare Material, Buch des RJF,[19] Organisations- und Gliederungspläne, Zeitschriften, Bilder usw. usw. so schnell wie möglich an das hiesige deutsche Generalkonsulat für mich zu schicken. Sollte es nach dem 20. 9. abgeschickt werden, dann bitte an das Generalkonsulat in Hongkong, denn dann wird es wahrscheinlich Hankou nicht mehr vor dem Fall erreichen. Eine Abschrift dieses Briefes geht an das Auswärtige Amt. In der Hoffnung, bald einmal etwas von Euch zu hören herzliche Grüße und
Heil Hitler!
gez. Wolf Schenke

BArch, R9208, DBC, Nr.2286, Bl.7.

28

Brief des Hauptmanns Friedrich Krummacher, München, an den Sekretär des britischen Foreign Office, Berkeley Gage[20]

[München, 28. Februar 1939]

Mein Aufenthalt in Berlin in der zweiten Januarhälfte war recht interessant. Ich stand die ganze Zeit über mit unseren chinesischen Freunden in Verbindung und nahm am ersten offiziellen Empfang teil, den Botschafter Dr. Chen Jie am 19. Januar im Hotel „Adlon" gab.[21]

---

19 Reichsjugendführer.

20 Aus dem Englischen übersetzt von Wolfram Adolphi. – Der Brief ist Bestandteil eines Vorganges innerhalb des britischen Außenministeriums, in dem Gage über diesen Brief Krummachers informiert. Zur Person Krummachers trägt der Briefauszug u.a. folgenden handschriftlichen Kommentar von Gage: „Hauptmann Krummacher war Stabschef bei General von Falkenhausen in China, bis dieser zurückberufen wurde."

21 Der Empfang folgte unmittelbar auf die offizielle Akkreditierung von Chen Jie bei der deutschen Regierung. Diese Akkreditierung war in Berlin lange hinausgezögert worden – Chen Jie war bereits im Oktober 1938 in Deutschland eingetroffen –, was in Chongqing für erhebliche Beunruhigung und Verstimmung sorgte. „Der kritische Ton in den maßgeblichen Kreisen wurde allmählich schärfer", meldete

Das war ein großer Erfolg für unsere Freunde, viele hochrangige Staats– und Parteioffizielle und viele Offiziere waren der Einladung gefolgt, insgesamt um die 400 Leute. Ich sah Dr. Meissner, Weizsäcker, Doernberg und sogar Frau von Ribbentrop, um nur ein paar „Prominente“ zu nennen. Nach dem Empfang feierten wir den Erfolg mit dem Botschafter und seinen Leuten in der Adlonbar. Dr. Chen Jie ist ein alter Freund von mir, wir sind gemeinsam Direktoren des Internationalen Clubs in Nanjing gewesen. Es war eine sehr nette Party. Der General[22] war natürlich auch da – ich bin mit ihm während meines gesamten Berlin–Aufenthaltes zusammengewesen. Er versucht immer noch mit aller Kraft, die Leute von der tatsächlichen Situation in China zu überzeugen, und es scheint so, als ob er damit sogar in höheren Etagen einigen Erfolg hat. Hierbei mag die Notwendigkeit „zu exportieren oder zu sterben“ ein wenig geholfen haben. Aber praktische Resultate liegen noch längst nicht vor, und ich glaube kaum, daß ich schon in diesem Jahr in der einen oder anderen Eigenschaft nach China zurückkehren kann. Nichtsdestotrotz bleibt das immer eine schöne Hoffnung und etwas, wovon zu träumen sich lohnt!

Dem General ging es in letzter Zeit nicht gut; er hatte eine Grippe und erholt sich jetzt in Dresden. Dann will er mit der Baroness nach Italien in wärmeres Klima gehen. Ich glaube nicht, daß er in nächster Zukunft England besuchen wird. Da er nach wie vor eine Art „offizielle Persönlichkeit“ ist, kann er sich nicht recht mit dem Gedanken anfreunden, in Ihrem Lande mit leeren Händen aufzutauchen – in bezug darauf, worüber wir mit Sir Frederick[23] gesprochen haben. Aber da der Lauf der Zeit ein höheres Tempo als je angeschlagen hat, sehe ich keinen Grund dafür, all meine Fernost–Erfahrungen irgendwo einzuschließen und den Schlüssel in die Isar zu werfen. Ich versuche nach wie vor, durch Kontakt mit unserem Außenministerium und mit einigen Geschäftsleuten sowie durch regelmäßige Lektüre des „North China Herald“ in allen Chinaangelegenheiten auf dem laufenden zu bleiben. Es ist sehr interessant, in unseren Zeitungen von einem Statement der Deutsch–Japanischen Gesellschaft zu lesen, das erst zwei Wochen zurückliegt und in dem es heißt, daß Nord– und Mittelchina in Zukunft durch Japan beherrscht werde, der westliche Teil unter der Nationalregierung aber für lange Zeit seine Unabhängigkeit bewahren und antijapanisch bleiben könnte! – Ergo: Warum nicht mit diesem „unabhängigen China“ Handel treiben? Und wenn wir das gemeinsam tun können, umso besser!

PRO, FO 371/23458, F2492/87/10.

Geschäftsträger Fischer am 29.12 1938 nach Berlin, denn die „wiederholte Verschiebung“ der Akkreditierung wurde nicht nur als „bewußte Kränkung“ betrachtet, sondern man empfand das darin zum Ausdruck kommende Warten auf die Bildung einer neuen chinesischen Zentralregierung [im besetzten China] als „schlechthin feindlich“ (ADAP, Serie D, Bd.IV, Dok.541).

22 Alexander von Falkenhausen.

23 Gemeint ist der Finanzberater der britischen Regierung, Sir Frederick Leith–Ross. Gage vermerkte in seinem Kommentar: „Mit den 'Möglichkeiten, über die wir mit Sir Frederick gesprochen haben', ist ein Gespräch gemeint, das Hauptmann Krummacher letzten Oktober mit Sir Frederick Leith–Ross gehabt hat und über das ich Mr. Howe informiert habe. Es ging aus diesem Gespräch klar hervor, daß es nur geringe Möglichkeiten einer englisch–deutschen Zusammenarbeit im Fernen Osten geben würde, solange Ribbentrops und die Antikomintern–Ideen in Deutschland herrschen.“

29

Telegraphischer Bericht über ein Interview von Chiang Kaishek für die deutsche Agentur Transozean[24]

Chongqing, 17. Juli 1939

[...][25] Gestern empfing Marschall Chiang Kaishek den Leiter der Fernostabteilung von Transozean, Herrn Melchers. Das herzliche Gespräch dauerte recht lange. Der Marschall zeigte besonderes Interesse für die Haltung der deutschen Regierung und des deutschen Volkes zum Krieg im Fernen Osten. Der Marschall meinte, daß die Einstellung der deutschen Regierung zu China nicht aus gegenseitiger Entfremdung herrührt, sondern der Lage in Europa geschuldet ist. Gleichzeitig bezeichnete der Marschall die allgemeinen Beziehungen zwischen Deutschland und China als durchaus zufriedenstellend. China sei Deutschlands alter Freund, dessen Bedeutung auch nach Hinzugewinnung neuer Freunde wichtig bleibe. Er bat Herrn Melchers, das dem deutschen Volk zu übermitteln.

Marschall Chiang Kaishek sagte außerdem, daß das Zusammengehen Deutschlands und Japans jeder wirklich zuverlässigen Grundlage entbehre und ermahnte Deutschland, bei seinen Beziehungen zu Japan äußerst vorsichtig zu sein, sonst könnten sie schweren Schaden nach sich ziehen. Er glaube, daß die freundschaftlichen Beziehungen zwischen Japan und Deutschland nicht von unbegrenzter Dauer sein können und daß eine deutsch-russische Zusammenarbeit nicht absolut unmöglich sei.

Der Marschall hob hervor, daß die Einstellung des japanischen Außenministeriums gegenüber Deutschland durchaus nicht durchweg freundschaftlich sei und die japanischen Militärmachthaber die gegenwärtigen Beziehungen nur aus realen Bedürfnissen heraus pflegen würden. Lediglich aus der Interessenkonstellation gegenüber den USA würde Deutschland als wichtig erachtet werden. Allgemein gesagt sei Japan ein Land mit unterentwickelten politischen Anschauungen. Deshalb sei bei jeglichem Verkehr Vorsicht geboten.

Von Herrn Melchers auf die Friedensaussichten hin befragt, antwortete Chiang Kaishek: Solange sich die japanischen Truppen nicht vom chinesischen Territorium zurückziehen, kann von Friedenshoffnungen keine Rede sein. Heute steht China mehr denn je geeint in seinem Ziel, die feindlichen Räuber aus dem Land zu werfen. [...][26]

2. HACh, 9, Aktensammlung zu Parteiangelegenheiten der GMD, Nr. 79.

---

24 Aus dem Chinesischen übersetzt von Peter Merker. – Der Text war eine Information innerhalb der chinesischen Regierung über das Interview und daher mit Einleitung und mehreren erklärenden Einschüben versehen.

25 Dem Text ist vorangestellt: Chiang Kaishek gibt dem Vertreter der deutschen Nachrichtenagentur Transozean ein Interview zur Frage des Widerstandskampfes gegen Japan, 17.7.1939. Nach dem Interview des Leiters der Fernostabteilung von Transozean mit Chiang Kaishek abgesandt. Manuskript des telegraphischen Berichts, 17.7.1939.

26 Es folgen Ausführungen zum antijapanischen Verteidigungskrieg.

30

Aufzeichnung des Staatssekretärs Ernst von Weizsäcker, AA, über seine Unterredung mit Botschafter Chen Jie

Berlin, 26. August 1939

Der chinesische Botschafter suchte mich heute im Auftrage seiner Regierung auf, um deren Freude auszusprechen über den Abschluß des deutsch–russischen Nichtangriffspakts.[27] Seine Regierung wünsche zu wissen, ob dieser Vorgang eine Handhabe biete, um die deutsch–chinesischen Beziehungen zu verbessern. Bis vor zwei Jahren hätten diese Beziehungen nichts zu wünschen übrig gelassen. In der Zwischenzeit seien sie nicht so angenehm wie früher gewesen. China habe aber mit Geduld auf die Gelegenheit einer Besserung gewartet und knüpfe nun an die heutige Lage die Hoffnung, nicht nur auf wirtschaftlichem, sondern auch auf politischem Gebiet mit uns wieder besser voran zu kommen.

Ich habe ziemlich weit ausgeholt, um dem Botschafter die Umstände darzulegen, welche schließlich zu dem deutsch–russischen Nichtangriffspakt geführt haben und stellte ihm die ganze Bedeutung des Vertragsschlusses vor Augen. Ich verschwieg ihm aber auch nicht, daß wir nicht die Absicht hätten, durch diesen Pakt unser Verhältnis zu Japan verändert zu sehen.[28] Der deutsche Wunsch für die Zustände in Ostasien sei in allererster Linie auf den Frieden gerichtet. Es wäre uns bekanntlich nichts lieber, als wenn zwischen Japan und China der Friede wiederhergestellt werden könnte, und ebenso liege uns auch nichts an den beunruhigenden Grenzverhältnissen zwischen den Japanern und den Russen. Ich fuhr dann aber fort, das deutsch–chinesische Verhältnis habe in den letzten Jahren in der Tat darunter etwas gelitten, daß die deutsch–russische Gegnerschaft und eine chinesisch–russische Freundschaft nicht gut in einen Topf gingen. Nach der umwälzenden Tat dieser Woche in Moskau sei ein Stein des Anstoßes zwischen China und Deutschland beseitigt. Indirekt werden also zweifellos dadurch die Beziehungen zwischen Deutschland und China zum Guten beeinflußt. Ob sich daraus, wie der Botschafter bzw. seine Regierung meinen, auch unmittelbare und konkrete Fortschritte in unseren wirtschaftlichen und politischen Beziehungen ergeben würden,

---

[27] Der deutsch–sowjetische Nichtangriffsvertrag wurde am 23.8.1939 in Moskau unterzeichnet. Ihm folgte am 28.9.1939 der bilaterale Grenz– und Freundschaftsvertrag, der am 4.10.1939 durch das Moskauer Zusatzprotokoll über den Grenzverlauf ergänzt wurde.

[28] In seiner Aufzeichnung über ein Gespräch mit dem japanischen Botschafter Oshima in Berlin vier Tage zuvor – am 22.8. – hatte Weizsäcker zu seinem Bemühen, japanische Sorgen hinsichtlich der Folgen des Vertrages zu zerstreuen, vermerkt: „Meine Beweisführung war etwa die folgende: 1. Wir täten nichts, um unser Freundschaftsverhältnis zu Japan in Frage zu stellen. Im Gegenteil, wir würden es weiter aufrechterhalten. ... 3. Ein solcher Ausgleich würde uns instandsetzen, auch im japanisch–russischen Verhältnis eine Ruhelage zu erstreben und auf lange Zeit zu sichern. ... 4. Seit Aufnahme der (von Oshima erwähnten) Komintern–Abreden habe sich die Gegnerfront sowohl von Japan wie von Deutschland verschoben. Es liege klar zu Tage, daß für Japan England der Feind Nr. 1 geworden sei, ebenso wie auch Deutschland viel weniger von der russischen als von der englischen Politik belästigt werde ...“ (ADAP, Serie D, Bd.VII, Dok.186).

vermöge ich ihm im Augenblick noch nicht zu beantworten. Ich glaubte jedoch, daß der Grundgedanke seiner Regierung hier zweifellos auf Verständnis und Wohlwollen treffe. Selbstverständlich würde ich nicht verfehlen, von seinem Besuche und seinem Anliegen dem Herrn Reichsaußenminister Meldung zu erstatten.

Der Botschafter drang nicht weiter in mich, sondern betonte, daß wir im Augenblick ja auch andere Fragen zu erörtern hätten, die unsere Aufmerksamkeit voll in Anspruch nähmen.

gez. Weizsäcker

ADAP, Serie D, Bd.VII, Dok.327, S.278.

31

Rede von Chiang Kaishek vor dem Politischen Volksrat in Chongqing[29]

Chongqing, 9. September 1939[30]

China und der europäische Krieg

Während des halben Jahres, das seit der dritten Tagung dieses Rates vergangen ist, sind nicht nur gewaltige Fortschritte im nationalen Widerstand und beim Wiederaufbau erzielt worden, sondern in der gleichen Zeit hat sich auch die Krise in den internationalen Beziehungen günstig für unsere nationalen Ziele entwickelt. Am Beginn dieser Sitzung nun sehen wir uns jedoch konfrontiert mit einem zweiten Europäischen Krieg. Natürlich sind wir tief besorgt darüber, wie wir am besten mit dieser neuen Weltlage umgehen und zugleich unsere Politik des andauernden Widerstandes fortsetzen können. Ich werde darum etwas zu den wichtigsten Problemen sagen, die auf dieser Tagung des Rates behandelt werden sollten.

Ich glaube, daß wir angesichts des europäischen Konflikts unserem Kampfgeist neue Kraft geben und unseren Glauben in Chinas unausbleiblichen Sieg erneuern sollten; das ist der Weg, auf dem wir einen noch größeren Beitrag zur neuen Weltordnung leisten werden. Wir brauchen ein klares Verständnis der internationalen Krise und müssen beständig auf der Hut sein. Konzentrieren müssen wir uns auf unser Ziel, unseren Krieg gegen Japan in der kürzest möglichen Zeit und mit den geringsten Kosten zu gewinnen. Die dringendsten Aufgaben, die wir heute vor uns haben, sind: 1. Konzentration von Arbeitskräften auf den Wiederaufbau im Hinterland; 2. Stärkung der Armee, um den militärischen Sieg erringen zu können; 3. auf-

---

[29] Aus dem Englischen übersetzt von Wolfram Adolphi.

[30] Die Datumsangabe folgt der Anm. in der Vorlage, wonach es sich bei dieser Rede um die Eröffnungsansprache auf der Vierten Sitzung des Politischen Volksrates am 9. September 1939 in Chongqing handelte.

merksame Beobachtung der internationalen Ereignisse und Ausbau unserer Kriegsdiplomatie. [...][31]

3. Kriegsdiplomatie. In bezug auf unsere Außenbeziehungen ist es heute eine lebenswichtige Frage, wie wir angesichts der neuen Situation in Europa unseren hartnäckigen Widerstandskrieg fortsetzen. Wir alle wissen, daß der chinesisch–japanische Konflikt nicht nur ein Weltereignis schlechthin, sondern das wichtigste Ereignis in der Welt überhaupt ist. Die gegenwärtige Konfusion in der Welt ist vor allem der japanischen Invasion chinesischen Territoriums und Verletzung heiliger internationaler Verträge geschuldet. Wir kämpfen, um unsere Souveränität zu verteidigen und unsere eigene nationale Existenz zu bewahren, und wir kämpfen auch, um dem internationalen Gangstertum, an dessen Spitze Japan steht, Einhalt zu gebieten. Der Weltfrieden kann nicht erreicht werden, wenn Japan nicht aus China vertrieben wird. Kurz und knapp: Der chinesisch–japanische Krieg war der Ausgangspunkt eines allgemeinen Konflikts, und er ist das wirkliche Zentrum des gegenwärtigen weltweiten Kampfes. Da China ein Viertel der Weltbevölkerung repräsentiert, muß es auch eine besonders schwere Bürde bei der Schaffung der Grundlagen für den Weltfrieden tragen.

Seit dem 18. September 1931[32] gründet sich unsere nationale Politik auf die folgenden Prinzipien: 1. Widerstand gegen die japanische Aggression, um unsere souveränen Rechte und unsere territoriale Integrität zu schützen; 2. Aufrechterhaltung der Unantastbarkeit der Verträge, insbesondere der Satzung des Völkerbundes, des Neunmächteabkommens[33] und der Friedensverträge;[34] 3. Ablehnung eines Beitritts zum Antikominternpakt; 4. Regelung unserer internationalen Angelegenheiten auf der Basis unseres Rechts auf Selbstbestimmung und unserer eigenen nationalen Interessen auf solche Weise, daß wir Gleichheit und Freiheit für China erreichen und zugleich die Fundamente des Weltfriedens stärken. Während der vergangenen acht Jahre hat die Nationalregierung von China strikt zu diesen Prinzipien gestanden.

Nun, da der europäische Krieg ausgebrochen ist, sollten wir unsere Anstrengungen zur Verwirklichung dieser Politik verdoppeln, ohne uns von Veränderungen in der internationalen Lage verwirren zu lassen. [...][35]

Generalissimo Chiang Kai–shek's War Speeches. From July 1937 – January 1944. Published by the Chinese Ministry of Information, Chungking, China, o.J. [wahrscheinlich 1944], S.51–54.

---

31 Es folgen Erläuterungen zu den Punkten 1 und 2.

32 Gemeint ist die Besetzung der Mandschurei durch japanische Truppen nach dem „Mukden–Zwischenfall" am 18.9.1931.

33 Mit dem Neunmächteabkommen der Washingtoner Konferenz vom 6.2.1922 war vor allem das Prinzip der Achtung der Souveränität sowie der territorialen und administrativen Unantastbarkeit Chinas anerkannt worden.

34 Gemeint sind der Versailler Friedensvertrag vom 28.6.1919 und der „Briand–Kellogg–Pakt" vom 27.8.1928, der den Verzicht auf den Krieg als Mittel internationaler Politik proklamierte.

35 Es folgen Ausführungen zum chinesischen Widerstand.

32

Brief des Journalisten Wolf Schenke an Karl Laverentz, Deutsches Nachrichtenbüro Shanghai[36]

Chongqing, 22. November 1939

Lieber Herr Laverentz!

Vorgestern ging hier die Sitzung des Zentralexekutivkomitees[37] zu Ende. Es steht wohl fest, daß sie von einiger Bedeutung war, aber es ist furchtbar schwer zu erfahren, was nun eigentlich behandelt und beschlossen wurde. Zwei der wichtigsten Fragen waren ohne Zweifel die Außenpolitik und die Stellung der Guomindang zu den Kommunisten. Über beides ist bisher noch nichts Konkretes ans Tageslicht gedrungen. Interessant sind allerdings auch die Personalveränderungen und Organisationsverschiebungen, die am Schluß der Sitzung angekündigt wurden. Am bedeutendsten ist die Übernahme des Exekutiv–Yuans durch Chiang Kaishek selbst, während Kong [Xiangxi] zum Vizepräsidenten degradiert wurde. Ich sehe darin eine Konzession des Marschalls an die weit verbreitete Stimmung gegen Kong, die so stark geworden ist, daß man beinahe von einer Anti–Kong–Partei reden kann. Auf der anderen Seite wollte er Kong auch nicht fallenlassen oder nicht allzuviel Gesicht verlieren lassen, also konnte er nur selbst den Posten übernehmen. Viele erwarteten, daß T.V. Song [Song Ziwen] eine bedeutende Regierungsstellung erhalten würde. Das ist nicht geschehen, aber es gibt da die mysteriöse Neugründung eines „Handelsministeriums", das offenbar eine Beschneidung des Kongschen Ressorts als Finanzminister ist. Ich sage „mysteriös", weil von offizieller Stelle behauptet wird, man könne die Gründung dieses Ministeriums weder dementieren noch bestätigen! Auch ist noch kein Minister ernannt. Aber viele vermuten, daß T.V. Song es übernehmen wird oder zum mindesten seine Leute. Eine andere Version über T.V. ist, daß er als Botschafter nach Amerika gehen wird. Das bezweifle ich sehr stark, da T.V. nicht der Mann ist, der sich in die Wüste schicken läßt.

In der Guomindang ist Zhu Jiahua vom Generalsekretär zum Organisationsleiter degradiert worden. Es scheint langsam aber sicher mit ihm bergab zu gehen.

Interessant ist, daß bei den Änderungen einer Menge zweitklassiger Posten in der Guomindang ausgesprochene frühere Wang Jingwei–Leute mit Posten bedacht worden sind. das koinzidiert auffällig mit dem völlig ungewöhnlichen Fehlen eines Angriffs auf Wang Jingwei in dem Manifest, das zum Schluß der Sitzung herausgegeben wurde! Ich hörte von chinesischer Seite folgende Erklärung für diese beiden Tatsachen: 1. Indem man Wang Jingwei–Leuten hier gute Posten gibt, fesselt man sie an Chongqing und sie laufen nicht weg, wenn es Wang gelingen sollte, eine Regierung zustande zu bringen. 2. Man hat hier den Eindruck,

---

[36] Der Brief ging in Abschrift an die Deutsche Botschaft Shanghai. Dort lag er Lautenschlager am 4.12.1939 vor.

[37] Gemeint ist der Exekutiv–Yuan, die oberste Vollzugsbehörde Chinas, dessen Vorsitzender von 1939–1945 Chiang Kaishek war.

daß Wang Jingwei Schwierigkeiten mit den Japanern hat. Wenn man ihn anständig behandelt und sich seine Leute warmhält, besteht vielleicht doch die Möglichkeit, daß er nach Chongqing zurückkehrt, von den Japanern enttäuscht. In diesem Zusammenhang wird der Schluß von Wangs Aufruf zum Geburtstag Sun Yatsens angeführt, in dem es heißt, daß „wir mit all unserer Kraft für den Frieden arbeiten müssen, sollte er aber nicht zustande kommen, wir aber nicht davor zurückschrecken dürfen, unser Leben zu opfern". Es würde mich sehr interessieren, einmal zu hören, wie denn die Wang Jingwei–Leute in Shanghai diese Äußerung auslegen.

Außenpolitisch scheint man weiter halt– und ziellos hin– und herzuschwanken, obwohl ganz deutliche Anzeichen in der letzten Woche vorhanden sind, den Anschluß an Deutschland nicht zu verlieren. Die seltsamsten Leute, von denen man es am wenigsten erwarten sollte, kümmern sich auf einmal um Deutschland, besonders Hollington Tong, Herr Zeng und verschiedene andere. Nachdem Herr Huang, der deutsch sprechende Herr beim Publicity Board, monatelang nicht einen Strich zu tun hatte, und schon überhaupt nicht mehr ins Office ging, hat er plötzlich den Auftrag erhalten, mehr „socially" mit der deutschen Kolonie zusammenzukommen und einen Plan auszuarbeiten, wie man den deutschchinesischen Kulturverband, eine nur auf dem Papier bestehende Organisation, in Schwung bringen könnte. Sogar Chen vom Hankou Herald macht Annäherungsversuche. Herr Yang Gongda, Managing Editor des China Forum, des völlig in angloamerikanischer Ideologie befangenen Blättchens der Chinese League of Nations Union, erscheint bei Dr. Bidder und verlangt deutsches Material für seine bisher mehr als hundertprozentig antideutsche Zeitschrift. „Es ginge doch nicht, daß man nur immer von englisch–französischem Material lebe."

Es ist ganz deutlich zu merken, daß eine Anweisung von oben in dieser Richtung gekommen ist. Übrigens setzte der neue Wind ein, nachdem Chiang Kaishek aus Nanyo zurückkam, wo er wochenlang nur von Soldaten und nicht von der Missionarsclique umgeben war.

Ich mußte diesen Brief vorhin unterbrechen, wobei ich inzwischen noch etwas Neues über Kong erfahren habe. Kong hat gestern nach seiner Degradierung seinen Rücktritt von sämtlichen Ämtern eingereicht. Es ist noch nicht bekannt, ob die Demission angenommen wird.[38] Als ich eben bei der Zensur anfragte, ob man das berichten könnte, wurde mir die Tatsache an sich bestätigt, aber das Telegramm verweigert. Der Marschall will scheinbar Kong noch aus irgendwelchen Gründen halten, aber die Opposition ist äußerst stark. Er wird wohl gehen müssen.

Herzlichen Dank für die Bilder. Je mehr, desto besser! Bis jetzt habe ich zwei Stellen, wo ich sie aushänge und zwar den „Hankou Herald" und die „China Photo News Co.". Große Menschenmengen sammeln sich immer davor an. Ich bin dabei, noch zwei weitere Plätze in anderen Stadtteilen zu bekommen. Einige werden auch in einem Wochenblatt der „China Photo News" abgedruckt.
Heil Hitler!

---

[38] Die Demission wurde nicht angenommen. Kong Xiangxi blieb Finanzminister (29.10.1933–20.11.1944) und übernahm zusätzlich wieder das Amt des Stellvertretenden Vorsitzenden des Exekutiv–Yuan (24.11.1939–1.6.1945).

gez. Wolf Schenke.

BArch, R9208, Nr.3376, Bl.295–296.

33

Bericht des deutschen Geschäftsträgers Felix von Altenburg, Shanghai, an das AA[39]

Shanghai, 22. Juli 1940

[...][40] Das politische Verhältnis Chongqings zur Sowjetunion gehört zu den besten außenpolitischen Beziehungen der Nationalregierung überhaupt. Die Grundtendenz der russischen Politik ist dabei anscheinend die Stärkung des chinesischen Abwehrwillens, die sich besonders seit Gründung der Wang–Jingwei–Regierung verschärft hat. [...][41]

[Das Verhältnis zu Deutschland] hat sich in letzter Zeit sichtbar gebessert. Immer wieder hat die chinesische Regierung durchblicken lassen, daß sie jederzeit bereit sein würde, das frühere engere Verhältnis und die frühere Zusammenarbeit mit Deutschland wieder auszunehmen und der vergangenen Trübung mit keinem Worte zu gedenken, wenn nur Deutschland dazu bereit wäre. Sie hat dabei gelegentlich unserem Vertreter in Chongqing zu verstehen gegeben, daß sie, sobald die deutsche Regierung sich zur Erfüllung der von China geäußerten Wünsche nach Lieferung von Kriegsmaterial bereitfände, unsere Wünsche gern erfüllen wolle, z.B. den deutschen Bedarf an Wolfram, auf Jahrzehnte hinaus decken würde; auch Antimon und Zinn könnten angeboten werden. Frankreich und England haben, wie vertraulich bekannt wurde, sofort versucht, diese Annäherungsbereitschaft zu konterkarieren, und China Kriegsmaterialien angeboten, um die genannten Rohstoffe dem deutschen Zugriff zu entziehen. Die Chinesische Regierung hat es jedoch verstanden, sich jedem alliierten Druck, monopolartig die Hand auf diese chinesischen Rohmaterialien zu legen, zu entziehen.

Stimmungsmäßig haben natürlich die Erfolge der deutschen Waffen in den letzten Wochen das deutsche Ansehen in der chinesischen öffentlichen Meinung gewaltig gehoben, und es hat in der Presse ein mehr oder minder offenes Liebeswerben eingesetzt, bei dem zuweilen recht warme Töne angeschlagen worden sind (vgl. Bericht vom 13. Juli d.J. – Nr. Sh.572, Aktz.: Pol 5 Nr.6/4546/40). Es verstärkt sich in Chongqing allmählich das Gefühl, daß in Europa eine große und starke Macht im Kommen ist und eine alte Welt in Trümmer geht. Da

---

39 Durchschrift für die Deutsche Botschaft Shanghai. Der Politische Bericht erfolgte im Anschluß an den Bericht vom 15.4.1940 – Nr.Sh.327 und trug die Nr.Sh.608 – Pol2 Nr. E/4839/40.

40 Auslassung der Darlegungen zur politischen und militärischen Lage in Fernost und in China von April bis Juli 1940.

41 Es folgen Ergänzungen zur innerchinesischen Situation.

die Chinesen vor anderen asiatischen Völkern die Fähigkeit besitzen, neidlos und weitherzig fremde Erfolge anzuerkennen und rascher aus der veränderten Sachlage die entsprechenden Entschlüsse für ihr Verhalten zu ziehen, beginnt man bereits sich um Deutschland zu bemühen und wieder stärkere Hoffnungen auf Deutschland zu setzen. [...][42]
gez. Altenburg

BArch, R9208, DBC, Nr.1787, Bl.2–20.

34

Erklärung des chinesischen Außenministers Wang Chonghui zum Dreimächtepakt[43]

[Chongqing, 30. September 1940]

Japan, Deutschland und Italien haben am 27. September in Berlin einen Bündnispakt[44] unterzeichnet, mit dem Japan die deutsche und italienische Führung bei der Herstellung einer

---

42 Es folgen Abschlußbemerkungen zur weiteren Entwicklung.

43 Aus dem Englischen übersetzt von Wolfram Adolphi. – Einleitende Bemerkung der Herausgeber des „Handbook": „Dr. Wangs Erklärung zum japanischen Achsenbündnis. In Beantwortung von Anfragen chinesischer und ausländischer Presseleute zur Haltung Chinas zum japanisch–deutsch–italienischen Bündnis erklärte Außenminister Dr. Wang Chonghui am 30. September 1940 das Folgende:"

44 Der Text dieses als „Dreimächtepakt" bekanntgewordenen, die Unterschriften der Außenminister Ribbentrop und Ciano und des japanischen Botschafters Kurusu tragenden Vertrages lautet nach einer Präambel über den allgemeinen Willen zur Zusammenarbeit bei der Schaffung einer „neuen Ordnung" in der Welt in seinen sechs Artikeln (ohne Abschlußklauseln) wie folgt:

„Artikel 1: Japan anerkennt und respektiert die Führung Deutschlands und Italiens bei der Schaffung einer neuen Ordnung in Europa.

Artikel 2: Deutschland und Italien anerkennen und respektieren die Führung Japans bei der Schaffung einer neuen Ordnung im großostasiatischen Raum.

Artikel 3: Deutschland, Italien und Japan kommen überein, bei ihren Bemühungen auf der vorstehend angegebenen Grundlage zusammenzuarbeiten. Sie übernehmen ferner die Verpflichtung, sich mit allen politischen, wirtschaftlichen und militärischen Mitteln gegenseitig zu unterstützen, falls einer der drei vertragschließenden Teile von einer Macht angegriffen wird, die gegenwärtig nicht in den europäischen Krieg oder in den chinesisch–japanischen Konflikt verwickelt ist.

Artikel 4: Um den gegenwärtigen Pakt zur Durchführung zu bringen, werden unverzüglich gemeinsame technische Kommissionen zusammentreten, deren Mitglieder von den Regierungen Deutschlands, Italiens und Japans zu ernennen sind.

Artikel 5: Deutschland, Italien und Japan erklären, daß die vorstehenden Abmachungen in keiner Weise den politischen Status berühren, der gegenwärtig zwischen jedem der drei Vertragschließenden Teile und Sowjet–Rußland besteht.

Artikel 6: Der gegenwärtige Pakt soll sofort mit der Unterzeichnung in Kraft treten und zehn Jahre, gerechnet vom Tage seines Inkrafttretens an, in Geltung bleiben" (RGBl. 1940 II S.280).

„Neuen Ordnung in Europa" und Deutschland und Italien die japanische Führung bei der Errichtung einer sogenannten „Neuen Ordnung in Großostasien" anerkennen. Der Pakt ignoriert vollständig die rechtmäßigen Positionen, Rechte und Interessen anderer europäischer und asiatischer Länder wie auch die rechtmäßigen Positionen, Rechte und Interessen nicht–europäischer und nicht–asiatischer Mächte in Europa und Asien und versucht, diese Positionen, Rechte und Interessen zu zerstören.

Es ist die beständige Politik der chinesischen Regierung gewesen, eine internationale Rechtsordnung aufrechtzuerhalten, in der alle Nationen der Welt gleichberechtigt und freundschaftlich leben können. Jeder Versuch der Aggression und Verletzung dieser rechtmäßig geschaffenen Weltordnung unter dem Vorwand, eine „neue Ordnung" errichten zu wollen, wird auf den entschiedenen Widerstand der in Übereinstimmung mit ihrer traditionellen Politik handelnden chinesischen Regierung treffen.

Die chinesische Regierung und das chinesische Volk sind fest entschlossen, ihren Kampf für die Aufrechterhaltung der Ordnung in der Welt fortzusetzen. Die chinesische Regierung wird niemals die sogenannte „Neue Ordnung in Großostasien" anerkennen, insbesondere nicht die sogenannte Führung Japans in Ostasien. Es versteht sich von selbst, daß kein Pakt oder Abkommen, das von dritten Mächten unterzeichnet ist, in irgendeiner Weise die rechtmäßigen Positionen, Rechte und Interessen Chinas oder die Haltung und Politik der chinesischen Regierung beeinflussen wird.

China Handbook 1937–1943. A Comprehensive Survey of Major Developments in China in Six Years of War. Compiled by the Chinese Ministry of Information, New York 1943, S.174.

35

Außenpolitisches Strategiedokument aus der Rohstoffbehörde der chinesischen Regierung[45]

[Chongqing, Oktober 1940][46]

---

45 Aus dem Chinesischen übersetzt von Peter Merker.

46 Das Dokument trägt keine Unterschrift und kein Datum. Es ist im 2. HACh in Nanjing in den Akten der Rohstoffbehörde archiviert. Die Überschrift des Dokuments und der Vergleich mit weiteren zu diesem Aktenband gehörenden Dokumenten weisen auf eine Entstehung des Textes unmittelbar nach Abschluß des Dreimächtepakts hin. In der vom 2. HACh besorgten chinesischen Dokumentenpublikation zu den chinesisch–deutschen Beziehungen „Zhong De waijiao midang" (Zhong De 1994:54–58) wurde das hier gedruckte Dokument dem November des Jahres 1937 – und damit der Situation unmittelbar zu Beginn der damaligen deutschen „Vermittlungs"–Aktion – zugeordnet. Dies ist wohl ein Irrtum. Beim im Dokument gemeinten deutsch–italienisch–japanischen Dreierbündnis handelt es sich offensichtlich um den Dreimächtepakt von 1940 und nicht um den Antikominternpakt von 1936. Gestützt wird diese Auffassung z.B. durch den ersten Satz des Abschnitts A: Der Antikominternpakt war von seinem Ab-

Die Außenpolitik der Großmächte im Pazifik nach Abschluß des deutsch–italienisch–japanischen Bündnisses und die von uns einzuleitenden Schritte.

A. Die Außenpolitik Japans

Der einzige Grund dafür, daß Japan dem Dreierbündnis mit den Achsenmächten Deutschland und Italien beigetreten ist, liegt darin, daß es seine Expansion nach Süden[47] voranbringen will. Um diese Expansionspolitik durchführen zu können, muß es entweder mit der Sowjetunion oder mit China einen Kompromiß eingehen, ansonsten reichen seine Kräfte nicht aus. Deshalb muß Japans außenpolitische Maxime lauten: „Wenn wir uns nicht mit der Sowjetunion arrangieren, so müssen wir es mit China tun" bzw. „Wenn wir uns nicht mit China arrangieren, so müssen wir es mit der Sowjetunion tun." Zwischen diesen beiden Alternativen muß gewählt werden; etwas anderes ist nicht möglich. Wird Japan nun eher mit der Sowjetunion oder mit China einen Kompromiß eingehen? Meiner persönlichen Meinung nach, wird Japan einen Kompromiß mit China suchen. Dafür sprechen folgende Gründe und werden folgende Maßnahmen ergriffen werden:

Gründe:

1. Die Japaner glauben, daß der gegenwärtige Kriegsstand ausreicht, um China zur Unterwerfung zu zwingen, um dann ihre Chinapolitik durchführen zu können.
2. Der Dreimächtepakt ist äußerlich gesehen gegen die USA und England gerichtet, enthält aber bei näherer Untersuchung eine stark antisowjetische Komponente.
3. Ein Arrangement mit China stärkt die Kräfte gegen England, die USA und die Sowjetunion und macht eine Expansion nach Süden möglich.

Maßnahmen:

1. Die Friedensvermittlungsbemühungen im chinesisch–japanischen Krieg durch Deutschland und Italien sollen direkten Druck auf China ausüben, um es zur Unterwerfung zu zwingen.
2. Deutschland und Italien sollen dabei behilflich sein, die sowjetisch–japanischen Beziehungen zu verbessern, um auf indirektem Weg dem zukünftigen chinesischen Abwehrkampf Schwierigkeiten erwachsen zu lassen.

B. Die Außenpolitik der Sowjetunion

Nach Abschluß des Dreimächteabkommens zwischen Deutschland, Italien und Japan hat die sowjetische Außenpolitik keinerlei Änderung erfahren. Grundprinzipien sind der Schutz der eigenen Sicherheit und die Aufrechterhaltung des Friedens. Darüber hinaus versucht sie, den Ausbruch eines bewaffneten Konflikts zwischen Japan und den USA voranzutreiben. Deshalb ist anzunehmen, daß die Sowjetunion gegenüber Japan, den USA und China folgende Haltung einnehmen wird:

---

schluß am 25.11.1936 ein ganzes Jahr lang ein deutsch–japanischer – nicht ein deutsch–italienischer, dem Japan dann erst beitrat –, während der Dreimächtepakt von Beginn an ein Dreierbündnis war. Auch die folgenden vielfältigen Bezüge zur Kriegslage weisen eher auf das Ende des Jahres 1940 als des Jahres 1937 hin (Verhandlungen Sowjetunion–Japan über einen Neutralitätspakt, Bestrebungen der Sowjetunion nach Einflußausdehnung auf dem Balkan usw.).

47 Mit „Süden" sind der Südpazifik und Südostasien gemeint.

I. Der Wunsch nach einem Kompromiß mit Japan
Gründe:
1. Den Japanern soll im Norden jegliches Gefühl einer Bedrohung genommen werden. Sie werden ermuntert, ungezügelt nach Süden zu expandieren, um so mit den USA zusammenzustoßen.
2. Die Bindung durch die Japaner im Fernen Osten soll beseitigt werden, um ungehindert die politische Lage in Europa zu beherrschen und wieder zur alten Großmacht aufzusteigen.
3. Die Sowjetunion will die verwickelte Lage in Europa ausnutzen und ihren Einfluß auf die Balkanhalbinsel ausdehnen, um so die Bedrohung durch Deutschland und Italien zu verringern.
Maßnahmen:
1. Beilegung der mandschurisch–sowjetischen Grenzkonflikte und Klärung aller strittigen Punkte mit Japan.
2. Möglicherweise erste Schritte eines Kompromisses mit Japan, z.B. der Abschluß eines Nichtangriffsvertrages.
II. Eine freundschaftliche Außenpolitik gegenüber den USA
Gründe:
1. Praktizierung einer Friedenspolitik, die mit allen Staaten freundschaftliche Beziehungen anstrebt.
2. Bekundung einer Solidarität mit den USA, um diese in den Konflikt mit Japan zu treiben
3. Verringerung der Bedrohung, die der UdSSR aus dem Dreimächtbündnis erwächst.
Maßnahmen:
1. Ausbau der beiderseitigen allgemeinen diplomatischen Beziehungen.
2. Abschluß eines Handelsabkommens, Ausbau der wirtschaftlichen Zusammenarbeit.
III. Aufrechterhaltung des status quo der Beziehungen zu China
Gründe:
1. China soll einen langandauernden Abwehrkampf gegen Japan führen und dessen Kräfte binden, um eine Expansion in nördliche Richtung zu verhindern.
2. Japan soll seine Kräfte und Mittel im Krieg mit China verzehren.
Maßnahmen:
1. Moralische Unterstützung für uns in höchstem Maße.
2. Wirkungsvolle materielle Hilfe für unseren Abwehrkampf.
C. Die von uns gegenüber den einzelnen Staaten zu betreibende Außenpolitik
Bei genauerer Analyse hat der Abschluß des Dreimächtepaktes durch Deutschland, Italien und Japan für uns weitreichende Auswirkungen. Wir müssen uns bei unseren Beziehungen zur Sowjetunion, den USA, Italien und Deutschland von langfristigen Überlegungen leiten lassen und dabei besonders vorsichtig vorgehen, um nachteilige Auswirkungen für uns abzuwenden. Einige unserer Politiker befürworten eine auf eine Linie festgeschriebene Außenpolitik, andere fordern eine flexible, ungebundene Herangehensweise. Die erstere Linie ist eine harte, die leicht zu Bindungen führt und bei der eine große Verantwortung übernommen werden muß. Die zweite hingegen ist geschmeidig und setzt auf Flexibilität; es werden kei-

nerlei Verpflichtungen eingegangen. In Anbetracht unserer gegenwärtigen Situation erscheint die zweite Linie relativ vorsichtig und ausgewogen. Die Vorteile überwiegen die Nachteile.

Grundprinzipien, Gründe und einzuleitende Schritte sollen im folgenden kurz skizziert werden:

I. Unsere Politik gegenüber den USA

Grundprinzip: Die Zusammenarbeit zwischen beiden Staaten ist in höchstem Maße auszubauen.

Gründe:

1. Zwischen den USA und uns besteht insofern Interessenübereinstimmung, als daß beide Staaten einen status quo im Pazifik aufrechterhalten wollen.
2. Gemeinsamer Kampf gegen Aggressoren, um die Interessen der demokratischen Länder zu wahren.

Maßnahmen:

1. Die USA müssen uns bedingungslose, aktive und großzügige materielle Unterstützung zuteil werden lassen.
2. Die USA müssen ihre Lieferungen an Japan vollständig einstellen und zu einer wirkungsvollen Embargopolitik übergehen.

II. Unsere Politik gegenüber der Sowjetunion

Grundprinzip:

Enge Kooperation, gemeinsame Abwehr der japanischen Aggression.

Gründe:

1. Unser Minimalziel muß es sein, daß die Sowjetunion ihre gegenwärtige Friedenspolitik und Neutralität beibehält.
2. Wir müssen verhindern, daß die Sowjetunion sich den extremen Staaten anschließt und eine opportunistische Politik betreibt.

Maßnahmen:

Wir müssen einen Sonderbeauftragten in geheimer Mission in die Sowjetunion entsenden, der mit den dortigen obersten Behörden in Verhandlungen treten soll. Bei dieser Person soll es sich um jemanden handeln, der über gewisse Beziehungen zur Sowjetunion verfügt, diplomatische Erfahrungen und politischen Weitblick besitzt.

III. Unsere Politik gegenüber Deutschland und Italien

Grundprinzip:

Wir dürfen uns von keiner übermäßig harten Haltung leiten lassen und nichts unternehmen, was Deutschland oder Italien reizen könnte.

Gründe:

1. Wir müssen an den Maximen unserer Außenpolitik unter den Bedingungen des Abwehrkampfes festhalten, deren Ziel es ist, möglichst viele Freunde und möglichst wenig Feinde zu haben.
2. Wir sollten nicht die Verschärfung der feindlichen Einstellung Deutschlands und Italiens uns gegenüber heraufbeschwören und politische Komplotte verhindern, die für uns von großem Schaden sind.

3. Wir erwarten, daß zwischen Deutschland und der Sowjetunion ein Krieg ausbricht. Wir müssen verhindern, daß nach Kriegsende Deutschland uns als Feind ansieht und gegen uns Schritte unternimmt.

Maßnahmen:

1. Wir müssen eine gewundene Außenpolitik betreiben und hinter den Kulissen Geheimaktivitäten entwickeln. Wir können relativ einfach unser Ziel erreichen, wenn wir uns die deutsche Feindschaft zur Sowjetunion und den Haß auf England zunutze machen. Die geringen Anstrengungen dafür stehen in keinem Verhältnis zum großen Nutzen.

2. Wir müssen umsichtige, erfahrene und befähigte Emissäre nach Deutschland und Italien zu Geheimverhandlungen entsenden, um im möglichen Rahmen die bilateralen Beziehungen zu verbessern und somit unsere Kräfte zu stärken.

D. Unsere Vorkehrungen in bezug auf mögliche Zusatzklauseln zum Dreimächteabkommen zwischen Deutschland, Italien und Japan

Über diplomatische Kanäle ist durchgesickert, daß es zum Dreimächteabkommen zwischen Deutschland, Italien und Japan noch einen geheimen Zusatzvertrag geben soll. Der dabei uns betreffende Sachverhalt soll sich auf die Friedensvermittlungsangebote seitens Deutschlands und Italiens beziehen. Wir hoffen, daß es sich bei diesen Nachrichten nur um Gerüchte und nicht um die Wahrheit handelt. Trotzdem müssen wir frühzeitig Vorkehrungen treffen, um nicht mit unakzeptablen Forderungen konfrontiert zu werden. Sollten Deutschland und Italien mit Friedensvermittlungsanerbieten hervortreten, werden sie uns nicht zur Annahme von übermäßig harten Bedingungen zwingen und Japan in jeder Hinsicht unterstützen. Andernfalls würden sie die uneingeschränkte japanische Herrschaft im Pazifik anerkennen und sämtliche von England und den USA abhängigen Gebiete Japan überlassen. Damit würde nicht nur die Möglichkeit zur Ausplünderung der Weltressourcen verlorengehen, sondern auch der Sinn der Entfesselung dieses Krieges in Frage gestellt werden und alles würde beim alten bleiben. Wenn wir die Beziehungen zu Deutschland und Italien gut gestalten, wird das möglicherweise für uns von gewissem Nutzen sein.

I. Unsere Politik gegenüber Deutschland und Italien

1. Zum ersten ist es für Deutschland und Italien unvorteilhaft, wenn wir einen dauerhaften Abwehrkampf gegen Japan führen und seine Kräfte fesseln und damit einen Vorstoß nach Süden unmöglich machen.

2. Zum zweiten ist es für Deutschland und Italien unvorteilhaft, daß wir gezwungen werden, uns England und den USA anzunähern, um unseren Kampf fortzusetzen, wenn Deutschland und Italien uns nicht weiterhelfen.

II. Unsere Forderungen an Deutschland und Italien:

1. Wiederherstellung des Zustandes vor Beginn der japanischen Aggression am 7. 7. 1937. Das Problem der Nordostprovinzen muß mit politischen Mitteln und auf angemessene Weise gelöst werden.

2. Burma, Vietnam und Malaysia sind alte Vasallenstaaten Chinas; sie müssen bedingungslos an China zurückgegeben werden.

3. Auf Grund der natürlichen Bedingungen ist China der Herr in Asien. Deutschland und Italien sollen das respektieren und unseren Führungsanspruch in Asien anerkennen.

2. HACh, 28, Rohstoffbehörde der Nationalregierung, Nr.246.

36

Telegramm des Sonderbeauftragten für Handelsangelegenheiten Tan Boyu, Berlin, an Chiang Kaishek[48]

Berlin, 3. Oktober 1940

1. Deutschland schlägt Friedensverhandlungen zwischen China und Japan zu folgenden Bedingungen vor: Japan anerkennt Chiang–Kaishek–Regierung; Japan zieht seine Truppen zurück. China anerkennt Manzhouguo und japanische Sonderrechte in Nordchina; außerdem bleiben japanische Marinebasen in Shanghai, Qingdao, Fuzhou, Hongkong und Shantou bestehen.
2. Deutschland überläßt Japan Indochina und Niederländisch–Indien und stimmt einer japanischen Inbesitznahme der Philippinen zu. Näheres wird weiter besprochen.
3. Zustimmung, daß die Russen ihren Einfluß bis Südpersien und Indien ausweiten. Nach amerikanischer Information wird russisches Außenministerium wahrscheinlich an diesem Ziel festhalten.
4. Man rechnet deutscherseits damit, daß wir Friedensverhandlungen ablehnen. Unsere Dienststelle[49] hat hier keine Arbeit mehr. Plane alsbaldige Verlegung der Behörde nach Schweden oder in die Schweiz.[50] Wenn wir nach China zurückkehren, können Dokumente und Unterlagen nicht hier verbleiben. Bitte um schnelle Weisung, wie ich zu verfahren habe, um alles Notwendige vorbereiten zu können.

Tan Boyu

2. HACh, 762, Büro des Vorsitzenden der Militärkommission, Nr.1662.

---

48 Aus dem Chinesischen übersetzt von Peter Merker.

49 Gemeint ist die von Tan Boyu geleitete Handelsabteilung, die nicht dem Außenministerium, sondern der Militärkommission der Nationalregierung und damit direkt Chiang Kaishek unterstellt war. Von ihr wurden in den dreißiger Jahren die Waffenankäufe in Europa koordiniert. 1941 beendete die Handelsabteilung ihre Tätigkeit in Berlin.

50 Die Behörde wurde in die Schweiz verlegt.

37

Telegramm des Militärattachés Gui Yongqing, Berlin, an Chiang Kaishek[51]

[Berlin,] 12. Oktober 1940

Telegramm „Wen".[52] Telegramm „Zhen"[53] erhalten. Gestern erfuhr ich unter der Hand von einem Vertrauten Görings, daß sich Göring nach einer Besprechung mit von Ribbentrop sehr ungehalten über diesen geäußert haben soll. Er kritisierte die „drei Jahre Winterschlaf in den Beziehungen zwischen China und Deutschland." Er meinte, man solle China nicht zu Friedensverhandlungen drängen und an guten deutsch–chinesischen Beziehungen festhalten. Wenn wir etwas Wichtiges zu übermitteln haben, sollten wir es schriftlich Göring zuleiten und so weiter mit ihm in Tuchfühlung bleiben. Der Herr Botschafter soll den Inhalt des Schreibens in den nächsten Tagen mit Tan Boyu beraten.

Auf dem Balkan sind – auf Grund der deutschen Truppenstationierung in Rumänien – die Gebietsverhandlungen zwischen Ungarn und Rumänien gescheitert. Griechenland nähert sich Rußland an, so daß die Lage eine neue Wendung erfahren hat.
[Gui Yongqing][54]

2. HACh, 762, Büro des Vorsitzenden der Militärkommission, Nr.1662.

38

Schreiben des australischen Finanzberaters von Chiang Kaishek, Walter H. Donald, an den Sekretär des britischen Foreign Office, Berkeley Gage[55]

Postamt Tulagi, Protektorat Salomon–Inseln, 30. Oktober 1940

---

51 Aus dem Chinesischen übersetzt von Peter Merker.

52 Die chinesischen Geheimtelegramme wurden zur zuverlässigeren Codierung mit Zeichen benannt, auf die dann im Schriftwechsel Bezug genommen wurde.

53 Vgl. 2. HACh, Nr.762–1662.

54 Das Telegramm trägt keine Unterschrift. Der Absender geht aus der Registrierung des Telegramms bei der Dechiffrierung hervor.

55 Aus dem Englischen übersetzt von Wolfram Adolphi. Das Dokument ist Teil zweier aneinander anschließender Vorgänge im britischen Außenministerium, die dort unter dem Titel „Abreise Donalds aus China und deutsche Aktivitäten in China" bzw. „Abreise W.H. Donalds aus China" zu den Akten genommen sind und viele Telegramme, Briefe, hand– und maschinenschriftliche Kommentare, Notizen und Sichtvermerke einschließen. Im folgenden werden einige dieser Dokumente in Anmerkungen zitiert.

Lieber Herr Gage,[56]

[...][57] Ich denke, daß es jetzt Zeit ist, meine Erinnerungen niederzuschreiben, und da sich die ganze Welt im Krieg befindet und wenig für die chinesischen Interessen getan werden kann, habe ich entschieden, daß jetzt die beste Zeit ist, mich zurückzuziehen.[58]

[...][59] Es gibt eine Menge deutschen Einfluß in Chongqing. Natürlich stehen diejenigen, die einmal in Deutschland studiert haben, an dessen Spitze. In Militärkreisen findet man sie besonders häufig. Zhu Jiahua, Vorsitzender des Board of Trustees of the British Boxer Indemnity[60], ist einer der besonders Aktiven, und sein engster Mitstreiter, ein – wie man annimmt – pro–Britischer, ist Han Liwu. Sie sind immer wieder begeistert über die sogenannten deutschen Siege und arbeiten eng mit den Leuten von der deutschen Botschaft zusammen. Ich glaube, Trautmann ist zurück in China, um für Zustimmung zur Achse zu werben.[61]

Das Hauptquartier ist durch diese Leute ständigem Druck ausgesetzt, aber bis jetzt hat der Generalissimus fest zur Sache der Alliierten gestanden, obwohl er manchmal – zum Beispiel, als wir die Burmastraße geschlossen haben – durchaus schwankt, und dann wird es wirklich

---

56 Nach der Anrede handschriftlich eingefügt: „Ich nehme an, Briefe an das Außenministerium werden nicht zensiert."

57 Der Brief beginnt mit einer persönlichen Bemerkung zur Wahl der Salomon–Inseln als Refugium.

58 Dieser Rückzug wurde im britischen Außenministerium mit prodeutschen Stimmungen in Chongqing in Zusammenhang gebracht. Am 24.10.1940 hatte der Diplomat C.H. Woodroffe den Parlamentarischen Unterstaatssekretär für Auswärtige Angelegenheiten, Butler, über einen (nicht gezeichneten) Brief aus Hongkong vom 3.9.1940 informiert, in dem es hieß, daß Donald China für immer verlasse, weil er „in Widerspruch zum Generalissimus [Chiang Kaishek] und zu Madame geraten ist im Ergebnis der offensichtlichen prodeutschen Gefühle, die jetzt in Chongqing beachtliche Stärke erreichen." Woodroffe hatte dazu vermerkt: „Donald ist, wie Sie wissen, seit Ewigkeiten eine Art privater und persönlicher Sekretär des Generalissimus, und er hatte das besondere Vertrauen von Madame Chiang. Vielleicht geht er jetzt einfach nur, weil er genug von China hat, aber wenn seine Abreise auch nur das geringste mit den deutschen Vorstößen zu tun hat, dann gefällt mir das ganz und gar nicht" (PRO, FO 371/24702, F4918/3281/10).

59 Es folgen Abschnitte zu Reiseeindrücken sowie zur Entwicklung in China.

60 Nach der Niederschlagung der fremdenfeindlichen Erhebung der Yihetuan („Boxer") wurde die chinesische Regierung im sog. Boxerprotokoll von 1901 gezwungen, an die acht siegreichen Großmächte Kontributionen in Höhe von 450 Mio. Silbertaels zu zahlen. In der Folgezeit zeigten sich jene westlichen Mächte, auf die der Hauptteil der zu zahlenden Entschädigungen entfiel, zu Modifizierungen bereit. Während die USA die Gelder zur Finanzierung des Auslandsstudiums chinesischer Studenten verwandte, wurde ein britisch–chinesisches Board of Trustees of the British Boxer Indemnity gegründet, welches aus dem Fond Kredite für gemeinsame Wirtschaftsvorhaben (z.B. Eisenbahnbau Kanton–Hankou 1935/36) zur Verfügung stellte.

61 Es gibt weder in den deutschen noch in den chinesischen Akten einen Hinweis darauf, daß Trautmann tatsächlich nach China zurückgekehrt wäre. Aber das Gerücht von einer solchen Rückkehr sorgte für einige Aufregung. Woodroffe schrieb an Butler (s. Anm.58): „Die Tatsache, daß Dr. Trautmann nach China zurückkehrt, ist – wenn sich das wirklich als wahr erweist – meiner Meinung nach von großer Bedeutung." Und weiter: „Mich haben in jüngster Zeit auch andere Gerüchte und Hinweise erreicht, die auf wachsende prodeutsche Gefühle im Freien China hindeuten, und obwohl die Wiedereröffnung der Burmastraße [Ende September 1940] eine positive Wirkung gehabt hat, erfüllt mich doch der Gedanke, daß die deutsche Propaganda Raum gewinnt, mit Besorgnis."

gefährlich. Wenn Sie in der Fernostabteilung sind oder Zugang zu deren Dokumenten haben, dann werden Sie sicher die verschiedenen Berichte von Sir Archibald[62] gelesen haben, in denen er über seine Gespräche mit dem Generalissimus berichtet. Sir Archibald hat wiederholt versucht, den Generalissimus zu einer klaren Darstellung seiner Ideen zu bewegen, aber es ist nicht so leicht, einen Chinesen dazu zu bringen, sich festzulegen. Der Generalissimus ist hart getroffen worden von der britischen Ablehnung seines Angebots, 200.000 oder 300.000 gut trainierte Männer zur Verteidigung Hongkongs zur Verfügung zu stellen, und hart kam es ihn auch an, daß seine Angebote beim Ausbruch des Krieges zwischen Großbritannien und Deutschland nicht gewürdigt worden sind. Ähnliches gilt dafür, daß die britische Regierung ihm, nachdem die deutschen Berater abgezogen worden waren, keine britischen Offiziere als Berater für Heer und Luftwaffe zur Verfügung stellte. [...][63]

So weit es ihn betrifft, hat der Generalissimus sein Bestes getan, um Großbritannien seine Bereitschaft zur Zusammenarbeit zu demonstrieren, aber wir haben es buchstäblich nicht vermocht, auch nur ein einziges deutliches Zeichen dafür zu setzen, daß wir viel mit China zu tun haben wollen. Eine bedauerliche und – wie sich bereits zeigt und noch zeigen wird – auch kostspielige Angelegenheit. [...][64]

Gott schütze Sie. Alles Gute, wie immer

Don[ald][65]

PRO, FO 371/24702, F5084/3281/10.

---

62 Sir Archibald Clark Kerr, britischer Botschafter in Chongqing.

63 Es folgen Aussagen zum chinesisch–britischen Verhältnis.

64 Es folgen Betrachtungen zur britischen Fernost– und Pazifik–Politik sowie persönliche Erinnerungen an gemeinsame Tage mit Gage in China.

65 Der Vorgang um den Donald–Brief schließt im November 1940 mit Dokumenten, die eine nun zugunsten Großbritanniens sich verändernde Lage beschreiben. Am 5.11.1940 schrieb Gage an Sir George Moss: „Donald hatte Streit mit Chiang Kaishek, weil der sich zu eng an die totalitären Mächte anlehnt. Ziemlich glaubwürdigen Informationen zufolge hat der Generalissimus aber den prodeutschen Tendenzen hartnäckig und erfolgreich widerstanden. Die Wiedereröffnung der Burmastraße und unsere Erfolge beim Widerstand gegen den deutschen Überfall haben diese [prodeutschen] Tendenzen weiter geschwächt." Und Trautmann betreffend stellte Gage nun fest: „Mein Eindruck von ihm war, daß er wohlmeinend, aber niemals eine bedeutende Figur für die Chinesen war, die sich an ihn vor allem in Verbindung mit seinen erfolglosen Vermittlungsbemühungen [November 1937 – Januar 1938] (niemals werde ich seine pathetischen Fahrten den Fluß hinab [von Hankou nach Nanjing] vergessen!) und mit seiner Niederlage in der Auseinandersetzung mit der deutschen Regierung über den Abzug der deutschen Militärberater – eine Niederlage, die ihm General von Falkenhausen nie verziehen hat – erinnern müssen" (PRO, FO 371/24702, F4918/3281/10). Botschafter Sir Clark Kerr telegraphierte am 11.11. von Chongqing nach London: „Die Berichte über eine angebliche Rückkehr von Doktor Trautmann scheinen jeder Grundlage zu entbehren. Gewiß sind die Deutschen aktiv, und in der Zeit des Zusammenbruchs Frankreichs scheinen sie damit hier und da auch Erfolg gehabt zu haben, aber der Abschluß des Dreimächtepakts [27.9.1940] gerade auf dem Gipfel unseres Erfolges in Europa hat dem rasch ein Ende bereitet (PRO, FO 371/24702, F5084/3281/10).

39

Telegramm des Botschafters Chen Jie, Berlin, an Chiang Kaishek[66]

[Berlin,] 11. November 1940

Telegramm „Zhen“

Ich traf mit dem deutschen Außenminister[67] zu einer geheimen Besprechung zusammen.[68] Dabei sagte er etwa folgendes:

„1. Morgen wird Molotow zu einem Besuch in Deutschland eintreffen.[69] Nach Unterzeichnung des Nichtangriffsvertrages gestalten sich die freundschaftlichen Beziehungen sehr eng. Das Treffen soll dazu dienen, auf diesem Wege voranzukommen und die Beziehungen zu festigen.[70] Erstens wird Deutschland sein Bestreben, Europa zu vereinen, bald endgültig in die Tat umsetzen können. Und zweitens wird bewiesen, wie realitätsfern ein Bündnis der USA und Englands mit Rußland ist.

2. England trachtete danach, Deutschland zu vernichten. Die letzten Jahre haben aber genau das Gegenteil gebracht. Deutschland hat England eingekreist. Die Tschechoslowakei, Polen, Holland, Belgien und Norwegen befinden sich in deutscher Hand. Frankreich steht in einer Front mit Deutschland.[71] Den Krieg zwischen Italien und Griechenland wird Griechenland letztendlich verlieren. England wird zwar von den USA mit Flugzeugen unterstützt; aber Deutschland produziert im Reich und in den besetzten Gebieten Flugzeuge, deren Qualität die der englischen und amerikanischen Typen bei weitem übersteigt. Die deutsche U–Boot–Waffe ist in der Lage, die englische und amerikanische Flotte restlos zu vernichten. Da Amerika sowohl im Pazifik als auch im Atlantik mit Feinden konfrontiert ist, sind seine Flottenkräfte unzureichend. Sollte Amerika den Achsenmächten[72] den Krieg erklären, so müßte es gegen die gesamte Welt kämpfen. Das Ende der Kämpfe mit England ist frühestens im Winter diesen, spätestens aber im Frühjahr nächsten Jahres zu erwarten. Churchills

---

[66] Aus dem Chinesischen übersetzt von Peter Merker.

[67] Joachim von Ribbentrop.

[68] Über diese Besprechung gibt es auch eine Aufzeichnung des Generalkonsuls Stahmer aus der Adjutantur des Reichsaußenministers (ADAP, Serie D, Bd.XI, Dok.315, S.434f). Sie wird im folgenden mehrfach vergleichend herangezogen. Die Stahmersche Aufzeichnung beginnt: „Einer Aufforderung des Herrn Reichsaußenministers folgend, erschien heute nachmittag um 18.30 Uhr der chinesische Botschafter Chen Jie.“

[69] Am 12. und 13.11.1940 sprach Molotow in Berlin mit Hitler und Ribbentrop.

[70] Die Passage zu Molotow und den deutsch–sowjetischen Beziehungen fehlt bei Stahmer. Dort heißt es zusammenfassend: „Der Herr R[eichs]A[ußen]M[inister] legte zunächst dem Chinesischen Botschafter ausführlich seine Ansichten über die weltpolitische Lage dar und betonte, daß für ihn der endgültige Sieg Deutschlands eine Selbstverständlichkeit sei.“

[71] Gemeint ist die nach der Kapitulation Frankreichs gebildete französische Vichy–Regierung.

[72] Deutschland, Japan und Italien.

Kriegsstrategie ist zum Scheitern verurteilt, der letztendliche Sieg gehört Deutschland. Das Genie des Führers ist nicht zu schlagen; das steht fest.

3. Das Dreimächteabkommen zwischen Deutschland, Italien und Japan hat das Ziel, den Krieg zu verkürzen und einen baldmöglichen Frieden herbeizuführen. Deutschland will die Errichtung einer Neuen Ordnung in Europa vorantreiben. Rußland hat sich damit voll und ganz einverstanden erklärt. Es besteht absolute Sicherheit in bezug auf das Gelingen.

4. Was nun die außereuropäischen Gebiete und im besonderen die fernöstliche Frage anbelangt, so möchte ich Eurer Exzellenz gegenüber meine ganz private Meinung äußern und bitten, diese der chinesischen Regierung zu übermitteln. Vorab möchte ich aber ernsthaft beteuern:

Erstens, wir sind weder von chinesischer noch von japanischer Seite mit Sondierungen beauftragt worden.[73]

Zweitens, Deutschland tritt auch nicht aus eigenem Antrieb mit Friedensverhandlungen hervor.

Allein der Umstand, daß die kriegerischen Verwicklungen zwischen China und Japan bereits drei Jahre dauern, hat zum deutschen Standpunkt geführt. Schon vor vier Jahren hegte England Pläne zur Vernichtung Deutschlands. Deutschland hat sich mit anderen Großmächten zusammengeschlossen und den Abwehrkampf aufgenommen. Dieser Umstand bedingte auch das engere Zusammengehen mit Japan. Aber meine Regierung und ich sind nach wie vor an freundschaftlichen Beziehungen zu China, besonders auf wirtschaftlichem Gebiet, in-

---

73 Stahmer dazu: „Der Herr R[eichs]A[ußen]M[inister] betonte ausdrücklich und noch einmal am Schluß der Unterhaltung, daß keinerlei Bitte der japanischen Regierung an ihn gerichtet worden wäre, daß Deutschland auch nicht die Absicht habe, sich als Vermittler in diesen Konflikt irgendwie einzuschalten, sondern daß es nur ihn persönlich interessiere, die Ansichten des Marschalls Chiang Kaishek über diesen chinesisch-japanischen Konflikt zu erfahren." Dies entsprach nicht den Tatsachen. Am 7.11. war Ribbentrop durch Botschafter Ott aus Tokio mitgeteilt worden, daß die japanische Regierung am 5.11. ihren Botschafter in Berlin, Kurusu, angewiesen habe, „dem Herrn Reichsminister des Äußeren folgende Bitte der japanischen Regierung vorzutragen: Reichsregierung möge Chiang Kaishek darauf hinweisen lassen, sie habe Eindruck, daß Anerkennung Wang Jingwei durch Japan unmittelbar bevorstehe. Deutsche und italienische Anerkennung würden im Sinne Dreimächtepakts folgen, so daß Stellung Wang-Jingwei-Regierung starke Grundlage erhalten werde. Um dieser Entwicklung vorzubeugen, wäre es für Chiang Kaishek ratsam, sich mit Japan über Beendigung Konflikts zu verständigen." Zu den japanischen Verhandlungsbedingungen gab Ott die „private Meinung" des japanischen Vizeaußenministers wieder: Ein Friedensschluß mit Chiang Kaishek persönlich sei nicht völlig ausgeschlossen, die „künftige Stellung" Chiangs müsse zwischen Chiang und Wang Jingwei selbst ausgehandelt werden. Japan habe „keine territorialen Ansprüche", würde für das „Gesamtgebiet Chinas einschließlich Innerer Mongolei, Nordchinas und der Insel Hainan die Oberhoheit Chinas anerkennen, sich aber in einzelnen Gebieten besondere Rechte sichern." Zur Forderung Chiang Kaisheks nach Rückzug der japanischen Truppen gebe es den Standpunkt, daß eine Belassung der Truppen im Inneren Chinas offenbar nutzlose Verschwendung sei. Als Grund für die jetzt gebotene Eile übermittelte Ott die japanische Auffassung, daß die [Wieder-]Wahl Roosevelts zum Präsidenten der USA die „Gesamtlage erschwere" und „die schnelle Beendigung China-Konflikts im Interesse aller Partner Dreimächtepakts dringend mache." Deutschland werde von Japan „zunächst noch nicht um Vermittlung, sondern nur um einen Druck auf Chiang Kaishek gebeten", zumal Japan selbst „geheime Fühler" zu Chiang ausgestreckt habe (ADAP, Serie D, Bd.XI, Nr.299, S.415f).

teressiert. Keinesfalls nehmen wir gegenüber China eine feindselige Haltung ein; wir bewundern aufs tiefste den Heldenmut des Marschalls Chiang Kaishek und seine ungebrochene Sympathie für Deutschland.

Doch wie sich die Dinge entwickelt haben, mußten wir uns für den Stärkeren entscheiden und uns Japan annähern. Das hat in China möglicherweise zu Verstimmungen geführt, war für Deutschland aber nicht zu umgehen.

Wir haben unlängst erfahren, daß sich das neugebildete japanische Kabinett[74] verstärkt der Lösung des chinesisch–japanischen Problems zuwenden will und in Kürze die Nanjing–Regierung anzuerkennen gedenkt.[75] Wenn Japan das tut, werden Italien und Deutschland aufgrund ihrer Bündnisverpflichtungen dem folgen müssen. Wahrscheinlich werden sich weitere Staaten anschließen. Das wird für den Abwehrkampf Chinas zusätzliche Schwierigkeiten bringen und auch auf das deutsch–chinesische Verhältnis nicht ohne Auswirkungen bleiben.

Da zu befürchten ist, daß der Marschall weiter am unbedingten Abwehrkampf festhalten will und möglicherweise auf englische Unterstützung hofft, habe ich Eurer Exzellenz die internationale Lage vor Augen gehalten. Wenn Euer Exzellenz noch die Möglichkeit einer friedlichen Lösung sehen, dann bitte ich Sie, den Marschall und die chinesische Regierung zu Überlegungen aufzufordern, die geeignet sind, diese letzte Chance nicht zu verpassen. Ich habe bereits erklärt, daß wir nicht selbst vermitteln und auch keinerlei Vorschläge machen. Das entspricht auch der Meinung des Führers. Sollten beide Seiten den Wunsch nach Friedensverhandlungen hegen, müssen sie ihn kundtun. Wir selbst werden nicht die Initiative ergreifen."

Ich habe darauf wie folgt geantwortet:

„Ich danke dem Herrn Minister aufrichtig. Ich werde umgehend telegrafieren. Ich bitte verstehen zu wollen, daß ich, bevor ich noch keine Order erhalten habe, nicht Stellung nehmen kann. Wie ich aber weiß, führt unser Land einen Abwehrkampf für Existenz und Souveränität. Solange dieses Ziel noch nicht erreicht ist, kann schwerlich über Frieden gesprochen werden. Bereits als Botschafter Trautmann mit Friedensvermittlungen beauftragt wurde,[76] machte der Marschall den vollständigen Abzug der japanischen Truppen zur Vorbedingung. Das trifft auch auf heute zu. Wenn die japanischen Truppen sich nicht aus den besetzten inneren Regionen und Küstengebieten Chinas zurückziehen, kann nicht über einen Frieden verhandelt werden. Ich bitte das zu beachten."[77]

---

74 Die zweite japanische Regierung Konoe (Juli 1940–Oktober 1941).

75 Japan hatte die Wang–Jingwei–Regierung bereits bei deren Bildung am 30.3.1940 als chinesische Regierung anerkannt. Hier nun ging es um eine offizielle diplomatische Anerkennung mit Botschafteraustausch, die es anderen Ländern ebenfalls ermöglichen sollte, die Wang–Jingwei–Regierung anzuerkennen, diplomatische Beziehungen aufzunehmen und damit das besetzte als das „eigentliche" China zu behandeln.

76 Gemeint ist die deutsche „Vermittlungs"–Aktion von November 1937 bis Januar 1938. S. Kap.1.

77 Stahmer stellte die Äußerungen von Chen Jie wie folgt dar: Chen „erklärte, daß seiner Regierung nach seiner Ansicht bestimmt an einer Beendigung dieses nunmehr vierzigmonatigen Konflikts gelegen wäre und daß seiner Meinung nach es keinen Zweck habe, länger zu kämpfen. Allerdings wäre die Voraus-

Der Herr Außenminister sagte:

„Obwohl ich nicht über die einzelnen japanischen Forderungen unterrichtet bin, glaube ich, daß die Japaner schwer dazu zu bewegen sein werden.“

Dann wandte er sich an seinen Berater Stahmer, der seinerzeit in Japan den Dreimächtepakt ausgehandelt hatte. Stahmer bemerkte: „Das wird in der Tat nicht leicht sein. Aber wir werden ja sehen.“

Ich fragte: „Hat der Herr Minister heute mit dem japanischen Botschafter über den gleichen Sachverhalt gesprochen?“

Ribbentrop gab zur Antwort: „Ich bin fest davon überzeugt, daß die Gegenseite nicht abgeneigt ist, andernfalls hätte ich mich nicht mit Eurer Exzellenz getroffen.“

Die Unterredung verlief in einer freundlichen Atmosphäre.

Abschließend sagte Botschafter[78] Stahmer, daß er sich zum gegebenen Zeitpunkt mit mir in Verbindung setzen werde.

[Chen Jie][79]

2. HACh, 762, Büro des Vorsitzenden der Militärkommission, Nr.1662.

40

Telegramm des Militärattachés Gui Yongqing, Berlin, an Chiang Kaishek[80]

[Berlin,] 25. Januar 1941

Telegramm „Yang“

An den Marschall über Sekretär Yu Dawei.

Die deutschen Verantwortlichen haben mir gegenüber erklärt, daß ein Schlag gegen England unbedingt erforderlich ist und Japan selbst genau weiß, daß es den Krieg gegen China im Waffengang nicht beenden kann. Es möchte sich auch China nicht zum ewigen Feind machen. Deutschland hofft sehr auf einen Frieden in Ostasien und legt dem Marschall nahe, mit Japan in Friedensverhandlungen zu treten. Japan stellt keine übermäßigen Forderungen, so

---

setzung des Marschalls die bedingungslose Räumung des chinesischen Bodens von japanischen Truppen. Auf den Einwand des Herrn R[eichs]A[ußen]M[inisters], daß seiner Ansicht nach, obwohl ihm Details der Lage in China nicht bekannt wären, dies wohl kaum die Basis für eine Lösung wäre, ließ der Botschafter die Frage offen.“

78 Stahmer hatte zu diesem Zeitpunkt den Rang eines Generalkonsuls.

79 Das Telegramm trägt keine Unterschrift. Der Absender geht aus der Registrierung des Telegramms nach der Dechiffrierung hervor.

80 Aus dem Chinesischen übersetzt von Peter Merker.

daß sich eine günstige Gelegenheit bietet. Wenn man die Entscheidung hinauszögert, bis England besetzt ist, wird es zu spät sein. Deutschland möchte China helfen. Ich denke, wenn unser Land kein Bündnis mit England und Amerika einzugehen wünscht, kann es nicht schaden, wenn der Marschall eine einflußreiche Persönlichkeit entsendet.[81] Diese könnte als Privatperson Geheimverhandlungen aufnehmen und so Japans neueste Absichten ergründen.
[Gui Yongqing][82]

2. HACh, 762, Büro des Vorsitzenden der Militärkommission, Nr.1662.

41

Telegramm des Botschafters Chen Jie, Berlin, an Chiang Kaishek[83]

Berlin, 31. Januar 1941

Die deutschen Angriffspläne gegen Rußland habe ich bereits gestern dem Außenministerium[84] zur Kenntnis gebracht. Aus geheimer Quelle[85] habe ich erfahren, daß Deutschland den Beginn der Militäroperation für April oder Mai[86] plant. Gegenwärtig stehen ca. vier Millionen Mann Eliteeinheiten zur Verfügung. Das Ziel geht über den Ural hinaus, man plant die Inbesitznahme der Sibirischen Eisenbahn durch den Einsatz von Fallschirmspringerverbänden östlich von Moskau. Diese sollen sich mit den japanischen Truppen verbünden und den eurasischen Doppelkontinent unter ihre Herrschaft bringen,[87] um so England und den USA dauerhaften Widerstand zu leisten.

---

81 Über die Realisierung dieses Vorschlages gibt es keine Unterlagen.

82 Das Telegramm trägt keine Unterschrift. Der Absender geht aus der Registrierung des Telegramms nach der Dechiffrierung hervor.

83 Aus dem Chinesischen übersetzt von Peter Merker.

84 Gemeint ist das Chongqinger Außenministerium.

85 Die chinesische Botschaft unterhielt in Berlin die auch anderen diplomatischen Vertretungen zugänglichen Verbindungen über die Militärattachés. Zudem nutzte sie „undichte" Stellen in den deutschen Wehrmachtstäben, die mit den Arbeiten am „Barbarossaplan" (Deckname für den Angriffsplan gegen die UdSSR) befaßt waren und Informationen über die Weisung Nr.21 vom 18.12.1940 durchsickern ließen. Vgl. Telegramm–Verkehr Berlin–Chongqing 1940/41 (2. HACh, Nr.762–1662).

86 Gemeint ist das Jahr 1941.

87 Der chinesischen Seite waren die Anfang 1941 wiederum gespannten deutsch–japanischen Beziehungen zwar bekannt. Ihr erschien es aber doch möglich, von einer deutsch–japanischen Angriffskoordination gegen die Sowjetunion auszugehen, zumal zu diesem Zeitpunkt sich der Abschluß des japanisch–sowjetischen Neutralitätsvertrages noch nicht abzeichnete. Dementsprechend gab Chen Jie die ihm zugänglichen Nachrichten auch im Hinblick auf Chongqings künftige Stellung in den internationalen Auseinandersetzungen ungekürzt weiter.

Militärexperten gehen davon aus, daß dafür nicht mehr als drei bis vier Monate benötigt werden. Das steht in engem Zusammenhang mit der zukünftigen Entwicklung unseres Abwehrkampfes. Ich werde die weitere Entwicklung aufmerksam verfolgen.

2. HACh, 762, Büro des Vorsitzenden der Militärkommission, Nr.1662.

42

Aufzeichnung über eine Unterredung zwischen dem Leiter der Europaabteilung des chinesischen Außenministeriums, Liu Shishun, und dem Bevollmächtigten der Deutschen Botschaft in Chongqing, Leopold von Plessen[88]

Chongqing, 28. Mai 1941

Liu: Uns zugegangene Berichte besagen, daß Japan gegenwärtig mit Deutschland und Italien über die Anerkennung der Nanjinger Marionettenregierung verhandelt. Wir möchten hiermit bei der Deutschen Botschaft anfragen, ob sie dazu über Nachrichten verfügt.
Plessen: Darüber ist mir absolut nichts bekannt. Auch weiß ich nicht, aus welcher Quelle diese Informationen stammen.
Liu: Die chinesische Gesandtschaft in Rumänien berichtet, daß die in Bukarest erscheinende „Europa Presse" eine solche Meldung abgedruckt hat. Gleichzeitig äußerte sich das japanische Generalkonsulat in Shanghai in ähnlicher Richtung. Es heißt weiterhin, daß die deutsche Wirtschaftskommission[89] neben Fragen der deutsch–japanischen Zusammenarbeit auch die Anerkennung von Wang Jingweis Marionettenregierung diskutiert.
Plessen: Soweit mir bekannt ist, zieht die deutsche Regierung nicht die Anerkennung der Nanjing–Regierung in Erwägung. In den aus Berlin eingegangenen Telegrammen der letzten Monate wurde dieses Problem jedenfalls nicht angeschnitten. Auch erinnere ich in diesem Zusammenhang an ein Gespräch mit Zhu Jiahua im Frühjahr diesen Jahres. Ich teilte ihm mit, daß ich von meiner Regierung instruiert wurde, mich auf ein längeres Bleiben in Chongqing einzustellen und zu diesem Zweck ein neues Bürogebäude am Südufer einzurichten.[90] Die Kosten dafür sind nicht unerheblich. Die deutsche Regierung möchte damit zum Ausdruck

---

88 Aus dem Chinesischen übersetzt von Peter Merker. – Die Unterredung fand am 28.5.1941 um 9.30 Uhr im chinesischen Außenministerium statt.

89 Deutsche Wirtschaftskommission für Ostasien unter der Leitung von Staatsrat Wohlthat. Vgl. dazu Kap.5.

90 Zur Verlegung der Deutschen Botschaft von einem Außenbezirk Chongqings ins Innere der Stadt, vgl. Schenke 1971:171.

bringen, daß die deutsch–chinesische Freundschaft weiter gepflegt werden soll. Ich versichere, hinsichtlich der mir gemachten Mitteilung telegraphisch in Berlin nachzufragen.
Liu: Ich bin beauftragt worden, Eure Exzellenz noch einmal ausdrücklich auf die Erklärung von Außenminister Wang [Chonghui] vom 30.11. des Vorjahres[91] hinzuweisen, und dies auch der Deutschen Regierung zu übermitteln.
Plessen: Das werde ich selbstverständlich tun.

Zhonghua minguo waijiao wenti yanjiuhui (Forschungsgesellschaft für Probleme der Außenbeziehungen Chinas in der Republikzeit) (Hrsg.): Zhong–Ri waijiao shiliao congbian (Materialsammlung zu den chinesisch–japanischen diplomatischen Beziehungen), Bd. 5: Riben zhizao weizuzhi yu guolian de zhizai qinlüe (Die Errichtung der japanischen Marionettenregierungen und die Sanktionen des Völkerbundes gegen die japanische Aggression), Taibei 1966:559f.

43

Aufzeichnung des polnischen Botschafters in Washington über eine Information des Beraters der chinesischen Regierung, Ludwik Rajchman[92]

Washington, 5. Juni 1941

Dr. Ludwik Rajchman, ehemaliger Chef des Hygienebüros des Völkerbundes und offizieller politischer Berater bei der chinesischen Regierung, hat mir die folgende strikt vertrauliche Information zugeleitet:

Am 23. Mai hat Dr. Schacht China eine Annäherung zwischen China und Deutschland vorgeschlagen – als Vorbereitung zu endgültigen Entscheidungen, die demnächst in Deutschland getroffen werden.

Er gab den Chinesen folgende Erklärung: Trotz seiner großen Siege erkennt Deutschland sehr genau die Schwierigkeiten, in die sein Mittelmeerfeldzug geraten ist – weshalb es sich jetzt zur Entsendung von Truppen nach Libyen veranlaßt sieht, wo es einen britischen Gegenangriff erwartet. Deutschland unterschätzt weder die Stärke der Truppen, die die Briten von Abessinien abziehen könnten, noch die Bedeutung der Loyalität der Türkei gegenüber Großbritannien. Es ist sich sehr wohl des schmerzhaften Verlustes seiner qualifizierten U–Boot–Spezialisten in der Atlantikschlacht bewußt. Und sollte schließlich ein Versuch unter-

---

91 Wang Chonghui hatte nach der diplomatischen Anerkennung der Wang–Jingwei–Regierung durch Japan am 30.11.1941 auf die Unrechtmäßigkeit des Marionettenregimes hingewiesen. Für den Fall, daß Staaten analoge Schritte vollzogen, wurde mit dem Abbruch der Beziehungen zu den Betreffenden gedroht.

92 Aus dem Englischen übersetzt von Wolfram Adolphi. – Die Aufzeichnung liegt als Abschrift vor, die am 27.6.1941 das britische Außenministerium erreichte.

nommen werden, französische Kolonien zu okkupieren, so muß man in Betracht ziehen, daß die Haltung der französischen Truppen unsicher ist.

Bevor der Entschluß gefaßt wird, in Großbritannien einzudringen und die Atlantikschlacht einem Ende zuzuführen, muß Deutschland Französisch-Nord- und -Nordwestafrika unter seine Kontrolle bringen und Spanien und Portugal okkupieren. Bevor es dazu kommen kann, bedarf es allerdings einer Generaloffensive im Nahen Osten und, nach deren erfolgreichem Abschluß, eines Angriffs auf Rußland. Deutschland erwartet, das kommunistische Regime in Rußland zu überwinden und im September die Wolga zu erreichen. 1942 würde es bis Wladiwostok vorstoßen.

Schacht gibt zu verstehen, daß Deutschland bereit wäre, Japan fallen zu lassen, um Chinas Freundschaft zu gewinnen. Er hofft, daß über eine Beeinflussung Chinas Deutschland die USA davon abhalten könnte, in den Krieg einzutreten.

Dr. Rajchman zufolge gibt es zwei mögliche Erklärungen für Schachts Intitiative. Entweder handelt es sich um Hitlers letzten Versuch, über China einen direkten Kompromiß mit Amerika und Großbritannien zu finden, oder Schacht könnte durch die Reichswehr gedrängt worden sein, eine Zusammenarbeit mit opportunistischen Elementen in Großbritannien und Amerika zu suchen. Eine solche Zusammenarbeit könnte sich darauf gründen, daß Deutschland dessen europäische Eroberungen garantiert werden und Deutschland als Gegenleistung dazu bereit ist, die Weltherrschaft – nachdem der Bolschewismus zerstört sein wird – mit den Angelsachsen zu teilen. Dr. Rajchman glaubt, daß die zweite mögliche Erklärung die deutlich wahrscheinlichere ist – zumal Schacht den Flug von Heß als Beweis für die Meinungsverschiedenheiten in der Naziführung interpretiert und weiter zum Ausdruck bringt, daß das deutsche Volk kriegsmüde ist und durch ständige Siege angefeuert werden muß.

Wiederum Dr. Rajchman zufolge wird China Schachts Initiative zurückweisen und Präsident Roosevelt vertraulich von den deutschen Vorschlägen informieren.

Soweit Dr. Rajchman. Ich habe keinen Zweifel, daß diese Information korrekt ist und daß den Chinesen durch Schacht „Zusammenarbeit" angeboten worden ist. Nicht sicher bin ich mir jedoch, bis zu welchem Grade die Interpretation durch Dr. Rajchman richtig ist, und ich habe meine Zweifel, ob Schacht als autorisierter Sprecher der deutschen Regierung betrachtet werden kann.[93]

PRO, FO 371/21635, F5639/138/10.

44

Telegramm des Botschafters Chen Jie, Berlin, an Chiang Kaishek

Berlin, 28. Juni 1941

---

[93] Ohne Unterschrift.

Im Telegramm „Gan"[94] habe ich bereits angekündigt, daß ich mich mit den Verantwortlichen in Verbindung setzen werde. Heute nachmittag traf ich mich mit Staatssekretär Weizsäcker zu einer Unterredung. Er nahm nicht eindeutig Stellung und verwies darauf, daß er die japanische Erklärung noch nicht kennen würde. Die Anerkennung Wang Jingweis würde noch im Raume schweben, er wisse nichts genaues. Die Haltung der deutschen Regierung sei noch nicht absehbar. Ich verwies auf die Erklärung von Minister Wang vom 30. November des Vorjahres,[95] daß diese weiterhin grundlegend für das deutsch–chinesische Verhältnis sei, was Weizsäcker zur Kenntnis nahm. Als Weizsäcker meinte, daß China im letzten Weltkrieg schließlich Deutschland den Krieg erklärt hatte,[96] entgegnete ich, daß das Wesen der Dinge heute anders läge und die Guomindang–Regierung damals im Süden gegen diese Entscheidung Stellung bezogen hätte. Unsere Regierung sähe lediglich Japan als Feind und die anderen Staaten als Freunde an. China hätte gegenüber Deutschland jahrelang Toleranz bewiesen und hoffe nun sehr, daß man dieses Marionettenregime nicht anerkennen werde. Andernfalls sähe man sich zum Abbruch der Beziehungen gezwungen. Weizsäcker meinte, diesen Sachverhalt an den Minister,[97] der sich gegenwärtig im Obersten Hauptquartier aufhalten würde, zu telegrafieren. Abschließend brachte er seine persönliche Haltung zum Ausdruck, daß Rußland garantiert den Krieg verlieren und England bald zu Friedensverhandlungen bereit sein würde.

Ich bezog dazu nicht Stellung und ging. Die ganze Angelegenheit ist beim Vize–Außenminister, dem Leiter der Politischen Abteilung und anderen Verantwortlichen auf heftigen Widerstand gestoßen. Der Außenminister hat aber inzwischen angeordnet, die deutsche Behörde in Chongqing nicht zu verlegen und das Shanghaier Generalkonsulat gleichzeitig mit der Vertretung bei der Wang–Jingwei–Regierung zu beauftragen. Das Wang–Jingwei–Regime wird also zu einem zweiten Manzhouguo werden. Ich habe bereits gestern auf wichtige Persönlichkeiten eingewirkt, die Angelegenheit aufzuschieben. Aber im Hinblick auf die gegenwärtige Stellung und den Charakter des Außenministers wird das wohl nahezu ohne Wirkung bleiben.[98]

2. HACh, 762, Büro des Vorsitzenden der Militärkommission, Nr.1662.

---

94 Verschlüsseltes Telegramm vom 27.6.1946 an Chiang Kaishek (2. HACh, Nr.762–1662).

95 Erklärung des chinesischen Außenministers Wang Chonghui, der vom 4.3.1935 bis 10.4.1941 amtierte und danach von Guo Taiqi abgelöst worden war, die er am 30.11.1940 gegenüber dem deutschen Geschäftsträger bei der Guomindang–Regierung abgegeben hatte. Sie war in Reaktion auf die Unterredung erfolgt, die der chinesische Botschafter in Berlin, Chen Jie, am 11.11.1940 mit Ribbentrop geführt hatte. Danach war Chongqing–China nach wie vor entschlossen, an den guten Beziehungen zu Deutschland festzuhalten. Sobald aber Deutschland den Entschluß fassen sollte, Wang Jingwei anzuerkennen, würde Chongqing die Beziehungen zu Berlin abbrechen. Vgl. 2. HACh, Nr.762–1662.

96 Die Republik China hatte dem Deutschen Kaiserreich am 14.8.1917 den Krieg erklärt.

97 Reichsaußenminister Ribbentrop.

98 Botschafter Chen Jie verließ am 10.7.1941 seinen Botschafterposten in Berlin.

45

Erklärung des chinesischen Außenministers Guo Taiqi[99]

Chongqing, 2. Juli 1941

Die Anerkennung des Marionettenregimes in Nanjing durch die Regierungen Deutschlands und Italiens ist ein weiterer Ausdruck ihrer aggressiven Politik im Fernen Osten und läßt keinen Zweifel mehr daran, daß diese Länder ihr Schicksal rückhaltlos mit dem des Feindes Chinas verbunden haben. Obwohl sie genau wissen, daß das Nanjinger Marionettenregime nichts anderes ist als eine Kreatur der japanischen Militaristen, haben die Naziregierung Deutschlands und die faschistische Regierung Italiens, indem sie diese Kreatur gemeinsam anerkannten, eine gewaltige Ungerechtigkeit China gegenüber begangen und damit allen Anspruch auf die Freundschaft der chinesischen Regierung und des chinesischen Volkes verspielt.

Der Schritt, den die beiden Achsenmächte damit vollzogen haben, macht ohne allen Zweifel klar, daß die Kräfte der Aggression sich noch fester in einem Block zusammengeschlossen haben, der auf die Zerstörung der Freiheit und der menschlichen Zivilisation gerichtet ist. Dankbar kann man jedoch zugleich feststellen, daß diesen Kräften des Teufels heroisch und entschlossen eine Gruppe von Mächten gegenübersteht, deren Zahl ständig zunimmt und deren Kraft ständig wächst, und die sich angesichts der Bedrohung, der sie gemeinsam ausgesetzt sind, in ihrer Friedens- und Freiheitsliebe immer fester zusammenschließen. China ist stolz auf seinen Beitrag und seine Rolle in diesem Kreuzzug gegen die Aggression. Trotz beispielloser Schwierigkeiten hat China in all seinen internationalen Beziehungen nie seinen guten Glauben verloren. China ist entschlossen, seinen Kampf in enger Zusammenarbeit mit seinen Freunden so lange fortzusetzen, bis unser gemeinsames Ziel erreicht sein wird.

In Fortsetzung der offiziellen Erklärungen, die bei vorhergegangenen Gelegenheiten wiederholt abgegeben worden sind, erklärt China nun, daß seine diplomatischen Beziehungen mit Deutschland und Italien hiermit abgebrochen sind.[100]

---

99 Aus dem Englischen übersetzt von Wolfram Adolphi. – Guo Taiqi war einen Tag zuvor, am 1.7.1941, in Nachfolge von Wang Chonghui Außenminister der Nationalregierung geworden. Der hier gedruckte Text ist im „China Handbook 1937–1943" unter der Überschrift „Abbruch der diplomatischen Beziehungen mit Deutschland und Italien" mit folgender Einführung abgedruckt: „Am 2. Juli 1941 hat Außenminister Dr. Guo Taiqi den Abbruch der diplomatischen Beziehungen mit Deutschland und Italien durch China bekanntgegeben. Seine offizielle Erklärung lautet wie folgt:"

100 Im erklärenden Text im „China Handbook" heißt es, daß die Erklärung in Chongqing an die deutsche und italienische Botschaft übergeben wurde. Deutscherseits sei sie von Heinrich Northe entgegengenommen worden. Die Angehörigen der deutschen Botschaft hätten Chongqing am 25.7.1941 via Guangxi Richtung Indochina verlassen. Botschafter Chen Jie sei am 10. Juli 1941 aus Berlin abgereist (China Handbook 1943:174). Staatssekretär von Weizsäcker notierte hierzu: Botschafter Chen Jie habe ihm am 3. Juli keine Note übergeben, sondern ihm lediglich mündlich mitgeteilt, daß der Beschluß zum Abbruch der Beziehungen gefaßt sei. Weizsäcker habe der Bitte Chens zugestimmt, die Abreise nicht vor dem 10.7. zu verlangen, „da unsere Vertretung in Chongqing zum Verlassen des Landes in Rich-

China Handbook 1937–1943. A Comprehensive Survey of Major Developments in China in Six Years of War, Compiled by The Chinese Ministry of Information, New York 1943, S.174f.

46

Lagebericht des Mitarbeiters der deutschen Agentur Transozean, Wilhelm Trendel[101]

Shanghai, 14. August 1941

Reisebericht über die Lage in Chongqing nach dem Ausbruch des deutsch–russischen Krieges

Wenn auch die gesamte chinesische Tagespresse den Ausbruch der Feindseligkeiten zwischen Deutschland und Rußland unter dem Druck der amtlichen Behörden als einen erneuten Beweis für die aggressiven Absichten des Reiches charakterisierte, gaben doch führende Persönlichkeiten wie u.a. General Yu Dawei, Hollington Tong, T.T. Hsiao, Zhu Jiahua und der Kriegsminister [He Yingqin] sowie eine ganze Reihe weniger bekannter Regierungsbeamte ganz unverhohlen ihrer Freude über diese Entwicklung Ausdruck. Diese Einstellung beruht auf der Tatsache, daß in den rechts eingestellten Gruppen der Nationalregierung die Sowjetunion, seitdem sie ihren Einfluß in der Äußeren Mongolei[102] und in Xinjiang gestützt auf militärische Macht geltend gemacht hat, als eine ständige Gefährdung nationaler Interessen angesehen wurde. Noch mehr aber dürfte die Genugtuung, die man in diesen Kreisen über den Ausbruch des Konfliktes empfand, mit der Kontroverse Chongqing–Yan'an in Verbindung gebracht werden, denn nun würden ja die angeblichen Lieferungen von Kriegsmaterial, die Yan'an über den Etsingol laufend erhalten haben soll, zwangsläufig ausfallen. Aufgrund der letzten Informationen, die kurz vor der Abreise am 16. Juli[103] einliefen, war der Organisationsminister Dr. Zhu Jiahua damit beauftragt, in Gansu die nötigen Vorbereitungen für eine neue Aktion gegen die Kommunisten vorzubereiten. Nach unbestätigten Mel-

---

tung Indochina mindestens vier bis fünf Auto–Tagesreisen benötigt". Chen Jie habe dann noch „ein Wort für die in Deutschland zurückbleibenden ca. 150 chinesischen Studenten und 8–900 sonstigen chinesischen Staatsangehörigen [eingelegt]. Er glaubte, da der Abbruch der Beziehungen zu Chiang Kaishek nicht gleichbedeutend sei mit dem Kriegszustand, eine solche Empfehlung aussprechen zu dürfen." Weizsäcker habe erwidert, das deutsche „Verhalten gegen die chinesischen Staatsangehörigen werde sich u.a. nach der Behandlung der Deutschen in dem von Chiang Kaishek kontrollierten Gebiet sowie nach dem Verhalten der betreffenden Chinesen auf dem Reichsboden richten" (ADAP, Serie D, Bd.XIII, Dok.68).

101 Auf dem ersten Blatt ist gestempelt: Transocean News Service. Handschriftlich ist notiert: Für Botschaft Nanjing. Außerdem enthält das erste Blatt Sichtvermerke.

102 Gemeint ist die Mongolische Volksrepublik.

103 Abreise Trendels aus Chongqing.

dungen soll es inzwischen zu Kampfhandlungen gekommen sein, über deren Ausmaß mir jedoch alle Einzelheiten vorläufig fehlen.

Die günstige Aufnahme der Nachrichten über die Entwicklungen an der Ostfront in amtlichen Kreisen berechtigte zu der Hoffnung, daß der Weiterbearbeitung unserer Interessen fortan weniger Schwierigkeiten als bisher in den Weg gelegt würden, und daß man dem deutschen Standpunkt mehr Verständnis entgegenbringen wollte.

Auch die kurz vor Ausbruch des deutsch–russischen Konfliktes von dem gerade eingetroffenen Leiter der fernöstlichen Abteilung des Auswärtigen Amtes, Dr. Bidder, geäußerte Ansicht, daß eine Anerkennung des Wang–Jingwei–Regimes seitens des deutschen Reiches gänzlich außer Frage stehe, hatte natürlich dazu beigetragen, die bereits geäußerten optimistischen Erwartungen weiter heraufzuschrauben. Wie gut orientierte chinesische Kreise verlauten ließen, ist Dr. Bidder im Sinne einer Vertiefung des deutsch–chinesischen Verhältnisses tätig gewesen, und es ist daher erklärlich, daß die wie ein Blitz aus heiterem Himmel einschlagende Anerkennung Nanjings durch die Achsenmächte eine Konsternation ersten Ranges in der chinesischen Führung hervorrief.

Deutscherseits wurde die Ankunft des neuen chinesischen Außenministers Dr. Guo Taiqi, über dessen Einstellung keine Zweifel herrschten, mit einer gewissen Besorgnis erwartet. Es stellte sich sofort nach seiner Ankunft heraus, daß diese Befürchtungen keinesfalls ungerechtfertigt waren, denn die in einem geradezu chinesisch anmutenden Tempo in Richtung einer engeren Zusammenarbeit mit dem anglo–amerikanischen Block entfaltete Aktivität des Außenministers ließ keinen Zweifel darüber aufkommen, daß von ihm nicht viel Gutes zu erwarten war. Bereits bei seiner Ankunft in Kunming stellte Dr. Guo Taiqi in einem der chinesischen Presse gewährten Interview fest, daß der Ausbruch des deutsch–russischen Krieges eine Klarstellung der internationalen Lage herbeigeführt habe, und daß dadurch die Unterscheidung der beiden Mächtegruppen der Welt endgültig festgelegt sei. Bei seiner Ankunft in Chongqing beantwortete Dr. Guo die Frage eines amerikanischen Journalisten, wie sich Chinas Stellung im Rahmen der letzthin so stark geförderten A–B–C–Politik[104] ausnehme, daß es aufgrund seiner Besprechungen mit dem englischen Ministerpräsidenten [Churchill] und dem amerikanischen Präsidenten [Roosevelt] bereits eine beschlossene Angelegenheit sei, daß sich China mit allen zur Verfügung stehenden Mitteln gegen die „Angreifer–Nationen" der Welt stellen wird. In diesem Augenblick unterbrach Peng Xuepei den Außenminister auf Chinesisch, worauf er erklärte, daß er sich zunächst in Chongqing über die letzten Ereignisse orientieren müßte, bevor er weiter zu auswärtigen Fragen Stellung nehmen könnte. Die Annahme, daß diese Zurückhaltung angesichts der deutschen Erfolge an der Ostfront ausgeübt wurde, stellte sich als ein Irrtum heraus, denn bereits am 1. Juli, kurz nach Beendigung des Zeremoniells der Übernahme seines neuen Amtes, äußerte Guo vor der ausländischen und chinesischen Presse im Jialing House, daß es immer sein Ziel gewesen ist, eine enge Zusammenarbeit zwischen England, Amerika, der Sowjetunion und China herzu-

104 Amerikanisch–Britisch–Chinesische Politik.

stellen, und daß er zu seiner großen Befriedigung jetzt feststellen könnte, daß dieses Ziel erreicht worden sei.

Auf die am 2. Juli[105] erfolgte Anerkennung der Nanjing–Regierung seitens der Achsenmächte antwortete der Außenminister am gleichen Tage mit dem Abbruch der diplomatischen Beziehungen mit Deutschland und Italien. Gerüchteweise wurde behauptet, daß Guo Taiqi und Wang Shijie in einer geheimen Sitzung des Exekutiv–Yuan für die aktive Teilnahme Chinas im Krieg gegen Deutschland plädiert haben soll[en]. Von vielen Chinesen wurde der Abbruch der Beziehungen als ein übereilter Schritt bezeichnet und teils mit echtem Bedauern wahrgenommen.

Kurz vor der Bekanntmachung des Entschlusses des Außenministers konnte noch gelegentlich einer Rücksprache mit Prof. Ji [Zejin] vom Publicity Board, der als Sprachrohr der pro–amerikanischen Elemente des Publicity Boards bekannt ist, festgestellt werden, daß man nicht einmal in diesen Kreisen mit einer derartig scharfen Reaktion auf den deutschen Schritt rechnete. Ji führte aus, daß ja bereits mit der Anerkennung Manzhouguos ein Präzedenzfall geschaffen wurde, der auch zu keinen Komplikationen größeren Stils geführt hatte, und daß nach seiner Ansicht, die mit der Hollington Tongs identisch ist, lediglich mit einer Verschärfung der deutsch–chinesischen Gegensätze zu rechnen sei, die aber ohnehin kaum noch eine wesentliche Verschlechterung erfahren konnten.

Nachdem das letzte Wort des Außenministers gesprochen war, was zweifellos in Übereinstimmung mit dem Generalissimus,[106] den ich bereits in meinem Bericht „San Guo"[107] als Hauptexponenten der A–B–C–Politik bezeichnete, erfolgte, wurde zunächst inoffiziell vom Waijiaobu [Außenministerium] anheimgestellt, die Ausgabe des Transozean–Dienstes sowie die Sendung von Radioberichten und Presse–Telegrammen nach Berlin einzustellen. Zwei Tage später folgte eine schriftliche Aufforderung des Waijiaobus, mit der darum gebeten wurde, die Akkreditierungspapiere, die mich zur Ausübung meiner Tätigkeit als Ihr Vertreter[108] berechtigten, zurückzugeben. In Übereinstimmung mit unserer diplomatischen Vertretung hielt ich es für angebracht, die Liquidierung unseres Büros ohne weiteren Zeitverlust durchzuführen und die Rückreise nach Shanghai möglichst zu beschleunigen. [...][109]

BArch, R901, DBC, Nr.1600, Bl.92–108.

---

105 Nach Angaben in Berlin am 1. Juli, wobei der Zeitunterschied von acht Stunden zu berücksichtigen ist.

106 Chiang Kaishek.

107 „Drei Länder".

108 Die Worte „Ihr Vertreter" beziehen sich offensichtlich auf den Leiter der Transozean–Presseagentur, Melchers, für den der Bericht verfertigt wurde – was allerdings aus der Überschrift des Berichtes nicht hervorgeht.

109 Es folgen Ausführungen zur Abreise von Chongqing nach Hanoi.

Kapitel 3

Deutschlands Bindung an das japanisch besetzte China 1938–1941

In den japanisch besetzten Gebieten Chinas bildete sich unter den regional abgegrenzten Kommandostrukturen der japanischen Truppen kein zusammenhängender, in sich geschlossener Herrschaftsraum heraus. Die von 1937 bis 1940 agierenden chinesischen Marionettenregierungen bewegten sich voneinander abgegrenzt in den ihnen von den Militärs zugewiesenen Administrationsgebieten Nord– und Mittelchinas. Sie wurden mit der Etablierung einer sog. Zentralregierung in Nanjing mit Wang Jingwei an der Spitze am 30. März 1940 zusammengefaßt. Manzhouguo blieb allerdings bis Kriegsende als besonderes Staatsgebilde unter Kaiser Pu Yi vom japanischen Okkupationsregime in China getrennt.

Deutschland baute zu den regionalen Satellitenverwaltungen in China zunächst keine offiziellen Verbindungen auf. Die für Nord–, Mittel– und Südchina zuständigen diplomatischen und konsularischen Vertretungen blieben bis 1941 amtlich bei der nach Chongqing zurückgewichenen chinesischen Regierung akkreditiert. Faktisch allerdings operierten sie über die Frontlinien hinweg und kontaktierten im besetzten Landesteil jeweils die verschiedenen japanischen Militärinstanzen.

Nach Einrichtung der Marionettenregierung in Nanjing hielt Deutschland noch kurzfristig die Akkreditierung bei der Regierung in Chongqing aufrecht, um die Frage der diplomatischen Anerkennung möglichst lange als politisches Druckmittel einsetzen zu können. Nach dem Abschluß des Dreimächtepakts vom 27. September 1940, als sich Deutschland bündnispolitisch in die ostasiatische Einflußsphäre Japans einordnete, wurde jedoch zügig der Frontenwechsel in China zum Nanjinger Regime vorbereitet, und dann nach dem Überfall auf die UdSSR diplomatisch am 2. Juli 1941 vollzogen.

In den Beziehungen Deutschlands zu den japanisch besetzten Gebieten ging es um folgende Themenkomplexe: die unterschiedliche Haltung einzelner Deutscher und der nationalsozialistischen Regierung zu den japanischen Kriegsverbrechen, insbesondere zum Nanjing–Massaker; die deutsche Anerkennung des japanischen Satellitenstaates Manzhouguo; die Kontakte Deutschlands zu den regionalen Marionettenregierungen und die Vorbereitung der Anerkennung der von Japan installierten sog. Zentralregierung in Nanjing.

Japanische Kriegsverbrechen von 1937/38: Das „Nanjing–Massaker" und der mutige Einsatz von John Rabe

Während die deutsche Diplomatie hinter den Kulissen agierte und versuchte, die chinesische Seite zu Verhandlungen mit Japan zu bewegen,[1] eroberten die japanischen Truppen die von der chinesischen Regierung verlassene Hauptstadt Nanjing. Sie richteten dort ein beispielloses Butbad an. In einem Zeitraum von mehr als acht Wochen wurden etwa 300.000 Zivilisten und Kriegsgefangene umgebracht.[2]

Bei den in den betroffenen Kriegsgebieten lebenden Deutschen rief das japanische Vorgehen Abscheu und Ablehnung hervor. Als Nanjing von der japanischen Soldateska belagert und schließlich eingenommen wurde, versuchten einige Ausländer, den bedrängten Einwohnern zu Hilfe zu kommen. An deren Spitze stand John Rabe, Leiter der Niederlassung von Siemens China Co. und Mitglied der NSDAP in Nanjing.[3] Unter Lebensgefahr baute er mit den deutschen Firmenangestellten Christian Kröger und Eduard Sperling sowie einigen anderen Ausländern und chinesischen Helfern eine Sicherheitszone für die Bevölkerung auf (Dok. 47, 48). So konnten etwa 250.000 Chinesen vor den japanischen Übergriffen geschützt werden.[4]

Der an der deutschen Botschaft in Nanjing eingesetze Legationssekretär Georg Rosen[5] berichtete ungeschminkt über das japanische Massaker, sowohl an das AA als auch an sei-

---

1 S. Kap. 2.

2 Die in die Gedenkmauer in Nanjing eingemeißelte Zahl 300.000 wurde, wie überhaupt das Ausmaß der Untaten, japanischerseits oft in Abrede gestellt. Bis in die 60er Jahre war das Nanjing–Massaker in Japan ein Tabuthema (Ienaga 1979:101f). 1982 legte der Japaner Hora Tomio (1987 auch in chinesischer Übersetzung) seine auf Quellen basierende Arbeit vor. Danach sind in Nanjing 190.000 Gefangene kollektiven Hinrichtungen und 150.000 Menschen Plünderungen, Mordfeldzügen, Vergewaltigungen und Brandschatzungen zum Opfer gefallen (Hora 1987). Diese Angaben sind von chinesischen Historikern bestätigt und präzisiert worden. Vgl. Kong Zhaiwei 1995a:87–92; ders. 1995b:358–365. Zum Nanjing–Massaker insgesamt vgl. auch Beramini 1971:3–48; Sapoznikov 1977:107; Coox 1978:301; Ienaga 1979:186; Dower 1986:43; Williamsen 1992:144; Wickert 1997.

3 Rabe, der seit 1910 für die Firma Siemens in China arbeitete und 1931 die Leitung des Technischen Büros in Nanjing übernahm, führte ein umfangreiches Tagebuch, das in Auszügen bereits 1938 im Ostasiatischen Beobachter abgedruckt wurde und von dem Auszüge im Herbst 1997 erstmals in Buchform erschienen, vgl. Wickert 1997. Zur Arbeit Rabes in den 20er/30er Jahren vgl. auch Gransow 1987:106f. Rabe hielt nach seiner Rückkehr aus China im März 1938 in Berlin Vorträge über das Nanjing-Massaker, die möglicherweise auch Hitler zugeleitet wurden. Daraufhin wurde Rabe von der Gestapo kurzzeitig verhaftet und zum Schweigen über die Vorgänge in Nanjing verpflichtet. Bei Siemens hatte er in den darauffolgenden Jahren lediglich einen subalternen Posten in der Personalverwaltung inne, vgl. Wickert 1997:380.

4 Information des Museums zum Gedenken an die Opfer des Massakers in Nanjing. Vgl. auch Hora 1987:91; Wickert 1997.

5 Georg Rosen, Sohn von Friedrich Rosen, dem Außenminister der Weimarer Republik im Jahr 1921, war wegen seiner „nichtarischen Abstammung" und oppositionellen Haltung besonderen Belastungen

nen Vorgesetzten Trautmann, der die Ereignisse nicht persönlich miterlebt hatte, weil er zuvor bereits die Amtsgeschäfte am neuen Botschaftsstandort Hankou aufgenommen hatte (Dok. 47).[6] Die kritische Haltung der deutschen Diplomaten gegenüber der japanischen Kriegsführung und Okkupationspolitik hielt in der Folgezeit an. Auch aus Peking wurde Berlin durch die Botschaftsräte Bidder und von Plessen eingehend über japanische Greuel informiert. Ihre Empörung verbanden die Diplomaten mit der Warnung vor den Folgen der japanischen Barbarei. Das Vorgehen der Japaner, hieß es im Bericht vom 24. Dezember 1937, habe „einen gefährlichen Nährboden für den Kommunismus geschaffen", was „in flagrantem Gegensatz zu dem deutschen politischen Ziel einer Verhütung der Ausbreitung des Kommunismus" stehe (Dok. 47).

In Deutschland wurden kritische Stimmen über die japanische Kriegsführung rigoros unterdrückt. Die NS–Propaganda verbreitete die Version, der Krieg in Ostasien sei ein unvermeidlicher Aufbruch Ostasiens gegen die alten Kolonialmächte des Westens, insbesondere gegen England. Eine Parteinahme für China wurde vermieden.[7]

---

ausgesetzt. Als er Zeuge der japanischen Kriegsverbrechen in Nanjing wurde, hielt er sich in seiner Berichterstattung an das AA nicht mehr zurück. Er wurde daraufhin noch im Frühjahr 1938 aus China abberufen. 1940 als Offizier eingezogen, lief er bei der ersten Gelegenheit zu den Briten über, vgl. zu Rosens Lebenslauf Wickert 1997:68ff.

6 Die Berichte Rosens belegen, daß Umfang und Dauer des Massakers erheblich größer und länger waren, als vielfach in der Literatur dargestellt. Auch der letzte Bericht vom März 1938 spricht noch von einem „Fortdauern der Greuel" (BArch, R9208, DBC, Bd.2208, Bl.104–110.– DB Nanjing, Rosen, an AA, 4.3.1938, Inhalt: Lage in Nanjing). Vgl. dazu auch Adolphi 1988b und 1988c, Kong Zhaiwei 1995a:91.

7 Moßdorf 1943:74–76 beschrieb in seiner umfassenden Kriegsdarstellung zwar den Fall Nanjings, sagte aber nichts über die Greuel. Japankritische Stimmen in Literatur und Presse wurden bekämpft. In der „Berliner Börsenzeitung" vom 13.4.1938 hieß es in der Einleitung zu einer Besprechung des Buches „Erlebtes Mandschukuo" von Wolfgang Sorge, daß man „zur Genüge" eine „gewisse Berichterstattung" kenne, die Japan „imperialistische Politik" vorwerfe und davon spreche, daß Japan – „durch den Anfangserfolg (in Manzhouguo) ermutigt" – sich „weiteren expansionistischen Zielen zugewandt" und „auf die nordchinesischen Provinzen gestürzt" habe. In Wahrheit aber sei für die „tragische Zuspitzung" nicht das Entstehen Manzhouguos verantwortlich und „auch nicht die nordchinesische Autonomie als typische Übergangform zu einer größeren kontinentalasiatischen Entwicklung", sondern „der Bolschewismus als Zerstörer der sozialen Ordnung und als Faktor der Fremdeinmischung". Die japanische „Aktion" sei „nur deswegen so besonders spürbar" geworden, „weil Japan am ehesten in der Lage war, der gemeinsamen Zukunft seinen Tribut zu zollen und gegen die störenden und zerstörenden Faktoren aufzutreten."

Deutschland und Manzhouguo

Manzhouguo, das von Japan und Deutschland nicht mehr als Bestandteil Chinas angesehen wurde, durchlief in den Kriegsjahren eine Sonderentwicklung.[8] Hitler schloß mit Manzhouguo am 12. Mai 1938 einen Freundschaftsvertrag,[9] der die völkerrechtliche Anerkennung des Kaiserreiches und japanabhängigen Satellitenstaates nunmehr de jure sanktionierte. Am 14. September 1938 kam es zu einem neuen deutsch–mandschurischen Handelsabkommen,[10] das den 1936/37 vereinbarten Warenverkehr bis zum 31. Mai 1940 erweitern sollte. Der Handelspolitische Ausschuß der Reichsregierung hatte nach dieser außenpolitischen Annäherung die Aufmerksamkeit der deutschen Wirtschaft verstärkt auf Manzhouguo, seine von Japan angekurbelte Industrialisierung und seine Sojabohnen für den gesteigerten deutschen Versorgungsbedarf gelenkt (Dok. 83).

Die deutsch–mandschurischen Beziehungen wurden bis Kriegsende nahezu ausschließlich von beiderseitigen Wirtschaftsinteressen bestimmt. Die politischen Verbindungen verstanden sich mehr oder weniger als Wegbereiter und Begleiter von Handel und Industrie. Nachdem Japans Premier, Fürst Konoe, am 3. November 1938 seine Pläne für eine „Neue Ordnung in Ostasien" verkündet und dabei den japanischen Führungsanspruch kundgetan hatte,[11] war Manzhouguos Stellung als abhängiger, einflußloser „Spielball" im japanischen Machtblock nunmehr auf lange Sicht festgeschrieben. Dementsprechend behandelte Deutschland Manzhouguo im wesentlichen als japanische Provinz. Politische und wirtschaftliche Grundfragen wurden stets in Tokio vorabgestimmt und nach den Wünschen des Achsenpartners in Fernost ausgerichtet.[12] Dennoch sicherte sich Deutschland Handlungsspielräume bei der Verfolgung eigener Außeninteressen: beispielsweise 1938/39, als die UdSSR, Manzhouguo und Japan in Grenzkonflikten aufeinanderstießen; nach Abschluß des deutsch–sowjetischen Nichtangriffsvertrages vom 23. August 1939, als Japan bei Ausbruch des europäischen Krieges vorübergehend auf Distanz zu Deutschland ging; 1942/43, als Manzhouguos Autarkiebestrebungen zu Spannungen mit Japan und der Marionettenregierung in Nanjing führten.[13]

---

8 Die spezifische Entwicklung von Manzhouguo kann im vorliegenden Dokumentenband nicht näher verfolgt werden. Bezug genommen wird nur dann, wenn das deutsch–chinesische Verhältnis grundsätzlich tangiert wird.

9 Vgl. RGBl. 1938 II:286.

10 Abkommen über Waren– und Zahlungsverkehr vom 14.9.1938, RGBl. 1938 II:819, ergänzt RGBl. 1939 II:649.

11 Konoe dachte an ein Militärbündnis von Japan, Manzhouguo und China. Tokio sollte die Entwicklung in diesen Ländern politisch, wirtschaftlich und kulturell koordinieren.

12 Erst am 20.4.1942 gestattete Japan die Bildung eines Außenministeriums der mandschurischen Regierung. Wei Huanzhang wurde im Oktober durch Li Shaogeng als Außenminister abgelöst. Vgl. Xie Xueshi 1995:645f.

13 Vgl. NA/Microcopy T82, Roll 75, Serial 96, I.G. Farben, Aufn. 233120–233128: Vierteljahres–Länderbericht China der I.G. Verkaufsgemeinschaft Farben, Nr.4, 1.10.–31.12.1943, Februar 1944.

Als Manzhouguo am 24. Februar 1939 dem Antikominternpakt beitrat,[14] hatte Deutschland seine außenpolitischen Ziele weitgehend erreicht. Die Absicherung der vereinbarten Ein– und Ausfuhrleistungen, insbesondere ihrer kriegsbedingten Rückschläge von 1939 und 1941, trat immer mehr in den Mittelpunkt des diplomatischen Verkehrs und der Konsultationen in Manzhouguos Hauptstadt Xinjing und in Berlin (Dok. 56). Nach dem deutschen Einfall in die UdSSR gingen die deutsch–mandschurischen Beziehungen in ihrer Bedeutung wesentlich zurück. Deutschland beschränkte sich nur noch auf Repräsentations– und Beobachtungskontakte.

Deutschland und die Regionalregierungen in Nord– und Mittelchina

Im Ergebnis der japanischen Invasionswellen zwischen Sommer 1937 und Herbst 1938 befanden sich die wirtschaftlich bedeutsamsten Teile Chinas im japanischen Machtbereich: erstens das an Kohle, Eisenerz, Gold und anderen Bodenschätzen besonders reiche und industriell wie infrastrukturell von allen chinesischen Regionen am weitesten entwickelte Nordostchina, die Mandschurei; zweitens das sich westlich anschließende, nicht weniger rohstoffreiche, aber infrastrukturell nicht gleichermaßen erschlossene Nordchina mit Peking, Tianjin und Tianjins großem Hafen Tanggu; drittens das südllich angrenzende, durch den Huanghe von Nordchina getrennte Mittelchina, zu dem neben Nanjing und dem Industriezentrum um Wuhan im Landesinneren auch Chinas Handels–, Finanz– und Industriemetropole Shanghai,[15] gehörte; viertens alle bedeutenden südchinesischen Hafenstädte, wie Fuzhou, Xiamen, Shantou und Kanton, sowie Teile der Provinzen Guangdong und Guangxi.

In den meisten eroberten Territorien installierte Japan Marionettenregierungen, an deren Spitze einheimische Politiker standen.[16] In Manzhouguo war bereits im März 1932 der letzte chinesische Kaiser, Pu Yi, als Staatsoberhaupt eingesetzt und am 1. März 1934 zum Kaiser von Manzhouguo ausgerufen worden.[17] In Nordchina errichteten die Japaner zwei unterschiedliche Verwaltungsgebiete: Für die Provinzen Chahar und Suiyuan sowie den Norden der Provinz Shanxi bildeten sie im Oktober 1937 eine „Föderative Autonome Regierung der Mongolei", die ihren Sitz in Kalgan (Zhangjiakou) hatte und von dem projapanischen mongolischen Prinzen Dewan geführt wurde. Für das übrige Nordchina wurde in Peking am 14. Dezember 1937 eine „Provisorische Regierung der Republik China" unter Wang Kemin

---

14 Vgl. Jahrbuch für Auswärtige Politik, 9/1943:78f., Wortlaut des Beitritts–Protokolls vom 24.2.1939.

15 Von der japanischen Besetzung waren nur die chinesischen Teile der Stadt betroffen. Die Internationale Niederlassung und die Französische Konzession behielten ihren Sonderstatus und führten ein Inseldasein bis zum Ausbruch des Pazifischen Krieges im Dezember 1941.

16 Zu den Marionettenregierungen, ihren Einflußsphären und ihrer Entwicklung unter japanischer Oberhoheit vgl. Wu 1992a; Spence 1995:537–543; Zhang Hongxiang 1996:212–336.

17 Zu Manzhouguo vgl. Xie Xuehsi 1995.

eingesetzt. In Mittelchina folgte am 28. Mai 1938 mit Sitz in Nanjing eine „Erneuerungsregierung", an ihrer Spitze stand Liang Hongzhi (Dok. 49).

Die Entwicklung in den besetzten Gebieten verlief sehr unterschiedlich. Während es Japan in Manzhouguo in stärkerem Maße gelang, seine Pläne der Industrieentwicklung, der Eingliederung des Landes in ein einheitliches Wirtschafts– und Währungssystem sowie der Schaffung eines starken militärischen Stützpunktes zu verwirklichen, kam es in Nordost– und Mittelchina nie zur von Japan angestrebten Stabilität. Die Japaner waren nicht imstande, in Nordchina ein einheitliches, wirksam überwachtes Territorium abzugrenzen. Die Eingliederung der nordchinesischen Provinzen in den Yen–Block erwies sich bis 1939 als Fehlschlag.

Ursache dafür war, daß Japan in den besetzten Gebieten auf heftige chinesische Gegenwehr stieß. Der militärische und paramilitärische Widerstand band große japanische Truppenverbände und beeinträchtigte so alle weiteren militärischen Planungen Japans im Zweiten Weltkrieg. Boykotte, Verweigerungen der Zusammenarbeit sowie das insgesamt vorherrschende antijapanische Klima trugen dazu bei, die Durchsetzung der wirtschaftlichen und politischen Pläne Japans zu verhindern. Darauf wurde in den Berichten der deutschen Diplomaten wiederholt hingewiesen (Dok. 50).

Deutschland setzte in seinem Umgang mit den japanischen Eroberungen den in Manzhouguo eingeschlagenen Weg der Unterstützung Japans fort. Allerdings traten in Nord– und Mittelchina die negativen wirtschaftspolitischen Seiten dieser Unterstützung stärker zutage als zuvor in Manzhouguo, denn Japan suchte mit wachsender Rigorosität seinen Anspruch durchzusetzen, den gesamten chinesischen Wirtschaftsraum allein zu beherrschen. So wurden die Beziehungen zwischen Deutschland und dem besetzten China vor allem durch den Kampf Deutschlands um günstigere Wirtschaftspositionen der deutschen Unternehmen gegenüber ihren japanischen Konkurrenten bestimmt.

Die politischen Schaltzentralen für das besetzte China verblieben unter maßgebendem Einfluß der Armee in Tokio. Von dort aus dirigierte das Asienentwicklungsamt unter dem japanischen Ministerpräsidenten die japanische Chinapolitik. Seine Leitungsstränge koordinierten die von den japanischen Regierungsinstanzen veranlaßten China–Maßnahmen, die dann vor Ort von den Verbindungsämtern in Peking, Qingdao, Kalgan, Shanghai und Xiamen umgesetzt wurden (Dok. 60). Die chinesischen Behörden waren an die Entscheidungen des Asienentwicklungsamtes voll gebunden.

Ribbentrop wandte sich deshalb grundsätzlich stets offiziell an Tokio und an die von dort in China autorisierten japanischen Instanzen. Er hatte vorrangig Nordchina im Blick, als er mit der Anerkennung Manzhouguos von der chinesischen Regierung abzurücken und nach neuen Stützpunkten im japanisch besetzten Gebiet zu suchen begann (Dok. 83). Dazu ließ er auch bei den von Japan installierten Regionalregierungen in Nordchina und der Inneren Mongolei sondieren.

Während zwischen der Tianjiner „Deutschen Handelsvereinigung GmbH" und dem innermongolischen Marionettenregime im März 1939 eine Austauschvereinbarung getroffen wurde,[18] kam ein von Helmuth Woidt mit der „Provisorischen Regierung von Nordchina" unter Wang Kemin verhandeltes Nordchina–Abkommen dagegen nicht zustande.[19] Die Ernüchterung über Nordchinas wirtschaftliche Stagnation nach dem ersten Kriegsjahr warf erste Schatten auf die deutsche Pro–Japan–Politik (Dok. 50).

Die Nordchina–Pläne des nationalsozialistischen Deutschland scheiterten. Tokio zeigte sich weder an einer außenwirtschaftlichen Gleichstellung Deutschlands noch an einer wirtschaftlichen Eigenständigkeit, geschweige denn politischen Unabhängigkeit der von Japan etablierten Regionalverwaltungen interessiert.[20] Die „Japanisierung" Nordchinas[21] gab dieser Region zwar bis Kriegsende vor allem im Rahmen der japanischen Kriegswirtschaft eine Sonderstellung. Insgesamt blieb sie jedoch angesichts ihrer Verflechtung mit den mandschurischen und mittelchinesischen Gebieten ein künstliches Gebilde. Die wachsende Instabilität und der ungebrochene chinesische Widerstand schränkten die japanischen Herrschaftsräume, die von Anbeginn nur Städte und Verkehrsstränge umfaßten, ständig weiter ein.[22]

Die deutsche Politik stellte zu keinem Zeitpunkt offizielle Verbindungen zur „Provisorischen Regierung von Nordchina" her, auch wenn kollaborationsbereite chinesische Gruppierungen wie die Neue Volksgesellschaft in Deutschland hier einen Partner sahen (Dok. 53). Andere Staaten haben sie ebenfalls niemals als souveräne Repräsentanten behandelt. Nordchinas Sonderstatus, der durch Eingliederung seiner Separatverwaltung in die sog. Zentralregierung in Nanjing weiter eingegrenzt worden war, galt als innerchinesisches Problem und hatte außenpolitisch nach 1940 keine Bedeutung mehr.

---

18 Vgl. Lu Minghui 1991:294f.

19 Zur Woidt–Mission vgl. Kap. 5.

20 Vgl. NA/Microcopy T82, Roll 77–78, Serial 98, I.G. Farben, Aufn. 237099–237106, Wirtschaftspolitischer Bericht Nr.1 (Nordchina), I.G. Verbindungsbüro Peking, 12.1.1940: „Das Gesamtbild der wirtschaftlichen Lage der besetzten Gebiete zwingt zu der Feststellung, daß die japanische Politik sich bis heute über das Stadium einer kolonialen Ausbeutung Chinas noch nicht hinausgehoben hat, und auch keine Anzeichen dafür vorliegen, daß hierin ein Wandel eintritt."

21 Vgl. NA/Microcopy T82, R388, Serial 270, Firma Otto Wolff, Aufn. 2188723–2188735, Bericht über Peking/Tianjin–Reise von J. Scheinhütte, 26.4.1939. Scheinhütte konstatierte zwar wieder stärkere Arrangements deutscher Firmen im Raum Peking/Tianjin, insgesamt jedoch eine erdrückende Übermacht japanischer Unternehmen, allen voran die North China Development Co. als Dachorganisation für die landwirtschaftliche und industrielle Ausbeutung des nordchinesischen Landesteils, ein Tummelplatz der Großkonzerne Japans.

22 Vgl. die Berichte deutscher Diplomaten: von Bidder aus Peking vom 28.3.1938, Inhalt: Lage im japanisch besetzten Nordchina. Militärischer, politischer und wirtschaftlicher Stillstand der Entwicklung (BArch, R9208, DBC, Nr.2206, Bl.370–388); oder von Stoller aus Tianjin vom 12.9.1938, Inhalt: Die politische und wirtschaftliche Lage in Nordchina (ebenda, Bd.2206, Bl.140–161).– Im Winter 1940/41 hatte sich das Bild kaum geändert. In einem auf die KPCh geführten Einheiten bezogenen Artikel „die Freischärler in China" berichtete die „Frankfurter Zeitung" am 12.2.1941 von ständigen Attacken der Widerstandkräfte und den vergeblichen Versuchen der japanischen Truppen, „sie in die Berge zu jagen und dort auszuhungern". Wirtschaftliche Erfolge aber könnten nicht erzielt werden, „bevor nicht die Freischaren verschwinden".

Die am 28. März 1938 zunächst in Nanjing eingesetzte sog. „Erneuerungsregierung" (Dok. 49), die der deutschen Seite im Oktober 1938 ihre Tätigkeitsaufnahme mitteilte (Dok. 51), war für Deutschland noch weniger politischer und wirtschaftlicher Partner als die „Provisorische Regierung von Nordchina", zumal die besondere Lage Japan veranlaßte, dort militärisch stark präsent zu bleiben. Somit waren eigene Handlungsmöglichkeiten auch für die "Erneuerungsregierung" nahezu ausgeschlossen.[23]

Aus deutscher Sicht zeigte sich nach dem zum Stehen gekommenen Blitzkrieg der Japaner ein „Bild völligen Durcheinanders, bei der es weder auf der einen, noch auf der anderen Seite ein klare Linie" gab (Dok. 54). Da sich neue Grundstrukturen noch nicht herausgebildet hatten, hielt Deutschland zu den regionalen Marionettenregierungen weiterhin Distanz.

Deutschland und der Aufbau der Nanjing–Regierung unter Wang Jingwei

Die Vorbereitung einer von Wang Jingwei geführten sog. Zentralregierung in Nanjing für das gesamte japanische Besatzungsgebiet war der deutschen Außenpolitik und der Öffentlichkeit bereits früh signalisiert worden.[24] Wang Jingwei, der langjährige Gegenspieler Chiang Kaisheks, bereitete nach seinem spektakulären Ausstieg aus der Guomindang–Führung am 18. Dezember 1938[25] von Hanoi aus seine politische Karriere im japanisch besetzten China vor. Dort begann er mit Sondierungen für eine gesamtchinesische Alternative zur Politik Chiang Kaisheks, für eine breite Sammlungsbewegung der neu formierten Guomindang, die über die Separatregierungen im japanischen Nord– und Mittelchina hinweg auf die nationale Einheit Gesamtchinas zusteuern sollte.[26] Bereits am 2. Februar 1939 hatte Wang Jingwei über den deutschen Konsul in Hanoi Fühler ausgestreckt, um mit Japan auf der Grundlage der im Dezember 1938 von Ministerpräsident Fürst Konoe verkündeten Großostasien–Konzeption in Verhandlungen einzutreten (Dok. 52). Deutschland verhielt sich 1939 zunächst zurückhaltend, um Japans Position abzuwarten und die politischen Hintergründe aufzuklären.[27]

---

23 Vgl. BArch, R9208, DBC, Nr.2215, Berichte der deutschen Auslandsvertretungen zur Lagebeurteilung in Mittelchina.

24 Vgl. NA/Microcopy T120, Roll 3303, Serial 8137H, Aufn. E582142–E582150.

25 Wang Jingwei, nunmehr offener Gegner der antijapanischen Einheitsfrontpolitik Chiang Kaisheks mit der KPCh und Verfechter einer antikommunistischen „Nationalen Erneuerung Chinas" an der Seite Japans, hatte sich über Kunming nach Hanoi abgesetzt. Vgl. Huang Meizhen/Zhang Yun 1987:113ff.; Guo Xuyin 1992:115f.; Wen Shaohua 1994:157f.

26 Vgl. NA/Microcopy T120, Roll 3303, Serial 8137H, AA, Pol. VIII, Aufn. E582133ff., u.a. Berichterstattung der Deutschen Botschaft Tokio über den unter Vorsitz von Wang Jingwei im September 1939 in Shanghai abgehaltenen Guomindang–Kongreß.

27 Es sollte ausgeschlossen werden, daß es sich bei Wang Jingweis politischem Frontenwechsel um eine mit Chiang Kaishek abgesprochene Geheim–Mission handelte.

Der deutsch–sowjetische Nichtangriffsvertrag vom 23. August 1939 und der Kriegsausbruch in Europa vom 1. September 1939 forderten Japan zu einer Abgrenzung seiner Stellung gegenüber den kriegführenden Parteien und seinem Achsenpartner Deutschland heraus. In einem Memorandum, das der japanische Vizeaußenminister am 5. September 1939 den Botschaftern Deutschlands, Frankreichs, Englands und Polens überreichte, verlautbarte Japans Kabinett seine Absicht, „nicht in den europäischen Krieg verwickelt zu werden."[28] Die deutsche Regierung sollte von allen Maßnahmen absehen, welche die japanische Position im chinesisch–japanischen Krieg beeinträchtigen könnten. Japan sicherte den kriegführenden Mächten zu, Leben und Eigentum ihrer Staatsangehörigen in China zu schützen, wenn sie ihre Truppen und Kriegsschiffe aus den japanisch besetzten Landesteilen zurückzögen.

Obgleich der japanische Außenminister und spätere Ministerpräsident Abe Nobuyki gegenüber dem Deutschen Geschäftsträger den Wunsch nach weiterhin freundschaftlichen Beziehungen zu Deutschland ausdrücklich hervorhob und erklärte, daß Japan im Konflikt in Europa zur Neutralität gezwungen sei, kühlten sich die propagandistisch verklärten Achsenbindungen vorübergehend ab.[29] Das am 30. August 1939 unter Ministerpräsident Abe neu gebildete Kabinett, das sich dem Druck prodeutscher Militärs nicht beugte, zog sich scheinbar aus der internationalen Politik zurück. Japan nahm vorübergehend bei seiner Stellung zwischen den Mächtegruppierungen eine außenpolitische Isolation mit in Kauf, um den eroberten Besitzstand in China zu wahren. Die Entscheidung für eine Ausweitung des Krieges in Ostasien sollte weiter offen gehalten werden, solange durch die Kämpfe in Europa die Frage nach dem Militärbündnispartner Deutschland für weitergehende Kriegsziele in Fernost und im Pazifik nicht beantwortet werden konnte.

Japan wandte sich ab Herbst 1939 wieder stärker einer beschleunigten politischen Lösung im chinesisch–japanischen Krieg zu. Die Kämpfe an der sowjetisch–mandschurischen Grenze endeten Ende September 1939 mit einem Waffenstillstand. Die japanische Chinapolitik setzte 1939/40 auf Entspannung gegenüber der UdSSR, Großbritannien und den USA[30] und einen Ausgleich mit Chiang Kaishek.[31] Zugleich näherte sich Japan wieder der seit län-

---

[28] PA/AA, Nr. R104877 und R104882, Memorandum sowie internationale und deutsche Reaktion 1939/40. Dieses Memorandum ist im Wortlaut damals nicht veröffentlicht worden. Aufzeichnung AA, Pol. VIII, 13.9.1939, „Stellung Japans im gegenwärtigen Konflikt".

[29] Japan unterzeichnete das paraphierte deutsch–japanische Wirtschaftsabkommen, das am 1.10.1939 in Kraft treten sollte, nicht und veranlaßte die mandschurische Regierung, das deutsch–mandschurische Handelsabkommen am 8.9.1939 mit sofortiger Wirkung außer Kraft zu setzen. Sämtliche Handelsfragen mußten neu verhandelt werden.

[30] Die USA kündigten im Februar 1940 zur Wahrung ihrer von Japan gefährdeten Fernost– und Pazifikinteressen den amerikanisch–japanischen Handelsvertrag.

[31] 1939/40 schien im China–Krieg ein Remis–Stand erreicht. Militärische Großoperationen fanden kaum noch statt. Die Abgrenzung der beiderseitig kontrollierten Gebiete war zu einem gewissen Stillstand gekommen. Erhoffte japanisch–chinesische Kontakte und Vermittlungsaktionen der USA, Großbritanniens und anderer Staaten blieben aber aus.

gerem schon erwogenen Alternative, bei Ausbleiben einer Verständigung mit Chongqing eine Teillösung durch eine neue Zentralregierung in Nanjing unter Wang Jingwei zu erreichen (Dok. 55). Dabei schwang anfangs die Hoffnung mit, daß Wang Jingwei als geeigneter Mittler zwischen Tokio und Chongqing benutzt werden könnte. Das erwies sich als Fehlspekulation.[32]

Wang Jingwei sprach sich für einen chinesischen Beitritt zum Antikominternpakt und einen chinesisch–japanischen Ausgleich aus.[33] Er verlangte in den Verhandlungen mit japanischen Politikern im Vorfeld der Regierungsbildung für das von ihm repräsentierte neue China die „unbedingte Aufrechterhaltung der Souveränität" und Gleichberechtigung im chinesisch–japanischen Verhältnis.[34] Im Gegenzug war Wang bereit, Sonderinteressen Japans in ganz China zu akzeptieren. Zugleich sprach er sich für die Wiederbelebung der engen deutsch–chinesischen Beziehungen aus.[35]

Langwierige Verhandlungen, die mit der Regierungsbildung noch nicht abgeschlossen waren, brachten ein Zweckbündnis auf Zeit zustande, das von den Japanern nur widerwillig eingegangen wurde, um in China entlastet zu werden. Ausschlaggebend war, daß Wang Jingwei das japanische Besatzungsregime und Wirtschaftsmonopol nicht in Frage stellte und weiteren Forderungen Japans für einen künftigen Friedensvertrag mit China entgegenkam.[36]

---

32 Vgl. NA/Microcopy T82, Roll 77–78, Serial 98, I.G. Farben, Aufn. 237164–237175, Haas, Bericht über die politische Lage, Shanghai, 18.10.1939: Chiang Kaishek hätte seinem Widersacher „den Selbstmord als den einzigen Ausweg aus seiner verräterischen Tätigkeit nahegelegt", Wang Jingwei bezeichnete den Marschall „als einen ehrgeizigen Diktator, der nicht einmal das Mindestmaß an moralischer und ethischer Qualifikation eines normalen Menschenwesens aufzuweisen habe."

33 Vgl. BArch, R9208, DBC, Nr.2106, Bl.15–16, Aufzeichnungen von Lautenschlager für Botschafter Trautmann, Hankou, 21.3.1938.

34 Zur These, daß Wang Jingwei ein eigenständiges Programm verfolgte, das ihn nicht zum bloßen Verräter machte, vgl. Stahmer 1952:91; Bunker 1972:285; Briessen 1977:104.

35 In einem Interview mit dem deutschen Journalisten Laverentz im November 1939, das als „erste Unterredung mit einem ausländischen Pressevertreter" herausgestellt wurde, sprach Wang Jingwei davon, daß es „sein jahrelang gehegter Wunsch" sei, daß es „Deutschland gelingen möge, das Versailler Joch abzuschütteln" (Wang Jingwei über seine Friedens– und Regierungspläne, in: Ostasiatischer Lloyd, Shanghai, 23.11.1939.– Vgl. auch BArch, R9208, DBC, Nr.2214, Bl.243).

36 Ende Dezember 1939 war es in den Verhandlungen der japanischen Regierung mit Wang zu einer grundsätzlichen Einigung über „Friedensbedingungen" zwischen China und Japan gekommen, und zwar auf der Grundlage folgender japanischer Forderungen: 1. Anerkennung Manzhouguos; 2. Wirtschaftskooperation China/Japan/Manzhouguo; 3. gemeinsame Antikominternfront; 4. Anerkennung von Nordchina und Innerer Mongolei als Sonderzonen und der japanischen Einflußpriorität in Xiamen, Hainan sowie am unteren Yangzi; 5. japanische Truppenstationierung in Nordchina, der Inneren Mongolei, im Yangzi–Tal, auf den Inseln an der südchinesischen Küste; 6. japanische Oberaufsicht über das chinesische Verkehrs– und Postwesen; 7. Akzeptanz japanischer Entschädigungsansprüche aus der Zeit vor dem 7.7.1937; 8. Sonderabmachungen über Seezoll, Rohstofförderung, Handelsprivilegien; 9. Einstellung japanischer Ratgeber; 10. Verwaltung Nordchinas durch einen Autonomen Politischen Rat. Vgl. NA/Microcopy T82, Roll 75, Serial 96, I.G. Farben, Aufn. 282587–282601 – Haas, Peking, 23.3.1940, Bericht über die politische Lage.

Ribbentrop verfolgte Wangs Regierungsbildung mit Skepsis.[37] Als diese dann am 30. März 1940 erfolgte,[38] erklärte der Reichsaußenminister, daß eine deutsche Anerkennung nicht in Frage käme.[39] Noch bestand deutsches Interesse an der Aufrechterhaltung der 1939/40 verbesserten Beziehungen zur Regierung Chiang Kaisheks. In dieser Haltung wurde die deutsche Außenpolitik bestärkt, als sie durch die von ihr veranlaßten inoffiziellen Kontakte des Generalkonsulats Shanghai zur Wang–Jingwei–Regierung (Dok. 58) über deren Einflußlosigkeit und fehlende Unterstützung durch die Bevölkerung laufend unterrichtet wurde.[40] Sie hielt sich weiter auf Distanz, zumal Wang Jingwei Sonderrechte für deutsche Staatsangehörige in China ablehnte (Dok. 59) und sich auch weigerte, Deutschland den anderen Vertragsmächten gleichzustellen (Dok. 57).[41]

Nach dem deutschen Überfall auf Holland und Belgien im Mai und dem Zusammenbruch Frankreichs im Juni 1940 gab Japan dann seine abwartende Position auf und bereitete sich an der Seite seiner Achsenverbündeten auf eine „neue Ordnung in Großostasien auf der Grundlage der Solidarität Japans, Manzhouguos und Chinas“ vor.[42] Der mit Deutschland und Italien am 27. September 1940 eingegangene Dreimächtepakt gab für Japan den Anstoß, die sog. Zentralregierung in Nanjing nunmehr als Völkerrechtssubjekt zu behandeln, vertraglich an den Pakt zu binden sowie in seine ostasiatische Einflußsphäre einzuordnen. Japan nahm zur von ihm selbst installierten Nanjing–Regierung diplomatische Beziehungen auf und drängte seine Bundesgenossen fortan, gleiches zu tun. Nunmehr lenkten Asienentwicklungsamt und Außenministerium einen Teil ihrer China–Verbindungen über die groß aufgezogene Japanische Botschaft und ihre Dienststellen direkt zur Wang–Jingwei–Administration. Der am 30. November 1940 zwischen Japan und dem Marionettenregime geschlossene „Vertrag über die Grundlagen der Beziehungen“ sollte diesen veränderten Status außenpolitisch festschreiben. Innenpolitisch blieb er bedeutungslos (Dok. 61).

---

37 Die Berichterstattung des Chinadienstes konstatierte die nahezu unüberbrückbaren Gegensätze Japans und Wang Jingweis in der Souveränitätsfrage und in bezug auf die Stellung der mittelchinesischen Separatregierung. Vgl. ADAP, Serie D, Bd. VII, Dok.368:309 sowie BArch, R9208, DBC, Nr.2207, Bl.32–46.

38 Haas, Peking, charakterisierte in seinem politischen Lagebericht an die I.G.–Zentrale vom 30.6.1940 Wangs Regierungserklärung als „eine seltsame Mischung von Elementen der Sun Yatsen'schen Konzeption eines demokratischen und liberalen China und der japanischen Ideologie einer Neuen Ordnung in Ostasien.“ BArch, R8128, I.G. Farben, Nr.A340, Bl.100–113.

39 Vgl. ADAP, Serie D, Bd.IX, Dok.29:43f, Ribbentrop an DB in Tokio und Shanghai und die Deutsche Gesandtschaft in Xinjing, 30.3.1940.

40 Vgl. BArch, R9208, DBC, Nr.1787, Bl.9–20, DB Shanghai, an AA, 22.7.1940 zur politischen Lage. Vgl. dazu auch Adolphi 1988c.

41 Vgl. Bunker 1972:255–259 zur Haltung der Wang–Jingwei–Regierung in dieser Frage.

42 Aus der Regierungserklärung des neuen japanischen Ministerpräsidenten, Fürst Konoe, vom 1.8.1940. Zitiert nach: Langer 1991:275.

Anerkennung und Grundlagenvertrag brachten Nanjing keinerlei Autoritätszuwachs. Deutschland sah sich zunächst nicht veranlaßt, dem Drängen der Japaner nach Anerkennung von Wang Jingwei nachzukommen (Dok. 58), wo doch alle Wirtschaftsfragen im besetzten Gebiet weiterhin ausschließlich mit japanischen Stellen auszuhandeln waren und zudem Japan im europäischen Krieg keine nennenswerte Unterstützung gab.

Neue Konstellationen zeichneten sich erst ab, als Hitler weitere Kriegszüge in Südosteuropa und im russischen Raum vorbereitete. Japan, das am 13. April 1941 mit der Sowjetunion einen Neutralitätspakt abschloß, sicherte seine Hauptexpansionsrichtung nach Südostasien und in den Pazifik ab. Die Europa– und Fernostkriegsschauplätze der Achsenmächte blieben damit bis Kriegsende voneinander getrennt.

Hitler zögerte die Aufnahme diplomatischer Beziehungen zur sog. Zentralregierung in Nanjing bis Anfang Juli 1941 hinaus.[43] Nach dem deutschen Überfall auf die Sowjetunion am 22. Juni 1941 waren jedoch die Würfel gefallen. Entgegen der warnenden Einwände aus der Deutschen Botschaft in Peking (Dok. 62) entschloß sich die nationalsozialistische Führung, die Chiang Kaishek bis zuletzt hingehalten hatte, Wang Jingwei anzuerkennen. Am 27. Juni 1941 telegrafierte der chinesische Botschafter Chen Jie aus Berlin an Chiang Kaishek, daß sich Ribbentrop auf die Anerkennung der Nanjing–Regierung zum 1. Juli 1941 festgelegt hätte, „um der angloamerikanischen Unterstützung Rußlands entgegenzuwirken [...] und Japan zur Aufgabe des japanisch–russischen Neutralitätspaktes zu zwingen. Man hoffte noch, daß Guomindang–China die diplomatischen Beziehungen nicht abbricht. Sollte es doch dazu kommen, würde man die Beziehungen über Geheimkanäle fortführen wollen."[44]

Als am 1. Juli 1941 Deutschland die Marionettenregierung in Nanjing völkerrechtlich anerkannte[45] (Dok. 63), folgte postwendend die Entscheidung Chongqings zum Abbruch der Beziehungen (Dok. 45). Das Amt eines deutschen Geschäftsträgers bei der Nanjinger Marionettenregierung versah bis zur Ernennung von Heinrich Stahmer zum Botschafter der deutsche Generalkonsul in Shanghai, Martin Fischer, mit der Bezeichnung Gesandter. Wang Jingwei war, das wurde von der nationalsozialistischen Führung am 24. Juli 1941 bei der Aufnahme der diplomatischen Beziehungen ganz im Sinne des Dreimächtepaktes hervorgehoben, auf die japanische Neuordnung in Ostasien voll eingeschwenkt. Er hatte dabei Chinas

---

43 Ribbentrop hatte dem chinesischen Botschafter in Berlin, Chen Jie, in einer geheimen Unterredung am 11.11.1940 zu verstehen gegeben, daß Deutschland sich nur unter dem Druck der Dreimächtepaktverpflichtungen letzten Endes entschließen würde, Wang Jingwei völkerrechtlich anzuerkennen: „Aber ich und meine Regierung sind nach wie vor an freundschaftlichen Beziehungen zu China, besonders auf wirtschaftlichem Gebiet, interessiert." (2. HACh, Nr.762 – 1662: Telegramm CB Berlin, Chen Jie, an Chiang Kaishek, 11.11.1940). Daran hielt Hitler auch nach dem deutschen Einmarsch auf dem Balkan fest.

44 2. HACh, Nr.762–1662: Telegramm CB Berlin, Chen Jie, an Chiang Kaishek, 27.6.1941.

45 Der deutschen Anerkennung folgten anschließend die übrigen europäischen Partner des Dreimächtepaktes. Des weiteren waren auch Finnland, Manzhouguo, Spanien, Thailand und Dänemark in Nanjing diplomatisch vertreten.

Kooperation vor allem auf folgende Ziele orientiert: 1. Beseitigung der englisch–amerikanischen „Bevormundung" Chinas; 2. Beendigung der jahrhundertealten kapitalistischen Knechtung Chinas; 3. Vernichtung des Kommunismus, "der China 20 Jahre lang heimgesucht habe“.[46]

[46] Vgl. BArch, 62Di1, Dienststellen Reichsleiter Rosenberg, Nr.374, Bl.106, 106Rs.

47

Bericht des Legationssekretärs Georg Rosen, Shanghai, an das AA[1]

Shanghai, 24. Dezember 1937

Nachdem der Herr Botschafter mit dem größeren Teile seines Stabes und fast allen Nanjinger Deutschen am 22. November d[es] J[ahres] Nanjing verlassen hatte, blieb die Lage dort zunächst noch ruhig. Die Tätigkeit der japanischen Flieger ließ sogar eine Weile etwas nach, um dann wieder zuzunehmen.

Unter den in Nanjing verbliebenen Ausländern entstand eine Bewegung, nach dem Vorbilde einer bereits bei den Kämpfen um den Stadtteil Nandao von Shanghai erfolgreich bewährten Übung, auch in Nanjing eine Sicherheitszone für die Zivilbevölkerung zu schaffen. Es bildete sich ein Komitee, welches aus seiner Mitte Herrn John D. Rabe, den Vertreter von Siemens China Co. in Nanjing, zu seinem Vorsitzenden wählte. Herr Rabe hat sich unter Zurückstellung aller persönlichen Interessen und Bedenken seinem humanitären Werk gewidmet und sogar durch ein Telegramm an den Führer und Reichskanzler – Herr Rabe ist Amtswalter der Ortsgruppe Nanjing der NSDAP – seinen Plan bei den Japanern durchzusetzen versucht, was bei den amerikanischen und englischen Mitgliedern des Komitees mit Dank und Anerkennung für Deutschland begrüßt wurde.[2]

Ursprünglich sollte das Komitee den Gedanken einer Sicherheitszone bei den kämpfenden Parteien durchsetzen, um sodann die praktische Durchführung des Planes den chinesischen Stellen zu überlassen.[3] Infolge des Fehlens jeglicher Zivilcourage bei den hierfür infrage kommenden Chinesen, die sämtlich die Flucht nach Hankou dem Verbleiben in der Hauptstadt vorzogen, mußte das Komitee schließlich die Sicherheitszone selbst verwalten, so daß Herr Rabe praktisch die Rolle eines Bürgermeisters spielte. Ihm zur Seite standen die Reichsangehörigen Christian Kröger (Carlowitz & Co.) und Eduard Sperling sowie mehrere

---

1 Georg Rosen legte mehrere Berichte zu den Nanjing–Ereignissen vor. Der Bericht wurde in Shanghai abgefaßt, weil die Deutsche Botschaft in Nanjing für die auf dem Yangzi Zuflucht suchenden Diplomaten nicht mehr zu betreten war. Weitere Berichte folgten am 15.1., 20.1., 10.2., 26.2. und 4.3.1938. Vgl. Wickert 1997.

2 Am 6. Januar 1938 vermerkte Trautmann: „Die Tätigkeit des Internationalen Komitees, an dessen Spitze der Siemens–Vertreter, Herr Rabe, gestanden hat, hat von allen Seiten die größte Anerkennung gefunden. Minister Kong [Xiangxi] hat mich gebeten, Herrn Rabe seinen besonderen Dank zu übermitteln. Ich möchte mir vorbehalten, die Verleihung einer Dekoration für Herrn Rabe später zu beantragen“ (BArch, R9208, DBC, Nr.2208, Bl.177 – DB Hankou, Trautmann an AA, 6.1.1938. Inhalt: Einnahme von Nanjing. Plünderung durch japanische Truppen).

3 Am 20.1.1938 erwähnte Rosen einen Vorschlag des „Internationalen Komitees für die Flüchtlingszone“, der eine „dreitätige Waffenruhe“ mit dem Ziel eines „kampflosen Abzugs der Chinesen“ und eines „ruhigen Einrückens der Japaner“ zum Inhalt hatte. Dieser Vorschlag sei, solange Chiang Kaishek noch in Nanjing war, abgelehnt, am 12.12.1937 aber durch General Tang Shengzhi noch einmal aufgegriffen worden. Da habe aber zu seiner Realisierung bereits die Zeit gefehlt (BArch, R9208, DBC, Nr.2208, Bl.203–206 – Rosen an AA, Nanjing 20.1.1938. Inhalt: Nanjings Übergang).

amerikanische Ärzte und Professoren aus Missionskreisen, zu denen sich chinesische Helfer aus verschiedenen christlichen und anderen Wohlfahrtsorganisationen gesellten.

Den chinesischen Militärmachthabern fehlte jedes Verständnis dafür, daß die eigene Zivilbevölkerung von Kriegsgreueln möglichst verschont bleiben sollte. So hatten sich in der Sicherheitszone – und zwar im Schatten der deutschen Flaggen – verschiedene Stäbe eingenistet, die unter allen möglichen fadenscheinigen Gründen bis zum letzten Augenblick in verhältnismäßiger Geborgenheit sitzenblieben und so den Zonenplan zu gefährden drohten. Auf den allabendlichen Sitzungen, die die Militärbehörden mit den Ausländern veranstalteten, wurde heftig um die Freimachung der Zone von militärischen Anlagen aller Art gestritten. Seitens der Militärs wurde z.B. gesagt, das Komitee müßte sich wegen einer Räumung der Zone an die Polizei wenden!

Zusammen mit meinem englischen und amerikanischen Kollegen habe ich in dieser Zeit bei Chiang Kaishek einen Schritt unternommen, der ihm die Ratsamkeit der Belassung einer zivilen Stadtverwaltung mit Polizei auch für den Fall einer Besetzung nahelegen sollte. Der einzige Erfolg dieses Schrittes war der, daß der uns bisher nahestehende und gut deutschsprechende Polizeipräsident Wang Ku–pan, von Chiang Kaishek zum Bleiben aufgefordert, dies verweigerte und darauf in Ungnaden entlassen wurde

Allmählich begannen die Chinesen, die unmittelbar außerhalb der Stadtmauer gelegenen Straßenzüge in Brand zu setzen, angeblich aus militärischen Gründen, wobei jedoch zu beachten ist, daß General v. Falkenhausen schon seit Wochen Chiang Kaishek von einer Verteidigung des in der Sackgasse eines Yangzibogens gelegenen Nanjing dringend abgeraten hatte. Anstatt nach der Loslösung von Shanghai irgendwelches militärisches Können durch Operieren im freien Gelände zu zeigen oder wenigstens den Versuch zu machen, die zwischen Shanghai und Nanjing gelegenen Befestigungen ernsthaft zu verteidigen, hat die chinesische Heeresleitung es vorgezogen, mit meist völlig unzureichend ausgerüsteten Provinzialtruppen ein nur ihrem Gesicht dienendes Theater aufzuführen, welches zu unnützen Opfern unter den genannten Truppen und der Zivilbevölkerung, d.h. den Ärmsten der Armen, führen mußte. Mit überraschender Schnelligkeit kamen die Japaner heran, ohne daß die Chinesen die z[um] Teil befestigten Hügelketten rings um Nanjing zu einer Verteidigung ausgenutzt hätten.

Als die japanische Vorhut sich bereits in der Gegend unserer früheren Sonntagsspaziergänge befand, beschlossen die drei Botschaftsdienststellen, mit ihren Staatsangehörigen auf den Yangzi zu gehen. Für diesen Fall hatte uns der britische Konsul entgegenkommender Weise Quartier auf einer einer britischen Reederei gehörigen, oberhalb der Hafengrenze von Nanjing verankerten Hulk zur Verfügung gestellt. Trotz meiner Aufforderung verblieben in Nanjing an Reichsangehörigen außer den bereits erwähnten Herren Rabe, Kröger und Sperling der Geschäftsführer des Nordhotels Richard Hempel, dazu noch ein Österreicher und ein Volksdeutscher aus Riga. Als am Vormittag des 9. Dezember, dem Tage nach unserer Einschiffung, eine japanische Aufforderung an alle Botschaften gelangte, es möchten alle Ausländer unverzüglich Nanjing verlassen, bin ich mit Herrn Konsulatssekretär Hürter noch einmal in die Stadt gefahren, um – leider vergeblich – die dort verbliebenen Reichsdeutschen mit auf den Fluß zu nehmen. Es war mir immerhin eine Beruhigung, daß ich einige Zeit vorher ein mir von einer chinesischen Bank zur Verfügung gestelltes Haus, das einen großen, von einem deutschen Berater gebauten bombensicheren Unterstand besaß, Herrn Rabe überlassen konnte, womit allerdings eine der Hauptgefahren, nämlich Behelligung durch zurückflutende Soldateska, nicht beseitigt war. [...][4]

Ich habe von der „Bee" aus durch die Japaner einen Brief an Herrn Rabe geschickt, habe aber bisher keine Antwort erhalten. Nach japanischen Angaben sollen alle in Nanjing verbliebenen Ausländer wohlauf sein.

Ebenso wie wir halten die Engländer und Amerikaner grundsätzlich an ihrem Recht auf Rückkehr nach Nanjing fest. Wir werden auch allen japanischen Verschleppungsmanövern zum Trotz weiter auf diesem Recht bestehen. Durch ernsthafte amerikanische Journalisten, die Nanjing nach der Besetzung auf dem ersten Konvoi verlassen haben, sind hier einige höchst betrübliche Tatsachen über das Verhalten der Japaner gegenüber der Zivilbevölkerung bekannt geworden. Auch wenn man nachträgliche Übertreibungen durch andere weniger gewissenhafte Journalisten hierbei in Rechnung stellt, so bleibt doch genug übrig, dessen sich die japanische Armee schämen muß. Was mein englischer Kollege in diesen Tagen in der friedlichen Landstadt Wuhu mit eigenen Augen gesehen hat, ist erschütternd und läßt für Nanjing das Schlimmste befürchten. Ich darf mir nach meiner Rückkehr nach Nanjing einen ausführlichen Sonderbericht hierüber vorbehalten.[5]

Der Hauptleidtragende in all diesem Elend und Unglück bleibt das chinesische Volk, der Bauer und der Kuli. Zwischen dem rücksichtslos mit allen erlaubten und unerlaubten Mitteln vorgehenden Feind und einer eigenen Oberschicht eingekeilt, die nach all den schönen Schlagworten von Volkserneuerung und neuem Leben aus sicherem Hintergrunde heraus den Kampf bis zum letzten Mann predigt, muß er Haus und Hof von eigenen wie von fremden Truppen zerstören lassen und, soweit er nicht blindlings mit Weib und Kind und ein paar Decken und Kisten in eine oft trügerische Sicherheit hinein irrt, sich zu Tausenden den ohne Hemmung gebrauchten Kriegsmitteln der Neuzeit zum Opfer bieten. Die Japaner haben hier einen gefährlichen Nährboden für den Kommunismus geschaffen und ihre Beteuerungen, daß ihr Kampf nur dem Kommunismus gelte, wirken auf jeden, der auch nur eine oberflächliche

---

4 Es folgt eine mehrseitige Schilderung der Flucht der Botschaftsangehörigen auf englische Schiffe.

5 Am 15.1. schrieb Rosen, daß das Geschäftsviertel Nanjings „in wochenlanger Schreckensherrschaft ... nach ausgiebiger Plünderung in einen Trümmerhaufen verwandelt" wurde. Und: „Diese Brandstiftungen durch japanisches Militär dauern bis heute, also über einen Monat nach der japanischen Besetzung, noch weiter an, ebenso die Verschleppungen und Vergewaltigungen von Frauen und Mädchen. In dieser Hinsicht hat sich die japanische Armee hier in Nanjing ein Denkmal ihrer eigenen Schande gesetzt" (BArch, R9208, DBC, Nr.2208, Bl.220–224 – Rosen an AA, Nanjing 15.1.1938. Inhalt: Zustände in Nanjing. Japanische Greuel). Am 20.1.1938 ergänzte Rosen die vielen Detailschilderungen durch Augenzeugenberichte der in Nanjing verbliebenen Deutschen und Amerikaner (ebenda, Bl.203–206, Inhalt: Nanjings Übergang), am 10.2. durch die Übersendung eines Textes zu Filmaufnahmen des amerikanischen Missionars J. Magee (ebenda, Bl.138–152, Inhalt: Filmdokument zu den Greueltaten japanischer Truppen in Nanjing) und am 26.2. durch Berichte aus der Umgebung von Nanjing (ebenda, Bl.113–120, Inhalt: Japanische Greueltaten in der Umgegend von Nanjing). Noch am 4.3.1938 meldete Rosen ein Fortdauern der Greuel (ebenda, Bl.104–110. Inhalt: Lage in Nanjing).

Kenntnis der Tatsachen besitzt, wie eine Blasphemie. Es ist ein Wunder, mit welcher Geduld das chinesische Volk bisher seine unermeßlichen Leiden ertragen hat; jedes andere Volk wäre längst der Revolution verfallen. Es ist zu hoffen, daß vielleicht die Tatsache, daß drei deutsche Beamte die „antikommunistischen" Segnungen Nippons aus bedenklicher Nähe miterleben durften, wenigstens dazu beitragen möge, der deutschen Heimat ein richtiges Bild von den Absichten und dem Verhalten Japans zu geben, welches im flagranten Gegensatz zum deutschen politischen Ziel einer Verhütung der Ausbreitung des Kommunismus steht. Auf der anderen Seite ist ebenso zu hoffen, daß der uns auf dem Yangzi entgegentretende Geist britischer Hilfsbereitschaft und Kameradschaft in nicht allzu langer Zeit seinen Niederschlag in einer für Deutschlands Weltgeltung zukunftsverheißenden Form finden möge.

Ich sende diesen Bericht wegen der schlechten Postverbindung nach Hankou unmittelbar an das Auswärtige Amt. Der Herr Botschafter in Hankou und das Generalkonsulat in Shanghai sowie die Botschaft in Tokio erhalten Durchschlag des Berichts.

gez. Rosen

BArch, R9208, DBC, Nr.2208, Bl.249–259.

48

Auszüge aus dem Tagebuch des Siemens–Vertreters John Rabe, Nanjing[6]

Shanghai, März 1938

Die Deutschen in China und der Konflikt im Fernen Osten.[7]

Ich habe schon früher darauf hingewiesen, daß der Zusammenstoß zwischen Japan und China die in China ansässigen Deutschen in eine äußerst schwierige Lage gebracht hat.

---

6 Die Landesgruppe China der NSDAP entschloß sich, mit dem Abdruck aus dem Tagebuch von John Rabe im „Ostasiatischen Beobachter" in Fortsetzung zu beginnen. Ihr Leiter, Siegfried Lahrmann, glaubte, damit im Sinne der proklamierten deutschen Neutralitätsposition zu handeln. Hitler hatte zu diesem Zeitpunkt in seiner Reichstagserklärung zur Anerkennung Manzhouguos (Dok.16) trotz gegenteiliger Beteuerungen bereits eindeutig den Schwenk nach Japan vollzogen. John Rabe führte bis zum Verlassen Nanjings am 23.2.1938 Tagebuch, in dem er die Greueltaten der japanischen Truppen und die Versuche der Internationalen Kommission, diese zu verhindern oder zu reduzieren, ausführlich schilderte. Auszüge aus dem Tagebuch, ergänzt durch Dokumente, wurden herausgegeben von Wickert 1997.

7 Siegfried Lahrmann stellte dem Tagebuchauszug das folgende Geleitwort voran, das Rabes Rettungstat für die Deutschen in China als besonderes Vorbild würdigte.

Ich habe betont, daß das deutsche Volk sowohl mit dem japanischen als auch mit dem chinesischen Volk die freundschaftlichsten Beziehungen unterhält, und daran hat sich auch in der Zwischenzeit nichts geändert.

Der Führer hat erneut am 20. Febraur vor dem Reichstag erklärt, daß wir in dem Konflikt unbedingt neutral sind. Mit besonderem Nachdruck betonte er, daß die deutsche Regierung eine wirklich streng neutrale Haltung einnähme.

Machtpolitische Interessen habe Deutschland im Fernen Osten nicht. So sind wir in der Lage, wirklich neutral zu sein.

Was die Deutschen in den Fernen Osten herausbrachte, sind wirtschaftliche und kulturelle Aufgaben. Jetzt stehen wir ohne unser Zutun zwischen zwei Fronten.

In China fühlen wir mit den unsagbaren Leiden unseres Gastvolkes. Umsomehr ist es uns eine Genugtuung, daß Deutsche hier und dort, in rein menschlicher und neutraler Weise, durch zeitiges Eingreifen die Leiden lindern konnten und so sich für die lang gewährte Gastfreundschaft des chinesischen Volkes erkenntlich zeigen.

Im vorstehenden hat die Schriftleitung einen Bericht gebracht über die Vorgänge in Qingdao im Dezember und Januar. Die klare sachliche Darstellung ist die beste Antwort auf den Reuterschen Bericht, der ohne falsche Tatsachen zu melden, dennoch die Dinge in ein ganz verkehrtes Licht stellte.

Die Deutschen Qingdaos, insbesondere Pgg. Ohlwein und Hess können stolz darauf sein, die von den chinesischen Behörden und dem Militär aufgegebene Stadt vor unnützer Zerstörung bewahrt und damit das Leben und Eigentum der Chinesen sowohl wie der Ausländer – einschließlich der Japaner – gerettet zu haben.

Allergrößte Anerkennung verdient ferner vor allem der rücksichtslose Einsatz Pg. John Rabes in Nanjing, ebenso wie seiner Mitkämpfer Pg. Christian Kröger und Vg. Eduard Sperling. Ungerufen haben diese drei Männer sich für die Armen und Ärmsten der Bevölkerung Nanjings, die nicht die Mittel hatten, zeitig zu fliehen, eingesetzt, – dabei ihr eigenes Leben nicht achtend.

Nicht nur die Chinesen, für die diese drei Männer in höchster Not einstanden, werden ihnen dankbar sien, – auch wir Deutschen in China sehen mit stolzer Bewunderung auf diese Tat.

S. Lahrmann.

Aus dem Tagebuch von John Rabe, Vorsitzendem des Internationalen Komitees der Nanjinger Flüchtlings–Zone.[8]

9. Dezember:

Seit dem frühen Morgen gibt es ununterbrochen Luftangriffe. Chinesische Aeroplane sind nicht mehr hier, aber die Flakbatterien schießen noch. Es gehen viele Bomben in der Südstadt nieder, in der sich ein größeres Feuer auszubreiten scheint. Wir sind immer noch dabei, Reis für die Flüchtlinge aus den Vorstädten hereinzuholen. Einer unserer Wagenkulis verliert

---

[8] Die folgenden Passagen unterscheiden sich durch Auslassungen und Ergänzungen von den publizierten Tagebuch–Auszügen, vgl. Wickert 1997:93–105.

dabei ein Auge (durch Geschoß–Splitter) und muß ins Hospital geschafft werden. Die Besatzung eines anderen Lastwagens kommt heulend vom Südtor zurück, das wenige Minuten nach dem Passieren unserer Mannschaft bombardiert wurde. Als unser Wagen zurückkam, war von den vierzig Mann der Torwache keiner mehr am Leben.

Um zwei Uhr nachmittags gehen Dr. Bates, Sperling, Mills und zwei chinesische Beamte mit mir die von General T. [Tang Shengzhi] beanstandete Linie unserer Flüchtlingszone ab, d.h. die Süd–West–Grenze. Von den Hügeln aus sehen wir die Vorstädte, die die Chinesen in Brand gesteckt haben, um Operationsfeld zu haben, in Flammen gehüllt vor uns liegen. Die ganze Stadt ist mit einem Flammen– und Rauch–Gürtel umgeben. Wir stellen fest, daß innerhalb der Südwestlinie unserer Zone eine Reihe von Flakbatterien stehen. Während der Inspektion findet ein Luftangriff der Japaner statt, die von den etwa zehn Meter von uns entfernten Batterien heftig beschossen werden. Wir müssen uns allesamt auf den Boden werfen. Mit dem Gesicht nach oben liegend, sehe ich zwei japanische Bomber, die über uns hinziehen, verschiedene Bomben abwerfen. – Gute Nacht – dachte ich – das ist das bittere Ende. Im gleichen Augenblick aber kam mir die Idee, daß die Bomben ja weit von mir entfernt niedergehen mußten – infolge der Fluggeschwindigkeit des Aeroplans, und das taten sie dann auch – mein Bedarf an Luftangriffen war aber vorläufig gedeckt. Ich teilte dem uns begleitenden Oberst des chinesischen Generalstabs kurz mit, daß ich von meinem Posten als Vorsitzender des Komitees zurücktreten würde, wenn das chinesische Militär sich nicht aus der Zone zurückzöge.

Wir wollen nochmals an General T. herantreten und versuchen ihn zu veranlassen, auf eine Verteidigung der inneren Stadt zu verzichten. General T. ist einverstanden, wenn wir die Erlaubnis des Generalissimos Chiang Kaishek einholen. Mills, Dr. Bates und ich fahren in Begleitung des Oberst L. und eines Soldaten an Bord des amerikanischen Kanonenbootes „Panay“ und schicken die entsprechenden Telegramme nach Hankou. Der Rückweg durch das brennende Xiaguan ist fantastisch. Wir kommen noch gerade rechtzeitig vor Schluß der Presse–Konferenz um sieben Uhr abends wieder zuhause an. Inzwischen sind, wie wir hören, die Japaner schon bis kurz vor den Toren Nanjings vorgerückt. Man hört Kanonendonner und Maschinengewehrfeuer vom Süd–Tor und Guanhuamen herüberschallen. Im Dunkel der Nacht – die Straßenbeleuchtung ist abgeschaltet – sieht man Verwundete sich über das Straßenpflaster schleifen – niemand hilft ihnen – es sind weder Ärzte noch Sanitätskorps mehr vorhanden. Nur das Gulou–Hospital mit seinen paar braven amerikanischen Ärzten hält durch. Die Straßen der Flüchtlings–Zone sind von Flüchtlingen – hochbepackt mit Bündeln – überschwemmt.

11. Dezember:

Wasserleitung und elektrisch Licht versagt. Die Beschießung dauert immer noch an. Mein Kanarienvogel „Peter“ scheint das zu lieben, – er singt dazu, was die Kehle hergeben will. Solch Kanarienvogel scheint bessere Nerven zu haben als ein Rabe – nach singen ist mir gerade nicht zu Mute. Die Straßen unserer Zone sind gedrängt voll von Flüchtlingen, die sich durch den Lärm der Geschosse nicht stören lassen. Die Leute haben mehr Zutrauen zur „Sicherheits–Zone“ als ich.

Um neun Uhr früh landen die ersten Granaten in der Flüchtlingszone vor und hinter dem Fuzhong Hotel. Insgesamt 21 Tote und zwölf Verwundete. Sperling, der das Hotel verwaltet, wird leicht durch Glassplitter an der Hand verwundet. Eine weitere Granate geht in der mir gegenüber gelegenen Mittelschule nieder und tötet 13 Leute. Vor dem Gulou Hospital werden Befestigungswerke angelegt. Auch auf dem Shanxi Road Circle (Bayerischer Platz) graben sich chinesische Soldaten ein. Man bereitet sich also ernstlich auf Kämpfe innerhalb der Stadt vor. All unsere Mühe, Kämpfe innerhalb der Stadtmauer zu verhindern, war vergebens.

Auf der Konferenz um sechs Uhr nachmittags sind außer den Pressevertretern nur noch Mitglieder unseres Komitees anwesend. Alle anderen Fremden sind entweder auf Jardines Hulk oder auf dem USS Panay stromaufwärts gefahren. Dr. Smythe teilt mit, daß die Polizei, die uns jetzt nominell unterstellt ist, einen Dieb gefangen habe und wissen will, was mit ihm geschehen soll. Der Vorfall erregt große Heiterkeit, denn daß wir auch den Hohen Gerichtshof vertreten sollen, haben wir bisher noch nicht in Betracht gezogen. Wir verurteilen den Dieb zum Tode, begnadigen ihn zu 24 Stunden Haft und lassen ihn wegen Mangels an einem Arrestlokal dann ohne Weiteres wieder laufen.

12. Dezember:

Um elf Uhr vormittags kommen L. [Long] und C. [Chow][9] und bitten uns, im Auftrage von General T. [Tang], einen letzten Versuch zu machen, einen dreitägigen Waffenstillstand abzuschließen. In diesen drei Tagen sollen die Besatzungstruppen abrücken und die Stadt den Japanern überlassen werden. Wir entwerfen ein Telegramm an den japanischen Botschafter, einen Brief, den General T. uns senden muß, bevor das Telegramm zur Absendung gelangt und schließlich die Verhaltungsmaßregeln für den Parlamentär, der unter dem Schutz einer weißen Flagge die Waffenstillstandsbedingungen dem Höchstkommandierenden der japanischen Truppen in der Front übergeben soll. Sperling erbietet sich freiwillig, als Parlamentär zu fungieren. Da der von uns von General T. verlangte Brief nicht kommt, fällt der ganze Plan ins Wasser. Inzwischen ist es auch für derartige Verhandlungen schon zu spät geworden, denn die Japaner stehen unmittelbar vor den Toren.

6½ Uhr nachmittags:

Die Geschütze vom Purpurberg feuern ununterbrochen – es blitzt und donnert um den Berg herum. Plötzlich steht der ganze Berg in Flammen – irgendwelche Häuser und Munitionsvorräte sind in Brand geraten (Ein altes Wahrzeichen für den Untergang Nanjings – wenn der Purpurberg brennt – sagt ein Sprichwort – ist Nanjing verloren). Man sieht, vom Süden kommend, chinesische Zivilisten auf der Flucht durch die Straßen unserer Zone ihrer Behausung zueilen. Ihnen folgen chinesische Soldaten, deren Gangart aber beweist, daß ihnen die Japaner nicht auf den Fersen sein können. Wir stellen fest, daß diese Truppen am Guanhuamen in starkes Artilleriefeuer gerieten und panikartig davonliefen. Je weiter sie ins Innere der Stadt kamen, desto ruhiger wurden sie, und die anfängliche Flucht verwandelte sich schließlich in ein ruhiges Weiterziehen nach Norden. Da die Beschießung stärker wird, lasse ich das Hauptquartier unseres Komitees schließen, damit die Angehörigen unserer chi-

---

9 Namen identifiziert nach Wickert 1997:101.

nesischen Mitarbeiter sich nicht unnütz über das Ausbleiben ihrer Verwandten beunruhigen. Ich mache mich selbst mit Han auf den Heimweg und bereite alles für eine eventuelle Flucht aus dem Hause vor.

Um acht Uhr abends beginnt der letzte Akt des Dramas – die große Kanonade! Im Süden steht der ganze Himmel in Flammen. Die beiden Unterstände bei mir im Garten sind bis zum Rand mit Flüchtlingen gefüllt. Es pocht an beiden Haustoren – Frauen und Kinder bitten flehentlich um Einlaß. Einige beherzte Männer steigen hinter der Schule über die Gartenmauer, um Einlaß und Schutz zu bekommen. Da ich das Jammern nicht mehr mit anhören kann, öffne ich beide Tore und lasse alles hinein, was hinein will. Da in den Unterständen kein Platz mehr ist, verteile ich die Leute zwischen den Gebäuden und in den Ecken der Häuser. Die meisten haben ihr Bettzeug mitgebracht und legen sich im Freien schlafen. Einige ganz Schlaue breiten ihre Betten unter der horizontalen großen deutschen Flagge aus. Die Granaten heulen und die Bomben fallen – der ganze Horizont im Süden ist ein einziges Feuermeer – es herrscht ein Höllenlärm. Ich habe meinen Stahlhelm aufgesetzt und drücke auch meinem chinesischen Assistenten, Herrn Han, einen solchen auf die Locken, denn wir beide gehen ja doch nicht in den Unterstand hinein. Ich laufe wie ein Wachhund durch den Garten – von einer Gruppe zur andern – hier schimpfend – dort beruhigend – und schließlich gehorchen mir alle aufs Wort. Gegen 11½ Uhr erscheint Christian Kröger von Carlowitz. Menschenskind – was wollen Sie denn? – Nur mal sehen wie es Ihnen geht! und er berichtet, daß die Zhongshan Lu bereits mit Uniformstücken, Handgranaten und allen möglichen militärischen Bedarfsartikeln, die die fliehenden Truppen zurückließen, besät sei. Unter anderem sei ihm ein noch ganz brauchbarer Omnibus angeboten für $ 20,–, er habe sich den Mann für morgen ins Büro bestellt. Um Mitternacht flaut der Lärm etwas ab, und ich lege mich schlafen – im Norden brennt das wunderbare Gebäude des Verkehrsministeriums – mir tun alle Knochen weh – ich bin seit 48 Stunden nicht aus den Kleidern gekommen. Auch meine Gäste gehen zur Ruhe. Etwa dreißig Leute schlafen im Büro, drei im Kohlenloch, acht Frauen und Kinder im Dienerkloset und der Rest von über 100 Leuten in den Unterständen oder im Freien im Garten.

(Das Vorstehende gibt nur eine Darstellung der Vorarbeiten zur Errichtung der Flüchtlingszone, die Tausenden von Menschen das Leben gerettet hat. Falls möglich, wird in den folgenden Heften der Bericht fortgesetzt. Die Schriftleitung)[10]

Ostasiatischer Beobachter, Folge 57, 7/1938:50–52.

---

[10] Diese Veröffentlichung stand im März 1938 völlig im Gegensatz zur NS–Fernostpolitik und ihrer propagandistischen Kommentierung. Die Schriftleitung wurde angewiesen, den Abdruck aus dem Tagebuch einzustellen. Im Juni 1938 erhielt Lahrmann von Bohle die verbindliche Auflage, rückhaltlos die offizielle NS–Linie zu vertreten (Dok. 121).

49

Bericht des Legationssekretärs Georg Rosen, Nanjing, an das AA

Nanjing, 31. März 1938

Inhalt: Gründung einer separatistischen Regierung in Mittelchina durch die Japaner.[11]

Nach wochenlangem Kuhhandel ist es endlich am 28. März des Jahres zur Gründung einer Regierung für Mittelchina in Nanjing gekommen.

Eigentlich sollte das Ereignis sich schon am 16. d.M. vollziehen. Flugblätter waren schon für diesen Tag gedruckt worden. Seit längerem weilten die von den Japanern für diesen Separatistenstreich gewonnenen Persönlichkeiten in Nanjing, wo das größte und modernste chinesische Hotel der Stadt, bisher von japanischen Offizieren bewohnt, für sie mit bunten Wimpeln und Flaggen hergerichtet war. In der Nähe dieses Hotels war auch die Hauptstraße und der sogenannte Potsdamer Platz[12] mit den fünf Farben der alten chinesischen Republik ausgeschmückt worden. Mehr war an Straßenschmuck nicht nötig, denn die Volksbefreier durften ihr Hotel im allgemeinen nicht verlassen und in den wenigen Ausnahmefällen nur unter japanischer Bewachung; z.B. durfte einer von ihnen zweimal, von einem japanischen Feldgendarm begleitet, sein von den Japanern verwüstetes Haus besichtigen. Mitglieder des Nanjinger „Selbstverwaltungskomitees" und andere Personen durften sie wohl in ihrem Hotel besuchen, aber auch nur unter Beobachtung von Vorsichtsmaßregeln, Privatpersonen überhaupt nicht. Eine Ausnahme bildet der Lettré der Dienststelle [der deutschen Botschaft], der von früher her einige der Figuranten kennt und diese einige Male auf ihren Wunsch aufsuchen und mit ihnen Gespräche über die politische Lage führen konnte.

Die eingangs erwähnte Verzögerung der Regierungsgründung hatte ihren Grund in der Auseinandersetzung mit dem Pekinger Regime[13] und, damit im Zusammenhang stehend, der Gewinnung eines einigermaßen repräsentativen Oberhaupts. Wenn man Manzhouguo – nicht zu Unrecht – mit einer Puppenbühne verglichen hat, so erhält das neue Puppentheater in China dadurch eine besondere Note, daß zwei verschiedene Spieler, das japanische Oberkommando in Tianjin und das in Shanghai, mit ihren Pekinger und Nanjinger Figuren auf derselben Bühne gegeneinander spielen, wobei (ähnlich wie in Ariadne auf Naxos von Richard Strauß) beide Spielergruppen sich selbst als die vorherrschende und die anderen als Nebenfiguren ansehen.

Nachdem von den Japanern hier erst der vergebliche Versuch gemacht worden war, den hiesigen Separatisten vorzutäuschen, die Pekinger Regierung würde ihnen sogleich unterstellt

---

[11] Das Dokument trägt außerdem oben den handschriftlichen Vermerk: „1) An AA. 2) Doppel an Botsch. Hankou, [Botsch.] Tokio, Dienststelle Peking, GK Shanghai. 3) ZdA." und einen Sichtvermerk „R[osen] 3.4.".

[12] Eine Platzbezeichnung im Sprachgebrauch unter den in Nanjing lebenden Deutschen.

[13] Gemeint ist die von den Japanern eingesetzte „Provisorische Regierung der Republik China" unter Wang Kemin.

werden, während gleichzeitig den Pekingern die umgekehrte Zusicherung gemacht wurde, wird jetzt diese Frage in der Schwebe gehalten.

In dem in Übersetzung beiliegenden Manifest,[14] mit welchem sich die Weixin–(d.h. Erneuerungs– oder Reform–)Regierung dem Volk vorstellt, wird vorsichtigerweise nur von einem Zusammenschluß der beiden Regierungen gesprochen, sobald der Verkehr auf der Tianjin–Pukou– und der Longhai–Bahn wiederhergestellt sei. Die in den letzten Tagen eingesetzte große chinesische Gegenoffensive[15] hat den Eintritt dieser Bedingungen zum Mindesten etwas hinausgeschoben. Denn daß dieser kräftige Gegenstoß wirklich einigen Erfolg gezeigt hat, geht weniger aus den chinesischen Heeresberichten, als aus der plötzlichen Zurückhaltung der sonst so redseligen japanischen „Sprecher" hervor.

Sollten die Japaner die Tianjin–Pukou–Bahn in ihrer ganzen Länge in die Hand bekommen, so wäre wenigstens geographisch und verkehrstechnisch ein Zusammenschluß des besetzten Gebiets möglich. Dann wird es sich wahrscheinlich auch herausstellen, ob den Japanern selbst an einer einheitlichen „Regierung" für diese Gebiete liegt, was ich auf Grund der vielfachen, mir seinerzeit von japanischen Stellen in der Mandschurei gegebenen Zukunftsausblicke vorerst bezweifeln möchte. Für die japanische Guandong–Armee und den mit ihr verfilzten Klüngel vom Großindustriellen bis herab zum Rauschgiftschieber war bisher der Grundsatz „divide et impera" [teile und herrsche] maßgebend.

Alle die vorliegenden Unklarheiten und Schwierigkeiten sind wohl dafür verantwortlich, daß der zum Oberhaupt der neuen Regierung ausersehene Tang Shaoyi sich bisher noch nicht zur Annahme der höchsten Würde hat entschließen können.[16] Dieser jetzt 78jährige Staatsmann stand bekanntlich Yuan Shikai nahe und verhandelte um die Jahreswende 1911/1912 in dessen Auftrag in Shanghai als Vertreter der Monarchie mit den Revolutionären, die er damals, ebenso wie die übrige Welt, mit einem Bekenntnis zur Republik überraschte, deren erster Ministerpräsident er dann wurde. Er ist also im konjunkturmäßigen Gesinnungswechsel nicht unbewandert und wäre daher wohl zu einem Amt, das in erster Linie den Verrat an der im schwersten Lebenskampf stehenden Nation erfordert, der geeignete Mann.

Mit dem Fehlen eines Staatspräsidenten wendet sich die Aufmerksamkeit in erhöhtem Maße dem Vorsitzenden des Reichsausschusses für Exekutive, Liang Hongzhi, zu. Dieser 65jährige Politiker entstammt einer vornehmen Familie aus der Provinz Fujian, die schon in früheren Generationen der Qing–Dynastie hohe Beamte gestellt hatte. Er war der erste Sekretär des Marschalls Duan Qirui, des Begründers der Anfu–Partei.[17]

---

14 Nicht gedruckt.

15 Gemeint ist hier die Schlacht von Tai'erzhuang, bei der die chinesischen Truppen ein Vordringen der Japaner zum Eisenbahnknotenpunkt Xuzhou zunächst verhindern konnten.

16 Das blieb auch so. Chef der „Erneuerungsregierung" wurde der weiter unten genannte Liang Hongzhi.

17 Duan Qirui war einer der führenden Köpfe der von Sun Yatsen bekämpften projapanischen Kräfte der chinesischen Politik. Von 1916 bis 1927 hatte er in Peking entscheidende Machtpositionen inne (1916–1920 und 1925–1927 Ministerpräsident). Er spielte eine wesentliche Rolle bei der Kriegserklärung Chinas an Deutschland am 14.8.1917. Die „Anfu–Partei" war keine Partei im eigentlichen Sinne, sondern

Als Außenminister des neuen Regimes ist Chen Lu (Tscheng Loh) gewonnen worden, der ebenfalls aus Fujian stammt und jetzt 60 Jahre zählt und schon dem diplomatischen Dienst unter der Monarchie angehörte. Von höheren Ämtern hat er das des Gesandten in Mexiko (1914), des Bevollmächtigten bei der chinesisch–russisch–mongolischen Konferenz in Kiachta[18] (1914), des Generalresidenten in Urga[19] (1915–1917), des Vizeaußenministers (1918–1920), Gesandten in Paris (1920–1927) und dazwischen (1923) des Vertreters beim Völkerbund bekleidet. Seit seiner Verabschiedung im Jahre 1927 hat er sich historisch–kritischen Studien gewidmet. [...][20]

Die aus den geschilderten Persönlichkeiten zusammengesetzte Regierung hat sich bisher nur in dem von den Japanern vorbereiteten Gründungsakt betätigt. Das bereits erwähnte, in Übersetzung beiliegende Manifest an die Bevölkerung folgt den sattsam bekannten Gedankengängen des japanischen Militärs, mit einer heftigen Verurteilung des Mannes, der es als Führer seiner Nation wagt, sich den Machtgelüsten Japans zu widersetzen. Verkündet wird die Schaffung des territorialen status quo ante, ohne daß von den sicherlich zu erwartenden japanischen Servituten, vor allem der Besetzung lebenswichtiger Gebietsteile und Knotenpunkte, die Rede ist, Aufnahme von Verhandlungen mit dem „befreundeten" Japan, wobei jedoch die Freundschaft zu den Ländern Europas und Amerikas beibehalten werden soll.

Mit der Vornahme der dringendsten Notstandsarbeiten, zu denen sich die Regierung vor Gott und Volk verpflichtet, scheint sie keine besondere Eile zu haben, da sich zwei Tage nach der Gründung die wichtigsten Regierungsmitglieder im Flugzeug, gefolgt von achtzig Mann in einem Sonderzug, nach Shanghai begeben haben. Somit lasten zur Zeit noch alle undankbaren Aufgaben in Nanjing auf dem Torso des „Selbstverwaltungskomitees",[21] das jetzt zu einer städtischen Behörde umorganisiert werden soll.

Bezeichnend für das psychologische Ungeschick der Japaner ist es, daß sie den Beginn der neuen Freundschaftsära mit dem Verlangen einleiten, die chinesische Währung in Nanjing mit einem Zwangskurs von 1 $ = 70 Sen japanischer Währung, also noch erheblich niedriger als der ohnehin durch japanische Machenschaften gedrückte Shanghaier Kurs, festzusetzen. Da gleichzeitig die japanischen Händler das Monopol für das Hereinbringen von Lebensmitteln, abgesehen von den in der unmittelbaren Nähe erzeugten Agrarprodukten, haben, ergibt sich von vornherein eine willkürliche Einschränkung der Kaufkraft einer ohnedies wirtschaftlich ruinierten Käuferschaft. Das Selbstverwaltungskomitee widersetzt sich diesem Wahnsinn, der nicht einmal Methode hat. Die Zukunft wird zeigen, ob der alte erfahrene Finanzminister der neuen Regierung in diesem Punkte eingreifen wird.

---

eine Gruppierung projapanischer Politiker. Der Name setzt sich aus den Provinznamen Anhui und Fujian zusammen.

18 Russische Stadt an der russisch–chinesischen, dann – nach der Unterzeichnung des russisch–mongolisch–chinesischen Abkommens über die Autonomie der Äußeren Mongolei am 25.5.1915 – an der russisch–mongolischen Grenze.

19 Hauptstadt der Äußeren Mongolei, später als Ulan Bator Hauptstadt der Mongolischen Volksrepublik.

20 Ähnlich detailliert äußerte sich Rosen im folgenden zu den weiteren Mitgliedern der Regierung.

21 Gemeint ist wohl die „Autonome Regierungskommission", die am 1.1.1938 gebildet worden war.

Wegen der schlechten Postverbindungen mit Hankou lege ich diesen Bericht dem Auswärtigen Amt unmittelbar vor. Die Botschaften in Hankou und Tokio und die Dienststelle der Botschaft in Peking sowie das Generalkonsulat in Shanghai erhalten Durchschlag dieses Berichts auf sicherem Wege.

gez. Rosen

BArch, R9208, DBC, Nr.2208, Bl.51–56.

50

Bericht des Botschaftsrats Hans Bidder, Peking, an die Deutsche Botschaft Hankou

Peking, 20. Juli 1938

Lage im besetzten Nordchina am Ende des ersten Kriegsjahres.

Die gegenwärtige Lage in den unter japanischer militärischer Besetzung stehenden Teile Nordchinas muß jeden Beobachter durch den auf militärischem, politischem und wirtschaftlichem Gebiet gleichmäßig geringen Fortschritt überraschen, den sie nach einem vollen Jahr, währenddessen die Japaner doch ungestört Herrn im Lande waren, gegenüber dem Zustand vom vorigen Sommer aufweist. Es hat sich allerdings – was auch von japanischer Seite offen zugegeben wird, – immer deutlicher erwiesen, daß die chinesischen Widerstände auf jedem Felde weit stärker und nachhaltiger gewesen sind, als zuvor angenommen. Ferner, daß der zu ihrer Überwindung erforderliche Kräfteaufwand immer mehr rein militärischen Zwecken, also letzten Endes destruktiv wirkenden Maßnahmen zugewandt werden mußte, so daß für den politischen, mehr noch für den wirtschaftlichen Wiederaufbau bisher kaum Ansätze aufgezeigt werden können, die auf eine baldige Überwindung des in dieser Hinsicht eingetretenen Stillstands rechnen ließen. [...][22]

---

22 Es folgen Abschnitt I mit einer ausführlichen Beschreibung der militärischen Auseinandersetzungen und Abschnitt II, in dem sich Bidder sehr kritisch mit dem politischen Vorgehen Japans in Nordchina auseinandersetzt. Indem Japan versuche, „das chinesische Volk mit bewaffneter Faust und mit dem Stock in der Hand zur Japan–Freundschaft zu erziehen", habe es die Gegensätze zwischen Japan und China weiter verschärft, „unnötige Gewalttaten, Brutalitäten und sexuelle Ausschreitungen, die von den japanischen Truppen überall an der einfachen Zivilbevölkerung begangen werden" hätten „natürlich in dem prachtvoll urwüchsigen, gesunden Bauernvolk Nordchinas einen Haß gegen Japan erzeugen helfen, der zuvor nirgends entfernt in gleicher Stärke vorhanden war." Ursprüngliche japanische Absichten, mit den Chinesen zusammenzuarbeiten, hätten „heute rücksichtslosen japanischen Eingriffen in das Privateigentum chinesischer Bürger, der Enteignung ganzer Straßenzüge, entschädigungsloser Übereignung chinesischer Theater, Kinos, Geschäfte und Fabrikbetriebe an neue japanische Besitzer Platz gemacht." Der „Appell an die gebildeten Schichten Chinas" sei heute „ebenfalls durch brutalen Zwang ersetzt."

III.

Die Verschärfung der Gegensätze auf militärischem und politischem Gebiet, die oben nachgewiesen wurde, findet in einem Zustand der wirtschaftlichen Lage Nordchinas ihre Ergänzung, der kaum anders als „Stillstand mit rückläufiger Tendenz“ bezeichnet werden kann. [...][23]

Im Ergebnis des ersten Kriegsjahres ist somit auch auf wirtschaftlichem Gebiet kaum ein Schritt getan, der etwa eine Linderung der durch Krieg und Unruhe angerichteten Zerstörungen und den Beginn eines Wiederaufbaus andeutete, sondern die Verschärfung der chinesisch–japanischen Gegensätze zwingt auch hier Japan, ohne Rücksicht auf die Interessen Nordchinas selbst oder dritte[r] Mächte zu brutalen Eingriffen reiner Ausbeutungs– und Eroberungspolitik zu schreiten. Die Millionen– und Milliardenprogramme früherer Vierjahrespläne der „wirtschaftlichen Entfaltung“ Nordchinas gar werden auch von der japanischen Presse immer seltener erwähnt. Die noch vor wenigen Monaten angemeldeten Wünsche unserer Werke und Firmen, besonders deutscher Japan–Firmen, nach Beteiligung am Wiederaufbau Nordchinas, – die allerdings schon damals von den hiesigen amtlichen japanischen Stellen mir gegenüber als „rather premature“ [eher voreilig] bezeichnet wurden – dürften an Hand der vorstehenden Erfahrungen auch im kommenden Jahr japanischer Kriegswirtschaft erheblichen Abstrichen unterworfen werden.[24]

Das Auswärtige Amt in Berlin hat drei, die Botschaft in Tokio und das Generalkonsulat in Tianjin haben je einen Durchschlag dieses Berichts und seiner Anlagen erhalten.

gez. Dr. Bidder.

BArch, R9208, DBC, Nr.2206, Bl 280–295.

51

Note des Außenministers der Nanjinger „Erneuerungsregierung“, Chen Lu, an Geschäftsträger Martin Fischer, Hankou

[Nanjing], 5. Oktober 1938

Übersetzung[25]

---

23 Es folgen detaillierte Angaben zur Wirtschaftsentwicklung.

24 In einem sich unmittelbar anschließenden Bericht vom 26.8.1938, Az. Nr.2722/2791/38, vermerkte Bidder: „Entgegen der japanischen Pressepropaganda hat die für Japan wichtigste Frage, nämlich die wirtschaftliche Ausbeutung des 'eroberten Nordchinas', ... bis heute auf keinem Gebiet in nennenswertem Umfang begonnen“ (BArch, R9208, DBC, Nr.2206, Bl.218–240 – Bidder an DB Chongqing, Peking 26.8.1938, Inhalt: Lage in den besetzten Teilen Nordchinas Ende August dieses Jahres).

25 Die Übersetzung ist offensichtlich in der Deutschen Botschaft Nanjing entstanden.

Seit der Gründung der Erneuerungsregierung am 28. März des 27. Jahres der Chinesischen Republik (1938)[26] beschäftigt sich die Regierung damit, den Verkehr zu regeln und die Ordnung wiederherzustellen. Nunmehr ist alles in Ordnung gebracht worden, und alle Reichsämter und Ministerien werden von dem heutigen Tage ab in Nanjing bleiben und ihre Amtsgeschäfte ausführen.[27] Ich bitte Sie, Herr Geschäftsträger, hiervon Kenntnis zu nehmen und die deutsche Regierung entsprechend zu informieren.
gez. Chen Lu

BArch, R9028, DBC, Nr.2215, Bl.131.

52

Bericht des Konsuls für Französisch–Indochina, Ernst Neumann, Hanoi, an das AA

Hanoi, 2. Februar 1939

Oberst Tschantatcho [Chen Chunpu], früherer Generaldirektor der chinesischen Fluggeräte A.G. Kunming und Schwager von Wang Jingwei,[28] hat mir heute mehrstündigen Besuch abgestattet und mir folgendes vertraulich mitgeteilt:

Er habe Kunming fluchtartig verlassen müssen, was ihm nur durch wohlwollende Unterstützung [des] Gouverneurs [der] Provinz Yunnan [Long Yun], der heimlich auf [der] Seite Wang Jingweis stehe, gelungen sei. Lage in Chongqing sei sehr verworren. Chiang Kaishek gerate mehr und mehr unter russische Führung. Japanischer Vorstoß auf Chongqing erwar-

---

26 Vgl. Dok.49.

27 Zur bisherigen Tätigkeit der „Erneuerungsregierung" hatte die Deutsche Botschaft Nanjing am 26. August 1938 in Befassung mit einem Leitartikel der „Nanjing Xinbao" an die DB Chongqing u.a. berichtet: „Auch wenn man die durch den Krieg verursachte Desorganisation in dem Bereich der „Erneuerungs"–Regierung und die japanische Obstruktion auf vielen Gebieten in Betracht zieht, so fällt es doch in der Tat schwer, etwa Positives über die Tätigkeit der Regierung zu sagen, deren Mitglieder sich seit ihrer Gründung am 28. März d[es] J[ahres] fast vollzählig in Shanghai aufhalten." Von einer „Ausübung der Regierungsgewalt" durch die „Erneuerungs"–Regierung könne „wohl kaum gesprochen" werden. Was ihr von der „Nanjing Xinbao" als Positivum angerechnet werde, „nämlich die Wiederherstellung der lokalen Ordnung" und „die Wiedererlangung einer gesicherten Existenz für die Flüchtlinge", sei „wohl mehr auf den gesunden Sinn der Bevölkerung und ihren Selbsterhaltungstrieb zurückzuführen." Die Regierung sei durch innere Machtkämpfe handlungsunfähig. Liang Hongzhi wolle offensichtlich die volle Unterwerfung unter die Japaner, während Wen Zongyao, Vorsitzender des Reichsamtes für Gesetzgebung, für eine Gleichberechtigung zwischen Japan und China eintrete (BArch, R9208, DBC, Nr.2215, Bl.153–156 – Bericht DB Nanjing an DB Chongqing, 26.8.1938. Inhalt: Betrachtungen zu einem Leitartikel der „Nanjing Xinbao" über die „Erneuerungs"–Regierung).

28 Wang Jingwei, Stellvertreter Chiang Kaisheks, hatte sich am 18.12.1938 aus Chongqing nach Kunming und dann nach Hanoi abgesetzt.

tet,[29] wodurch eventuelle Verlegung Sitz Zentralregierung nach Lanzhou nötig, was gleichbedeutend mit weiterer wesentlicher Verstärkung russischen Einflusses in chinesischer Regierung [wäre].

Differenzen zwischen Chiang Kaishek und Wang Jingwei [seien] hauptsächlich unter diesem Gesichtspunkt zu beurteilen. Wang Jingwei halte jetzt Zeitpunkt für Verhandlungen mit Japan gekommen auf [der] Grundlage [der] Erklärungen [des] Fürsten Konoe vom 22. Dezember v[origen] J[ahres],[30] jedoch mit folgenden Modifikationen:

1. Unbedingte Aufrechterhaltung der Souveränität Chinas;
2. keine Anerkennung Manzhouguos de jure, wohl aber stillschweigende Anerkennung des de facto–Zustandes;
3. Beitritt Chinas zum Antikominternpakt;
4. Räumung der von den Japanern besetzten Gebiete, auch der Provinz nördlich des Huanghe und von Shandong, jedoch Gestattung von japanischen Garnisonen längs der Grenze der Inneren Mongolei und an anderen strategischen Punkten im Norden zur Sicherung [des] Antikominternpaktes;
5. Aufrechterhaltung der fremden Konzessionen, überhaupt keine Antastung fremder Vertragsrechte;
6. Einräumung des Niederlassungsrechts an japanische Staatsangehörige in ganz China nach Maßgabe der chinesischen Gesetze;
7. Einstellung der antijapanischen Boykottbewegung;
8. Abschluß eines für Japan günstigen Wirtschaftsabkommens unter Berücksichtigung der Interessen der anderen Mächte.

Oberst Chen [Chenpu], der nächster Tage [nach] Hongkong weiterreist, in einigen Wochen [nach] Hanoi zurückkehrt und mich dann wieder aufsuchen will, versicherte ausdrücklich, daß er von Wang Jingwei zu Verhandlungen ermächtigt sei. Über [den] Zweck seiner Reise in Hongkong hat er sich nicht äußern wollen. Jedoch [ist] anzunehmen, daß dort entsprechende Verhandlungen bereits im Gange [sind].

Habe aus Unterhaltung Eindruck gewonnen, daß Wang Jingwei mit uns Fühlung nehmen möchte. Habe indessen zu verstehen gegeben, daß ich ersten Schritt nicht unternehme, jedoch zu Unterredung mit Wang Jingwei bereit sei, falls dieser es wünsche. Meines Erachtens [ist] unsererseits Vorsicht und Zurückhaltung am Platze, da abgesehen von [der] Frage [der] Legitimationen, obwohl nicht ausgeschlossen [ist], daß Wang Jingwei im teilweisen Einvernehmen Chiang Kaisheks handelt, mit welchem er in regem Telegrammwechsel steht, weitere Entwicklung in Ostasien vorerst wohl noch abzuwarten bleibt.

Erbitte Weisung und wäre dankbar um Mitteilung, ob Wang Jingwei inzwischen auch mit anderen deutschen Dienststellen (Tokio?) Fühlung genommen.[31]

---

29 Zu einem solchen Vorstoß ist es nicht gekommen.

30 Am 22.12.1938 hatte Ministerpräsident Konoe die „Neue Ordnung für Großostasien" proklamiert.

31 Anm. im ADAP–Druck: Eine vom 16.2.1939 datierte Aufzeichnung des Leiters des Referats Pol. VIII, Knoll, vermerkt, daß der deutsche Geschäftsträger in China (Martin Fischer) am 27.1.1939 den Generalkonsul in Kanton (Siebert) angewiesen habe, „zu sondieren, welchen Zweck die Anfrage eines Be-

Neumann.

ADAP, Serie D, Bd.IV, Dok.544, S.612–613.

53

Adresse des Vorsitzenden des Zentralkomitees der „Neuen Volksgesellschaft", Miao Bin, an Reichskanzler Adolf Hitler[32]

[Peking], 7. März 1939

An den
Präsidenten des Deutschen Reichs.
Herrn Hitler.

Die Frage der Sicherung Ostasiens vor Gefahr ist im Hinblick auf den Weltfrieden von größter Bedeutung. Die Abwehr der kommunistischen Lehre ist das von unsern Antikomintern–Ländern gemeinsam mit äußerster Kraft verfolgte Ziel.

Eure Exzellenz haben in weiser Voraussicht Ihr Volk auf diesen Weg mit einer Vereinigung befreundeter Staaten zusammengebracht im Kampf gegen die rote Gefahr. Der Frieden der Zukunft stützt sich vollkommen auf diese Front.

China ist durch die Missetäter der Guomindang und der Kommunisten ins Unglück gekommen und hat, infolgedessen, die brüderliche Verbindung mit seinen Freunden abgelehnt und seine Verbindung mit Rußland zum Leitgedanken seiner Politik gemacht. In seiner Verblendung ruft es, um das Land nicht unversehrt in die Hand Japans geraten zu lassen, zu

---

vollmächtigten Wang Jingweis beim Generalkonsulat Hongkong, ob demnächst ein Beamter der deutschen Botschaft in China nach Hongkong komme, habe". Diese Sondierung sei jedoch ergebnislos geblieben. Knoll schlug deshalb vor, den Konsul in Hanoi anzuweisen, eine Fühlungnahme Wangs in keiner Weise zu ermutigen. Ein Telegramm dieses Inhalts ging am 17.2.1939 an den Konsul ab.

32 Die Adresse liegt in einer Übersetzung vor, die offensichtlich in der Dienststelle Peking der Deutschen Botschaft entstand. Sie ist einem Bericht des Generalkonsuls Hans Bidder an das AA – Az. 2722/1566/39 – aus Peking vom 13.3.1939 als Anlage beigefügt. In diesem Bericht, der den Titel „Japanische Propaganda für 'Neue Ordnung in Ostasien'„ trägt, schrieb Bidder u.a.: „Die bald nach der militärischen Besetzung Nordchinas von den japanischen Besatzungsbehörden nach dem Muster der Concordia–Gesellschaft in der Mandschurei in Peking gegründete 'Xinminhui' – 'Neue Volksgesellschaft', die der japanischen Offensive in Nordchina propagandistisch den Weg zu ebnen hat, führt jetzt in der Zeit vom 3. bis 9. d[es] M[onats] eine Propaganda–Woche für 'Die neue Ordnung in Ostasien' durch. Die Parole dieser Woche, die in der chinesischen Öffentlichkeit geringen Eindruck machte und in der Tat auch japanischerseits recht halbherzig betrieben wurde, gipfelte, wie das hier beigefügte [nicht gedruckte] Broschürenmaterial zeigt, wieder in der Forderung nach Zusammenschluß Japans, Manzhouguos und Nordchinas im Kampf gegen den Kommunismus."

einer freiwilligen Selbstzerstörung und Weiterführung des Kampfes auf, so daß das Volk ins Elend gerät.

Unsere Gesellschaft umfaßt die Kreise, die sich um das Wohl des Vaterlandes sorgen, sie schwören, den Kampf gegen den Kommunismus aufzunehmen, das Vaterland zu retten und die Errichtung des ostasiatischen Friedens zu betreiben.

Nunmehr betreiben wir deshalb in erhöhtem Maße die Bewegung zur Errichtung einer „Neuen Ordnung“ in Ostasien. Das Ziel ist die innerliche Verbindung der Völker Ostasiens, die Ausrottung der kommunistischen Ideen und eine weitere Stärkung der antikommunistischen Front. Dies wird einen Schritt weiter bedeuten in Richtung einer neuen Weltordnung, als Krönung unserer Unternehmung.

Wir hoffen, daß Eure Exzellenz uns hierbei jeder Zeit Weisungen zukommen lassen möge, der wir gehorchen werden, um mit vereinten Kräften vielleicht die gestellte Aufgabe noch leichter lösen zu können.

In Vertretung des Volkes der Chinesischen Republik senden wir Eurer Exzellenz und dem Deutschen Volk den Ausdruck unserer Hochachtung.

Der Vorsitzende des Zentralkomitees der "Neuen Volksgesellschaft"

gez. Miao Bin

den 7. März [im] 28. Jahr der Chines[ischen] Republik.

BArch, R9208, DBC, Nr.2206, Bl.54–57.

54

Bericht des I.G.–Verbindungsmannes für China, Carl Gadow, auf der 9. Sitzung des Ostasienausschusses der I.G. Farbenindustrie AG in Berlin[33]

Berlin, 15. Juni 1939

Durch die Berichterstattung Ihrer Verkaufsgesellschaften[34] werden Sie über die Entwicklung der Lage in China laufend so ins Bild gesetzt, daß es schwer für mich sein wird, Ihnen etwas

---

33 Vortragstyposkript von Gadow, Anlage zur Niederschrift über die 9. Sitzung des OAA der I.G. in Berlin NW7 vom 15.6.1939 (BArch, R8128, I.G. Farben, Nr.A2378, Bl.61–75). Gadow referierte dort unter TOP IIa „Allgemeiner Überblick über die politische und wirtschaftliche Lage in China“.
Der OAA der I.G. koordinierte unter dem Vorsitz von Hermann Waibel die Vor– und Nachbereitung von Konzern–Entscheidungen zum Fernost–Export. Er hielt bis Juni 1943 insgesamt fünfzehn Sitzungen ab.

34 Die I.G. Verkaufsgemeinschaften Farben, Chemikalien, Pharmazeutika und Agfa sowie das Stickstoff–Syndikat faßten regelmäßig die Marktinformationen der in China operierenden Konzern–Niederlassungen, die über geschäftsspezifische Details hinausgingen, zu internen Übersichtsberichten zusammen.

Neues zu sagen. Es kommt dazu, daß sich die Problematik aller Dinge im Fernen Osten in dem augenblicklichen Konflikt, in dem sich die beiden großen Nationen des Ostens gegenüberstehen, in vielleicht noch größerem Maße offenbart, als dies in ruhigen Zeiten der Fall ist.

„Welche großen Änderungen auf politischem Gebiet sind in Ostasien zu erwarten?“ werden Sie fragen. Die Antwort lautet ganz verschieden: ob sie erfolgt aus der Auffassung: „Japan zu China“ oder „China zu Japan“ oder gar im Rahmen der Stellung des Problems in der „allgemeinen Weltpolitik“.

Was die politischen Wünsche und Ziele Japans China gegenüber angehen, so haben Sie darüber ja bereits aus berufenerem Munde heute vormittag von Herrn Ruhl gehört.[35] Daß die politische Zielsetzung Japans – so weitgehend dieselbe in ihrem Endziel auch sein mag – bei Beginn des gegenwärtigen Waffengangs in dem zur Zeit erreichten Ausmaß bestimmt nicht gewollt war, ist inzwischen auch von den Japanern zur schmerzlichen Erkenntnis geworden, denn der jetzige chinesische Krieg hat sie zum Einsatz von Mitteln gezwunen, die Japan in mancherlei Hinsicht sehr unerwünscht sind und tiefgreifende Umstellungen in Denken und Handeln notwendig gemacht haben.

Die gleiche Frage vom Standpunkt Chinas aus betrachtet, zeigt ein Volk in geschlossenem erbitterten Abwehrkampf um die bedrohte nationale Selbständigkeit, eine Erscheinung, die auch für die sogenannten alten China–Leute ein Novum insofern darstellt, als die rund 100jährigen Erfahrungen seit den ersten Opiumkriegen immer wieder das gleiche Bild boten, daß Uneinigkeit im eigenen Lager die Möglichkeit für die Angreifer gab, ihre Wünsche und Ziele durchzusetzen. So war es bei den kriegerischen Auseinandersetzungen mit den Engländern, Franzosen und Japanern, und so war es vor allen Dingen in den vielen Bürgerkriegen, die in den letzten dreißig Jahren das Land durchfieberten.

Das Einigungswerk unter Chiang Kaishek war bei Kriegsbeginn noch nicht so weit fortgeschritten, als daß es den zutage getretenen bedingungslosen Abwehrwillen erklären könnte. Es ist vielmehr die völlig falsche geistige Einstellung, mit der die Japaner an die Erreichung ihres Zieles, die Chinesen in ihren Herrschaftskreis einzubeziehen, herangegangen sind. Im Verlauf der beiden Kriegsjahre ist es jedem europäischen Beobachter draußen klar geworden, daß hier der Kernpunkt für die immer größer gewordene Versteifung in der chinesischen Haltung liegt, die schließlich dazu geführt hat, daß eine Möglichkeit, wie diese beiden großen Nationen wieder zusammenkommen können, heute überhaupt noch nicht zu sehen ist.

Vgl. Monats– bzw. Quartals–Berichterstattung der Verkaufsgemeinschaft Farben von 1933 bis 1944, die sich auch zur innen– und außenpolitischen Entwicklung in China äußerte (NA/Microcopy T82, Roll 75, Serial 96, I.G. Farben, Aufn. 232665ff).

35 Unter TOP Ia „Japan und Manzhouguo“ gab Ingenieur Hans Ruhl, technischer Berater und Vertrauensmann der I.G.–Produktions–Sparte I (Stickstoff, Hydrierung) mit Sitz in Tokio, einen Lagebericht. Dabei hatte er hervorgehoben, daß Japan durch seine weitere Wirtschaftsexpansion für die I.G. „in den nächsten Jahrzehnten“ interessant werden könnte.

Als Beispiel, wie weit die unterschiedliche Auffassung in den angewandten Methoden geht, darf ich die letzte Bombardierung der Hauptstadt Chongqing anführen,[36] die vom japanisch–militärischen Gesichtspunkt aus als großer militärischer Sieg gefeiert wurde, andererseits von der chinesischen National–Regierung, und zwar mit vollem Recht, als größter Erfolg seit Abschnürung der Offensive westlich von Nanchang gebucht wird, weil durch das in der Hauptstadt angerichtete entsetzliche Blutbad, welches ausschließlich die Zivilbevölkerung traf, die bis dahin bestandenen Gegensätzlichkeiten zwischen National–Regierung und den noch nicht so mitgehenden Provinzialregierungen in Sichuan und Yunnan auf einen Schlag beseitigt wurden.

Von unserem europäischen Standpunkt aus kann man es nur als unverständlich bezeichnen, daß die rasseverwandten Japaner die Wirkung ihrer Methoden auf die Chinesen nicht richtig einzuschätzen wissen. Es ist eine Tatsache, daß die auf europäischen Kriegsschauplätzen angewandte „Terror–Wirkung durch Bombardierung“[37] bei den Chinesen völlig versagt, was daraus erklärt wird, daß die Chinesen – seit Jahrhunderten an Naturkatastrophen allergrößten Ausmaßes gewöhnt – auch solche Ereignisse stoisch und mit ruhigen Nerven überdauern.

Die Offensive–Kriegsführung der Japaner ist von den Chinesen – mit der einzigen Ausnahme der Kämpfe um Shanghai[38] – mit einer Kampfmethode beantwortet worden, welche die uneheure Weite des ihnen zur Verfügung stehenden Raumes zum Bundesgenossen nahm, was im Ende dazu geführt hat, daß Japan heute auf Kriegsschauplätzen kämpfen muß, die außerhalb seiner nächsten Kriegsziele liegen.

Das Problem wird dadurch kompliziert, daß in China aber nicht mehr allein „Japan mit China“ und „China mit Japan“ kämpft, sondern der chinesische Verteidigungskampf spielt sich – besonders für England – auf den Glacis der europäischen und indischen Kolonien ab, ganz abgesehen von den Handelsinteressen, welche in China selbst auf dem Spiel stehen. So wenig die von England geleistete Unterstützung auch zutage tritt, dieselbe genügt, um die Chinesen immer wieder in ihrem Abwehrwillen zu bestärken. Deutlich ist die Hilfestellung in der Stützung der Währung zum Ausdruck gekommen, was im besonderen für die nationale Haltung der Bewohner der besetzten Gebiete von Bedeutung geworden ist.

---

36 Chongqing war im ersten Halbjahr 1939 von mehreren schweren Bombenangriffen der Japaner in Mitleidenschaft gezogen worden. Durch Evakuierungen ging die Einwohnerzahl von 700.000 auf 200.000 zurück.

37 Offensichtliche Anspielung auch auf den Luftangriff der deutschen „Legion Condor“ auf die nordspanische Stadt Guernica vom 26.4.1937, bei dem barbarische Zerstörungen angerichtet wurden. Guernica war seitdem vor allem durch das Gemälde von Pablo Picasso als Sinnbild für Kriegsverbrechen an der Zivilbevölkerung in die Geschichte eingegangen.

38 Zu den Kämpfen um Shanghai vgl. vor allem Tang Zhenchang 1989:769–780. Bei der Verteidigung Shanghais fielen nahezu zwei Drittel der GMD–Streitkräfte. Mit einem Schlage wurden alle von den deutschen Militärberatern ausgebildeten Elitedivisionen aufgerieben.

Territorial gesehen befindet sich heute nahezu die Hälfte des Landes in japanischer Hand,[39] und es ist auch nicht daran zu deuteln, daß dies die wirtschaftlich weitaus bedeutsamsten und wichtigsten Bezirke sind. [...][40]

Die handelspolitische Lage insgesamt betrachtet zeigt ein Bild völligen Durcheinanders, bei der es weder auf der einen noch auf der anderen Seite eine klare Linie gibt und – wenn man gerecht sein will – wohl auch kaum geben kann, weil einer Ausrichtung nach klaren Zielen einmal die Weitläufigkeit des Landes und zum anderen die durcheinandergehenden Interessen zuwiderlaufen. [...][41]

Wir deutscherseits haben uns bekanntlich – in Anlehnung an die Achsenpolitik – auf einen realeren Standpunkt gestellt und schon früher eine mögliche Entwicklung in Rechnung gestellt, welche bestimmenden japanischen Einfluß – besonders in Nordchina – zu einer Dauererscheinung macht, mit der man am besten schon jetzt rechnet. Die Versuche einer teilweisen Handelsregelung, unternommen von Herrn Dr. Woidt, das „Mengxiang–Abkommen" und schließlich der sogenannte „Neue Plan" sind Etappen auf diesem Gebiet. [...][42]

BArch, R8218, I.G. Farben, Nr.A2378, Bl.88–97.

55

Bericht des Konsuls Hermann Gipperich, Nanjing, an die Deutsche Botschaft Shanghai

Nanjing, 23. Dezember 1939

Inhalt: Nanjing und die chinesische Regierung.

Nanjing wird voraussichtlich wieder Sitz der chinesischen Zentralregierung[43] werden, wie diese auch immer gestaltet sein möge. Es ist deshalb verständlich, wenn besonders die Chi-

---

39 Die chinesischen und japanischen Angaben zu ihren Herrschaftsgebieten gingen weit auseinander. Nach dem Fall von Kanton und Hankou legten beide Seiten für Ende November 1938 weit voneinander abweichende Besitzstandsübersichten vor: 1. Die Guomindang–Regierung gab das tatsächlich unter japanischer Kontrolle stehende Gebiet der besetzten Provinzen mit 7% an. 2. Die japanische Armee behauptete, 47% des chinesischen Gesamtterritoriums zu beherrschen.

40 Ausführungen zur Wirtschaftslage in den besetzten und unbesetzten Landesteilen, vor allem zu den von beiden Kriegsparteien in ihren Gebieten eingeleiteten kriegswirtschaftlichen „Sondermaßnahmen".

41 Hinweise auf die „abwartende" und „hinhaltende" Position der Briten und anderer „noch interessierter europäischer Mächte" im chinesisch–japanischen Krieg.

42 Abschließende Bemerkungen zum offensichtlichen Gegensatz zwischen der tatsächlichen Lage und der I.G.–Exportentwicklung in China: „Ich hoffe, daß es uns auch fernerhin gelingen wird, durch Zusammenarbeit aller Stellen den für unser Geschäft bisher relativ günstigen Verlauf unserer Geschäfte in China auch weiterhin aufweisen zu können."

43 Gemeint ist eine Zentralregierung für das besetzte China.

nesen in Nanjing ein baldiges Ende des gegenwärtigen Zustandes[44] herbeisehnen und wenn die Informationen, die von hier ausgehen, oft von diesem Wunsche optimistisch gefärbt sind. Aber die Verhandlungen über die Regierungsbildung werden nicht in Nanjing geführt. Soweit die Zukunftspläne mit dem Namen Wang Jingwei verknüpft sind, werden sie hauptsächlich in Shanghai, aber auch in Tokio, Hongkong, Hanoi, Peking erörtert. Über das Gründungsdatum dieser neuen Regierung ist auch hier nichts Zuverlässiges zu erfahren. Nachdem mehrere Prophezeiungen für bestimmte Tage im Herbst und Winter sich als falsch erwiesen haben, hofft man jetzt auf das Frühjahr.[45] [...][46]

Ein normales Wirtschaftsleben hat sich unter den gegebenen Verhältnissen in Nanjing seit 1937 noch nicht wieder entfalten können. Abgesehen von einer Anzahl von Ladengeschäften scheint nur der Rauschgifthandel zu blühen. Die japanischen Besatzungstruppen beziehen den größten Teil ihres Bedarfs aus Japan; ihr Verbrauch trägt deshalb zur Belebung des Marktes wenig bei.

Auch die Erzeugnisse der deutschen Industrie sind in Nanjing sehr selten geworden. Deutsche Kaufleute haben ihre Tätigkeit hier noch nicht wieder aufnehmen können. Es scheint, daß die japanischen Militärbehörden den Deutschen, die früher in Nanjing ansässig waren, grundsätzlich die Zureisegenehmigung nicht erteilen (Fälle Leinung, Melchior). Deutsche Handelsschiffe durften bisher Nanjing nicht anlaufen.

gez. Gipperich

BArch, R9208, DBC, Nr.2215, Bl.4–6.

56

Jahresbericht des Gesandten Wilhelm Wagner, Xinjing, an das AA[47]

Xinjing, 13. Januar 1940

Inhalt: Jahresbericht.

---

44 Gemeint ist die Parallelexistenz der „Provisorischen Regierung der Republik China“ in Peking für Nordchina und der „Erneuerungsregierung“ in Nanjing für Mittelchina.

45 Die Wang–Jingwei–Regierung wurde am 30.3.1940 gebildet.

46 Es folgt ein Abschnitt mit einer Einschätzung der Arbeit der Nanjinger „Erneuerungs“–Regierung. Sie führe unverändert „ein bescheidenes Dasein“, ihre Tätigkeit werde „außerordentlich eingeengt einerseits durch die japanischen Besatzungstruppen, die fast alle Regierungsfunktionen selbst ausüben möchten, andererseits durch den Mangel an eigener Macht, woran die Durchführung der meisten Regierungsmaßnahmen scheitert.“

47 Dieser Bericht Nr.35 vom 13.1.1940 bezog sich auf den vorangegangenen Manzhouguo–Bericht der Deutschen Gesandtschaft Xinjing Nr.87 vom 2.2.1939. Er war zeitgleich der DB Shanghai zur Kenntnis gebracht worden, wo er am 22.1.1940 eintraf.

Manzhouguo um die Jahreswende 1939/40 [...][48]

II. Außenpolitisches

[...][49] Der Beitritt Manzhouguos zum deutsch–japanisch–italienischen Antikominternpakt, der gleichzeitig mit Ungarn am 24. Februar 1939 in Xinjing vollzogen wurde, wurde hier als Zeichen wachsender Weltgeltung Manzhouguos mit besonderen Feierlichkeiten begangen. Durch den in Xinjing am 24. März 1939 geschlossenen Zusatzvertrag wurde der deutsch–mandschurische Freundschaftsvertrag vom 12. Mai 1938 in einer Weise ergänzt, daß die im Jahre 1938 Italien gewährte Form der Meistbegünstigung auch für Deutschland sichergestellt wurde.

Die Übernahme des früheren tschechoslowakischen Konsulats in Harbin vollzog sich ohne Schwierigkeiten. Am 1. Juni 1939 erkannte Manzhouguo die Slowakei formell an.

Im Vordergrund des unmittelbaren außenpolitischen Interesses standen die Kämpfe an der mandschurisch–mongolischen Grenze um den Nomonhan–Bezirk. Sie begannen im Mai v[ergangenen] J[ahre]s und fanden erst am 15. September durch einen in Moskau zwischen Japan und Rußland geschlossenen Waffenstillstand ein Ende. [...][50]

Das Verhältnis von Manzhouguo zu Deutschland ist freundschaftlich. So war es auch in verhältnismäßig kurzer Zeit möglich, wenigstens die hiesigen führenden Persönlichkeiten, die durch den Abschluß des deutsch–russischen Nicht–Angriffspakts völlig überrascht und z.T. verärgert waren, davon zu überzeugen, daß Deutschland in seiner Lage nicht anders handeln konnte, und Verständnis dafür zu finden, daß die Befriedung der deutsch–russischen Beziehungen sich auch für Manzhouguo nützlich werden auswirken können. Man muß diese Aufnahmebereitschaft der hiesigen Stellen umso höher veranschlagen, als gerade in Manzhouguo die Notwendigkeit einer Kriegführung gegen die Sowjetunion seit Jahren als Dogma galt und ganz ausgesprochen der Kernpunkt der Aufgabe der Guandong–Armee war.

Dem Einfluß der Deutsch–Freunde in der Regierung, vor allem des Vizekanzlers N. Hoshino, ist es zu danken, daß man den Fortgang des Handels mit Deutschland nach besten Kräften zu sichern und zu fördern bestrebt ist.

Im Mai v[origen] J[ahre]s bereiste die deutsche Schriftleiterdelegation unter Führung von Admiral Förster Manzhouguo. Am 12. Mai traf das erste Flugzeug unter deutscher Flagge

48 Der Bericht beginnt mit Abschnitt „I. Staats– und völkerrechtliche Stellung". Darin heißt es u.a., daß der „Kernpunkt seiner staatsrechtlichen und politischen Ordnung die unbedingte Hegemonie Japans" sei, die politische und staatsrechtliche Entwicklung insgesamt aber „so eigenartig" sei, daß man „vielleicht am besten Klarheit" erhalte, „wenn man in dem Aufbau Manzhouguos etwas ganz Neuartiges, und zwar ein Muster (oder [einen] Vorläufer) der von Japan in Ostasien erstrebten, eigenständigen 'neuen Ordnung' sieht."

49 Wagner äußert sich einleitend zur Anerkennung Manzhouguos durch Ungarn am 9.2.1939 sowie zur wechselseitigen Ernennung von Gesandten zwischen Manzhouguo und Spanien.

50 Bekannter wurden diese Kämpfe später unter dem Namen des Grenzflusses Chalchin–Gol. Im hier nicht gedruckten folgenden Absatz äußerte sich Wagner näher zu diesen Auseinandersetzungen. Sie hätten „die in erster Linie an den Kämpfen beteiligte Guandong–Armee darüber belehrt, daß der russische Gegner nicht unterschätzt werden darf."

(Frhr. v. Gablenz) in Xinjing ein. Beide Besuche gaben Anlaß zu freundschaftlichen Kundgebungen.

Mit Wirkung vom 1. Juni v[origen] J[ahre]s wurden der deutsche Militärattaché in Tokio und der deutsche Luftattaché in Tokio auch der Gesandtschaft in Xinjing als Waffenattachés zugeteilt. [...][51]

BArch, R9208, DBC, Nr.2356, Bl.77–86.

57

Schreiben des Außenministeriums der Marionettenregierung Nanjing, an ihren Botschafter Tang Liangli[52]

Nanjing, 21. Juli 1940

Hochachtungsvoll Herrn Botschafter Tang Liangli
Wir haben Ihr Schreiben erhalten und auch das Memorandum über die Unterredung mit dem deutschen Generalkonsul [Hermann Gipperich] sowie den beigefügten Geheimbericht des deutschen Beraters Mao Fugen an die Behörde für internationale Propaganda zur Kenntnis genommen. Der Inhalt des Gespräches mit dem deutschen Generalkonsul läßt sich in vier Punkte gliedern, die, um keine Mißverständnisse aufkommen zu lassen, gesondert beantwortet werden sollen:

1. Die chinesische Regierung hofft seit langem auf die Aufhebung der Exterritorialität der Mächte in China und hat dazu mehr als nur einmal mit den entsprechenden Staaten Verhandlungen aufgenommen und die Einberufung einer internationalen Konferenz vorgeschlagen. Das ist bis heute nicht geschehen. Die Staaten waren nicht bereit, ihre Vorrechte aufzugeben. Entweder gaben sie vor, daß das chinesische Rechtssystem noch nicht voll entwickelt sei, oder sie ermunterten einander gegenseitig und waren nicht bereit, den Anfang zu machen. Gegenwärtig bemühen sich die Regierung und unser Ministerium darum, die Angelegenheit voranzutreiben und das gewünschte Ziel zu erreichen. Es bleiben die chinesisch–japanischen Verhandlungen abzuwarten, danach können weitere Schritte unternommen werden. Am 22. 12. 1938 hat der japanische Ministerpräsident erklärt, daß Japan beabsichtige, seine Privilegien in China aufzugeben.[53] Wenn alle Staaten ihre Vorrechte aufgeben, wird auch Japan keine Monopolstellung aufrechterhalten.

---

51 Es folgen Abschnitt „III. Innere Lage“ und „IV. Wirtschaftliches“.

52 Aus dem Chinesischen übersetzt von Peter Merker. Tang Liangli war von der Nanjing–Regierung als Kontaktperson für Hermann Gipperich bestellt worden.

53 Gemeint ist die Erklärung von Fürst Konoe über die „Neue Ordnung in Großostasien“.

2. Der deutsche Generalkonsul behauptet, daß die deutschen Konsuln im Umgang mit den chinesischen Behörden schlechter gestellt seien als die der anderen Staaten. Nach dem chinesisch–deutschen Abkommen von 1921[54] beruhen die Beziehungen beider Staaten auf völliger Gleichstellung. Bei der Behandlung der deutschen Konsuln verfährt China nach den Gepflogenheiten des internationalen Rechts und beabsichtigt keinerlei Herabsetzung. Auch die Verhandlungen von Prozessen Deutscher vor chinesischen Gerichten und die Heranziehung der Konsuln zur Erbringung von Beweismaterial geschehen ganz zum juristischen Vorteil der Deutschen. Da sie noch auf der Konsulargerichtsbarkeit beharren, haben England, die USA, Japan, Frankreich und andere Staaten nicht diese Verpflichtungen. Damit ist keine Herabsetzung der Stellung der deutschen Konsuln oder die Schädigung des deutschen Ansehens beabsichtigt.

3. Der deutsche Generalkonsul sagte weiterhin, daß es nicht zu akzeptieren sei, daß, obwohl Deutschland eine Politik der völligen Gleichberechtigung verfolge, seine Reichsangehörigen von den chinesischen Behörden nicht so wie Bürger anderer Staaten behandelt werden. Der Passus der „ungleichen Behandlung" bezieht sich hier wohl auf die Inanspruchnahme der Exterritorialität durch andere Staaten. Diese wird früher oder später abgeschafft werden und damit jede ungleiche Behandlung aufhören. Seit der Unterzeichnung des deutsch–chinesischen Vertrages basieren die Beziehungen beider Völker auf einem freundschaftlichen Geist, und es ist keinesfalls eine Verschlechterung in bezug auf den Zustand vor dem letzten europäischen Krieg eingetreten. So gewähren die chinesischen Behörden den Deutschen im Innern Chinas die Erlaubnis, einen Wohnsitz zu nehmen und Geschäfte zu betreiben, um die anderen Ausländer zu ermuntern, sich den chinesischen Gesetzen zu fügen. Bei der Entrichtung von Steuern werden keine gesetzlichen Restriktionen zur Anwendung gebracht und großzügige Sondergenehmigungen ausgestellt. Man kann also sagen, daß die chinesischen Behörden die Deutschen besser als die Bürger anderer Staaten behandeln.

4. Hinsichtlich der Ausführungen über den geringeren Stellenwert der Transozean–Meldungen in chinesischen Zeitungen gegenüber den Meldungen der französischen und englischen Agenturen Havas und Reuter ist zu bemerken, daß China im europäischen Krieg einen völlig neutralen Standpunkt einnimmt. Die Meldungen der Nachrichtenagenturen der kriegführenden Staaten werden vollkommen gleichberechtigt behandelt. Sollte eine Kontrolle der der Regierung unterstehenden Zeitungen einen Verstoß gegen dieses Prinzip erkennen lassen, dann wird von den dafür zuständigen Behörden dagegen vorgegangen werden.

Hinsichtlich der Beantwortung des Schreibens hoffen wir, uns mit Ihnen baldmöglichst beraten zu können.

Außenministerium

2. HACh, 2061. Außenministerium der Nanjing–Regierung, Nr.239.

---

54 Am 20.5.1921 schlossen Deutschland und China einen Friedensvertrag, in dem Deutschland auf alle exterritorialen und anderen Sonderrechte in China verzichtet.

58

Bericht des Geschäftsträgers Felix Altenburg, Peking, an das AA

Peking, 2. November 1940

Inhalt: Auswirkung der deutsch–chinesischen kulturpolitischen Beziehungen in Nanjing. Besuch des Generalkonsuls Gipperich bei Wang Jingwei. Frage der deutschen Mitwirkung bei einem angeregten Ausgleich zwischen Nanjing und Chongqing. Gründe dagegen.

In dem nebenbezeichneten Bericht ist bereits gemeldet worden, daß einige aus der Vorkonfliktszeit überkommene deutsch–chinesische Kulturinstitute (Deutsch–Chinesischer Kulturverband und D.Ö.S–Verein[55]) in Nanjing unter chinesischer Führung wieder zu neuem Leben erwacht sind; sie geben in dem vorhandenen Rahmen eine Plattform für fruchtbare deutsch–chinesische Zusammenarbeit auf kulturellem Gebiet ab, wenn man dabei auch die Initiative vorerst besser den Chinesen überlassen wird. Nach der Lage der neuesten Entwicklung muß nämlich bei aller Förderung guten Einvernehmens mit diesen Vereinigungen doch die Gefahr vermieden werden, daß uns die Nanjinger Chinesen gegen die Japaner ausspielen und in Erkenntnis ihrer eigenen politischen Machtlosigkeit auf dem Wege über diese Vereinigungen die deutschen amtlichen Stellen politisch enger an sich ziehen. Konkrete Ansätze hierzu haben sich schon mehrfach gezeigt.

Angesichts der offenkundigen Bemühungen der Nanjinger Kreise um ein freundschaftliches Verhältnis zu der Nanjinger Dienststelle des Reichs und den sonst in Nanjing ansässigen Deutschen (Transozean–Vertretung) war bei gebührender Berücksichtigung der politisch gebotenen Grenzen[56] eine private Fühlungnahme mit den Nanjinger Regierungsstellen dennoch unvermeidlich, wenn nicht sogar geboten. Generalkonsul Gipperich hat deshalb mit meiner Zustimmung nunmehr einen privaten Besuch auch bei dem Chef der Nanjinger Regierung gemacht. Seine Aufzeichnung über diesen Besuch ist in der Anlage beigefügt. Generalkonsul Gipperich berichtet dazu folgendes:

„Da ich vorher hatte mitteilen lassen, daß ich keinerlei Erklärungen abzugeben oder Auskünfte zu erbitten habe, sondern daß es sich nur um einen privaten Höflichkeitsbesuch handle, verlief die Zusammenkunft in dem gewünschten Rahmen. Herausgehoben zu werden verdient wohl nur Wangs Frage nach dem Verhältnis zwischen Deutschland und der Sowjetunion und im Anschluß daran nach der Möglichkeit einer Einwirkung auf die Regierung in Chongqing.

Es unterliegt wohl keinem Zweifel, daß Deutschland an der Wiederherstellung des Friedens in China das größte Interesse hat. Es ist unter den gegenwärtigen Verhältnissen aber auch selbstverständlich, daß Deutschland keinerlei politische Aktion mit diesem Ziele unternehmen wird ohne volle Zustimmung oder auch nur ohne den ausdrücklichen Wunsch Ja-

---

[55] Der Deutsch–Österreichische Schulverein, Nanjing, war nach der Annexion Österreichs in den Dienst der NS–Kulturpolitik gestellt worden.

[56] Die Nanjing–Regierung wurde von Deutschland erst am 1.7.1941 anerkannt.

pans. Unter dieser Voraussetzung könnte es eine dankbare Aufgabe für Deutschland werden, eine Einigung zwischen Nanjing und Chongqing herbeizuführen. Beide Parteien befinden sich trotz Unterstützung der Japaner auf der einen, der Amerikaner auf der anderen Seite in einer so ungünstigen Lage, daß sie zu Opfern bereit sein werden, um in Ehren einen Ausweg zu finden. Unter Umständen müßte von Chiang Kaishek und Wang Jingwei das Opfer ihrer eigenen Person gefordert werden; sie müßten vielleicht beide eine Zeitlang von der politischen Bühne abtreten. Diese Opfer, solange sie nicht mit „Gesichtsverlust" verbunden sind, werden aber in Zukunft kaum dem deutschen Vermittler[57] nachgetragen werden, weil es sich doch immer um eine innere Angelegenheit unter Chinesen handelt. Daß zwischen den Anhängern von Chiang und von Wang auch heute noch Verbindungen bestehen, ist wahrscheinlich; daß ihre Einigungsbestrebungen bisher erfolglos geblieben sind, mag nicht nur an den äußeren Umständen, sondern auch an der chinesischen Psyche liegen, die zur Schlichtung von Streitigkeiten eines außenstehenden Vermittlers bedarf."

Gegen diese Anregung der deutschen Mitwirkung bei einem solchen Ausgleich wird mancherlei anzuführen sein. Es ist verständlich, daß man sich bei der letzthin stärker bemerkbaren Stimmung für einen Ausgleich zwischen Japan und der Chongqing-Regierung, bei dem man eine deutsche oder anderweite fremde Vermittlung als wahrscheinlich unterstellt, auch in Nanjing irgendwie einschalten möchte, um nicht aus der politischen Kombination gänzlich hinausgedrängt zu werden; denn von dem Fortbestehen des Konflikts zwischen Japan und Chongqing fristet Wang Jingweis Schattenregierung ihr Leben. Sie muß versinken, wenn Tokio und Chongqing sich einmal einigen sollten. Aber umso weniger ist die Chongqinger Regierung trotz mancher noch vorhandener Verbindungen zu einer Einigung mit Wang Jingwei bereit. Der persönliche Vertreter Chiang Kaisheks in Shanghai, General Tsiang [Xiang], hat mir bei einer Unterhaltung im Beisein des Chongqinger Vertreters der Guomindang in Shanghai, Herrn Wu, am 15. v.M. ausdrücklich versichert, daß eine Einigung nicht mehr in Frage käme, auch nicht einmal dann, wenn etwa Chiang Kaishek aus persönlichen Gründen zum Einlenken geneigt wäre.[58] Da die Chongqinger Regierung und die hinter ihr stehenden Volkskreise des unbesetzten China aber das Paktieren mit dem „Verräter" Wang Jingwei und seiner Gruppe ablehnen, könnte auch das Opfer der eigenen Person kaum zu einem anderen Ergebnis führen, denn es bringt die feindlichen Gruppen einander nicht näher. Außerdem ist folgendes in Rechnung zu stellen: Ein zeitweiliger Rücktritt der beiden führenden Persönlichkeiten wäre im Falle Wangs wohl ohne weiteres tragbar und daher leichter möglich, sehr schwer aber ein persönliches Opfer auf der Chongqinger Seite, denn hier wird fast das gesamte Gebäude von den starken Schultern des Marschalls getragen, in dem man in ganz China den wirklichen Führer sieht. Das Experiment einer Verständigung zwischen Nan-

---

57 Gemeint ist ein von japanischer Seite in Aussicht genommener möglicher deutscher Vermittler für eine friedliche Lösung im chinesisch-japanischen Krieg. Die deutsche Seite hat einen solchen Auftrag jedoch nicht erteilt.

58 Chongqing unterhielt bis zur japanischen Besetzung der Internationalen Niederlassung in Shanghai dort eine offizielle Vertretung.

jing und Chongqing, zu dem wir uns hergeben sollen, scheint mir danach, wenn nicht abwegig, so zum mindesten reichlich verfrüht.

Die Botschaft in Tokio hat Abschrift erhalten.

BArch, R9208,DBC, Nr.3373, Bl.30–33.

59

Telegramm des Geschäftsträgers Felix Altenburg, Peking, an das AA[59]

Peking, 9. Januar 1941

Nach Nanjinger Informationen bezweckt Nanjing[er] Wang–Jingwei–Gruppe mit ihrem Mühen um Anerkennung durch Deutschland im wesentlichen zweierlei:

1. Deutschland nach Anerkennung in erwartete Auseinandersetzungen gegen Japan auszuspielen. Wozu schon jetzt Ansätze vorhanden.
2. Durch Deutschland auf Chiang Kaishek zwecks Ausgleich und Zusammenarbeit mit Nanjing Druck auszuüben.[60]

Italiener befleißigen sich anscheinend größerer Zurückhaltung in Frage Anerkennung.[61]

Altenburg

ADAP, Serie D, Bd.XI, Dok.630, S.879.

---

59 Das in Peking um 7 Uhr 59 abgesandte Telegramm Nr.9 vom 9.1.1941 traf am gleichen Tage um 23. Uhr 50 in Berlin ein.

60 Die unter 2. genannte Überlegung wurde auch in Tokio angestellt. Botschafter Ott telegraphierte am 27.1.1941 an das AA, daß nach Meinung des erneut nach Berlin entsandten japanischen Botschafters Oshima eine „japanische Anfrage an Deutschland aus Anerkennung Wang Jingweis zur Zeit nicht angezeigt [sei], um Möglichkeit späterer deutscher Einflußnahme auf Chiang Kaishek nicht zu beeinträchtigen." Oshima wolle nach seiner Ankunft in Berlin bei Ribbentrop „anfragen, ob etwa Sonderbeauftragter der Reichsregierung entsandt werden könne, um Chiang Kaishek zu beeinflussen" (ADAP, Serie D, Bd.XI, Dok.716, S.1003f.).

61 Demzufolge hatte Italien, das Anfang 1940 schon Wang Jingweis Anerkennung ankündigte, seine Haltung geändert. Vgl. dazu eine Aufzeichnung von Knoll, AA, vom 22.1.1940, in: ADAP, Serie D, Bd.VIII/1, Dok.588, S.541f.

60

Bericht des Leiters des I.G.–Verbindungsbüros, Wilhelm Haas, Peking[62]

Peking, 23. Januar 1941

Betr.: Ko–a–in

Das Ko–a–in (Asienentwicklungsamt, auch China Affairs Board genannt), wurde im Dezember 1938 mit dem Sitz in Tokio errichtet. Seine Schaffung fiel damit in die Zeit der für die japanische Chinapolitik grundlegend gewordene Erklärung des Fürsten Konoe.[63] Der Aufgabenkreis des Ko–a–in wurde wie folgt umschrieben:

1. Die Behandlung aller zur Beilegung des Chinakonfliktes dienenden politischen, wirtschaftlichen und kulturellen Angelegenheiten.
2. Die Festlegung der auf diesen Gebieten zu verfolgenden Politik.
3. Die Oberaufsicht über die aufgrund besonderer gesetzlicher Bestimmungen zum Zwecke von Geschäftsunternehmungen in China geschaffenen Gesellschaften (z.B. die North China Development Co. und die Central China Development Co.) sowie über die Tätigkeit derjenigen Personen, die sich in China mit Handel und Industrie befassen.
4. Die Ausübung der Kontrolle über die Vereinheitlichung der auf China bezüglichen administrativen Maßnahmen der verschiedenen Ministerien und Ämter. [...][64]

Im besetzten China unterhält des Ko–a–in gegenwärtig fünf Liaison–Ämter (Renrakubu), und zwar in Peking, Qingdao, Datong bzw. Kalgan (Innere Mongolei), Shanghai und Amoy. Diese Stellen unterstehen unmittelbar dem Verbindungsstab des Ko–a–in in Tokio, von welchem sie ihre Instruktionen erhalten und an welche sie berichten. Einige Liaison–Ämter unterhalten Zweigstellen an anderen Plätzen ihres Zutändigkeitsbereiches, so z.B. die Ko–a–in–Stelle in Peking eine solche in Tianjin. [...][65]

Die politische Bedeutung des Ko–a–in ergibt sich daraus, daß diese Regierungsbehörde unter maßgebender Einflußnahme der Armee geschaffen wurde und alle Aufgaben in sich

---

[62] Das Exposé wurde am 3.3.1941 vom Büro des Kaufmännischen Ausschusses der I.G.–Berlin–Zentrale NW7 den Mitgliedern des OAA des Farbenkonzerns zur Kenntnis gebracht. Das Büro fügte seinem Begleitschreiben die Meinung Gadows hinzu, „daß die Auseinandersetzung mit dem Wirkungsbereich des Ko–a–in für den fremden Handel das Kernstück für wirtschaftspolitische Verhandlungen auch für uns Deutsche sein wird, und zwar sowohl für das besetzte Nordchina als auch Mittelchina, den Yangzi und selbst Südchina“ (NA/Microcopy T82, Roll 363, Serial 259, Aufn. 2065650–2065651: I.G.–Büro des Kaufmännischen Ausschusses an OAA–Mitglieder, 3.3.1941).

[63] Erklärung des japanischen Ministerpräsidenten Fürst Konoe vom 22.12.1938 über die „Neue Ordnung in Großostasien“.

[64] Ausgelassen sind Darlegungen zur Struktur des Asienentwicklungsamtes in Japan, das unter der Präsidentschaft des japanischen Ministerpräsidenten stand (Vizepräsidenten waren Außen–, Finanz–, Kriegs– und Marineminister) und von einem Verbindungsstab gelenkt wurde.

[65] Es folgen Anmerkungen zu örtlichen Verbindungslinien im besetzten China.

vereint, die bisher in die Kompetenz der verschiedenen Regierungsstellen im Zusammenhang mit der japanischen China–Politik fielen. [...][66]

Im Verhältnis zu den chinesischen Zentral– und Verwaltungsbehörden übt das Ko–a–in praktisch die Funktion einer obersten Kontrollinstanz aus, der gegenüber jeder Souveränitätsanspruch der neuen chinesischen Regierungsgewalten verblaßt. Gerüchte, daß nach der Anerkennung der neuen Zentralregierung in Nanjing[67] die in China wirkenden Organe des Ko–a–in ihre Tätigkeit einschränken oder ganz einstellen würden, während seine Beamten als Berater in die chinesischen Zentralbehörden übertreten sollten, haben keine Bestätigung gefunden und erscheinen auch als kaum vereinbar mit der japanischen Chinapolitik. [...][68]

Die Bedeutung des Ko–a–in für die Betätigung der fremden Interessen in China muß sehr hoch eingeschätzt werden. Das Ko–a–in ist das geistige Zentrum der japanischen Wirtschaftspolitik in China. Alle Maßnahmen auf dem Gebiet der Devisenbewirtschaftung, der Ein– und Ausfuhrkontrolle, der Preispolitik und der wirtschaftlichen Kooperation werden entscheidend vom Ko–a–in beeinflußt. Auch die Vorbereitung der Besprechungen über ein deutsch–nordchinesisches Abkommen liegt in seinen Händen. In Tokio werden beim Ko–a–in Listen über die deutschen Chinafirmen geführt, deren Tätigkeit laufend unter dem Gesichtswinkel der japanischen Interessen überwacht wird.

Obgleich es sich bei dem Ko–a–in um eine politische Zentralbehörde handelt, die offiziell einen direkten Verkehr mit den einzelnen fremden Interessenvertretungen nicht unterhält, ist die Pflege engerer Beziehungen zu den Liaison–Ämtern in China nach Möglichkeit anzustreben. [...][69]

NA/Microcopy T82, Roll 363, Serial 259, I.G. Farben, Aufn. 2065652–2065655.

61

Bericht der Verkaufsgemeinschaft Farben der I.G. Farbenindustrie AG

Frankfurt a.M., März 1941

---

[66] Es folgen Bemerkungen zur außerordentlichen Machtkonzentration und zur Mitwirkung der verschiedenen japanischen Reichsressorts.

[67] Japan erkannte Nanjing–China offiziell erst im Dezember 1940 an, nachdem beide Seiten in einem Grundlagenvertrag vom 30.11.1940 ihre Beziehungen geregelt hatten.

[68] Es folgen Ausführungen zur wirtschaftslenkenden Tätigkeit des Asienentwicklungsamtes in China und ihre Zusammenarbeit mit den japanischen Militär– und Wirtschaftsstellen.

[69] Es folgen Schlußbemerkungen zu den Kontakten, die bislang mit den Wirtschaftsreferenten der Verbindungsämter in China gesammelt worden waren.

[...][70] Zur politischen und militärischen Lage

Der am 30. November 1940 zustande gekommene Vertrag zwischen Tokio und Nanjing über die Regelung der Beziehungen zwischen Japan und China,[71] hat bisher in China keine nennenswerte innenpolitische Reaktion ausgelöst. Nach einem Situationsbericht aus Peking sieht der überwiegende Teil des chinesischen Volkes auch heute noch in Chiang Kaishek den Führer im Kampf gegen Japan und in Wang Jingwei ein „Werkzeug der japanischen Unterdrückungspolitik". Sowohl der Rahmenvertrag wie das Zusatzprotokoll und die besonderen Vereinbarungen zu diesen enthalten eine ganze Reihe vage gefaßter Stellen. So bleibt z.B. das Verhältnis Nanjings zu Nordchina mit seinem von den Japanern geschaffenen „Sonderstatus" völlig unklar.

Die eigentliche Bedeutung des Vertragswerkes liegt auf außenpolitischem Gebiet. Die Periode von acht Monaten zwischen der Errichtung und Anerkennung der neuen Regierung in Nanjing[72] war ausgefüllt mit Versuchen der Japaner, durch die Vermittlung Wang Jingweis zu einem friedlichen Ausgleich mit Chiang Kaishek zu kommen. Dieser Versuch ist jetzt als gescheitert zu betrachten. Chongqing hat seine Ablehnung durch den Erlaß eines Haftbefehls gegen den „Verräter" deutlich bekundet. Man muß daher damit rechnen, daß die Anerkennung der neuen Regierung durch Japan in dem Verhältnis zwischen Japan und China nicht mehr als eine formale Änderung bedeutet. In der Tat wird an den Fronten mit wechselndem Kriegsglück weitergekämpft. Hinzu kommt eine lebhafte Guerillatätigkeit im Rücken der Japaner. Im allgemeinen scheint auf beiden Seiten aber die Taktik nicht so sehr auf Offensive als auf Konsolidierung der Stellungen gerichtet zu sein.

In USA wurde kurz nach der Vertragszeichnung die Gewährung eines neuen Kredites von 100 Millionen Dollar an die Regierung in Chongqing bekanntgegeben. England folgte mit einer Anleihe von 10 Millionen £. Es liegt auf der Hand, daß diese Rückenstärkung durch den angelsächsischen Block zu einer weiteren Versteifung der Haltung in Chongqing führt.

Rußland hat mit der Chongqing–Regierung bekanntlich ein Warenaustausch–Abkommen in Höhe von 100 Millionen US$ laufen.[73] Bedeutungsvoller als die darin liegende materielle Unterstützung ist die politische Hilfestellung, die Moskau bisher dadurch gewährte, daß es eine russisch–japanische Verständigung von einem Ausgleich zwischen Tokio und Chongqing abhängig machte. Wie sich Rußland in dieser Hinsicht künftig verhalten wird, bleibt eine für alle Beteiligten wichtige offene Frage.

---

70 Vergleichszahlen zu den Währungskursen von November/Dezember 1940 für den National–, den Nordchina– und Manzhouguo–Dollar.

71 Vertrag über die Grundlagen der Beziehungen zwischen China (Wang Jingwei) und Japan vom 30.11.1940.

72 Am 30.3.1940 wurde die Wang–Jingwei–Regierung in Nanjing als neue japanfreundliche Guomindang–Regierung gebildet, deren Hoheitsgewalt nach ihrem Anspruch „noch nicht über ganz China ausgedehnt" werden konnte.

73 Warenaustausch–Abkommen zwischen der UdSSR und Guomindang–China vom Juli 1940 (Austausch chinesischer Rohstoffe und Landesprodukte, vor allem Wolfram, Tee, Häute, Wolle, Felle gegen sowjetisches Kriegsmaterial, vor allem Flugzeuge, Kraftwagen, Benzin, Waffen).

Seit dem Abschluß des Dreimächte–Paktes ist im unbesetzten Gebiet den Deutschen gegenüber eine zurückhaltende Stimmung zu beobachten. Die führenden Kreise in Chongqing scheinen aber weiter an der Linie der bisherigen Politik festzuhalten, die dahin geht, sich aus der weltpolitischen Gruppenbildung herauszuhalten und die ganze Kraft auf den Kampf gegen Japan zu konzentrieren. [...][74]

Wirtschaftliches

Nordchina

Scharfe Kämpfe in Südshanxi und vermehrte Überfälle der Freischärler an den großen Bahnlinien, des öfteren selbst an der Tianjin–Peking–Bahn, ein Anschlag in Peking auf zwei japanische höhere Offiziere mit darauffolgendem Belagerungszustand, die Meuterei der neuen nordchinesischen Armee außerhalb von Peking, und scharfe Gegenmaßnahmen der Japaner, die den chinesischen Verkehr hart betreffen, sind Ereignisse, die zeigen, daß die Befriedung Nordchinas noch immer sehr zu wünschen übrig läßt.

In einem Bericht aus Qingdao heißt es, daß nach japanischen Meldungen die in Shandong stationierten japanischen Streitkräfte im November 494, im Dezember 509 Gefechtsberührungen mit 93.000 bzw. 120.000 Freischärlern hatten.

Die Depression beginnt nun auch die Aufmerksamkeit japanischer Kreise auf sich zu lenken; eine japanische Wirtschaftszeitung führt folgende Gründe für die Flaute an: Strenge Handelskontrolle, Preiskontrolle, Kursbesserung des Nordchina–Yuan, Abschnürung vom unbesetzten Gebiet, Einschränkung der Bankkredite, große Lagerbestände.

Der Verkehr der Hankou–Peking– und der Longhai–Bahnen ist zwischen den Fronten auf weiten Strecken unterbrochen. Die Hankou–Peking–Bahn endet schon etwa 220 km nördlich von Hankou. Ab dort sind in Richtung Zhengzhou (Kreuzung mit der Longhai–Bahn) die Schienen von den Chinesen abgetragen und der Bahndamm ist zerstört. Die Longhai–Bahn bietet ab Zhengzhou in westlicher Richtung bis Loyang das gleiche Bild. Die von den Japanern gebaute neue Bahn zwischen Tehchou und Shijiazhuang ist noch nicht dem zivilen Verkehr übergeben, sondern dient vorerst ausschließlich militärischen Zwecken.

Mittelchina

In Shanghai nimmt die Ernährungslage die Aufmerksamkeit stark in Anspruch. Dadurch, daß die Japaner chinesischen Reis aus dem besetzten Gebiet an sich ziehen und nach Japan abführen, ist Shanghai gezwungen, sich in zunehmendem Maße in Saigon einzudecken. Während 1937 die Reiseinfuhr Shanghais 307.000 quintals[75] betrug, war sie im vergangenen Jahr schon bis Oktober auf 3.800.00 quintals gestiegen.

In dem Kampf gegen die fremden Stützpunkte in Shanghai hat die ostasiatische Seite dadurch einen bemerkenswerten Sieg errungen, daß der für Streitigkeiten zwischen Chinesen und exterritorialen Fremden zuständige Gerichtshof der französischen Konzession im November 1940 von Beamten der neuen Nanjing–Regierung übernommen wurde. Der gleiche Gerichtshof in der Internationalen Niederlassung untersteht noch der Gerichtsbarkeit Chong-

---

74 Es folgt Berichtsteil: Wirtschaftliches, Mandschurei.

75 1 Quintal: ca. 1 Dezitonne.

qings. Im übrigen wird die Eigengerichtsbarkeit der Fremden weiterhin respektiert. Der zwischen Tokio und Nanjing am 30.11.1940 geschlossene Vertrag sieht allerdings einen Abbau der japanischen exterritorialen Rechte „nach Maßgabe der Entwicklung der Beziehungen zwischen Japan und China“ vor. Nach den Erfahrungen in der Mandschurei wird die Durchführung dieses Verzichtes der Japaner auf die alten Sonderrechte gleichbedeutend mit der Beseitigung der gesamten Exterritorialität sein.

Die wirtschaftliche Kontrolle, die die Japaner im besetzten Gebiet ausüben, schreitet fort. Bezeichnend für die verfolgte Tendenz ist es, daß die amerikanischen Ölgesellschaften keine Erlaubnis zum Versand ins japanisch besetzte Innere mehr erhalten und eine japanische Monopolgesellschaft für den Ölvertrieb im besetzten Gebiet gegründet wurde. Die Japaner gehen also hier ähnlich wie seinerzeit in der Mandschurei vor.

Südchina

Die Lage in Kanton faßt unsere Vertretung wie folgt zusammen: „Abgesehen von japanischen Firmen sind wir selbst eine der wenigen, wenn nicht die einzige fremde Firma, die sich noch betätigt. Alle anderen fremden Einfuhrhäuser ebenso wie die Banken haben kein Geschäft. Die Ausfuhr steht still. Wir hören nur ab und zu von kleinen Seidenexporten durch japanische Firmen.“ Der für Kanton ausschlaggebende Nachschub von Shanghai stockt wieder; die diesbezüglichen Verhandlungen der DEFAG mit den japanischen Behörden sind festgefahren.

Unbesetztes Gebiet (Westchina)

Meldungen aus Chongqing berichten von einer Hebung der Stimmung, zu der die neue amerikanische und englische Anleihe[76] wesentlich beigetragen hat. Nach der Einäscherung der Stadt durch die monatelangen Flugzeugangriffe sind gemäß diesem Bericht über den meisten Trümmerstätten provisorische Bauten, zum Teil auch fünf– bis sechsstöckige Häuser, im Bau oder fertiggestellt. Die Stadt hat wieder eine fast ¾ Millionen zählende Bevölkerung, zu deren Schutze gegen Fliegerangriffe überall in die Felsen bombensichere Luftschutzkeller eingebaut sind. Das Hauptquartier ist außerhalb Chongqings untergebracht, die amtlichen Stellen sind dezentralisiert und die neue Kriegsindustrie ist ebenfalls auf verschiedene Standorte verteilt. Die von Chiang Kaishek selbst mit aller Schärfe eingeleitete Aktion gegen die Lebensmittelteuerung äußert sich in einem merklichen Rückgang der Reispreise.

Beim Devisenankauf mußte bisher inoffiziell oft bis zu 50% Aufgeld gegenüber Shanghai gezahlt werden, obwohl es sich um eine und dieselbe nationale Währung handelte. Jetzt bestehen für Geldüberweisungen nach Shanghai keine Schwierigkeiten mehr. Seit Anfang Oktober 1940 steigt das Angebot von Shanghai–Geldern in zunehmendem Maße, da neue Einkäufe in Shanghai durch die Blockade praktisch unmöglich sind und ein Rückfluß des Fluchtkapitals nach Chongqing wegen der unsicheren Lage in den Shanghaier Konzessionen

---

76 Die im Herbst 1940 von Großbritannien und den USA erweiterten Anleihe–Leistungen für Chiang Kaishek wurden durch die amerikanischen Leih– und Pachtlieferungen, die 1941 anliefen, ergänzt. Die Lieferungen der USA an Pacht–Leihmaterial für die guomindang–chinesische Kriegführung stiegen von 22 Millionen US–Dollar 1941 auf 63 Millionen 1942. Vgl. Ostasiatische Rundschau, 24. Jg., Nr. 9/10, 1943:119f.

einzusetzen beginnt. Zur Begünstigung dieser Rückwanderung hat die Zentralbank von China in Chongqing den freien An– und Verkauf von Devisen für legitime Bedürfnisse wieder aufgenommen.

Auch auf dem Verkehrsgebiet, dem größten Sorgenkind im unbesetzten China, spiegelt sich der Optimismus wider. Straßenbahn– und Wasserstraßenbauten werden vorangetrieben. Nach nicht kontrollierbaren Nachrichten ist als erster Abschnitt der 500 Meilen langen Schmalspurbahn nach Burma die 200 Meilen lange Teilstrecke Kunming–Hsuanwei in Betrieb genommen. Es sei Vorsorge getroffen, daß die Gesamtstrecke spätestens Ende 1941 fertiggestellt werde. Die ersten Ankünfte von Schwefelschwarz und Indanthrentuchen auf der Burmastraße, der einzigen verbliebenen Küstenverbindung, werden aus Kunming bestätigt: Die Hunan–Guangxi Bahn sei bis Guilin ausgedehnt und soll eine Verlängerung nach der Provinz Guizhou erfahren. Von der Longhai–Bahn wird berichtet, daß sie auf einer beträchtlichen Strecke nach Nordwesten weitergeführt sei. [...][77]

NA/Microcopy T82, Roll 75, Serial 96, I.G. Farben, Aufn. 232630–232626.

62

Telegramm des Geschäftsträgers Felix Altenburg, Peking, an das AA[78]

Peking, 27. Juni 1941

Mit Bezug auf Drahtbericht [der] Botschaft Tokio Nr.1033 vom 25.6.[79] und im Anschluß an meinen Drahtbericht Nr.262 vom 13.6.[80]

1. Alle Gründe, die bisher gegen Anerkennung [der] Wang–Jingwei–Regierung sprachen, bestehen unverändert fort. Ich verweise auf meine frühere Berichterstattung.

2. Verhandlungen anläßlich Wang Jingweis kürzlichen Tokio–Besuchs werden in hiesigen politischen Kreisen in erster Linie als interne chinesisch–japanische Auseinandersetzung

---

77 Es folgen Ausführungen zur Lage auf dem Farbstoffmarkt.

78 Das Telegramm Nr.299 vom 27.6.1941, abgesandt um 8 Uhr 50, traf „Citissime" am gleichen Tag um 10 Uhr 50 in Berlin ein.

79 Botschafter Ott hatte dort mitgeteilt: „Außenminister [Matsuoka] aufsuchte mich soeben und teilte mit, daß Wang Jingwei die japanische Regierung gebeten habe, Anerkennung der Nanjing–Regierung durch Deutsche und Italienische Regierung herbeizuführen." Matsuoka habe daraufhin Rom und Berlin gebeten, „Anerkennung bis zum 1. Juli auszusprechen" (ADAP, Serie D, Bd.XIII, Dok.13, S.14).

80 Anm. im ADAP–Druck: Dieses Telegramm [folgt Film–Nr.] enthält die Wiedergabe einer Unterredung mit einem „führenden Mitglied [der] Nordchina–Regierung" u.a. über Wang Jingweis Verhandlungen in Japan über seine Anerkennung durch die Achsenmächte. Altenburg zitierte den Gewährsmann mit folgenden Worten: „... dem chinesischen Volk, auch im besetzten China, könne Anerkennung Nanjings gerade durch Deutschland erst dann verständlich gemacht werden, falls sich Chiang Kaishek Amerikanern nebst Engländern bedingungslos ausgeliefert hätte, was bisher keineswegs sicher sei ...".

über [eine] Erweiterung [der] Nanjing zu gewährende[n] Machtkompetenz angesehen – von Presse treffend „Hausstreit“ genannt. Konkrete Verhandlungsergebnisse noch ausstehen. Anscheinend haben aber beide Teile nicht wesentlich nachgegeben und wollen Ausbleiben praktischer Ergebnisse nun durch Hebung äußerer Fassade Wang Jingweis auf Kosten dritter Staaten ausgleichen. Dies wird hier als hilfloser Versuch angesehen, aus der durch eigene Disziplinlosigkeit reichlich verfahrenen Lage herauszukommen. Mit endgültigem Erfolg kaum noch zu rechnen.

3. Möchte dringend vor Erfüllung ultimativer japanischer Wünsche zugunsten Wang Jingweis warnen. Angesichts schon lange mit Bitterkeit hingenommenen Vordringens sowjetrussischen Einflusses in Westchina und angesichts fortdauernden gespannten Verhältnisses zu eigener kommunistischer Partei ...[81] Waffenerfolg im deutsch–russischen Krieg [könnte] Verhältnis Chongqing[s] zu Deutschland sowie Chongqing[s] Kompromiß–Geneigtheit zugunsten einer direkten chinesisch–japanischen Totallösung des Chinakonflikts schlagartig ändern. Vorschlage daher, vor Abschluß deutscher Auseinandersetzung mit Rußland keine entscheidenden Schritte in Anerkennungsfrage zu unternehmen.[82]

Altenburg

ADAP, Serie D, Bd.XIII, Dok.27, S.24–25.

63

Telegramm des Staatssekretärs Ernst Freiherr von Weizsäcker, AA, an die Deutsche Botschaft Peking[83]

Berlin, 28. Juni 1941

Reichsregierung hat sich entschlossen, Regierung Wang Jingwei am 1. Juli anzuerkennen.[84] Es ist mit der Italienischen Regierung vereinbart, daß Reichsaußenminister und Italienischer

---

81 So im ADAP–Druck. Dort Anm.: Maschinenschriftliche Randbemerkung: „fehlt anscheinend 1 Gruppe“.

82 Ott hatte in seinem obengenannten Telegramm Nr.1033 angeregt, „auf Grund unserer Erfahrung in Manzhouguo Anerkennung [der] Wang–Jingwei–Regierung mit vorheriger Regelung unserer Wirtschaftsstellung in China zu verbinden.“

83 Telegramm Nr.28 vom 28.6.1941 erging als „Geheime Reichssache“ „Für Geschäftsträger persönlich“ auf Telegramm Nr.299 vom 26.6.1941.

84 Botschafter Ott in Tokio war diese Mitteilung schon einen Tag früher, am 27.6.1941, gemacht worden. In diesem Telegramm hatte Weizsäcker im Detail berichtet, welche Absprachen er mit dem japanischen Botschafter Oshima getroffen habe. Darunter die, daß er „noch heute“ den deutschen Vertretungen „bei den Dreimächtepakt–Regierungen in Rumänien, Bulgarien, Ungarn, [der] Slowakei und Kroatien Weisung erteilen“ werde, „im Benehmen mit der italienischen Vertretung den bevorstehenden japanischen Schritt betreffend Anerkennung von Wang Jingwei zu unterstützen.“ Auf den Vorschlag Otts aus Tele-

Außenminister[85] am 1. Juli an Wang Jingwei Telegramme richten, durch die wir seine Regierung anerkennen und ihm mitteilen, daß wir die diplomatischen Beziehungen alsbald mit ihm aufnehmen werden.

Wortlaut des Telegramms [des] Reichsaußenministers wird an Sie übermittelt, sobald Text endgültig feststeht.[86] Bitte zu veranlassen, daß Generalkonsul Gipperich das Telegramm [des] Reichsaußenministers am 1. Juli Wang Jingwei überreicht.[87]

Angelegenheit muß bis 1. Juli völlig geheim gehalten werden. Bitte dies auch Gipperich mitzuteilen. Bitte ferner Dienststelle Chongqing erst am 30. Juni von dort aus telegrafisch vertraulich unterrichten.[88]

Weitere Sprachregelung folgt.

Weizsäcker

ADAP, Serie D, Bd.XIII, Dok.38, S.35f.

---

gramm Nr.1033 wegen der Verbindung der Anerkennung mit wirtschaftlichen Wünschen habe er erklärt, daß nach der Anerkennung beabsichtigt sei, „die Delegation Wohlthat anzuweisen, im Rahmen ihrer Verhandlungen in Tokio ein besonderes Abkommen mit der Wang–Jingwei–Regierung über den deutsch–chinesischen Wirtschaftsverkehr zu verhandeln und abzuschließen." Dabei gehe er „entsprechend dem Gespräch von Fuschl vom 23.2.1941 [Gespräch zwischen Ribbentrop und Oshima] davon aus, daß Deutschland in seinem Wirtschaftsverkehr mit China eine Vorzugsbehandlung vor dritten Ländern genießen werde" (ADAP, Serie D, Bd.XIII, Dok.32, S.29f).

85 Graf Galeazzo Ciano.

86 Anm. im ADAP–Druck: Übermittelt in Weizsäckers Telegramm Nr.282 vom 29. Juni.

87 Anm. im ADAP–Druck: In Telegramm Nr.314 vom 2. Juli aus Peking meldete Altenburg, der Generalkonsul in Nanjing, Hermann Gipperich, habe diese Weisung am 1. Juli nachmittags ausgeführt.

88 Am 30.6. teilte Weizsäcker in einem Runderlaß an die deutschen Botschaften in Rom und Madrid sowie an die deutschen Gesandtschaften in Budapest, Bukarest, Sofia, Agram (Zagreb) und Preßburg (Bratislava) mit, daß Deutschland mit der Anerkennung Wang Jingweis die „Beziehungen zur Chongqing–Regierung" nicht automatisch abbrechen, sondern „zunächst abwarten" wolle, „wie Chiang Kaishek auf Anerkennung reagiert" (ADAP, Serie D, Bd.XIII, Dok.47, S.44f). Die zu erwartende Reaktion der Nationalregierung war Weizsäcker jedoch bereits bekannt. Am 28.6. hatte Botschafter Chen Jie – wie Weizsäcker am 30.6. nach Chongqing telegraphierte – in einem Gespräch daran erinnert, „daß er schon immer Instruktionen gehabt habe, im Falle [eines] Auftauchens [der] Frage [der] Anerkennung Wang Jingweis hier auf [eine] Erklärung seines Außenministers vom 30. November 1940 hinzuweisen." Der Außenminister habe damals erklärt, die „chinesische Regierung würde [die] Anerkennung als sehr unfreundlichen Akt betrachten und gezwungen sein, Beziehungen abzubrechen." – In dem Gespräch am 28.6. habe Chen Jie „in bewegten Worten" ausgeführt, „welche materiellen und ideellen Werte beiderseits auf dem Spiele ständen." Weizsäcker habe seinerseits erklärt: „Wenn [die] chinesische Regierung im Falle [der] Anerkennung die in [der] Erklärung [des] chinesischen Außenministers erwähnten Maßnahmen ergreife, so müsse sie dies mit sich selbst abmachen. Die 100jährige deutsch–chinesische Freundschaft habe im übrigen 1917 [gemeint ist die Kriegserklärung Chinas an Deutschland vom 14.8.1917] ganz ohne unser [gemeint ist: deutsches] Zutun einen Knick erfahren" (ADAP, Serie D, Bd.XIII, Dok.48, S.45).

Kapitel 4

Deutschland im Bündnis mit der Marionettenregierung in Nanjing 1941–1945

Der deutsche Angriff gegen die UdSSR am 22. Juni 1941 und der japanische Überfall auf den US–Stützpunkt Pearl Harbour am 7. Dezember 1941 markierten den Übergang zum globalen Krieg. Dabei kämpften Japan und Deutschland bis zur totalen Niederlage auf getrennten Kriegsschauplätzen. Die Weltkriegsfrontlinie ging seit Dezember 1941 auch mitten durch China. Hitler setzte trotz des Bündnisses mit Japan und der von Tokio installierten Marionettenregierung in Nanjing und Chiang Kaisheks Kriegserklärung keine Streitkräfte in China, Südostasien und im Pazifik ein.

Von 1941 bis 1945 war die Marionettenregierung in Nanjing auf chinesischer Seite der alleinige Träger der offiziellen deutsch–chinesischen Beziehungen. Dabei blieben diese, trotz der stetigen Versuche Wang Jingweis, seinen Handlungsspielraum auszudehnen, stets von Japan abhängig. Wang Jingwei und sein Nachfolger Chen Gongbo erlangten auch in der Endphase des Krieges, als japanische Zugeständnisse in Wirtschafts– und Verwaltungsangelegenheiten die Regierung in Nanjing stärkten, niemals die notwendige Selbständigkeit, um eine Außenpolitik mit eigenem Profil betreiben zu können.

Trotzdem richteten sich nationalsozialistische Führung und Exponenten deutscher Wirtschaft auf eine langfristige Zusammenarbeit mit Nanjing als Teil ihrer Interessenvertretung im großostasiatischen (Wirtschafts)Raum ein. Nach der Kriegswende von 1942/43 versuchte Berlin allerdings vor allem, die deutschen Positionen in China insgesamt für die Zeit nach dem Kriege zu behaupten. Mit der Chiang–Kaishek–Regierung in Chongqing wurden einige inoffizielle Kontakte aufrechterhalten. Auf beiden Seiten gab es Kräfte, die an die vielversprechenden Beziehungen der 20er und 30er Jahre anknüpfen wollten, sobald es die Bedingungen zuließen.

Bündnisbeziehungen zur Nanjing–Regierung

Die Marionettenregierung unter Wang Jingwei war am 25. November 1941 dem Antikominternpakt beigetreten (Dok. 68) und seit Ausbruch des Pazifikkrieges auch als militärischer

Bündnispartner Japans behandelt worden. Am 9. Januar 1943 erklärte sie den Vereinigten Staaten und Großbritannien den Krieg (Dok. 76).[1]

Unmittelbar nach ihren Kriegsoffensiven einigten sich die Achsenmächte am 11. Dezember 1941 in einem Abkommen, "die Waffen nicht niederzulegen, bis der gemeinsame Krieg gegen die Vereinigten Staaten von Amerika und England zum erfolgreichen Ende geführt worden ist" und "weder mit den Vereinigten Staaten von Amerika noch mit England Waffenstillstand oder Frieden zu schließen".[2] Daraufhin legten sich die Alliierten in ihrer "26–Nationen–Erklärung" vom 1. Januar 1942 fest, mit dem Feind keinen Sonder–Waffenstillstand einzugehen. Damit waren die Friedensbedingungen auch für den Kriegsschauplatz in China abgesteckt.

Mit Beginn der japanischen Vorstöße nach Südostasien und in den pazifischen Raum öffneten sich für die Nanjing–Regierung kleine innenpolitische Bewegungsspielräume, die Wang Jingwei auch in seinen weitgehend auf die Achsenmächte begrenzten Außenverbindungen nutzte. Zum zweiten Jahrestag seiner Regierungsgründung am 30. März 1942 versuchte er, der Öffentlichkeit eine für das neue sog. „Nationalchina" günstige Bilanz vorzustellen (Dok. 75).

Ab 1941/42 bemühte sich auch Japan, das neue „Nationalchina" außenpolitisch aufzuwerten. Das japanische Oberkommando verstärkte die materielle Unterstützung für Wang Jingwei und band Nanjing im Pazifikkrieg in die kriegswirtschaftliche Mobilisierung ein. Militärische Hilfeleistungen spielten dabei eine untergeordnete Rolle. Die Nanjing–Armee, die sich erst im Aufbau befand, sollte v.a. der innenpolitischen und polizeilichen Absicherung der japanischen Herrschaft dienen.[3]

Deutschland war in seinen politischen Beziehungen zur Nanjing–Marionettenregierung mehr oder weniger auf Beobachtung und Beratung beschränkt. Für ein China–Engagement schwanden zunehmend die Voraussetzungen und die direkten Einwirkungsmöglichkeiten, seitdem der Feldzug gegen die UdSSR und in Nordafrika sowie die alliierte Luftoffensive gegen das deutsche Hinterland alle verfügbaren Kräfte und Ressourcen banden. Da auch mit Japan keine koordinierten Militäroperationen über die getrennten Kriegsschauplätze hinweg zustandekamen, die japanischen Streitkräfte in langwierige Kämpfe verwickelt und zum Rückzug gezwungen wurden, trat China immer mehr aus dem Kreis der deutschen Aktionsschwerpunkte heraus. Deutscherseits wurde allerdings aufmerksam verfolgt, wie Wang Jingwei 1942/43 daran ging, gegenüber Tokio mehr Eigenständigkeit zu erreichen.

---

1 Zur Kriegserklärung an die Sowjetunion kam es nicht, weil auch Japan sich mit der Sowjetunion nicht im Kriegszustand befand. Der Neutralitätspakt Japan–UdSSR vom 13.4.1941 hatte Bestand bis zur Kriegserklärung der UdSSR an Japan am 8.8.1945.

2 Abkommen zwischen Deutschland, Italien und Japan vom 11.12.1941, in: RGBl. II/1942:132.

3 Vgl. Eastman 1986:571; Kong Zhaiwei 1995b:363.

Im März/April 1942 übernahm Nanjing von den Japanern die besetzten Britischen Konzessionen außerhalb von Shanghai.[4] Am 9. Januar 1943, zeitgleich zur Nanjinger Kriegserklärung an Großbritannien und die USA (Dok. 76), unterzeichneten Japans Botschafter Shigemitsu und Wang Jingwei eine Erklärung über die bilaterale militärische, politische und wirtschaftliche Zusammenarbeit und ein Abkommen über die Rückgabe der japanischen Konzessionen an Nanjing sowie den Verzicht Japans auf Exterritorialität in China.[5] Wang Jingwei nutzte den starken Anreiz, den die Liquidierung des britischen und US–amerikanischen Besitzes auf einflußreiche Handels– und Industriekreise Chinas ausübte. Von der Verlagerung ihrer Sympathien erhoffte man sich auch ein besseres Verhältnis zu den Auslandschinesen, bislang eine Stütze der chinesischen Regierung in Chongqing. Nanjing versuchte, bei der Besetzung von Schlüsselstellungen in Südostasiens Wirtschaft durch Chinesen Einfluß zu nehmen[6] und auf diese Weise Chongqing als politischen und wirtschaftlichen Faktor zurückzudrängen.

Wechselnde Staatsbesuche von Wang Jingwei in Tokio und von Ministerpräsident Tojo in Shanghai und Nanjing sollten den Eindruck von einem Wandel der Beziehungen vermitteln. Durch ihren sog. Bündnisvertrag vom 30. Oktober 1943 suchten die Nanjing– und die japanische Regierung diesen zu aktualisieren.[7] Japanische Zugeständnisse in Teilfragen änderten aber nichts an der durchgängigen Aufrechterhaltung des Besatzungsstatus. Die Souveränitätsrechte der Nanjing–Regierung waren nach wie vor auf den entscheidenden Gebieten der

---

4 Die Eingliederungen wurden feierlich vollzogen: Kanton (25.3.1942), Tianjin (30.3.), Hankou (12.4.). In ähnlich propagandistischer Aufmachung ging die Rückgabe weiterer beschlagnahmter Industriebetriebe an die früheren chinesischen Besitzer vor sich.

5 Die japanischen Konzessionen in Hangzhou, Suzhou, Hankou, Shashi, Tianjin, Fuzhou und Xiamen wurden Nanjing am 30.3.1943, am 3. Jahrestag der Wang–Jingwei–Regierung, übertragen. Dieser Übergabe folgten weitere Eingliederungen aus dem japanischen Okkupationsbesitz: am 31.7.1943 der Verwaltung der Französischen Konzession, am 1.8.1943 des International Settlement in Shanghai. Vgl. Lieqiang zai Zhongguo de zujie 1992:148, 206, 331; Fei Chengkang 1992:418–420; Zhang Hongxiang 1996:332.

6 In Thailand waren Chinesen mit 22%, in Malaya mit 43% an der Gesamtbevölkerung beteiligt. In Malaya hatten Chinesen 52% der Kautschukplantagen und 40% der Zinngruben in der Hand. Beauftragte der Japaner und der Nanjing–Regierung bearbeiteten gemeinsam an Ort und Stelle die Südseechinesen. Einige Shonan–Millionäre erkannten gegen Zusicherung bevorzugter Behandlung ihrer Vermögenswerte den japanischen Führungsanspruch an und unterstellten sich der Nanjing–Regierung. Vgl. Li Debin/Shi Fang/Gao Ling 1994:321ff.

7 Vgl. BArch, R9208, DBC, Nr.2831, Bl.16–20, Jahresbericht 1943 der Deutschen Handelskammer Shanghai, o.D.: 'Es ist den Chinesen gelungen, Japan zu überzeugen, daß ohne Aufhebung der Bevormundung keine wirksame Zusammenarbeit möglich ist." Aus deutscher Sicht lagen die Vorteile des neuen gegenüber dem alten Vertrag auf militärischem Gebiet bei japanischen Zugeständnissen eines regional begrenzten Abbaus der Besatzungsstreitkräfte u.a. in Nordchina, auf wirtschaftlichem Gebiet bei dem teilweisen Verzicht Japans auf Kriegsentschädigung und auf Vorschriften für die Rohstoffgewinnung in Nordchina. Bei seinem Tokio–Besuch hatte Wang Jingwei weitere japanische Zugeständnisse im Zuge der vereinbarten engen Kriegskooperation erhalten.

Innen– und Außenpolitik japanischer Hoheitsgewalt unterstellt und in ihrer Ausübung durch Besatzungswillkür vor Ort weitgehend wirkungslos.[8]

Berlin orientierte sich trotz des Satellitenstatus Nanjings auf eine langfristige Zusammenarbeit.[9] Einflußreiche Exponenten der deutschen Wirtschaft setzten sich dafür ein, die deutschen Wirtschaftsinteressen im „Großostasiatischen Raum" neu auszurichten (Dok. 74). Sie hofften, über stärkere Kontakte zu Nanjing gegenüber Japan wettbewerbsfähiger zu werden. Besondere Erwartungen knüpfte man an die schrittweise Ausdehnung der exekutiven Vollmachten auf das gesamte japanische Besatzungsgebiet sowie an die Einbindung Nordchinas (Dok. 77), dessen administrative Sonderstellung[10] am 10. November 1943 endete. Bis Kriegsende lenkte nunmehr ein von Nanjing eingesetzter nordchinesischer Verwaltungsrat die regionalen Belange in den Provinzen Hebei, Shandong und Shanxi. Die damit anvisierte wirtschaftliche Angleichung zwischen Nord– und Mittelchina kam jedoch nicht zustande.

Nach dem Bündnisvertrag Japans mit der Nanjinger Marionettenregierung 1943 ging mit Ausnahme der von den japanischen Entwicklungsgesellschaften direkt geleiteten Kriegsindustrie die Wirtschaftsaufsicht auf die Nanjing–Regierung über.[11] Sie begann, eine staatlich gelenkte Wirtschaft aufzubauen. Gewisse Teilerfolge kamen allerdings wiederum vorrangig der von Japan forciert ausgeweiteten Kriegswirtschaft zugute, für die Nanjing ab 1942/43 Hauptbezugsquelle wurde. Deutsche Firmen blieben nach wie vor weitgehend vom chinesischen Markt ausgeschlossen. Die deutschen Diplomaten vermochten in Tokio und Nanjing für die auf China gerichteten Wirtschaftsinteressen nur wenig auszurichten (Dok. 94, 95).

Bis 1943, als der Kriegsausgang für die Achsenmächte noch ungewiß schien, hatten deutsche Wirtschaftskreise noch auf ein Abkommen mit der Nanjinger Marionettenregierung spekuliert, um eine seit 1937/38 geforderte Gleichstellung mit japanischen Unternehmen im

---

[8] Die Schlüsselstellungen bei Seezoll, Polizei, Zentralreservebank und in anderen Bereichen blieben uneingeschränkt in japanischer Hand. Nachdem 1940 noch eine japanische Truppenreduzierung in Mengjiang und Nordchina innerhalb von zwei Jahren in Aussicht gestellt worden war, ließ man 1943 diesen Termin wie überhaupt eine eindeutige Definition für den in China angestrebten Friedenszustand offen.

[9] In der Literatur sind die Beziehungen zwischen Deutschland und Wang–Jingwei–China noch nicht als eigenständiger Abschnitt, sondern vorrangig im Zusammenhang mit der deutsch–japanischen Achsenpolitik behandelt worden. Vgl. u.a. Fabritzek 1973:135, der die deutsch–chinesischen Beziehungen mit dem diplomatischen Bruch zu Chongqing als „beendet" betrachtet; van Briessen 1977:105, der „mit dem chinesischen Kriegseintritt gegen Deutschland" die „offiziellen deutsch–chinesischen Beziehungen unterbrochen" sieht.

[10] Vgl. OAR 12/1943:126f. Die nordchinesische Verwaltung wurde nach Auflösung des Anfang 1940 mit bestimmten Regierungsbefugnissen ausgestatteten Politischen Ausschusses in Beijing den Nanjinger Instanzen unterstellt. Dieser Ausschuß war von Wang Kemin geleitet worden, der zugleich der Nanjing–Regierung angehörte und dort den Vorsitz der 'Kommission für politische Angelegenheiten Nordchinas" innehatte.

[11] Vgl. OAR 12/1943:130f: „China. Der neue Verwaltungs– und Wirtschaftskurs".

besetzten China zu erreichen.[12] Das im deutsch–japanischen Rahmenabkommen vom 20. Januar 1943 in Aussicht genommene Direktabkommen zwischen Deutschland und Nanjing–China zögerte sich jedoch immer mehr hinaus und kam schließlich nicht zustande.[13]

Nach Akkreditierung des Geschäftsträgers Martin Fischer bei der Nanjing–Regierung wechselte die zuvor kurzzeitig nach Peking verlegte Botschaft an den neuen sog. Regierungssitz.[14] In Peking und Shanghai blieben Dienststellen der Botschaft unter der Leitung von Botschaftsrat Altenburg und Generalkonsul Stoller zurück. Als erster Botschafter bei der Wang–Jingwei–Regierung wurde im Januar 1942 Heinrich Stahmer eingesetzt. Auf Stahmer, der im Februar 1943 nach Tokio abberufen und danach von Geschäftsträger Dr. Erich Kordt vertreten wurde, folgte im August 1943 der mit einem U–Boot nach China gebrachte Ernst Woermann.[15] Die Generalkonsulate und Konsulate setzten ihre Tätigkeit im neuen sog. "Nationalchina" an ihren alten Standorten fort.[16] Der diplomatische Verkehr mit Berlin wurde bis in die Phase der Endkämpfe von April 1945 aufrechterhalten.

Die Nanjing–Botschafterstelle in Berlin blieb dagegen unbesetzt. Ministerpräsident Wang Jingwei hatte zwar seinen Minister für Erziehung, Li Shengwu, zum Botschafter in Berlin ernannt (Dok. 66), der jedoch seinen Posten auf Grund der unterbrochenen Verkehrsverbindungen nicht hatte antreten können. Die Nanjinger Interessen in Berlin vertrat ad interim Konsul Wang Deyin, der das Berliner Konsulat der Nanjing–Regierung leitete.[17] Am 4. Januar 1944 setzte das Nanjinger Außenministerium ihn als einstweiligen Geschäftsträger der

---

[12] Entsprechende Hoffnungen hatte Japans Botschafter Oshima in Verhandlungen mit Ribbentrop genährt, als er am 23.2.1941 zusagte, daß Deutschland bei Anerkennung der Wang–Jingwei–Regierung mit einer Vorzugstellung im besetzten China rechnen könnte. Vgl. ADAP, Serie D, Bd. XIII, Dok. 32, AA, Weizsäcker, an DB Tokio, Ott, 27.6.1941.

[13] Die Deutsche Handelsdelegation für Ostasien unter Leitung von Wohlthat war mit entsprechenden Vorbereitungsaufträgen befaßt, gelangte jedoch angesichts der komplizierten Verhandlungsmaterie über Ansätze und Absichtserklärungen beider Seiten nicht hinaus. Vgl. PA/AA, R27915, zu Verhandlungen im Zusammenhang mit der Gleichschaltung des deutschen Handels im japanisch besetzten China, 1943.

[14] Vgl. BArch, R 9208, DBC, Nr.4348, Bl.114 – Drahterlaß des AA, 2.7.1941.

[15] Woermann leitete zuvor im Range eines Unterstaatssekretärs die Politische Abteilung des Auswärtigen Amtes. Ribbentrop hatte den mißliebig gewordenen Diplomaten aus Deutschland abgeschoben. Vgl. Döscher 1987:194f; Ruland 1973:320.

[16] Vgl. Jahrbuch für Auswärtige Politik 1943:280f: Die Amtsbezirke wurden der Nanjinger Administrationsstruktur angeglichen. Generalkonsulate Hankou (unter Leitung von Enno Bracklo für die Provinzen Hubei, Shaanxi, Hunan und Henan südlich des Huanghe), Shanghai (Martin Fischer für die Provinzen Jiangsu, Jiangxi, Zhejiang und Fujian), Kanton (Franz Siebert für die besetzten südchinesischen Gebiete der Provinz Guangdong mit Insel Hainan) und Tianjin (Fritz Wiedemann für die besetzten nordchinesischen Provinzen, vor allem Hebei, Shanxi, Henan nördlich des Huanghe, die Innere Mongolei) sowie Konsulate Qingdao (Hans von Saucken für Ost–Shandong und zugleich für den Amtsbezirk des Konsulats Jinan) und Zhifu (Fritz Hornemann).

[17] Wang Deyin gehörte dem diplomatischen Korps in Berlin bis Januar 1944 nicht an. Vgl. Jahrbuch für Auswärtige Politik 1943:180, 281.

"Chinesischen Nationalregierung" in Deutschland ein.[18] Die diplomatischen Vertretungen beider Seiten befaßten sich zunehmend nur mit laufender Berichterstattung und operativen Randfragen.

Die deutsche Regierung hatte mit der diplomatischen Anerkennung im Juli 1941 die Zuständigkeit der Nanjinger Marionettenregierung für die Belange aller Chinesen in Deutschland anerkannt. Ein Ersuchen der chinesischen Nationalregierung in Chongqing, die Betreuung der etwa 800 in Deutschland lebenden Chinesen durch den portugiesischen Gesandten vertreten zu lassen, wurde vom Auswärtigen Amt abgelehnt (Dok. 71).

Aus deutscher Regierungssicht erbrachte Nanjing für solche Gefälligkeitsdienste nicht die erwarteten Gegenleistungen. Den wiederholt gestellten deutschen Forderungen nach einer Vorzugsstellung der Deutschen im besetzten China wurde nicht Rechnung getragen. So bemühten sich deutsche Dienststellen mit Verweis auf sog. „angestammte", d.h. aus Ungleichen Verträgen herrührenden Rechte (Dok. 79), wiederholt darum, deutsche Reichsangehörige in China von der Steuer auszunehmen. Im April 1942 lehnte dies die Nanjinger Regierung jedoch mit dem Hinweis auf die im Vertrag von 1921 verankerten Grundsätze der Gleichberechtigung ab (Dok. 73, 79).

Als nach dem Sieg der russischen Truppen am Kursker Bogen im Juli/August 1943 der deutsche Rückzug an der Ostfront nicht mehr aufzuhalten war, die Kriegswende auch in Ostasien und im Pazifik immer deutlicher wurde, war auch das Ende der diplomatischen Episode zwischen der Nanjinger Marionettenregierung und dem faschistischen Deutschland in Sicht. Wang Jingwei starb nach schwerer Krankheit am 10. November 1944. Sein Nachfolger Chen Gongbo war dann vorrangig mit den sich abzeichnenden Kriegsfolgen befaßt.

Kriegszustand mit China

Chiang Kaishek traf mit der Kriegserklärung an Deutschland und Italien vom 9. Dezember 1941 (Dok. 69) eine Entscheidung, die in ihrer unmittelbaren Reaktion auf Pearl Harbour und ihrer Entschlossenheit angesichts des langjährigen Lavierens zwischen den Mächtegruppierungen zunächst überraschte. Obgleich innerhalb der Guomindang-Führung bis zuletzt und auch weiterhin immer wieder hinterfragt, war die Wahl für die Antihitlerkoalition angesichts der Kriegslage und der Überlebensstrategie im Kampf gegen Japan folgerichtig. An der Seite der Großmächte USA, Großbritannien und UdSSR hatte das unbesetzte China die nach Kriegsausbruch 1937 eingetretene Isolation endgültig durchbrochen. Sein Kriegsbeitrag wurde für die Alliierten wichtig, um Japan zu schlagen und den Zweiten Weltkrieg zu beenden. Bereits im Vorfeld des Kriegseintritts war Chiang Kaishek mit vollendeten Tatsachen konfrontiert worden: dem Dreimächtepakt, der Anerkennung der Nanjinger Marionettenregierung durch Deutschland, der zunehmenden deutsch-japanischen Zusammen-

[18] Vgl. OAR 1/1944:18.

arbeit. Auf der anderen Seite geriet Chongqing unter dem Druck seiner Einkreisung zwangsläufig in finanzielle, wirtschaftliche, militärische und politische Abhängigkeit von den USA und Großbritannien. Vor diesem Hintergrund schied ein von prodeutschen Kräften in Chongqing befürwortetes Bündnis mit dem nationalsozialistischen Deutschland endgültig aus.

In seinen Erklärungen zu Beginn des Pazifikkrieges hatte Chiang Kaishek hervorgehoben, daß er den antijapanischen Befreiungskampf Chinas als Bestandteil des weltweiten Kampfes gegen die Achsenmächte betrachte und als Verbündeter der USA, UdSSR, Großbritanniens und anderer befreundeter Nationen führe (Dok. 70). Damit näherte er sich dem Gedanken einer internationalen Einheitsfront gegen den Faschismus, die vom Generalsekretär der KPCh, Mao Zedong, unmittelbar nach dem deutschen Einmarsch in die Sowjetunion gefordert worden war und der antijapanischen Zusammenarbeit von Guomindang und Kommunisten zugrundegelegt werden sollte (Dok. 65). Als am 1. Januar 1942 in Washington eine erste Deklaration über die Kriegsziele der Vereinten Nationen beschlossen wurde, gehörte China gemeinsam mit den Großmächten USA, Großbritannien und UdSSR zu den insgesamt 26 Unterzeichnerstaaten.[19]

Im Herbst 1941 hatte China bereits einen festen Platz in der britischen, vor allem in der US–amerikanischen Kriegs– und Nachkriegsstrategie. Chiang Kaishek betonte gegenüber den alliierten Bündnispartnern die günstige geostrategische Lage und die Tasache, daß China das erste Land war, das gegen eine der Achsenmächte militärischen Widerstand geleistet habe (Dok.70). Das Bündnis mit den Alliierten führte China schließlich in den Weltsicherheitsrat der Vereinten Nationen.[20]

Der außenpolitische Aufstieg Chinas war unter außerordentlicher wirtschaftlicher und militärischer Anspannung im Vertrauen auf die Weite des Hinterlandes und die breite Volksunterstützung vor sich gegangen, begleitet von Rückschlägen und Enttäuschungen. Für die Nachkriegszeit wurde bedeutsam, daß die USA und Großbritannien 1943 auf ihre von China im 19. Jahrhundert erzwungenen Ungleichen Verträge und Vorrechte verzichteten. Chiang Kaishek zog ungeachtet der inneren Belastungen eine erfolgreiche außenpolitische Bilanz,

---

19 Dieser Deklaration waren vorangegangen: am 22.6. und 24.6.1941 Erklärungen der Regierungen Großbritanniens und der USA, zu einem Bündnis mit der UdSSR bereit zu sein; am 14.8. die Unterzeichnung der „Atlantikcharta“ durch die USA und Großbritannien; vom 29.9. bis 1.10. in Moskau die erste gemeinsame Konferenz der drei Großmächte UdSSR, USA und Großbritannien über gegenseitige militärische und wirtschaftliche Unterstützung.

20 Am 2.6.1942 unterzeichnete Chiang Kaishek die Einbeziehung Chinas in das Pacht– und Leihsystem der USA: Am 24.3. trat China dem neu gebildeten „Pazifischen Kriegsrat der Vereinten Nationen“ bei, dem Australien, Neuseeland, die Niederlande, Großbritannien und die USA als Mitglieder angehörten. Am 30.7.1942 unterzeichneten die chinesische und die sowjetische Regierung in Chongqing ein geheimes Militärabkommen. Daraufhin gab Chiang Kaishek am 4.11.1942 durch seinen Außenminister Song Ziwen die territorialen Nachkriegsforderungen der Regierung bekannt: Rückgabe der Mandschurei, Formosas (Taiwan) und der Liuqiu–Inseln sowie aller Gebiete, auf die China rechtlich Anspruch habe.

als er in seiner Neujahrserklärung 1944 hervorhob, daß die internationalen Beziehungen Chinas nunmehr „wieder in Ordnung gebracht“ seien (Dok. 78).

Die offiziellen Verbindungen von und nach Deutschland waren jedoch endgültig eingefroren, auch wenn inoffizielle Kontakte bis Kriegsende niemals völlig abrissen. Die in Deutschland akkreditierten chinesischen Diplomaten waren 1941 in die Schweiz ausgewichen und beobachteten von dort aus die weitere Entwicklung (Deutschlands) (Dok. 67).

Chiang Kaishek erklärte sich damit einverstanden, daß einige wenige Deutsche im unbesetzten China verbleiben konnten (Dok. 72). Dazu gehörten der HAPRO–Vertreter in Chongqing, Ludwig Werner, der ehemalige HAPRO–Mitarbeiter Walter Eckert, die Militärberater Erich Stoelzner, Bodo vom Stein und Raimund von Imhof sowie einige Hochschullehrer und politische Emigranten.[21] Außerdem wurde der Mitarbeiter des Konsulats in Chongqing, Walther Friedrich, zur „Abwicklung von Konsulatsgeschäften“ dort belassen.[22] Weitere Verbindungen liefen über im Grenzgebiet tätige Missionare und chinesische Kontaktpersonen. Eine ähnliche Rolle spielten in Deutschland einige chinesische Studenten, die den Kontakt zu Diplomaten in der Schweiz hielten.

Die Entwicklung im unbesetzten China behielt in der diplomatischen und in der Firmen–Berichterstattung auch während des Kriegszustandes einen besonderen Stellenwert. Das Interesse stieg vor allem nach der Kriegswende 1943 mit Blick auf Nachkriegsmöglichkeiten beachtlich.[23]

In Abstimmung mit Ribbentrop, aber vom diplomatischen Dienst abgegrenzt, hatte das Oberkommando der Wehrmacht, Amt Ausland/Abwehr, in Shanghai verzweigte geheimdienstliche Aktivitäten in Gang gesetzt. Sie wurden vom Reichssicherheitshauptamt 1944 weitergeführt. Zunächst unter der Leitung von Louis Theodor Siefken, dann ab Dezember 1942 von Lothar Eisenträger alias „Kaufmann Heinrich Ehrhardt“,[24] liefen diese Verbindungen in einer Zentrale in Shanghai zusammen. Sie nannte sich „Kriegsorganisation China“

---

21 Vgl. BArch, R 9208, DBC, Nr.3321, Bl.33–34: Aufzeichnung GK Shanghai, 10.9.1942: „Liste der Reichsdeutschen, die sich im unbesetzten China aufhalten“. Die Entscheidung, welchem Deutschen im unbesetzten China das Bleiberecht gewährt wurde, ging auf Vorschläge des chinesischen Verbindungsmannes für die HAPRO, Qi Jun, zurück und wurde von Chiang Kaishek persönlich getroffen.

22 Vgl. BArch, R 9208, DBC, Nr.1600, Bl.8: Aufzeichnung DB Nanjing, 22.12.1944: Friedrich, mit einer Chinesin verheiratet, war lange Jahre als Bürohilfsarbeiter am DK Chongqing tätig. Nach Kriegsausbruch verblieb er in Chongqing und wurde in unregelmäßigen Abständen über das Schweizer Rote Kreuz und chinesische Mittelsmänner von der Botschaft mit Geld versorgt.

23 Vgl. NA/Microcopy T82, Roll 75, Serial 96, I.G. Farben, Aufn. 233110ff: Länder–Monatsberichte/Länder– Vierteljahresberichte China der I.G. Verkaufsgemeinschaft Farben, 1942–1944.

24 Die Ablösung Siefkens wird bei Kranzler 1976:531 mit dem Hinweis begründet, Siefken habe zur in Opposition zu Hitler gegangenen Gruppe um Abwehrchef Canaris gehört. Van Briessen 1982:62 hält diesen Zusammenhang für nicht gegeben.

(KO). Dort waren im Februar 1943 39 „festbesoldete Personen“[25] tätig. Außerdem konnte sie sich auf ein ausgebautes Netz an Informanten stützen, bei deren Vermittlung auch die Deutsche Botschaft beteiligt war (Dok. 64). Der Aufgabenbereich der KO ging über den engeren militärnachrichtendienstlichen Bereich weit hinaus. Neben dem regelmäßigen Abhördienst in Shanghai, Tianjin, Qingdao und Kanton war die KO bei der Beschaffung kriegswichtiger Rohstoffe und bei der Sondierung von Vermittlungsmöglichkeiten zwischen China und Japan tätig.[26]

Im Frühjahr 1944 entwickelte die „Kriegsorganisation China“ detaillierte Pläne für eine Zusammenarbeit mit Japan.[27] Für eine Intensivierung des Funk– und Abhördienstes wurden noch 1944/45 15 junge Deutsche als Funker ausgebildet.[28] Die Aktivitäten der damit fast 60 Mitarbeiter der Geheimdienstzentrale[29] reichten über die Kapitulation am 8. Mai 1945 hinaus. Deshalb führten die USA gegen einige Verantwortliche der KO und der diplomatischen Vertretungen von August 1946 bis Januar 1947 in Shanghai einen Militärgerichtsprozeß (Dok. 154).[30]

Auslotung von Friedenschancen in China

Japan gab seine seit 1939/40 verfolgte Doppelstrategie einer militärischen oder politischen Lösung des Krieges in China auch in der Folgezeit niemals ganz auf. Nach wie vor Vorrang hatte die militärische Lösung der Aufzwingung eines Friedens. Zugleich gab es allerdings wiederholte politische Versuche, um auf dem Verhandlungswege ganz China einen Frieden nach japanischen Bedingungen zu diktieren. Der Nanjinger Marionettenregierung war dabei eine Vermittlerrolle zugedacht (Dok. 58), die sie aber angesichts der unüberbrückbaren innerchinesischen Gegensätze nicht ausfüllen konnte.[31]

In der Guomindang–Führung gab es in kritischen Situationen wiederholt Stimmen für eine sog. Friedensregelung mit Japan, die sich gegen eine allzu strenge Einhaltung der

---

25 Vgl. FOSD/Microcopy, German War Documents, GFM 2–5, AA, Pol. VIII, Aufn. 355549. – OKW Amt Ausland/Abwehr an AA, Berlin 5.6.1940. – Ebenda, Aufn. 355558. – OKW Amt Ausland/Abwehr an AA, Berlin 14.10.1941. – Ebenda, Aufn. 355569. – Stahmer an AA, Nanjing 31.8.1942. – Ebenda, Aufn. 355581–582. – Weizsäcker, AA, an DGK Shanghai, Berlin 7.9.1942. – Ebenda, Aufn. 355639. – Fischer an AA, Shanghai 31.8.1942.

26 Vgl. Ruland 1973:301–311; Mader 1970:354.

27 Vgl. FOSD/Microcopy, German War Documents, GFM 2–5, AA, Pol. VIII, Aufn. 355723. – Woermann an AA, Shanghai 4.3.1944.

28 Vgl. die Repatriierungslisten in 2. HACh, Bde. 18–2974 u. 18–2976.

29 Diese Zahl nach den Repatriierungslisten in 2. HACh, Bde. 18–2974 u. 18–2976, in denen fast 60 Namen mit dem Vermerk „Organisation Siefken“ oder „Büro Ehrhardt“ versehen sind.

30 Vgl. dazu Kap.8.

31 Vgl. NA/Microcopy T82, Roll 75, Serial 96, I.G. Farben, Aufn. 232635–232639: Länder–Monatsbericht China Nr.7/8 der I.G. Verkaufsgemeinschaft Farben, 1.7.–31.8.1940, Oktober 1940.

„unconditional surrender"–Verpflichtung der Antihitlerkoalition aussprachen. Auch Chiang Kaishek stellte die mit der KPCh vereinbarte antijapanische Einheitsfront im Januar 1941 ernsthaft zur Disposition.[32]

Vor diesem Hintergrund regten sich in Japan Initiativen, in China Kräfte zu fördern, die eine politische Lösung bevorzugten, um die japanische Armee wirksam im Pazifikkrieg zu entlasten.[33] Der japanische Botschafter brachte deshalb in Berlin das Interesse an Verhandlungen mit Chongqing zum Ausdruck, weil die Nanjing–Regierung als Partner nicht stark genug war, um eine gesamtchinesische Friedensregelung durchzusetzen. Das Auswärtige Amt schaltete sich in solche Überlegungen mehrfach ein, um einerseits durch Umgruppierung von Streitkräften die strategischen Bedingungen des Achsenpartners in Ostasien zu verbessern und andererseits die deutsche Wirtschaftsposition in China langfristig zu stärken.[34]

Auch Botschafter Stahmer wies im November 1942 auf Meldungen hin, die Deutschland sowohl von Chongqing als auch von Nanjing eine Vermittlerrolle zwischen Japan und China zutrauten.[35] Solche Informationen lösten jedoch keine Aktivitäten aus, weil die Erfolgsaussichten für eine deutsche Vermittlung als zu gering angesehen wurden. Ebensowenig gab man im Auswärtigen Amt auf Meldungen über Unstimmigkeiten zwischen Chongqing und den Alliierten, die Botschafter Woermann im Februar 1944 übermittelte. Angesichts der alliierten Kriegserfolge war an ein „Einlenken" Chinas gegenüber Deutschland nicht mehr zu denken (Dok. 80).

---

[32] Truppen der Guomindang–Regierung griffen die von der KP geführte Neue Vierte Armee an. Solche Aktionen ließ Chiang Kaishek im Sommer 1943 gegen die KP–beherrschten Gebiete wiederholen. Damit beschwor er eine Schwächung des antijapanischen Befreiungskampfes herauf. USA–Militärs, die in China maßgebliche Beratungsaufgaben wahrnahmen, befürchteten eine Bündniskrise.

[33] Japans Außenminister Togo hatte bereits am 2.2.1942 im Budget–Ausschuß des Parlaments die Bereitschaft angekündigt, Friedensvorschläge Chongqings konstruktiv aufzunehmen und Schritte zum Frieden zu tun, falls Chiang Kaishek einlenken würde. Am 5.4.1944 verabschiedete der Oberste Militärrat einen „Beschluß zur politischen Arbeit mit Chongqing". Unter der Bedingung des Rückzugs der amerikanischen und britischen Truppen vom chinesischen Territorium erklärte man sich bereit, alle chinesischen Gebiete, mit Ausnahme von Manzhouguo, an die Chongqing–Regierung zurückzugeben. Als Chongqing an seiner Bindung an die Alliierten festhielt, leitete die japanische Armeeführung die Ichigo–Offensive ein. Vgl. Zhu Hanguo 1993:857.

[34] Vgl. ADAP, Serie E, Bd.I, Dok.220, Aufzeichnung von Generalkonsul Heinrich Betz, AA, Februar 1942.

[35] Vgl. ADAP, Serie E, Bd.IV, Dok.144, Telegramm DB Nanjing, Stahmer, an AA, 6.11.1942: "Die teilweise stark betonte freundschaftliche Einstellung [der Chinesen] uns gegenüber entspricht weniger besonderer Zuneigung zu Deutschland, obwohl deutsche Erfolge auch von Chinesen uneingeschränkt bewundert, sondern mehr dem Bedürfnis Anlehnung an mächtiges Land, um sich gegenüber Japan etwas mehr behaupten zu können... Zwischen Gefühlen Chinesen Nanjinger und Chongqinger Richtung im Grunde kein wesentlicher Unterschied. In allen Schichten beider Richtungen leben Hoffnungen, daß Deutschland bei Friedensschluß sein Gewicht gegen allzu weitgehende japanische Aspirationen in die Waagschale werfen wird, häufig auch Wunsch auf vorherige Vermittlung Deutschlands."

Deutschland und die Nanjing–Regierung in ihrer Endphase

Die japanischen Vorstöße in Nord–, Südwest– und Südchina von Frühjahr bis Herbst 1944, die sogenannte Ichigo–Offensive, setzten auf eine Wende im Ostasienkrieg. Erfolge bei der Besetzung der Provinz Henan sowie bei der Ausschaltung von US–Luftwaffenstützpunkten im unbesetzten Südchina nährten kurzzeitig Spekulationen auf Überlebenschancen der Achsenmächte und schienen für die deutschen Positionen trotz der einsetzenden Endkämpfe in Europa noch Spielräume offenzuhalten. Die damit auch bei deutschen Firmen geweckten Erwartungen, nunmehr im großen Stil japanische Kriegswirtschaftsaufträge zu erhalten (Dok. 98, 99), erfüllten sich jedoch nicht. Die japanische Restriktionspolitik blieb trotz unverkennbarer Lockerungen und Verhandlungsbereitschaft bis zuletzt Haupthindernis für größere gemeinsame deutsch–japanische Wirtschaftsaktionen in China. Der Zusammenbruch des nationalsozialistischen Regimes stoppte dann alle 1944/45 mit japanischen Militärstellen angebahnten Rüstungsgeschäfte deutscher Chinafirmen.

Die NS–Führung setzte noch im Sommer 1944, als die Alliierten schon auf die deutschen Reichsgrenzen vorstießen, einen offiziellen deutschen Militärattaché bei der Nanjinger Marionettenregierung ein.[36] Seine Geheiminformationen blieben für Deutschland bedeutungslos.[37] Die Ende 1944 eingeleiteten und 1945 forcierten Angriffe der US–Luft– und Marine–Streitkräfte auf die japanischen Hauptinseln bedeuteten auch für die letzten deutschen Aktivitäten an der Seite Japans das Ende. Der Zusammenbruch Deutschlands überraschte dann in seiner Totalität, Geschwindigkeit und Folgewirkung die in China, Manzhouguo und Japan tätigen Deutschen ebenso wie die japanische Führung.[38]

In Erwartung der deutschen Niederlage gab Botschafter Woermann am 30. April 1945 den Leitern der diplomatischen und konsularischen Dienststellen Anweisungen für den Eventualitätsfall (Dok. 80). Die bedingungslose Kapitulation der deutschen Wehrmacht und die von den alliierten Hauptsiegermächten in Deutschland übernommene Regierungsgewalt setzten die japanische Führung und ihre Marionettenregierung in Nanjing unmittelbar nach dem 8.

---

[36] Wolfgang Reinhold, Major im Generalstab, bis dahin in Tokio tätig, wurde zum Militärattaché bestimmt. Er traf im Juli 1944 in Nordchina ein. Am 1. August 1944 trat er sein Amt in Nanjing an. Seine offizielle Ernennung zum Militärattaché erfolgte noch am 1.1.1945. Vgl. BArch, R 9208, DBCh, Nr.2146, Bl.166. – DB Peking, Altenburg, an DB Nanjing, 11.7.1944; Bl.162, AA, Grote, an DB Nanjing, 1.8.1944; Bl.73 – DB Nanjing, Reinhold und Woermann, an AA, 3.2.1945. Reinhold stand seit September 1944 der Japanologe Horst Hammitzsch als Hilfsoffizier zur Seite. Hammitzsch gelangte in 89tägiger Fahrt Europa–Singapur auf einem japanischen U–Boot nach China. Vgl. ebenda, Bl.130. – AA, Mohr, an DB Nanjing, Berlin 27.9.1944; Bl.113 – DB Nanjing, Reinhold und Kordt, an Militärattaché Tokio, 5.10.1944; Bl. 75 – DB Nanjing, Reinhold und Woermann, an AA, 12.1.1945.

[37] Vgl. ebenda, Bl.73 – DB Nanjing, Reinhold und Woermann, an AA, 3.2.1945.

[38] Informationen über die Kämpfe auf deutschem Boden und schließlich die bedingungslose Kapitulation am 8.5.1945 erreichten Shanghai per Rundfunk. Seit März 1945 gab es aus Berlin keine diplomatischen Anweisungen mehr. Vgl. dazu auch: Adolphi 1995, Freyeisen 1995. Vgl. zu folgendem auch Kap. 8.

Mai 1945 in Zugzwang. Am 9. Mai 1945 lösten sich die NSDAP–Landesgruppe China und ihre Ortsgruppen auf.[39] Nach Kondolenzbesuchen zum "Führertod" bekundeten japanische Armee– und Marinespitzen noch spontan, „daß sie die Deutschen nach wie vor als Verbündete zu behandeln gedächten".[40] Ab 15./16. Mai 1945 folgten dann die Memoranden der offiziellen japanischen und sog. nationalchinesischen Zivilbehörden über die Maßnahmen gegen die Deutschen in China.[41] Japanische Militärbehörden traten formell nicht in Erscheinung, obwohl Japan als Besatzungsmacht dafür die Legitimation hatte. Die Funktionen und der Status der deutschen diplomatischen und konsularischen Vertretungen wurden vorerst nicht eingeschränkt (Dok. 81).[42]

Nach Auflösung der Dönitz–Regierung am 23. Mai 1945 allerdings ordneten Japan und die Nanjing–Regierung am 12. Juni 1945 die Einstellung der Tätigkeit der Deutschen Botschaft und der deutschen Konsularbehörden an.[43] Damit endeten die diplomatischen Beziehungen zwischen dem faschistischen Deutschland und der japanischen Marionettenregierung in Nanjing. Deutsche Behörden wurden in China nur noch anerkannt, soweit sie die Betreuung der in China lebenden Deutschen übernahmen. Daraufhin führten die Botschaft und die Konsulate ihre neuen Aufgaben unter der Dienstbezeichnung „Deutsche Ämter" mit hinzugefügten Ortsnamen weiter.[44] Intern wurden die "Berichte an das Auswärtige Amt" fortgeführt, aber nunmehr als „Aufzeichnungen für eine spätere Versendung nach Deutschland".[45] In einem Resümé des Deutschen Amtes Hankou vom 14. Juli 1945 zu den Auswirkungen „der Mai–Ereignisse in Deutschland" zeigte sich, daß das Kriegsende von den Deutschen in

---

39 Vgl. BArch, R9208, DBC, Nr.1794, Bl.232, NSDAP–Landesgruppe China, Telegramm an deutsche diplomatische Vertretungen in China, 9.5.1945.

40 Vgl. BArch, R9208, DBC, Nr.1794, Bl.225, Generalkonsulat Hankou an Deutsche Botschaft Nanjing, Telegramm Nr.55, 14.5.1945: „Freundschaftliche Beziehungen gekennzeichnet dadurch, daß japanisches Hauptquartier zu Beginn Besprechungen Generalkonsulat eine Kiste Bier, das seit Monaten hier unerhältlich, überreichen ließ."

41 Vgl. BArch, R9208, DBC, Nr.1794, Bl.191–194, Aufzeichnung, Dienststelle Peking der Deutschen Botschaft, 25.5.1945. Danach ergingen die Memoranden des Japanischen Generalkonsulats Shanghai am 9.5., des Chinesischen Außenministeriums in Nanjing am 15.5., der Japanischen Botschaftsdienststelle in Beijing am 16.5., die Verbalnoten der Japanischen Botschaft in Nanjing am 16.5., des Japanischen Generalkonsulats Tianjin am 18.5., das Schreiben des Politischen Ausschusses für Nordchina am 19.5.1945.

42 Verboten waren lediglich chiffrierte Telegramme und Dienstreisen ohne amtliche Genehmigung chinesischer und japanischer Behörden. In Tianjin und Qingdao galten die deutschen Konsularbehörden als örtliche Vertretungen der ansässigen Deutschen.

43 Vgl. BArch, R9208, DBC, Nr.1794, Bl.8–12, 125: Note der Kaiserlichen Japanischen Botschaft vom 12.6.1945, Note der Chinesischen Nationalregierung in Nanjing vom 16.6.1945.

44 Fortan bestanden bis zur japanischen Kapitulation am 2.9.1945 Deutsche Ämter in Nanjing, Peking, Shanghai, Hankou, Kanton, Qingdao, Tianjin und Zhifu.

45 Vgl. BArch, R9208, DBC, Nr.1794, Bl.4–7, „Deutsches Amt Nanking", Woermann, 10.7.1945, „an alle Deutschen Ämter in China".

China nur allmählich begriffen wurde.[46] Mit der bedingungslosen Kapitulation Japans vom 2. September 1945 war dann auch der Untergang der Marionettenregierung in Nanjing besiegelt.

46 Vgl. BArch, R9208, DBC, Nr.1794, Bl.1–3. Dieses Schreiben wurde noch auf dem Kopfbogen mit „Deutsches Generalkonsulat“ beschrieben und an die „Deutsche Botschaft Nanjing“ adressiert.

64

Aufzeichnung des Mitarbeiters der Deutschen Botschaft Peking, Wilhelm Dwars, für den Geschäftsträger Felix Altenburg

Peking, 17. Januar 1941

Zu den mir vorgelegten Briefen von Herrn von Winterfeldt[1] erlaube ich mir zu bemerken:

1. Die von Herrn von Winterfeldt übersandten Berichte seines Informanten sind identisch (fast wörtlich gleich) mit denen, die mir ein Chinese überbrachte. Ich habe inzwischen festgestellt, daß dieser Chinese bis zu einem gewissen Grade zuverlässig ist, aber unter zwei Namen arbeitet.
2. Da der Botschaft oder dem Generalkonsulat für solche Informationen Mittel nicht zur Verfügung standen, habe ich meinen Informanten an Herrn Siefken[2] verwiesen, bzw. unbemerkt für den Mann ihn übergeleitet. Das geschah vor meiner Abreise nach Peking und wird sich jetzt schon eingespielt haben.
3. Es erscheint mir für jedes Mitglied einer Reichsbehörde nicht ungefährlich, sich direkt mit Informanten zu beschäftigen. Dafür scheint der bewußte Herr Siefken, der eine große Erfahrung in diesen Dingen besitzt, der richtige Mann zu sein, der dafür auch Mittel hat.
4. Informanten eine feste monatliche Summe zu zahlen, hat sich als unpraktisch erwiesen. Bei Nachrichten–Agenturen mag das etwas anderes sein. Dort werden Informationen von mehreren Seiten geprüft werden müssen. Zahlt aber eine amtliche Stelle einem Informanten ein Fixum, lassen die Informationen im Wert bald nach. Es dürfte sich mehr empfehlen, für besondere Nachrichten jeweils einen einmaligen Betrag zu zahlen. Dies ist auch die Taktik des Herrn Siefken.
5. Den namentlich natürlich von Herrn von Winterfeldt nicht genannten früheren tschechischen Informanten glaube ich zu kennen. Er heißt Jellineck und steht in japanischen Diensten unter dem Namen „Alfred“. Falls es dieser ist, kann ich nur eindringlichst vor ihm warnen. Er ist ein wenig erfreulicher Mann, der wie meist Informanten nach beiden Seiten „verkauft“.

BArch, R9208, DBC, Nr.4484, o.Bl.

---

[1] Winterfeldt, Handelssachverständiger bei der Deutschen Botschaft in Shanghai, hatte in zwei Schreiben vom 15.11.1940 und 13.1.1941 auf die Möglichkeit laufender monatlicher Zahlungen für Geheiminformationen von nicht namentlich genannten Gewährsmännern hingewiesen. Vgl. BArch, R9208, DBC, Nr.4484, o.Bl.

[2] Louis Theodor Siefken war bis Dezember 1942 der Leiter des vom Oberkommando der Wehrmacht, Amt Ausland/Abwehr, in Shanghai eingerichteten „Kriegsorganisation China“. Siefken bemühte sich 1941 um die Einrichtung von Zweigstellen der Spionageorganisation in Peking und Kanton.

65

Parteiinterne Direktive des Generalsekretärs der KPCh, Mao Zedong

[23. Juni 1941]

Über die Internationale Einheitsfront gegen den Faschismus[3]

Die faschistischen Machthaber Deutschlands haben am 22. Juni einen Überfall auf die Sowjetunion verübt. Dieser verbrecherische, treubrüchige Aggressionsakt ist nicht nur gegen die Sowjetunion, sondern auch gegen die Unabhängigkeit und Freiheit aller Nationen gerichtet. Der heilige Widerstandskrieg der Sowjetunion gegen die faschistische Aggression dient nicht nur ihrer eigenen Verteidigung, sondern auch der Verteidigung aller Nationen, die den Befreiungskampf gegen die faschistische Unterjochung führen.

Die Aufgabe der Kommunisten in der ganzen Welt besteht jetzt darin, alle Völker zur Schaffung einer internationalen Einheitsfront zu mobilisieren, um gegen den Faschismus und für die Verteidigung der Sowjetunion, die Verteidigung Chinas, die Verteidigung der Freiheit und Unabhängigkeit der Nationen zu kämpfen. Im gegenwärtigen Zeitabschnitt müssen alle Kräfte auf den Kampf gegen die faschistische Unterjochung konzentriert werden.

Die Aufgaben der Kommunistischen Partei Chinas im ganzen Land bestehen darin:

1. an der antijapanischen nationalen Einheitsfront festzuhalten, auf der Zusammenarbeit zwischen der Guomindang und der Kommunistischen Partei zu beharren, die japanischen Imperialisten aus China zu verjagen und damit der Sowjetunion Beistand zu leisten;

2. jede antisowjetische und antikommunistische Tätigkeit der reaktionären Elemente in den Reihen der Großbourgeoisie entschieden zu bekämpfen;

3. auf dem außenpolitischen Gebiet sich zum Kampf gegen den gemeinsamen Feind mit all jenen in England, in den USA und in anderen Ländern zusammenzuschließen, die gegen die faschistischen Machthaber Deutschlands, Italiens und Japans auftreten.

Mao Tse-tung: Ausgewählte Werke, Bd.III, Peking 1969, S.27f.

66

Direktive des Ministerpräsidenten der Nanjing–Regierung, Wang Jingwei, an sein Außenministerium[4]

[Nanjing,] 15. September 1941

---

3 Die Herausgeber der „Ausgewählten Werke" edierten das Dokument mit der Kopfzeile: „Eine parteiinterne Direktive, die Genosse Mao Zedong im Namen des Zentralkomitees der Kommunistischen Partei Chinas geschrieben hat."

4 Aus dem Chinesischen übersetzt von Peter Merker.

Exekutiv–Yuan Nr. 3319
Direktive an das Außenministerium
Betrifft: Bewilligung Ihres Schreibens der Zivilbehörde Nr. 1420, in dem Sie mitteilen:
„Am 12.9. des 30. Jahres der Republik China bestellt die Nationalregierung Herrn Li Shengwu zum Außerordentlichen und Bevollmächtigten Botschafter in Deutschland. Bevor der zum Botschafter in Deutschland berufene Herr Li Shengwu seine Fahrt antritt,[5] bleibt er weiterhin im Amt als Bildungsminister. Wir ersuchen um Bestätigung dieser speziellen Ernennung."

Dies erfolgt hiermit. Neben der Mitteilung an das Bildungsministerium möchten wir auch Ihr Ministerium davon in Kenntnis setzen.[6]
15.9. des 30. Jahres der Republik China [1941]
Vorsitzender des Exekutiv–Yuans Wang Zhaoming [Wang Jingwei]

2. HACh, 2061, Außenministerium der Marionettenregierung unter Wang Jingwei, Nr.2366.

67

Telegramm des chinesischen Militärattachés in der Schweiz, Gui Yongqing, an Chiang Kaishek

Bern, 13. Oktober 1941

Habe von einem russischen Freund erfahren: Der deutsche Führer hat über Japan und Bulgarien am 7. d.M. ein Schreiben an Stalin gerichtet, in dem er ein Waffenstillstandsabkommen zu allerdings sehr harten Konditionen vorschlug. Rußland bat England zur Entlastung im Westen eine weitere Front zu eröffnen. England lehnte aufgrund seiner unzureichenden Truppenstärke ab. Rußland befindet sich gegenwärtig in höchster Bedrängnis und will unter allen Umständen eine Besetzung Moskaus verhindern. Es ist durchaus möglich, daß Rußland noch vor dem Fall des 200 km vor Moskau liegenden Bransk die deutschen Forderungen akzeptiert. Beria steht als Privatperson weiterhin in Geheimverhandlungen mit England, läßt aber auch die Drähte zu Deutschland nicht abreißen.

2. HACh, 762, Büro des Vorsitzenden der Militärkommission, Nr.1662.

---

5 Li trat, da keine normalen Verbindungswege nach Deutschland existierten, seinen Posten in Berlin nie an.

6 Die deutsche Gesandtschaft in Nanjing notifizierte ihre Kenntnisnahme von der Ernennung Li Shengwus am 30.9.1941 (2. HACh, Nr.2061–947).

68

Telegramm des Außenministers der Nanjing–Regierung, Chu Minyi, an das AA[7]

[Nanjing,] 25. November 1941

An Berlin:
Seiner Exzellenz Herrn Außenminister v. Ribbentrop:
Die Regierung der Republik China ist der Einladung Deutschlands, Italiens und Japans gefolgt und am 25.11.1941 dem Antikominternpakt beigetreten. Ich möchte meiner tiefen Hoffnung Ausdruck verleihen, daß dadurch die Beziehungen zu Deutschland, Italien, Japan und anderen Unterzeichnerstaaten noch enger werden.
Hochachtungsvoll
Außenminister Chu Minyi

2. HACh, 2061, Außenministerium der Marionettenregierung unter Wang Jingwei, Nr.138.

69

Kriegserklärung der chinesischen Regierung an Deutschland und Italien[8]

[Chongqing,] 9. Dezember 1941

Seit dem Abschluß des Dreimächtepaktes im September 1940 haben sich Deutschland, Italien und Japan in einer Weise, die nicht mißverstanden werden kann, zu einem Block von Aggressorstaaten zusammengeschlossen, in dem sie eng zusammenwirkend an der Verwirklichung ihres gemeinsamen Programms der Welteroberung und -beherrschung arbeiten. Um ihre Solidarität unter Beweis zu stellen, haben Deutschland und Italien den japanischen Marionettenregimes zunächst in Nordostchina[9] und dann in Nanjing Anerkennung gewährt. In der Konsequenz dessen brach China im vergangenen Juli seine diplomatischen Beziehungen mit Deutschland und Italien ab.

---

7 Aus dem Chinesischen übersetzt von Peter Merker.

8 Aus dem Englischen übersetzt von Wolfram Adolphi. Die Erklärung ist entnommen dem „China Handbook 1937–1943". Dort ist ihr unter der Überschrift „Chinas Kriegserklärung an Deutschland und Italien" einleitend vorangestellt: „Daß von Mitternacht des 9. Dezember 1941 an zwischen China und Deutschland und zwischen China und Italien Kriegszustand besteht, gab Außenminister Dr. Guo Taiqi am selben Abend bekannt. Er verlas folgende Erklärung:"

9 Manzhouguo.

Jetzt, da die Achsenmächte das Feld ihrer aggressiven Handlungen weiter ausgedehnt und die ganze Pazifikregion in einen Kriegsschauplatz verwandelt haben, machen sie sich selbst zum Feind der internationalen Gerechtigkeit und der Weltzivilisation. Dieser Zustand kann von der chinesischen Regierung und vom chinesischen Volk nicht länger hingenommen werden.

Die chinesische Regierung erklärt hiermit, daß mit Wirkung von Mitternacht des 9. Dezember 1941 zwischen China und Deutschland und zwischen China und Italien Kriegszustand herrscht. Die chinesische Regierung erklärt außerdem, daß alle Verträge, Konventionen, Abkommen und Kontrakte, die die Beziehungen zwischen China und Deutschland betreffen, null und nichtig sind.

China Handbook 1937–1943. A Comprehensive Survey of Major Developments in China in Six Years of War. Compiled by the Chinese Ministry of Information, New York 1943, S.175.

70

Botschaft von Chiang Kaishek an das chinesische Volk und die chinesische Armee[10]

Chongqing, 10. Dezember 1941

Japan – Der gemeinsame Feind der Vereinten Nationen

In sturer Fortsetzung ihres teuflischen Kurses haben die Japaner jetzt – abgestimmt mit den Achsenmächten in Europa und in Erfüllung der Verpflichtungen, die sie sich mit dem Dreimächtepakt auferlegt haben – plötzlich in hinterhältiger und verräterischer Weise unsere Freunde Großbritannien und die Vereinigten Staaten überfallen und mit der gleichen räuberischen Geschwindigkeit des Angriffs wie bei der Attacke auf Mukden zehn Jahre zuvor zugeschlagen.[11] Auf diese Weise haben sie das Leid des Krieges über den Pazifik gebracht und die Menschheit ungekannten Verlusten und beispiellosem Elend ausgesetzt. Seien Sie sich dessen bewußt, daß die chinesische Regierung in dem Bestreben, die internationale Gerechtigkeit zu verteidigen und die menschliche Zivilisation zu schützen, Japan und zur gleichen Zeit auch Deutschland und Italien in aller Form den Krieg erklärt hat.

---

10 Aus dem Englischen übersetzt von Wolfram Adolphi. Anm. der Herausgeber der hier als Vorlage dienenden Textausgabe: „Botschaft an das chinesische Volk im Lande und außerhalb und an die Armee vom 10. Dezember 1941 nach der chinesischen Kriegserklärung an Japan, Deutschland und Italien."

11 Am 18.9.1931 hatten japanische Truppen mit einer Provokation an der Eisenbahnlinie bei Mukden (Shenyang) einen Vorwand zur militärischen Besetzung Nordostchinas geschaffen. Auf dem besetzten Territorium gründete Japan dann 1932 den Marionettenstaat Manzhouguo.

Seit der Besetzung der Nordostprovinzen durch die Japaner hat unsere ganze Nation unverzagt gekämpft, und während der vergangenen vier Kriegsjahre sind unsere Entschlossenheit und unsere standhafte Treue nur um so fester geworden. Wir sind angetreten, den maßlosen Ambitionen der Japaner Zügel anzulegen, das Territorium, das wir an sie verloren haben, zurückzuerobern und den Sturz dieses Aggressionsanführers herbeizuführen. Jetzt haben die Japaner – weit entfernt davon, irgendeine ihrer bisherigen Aktionen zu bereuen – neue Schritte zur Erreichung der abscheulichen Ziele, die sie gemeinsam mit den Achsenmächten vertreten, unternommen. Die demokratischen Nationen der beiden Hemisphären aber haben sich in einem Akt der Gemeinsamkeit erhoben – mit dem Ergebnis, daß die Welt nun in zwei klar voneinander getrennte Lager geschieden ist: das Lager der Aggressoren auf der einen und das Lager derer, die sich ihnen widersetzen, auf der anderen Seite.

Das unsere war das erste Land, das eine Aggression zu erleiden hatte, und also auch das erste, das die Verantwortung für die lebenswichtige Aufgabe übernahm, dem Teufel Zügel anzulegen. Wir sind fest im Glauben in die Kontinuität des Weges des Menschen und in die Unzerstörbarkeit seiner Gerechtigkeitsideen. Neun Zehntel der Menschheit kämpfen für die Verteidigung der Gerechtigkeit, des Friedens und des Rechts auf nationale Freiheit. Der endgültige Sieg über die Aggressoren ist darum gewiß. Bis heute haben wir unsere Opfer bloß mit dem Ziel gebracht, die Invasoren von unserem eigenen Boden zu verjagen. Künftig werden wir Schulter an Schulter mit Großbritannien, den Vereinigten Staaten, der Sowjetunion und anderen befreundeten Nationen in einer gemeinsamen Anstrengung darum ringen, die Feinde der Zivilisation zu überwinden und einen dauerhaften Frieden in der Welt herzustellen. [...][12]

Generalissimo Chiang Kai-shek's War Speeches From July 1937 – January 1944. Published by the Chinese Ministry of Information, Chongqing o.J., S.81f.

71

Aufzeichnung des Unterstaatssekretärs Ernst Woermann, AA

Berlin, den 16. Dezember 1941

Ich habe dem Portugiesischen Gesandten heute auf seine Anfrage vom 12. Dezember – U.St.S. Pol. Nr. 1030 – (deren Abschrift hier beigefügt ist)[13] wegen Übernahme der Interes-

---

12 Folgen drei weitere Abschnitte des Aufrufes an das ganze Volk, sich in der Tradition der 5000jährigen Geschichte der chinesischen Zivilisation und gestützt auf die Drei Volksprinzipien Sun Yatsens der beispiellosen Aufgabe des weltweiten Krieges gegen die Aggressoren zu stellen.

13 Hier nicht gedruckt. Anm. im ADAP-Druck: In dieser Aufzeichnung Woermanns vom 12. Dezember 1941 [folgt Film-Nr.] heißt es u.a., der Portugiesische Gesandte Tovar habe mitgeteilt, „daß die Chongqing-'Regierung' die Portugiesische Regierung gebeten habe, ihre Interessenvertretung in Deutschland, Italien und Japan zu übernehmen“.

sen der Chongqing–'Regierung" die ihm bereits vorläufig erteilte Auskunft telefonisch bestätigt, nämlich daß wir nur die chinesische Nationalregierung[14] anerkennten und daher die Übernahme eines Interessenschutzes für die Chongqing–'Regierung" nicht anerkennen könnten. Ich habe hinzugefügt, daß die chinesischen Staatsangehörigen hier nichts zu befürchten hätten und hier friedlich leben könnten.
Woermann

ADAP, Serie E, Bd.I, Dok.22, S.37.

72

Eingabe des Sekretärs im Exekutiv–Yuan, Qi Jun, an den Vorsitzenden der Nationalen Rohstoffkommission, Weng Wenhao[15]

Chongqing, 21. Dezember 1941

Einige Deutsche, mit denen wir seit Jahren enge Beziehungen unterhalten, haben sich wiederholt an uns mit der Bitte um Hilfe gewandt. Nachdem unser Land Deutschland den Krieg erklärt hat, empfinden sie ihre Lage als noch unsicherer und hoffen auf eine baldige Klärung. Im einzelnen handelt es sich um folgende Personen:
1. Walter Eckert, 50 Jahre
Bisheriger Werdegang:[16]
Eckert kam bereits vor etwa 30 Jahren als Kaufmann nach China. Im Ersten Weltkrieg nahm er an der Verteidigung Qingdaos teil und geriet in japanische Kriegsgefangenschaft. Nach Kriegsende begab er sich erneut nach Guangdong, wo er einige Jahre eigene Geschäfte betrieb. Seit 1935 fungierte er ca. vier Jahre als Manager der HAPRO in China. Anschließend ging er als Privatmann nach Kunming. Aus eigenen Mitteln baute er dort ein Haus und legte einen Garten an. Er widmete sich vorrangig der Pflanzenzucht.
Derzeitige Situation und Wünsche:
Vor einem Jahr wurde Eckerts Besitz von der Stadtregierung in Kunming beschlagnahmt und ging danach in die Hände eines anderen über. Eckert fühlt sich sehr verunsichert und hofft, daß er nach Erhalt einer angemessenen Summe entweder sicher bis an die Grenze geleitet wird oder nach Chongqing fliegen darf, um dort die weiteren Entscheidungen abzuwarten.
Vorschlag:
Herr Eckert hat sich in den dreißig Jahren, in denen er mit China zu tun hatte, stets als Freund unseres Landes erwiesen. Sein Haus wurde von der Stadtregierung Kunming an

14 Damit ist die Wang–Jingwei–Regierung gemeint.

15 Aus dem Chinesischen übersetzt von Peter Merker.

16 Vgl. dazu Eckert 1981:1–87.

Herrn Huang Renlin übergeben. Das Haus dient inzwischen der Unterbringung von amerikanischen Militärberatern. Ich empfehle, daß sich Herr Huang Renlin direkt mit Herrn Eckert in Verbindung setzt und ihm eine großzügige Abfindung macht. Außerdem bitte ich darum anzuweisen, daß Herr Eckert nach Chongqing kommen darf, um hier zu wohnen.

2. Ludwig Werner, 40 Jahre

Bisheriger Werdegang:

Herr Werner kam 1926 nach China und betrieb Geschäfte in Kanton. 1938/39 wirkte er als Leiter des HAPRO–Büros in Hongkong. 1939 wechselte Herr Werner als Beauftragter der HAPRO nach Chongqing über.

Familienverhältnisse:

Werners Frau ist Amerikanerin. Gemeinsam mit ihrer sechsjährigen Tochter wohnen sie derzeit in Chongqing. Sowohl die Gelder der HAPRO als auch die Privatersparnisse von Herrn Werner sind aufgebraucht. Lediglich Werners Frau verfügt über bescheidene Rücklagen, auf die sich die Familie noch kurze Zeit stützen kann.

Vorschlag:

Bei meinem letzten Besuch in Berlin äußerten die HAPRO–Verantwortlichen (Reichswirtschaftsministerium und Reichskriegsministerium) den Wunsch, Herr Werner möge als Privatkaufmann in Chongqing verbleiben und die weitere Entwicklung abwarten.[17] Für den Fall, daß es notwendig würde, bittet man unsere Regierung, für Herrn Werner in Folgendes stillschweigend einzuwilligen:

a) Es soll die Sicherheit von Herrn Werner gewährleistet werden, besonders im Hinblick auf die japanischen Luftangriffe, die seit dem Sommer eine immer stärkere Bedrohung geworden sind. Außerdem darf unter keinen Umständen eine Auslieferung an die Engländer oder Russen erfolgen.

b) Es soll für den Unterhalt von Herrn Werner gesorgt werden. Die dazu notwendigen Gelder können auf das HAPRO–Konto angerechnet werden. Sollte das nicht möglich sein, wird darum gebeten, Herrn Werner sicher nach Kanton zu bringen.

Vorschlag:

Die Nationale Rohstoffkommission soll beauftragt werden, mit Herrn Werner die weitere Verfahrensweise gemeinsam zu beraten.

3. Freiherr Bodo vom Stein, 46 Jahre

Bisheriger Werdegang:

Stein trat im März 1931 in den Dienst unserer Regierung und beendete sein Dienstverhältnis im April d.J. Zehn Jahre war er als Berater in der Salzabteilung des Finanzministeriums tätig. Nach Aufhebung des Dienstverhältnisses im April wollte Herr vom Stein eigentlich nach Deutschland zurückkehren. Das Salzamt soll allerdings die Auszahlung von Abfindung und Reisepauschale verzögert haben, so daß Herr vom Stein mehrere Monate untätig in Chongqing warten mußte. Da die Angelegenheit bis heute nicht abgeschlossen ist, konnte Herr vom Stein die geplante Heimreise noch nicht antreten.

---

17 Vgl. Dok.86.

Wünsche:
Herr vom Stein ersucht um schnellstmögliche Zahlung der ihm zustehenden Gelder und bittet darum, den Betrag für ihn nach Shanghai zu überweisen, um seiner Familie den Lebensunterhalt zu ermöglichen.
4. Rainer von Imhoff [Raimund von Imhof], ehemals Lehrer an der Infanterie–Akademie, wurde vom Waffenamt vermittelt.
5. Erich Stölzner arbeitet als Nachrichtenoffizier im Waffenamt.[18]
6. Karl–Theodor Martin, als Waffenmeister im Waffenamt beschäftigt.
7. Walther Friedrich, Mitarbeiter des ehemaligen Deutschen Konsulats in Chongqing, steht zur Zeit unter Bewachung.
Ich bitte darum zu prüfen, ob die oben gemachten Vorschläge angemessen sind, und ersuche um weitere Anweisungen.[19]

2. HACh, 28, Rohstoffkommission der Nationalregierung, Nr.3637.

73

Aufzeichnung über eine Unterredung zwischen dem Abteilungsleiter der Europa–Abteilung des Außenministeriums der Nanjing–Regierung, Zhang Jianchu, und Generalkonsul Hermann Gipperich, Nanjing[20]

Nanjing, 21. Februar 1942

Hiermit erstatte ich folgenden Bericht: Entsprechend meinem Auftrag habe ich mich heute vormittag um 10.40 Uhr zur Deutschen Botschaft begeben, um mit Generalkonsul Gipperich eine Unterredung zu führen, an welcher auch Botschaftssekretär Dr. Erlewein teilnahm. Das Gespräch verlief wie folgt:

Zhang Jianchu: Ich komme im Auftrag meines Ministers, um Ihnen mitzuteilen, daß unsere Regierung beschlossen hat, Wang Deyin nach Deutschland als Konsul zu entsenden. Herr Wang ist der Sohn von Wang Yitang, dem amtierenden Vorsitzenden des Politischen Rates

---

[18] Stölzner war mit einer Chinesin verheiratet und wollte unbedingt in China bleiben. Im Sommer 1938 widersetzte er sich der Abberufung durch Ribbentrop und folgte der chinesischen Regierung nach Chongqing. Vgl. Schenke 1971:44.

[19] Vgl. 2. HACh, Nr.28–3637, Chiang Kaishek an Weng Wenhao, 12.1.1942: Im Falle von Ludwig Werner wies Chiang Kaishek an: Hinsichtlich der Gewährung von Lebensunterhalt und Sicherheit sei bitte großzügig zu verfahren. Auch die übrigen im Gesuch genannten Personen durften in Chongqing verbleiben und erhielten materielle Unterstützung.

[20] Aus dem Chinesischen übersetzt von Peter Merker. Zhang Jianchu legte diese Aufzeichnung Außenminister Chu Minyi vor.

von Nordchina, und der jüngere Bruder von Wang Deyin, dem derzeitigen Gesandten in Spanien. Herr Wang hält sich bereits in Frankreich auf.

Gipperich: Herr Wang scheint als Persönlichkeit sehr geeignet. Da gegenwärtig die Verkehrsverbindungen zwischen Europa und Asien unterbrochen sind, können schwerlich Personen aus China für solch ein Amt entsandt werden. Herr Wang befindet sich bereits in Europa und stammt überdies aus einer angesehenen Familie, wir begrüßen ihn auf das herzlichste. Ich werde den Herrn Botschafter telegraphisch davon in Kenntnis setzen und möchte mich für die gute Nachricht bedanken. Übrigens hatte Herr Botschafter vor einigen Tagen von Herrn Zhou, dem Stellvertretenden Minister Ihres Ministeriums, ein Telegramm erhalten, in welchem nach dem Verbleib von Herrn Tao, dem Sohn eines Feundes von Herrn Xu, angefragt wurde. Unsere Botschaft hat bereits ein entsprechendes Telegramm nach Berlin geschickt, nach Erhalt der Antwort werden wir umgehend Bescheid geben.

Zhang Jianchu: Ich möchte Ihnen dafür meinen herzlichsten Dank aussprechen. Ich werde diese Nachricht Herrn Stellvertretenden Minister Zhou übermitteln. Außerdem möchte ich die Gelegenheit nutzen und auf das Memorandum zu sprechen kommen, welches Ihre Botschaft an unser Ministerium betreffend der Besteuerung Ihrer Landsleute in China gesandt hat.

Gipperich: Das freut mich zu hören.

Zhang Jianchu: Unser Ministerium hat am 6. 1. d.J. das Memorandum Ihrer Botschaft vom 3. 1. erhalten, in welchem darum gebeten wird, daß unser Ministerium einen schriftlichen Bescheid darüber ausstellt, daß Deutsche keine höheren Steuern als Staatsbürger anderer Länder in China oder sonstige Steuern und Abgaben entrichten müssen.[21] Da das Problem der Steuern mit den Finanzen zusammenhängt, hat unser Ministerium das Memorandum an das Finanzministerium noch am selben Tag weitergeleitet und darum gebeten, schnellstmöglich Antwort zu geben, die dann Ihrer Botschaft zugestellt wird. Am 18. d.M. erhielt unser Ministerium das Memorandum Ihrer Botschaft vom 14. d.M., in dem um beschleunigte Antwort gebeten wird. So bin ich heute hier erschienen, um zu erklären, warum unser Ministerium noch nicht geantwortet hat. Wir müssen die Antwort des Finanzministeriums abwarten, erst danach können wir Ihrer Botschaft die Antwort zukommen lassen.

Gipperich: Diese Angelegenheit ist nicht nur bereits von Ihrem Herrn Minister zugesagt worden, auch Herr Finanzminister Zhou hat seinerzeit Herrn Geschäftsträger Fischer gegenüber entsprechende Äußerungen getätigt, die Zustimmung ausdrückten.

Erlewein: Damals haben wir unserem Außenministerium davon telegraphisch Kenntnis gegeben, nun werden wir von diesem um beschleunigte Klärung dieser Angelegenheit gebeten.

Zhang Jianchu: Im Memorandum vom 3.1. werden „andere Staaten“ angeführt. Welche wären darunter zu verstehen?

Gipperich: Dazu würden vor allem Japan und Italien zählen.

---

[21] Vgl. Dok.79

Zhang Jianchu: Deutschland hat aber bereits 1921 die Konsulargerichtsbarkeit aufgegeben und befindet sich deshalb in einer ganz anderen Situation als die beiden genannten Länder.

Gipperich: Deutschland hofft, daß seine Reichsangehörigen nicht schlechter gestellt werden als die Bürger anderer Staaten, besonders, weil es sich bei Deutschland um eine Achsenmacht handelt.

Zhang Jianchu: China befindet sich derzeit in finanziellen Schwierigkeiten. Wenn die Deutschen in China etwas mehr Steuern entrichten würden, wäre das nicht ein Weg zu freundschaftlicher materieller Hilfeleistung?

Gipperich: Die materielle Hilfeleistung ist ein anderes Problem. Vom Grundsatz her darf es keinerlei Unterschiede geben.

Zhang Jianchu: Wie dem auch sei, diese Angelegenheit wird vom Finanzministerium bearbeitet. Unser Ministerium muß dessen Antwort abwarten und kann diese dann Ihrer Botschaft übermitteln.[22]

Gipperich: Das ist einzusehen. Nur möchte ich meiner Hoffnung Ausdruck verleihen, daß die Antwort des Finanzministeriums mit der früher gemachten mündlichen Zusage identisch ist. Übrigens wollte ich Sie fragen, ob Sie über den Stand der Verhandlungen informiert sind, die mit Japan in der Steuerfrage geführt werden.

Zhang Jianchu: Diese Angelegenheit wird von mir nicht bearbeitet. Ich bitte daher zu entschuldigen, daß ich darüber keine Auskunft geben kann.

Gipperich: Wie es heißt, soll Japan zwar die Exterritorialität aufgeben, aber es werden zahlreiche Sonderbedingungen aufrechterhalten.

Zhang Jianchu: Davon habe ich überhaupt nichts gehört.

Gipperich: Unser Herr Botschafter [Woermann] hat für übermorgen seine Rückkehr nach Nanjing angekündigt. Ich werde ihn von unserem Gespräch unterrichten.

Zhang Jianchu: Auch ich werde Herrn Minister [Chu Minyi] Bericht erstatten.

2. HACh, 2061, Außenministerium der Marionettenregierung unter Wang Jingwei, Nr.2471.

---

22 Am 11.4.1942 erteilte das Außenministerium der Nanjing–Regierung folgende Antwort: „Das Außenministerium hat das Memorandum der Deutschen Botschaft vom 3.1. d.J. erhalten, in welchem das Problem der Steuerentrichtung durch deutsche Reichsangehörige in China aufgeworfen wird. Dazu haben wir die Meinung des Finanzministeriums eingeholt, die wie folgt lautet: Hinsichtlich der Steuerzahlung deutscher Reichsangehöriger in China finden sich eindeutige Bestimmungen, im deutsch–chinesischen Abkommen von 1921, § 3, Abschnitt 3 und § 4 sowie im deutsch–chinesischen Abkommen von 1928, § 1. Weitere schriftliche Bescheinigungen erscheinen nicht von Nöten. Dies erlauben wir uns Ihnen als Antwort zu übermitteln." 2. HACh, Nr.2061–2471.

74

Vortrag des Vorsitzenden des Ostasiatischen Vereins, Staatsrat Emil Helfferich, vor Vereinsmitgliedern[23]

[Hamburg, 23. Februar 1942]

Die Lage in Ostasien

Als wir vor einem Jahr die Mitgliederversammlung hatten, waren Dr. Richter und ich nicht allzu lange Zeit vorher aus Japan zurückgekehrt.[24] Damals haben wir Bericht erstattet u.a. in den Wirtschaftsberichten, die Ihnen vorgelegen haben. Die Berichterstattung war noch ergänzt worden durch einen besonderen Bericht von mir an den Reichsaußenminister. In diesem Bericht stand in bezug auf die wirtschaftlichen Schwierigkeiten, die Japan damals infolge des Chinakrieges hatte, und zwar an einer besonders hervorgehobenen Stelle: Ich möchte klar zum Ausdruck bringen, daß die Japaner die Schwierigkeiten, in denen sie sich zur Zeit befinden, überwinden werden. Im Winter vorigen Jahres habe ich vor der Wehrwissenschaftlichen Gesellschaft im Curiohaus in Hamburg vor 1.500 Zuhörern, Offizieren und Soldaten, einen Vortrag gehalten und gesagt:

Wenn die Engländer und Amerikaner versuchen sollten, den Japanern die Zufuhr lebenswichtiger Rohstoffe abzubinden, dann werden sich die Japaner diese Produkte holen mit der Spitze ihres Degens!

So ist es gekommen.

Ich will damit nicht sagen, daß ich ein guter Prophet gewesen bin, sondern nur zum Ausdruck bringen, daß damals gewisse Entwicklungen klar vorausgesehen wurden, die jetzt eingetreten sind. Es ist merkwürdig, daß die Leute, die am dichtesten bei den Japanern saßen, die Japaner auch in diesem Falle, wie früher, unterschätzt haben. Die Japaner geben der Welt Rätsel auf, die sie selbst nur zu lösen in der Lage sind, auch jetzt wieder.

So wurde vielerorts die Kriegserklärung der Japaner an Amerika als ein Verzweiflungsschritt betrachtet, in Wirklichkeit war sie aber eine ganz wohlüberlegte Tat, die bis ins ein-

---

23 Das Typoskript ist undatiert. Helfferich übersandte es am 23.2.1942 „streng vertraulich" dem Chef der Reichskanzlei, Reichsminister Heinrich Lammers. Im Anschreiben heißt es: „Ich glaube, daß die Darstellung sowohl wie die darin entwickelten Gedankengänge den Führer interessieren könnten, und wäre daher sehr dankbar, wenn Sie das einliegende Exemplar dem Führer unterbreiten würden. Bisher habe ich mich niemals mit einer Bitte an Sie gewandt, tue es aber dieses Mal, weil ich fest überzeugt bin, damit dem Führer einen Dienst zu erweisen." Eine Notiz aus dem Führerhauptquartier vom 9.3.1942 besagt, daß Hitler eine Fotokopie des Textes übergeben wurde. Lammers bestätigte die Übergabe in einem Schreiben an Helfferich am 11.3.1942.

24 Emil Helfferich und Otto Richter hielten sich in Abstimmung mit der Reichsregierung vom 21.1.–23.6.1940 in Nord– und Mittelchina sowie in Japan und Manzhouguo auf, um die Möglichkeiten für die weiteren deutsch–japanischen Handelsbeziehungen nach Ausbruch des Europäischen Krieges zu sondieren. Dabei ging es auch um die Kooperation im japanisch besetzten China sowie um die Sicherung der Transitwege über die UdSSR. Vgl. Ostasiatischer Verein, Protokoll der Ostasienreise von Helfferich, 29.7.1940:1–54.

zelne vorbereitet war, mit der Präzision einer Maschine und mit der Sicherheit des Erfolgs, wie wir das kaum je erlebt haben. So haben wir das japanische Wunder, das in der industriellen Entwicklung und im russisch–japanischen Krieg in Erscheinung getreten ist, zum dritten Mal in unserem Zeitalter erlebt.

Der Krieg im Fernen Osten – wir müssen unter uns die Wahrheit sagen, sonst wird man über die Dinge nicht klar – ist kein Krieg von Japan mit England und die Vereinigten Staaten, sondern ist im Grunde die Auflehnung des Ostens gegen den Westen. [...][25]

Wir müssen uns klar sein, daß die große Zeit des Europäers, des weißen Mannes, im Osten restlos vorbei ist. Wir haben die große Zeit noch gekannt, und ich finde es traurig, ich spreche das ganz offen aus, daß heute gelegentlich diese Periode der großen Zeit des weißen Mannes im Osten herabgewürdigt wird.

Ich darf darüber ganz offen sprechen, weil ich einmal ganz fest auf dem Boden des Nationalsozialismus stehe und zum anderen ein großer Freund der Japaner bin. [...][26]

Was den Fernen Osten betrifft, so ist Voraussetzung für die weitere Entwicklung, von deutscher Seite gesehen, meiner Ansicht nach zweierlei:

1. das uneingeschränkte Vertrauensverhältnis zu Japan und
2. die Zurückstellung der eigenen Interessen und die Voranstellung der Interessen des ostasiatischen Raumes.

Diese beiden Sachen müssen zusammengehen, wenn wir auf unserem Weg Erfolg haben wollen.

Die Japaner haben verordnet, daß das Wort „Ferner Osten“ nicht mehr gebraucht werden darf. Man sagt heute „Ostasien“ oder „Großostasien“ – nach Großdeutschland. Aber dieses Großostasien ist ein Begriff, der erst dabei ist, sich zu formen. Er ist noch nicht geformt, und ich glaube, es wäre gut, wenn wir als Freunde der Japaner an der Formung dieses Begriffes mitarbeiten würden.

Es gibt Leute, die sich beeilen, die Exterritorialität der Deutschen in Ostasien im Sinne der Exklusivität zu erklären, daß wir in Ostasien nichts mehr zu tun haben. Diesen Leuten kann ich nicht folgen. Das ist eine Entmannung, die ich nicht mitmache, sondern wir müssen danach trachten, das Interesse der dortigen Bevölkerung, wenn es irgend geht, mit unseren Interessen in Übereinstimmung zu bringen. Gerade, weil wir die Führung Japans im großostasiatischen Raum anerkennen, sollte meiner Ansicht nach dieses ganze Problem kein heißes Eisen sein, um das man herumgeht, sondern man sollte mutig, fest und offen und ehrlich zugreifen und sich mit Japan darüber unterhalten, was vernünftig und was gut ist. [...][27]

---

25 Es folgen Ausführungen zu Helfferichs Japan–Aufenthalt 1940.

26 Es folgen Betrachtungen zur Entwicklung in Ostasien „in der liberalistischen Periode“, die „die große Zeit der Engländer“ war. In dieser Zeit hätten „die Europäer ... nach Ostasien erst die Kulturmethoden gebracht, die das zwanzigfache des Bodenertrages erbrachten, unendlich viel mehr, als der Eingeborene mit seiner kläglichen Arbeit aus dem Boden zog. Man nennt heute noch den eingeborenen Reisbau die Kultur der armen Leute.“

27 Es folgen Ausführungen zu Exterritorialitätsfragen.

Wir haben gestern einen Besuch bei Botschafter Oshima gemacht, um eine aktuelle Frage mit ihm zu besprechen, und wir haben Oshima nach kurzer Unterhaltung auseinandergesetzt, was unser Standpunkt ist und haben ihm dargestellt, daß wir Bundesgenossen sind und erwarten können, daß wir als Deutsche genauso behandelt werden wie jeder Japaner. Ich glaube, er hat uns verstanden. Wir wollen sehen, was die Auswirkung ist. Er hat nicht allein zu sagen, aber immerhin, meine Erfahrung ist, daß man mit den Japanern am weitesten kommt mit offenem Visier, mit einer ganz klaren Vertrauenskundgebung und mit dem Appell an Ehrgefühl und Anständigkeit.

Wir haben selbst den Großraum deklariert, sind die ersten gewesen, die den europäischen Großraum deklariert und seine Führung in Anspruch genommen haben, und die Japaner haben den Führungsanspruch im großasiatischen[28] Raum erhoben.

Der großasiatische Raum ist ohne Zweifel eine Wesenseinheit genau wie der europäische Raum, die beide unter sich verschieden sind im Lebensstandard, sogar in der Ernährung – bei uns ißt man Kartoffeln, draußen Reis. Da ist ein großer Unterschied in der Lebenshaltung und so auch wirtschaftlich, sozial, psychologisch. Aber der großostasiatische Raum ist ohne Zweifel eine Wesenseinheit, und das meinte Exzellenz Oshima neulich, als er sich für die arteigene Wirtschaft in Ostasien einsetzte. Diese Wesenseinheit muß man erkennen. Das Zentralproblem innerhalb Großostasiens aber ist Japan.

Von Japan kommt die ganze Unruhe, die ganze Dynamik im ostasiatischen Raum, von den kleinen Inseln im Norden, weil ein enorm intensives, führungsfähiges, intelligentes Volk aufgebrochen ist, um seine Sendung zu erfüllen. [...][29]

Es gibt zwei Punkte, um den Absatz Japans zu steigern:

1. Aufhebung aller Beschränkungen, aller Schranken für den Absatz japanischer Waren im ostasiatischen Raum. Sie wissen, daß verschiedene Staaten erhöhte Zölle auf japanische Waren gelegt und Kontingente eingeführt haben. Diese Beschränkungen müssen beseitigt werden. Hinzu kommt:

2. Erhöhung der Kaufkraft im großostasiatischen Raum, d.h. Erhöhung der Volkswohlfahrt, des Lebenswohls.

Nun stehen diese Desiderata gewissen Wünschen auf japanischer Seite entgegen. Auf japanischer Seite sind Wünsche laut, daß, wenn Japan die Führung in Ostasien hätte, die Produktion außerhalb Japans sich den Erfordernissen Japans anpassen müsse, und im Zuge die-

---

28 Hier und im folgenden Satz verwendet Helfferich anstelle des Begriffs „großostasiatisch" den Begriff „großasiatisch". Für den Leiter der Handelspolitischen Abteilung im AA, Wiehl, war eine derartige Begriffsvermischung schon am 22.1.1941 Anlaß zu einem Telegramm an die Deutsche Botschaft Tokio: „Bitte bei jeder passenden Gelegenheit zu betonen, daß Deutschland ungeachtet dem Japan zugestandenen Führungsanspruch im großostasiatischen Raum dort eigene Wirtschaftsinteressen behält und sich in deren Verfolgung in keiner Weise binden und etwa von Japan abhängig machen kann. Bitte auch nicht, wie es von Japanern offenbar dauernd absichtlich geschieht und auch versehentlich an einer Stelle des Drahterlasses Nr.1071 vom 3.12. geschehen ist, von großasiatischem, sondern von großostasiatischem Raum zu sprechen" (ADAP, Serie D, Bd.XI, Dok.686, S.966).

29 Es folgen Erörterungen zu den Schwierigkeiten der Japaner bei der Kolonisation der okkupierten Gebiete auf dem Festland und im Pazifik.

ser Wünsche wurde sogar ein System aufgebaut, wonach z.B. die Zuckerproduktion auf Java, die jetzt 1,4 Millionen Tonnen beträgt, auf 700.000 Tonnen heruntergesetzt werden müsse, weil Japan nicht genehmigen will, daß Java mehr produziert. [...][30]

Wir Deutsche haben aber hier ein großes Interesse, denn 25% der Ein– und Ausfuhr Niederländisch–Indiens ging nach Deutschland und ein Viertel des holländischen Nationalvermögens ist in Niederländisch–Indien investiert. Deshalb haben wir daran ein vitales Interesse, wo Holland jetzt doch zu uns gehört, daß uns das reiche und bestorganisierte Produktionsgebiet in Südostasien erhalten bleibt, was aber zur Voraussetzung hat, daß die auf 350jährige Erfahrung aufgebaute Verwaltung intakt bleibt. [...][31]

Wie alles im Osten sich noch auswirkt, kann heute unmöglich jemand voraussehen. Wir stehen noch mitten im Krieg, und niemand weiß, wie sich dies alles noch wendet. Das Kriegsglück ist wetterwendisch, und wir haben sehr starke Gegner, vor allem Japan im Pazifik. In dieser Situation soll man nichts fordern, soll aber auch nichts aufgeben, und vor allen Dingen soll man nicht schachern, sondern danach trachten, sich auf vernünftige Weise zu finden. [...][32]

Es hat keinen Zweck, daß man Vergangenem nachtrauert. Von der großen Zeit müssen wir Abschied nehmen, aber man muß darüber nicht sauer und traurig werden. Daraus entstehen keine neuen Kräfte. Die Zeit kommt und fordert frischen Mut, die Probleme kommen und erfordern die ganze Kraft jedes einzelnen von uns. Dabei soll man aber nach meiner Ansicht weder die Tradition noch die Lebenserfahrung über Bord werfen, wie es hier in dem Artikel geschehen ist, den ich verlesen habe, sondern soll diese wertvollsten Imponderabilien, die wir haben, die nicht in unseren Bilanzen stehen, aber die wir, die wir draußen gewesen sind, mit uns tragen, pflegen und soll sie am rechten Ort einsetzen, um neue Grundlagen für die Neuordnung im Osten zu schaffen und auch im Westen.

BArch, R43, Reichskanzlei, Film–Nr.14097, Aufn. 301956–301972.

75

Bericht der Verkaufsgemeinschaft Farben der I.G. Farbenindustrie AG

Frankfurt a.M., im Mai 1942

Länder–Monatsbericht China Nr. 1/3 für die Zeit vom 1.1. bis 31.3.1942

---

30 Es folgen Betrachtungen zu den Grenzen der japanischen Wirtschaftsexpansion.

31 Es folgen Überlegungen zur japanischen Strategie in Ostasien, der nur Erfolg beschieden sein könne, wenn sie die Völker in Südostasien für sich gewänne.

32 Es folgen allgemeine Überlegungen zum weiteren Herangehen.

[...][33] Zur militärischen und politischen Lage
Mit der Bildung des japanisch beherrschten Großraumes hat Chiang Kaisheks Schlagwort vom „Raum als Waffe“ an Bedeutung verloren. China ist in der großen Auseinandersetzung heute ein Nebenkriegsschauplatz, dessen Gewicht bis auf weiteres nur noch in der Bindung großer Truppenmassen liegt.

Unter diesem Gesichtspunkt ist auch die lebhaftere Kampftätigkeit der letzten Monate zu werten.[34] Die Japaner meldeten, daß sie bei ihren Befriedungsaktionen auf der Halbinsel Shandong, der Hochburg der chinesischen Guerillas, und in der von den kommunistischen Verbänden hartnäckig verteidigten Bergprovinz Shanxi den Chinesen neuerdings Niederlagen beigebracht und in Südchina nach der Säuberung des Perlflußdeltas die Chongqing–Truppen ins Hinterland zurückgeschlagen haben. Auf der chinesischen Seite sollen an zahlreichen Stellen der Front – so an der Peking–Hankou– und der Hankou–Kanton–Bahn, am mittleren Yangzi und an der Küste im Vorland von Fuzhou – Offensiven eingeleitet worden sein, die wohl in der Hauptsache als Ablenkungs– und Störmanöver anzusehen sind. Mit einem Großangriff auf den japanischen Flugplatz bei Hanoi im Januar [1942] unter Beteiligung von 70 Bombern und Jagdflugzeugen und der Entsendung der aus den besten chinesischen Divisionen zusammengesetzten 5. und 6. Armee nach Burma unter dem Kommando des amerikanischen Generals Stilwell[35] griff die Chongqing–Regierung zum ersten Mal außerhalb der Landesgrenzen unmittelbar auf fremden Kriegsschauplätzen ein.

Auf der gleichen Linie wie diese militärischen Unternehmen liegt der – politisch interessante – Besuch des Marschalls Chiang Kaishek und seiner Gemahlin in Indien.[36] Die Besprechungen mit dem Vizekönig und mit indischen Führern wie Ghandi und Nehru beruhten offenbar auf der Hoffnung des Ehepaares Chiang, die Millionenbevölkerung Indiens und des unbesetzten China gegen Japan zu vereinigen und Kriegsgerät aus bzw. über Indien beziehen zu können. Es zeigte sich jedoch in der Folge, daß die Belange Chongqing–Chinas und Indiens sowohl England als auch Japan gegenüber zu verschieden gelagert sind, als daß sich für die Zusammenarbeit ein Nenner hätte finden lassen. [...][37]

In dem Maße, wie Chongqing an Ansehen und Bedeutung verliert, gewinnt natürlich der Gegenpol Nanjing. Bei der zweiten Wiederkehr des Gründungstages der neuen Regierung

---

33 Vergleichszahlen zu den Währungsbewegungen im 1. Quartal 1942.

34 Vom 24.12.1941–15.1.1942 führten japanische Truppen in Zentralchina die sog. Changsha–Offensive mit nur geringen Geländegewinnen durch. Danach stellten Japans Militärs größere Operationen an den chinesischen Frontabschnitten zurück und konzentrierten ihre Angriffshandlungen auf den südostasiatischen und pazifischen Raum.

35 US–Generalmajor Stilwell war am 10.2.1942 von Präsident Roosevelt zu seinem persönlichen Vertreter in Chongqing–China ernannt worden.

36 Der Indienbesuch Chiangs vom 10.–23.2.1942 brachte keine Verständigung über die von Chongqing angestrebte gemeinsame asiatische Front gegen Japan.

37 Es folgen Ausführungen zu Chongqings Bemühungen um die Nachschubsicherung in Südostasien (vor allem Burma), um US–Finanz– und Wirtschaftshilfe (vor allem neue US–Kreditzusagen) sowie um chinesisch–sowjetische Austauschlieferungen (chinesische Erze gegen sowjetische LKW, Waffen und Munitionsbestände).

am 30. März betonte Wang Jingwei die auch für China günstige Lage, welche durch die japanischen Siege in Ostasien geschaffen sei. Diese Auffassung, verbunden mit Ermahnungen und Drohungen an die Adresse von Chongqing findet sich in allen Erklärungen, die führende japanische Persönlichkeiten in den letzten Monaten abgegeben haben.[38]

An dieser wichtigen Zeitwende befleißigt sich das Oberkommando[39], der Nanjing–Regierung „Gesichtsgewinn" und materielle Unterstützung jeder Art zuteil werden zu lassen. Das Netz der Zollfilialen wird ausgedehnt, und die Zweigstellen der Zentralnotenbank sind die ersten Bemühungen, mit entlegeneren Landesteilen in Verbindung zu kommen. Der Besuch Wang Jingweis in Manzhouguo[40] soll die wirtschaftlichen Beziehungen mit dem Norden fördern. Auch die feierliche Eingliederung der englischen Konzessionen in Kanton (25. März), Tianjin (30. März) und Hankou (12. April) in Nanjings Hoheit dürfte ihren Eindruck in China nicht verfehlt haben, ebensowenig die Rückgabe einer weiteren Serie beschlagnahmter Industriebetriebe an die früheren chinesischen Besitzer – teils unter Beibehaltung japanischer Beteiligungen. [...][41]

Wirtschaftliches

Hatten die Großraumpläne Japans[42] und die dadurch zu erwartende starke Inanspruchnahme der an sich knappen japanischen Kapitaldecke Zweifel aufkommen lassen, ob das alte Yenblock–Problem trotzdem weiter verfolgt würde bzw. ob dafür noch genügend Mittel zur Verfügung stünden, so erfolgte mittlerweile durch den Sprecher des japanischen Kriegsministeriums eine Klarstellung dahin, daß innerhalb des ostasiatischen Großraumes die Landesverteidigung Japans nach wie vor auf Alt–Japan, China und der Mandschurei gemeinsam ruhe, mit anderen Worten, daß die Yenblock–Idee ihre bisherige Bedeutung in vollem Umfange behalte. Wie in der ursprünglichen Konzeption Alt–Japan den Kern des Blockes bildete, so ist jetzt der Zusammenschluß von Japan, China und Manzhouguo als Ausgangs– und Mittelpunkt für die Entwicklung des gesamten „Wohlstandsgebietes" gedacht. [...][43]

NA/Microcopy T82, Roll 75, Serial 96, I.G. Farben, Aufn.233174–233180.

---

38 Vgl. dazu auch: BArch, R9208, DBC, Nr.2016 (Juli 1941–Juni 1944).

39 Gemeint ist das Oberkommando der japanischen Streitkräfte in Zentralchina.

40 Dieser seit langem angekündigte „Staatsbesuch" fand vom 4.–11.5.1942 statt.

41 Es folgen Ausführungen zur Einbeziehung der Auslandschinesen Südostasiens in die japanischen Interessen.

42 Anläßlich der Eroberung von Singapur trat am 15.2.1942 der japanische Reichstag zu einer Sondersitzung zusammen. Ministerpräsident Tojo bekräftigte dort in einer Rede die 1940/41 von Japan herausgearbeiteten militärisch–politischen Ziele: Sichere Einrichtung einer neuen Ordnung für die gemeinsame Existenzmöglichkeit und Wohlstandssphäre aller Völker des großostasiatischen Raumes auf ethischer Grundlage.

43 Es folgen Ausführungen zur Wirtschaftskoordination im japanischen Großraum, zur wehrwirtschaftlichen Ausrichtung von Manzhouguo (vor allem im 2. mandschurischen Fünfjahresplan 1942–1947), Nord– und Mittelchina sowie zum Farbstoffmarkt.

76

Telegramm des Botschafters Heinrich Stahmer, Nanjing, an das AA

Nanjing, 9. August 1942

Nr.278 vom 8.8.
Staatspräsident [Wang Jingwei] teilte mir in vertraulicher Unterhaltung mit, daß er Eintritt Nanjing–Chinas in den Krieg dringend wünsche.

Er habe deshalb den Finanzminister Zhou Fohai bei seiner kürzlichen Reise nach Japan beauftragt, hierüber mit der japanischen Regierung zu sprechen. Premierminister Tojo und Außenminister Togo hätten keine Einwendungen gehabt, daß wir in absehbarer Zeit mit der Kriegserklärung der Nanjing–Regierung voraussichtlich gleichzeitig mit der Regierung von Manzhouguo an England und Amerika rechnen könnten.[44]

Staatspräsident bat besonders um streng vertrauliche Behandlung.

Die militärische Bedeutung dieser Kriegserklärung ist meines Erachtens gering, dagegen ist ihre propagandistische Wirkung auf die asiatischen Völker voraussichtlich erheblich.
Stahmer

ADAP, Serie E, Bd.III, Dok.171, S.293f.

77

Telegramm des Geschäftsträgers Erich Kordt, Nanjing, an das AA

Nanjing, 13. Februar 1943

Nr.56 vom 13.2.
Auf Drahterlaß vom 11. Februar Nr.51.
Verschiedene Anzeichen lassen darauf schließen, daß Japans China–Politik in letzten Monaten gewisse Änderungen erfahren hat. Bekanntlich versuchen japanische politische Kreise, als deren Führer Botschafter Shigemitsu anzusehen, Wang–Jingwei–Regierung durch größeres Entgegenkommen und stärkere Zusammenfassung Verwaltung besetzter Gebiete Chinas

---

[44] Im Dezember 1941 hatte sich die japanische Regierung einer Kriegserklärung Manzhouguos und der Wang–Jingwei–Regierung gegenüber ablehnend verhalten. Botschafter Ott hatte am 18.12.1941 aus Tokio mitgeteilt, daß die mandschurische und die Nanjing–Regierung nach der japanischen Kriegserklärung an die USA am 8.12. „ihre volle Mitarbeit im Kriege gegen die Vereinigten Staaten von Amerika mitgeteilt“ hätten. Es käme aber zu keiner Kriegserklärung, da Japan zwar einerseits ein gewachsenes Bedürfnis habe, „formelle Unabhängigkeit Manzhouguos hervorzuheben“, andererseits aber die „Ungeklärtheit der in Zukunft gegenüber China einzuschlagenden Politik“ Japan davon abhalte, „präjudizierende Schritte zu tun“ (ADAP, Serie E, Bd.I, Dok.35, S.58f mit Anm.).

in Nanjing Auftrieb zu geben. Tendenz hat sich seit Bildung japanischen Großostasien–Ministeriums zweifellos verstärkt. Zulassung Nanjings zur Kriegserklärung, Wiederzulassung alter Guomindangflagge ohne den früher von Japan geforderten gelben Wimpel, Japans Verzichterklärung auf Konzessionen und Vorrechte, Bemühungen Tokios, auch Italien und Frankreich zu gleichem Verzicht zu veranlassen, liegen in dieser Richtung. Die Rückgabe einiger von Japan beschlagnahmter bedeutender Industrieunternehmungen und anderer Immobilien an chinesische Eigentümer, die angekündigte Bereitschaft, chinesische Regierung an Genuß beschlagnahmten feindlichen Eigentums zumindest partizipieren zu lassen, sind als Maßnahmen zu bewerten, die nicht nur propagandistische, sondern auch reale Bedeutung haben.

In diesem Zusammenhang ist auch Umbildung Nordchina–Rats zu bewerten. Diese ist formell als Maßnahme Zentralregierung bekanntgegeben worden. Wang Yitang, der drei Jahre lang Vorsitzender selbständiger Nordchina–Verwaltung war, angab in Presseerklärung als Grund seines Rücktritts, Reorganisation Rats sei bestes Mittel, Nordchina der durch Kriegserklärung geschaffenen neuen Lage anzupassen. Grund für seinen Rücktritt dürfte jedoch vorwiegend persönlicher Natur sein. Neuernannter Nachfolger Zhu Shen ist alter Anfu–Mann[45] und daher kaum geneigt, Autorität Nationalregierung[46] sich mehr als erforderlich zu unterstellen.

Nordchina–Rat wird aller Voraussicht nach selbständiger politischer Faktor bleiben, zumal Guomindang Nanjing und Xinminhui[47] Nordchina nach wie vor selbständige politische Gruppen sind. An dieser Tatsache ändert auch Übertragung Ehrenpräsidiums Xinminhui an Wang Jingwei sowie Eintritt nordchinesischer Führer in Leitung Guomindang wenig. Tendenz Nordchina Verwaltung, gewisse Selbständigkeit zu erhalten, findet nach wie vor bei Teilen japanischer Nordchina–Armee und Marine Unterstützung. Dies kommt auch in Nippon–Times vom 25. Januar zum Ausdruck, in der von dem besonderen Charakter der historischen Entwicklung Nordchinas gesprochen und eine Zentralisierung als verfrüht bezeichnet wird.[48]

Gleichlautend Tokio.

Kordt

ADAP, Serie E, Bd.V, Dok.130, S.221f.

---

45 Anhänger der „Anfu–Gruppe“, die von Duan Qirui begründet wurde und projapanische Positionen vertrat.

46 Gemeint ist die japanische Marionetten–Regierung in Nanjing.

47 Xinminhui: Neue Volksgesellschaft. Politische Bewegung, die zur Unterstützung der projapanischen Politik der „Provisorischen Regierung“ in Nordchina gegründet worden war.

48 In einem Telegramm vom 3.8.1943 bestätigte Botschafter Stahmer aus Tokio die von Kordt beschriebenen Tendenzen in der japanischen Chinapolitik: „In China wird die von Außenminister Shigemitsu eingeleitete Entspannungspolitik fortgesetzt.“ Die Stellung Nanjings sei durch den japanischen Verzicht auf die Konzessionen und durch den Vertrag zwischen Japan und der Wang–Jingwei–Regierung vom 31.7.1943, „wonach Japaner in Nanjing–China ebenso besteuert werden wie Chinesen“, „wesentlich gestärkt“ worden (ADAP, Serie E, Bd.VI, Dok.210, S.363f).

78

Aus der Neujahrsansprache 1944 von Chiang Kaishek[49]

Chongqing, 1. Januar 1944

Der Sieg der Alliierten ist gewiß

Heute ist der Neujahrstag 1944. Auf den Tag vor 50 Jahren hat Dr. Sun Yatsen mit der Schaffung der Xingzhonghui[50] die revolutionäre Bewegung zur Rettung Chinas ins Leben gerufen. Seitdem befinden wir uns im Kampf für die Erreichung der Ziele der Revolution.

Über sieben Jahre erbitterten Widerstands gegen Japan hinweg haben wir eine solide Grundlage für den Sieg geschaffen. Wir und unsere Verbündeten melden uns jetzt gegenseitig militärische Erfolge, bereiten uns auf eine Offensive an allen Fronten vor, planen die Wiederherstellung der Weltwirtschaft nach dem Krieg, finden uns zusammen in einer gemeinsamen Anstrengung zum Wohle der Menschheit und nehmen die Errichtung einer Organisation zum Schutze des Nachkriegs–Weltfriedens in Angriff. Dieser Neujahrstag markiert die Morgenröte einer neuen Epoche und ihn zu feiern – gemeinsam mit unseren Waffenbrüdern und all den anderen friedliebenden Nationen –, sollte für die Armee und das Volk unseres Landes von ganz besonderer Bedeutung sein.

Die herausragende Entwicklung im Weltkrieg während des vergangenen Jahres war, daß das Fundament für den Sieg der Vereinten Nationen geschaffen werden konnte, während die Aggressorenmächte der Achse Zeichen der Niederlage zu zeigen begannen. Im vergangenen Frühjahr erlitten die Achsenmächte in Nordafrika eine vernichtende Niederlage, und ganz Libyen wurde von den Nazihorden befreit. Dem folgten die Einnahme Siziliens durch die Alliierten und Italiens Kapitulation.[51] An der osteuropäischen Front errangen die sowjetischen Streitkräfte wiederholte Siege und drängten die Deutschen vollständig von ihren Stellungen entlang des Dnjepr zurück.

Japan hat ebenfalls überall auf dem pazifischen und dem chinesischen Kriegsschauplatz Rückschläge erlitten. Mit der kürzlich erfolgten Landung der Alliierten in Neu Britannien[52] und an anderen strategischen Punkten ist Japans zweite Verteidigungslinie im Pazifik, die von den Salomon–Inseln bis zur Bismarck–See reichte, zerbrochen worden. Auf dem chinesischen Kriegsschauplatz hat Japan bei seinen fruchtlosen Angriffen in den Provinzen Guangdong, Fujian, Zhejiang, Jiangxi, Jiangsu, Shandong, Hebei, Anhui, Shanxi und Suiyuan

49 Aus dem Englischen übersetzt von Wolfram Adolphi. Anm. der Herausgeber der hier als Vorlage verwendeten Textausgabe: „Radioansprache von Präsident Chiang Kaishek an die Armee und das Volk am Neujahrstag 1944."

50 Gesellschaft zur Wiedergeburt Chinas; 1895 von Sun Yatsen in Hongkong gegründet.

51 Am 3.9.1943 schloß, nachdem am 25.7. das faschistische Regime zusammengebrochen war, die Kämpfe auf Sizilien aber noch bis zum 17.8. weitergegangen waren, die italienische Regierung mit den Alliierten einen Waffenstillstand. Am 13.10. erklärte Italien Deutschland den Krieg.

52 Gemeint sind die amerikanischen Truppenlandungen in Neu–Georgia (30.6.1943) und die sich anschließenden Seeschlachten (20.–25.11.1943).

von der Hand unserer Verteidiger unerwartet schwere Schläge hinnehmen müssen. Bei seinen drei Hauptangriffen in Hunan und Hubei konnten wir ihm schwere Verluste zufügen. Insbesondere in der Schlacht um Changde bekam Japan die Kampfqualitäten unserer Truppen zu spüren. Bei seinen vier Angriffen in West–Yunnan gelang es ihm nicht, unsere Truppen aus ihren Verteidigungsstellungen auf dem westlichen Ufer des Salween–Flusses zu vertreiben. Das ganze Jahr über hatten die Japaner in der Offensive wie in der Defensive nichts anderes als Niederlagen zu verzeichnen.

Das Schicksal der Achsenmächte Japan und Deutschland kann nun als besiegelt bezeichnet werden. Die Vereinten Nationen sind stärker geworden, und mehr und mehr Nationen, ob im Kriegszustand oder nicht, haben sich ihnen aktiv oder symbolisch angeschlossen. Das vergangene Jahr war darum ein Wendepunkt in diesem titanischen Weltkrieg. [...][53]

Im vergangenen Jahr wurden unsere internationalen Beziehungen wieder in Ordnung gebracht: zunächst dadurch, daß den betreffenden Mächten ihre exterritorialen und damit zusammenhängenden Rechte entzogen wurden. [...][54] Wir schlossen neue Verträge auf der Basis der Gleichheit ab und traten in Freundschaftsverträge mit befreundeten Nationen ein, wodurch wir unsere traditionellen Beziehungen mit ihnen festigten. So kann man sagen, daß unser jahrhundertelanges Streben nach nationaler Unabhängigkeit und Freiheit nun Erfüllung gefunden hat. Im Oktober des vergangenen Jahres unterzeichneten wir in Moskau mit Amerika, Großbritannien und der Sowjetunion eine gemeinsame Erklärung über kollektive Sicherheit. Diese Erklärung ergänzt und stärkt die gemeinsame Erklärung, die von den Vereinten Nationen am Neujahrstag 1942 in Washington unterzeichnet wurde, da sie die Erreichung gemeinsamer Kriegsziele vorsieht und das Prinzip der Schaffung eines neuen internationalen Mechanismus der Friedenssicherung festschreibt. Später, auf den Konferenzen von Kairo und Teheran, wurden Abkommen abgeschlossen über eine gemeinsame Kriegsstrategie in Europa und Asien und über die Bestrafung der Kriegsverbrecher in Ost und West. [...][55]

Generalissimo Chiang Kai–shek's War Speeches From July 1937 – January 1944. Published by the Chinese Ministry of Information, Chongqing o.J., S.125–129.

53 Es folgt ein Abschnitt über die besondere Rolle der USA im Kampf gegen die Achsenmächte.

54 Es folgt eine Bezugnahme auf die sie begleitende innerstaatliche Gesetzgebungsakte.

55 Es folgen mehrere Passagen, in denen Chiang Kaishek ausführlich über seine Gespräche auf der Kairo–Konferenz mit Roosevelt und Churchill berichtet. Kairo war das erste derartige Gipfeltreffen, an dem Chiang Kaishek teilnahm – seine Teilnahme symbolisierte in besonderem Maße die neue internationale Position Chinas. Die Ansprache schloß mit einem Aufruf an Armee und Volk zum Kampf bis zum Sieg.

79

Bericht des Außenministers der Nanjing–Regierung, Chu Minyi, an Ministerpräsident Wang Jingwei[56]

Nanjing, Januar 1944

Als unser Land am 9. Januar des vorigen Jahres in den Großostasiatischen Krieg eintrat, erklärte zuerst unser Bündnispartner Japan, daß er die Konzessionen an China zurückgeben und die exterritorialen Rechte aufgeben werde. Das mit uns befreundete Italien und Frankreich, das seine offiziellen diplomatischen Beziehungen zu uns noch nicht wiederhergestellt hat, schlossen sich mit gleichlautenden Erklärungen an. Daraufhin wurden im März und Juli die verschiedenen Konzessionen an uns rückübertragen. Da in den jeweiligen Vereinbarungen über die Rückgabe der Konzessionen vom Schutz der angestammten Interessen der Regierungen und Staatsbürger die Rede ist, wünscht Deutschland von uns eine ähnliche Erklärung. So hat die Deutsche Botschaft in China an uns eine entsprechende Note gerichtet. In dieser wird erklärt, daß, wenn die chinesische Regierung die angestammten Rechte und Interessen der deutschen Regierung und der deutschen Reichsangehörigen garantiere, Deutschland seine Verwaltungsrechte in den Konzessionen von Gulangyu[57] und Shanghai an China abtreten würde. Doch hätte es auf seine Rechte in den beiden Konzessionen noch nicht verzichtet. Auch Japan würde anerkennen, daß diese Rechte noch nach wie vor existieren.

Im deutsch–chinesischen Vertrag von 1921 verzichtet Deutschland explizit auf die Ausübung der Konsulargerichtsbarkeit, die Verwaltungsrechte im Pekinger Gesandtschaftsviertel sowie alle Rechte in Shandong. Die deutschen Rechte in den Konzessionen von Gulangyu und Shanghai werden nicht erwähnt. Wir stehen jedoch auf dem Standpunkt, daß Deutschland derartige Rechte bereits aufgegeben hat. Es entspricht dem Geist des Vertrages, daß Deutschland auf alle ehemaligen nichtrechtmäßigen Ansprüche verzichtet hat. Da Deutschland sich vom Prinzip der Exterritorialität gelöst hat, haben seine Reichsangehörigen keine Privilegien in den Konzessionen. Folglich können auch keine Rechte in den beiden oben genannten Konzessionen geltend gemacht werden. Die Stellung Deutschlands in China unterscheidet sich von der Japans, Italiens und Frankreichs. Der erste Streitpunkt zwischen Deutschland und China bestand also darin, welche Privilegien in dem Vertrag aufgegeben wurden und welche nicht.

Über diesen Punkt wurden zahlreiche Debatten geführt, ohne daß eine Einigung erzielt werden konnte. Was nun aber die deutsche Behauptung betrifft, „Japan erkenne an, daß die deutschen Rechte in den beiden Konzessionen nach wie vor bestehen würden," haben wir, um den Willen unserer Bundesgenossen wirklich zu verstehen, bei der Japanischen Botschaft

---

[56] Aus dem Chinesischen übersetzt von Peter Merker.

[57] Hierbei handelt es sich um die Konzession von Xiamen (Amoy).

angefragt, die eindeutig erklärte: „Die Rechte bestehen nicht mehr." Dieser Standpunkt deckt sich voll mit dem unsrigen. Deshalb hat Deutschland keinerlei Möglichkeit, China etwas zurückzugeben, und nach unserer Auffassung besteht auch keine Notwendigkeit, darüber einen Notenwechsel zu führen. Aber Deutschland zählt zu den mit uns befreundeten Ländern und steht im gegenwärtigen Krieg mit uns in einem Lager. So sollte, wenn nicht die Souveränität unseres Landes gefährdet ist, keine brüske Ablehnung ausgesprochen werden, da eine solche die diplomatischen Beziehungen trüben würde. Hinsichtlich der Behandlung der Konzessionen beharrt Deutschland nicht mehr auf festgefahrenen Meinungen, wünscht aber andererseits einen Notenaustausch. Es sollte erneut überlegt werden, wie man den deutschen Wünschen entgegenkommen kann. Als nach Ausbruch des Krieges China sämtliche Rechte in den Konzessionen wieder zurückerlangt hat, ist eine neue Lage eingetreten. Der Wunsch der deutschen Regierung, von der chinesischen Regierung eine Zusicherung zu bekommen, daß diese die Rechte und Interessen der deutschen Regierung und der Reichsangehörigen schützt, dürfte für uns keinerlei Gefahr in sich bergen. Das Festhalten der deutschen Seite an der Formulierung „angestammte Rechte und Interessen" mußte allerdings genau überdacht werden. Im Vertrag von 1921 gab Deutschland die Exterritorialität auf und nach geltendem internationalen Recht müssen seine Reichsangehörigen in China Steuern zahlen. In der Realität wurde aber während der letzten 22 Jahre kein Heller bezahlt. Bei den sogenannten angestammten Rechten handelt es sich also um unrechtmäßige Ansprüche. Als im vergangenen Jahr die Steuerbehörde des Finanzministeriums in Shanghai von den ansässigen deutschen Firmen eine Einkommensteuer erheben wollte, wurde diese verweigert.[58] Die Deutsche Botschaft hat dieses Vorgehen mehrfach verteidigt. Der von uns erlittene Schaden war hoch. Wenn wir nun schriftlich die angestammten Rechte anerkennen würden, hieße das, Privilegien aus den Ungleichen Verträgen offiziell anzuerkennen. Außerdem würden die Deutschen in China für immer von der Steuerzahlung entbunden und ein Übel bestehen bleiben, wenn Japaner, Italiener, Franzosen etc. Steuern zahlten. Solch ein Mißstand könnte die gefährlichsten Folgen haben. Hierin bestand der zweite Streitpunkt.

Nach weiteren Diskussionen mit unserem Ministerium legten die Deutschen eine revidierte Fassung vor, in der sie den Passus in „gegenwärtige Rechte und Interessen" änderten. Damit war das alte Übel aber nicht behoben und bestand weiter. In erneuten Besprechungen und unter Mithilfe der Botschaften der Bündnispartner wurde der Ausdruck „angestammte Rechte" ersatzlos gestrichen. Hinsichtlich der Steuern hat die deutsche Seite bereits mündlich zugesagt, analog zu Japan zu verfahren.

Wenn so verfahren wird, sind alle strittigen Punkte in unserem Sinne geklärt. Um die diplomatischen Beziehungen harmonisch zu gestalten, sollten wir uns zu Gesprächen bereitfinden und einem Notenwechsel zustimmen. Übrigens entspann sich zwischen der Deutschen Botschaft und den Dienststellen in Berlin ein reger Telegrammwechsel, der die Dringlichkeit des deutschen Wunsches unterstreicht.

---

[58] Vgl. Dok.73.

Wenn Euer Exzellenz einverstanden sind, bitten wir, ein Datum zu benennen, an dem mit dem deutschen Botschafter Woermann in einen Notenaustausch getreten werden kann, der gleichzeitig in Nanjing und Berlin öffentlich vollzogen werden soll. Ich erlaube mir, dieses Schreiben gemeinsam mit zwei Exemplaren der Note vorzulegen.

2. HACh, 2061, Außenministerium der Marionettenregierung unter Wang Jingwei, Nr.239.

80

Telegramm des Botschafters Ernst Woermann, Nanjing, an das AA

Nanjing, 25. Februar 1944

Nr. 87 vom 25.2.

Zur politischen und wirtschaftlichen Lage der Chongqing–Regierung:
1. Politische Lage im Gebiet Chongqing–Regierung ist im Laufe letzten Jahres wenig verändert. Wirtschaftslage hat sich entschieden verschlechtert.

Trotz in Chongqinger Pressestimmen zum Ausdruck kommender Enttäuschung über Alliierte sind zur Zeit keine Anzeichen auf Einlenken zu erkennen.[59] Es scheint Angelsachsen sogar durch Versprechungen, vor allem auf Kairo–Konferenz[60], gelungen zu sein, Kreise, die unbedingt Krieg Gegnerseite[61] fortsetzen wollen, zu stärken. Grund hierfür weniger tatsächlich geleistete Hilfe. Diese beschränkte sich bisher auf langsame Verstärkung hauptsächlich amerikanischer Luftstreitkräfte, die gewisse Erfolge südchinesischem Meer erzielen konnten, aber zur erfolgreichen Unterstützung Angriffsoperationen nicht ausreichten. Große Hoffnung werde jedoch auf Einsatz starker amerikanischer Streitkräfte im Süd–Pazifik gesetzt.

Ob sich Stimmung in Chongqing ändert, wird davon abhängen, ob es Japanern gelingt, in Burma Erfolge zu erzielen und Offensive Gegners auch im Pazifik zum Stehen zu bringen und die auf diese gesetzten Hoffnungen zunichte zu machen.

2. Verhältnis Chongqing–Regierung zu Sowjetunion nach außen freundschaftlich. Informationsminister [Lin Baisheng] erklärte kurz nach Bekanntwerden Verfassungsänderung in der Sowjetunion, China sei grundsätzlich bereit, mit einzelnen Sowjetrepubliken in diplomatische Beziehungen einzutreten. Einige Mitglieder Chongqing–Regierung, so Präsident Gesetzgebungsrats Sun Fo, Sohn Sun Yatsens, überbieten sich in Freundschaftsbeteuerungen.

---

59 Woermann meinte hier offensichtlich ein Einlenken gegenüber Japan und damit auch gegenüber Deutschland. Das gesamte Telegramm zeigt, wie stark offensichtlich deutscherseits daran geglaubt wurde, Chongqing könne seine Position im Krieg noch einmal ändern.

60 Erste Kairo–Konferenz, 22.–26.11.1943.

61 Gemeint ist die Seite der Alliierten.

Dies kann aber nicht darüber hinwegtäuschen, daß gegen Nachkriegspläne Sowjetunion auch gegenüber China starkes Mißtrauen besteht. Gegenwärtige Bindung Sowjetunion hat Chongqing–Regierung geschickt benutzt, ihren Einfluß in Xinjiang wieder zu stärken. Provinzregierung ist jetzt mehr unter Kontrolle Chongqings gekommen. Die chinesischen Garnisonen wurden systematisch vorgeschoben.

3. Kommunistenfrage bereitet Chongqing–Regierung auch mit Rücksicht auf Sowjetunion weiter größte Schwierigkeiten. Kommunisten–Regierung in Yan'an ist nach wie vor so gut wie unabhängig. Sie erhebt trotz Einspruchs Chongqing eigene Steuern und gibt eigenes Geld aus. Zahlungen an formal Teile Nationalarmee bildende 18. kommunistische Armee[62] sind daraufhin von Chongqing–Regierung eingestellt worden. Um Ausbreitung kommunistischen Einflusses nach Süden zu verhindern und möglichst Kommunisten nach Norden und Osten gegen japanische Stellungen zu drängen, hat Chongqing–Regierung Kommunistengebiet seit längerer Zeit durch Militärkordon blockiert.

Zu energischem Vorgehen hat sich aber Chongqing–Regierung nicht entschließen können.

Kommunistische Armee, die zwar schlecht bewaffnet, ist infolge Zahl und Taktik nicht zu unterschätzender Gegner. Nach japanischen Angaben soll Stärke 240.000 reguläre Truppen betragen, davon 140.000 in Nordchina, 60.000 in Nordwestchina und 40.000 in Zentralchina (sogenannte neue 4. Armee, die auch nördlich von Nanjing operiert). Außerdem verfügen Kommunisten noch über 600.000 Bauern–Guerillas. Diese Gesamtzahl weicht also von der mir von maßgebender chinesischer Seite genannten Zahl von einer Million bewaffneter Kommunisten nicht wesentlich ab.

4. Nach zuverlässigen Meldungen scheint es Chongqing–Regierung gelungen zu sein, durch Vereinbarung mit England chinesischen Einfluß in Tibet wieder zu festigen. Dies wird bestätigt durch Entsendung Lama–Delegation aus Lhasa, um Chiang Kaishek bei Präsidentschaft–Übernahme zu huldigen, sowie Meldungen über Entsendung chinesischer Beamter für Post usw. nach Tibet.

5. Allgemeine Wirtschaftslage, besonders Kriegswirtschaft, hat sich im Chongqing–Gebiet im letzten Jahr erheblich verschlechtert. Hauptschwierigkeit bildet Transportproblem. Nach Abschneidung Birma–Straße vor fast 2 Jahren und Aufhören der bis zum Ausbruch Ostasienkriegs über unbesetzte Häfen Südküste eingehenden Lieferungen hat China nur sehr geringe Warenzufuhr erhalten. Öffnung Birma–Straße noch in diesem Jahr, auf die Chongqing–Regierung im letzten Herbst fest hoffte, wird jetzt auch von ihr bezweifelt. [...][63]

6. Auch Verkehrsverhältnisse innerhalb Chongqing–China verschlechtern sich ständig. [...][64]

7. Industrielle Produktion ist gleichfalls zurückgegangen. [...][65]

---

62 Gemeint ist offensichtlich die 8., nicht die 18. Armee.

63 Es folgen Details zu den Folgen der Nichtöffnung.

64 Es folgen zwei Abschnitte detaillierter Schilderung insbesondere der Folgen des großen Verlustes an einsatzfähigen Lastkraftwagen.

65 Es folgen detaillierte, aber nur einige Beispiele betreffende, kein Gesamtbild vermittelnde Zahlenangaben.

8. Preisniveau übertrifft teilweise Teuerung im Nanjing–Gebiet. [...][66]
Chinesische Regierung[67] ist bestrebt, die von alliierter Seite zum Ankauf von Kriegsmaterial gewährten Anleihen aufzusparen oder als Deckung für Ausgaben innerer Anleihen zu benutzen. Britische Regierung hat daraufhin Auszahlung 50–Millionen–Pfund–Anleihe aus dem Jahre 1941 bisher verweigert mit Begründung, daß Kriegsmaterialtransporte jetzt nicht möglich seien. Baranleihe würde dagegen Nachkriegsfinanzen Englands zu sehr belasten. Angeblich soll jedoch vor kurzem Kompromiß zustande gekommen sein. Nach amerikanischer Berechnung soll es Chongqing–Regierung gelungen sein, Guthaben von 700–800 Millionen USA–Dollar anzuhäufen. Aus gleicher Quelle verlautet, daß infolgedessen Chinesen jetzt wenig geneigt, über Nachkriegsinvestierung amerikanischen Kapitals zu verhandeln.

Tokio mit Kurier.

Woermann

ADAP, Serie E, Bd.VII, Dok.232, S.438–441.

81

Verfügung des Botschafters Ernst Woermann, Nanjing, an die Leiter der deutschen amtlichen Auslandsvertretungen[68]

Shanghai, 30. April 1945

Geheim. Für Behördenleiter.

Auf Grund der Nachrichten aus der Heimat wird das Arbeitsgebiet der Reichsbehörden wesentliche Änderungen erfahren müssen.

1. Anordnungen, die von chinesischen oder japanischen Stellen im Rahmen ihrer Zuständigkeit gegeben werden, muß Folge geleistet werden. In grundsätzlichen Fällen erbitte Drahtbericht nach Nanjing.

2. Es bleibt Aufgabe der Reichsbehörden, die Betreuung der Reichsdeutschen des Amtsbezirks, insbesondere in konsularischer Hinsicht, fortzuführen, solange die Behörden hierzu in der Lage sind. Insbesondere ist dafür Sorge zu tragen, daß notwendige Unterstützungen an Hilfsbedürftige während eines möglichst langen Zeitraums durchgeführt werden können, auch wenn keine neuen laufenden Mittel angewiesen werden. Nach örtlicher Möglichkeit

---

66 Es folgen auch dazu Detailangaben.

67 Erstaunlicherweise benutzte Woermann hier plötzlich wieder diese Bezeichnung für die Nationalregierung in Chongqing.

68 Die Anweisung erging an die Dienststelle der Botschaft in Peking sowie die Konsularbehörden in Tianjin, Qingdao, Hankou und Kanton. Eine weitere Abschrift ging nach Nanjing mit der Auflage, Zhifu zu informieren.

bitte ich Organisationen der Reichsdeutschen, auch in finanzieller Hinsicht, heranzuziehen. Hinweise auf Erlaß wegen Notstandsorganisation in Shanghai.
3. Es bleibt ferner Aufgabe der Reichsbehörden, für die Verwaltung und Erhaltung des vorhandenen Reichseigentums zu sorgen.
4. Ich bitte die Reichsbehörden, sich schon jetzt darauf einzustellen, daß die Bestreitung des Behördenbedarfs im bisherigen Umfang künftig nicht mehr möglich ist und dementsprechend folgende Maßnahmen zu treffen oder vorzubereiten:
a) Personalausgaben. Um einem allgemein zu erwartenden Notstand Rechnung zu tragen, werden die Auszahlungen auf die Bezüge der Beamten und deutschen Angestellten ab 1. Juni einheitlich zunächst auf 150.– (einhundertfünfzig) Reichsmark festgesetzt. Verheiratetenzulage 50.– (fünfzig), Kinderzulage je 25.– (fünfundzwanzig) RM, Warte–, Ruhestands– und Witwenbezüge ebenso. Besondere Härten können ausgeglichen werden.

Spätere grundsätzliche Regelung bleibt der Entscheidung der zuständigen Stellen vorbehalten.

Reichsdeutschen Angestellten, die in der Heimat angenommen sind, ist nicht zu kündigen. Über etwaige Kündigung in Ostasien angenommener und nur kurz im Dienst befindlicher reichsdeutscher Angestellten entscheiden die Behördenleiter.

Ausländischen Angestellten ist vorsorglich zu kündigen und die gemäß meinem

(zu 1–3) Erlaß Pers Si 7–7a/1033/45
(zu 4) Drahterlaß Nr.17
(zu 5) Drahterlaß Nr.25

Botschaft Shanghai vom 7.4. vorgesehene Abfindung zu zahlen. Wegen der Weiterarbeit einzelner können zweckentsprechende Vereinbarungen getroffen werden. Ausländischen Angestellten, die langjährig bei Behörde tätig waren, können nach Ermessen [der] Behördenleiter in besonderen Fällen Abfindungen bis zur Höhe von sechs Monatsbezügen gezahlt werden.
b) Kulturelle Ausgaben. Es sollte versucht werden, den Betrieb der deutschen Schulen aufrecht zu erhalten, soweit möglich ohne Inanspruchnahme von Reichsmitteln.

Ausgaben für kulturpolitische Zwecke werden nur noch in geringem Umfang möglich sein. Entsprechende Abbaumaßnahmen sind einzuleiten.
c) Propaganda. Bitte politische Propagandatätigkeit mangels hierfür maßgebender Richtlinien einzustellen und etwa in dieser Hinsicht bestehende finanzielle Verpflichtungen zu lösen.

Soweit Zeitungen unterhalten oder unterstützt werden, steht Entscheidung nach Maßgabe von Ziffer 1. und finanziellen Möglichkeiten in dortigem Ermessen.

Selbstverständlich muß alles unterbleiben, was zu Konflikten mit dem Gastland oder der Besatzungsmacht führen könnte.
d) Für die Reihenfolge der Zahlungen gilt der oben genannte

(zu 1–3) Erlaß
(zu 4–5) Drahterlaß

mit der Maßgabe, daß Zahlungen gemäß Ziffer 3. dieses Erlasses mit bevorzugt zu behandeln sind.

5. Da bei stark gekürzten Personalausgaben für Juni vorgesehene Hereinnahme von Mitteln Behördenbedarf voraussichtlich übersteigt, sind Ersparnisse für spätere Ausgaben gemäß Ziffer 2. und 4a. anzulegen.
6. Bitte über Durchführung von Zeit zu Zeit zu berichten.

BArch, R9208, DBC, Nr.1794, Bl.259–260.

82

Aufzeichnung des Rechtsreferenten der Deutschen Botschaft Peking, Karl Bünger

Peking, 25. Mai 1945

Aufzeichnung über die Maßnahmen gegen die Deutschen in China
Es liegen hier vor:
1. Memorandum des Chinesischen Außenministeriums in Nanjing vom 15. Mai 1945
2. Verbalnote der Japanischen Botschaft in Nanjing vom 16. Mai 1945
3. Memorandum der Japanischen Botschaftsdienststelle in Peking vom 16. 5.
4. Schreiben des Politischen Ausschusses für Nordchina vom 19. Mai 1945
5. Verbalnote des Japanischen Generalkonsulats in Tianjin vom 18. Mai 1945
6. Memorandum des Japanischen Generalkonsulats in Shanghai vom 9. Mai.

Daraus ergibt sich das folgende Bild:
1. Das Vorgehen der chinesischen und japanischen Behörden ist formell insofern gleich gewesen, als überall die erste Mitteilung durch die japanischen Zivilbehörden erfolgte. (Das Memorandum des Chinesischen Außenministeriums vom 15. Mai scheint vordatiert zu sein.) Die erste Benachrichtigung erfolgte in Shanghai und zwar am 9. Mai, Nanjing und Peking folgten am 16., Tianjin am 18. Mai. Das Schreiben des Politischen Ausschusses von Nordchina enthält im Gegensatz zu dem Memorandum des Außenministeriums in Nanjing eine ausdrückliche Bezugnahme auf vorangegangene Beratungen zwischen den chinesischen und japanischen Behörden.
2. Demnach sind nirgends die japanischen Militärbehörden formell in Erscheinung getreten, obwohl Japan als Besatzungsmacht wohl die Legitimation hierfür hätte in Anspruch nehmen können. Die japanischen Militärbehörden ziehen jedoch, wie die wirtschaftlichen Maßnahmen in Peking zeigen, praktisch Folgerungen aus dem neuen Status der Deutschen. Es bleibt abzuwarten, ob sie dabei über die einer Okkupationsmacht zustehenden Rechte und über die gegen chinesische Privatleute geübten Eingriffe hinausgehen.
3. Die bedingungslose Übergabe Deutschlands wird nur in den in Tianjin und Peking übergebenen Schriftstücken erwähnt, während in Nanjing sowohl in der japanischen Note wie in

dem chinesischen Memorandum nur die veränderte Lage in Europa als Begründung für die ergriffenen Maßnahmen angeführt wird.

4. Der Status und die Funktionen der deutschen diplomatischen und konsularischen Vertretungen sind bisher, abgesehen von dem Verbot von chiffrierten Telegrammen und der Notwendigkeit von Reisegenehmigungen, welch letztere aber wohl auch in europäischen Ländern bestand, nicht eingeschränkt worden. Vielmehr ist er, wie verlautet, in Tianjin und Qingdao dadurch gefestigt worden, daß die japanischen Behörden den Leitern der deutschen Konsulatsbehörden ausdrücklich erklärt haben, daß sie sie als die örtlichen Vertreter des ansässigen Deutschtums betrachten. Ob die Beseitigung der Dönitz–Regierung in Deutschland eine Änderung in dieser Behandlung der deutschen Amtsstellen zur Folge haben wird, bleibt abzuwarten.

5. Hinsichtlich etwaiger Maßnahmen gegen deutsches Eigentum weichen die einzelnen Ankündigungen am weitesten voneinander ab.

Das Memorandum der Chinesischen Regierung in Nanjing ist am zurückhaltendsten, wenn es erklärt, daß grundsätzlich keine Änderung eintritt. Ähnlich lautet die Formulierung des Politischen Ausschusses in Nordchina, sie setzt jedoch – in Übereinstimmung mit dem Memorandum der Japanischen Botschaft in Peking – hinzu, daß Maßnahmen zur Abwehr von Spionage und aus anderen militärischen Notwendigkeiten vorbehalten bleiben. Ob derartige Maßnahmen von den Chinesen selbst beabsichtigt sind oder ob der Politische Ausschuß nur sein Einverständnis mit dem japanischen Vorgehen zum Ausdruck bringen wollte, ist nicht klar.

Auch die japanischen Noten in Nanjing, Shanghai, Peking und Tainjin weichen voneinander ab. Die auch in der Ankündigung der chinesischen Behörde in Peking enthaltene Vorbehaltsklausel hinsichtlich aller militärisch notwendigen Maßnahmen findet sich nur in den in Peking und Tianjin, nicht jedoch in den in Nanjing und Shanghai überreichten Schriftstücken. Andererseits findet sich nur in den japanischen Schriftstücken aus Nanjing und aus Tianjin die Anweisung, daß die Deutschen hinsichtlich ihrer „wichtigen“ Vermögensstücke Beschränkungen unterliegen. In der japanischen Mitteilung in Shanghai sind Scheinübertragungen u.ä. verboten, während in dem japanischen Memorandum in Peking ein ähnliches Verbot überhaupt fehlt, wie auch in den chinesischen Mitteilungen in Nanjing und Peking. Es handelt sich hier also um ein von der japanischen Okkupationsmacht ausgesprochenes Verbot.

Die in Nanjing überreichte japanische Note verlangt bei etwaigen derartigen Verfügungen eine vorherige Ankündigung und die Mitwirkung der japanischen Behörden, wenn letztere es verlangen. Diese Formulierung ist überaus unklar, vor allem ist nicht ersichtlich, ob sich die Worte „wenn sie es verlangen“, nur auf die Mitwirkung oder auch auf die Ankündigung beziehen. Die Note aus Tianjin läßt darüber keinen Zeifel, wenn sie sagt, „their important rights and interests, commodities and large funds are desired not to be transferred or concealed for the time being“. Ähnlichen Inhalts ist auch die japanische Mitteilung in Shanghai. Hierin liegt zwar keine Beschlagnahme aber doch bereits eine Verfügungsbeschränkung (Arrest) aller größeren Vermögensstücke der deutschen Privatleute und Amtsstellen.

Letztere Maßnahme geht aber, wie nochmals hervorgehoben sei, nur von den japanischen Behörden aus.

BArch, R9208, DBC, Nr.1794, Bl.191–194.

Kapitel 5

Die deutsche Wirtschaft und China 1937–1945

Die projapanischen Entscheidungen der deutschen Führung von 1937/38 leiteten auch den Niedergang der deutsch–chinesischen Wirtschaftsverbindungen ein. Die Mitte der 30er Jahre in den bilateralen Beziehungen erreichte Blütephase ging abrupt zu Ende, auch wenn das Interesse der deutschen Wirtschaft an China als Handelspartner und Absatzmarkt bestehen blieb. Allerdings sollte es nun mit neuen Partnern und in neuen Strukturen realisiert werden.

Die chinesische Regierung verlor nach 1937 zunehmend ihre Bedeutung als zentraler und direkter Partner für die deutschen Industrie– und Handelskreise, da der deutsche Ex– und Importschwerpunkt – auch auf Druck der nationalsozialistischen Führung – auf das besetzte China und nach Manzhouguo verlagert wurde. Seit 1938 avancierte die japanische Hauptstadt Tokio zum eigentlichen Dreh– und Angelpunkt für die Verhandlung deutscher Wirtschaftsziele in China, auch wenn bis 1941 weiterhin Geschäftskontakte in das nicht besetzte West– und Südwestchina existierten. Das galt für alle vier großen Bereiche der deutschen Wirtschaftspräsenz in China: im zwischenstaatlichen HAPRO–Geschäft, bei den Handelshäusern, den ständigen Unternehmensvertretungen und im Bereich der Direktinvestitionen. Sie hatten Arrangements mit Japan und den jeweiligen im besetzten China eingesetzten chinesischen Behörden zu treffen.

Die durch die japanische Aggression vollzogene Aufspaltung des chinesischen Marktes setzte die entscheidenden Rahmenbedingungen für den bis 1945 einschneidenden Rückgang in den bilateralen Ein– und Ausfuhrbewegungen, wenn auch diese Aufspaltung in den zeitgenössischen Kennziffern des deutsch–chinesischen Handels kaum erfaßt wurde. In den Wirtschaftsbeziehungen bestimmten drei Zäsuren die unterschiedlichen Phasen ihrer Reduzierung bis zum weitgehenden Stillstand der Geschäfte bei Kriegsende. 1938 kam es zu wirtschaftlichen Rückwirkungen durch die deutsche Anerkennung von Manzhouguo und den Abzug der deutschen Militärberater. 1939 wurden die Schiffahrtswege nach China abgebrochen, und ab 1941 ist eine starke Bindung der deutschen Chinawirtschaft an den großostasiatischen Wirtschaftsraum zu beobachten. Während Wirschaftspräsenz und konkrete Handelsbeziehungen stetig weiter reduziert wurden, erlebten die China–Langzeitplanungen der deutschen Wirtschaft 1942/43 noch einen Höhepunkt, da die Spitzen der ostasieninteressierten Großindustrie wie auch des die Handelskammern koordinierenden Ostasiatischen Vereins (OAV) ein Wunschprogramm für die Einbindung dieser Planung in die japanischen „Großostasien"–

Pläne entwickelten und Großunternehmen Investitionsprojekte andachten, deren Realisierung auf einen relativ langen Zeitraum angelegt war. Hochgesteckte Erwartungen der nationalsozialistischen Wirtschaftsführung, an der wirtschaftlichen Ausbeutung des japanisch okkupierten China zu partizipieren, gingen allerdings nicht in Erfüllung.

Rückgang der Wirtschaftsbeziehungen bis 1941

Unmittelbar nach Beginn der japanischen Aggression waren das Reich der Mitte und seine ausländischen Handelspartner mit der Aufspaltung des einheitlichen Marktes in das besetzte und unbesetzte Gebiet und mit einer fortschreitenden Regionalisierung des Wirtschaftslebens konfrontiert. Überdies erlitt die chinesische Binnenwirtschaft hohe Verluste in den Kriegsgebieten sowie im angrenzenden Hinterland.[1] Die chinesische Regierung, die sich auf eine lange Kriegsdauer einstellte,[2] verlagerte Teile der demontierten Industriewerke von Shanghai und aus küstennahen Regionen in das vor Feindbesetzung sichere West– und Südwestchina. Damit verband sich eine tiefgreifende Umstellung der ins Landesinnere ausgewichenen sowie dort neu aufgebauten Wirtschaft. Bereits die ersten japanischen Invasionen hatten die deutschen Firmen in Shanghai[3] und an den anderen Hafenplätzen über weite Strecken vom chinesischen Hinterland abgeschnitten (Dok. 83), und der deutsche Handel mit dem unbesetzten China war in den ersten Kriegsmonaten nahezu zum Erliegen gekommen, da er weitgehend durch die Japaner abgeriegelt wurde. Ein– und Ausfuhrgüter erreichten ihre Bestimmungsorte nicht mehr und gelangten vorerst in Warenlager.

Nach der deutschen Reichsstatistik[4] sank die deutsche Ausfuhr nach China[5] von 1938 bis 1940 auf ein Siebentel, bis 1942[6] gar auf ein Achtzehntel des 1937 erreichten Wertes. Die

---

1 Vgl. Chen Zhen/Yao Luohe, Bd. 1, 1957:78f.; vgl. auch Xu Tiaoxin 1947:30. Bei allen Angaben handelt es sich um Schätzungen. Zu den verheerenden Landwirtschaftsschäden vgl. Shishi wenti yanjiuhui 1940:30f.

2 Vgl. „Programm des Abwehrkampfes und gleichzeitigen wirtschaftlichen Aufbaus" der Guomindang von Anfang 1938, in: 2. HACh, Nr.711–1021.

3 Shanghai nahm durch den Sonderstatus der Internationalen Niederlassung und Französischen Konzession bis zu deren vollständiger Besetzung durch die Japaner eine Ausnahmestellung als Insel im okkupierten Umland ein. Obgleich die Deutschen nach dem Ersten Weltkrieg die Exterritorialität und weitere Privilegien, die aus den Ungleichen Verträgen resultierten, aufgegeben hatten, partizipierten sie in Shanghai weiterhin an den Sonderrechten der Vertragsmächte. Vgl. NA/Microcopy T82, Roll 388, Eisengroßhandlung Otto Wolff, Aufn. 2188736–2188741: Bericht der Far Eastern Branch von Otto Wolff, Shanghai, zur Wirtschaftslage in Shanghai, 22.3.1939.

4 Die deutsch–chinesischen Handelsbewegungen sind in den verfügbaren Statistiken widersprüchlich ausgewiesen. Daraus lassen sich nur Trendaussagen ableiten. Die chaotischen Zustände bei der offiziellen statistischen Zollerfassung durch die chinesische Seezollverwaltung in den Kriegsjahren ließen eine zuverlässige Bewertung der Ex– und Import–Daten weder für Gesamtchina noch für das besetzte und unbesetzte China zu. Vgl. dazu auch: Hsiao Liang–lin 1974, Tabellen 1 – 7b. Die deutsche Reichsstatistik stützte sich im wesentlichen auf die deutschen Hafenzoll–Angaben ohne Berücksichtigung kriegsbedingter Abweichungen bei Herkunfts– und Bestimmungsorten. Vgl. dazu auch BArch, R24, Statistisches Reichsamt, Nr. 893, zur Wirtschaftsstatistik für Ost– und Südostasien 1930–1943.

deutschen Einfuhren aus China betrugen 1940 ein Sechstel, 1942 ein Siebentel des 1937 erzielten Umfanges.[7] Sogleich nach Anfang des Krieges begannen Krupp, Siemens, Wolff und andere betroffene deutsche Firmen, ihre mit chinesischen Instanzen abgeschlossenen Kredit– und Lieferverträge abzuwickeln.[8] Ihre langfristigen Anlage–Investitionen gingen vielfach verloren, zumal die Reichsbürgschaften von seiten der deutschen Regierung aufgekündigt worden waren. Die Firmen orientierten sich daher um und suchten mit gleichgerichteten Vorhaben ab 1937/38 beim japanisch gesteuerten Industrieaufbau in Manzhouguo zum Zuge zu kommen.[9] Das China–Eisenbahn–Konsortium, das unter Führung der Eisengroßhandlung Otto Wolff, die 1934 in das China–Geschäft eingestiegen war, von 1935–1940 Krupp, Ferrostaal und Stahlunion als Ausrüstungslieferanten für Eisenbahn–Neubau–Projekte der Regierung zusammenführte[10] und dabei mit Mannesmann, Siemens und AEG kooperierte, scheiterte dagegen. Die vom Konsortium belieferten Verkehrs–Standorte wurden durchweg durch die Kriegsereignisse ausgeschaltet. Eine im April 1941 eingeleitete Wiederbelebung des Konsortiums für chinesische Bahnvorhaben in Yunnan kam über erste Ansätze nicht hinaus.[11]

Niedergang der HAPRO

Symptomatisch für die deutsch–chinesischen Wirtschaftsbeziehungen wurde der Niedergang des HAPRO–Austauschverkehrs. Beide Regierungen hatten ihm einen hohen Stellenwert in ihren rüstungsorientierten Wirtschaftsbeziehungen eingeräumt. Als Kong Xiangxi, Chinas Finanzminister und stellvertretender Regierungschef, in den Wochen vor und nach dem 7. Juli

---

5 Die deutschen Zahlen beziehen sich auf China ohne Manzhouguo. Sie weichen erheblich von den Exportangaben der chinesischen Seezollverwaltung ab. Ihre Ausfuhrwerte waren stets unterdeklariert.

6 Die deutschen Statistiken enden 1942. Die von den Japanern für die Kriegszeit unter Verschluß gehaltenen Übersichten der chinesischen Seezollverwaltung reichen bis 1944/45. Vgl. Hsiao Liang–lin 1974, Tabelle 7b (Daten für 1942–1945). Für 1944 gab die chinesische Seezollstatistik Chinas Einfuhr nur noch mit 4% und Chinas Ausfuhr mit weniger als 6% des Vorkriegsstandes an. Vgl. dazu BArch, R9208, DBC, Nr.3030, Bl.2–9, DGK Shanghai an DB Nanjing, 28.4.1945.

7 Ratenhof 1987:562 hat seiner tabellarischen Übersicht folgende Zahlen der Reichsstatistik in Millionen RM zugrundegelegt: Deutsche Ausfuhr nach China, 1937: 148,3; 1938: 104,8; 1939: 53,1; 1940: 22,3; 1941: 7,8; 1942: 8,4. Deutsche Einfuhr aus China, 1937: 93,8; 1938: 106,6; 1939: 57,3; 1940: 16,7; 1941: 23,1; 1942: 14,2.

8 Das betraf durchgängig die durch Initiative von Otto Wolff geförderten Eisenbahn–Projekte der Guomindang–Regierung. Vgl. BArch, R2301, Rechnungshof, Nr.6467, Bl.4, Sitzungsniederschrift des RWM–Export–Garantie–Ausschusses, 28.1.1938.

9 Dabei handelte es sich um den Einstieg in mandschurische Regierungsvorhaben des ersten Fünfjahrplanes (1937–1941).

10 Vgl. BArch, R9208, DBC, Nr.2696: Otto Wolff an AA, 16.12.1935 über den Konsortial–Vertrag mit einer Laufzeit bis zum 31.12.1940.

11 Vgl. NA/Microcopy T82, Roll 425, Serial 277, Friedrich Krupp AG, Aufn. 233927–233928: Krupp, Essen, an Carlowitz, Hamburg, 2.5.1941.

1937 in Deutschland politisch sondierte und über den Fortgang der HAPRO–Lieferungen verhandelte (Dok. 1), waren bereits Vorentscheidungen gegen Chiang Kaishek gefallen.

Überdies drängte der Bündnispartner Japan 1937/38 Deutschland unablässig, seine Waffen– und Militärausrüstungs–Lieferungen für China einzustellen. Göring und Funk, in deren Kompetenz die zuvor der Wehrmachtführung unterstellte HAPRO übergegangen war, schwankten ständig zwischen Einstellung und Fortführung der Lieferungen.[12] Schließlich gingen diese getarnt bei einem zunehmend unbedeutenden Lieferumfang weiter. HAPRO–Gründer und Unterhändler Hans Klein, der im Januar 1938 dem Vorsitzenden der Rohstoffbehörde Weng Wenhao noch ausführliche Vorschläge zur Reprivatisierung des HAPRO–Vertrages – und damit zur Wahrung seines prochinesischen Charakters – unterbreitet hatte,[13] verließ dann China.

Der Niedergang der HAPRO–Geschäfte vollzog sich in drei parallelen Entwicklungen: Erstens rückte die NS–Führung im August/September 1937 von ihren Austauschverpflichtungen ab, und die chinesische Regierung mußte fortan sämtliche Neubestellungen deutscher Militär– und Industriegüter im HAPRO–Rahmen gegen Devisen bezahlen (Dok. 85). Dagegen gab es zwar auch im Sommer/Herbst 1938 in Deutschland immer noch Widerstand – vor allem, weil in Berlin noch zahlreiche unerfüllte Aufträge vorlagen[14] –, und es kam auch noch zu Liefervereinbarungen (Dok. 86), aber diese vermochten am Umsatzrückgang[15] ebenso wenig zu ändern wie die fortbestehende Bereitschaft der chinesischen Regierung, den HAPRO–Vertrag weiter zu erfüllen.[16]

Zweitens wurde von Berlin aus der Versuch unternommen, die HAPRO umzugestalten. Der Leiter der NSDAP–Wirtschaftsstelle in China, Woidt, erhielt den zwiespältigen Auftrag, einerseits die chinesische Regierung zu beschwichtigen und mit ihr den HAPRO–Vertrag

---

12 Es gelang Chiang Kaishek und Kong Xiangxi nicht, Hitler zur Rückkehr zu den 1936 festgelegten Austauschbedingungen und zu Zugeständnissen angesichts der im Rückstand befindlichen Rohstofflieferungen Chinas zu bewegen. Vgl. FOSD, War Documents, Microcopy, Serial 218, AA, W VII, Aufn. 148207–148214: HAPRO, Hankou, Preu, 23.3.1938, „Auftragsbestand, Lieferungslage, Zahlungsübersicht".

13 Anknüpfend an von ihm entwickelte ähnlich weitgreifende Vorschläge für Chiang Kaishek vom Herbst 1935 (vgl. 2. HACh, Nr.28–689, Bl.1–24; s. auch Adolphi 1988a:64–69) unterbreitete Klein am 25.1.1938 die Idee, Instrumentarien zu schaffen, mit denen „die deutsche Wissenschaft, Organisation und Technik in den Dienst des chinesischen nationalen Aufbaus" gestellt werden könnten. Eine „deutsch–chinesische Gesellschaft" sollte „die besten Kräfte der Finanz, der Industrie und des Handels" Deutschlands vereinigen, um China zu helfen, „mit einer wohldisziplinierten Wehrmacht, einem pflichttreuen Beamtentum und einer planvoll organisierten Wirtschaft" das Land so zu stärken, „daß der innere Friede gesichert und die Souveränität Chinas vor äußeren Übergriffen geschützt ist" (2. HACh, Nr.28–2103). Mit dem Vorschlag, dem HAPRO–Vertrag seine ursprüngliche privatwirtschaftliche Form zurückzugeben, verband Klein die Hoffnung, daß ein gewichtiger Teil der deutschen Wirtschaft an pro–chinesischen Positionen festhalten werde.

14 Zu deren Umfang vgl. Dok. 27.

15 Der 1936/37 realisierte Umsatz der HAPRO betrug 29,3 Mio. RM, 1937/38: 82,1 Mio. RM, 1939/40: 4,9 Mio. RM, 1940/41: 1,2 Mio. RM. Vgl. auch Ratenhof 1987:523.

16 Vgl. Ratenhof 1987:509.

dahingehend zu verändern, daß die deutschen Handelshäuser, die oftmals Kritik an ihm geübt hatten,[17] gezielt in seine Realisierung einbezogen würden, und andererseits eine HAPRO–ähnliche Vereinbarung mit dem japanisch besetzten Nordchina vorzubereiten.[18] Er hatte insgesamt den Auftrag, die Handelsverbindungen in Fernost achsenpolitisch auf Tokio auszurichten, ohne die Kontakte zu Chiang Kaishek aufzukündigen (Dok. 86, 88). Obgleich die Woidt–Mission, die sich bis ins Jahr 1939 erstreckte, in bezug auf die chinesische Regierung formal erfolgreich war[19] und in bezug auf Nordchina ihr Ziel nicht erreichte,[20] führte sie ihres gegen China gerichteten Charakters wegen in der chinesischen Regierung schon im August 1938 zu deutlicher Beunruhigung. Und als im Herbst 1938 zwischen der Deutschen Handelsvereinigung Tianjin GmbH[21] und der von der „Föderativen Autonomen Regierung der Mongolei" in Nordchina gegründeten halbstaatlichen Mengjiang Co. Ltd. ein Wirtschaftsabkommen abgeschlossen wurde,[22] war das für die chinesischen HAPRO–Partner Anlaß, nun ihrerseits den Warenaustausch mit Deutschland einer grundlegenden Prüfung zu unterziehen.[23]

Drittens erzwang die Einnahme Hankous durch die Japaner im Herbst 1938 die Einstellung aller HAPRO–Projekte in China, einschließlich des weitaus größten HAPRO–Investprojektes, eines von Krupp über die HAPRO in der der Provinz Hunan in Angriff genommenen Eisen– und Stahlwerkes.[24]

---

17 Vgl. Helfferich 1969:107–140.

18 Erste Sondierungen dazu hatte Woidt bereits Anfang 1938 unternommen.

19 Am 1.10.1938 und am 29.3.1939 wurde durch Woidt mit der chinesischen Regierung ein Abkommen zur Neuregelung der Durchführung des HAPRO–Abkommens im obengenannten Sinne der Einbeziehung der Handelshäuser getroffen (vgl. Eckert 1981:Anhang „HAPRO–Daten"); dieses war jedoch bald nicht mehr verbindliche Geschäftsgrundlage (vgl. BArch R9208, DBC, Nr.2703, Bl. 204–206).

20 Japan war an einer Schwächung seiner Vormachtstellung im besetzten China nicht interessiert und stand daher einer Aufwertung der Separatregierungen durch staatliche Vereinbarungen ablehnend gegenüber. Zum langwierigen Ringen Woidts um eine Änderung dieses japanischen Standpunktes s. einen Bericht des IG–Farben–Marktbeobachters und Wirtschaftsanalytikers Wilhelm Haas aus Peking vom 28.8.1939 (BArch, R8128, IG Farben, Nr. A340, Bl.285–289).

21 Die Deutsche Handelsvereinigung Tianjin GmbH war im Sommer 1938 von den Mitgliedsfirmen der Deutschen Handelskammer in Tianjin mit dem Ziel gegründet worden, eine Organisation zu schaffen, die – anders als die Handelskammer – selbständig Wirtschaftsvereinbarungen treffen konnte (vgl. Dok. 85).

22 Zum Inhalt des Abkommens s. Dok. 85.

23 Vgl. 2. HACh, Nr.318–485, Central Trust, Li Yaohuang an Kong Xiangxi, 1.3.1939: „Zusammenfassend ist zu sagen, daß die Unzulänglichkeiten und Schwierigkeiten im Warenaustausch mit Deutschland überwiegen." Vgl. 2. HACh, Nr.28–2102, NRC, Weng Wenhao an Krupp von Bohlen und Halbach, 16.1.1939.

24 Das weitaus größte HAPRO–Investitionsprojekt, ein von Krupp in der Provinz Hunan begonnenes Eisen– und Stahlwerk, wurde stillgelegt. Das Projekt trug in den HAPRO–Papieren die Auftrags–Nr. 5101 und war mit einem Wertumfang von 51,8 Mio. RM ausgewiesen (vgl. Eckert 1981:Anhang „Bestand an alten Aufträgen" und „Gesamtaufstellung Aufträge").

Die deutsche HAPRO–Vertretung in Chongqing blieb trotz allem bis Sommer 1941 mit bemerkenswerten Vorschlägen zur Wiederbelebung der Geschäfte aktiv, die zwar nie realisiert wurden, aber im Zusammenhang mit der politischen Klimaverbesserung zwischen Deutschland und China von Herbst 1939 bis Sommer 1940 kurzfristig dennoch Bedeutung erlangten. Hauptgrund für die Vorstöße war das unveränderte deutsche Interesse an den kriegswirtschaftlich wichtigen Zinn– und Wolframerzen. In einem im November 1939 an Kong Xiangxi und Weng Wenhao gerichteten Memorandum erklärte die HAPRO–Vertretung, Deutschland sei bereit, „unbegrenzte Mengen an Zinn– und Wolframerz" zu kaufen.[25] Als Gegenwert wurde eine Bezahlung mit Devisen vorgeschlagen – was Kong Xiangxi allerdings kurz zuvor gerade mit dem Hinweis abgelehnt hatte, daß China auf Bezahlung durch Waffenlieferungen bestehe.

Nach der Jahreswende 1939/40 gelangten noch einmal Erze aus den unbesetzten Gebieten auf HAPRO–Basis nach Deutschland. Sie waren für die deutsche Kriegswirtschaft bedeutsam, weil die gesamte Wolfram– und Antimon–Ausfuhr aus den japanisch besetzten Fördergebieten Chinas ab 1939/40 vollständig nach Japan ging.[26] Auswirkungen hatte zudem die immer komplizierter werdende Transportsituation. Angesichts des Fehlens aller Seeverbindungen sowie der Tatsache, daß auch die Transsibirische Eisenbahn keine Verbindung mit Nationalchina ermöglichte, entwickelte die HAPRO im Juli 1940 einen Vorschlag für ein „effizientes und rasches Transportsystem durch den (chinesischen) Nordwesten": Auf einer Nordwest–Route Chongqing–Lanzhou–Hami–Urumqi–Alma Ata und einer Nord–Route Chongqing–Lanzhou–Ningxia–Urga (Ulan Bator) sollten mittels „aller denkbaren Transportmittel: Flugzeuge, Lastkraftwagen, Kamele, Esel, Eselkarren, Boote und Menschen als Träger" monatlich 200 t an Wolfram–, Zinn– und Antimonerzen in die eine und an deutschen Industrieerzeugnissen in die andere Richtung transportiert werden.[27] Obgleich diese Pläne nicht realisiert wurden, gelang es der HAPRO, bis August 1940 via Hongkong so viel Wolframerz von China nach Deutschland zu schleusen, daß Deutschland bei Einsatz von Wolfram als Stahlveredler sowie als Katalysator in der Kohleverflüssigung bis 1945 „wider alle Erwartungen keine Schwierigkeiten" hatte.[28]

---

25 2. HACh, Nr.28–1438.– HAPRO–Memorandum, Chongqing 23.11.1939.

26 Vgl. NA/Microcopy T82, Roll 548, Serial 230, Eisengroßhandlung Otto Wolff, Aufn. 379914–379915, DMD–Meldung, 11.3.1942.

27 Vgl. 2. HACh, Nr.28–1438. HAPRO an Kong Xiangxi, Chongqing 6.7.1940. Vgl. auch Adolphi 1988a. Die Bedeutung des ins Auge gefaßten Transportvolumens erhellt sich aus einem Vergleich mit gleichzeitig über die Transsibirische Eisenbahn realisierten Lieferungen an Erzen und Metallen aus Manzhouguo und dem besetzten China: 1940 umfaßten diese Lieferungen 260 t Antimonerz und 24 t Antimon, 1941 – bis zum 22. Juni – 22 t Nickel und 18 t Antimon (Puchert 1996:451).

28 Vgl. Ratenhof 1987:531. Über die Höhe der Lieferungen 1940 heißt es in einem Schreiben der HAPRO an den Central Trust of China in Chongqing am 30.4.1941, daß Mitte Juni 1940 250 t, Mitte Juli 175 t und Anfang August 85 t Wolframerz verschifft worden seien (2. HACh, Nr.28–2134). Diese Menge entspricht etwa der, die auch Ratenhof 1987:531 für 1940 nennt und die seinen Berechnungen zufolge zwei Fünftel der deutschen Wolframeinfuhren dieses Jahres ausmacht. Insgesamt hatten, so Ratenhof weiter, die chinesischen seit 1936 per HAPRO getätigten Wolframlieferungen es ermöglicht, daß es

Zusammenbruch der Handelswege im unbesetzten China

Einige deutsche Firmen, die den Handel mit China nicht einseitig aufgeben wollten,[29] gelangten noch durch Front– und Blockadelücken in das unbesetzte chinesische Hinterland nach Kunming, der Provinzhauptstadt von Yunnan, und versuchten sich an der von Chongqing aus eingeleiteten Wirtschaftserschließung zu beteiligen.[30] Dazu zählte auch die I.G.–China–Niederlassung DEFAG, die über die Frontlinien hinweg mit einem weithin verzweigten Verkaufs– und Lagerhaltungs–Netz auch in West– und Südwestchina bis 1941 präsent blieb.[31] Ihr Schwerpunkt lag jedoch bereits in dieser Phase im japanischen Besatzungsgebiet (Dok. 87).

Als sich nach dem deutsch–sowjetischen Nichtangriffsvertrag vom 23. August 1939 und dem europäischen Kriegsbeginn am 1. September 1939 die politischen Verbindungen zwischen Deutschland und China kurzfristig wieder belebten, sorgte allerdings die von Großbritannien und Frankreich eingeleitete Blockade der Überseewege dafür, daß die deutsch–chinesischen Handelsbeziehungen nicht eine ebensolche Wiederbelebung erfuhren.[32]

Die deutsch–chinesischen Waren– und Dienstleistungsgeschäfte reduzierten sich ab jetzt nicht nur drastisch quantitativ, sondern auch strukturell. Sie wurden fortan auf kriegswichtige Güter eingeschränkt. Der zivile Sektor, der trotz der deutschen Spitzenstellung in der Waffenausfuhr nach China vor 1937 Absatz– und Bezugsschwerpunkt gewesen war, trat für die deutschen Ein– und Ausfuhren immer mehr in den Hintergrund.[33]

So hatten sich die in der Ausfuhrgemeinschaft für Kriegsgerät bei der Reichsgruppe Industrie zusammengeschlossenen Waffen– und Munitionslieferanten, allen voran Krupp und Rheinmetall, nach 1937 schnell auf den Export nach Japan und in das besetzte China umgestellt[34] und profitierten von der japanischen Aggression. Die mit ihnen eng verbundenen

---

1942 in Deutschland noch Vorräte in Höhe von 1700 t gab, die dann durch Lieferungen aus Spanien und Portugal ergänzt wurden.

29 Dazu gehörte vor allem Otto Wolff, der seine guten persönlichen Kontakte zu Chiang Kaishek nutzte, um Anfang 1939 wieder an seine Vorkriegsgeschäfte anzuknüpfen. Vgl. 2. HACh, Nr.20–1161, Gesprächsaufzeichnungen, Verkehrsministerium, Februar 1939.

30 Vgl. BArch, R9208, DBC, Nr.1616, Bl.106, DB Chongqing, Fischer, an DGK Kanton, Altenburg, 10.10.1938. Im unbesetzten China waren auch vertreten: Degussa, Schering, Kappelhof u.a.

31 Die DEFAG ging Ende 1939 dazu über, für „das ganze Westchina–Gebiet" eine eigene Verkaufsorganisation aufzuziehen. Vgl. NA/Microcopy T82, Roll 247, I.G. Farben, Aufn. 2029482–2029483, DEFAG Shanghai an I.G. Frankfurt/Main, 28.12.1939 betr. „Westchina".

32 Vgl. NA/Microcopy T82, Roll 75, Serial 96, I.G. Farben, Aufn. 232665–232671: Länder–Monatsbericht China Nr. 11/12 der Verkaufsgemeinschaft Farben der I.G. Farbenindustrie AG für die Zeit vom 1.11.–31.12.1939, Frankfurt a.M., Januar 1940.

33 Vgl. BArch, R24, Statistisches Reichsamt, Nr.895, Bl.15ff.: Wirtschaftsstatistische Gesamtübersicht für China 1938–1941.

34 Vgl. BArch, R901, AA, Nr.68585, Bl.1ff.: Geschäftsberichte der Ausfuhrgemeinschaft für Kriegsgerät 1937–1944.

Rüstungsunternehmen des Maschinen– und Fahrzeugbaus, der Optik und Elektrotechnik hatten ähnliche Entscheidungen getroffen.[35]

Nach 1939 existierten also auf Grund der totalen Einbindung in die Kriegswirtschaft und bedingt durch den Kriegsverlauf kaum noch Spielräume für den Handel, zumal der bis zum deutschen Einmarsch in die Sowjetunion am 22. Juni 1941 aufgezogene Land– und Lufttransit über die UdSSR angesichts der begrenzten Lieferkapazitäten kein Äquivalent für die ausgefallenen Schiffsverbindungen bot (Dok. 89). Der deutsche Einfall in die UdSSR im Juni 1941, der Beginn des Pazifik–Krieges und die Aufkündigung der diplomatischen Beziehungen zwischen Berlin und Chongqing 1941 und die Kriegserklärung Chinas an Deutschland vom 9. Dezember 1941 brachten fast alle Handelsgeschäfte mit dem unbesetzten China zum Stillstand und führten zum endgültigen Zusammenbruch der verbliebenen Handelswege auch für das Gros der deutschen Firmen im besetzten China (Dok. 91).

Dennoch blieb die deutsche Chinawirtschaft trotz kriegsbedingter Abstriche bis 1945 an ihren Standorten auch im unbesetzten China weitgehend präsent.[36] Die von Hamburg und Bremen aus gelenkten Handelshäuser,[37] die nach wie vor das Rückgrat im deutsch–chinesischen Außenhandelsverkehr bildeten, suchten vor allem ihre Weiterexistenz zu sichern. Die großen Handelsfirmen und Industrievertretungen von Konzernen, die von Deutschland aus eigenständig operierten,[38] stützten sich auf ergiebige Lagervorräte und langjährige Beziehungen zum chinesischen Binnenmarkt und konnten dabei ihre Stellung am ehesten behaupten. Die im unbesetzten West– und Südwestchina verbliebenen wenigen deutschen Firmenvertretungen wollten ihre Existenz mit Lagerverkäufen sichern und verstanden sich vielfach als Platzhalter für den Nachkriegshandel.

---

35 China– und Japan–Exporteure waren vor und nach 1939 vor allem Skoda, Zeiss, AEG, Siemens, die Gustloff– und Atlas–Werke. Vgl. NA/Microcopy T82, Roll 422, Serial 277, Friedrich Krupp AG, Aufn. 230660–230666: Besprechungsniederschrift bei Krupp, 1.7.1941.

36 Vgl. BArch, R9208, Nr.2731, Bl.12–15, Protokoll der 22. Jahresversammlung der Deutschen Handelskammer Shanghai, 30.3.1944: Zur Deutschen Handelskammer Shanghai, deren Mitgliederzahlen in den Kriegsjahren bis 1944 auf 146 angestiegen war, gehörten 1944 wie 1937/38 rund 80 Firmen. Darunter waren zwölf Industrievertretungen von Konzernen sowie zwölf große Handelshäuser, die von Shanghai aus ein verzweigtes Filialnetz unterhielten.

37 Die großen Hamburger und Bremer Ex– und Importhäuser verfügten über eine konkurrenzfähige Absatz– und Bezugsorganisation vor Ort in China, allen voran Carlowitz (seit 1846), Siemssen (seit 1846), Melchers (seit 1866 mit Vorläufern ab 1806) und Kunst & Albers (seit 1864).

38 Dazu zählten vor allem Siemens, Telefunken, AEG, Wolff und Schering. Die I.G. Farbenindustrie AG unterhielt bis 1945 vier Niederlassungen mit Hauptsitz in Shanghai: Deutsche Farben–Handelsgesellschaft, Waibel & Co. (DEFAG); Deutsche Stickstoff–Handelsgesellschaft, Krauch & Co. (DSH); Agfa Co. für das Foto– und Kunststoffgeschäft; Bayer Pharma Co. für das Arzneimittelgeschäft.

Ausrichtung des deutschen Chinahandels auf das japanische Besatzungsgebiet

In japanverbundenen Wirtschaftskreisen hatte der japanische Blitzkrieg in Südostasien und im Pazifik geradezu euphorische Stimmungen und Erwartungen ausgelöst. Der Farbenkonzern und andere Industrie- und Handelsunternehmen hatten – wie im Wunschprogramm deutlich wurde – auf einen erheblichen Ausbau ihres Wirtschaftsverkehrs auch nach China gesetzt (Dok. 93). Auch die nationalsozialistische Führung drängte im Rahmen ihrer Entscheidung für Japan die deutsche Chinawirtschaft dazu, neue Wirtschaftsperspektiven an der Seite Japans im besetzten China, dem Standort der meisten deutschen Firmen, zu finden. Daraufhin setzte der Handelspolitische Ausschuß bei der Reichsregierung, der seit 1925 für die Außenhandelskoordinierung verantwortlich zeichnete, entsprechende Wirtschaftsverhandlungen in Gang, die neue Abkommensregelungen für Japan, Manzhouguo und Nordchina anstreben sollten (Dok. 84).

Die deutsche Außenwirtschaftspolitik favorisierte zunächst für die Umstellung des deutschen Chinahandels auf das besetzte China das industriell weniger entwickelte Nordchina. Sie sah vor allem die Nordprovinzen als potentielles Kerngebiet gemeinsamer deutsch-japanischer Wirtschaftskooperation. Binnen kurzem stellte sich diese Ausrichtung jedoch als Fehlspekulation heraus. Japan dachte nicht daran, Deutschland im großostasiatischen Wirtschaftsraum und davon abgeleitet im besetzten China eine besondere Rolle zuzugestehen. Der erwartete Ex- und Import-Auftrieb trat also nur partiell und kurzzeitig ein.[39] So nutzten die Japaner Nordchina ausschließlich für den Rohstoffnachschub und widersetzten sich einer Wirtschaftsbeteiligung deutscher Firmen im japanischen Besatzungsgebiet;[40] das im September 1939 ausgehandelte Wirtschaftsabkommen wurde nie ratifiziert.[41] Der nordchinesische Außenhandel wurde rigoros monopolisiert und devisenbewirtschaftet, daher verlor Nordchina immer mehr seine ihm von Ribbentrop zugedachte Vorzugsstellung für eine Neuorientierung des deutschen Chinahandels.[42] Und so rückte das japanisch besetzte Zentralchina ab 1939, nachdem der japanische Vormarsch gestoppt worden war, wieder wie in der Vorkriegszeit in den Mittelpunkt der deutschen Ex- und Importinteressen.[43]

---

[39] Vgl. NA/Microcopy T82, Roll 80, Serial 101, I.G. Farben, Aufn. 239125, I.G.-Aufstellung, 3.6.1943: Die I.G. China-Niederlassungen meldeten von 1941 zu 1942 eine Gesamtexportsteigerung von 12,9 auf 15,5 Millionen RM bei Umsatzeinbußen im Farbstoffsektor, aber deutlichen Zuwächsen bei Chemikalien und Arzneimitteln.

[40] Vgl. BArch, R8128, I.G. Farben, Nr.A2703, Bl.238-240: I.G.-Verbindungsmann Carl Gottfried Gadow an I.G. Berlin NW7, März 1939, zur „Außenhandelsregelung in Nordchina".

[41] Woidt zeichnete lediglich im Auftrag des RWM eine auf Qingdao begrenzte Austauschvereinbarung (17.12.1938).

[42] Vgl. NA/Microcopy T82, Roll 77-78, Serial 98, I.G. Farben, Aufn. 236441-236444: Bericht von Wilhelm Haas, Verbindungsstelle Peking der I.G. Farben, 24.3.1939.

[43] Vgl. ebenda, Roll 388, Serial 270, Eisengroßhandlung Otto Wolff, Aufn. 2188736-2188741: Bericht der Far Eastern Branch Shanghai an Otto Wolff Köln, 22.3.1939, zur Wirtschaftslage in Shanghai.

Zwar veranlaßten politische und wirtschaftliche Instabilität die deutschen Firmen, im besetzten Gebiet zurückhaltend zu operieren, kein unnötiges Risiko einzugehen, vor allem sich nicht durch Investitionen einseitig zu binden.[44] Doch sie versuchten verstärkt, sich in den vom besetzten China aus getätigten Japan–Ex– und Import einzuschalten. Zu diesem Zweck gingen die Handelshäuser und Industrievertretungen 1938/39 dazu über, sich in Angleichung an japanische Monopolorganisationen in China zu Fachgruppen zusammenzuschließen. Aber diese Aktionen führten kaum zu Ergebnissen.[45]

Bei weitem die geschäftsaktivste unter den deutschen Chinafirmen war in den Kriegsjahren die I.G. Farbenindustrie AG. An die Spitze der NS–Kriegs– und Okkupationswirtschaft gerückt, hatte sie sich geschäftsstrategisch bereits früh auf die Seite der Japaner geschlagen, nachdem I.G.–intern die Lage und mögliche Erfolgsaussichten bereits 1937/38 gründlich abgeklärt worden waren (Dok. 87).

Gemeinsam mit dem Ostasiatischen Verein bot die I.G. ihren ganzen Einfluß auf, um nach der kurzzeitigen politischen Abkühlung im deutsch–japanischen Verhältnis 1939/40 zu einem wirtschaftlichen Arrangement mit Japan zu kommen. Nach zähen Verhandlungen erreichte man als erstes Japans Zustimmung zum Land– und Luft–Transit durch die UdSSR anstelle der zusammengebrochenen Überseewege zwischen Deutschland und Fernost (Dok. 89). Viel wichtiger aber wurde die von OAV und I.G. Farbenindustrie in die Wege geleitete Mission, die Ministerialdirektor Helmuth Wohlthat an der Spitze einer Wirtschaftsdelegation für Ostasien ab März 1941 nach Tokio führte, um ein deutsch–japanisches Wirtschaftsabkommen auszuhandeln, das auch die japanischen Okkupationsgebiete in China integrieren sollte (Dok. 93).

Nach Abschluß des Dreimächtepaktes vom 27. September 1940 hatten sich Ribbentrop und Funk über einen engeren Verbund der deutschen Fernostwirtschaftskreise im Rahmen der Reichswirtschaftskammer verständigt.[46] Der I.G. Farbenkonzern erhielt den Auftrag, die

---

44 Vgl. ebenda, Aufn. 2188723–2188735, Peking–Tianjin–Reisebericht von Joachim Scheinhütte, Far Eastern Branch Shanghai, an Otto Wolff Köln, 26.4.1939.

45 Vgl. ebenda, Roll 363, Serial 259, I.G. Farben, Aufn. 2165842–216548: OAV–Information Nr.6, 13.8.1940, zur Erörterung der Wirtschaftslage in Nordchina im OAV–Gesamtvorstand und –Beirat. In der Ausarbeitung der Handelspolitischen Abteilung des AA von Februar/März 1941 heißt es zur Aufgabenstellung für die Wohlthat–Mission: „Es ist ein gewaltiger Wirtschaftsraum, mit dem wir es im Fernen Osten zu tun haben, ein Gebiet, in dem fast 1 Milliarde Menschen leben und in welchem der angelsächsische Wirtschaftseinfluß im weiteren Zurückgehen begriffen ist. Wenn einmal der Warenaustausch in der Welt wieder in friedlicheren Bahnen verlaufen wird, dann wird Ostasien eine der ganz großen wirtschaftlichen Möglichkeiten in der Welt darbieten. Die Abmachungen zwischen Deutschland und Japan müssen heute jedenfalls schon auf diese Entwicklung Bedacht nehmen, und eben deshalb handelt es sich bei dem Auftrag Staatrat Wohlthats in der Tat um eine Sonderaufgabe von ganz hohem Range" (BArch, R901, AA, Nr.68971/6, Bl.1–7.– Das Dokument in Auszügen s. auch bei Drechsler 1978:89–92).

46 Die Reichswirtschaftskammer fungierte seit 1934 als staatlich gesteuerte, dem Reichswirtschaftsminister direkt nachgeordnete Dachorganisation der NS–Wirtschaft. Vgl. Erste VO zur Durchführung des Gesetzes zur Vorbereitung des organischen Aufbaues der deutschen Wirtschaft vom 27.11.1934, RGBl. 1934 I, S.1194.

wirtschaftliche Interessen–Annäherung von Deutschland und Japan zu koordinieren (Dok. 89) und nach dem Vorbild der Reichswirtschaftskammer sämtliche Einflußlinien der deutschen Wirtschaft in den großostasiatischen Wirtschaftsraum zusammenzuführen und außenwirtschaftspolitisch umzusetzen (Dok. 90). Die im April 1941 nach Japan entsandte deutsche Wirtschaftsdelegation unter Wohlthat führte allerdings erst nach zweijährigen Verhandlungen am 20. Januar 1943 zu einer Vertragsunterzeichnung,[47] die von Wohlthat als „erste Verschmelzung zweier Wirtschaftsblöcke in der Weltgeschichte" gefeiert wurde.[48]

Wunschprogramm der deutschen Wirtschaft

Im Frühjahr 1942 erarbeiteten der Ostasienausschuß der Reichsgruppe Industrie und der OAV ein „Wunschprogramm der deutschen Wirtschaft für die Durchführung der deutsch–japanischen Zusammenarbeit im großostasiatischen Wirtschaftsraum" (Dok. 93).

Damit waren nicht nur die Forderungen an Japan koordiniert, sondern es war auch die deutsche Unterstützung für dessen Expansionspolitik im „großostasiatischen Raum" gleichgeschaltet. Der Vorsitzende des OAV, Helfferich, forderte entsprechend im Februar 1942 die Anerkennung der japanischen „Führerschaft in Großostasien" und ein „uneingeschränktes Vertrauensverhältnis zu Japan" (Dok. 74).

Der Ostasien–Experte der I.G. Farben, Hermann Waibel, lenkte als Vorsitzender des Ostasien–Ausschusses nicht nur die Abstimmung der deutschen Wunschprogramme für den Fernostverkehr. Er hatte gemeinsam mit der Führung des Farbenkonzerns auch die seit 1941 von Industrie, Handel, Reichsressorts und NSDAP verfolgten Zielvorstellungen für den großostasiatischen Wirtschaftsraum, die China mit einschlossen, beeinflußt.[49]

Untermauert wurden die Forderungen der deutschen Wirtschaft durch Maßnahmen zur Stärkung des Einflusses deutscher Banken in „Großostasien". Im Dezember 1941 unterbreitete Wohlthat den Vorschlag, die Deutsch–Asiatische Bank AG, die ihren Sitz in Shanghai hatte und dort für den deutsch–chinesischen Zahlungsverkehr zuständig war,[50] möge eine Filiale in Tokio eröffnen. In der Erörterung dieses Vorschlags einigten sich der Vorstand der Deutschen Bank AG und das Reichswirtschaftsministerium darauf, es nicht bei einer einzigen solchen Filiale außerhalb Chinas, die die Bank eher unter japanischen Einfluß gebracht als gestärkt hätte, zu belassen, sondern für die Deutsch–Asiatische Bank Konzessionen „an

---

47 Vgl. BArch, R9208, DBC, Nr.3900, Bl.2–23; den Vertrag ohne Geheimes Zusatzprotokoll und Geheime Zusatzvereinbarung – und auch ohne die weiteren zum Vertragwerk zählenden Abkommen – vgl. auch Drechsler 1978:130–132, 143, Abdruck des Rahmenabkommens, in: Jahrbuch für Auswärtige Politik 9/1943:84f.

48 Ostasiatischer Lloyd, Shanghai, 22.1.1943.

49 Vgl. ebenda, Aufn. 2065561–2065564: Niederschrift über die 12. Sitzung des I.G.–Ostasien–Ausschusses, 6.3.1941. Vgl. auch ebenda, Aufn. 2065611–2065649: Bericht von I.G.–Verbindungsmann Carl Gottfried Gadow zur handelspolitischen Situation in Ostasien und zu den deutschen Handelsinteressen in Nordchina, 12.4.1941.

50 Vgl. Krafft 1960:256f.

allen wichtigen Plätzen des zukünftigen japanischen ostasiatischen Reiches zu verlangen."[51] Da diese Vorstellungen scheiterten, gründeten die Deutsche Bank AG, die Dresdner Bank AG und die Reichskreditgesellschaft AG am 14.11.1942 in Berlin die Deutsche Bank für Ostasien AG, mit der „die Gleichberechtigung der Japaner und Deutschen im deutsch–japanischen Handels– und Zahlungsverkehr", der das gesamte besetzte „Großostasien" einschloß, erlangt werden sollte.[52] Die Deutsch–Asiatische Bank, die bis zum Beginn des Pazifik–Krieges 1941 unter dem Konkurrenzdruck der angelsächsischen und chinesischen Großbanken für die deutsche Chinawirtschaft wenig attraktiv war, gewann damit durch den Pazifik–Krieg und die daraus resultierende Verdrängung ihrer Konkurrenten.[53] Sie wurde in ihrer Stellung gestärkt und blieb bis 1945 das bevorzugte Finanzinstitut für den deutschen Handels– und Zahlungsverkehr mit dem japanisch besetzten China.[54]

Mit dem Geheimen Zusatzprotokoll vom 20.1.1943 wurde entsprechend den Forderungen des Wunschprogramms die Möglichkeit des Abschlusses von eigenständigen Vereinbarungen „mit selbständigen Staaten des anderen Wirtschaftsraumes" eingeräumt.[55] Waibel glaubte daher im November 1942 sowohl im japanisch besetzten China als auch in Manzhouguo solche „selbständigen Staaten" sehen zu können, und da seiner Auffassung nach Japan „keinesfalls in der Lage sein dürfte, den großostasiatischen Raum mit industriellen Erzeugnissen allein zu versorgen", sei „mit Sicherheit" damit zu rechnen, „daß für Deutschland auch weitherhin Geschäftsmöglichkeiten vor allem in hochwertigen Industrieerzeugnissen" bestehen blieben.[56] Im Mai 1943 interpretierte er die japanische Haltung gegenüber Ostasien nun nicht mehr als unbedingte Dominanz, sondern als „Schwenkung im Sinne einer Zusammenarbeit mit den ostasiatischen Staatsgebilden", und meinte zudem, daß mit einer Auflösung der Regierung Chiang Kaisheks in nicht allzu ferner Zeit gerechnet werden dürfe.[57]

---

[51] Vgl. die Aktennotiz des Mitglieds des Vorstandes der Deutschen Bank AG, Abs, für den Vorsitzenden des Aufsichtsrates der Deutschen Bank, Urbig, über eine Besprechung im Reichswirtschaftsministerium, Berlin 24.1.1942 (Drechsler 1978:118–120).

[52] Vgl. die Aktennotiz des Mitglieds des Vorstandes der Deutschen Bank AG, Abs, für den Vorsitzenden des Aufsichtsrates der Deutschen Bank, Urbig, Berlin 12.9.1942 (Drechsler 1978:138) und die Gründungsurkunde der Deutschen Bank für Ostasien AG vom 14.11.1942 (Drechsler 1978:139f). Nach anderslautenden Quellen wurde die Deutsche Bank für Ostasien AG am 9.12.1943 gegründet (vgl. BArch R8406, Abgrenzung zwischen Deutsch–Asiatischer Bank und Deutscher Bank für Ostasien AG, Berlin, 1942/43).

[53] Vgl. BArch, R8119F, Deutsche Bank und Discontogesellschaft, P–8382, Geschäftsentwicklung der Deutsch–Asiatischen Bank 1942–1944.

[54] Sie übernahm gemäß deutsch–japanischem Rahmenwirtschaftsabkommen vom 20.1.1943 gemeinsam mit der Yokohama Specie Bank die Zahlungsabwicklung für den Warenaustausch im großostasiatischen Wirtschaftsraum außerhalb von China.

[55] BArch, R9208, DBC, Nr.3900, Bl.7.

[56] BArch, R8128, IG Farben, Nr.A2378, Bl.16–22.– Niederschrift über die 14. Sitzung des Ostasienausschusses der IG Farben, Berlin 17.11.1942.– S. auch Drechsler 1978:141f.

[57] Niederschrift der Sitzung des Ostasienausschusses der Reichsgruppe Industrie, Berlin, 26.5.1943 (Drechsler 1978:154–156).

Ende Juni 1943 erwartete Waibel daher den Abschluß eines neuen Handelsabkommens zwischen Deutschland und Manzhouguo[58] und – „sobald der Prozeß der Überleitung von Kompetenz auf die chinesischen Stellen weiter fortgeschritten ist" – auch eines Handelsabkommens zwischen Deutschland und dem besetzten China, ferner die Öffnung Hankous, die Wiederaufnahme des Handels zwischen Shanghai und Südchina und die Verstärkung des Handels zwischen Shanghai und Nordchina. In Tianjin, Kanton und Hankou sei – nach dem Muster Shanghais – die Gründung deutscher Wirtschaftsverbände ins Auge gefaßt.[59] Dies alles wurde als eine Entwicklung interpretiert, die günstige Möglichkeiten auch für die Wiederbelebung der kriegsbedingt ruhenden Investprojekte zu bieten schien.[60] Noch im Sommer 1943 unterbreitete die deutsche Wirtschaft weitreichende Vorschläge zur Vorbereitung Deutschlands auf die Beziehungen zum „großostasiatischen Raum" nach dem Krieg. Im Juni tagten in Berlin auf Einladung des Ostasienausschusses der Reichsgruppe Industrie verschiedene mit Ostasien befaßte Ausschüsse und Verbände aus Industrie, Handel und Wissenschaft, um „zur Förderung und Vertiefung der Gesamtbeziehungen zwischen Deutschland und Großostasien nach Kräften beizutragen." Die unter seiner Leitung begonnenen Abstimmungen der deutschen Wirtschaft kamen allerdings nicht mehr zum Tragen.

Auch der Ostasiatische Verein Hamburg–Bremen e.V. wurde von den nationalsozialistischen Führungskreisen während der Kriegsjahre mit in das Zentrum wirtschaftlicher Interessenausrichtung in Fernost gerückt.[61] Sie bedienten sich des Vereins und seiner eingespielten Koordination von Handel, Industrie, Banken, Reichsressorts, Kriegswirtschaftseinrichtungen und NSDAP–Auslandsorganisation. Der Verein beeinflußte von Deutschland aus maßgeblich den Anpassungs– und Umstellungsprozeß der in China und Japan aktiven Wirtschaftsspitzen

---

58 Zum bis hierher gültigen s. den Abschnitt zu Manzhouguo in Kap. 4.

59 Vgl. BArch, R8128, IG Farben, Nr.A2378, Bl.10–15.–Niederschrift über die 15. Sitzung des Ostasienausschusses der IG Farben, Berlin, 30.6.1943.

60 Auf der 14. Sitzung des Ostasienausschusses der IG Farben am 17.11.1942 waren folgende Vorhaben als in Planung und Bearbeitung befindlich erörtert worden: a) eine Karbidfabrik in Manzhouguo mit einer Jahresleistung von 300.000 t Karbid; b) der Verkauf einer Generallizenz für das in der IG entwikkelte Kohleverflüssigungs–(Hydrier)verfahren an Japan zur Nutzung „im großostasiatischen Raum" für 12 Mio. RM plus spätere anteilige Nutzungsgebühren. Als gescheitert betrachtet wurde das Projekt einer Stickstoffabrik in Manzhouguo mit einem Auftragswert von 9,9 Mio. RM (BArch, R8128, IG Farben, Nr.A2378, Bl.16–22).

61 Der 1900 als regionaler Kaufmannschafts–Verband gegründete OAV war längst über seinen engen Funktionsrahmen hinausgewachsen. Vgl. dazu: NA/Microcopy T82, Roll 364, Serial 259, I.G. Farben, Aufn. 2266485–2266504, Stenografische Niederschrift des Vortrages, den Alfred Albers in seiner Eigenschaft als neuer, am 26.1.1942 gewählter OAV–Vorsitzender auf der Ostasien–Zusammenkunft der Reichsgruppe Industrie am 9.6.1943 im Rückblick auf eine 43jährige Tätigkeit des OAV gehalten hatte. Vorstand und Beirat repräsentierten Ostasienhandel, Ostasienschiffahrt sowie fernostorientierte Industriekonzerne und Banken. Vgl. dazu auch: OAR 1944, Nr.3, S.36f.: Neuberufungen in der Vorstands– und Beiratssitzung, 28.3.1944.

in Richtung Achsenbündnis.[62] Dabei wirkte er über die ihm zugeordneten deutschen Auslandshandelskammern in China auf deren Mitgliedsfirmen ein.[63]

Deutsch–japanische Konkurrenz um Chinas Ressourcen

Die in China verbliebenen deutschen Handelshäuser und Industrievertretungen versuchten, sich ab 1942 in dem von Japan aufgewerteten besetzten China neue Spielräume zu verschaffen, indem sie die bereits 1938/39 gebildeten Fachgruppen der einzelnen Firmen weiter konzentrierten und regional zu Deutschen Wirtschaftsverbänden zusammenschlossen (Dok. 96). Diese Verbände[64] unterstützten ihre Mitgliedsfirmen bei der Beschaffung der für kriegswichtige Güter vorgeschriebenen Genehmigungen.[65] Die meisten sicherten sich in diesem Rahmen ihre Existenzgrundlagen bis Kriegsende „aus eigener Kraft".

Das am 20. Januar 1943 abgeschlossene Vertragswerk über die deutsch–japanische Wirtschaftskooperation hatte allerdings entgegen den damit verknüpften Hoffnungen auf den deutschen Handel mit dem besetzten China keinerlei Auswirkung.[66] Ein davon abgeleitetes geplantes Abkommen mit der Marionettenregierung in Nanjing kam nicht zustande. In der japanischen Restriktionspolitik zeigte sich kein grundlegender Wandel. Die deutschen Chinafirmen, vorrangig die mittleren und kleineren Handelsunternehmen, wurden weiterhin bei Ein– und Verkäufen im Vertrieb und bei der Rohstoffbeschaffung in allen Gebieten unter japanischer Kontrolle benachteiligt, teilweise auch ganz ausgeschaltet (Dok. 95).[67] Die in der Ausfuhrgemeinschaft für Kriegsgerät kooperierenden deutschen Rüstungsunternehmen belieferten zwar auch die in China stationierten Land– und Seestreitkräfte, ansonsten aber ausschließlich die auf den japanischen Inseln konzentrierten Militärzentralen.[68]

Nach der europäischen Kriegswende von 1943, zu einem Zeitpunkt als auch in China sämtliche Bemühungen um eine kriegswirtschaftliche Firmenkooperation mit japanischen

---

62 Vgl. Helfferich 1968:51ff.

63 Vgl. BArch, R9208, DBC, Nr.2728–2732. Handelskammern bestanden bis 1945 in Shanghai (1943/44: 146 Mitglieder), Kanton (15), Tianjin (für Nordchina: 79), Hankou und Qingdao.

64 Vgl. ebenda, Nr.2765, Bl.18–24: Satzung des Deutschen Wirtschaftsverbandes Shanghai, 8.6.1942. Die Deutschen Wirtschaftsverbände in Shanghai, Kanton, Hankou, Tianjin und Qingdao fungierten als Dachorganisationen dieser Fachgruppen. Sie wurden in Personalunion vom Präsidenten der regionalen Deutschen Handelskammer geleitet.

65 Vom 1.7.1942 bis 13.3.1943 ließ der Verband in Shanghai von den Nanjing–Stellen 3.250 Firmenaufträge im Gesamtwert von 370 Millionen CRB–Dollar genehmigen. Vgl. dazu auch: Tätigkeitsbericht des Deutschen Wirtschaftsverbandes Shanghai für 1943, 27.3.1944 (BArch, R9208, DBC, Nr.2731, Bl.33–42).

66 Vgl. Anmerkung 47.

67 Vgl. BArch, R9208, DBC, Nr.2472, Bl.340–343: Bericht DGK Shanghai, Fischer, an DB Nanjing, 29.4.1943, auf Anfrage des AA vom 11.2.1943, „inwieweit werden deutsche Firmen im besetzten China durch Einwirkung japanischer Maßnahmen, insbesondere wirtschaftlicher Kontrollmaßnahmen in ihrer geschäftlichen Betätigung noch ganz oder teilweise behindert".

68 Vgl. BArch, R901, AA, Nr.68585, Bl.46–48: Geschäftsbericht der Ausfuhrgemeinschaft für Kriegsgerät 1943/44.

Unternehmen gescheitert waren, suchten der Ostasiatische Verein und die Handelskammern mit ihrer Strategie „Durchhalten und Verteidigung der altüberlieferten deutschen Wirtschaftsposition in China“ Möglichkeiten eines Weiterwirkens nach dem Kriege zu wahren.[69]

In den letzten Kriegsjahren verengte sich der teilweise noch existierende geschäftliche Aktionsradius im lokalen Bereich weiter (Dok. 97). Auch große Unternehmen, die sich wie I.G. Farben, Carlowitz, Siemssen und Melchers auf ansehnliche Lagerreserven stützen konnten, rationierten nun ihre Verkäufe. Die besonders in Shanghai spekulativ angeheizte Flucht in Sachwertanlagen und das dort noch in großem Umfang verfügbare ungebundene Kapital machten es möglich, durch Abgabe begrenzter Warenmengen Preisniveau und entsprechende Profite hochzutreiben.

Relativ wenige Firmen kamen in der im besetzten China etablierten japanischen Kriegswirtschaft zum Einsatz, obwohl deutsche Konsulate und Handelskammern die Japaner wiederholt dazu gedrängt hatten.[70] Erst nach Konzentration der japanischen Rüstungslenkung ab 1942[71] begannen darüber offizielle Verhandlungen (Dok. 98), die jedoch kaum zu Geschäftsabschlüssen führten, obwohl japanische Rüstungsinstanzen ihr gestiegenes Interesse bekundeten und ab Herbst 1944 ihre Bereitschaft signalisierten, sogar auf dem bislang völlig abgeschirmten Gebiet der Luftwaffentechnik vor Ort in China zu kooperieren.[72] Im Januar 1945 begannen in Shanghai weitere Besprechungen zum verstärkten Einsatz deutscher Firmen und Ingenieure für Japan (Dok. 99), doch diese Aktionen wurden durch das Kriegsende besiegelt.

Mit dem Kriegsende in Europa endeten auch die offiziellen deutschen Wirtschaftsbeziehungen zum japanisch besetzten China. Die deutschen Firmen blieben allerdings auch über Kriegsschluß hinaus geschäftsfähig. Ihnen war von Japan zugesichert worden, daß sie ihre Tätigkeit fortsetzen konnten und keine Enteignungen zu befürchten waren (Dok. 100). Bis zur japanischen Kriegsniederlage blieben sie im Besitz ihrer Vermögenswerte und Vorratslager. Danach begannen die wieder etablierten chinesischen Behörden, die deutschen Firmen schrittweise ihrer Kontrolle zu unterstellen. Einige China–Niederlassungen, deren Stammfirmen in Deutschland der alliierten Beschlagnahme und Aufsicht unterzogen wurden – dazu

---

69 Vgl. ebenda, Nr.2731, Bl.12–15: Protokoll der 22. Jahresversammlung der Deutschen Handelskammer Shanghai, 30.3.1944.

70 Vgl. BArch, R9208, DBC, Nr.2472, Bl.353–357, DGK Tianjin an DB Dienststelle Shanghai, 1.4.1943, hier wurde verlangt, „dem politischen Bündnis Deutschlands mit Japan ... dadurch gebührende Rechnung zu tragen, daß sie [die japanischen Behörden] grundsätzlich den hiesigen Reichsangehörigen und deutschen Firmen die gleichen Rechte, Betätigungsmöglichkeiten und Erleichterungen zu gewähren bereit sind, die sie unter dem Schutz ihrer Bajonette für ihre Staatsangehörigen genießen oder durch Einflußnahme auf chinesische Verwaltungsstellen erwirken.“

71 Vgl. OAR 9, 10/1943:114: Bildung des japanischen Rüstungsministeriums analog Deutschland (Führer–Erlaß vom 2.9.1943 über die Konzentrierung der Kriegswirtschaft, RGBl. 1943 I, S.529).

72 Vgl. BArch, R9208, DBC, Nr.2472, Bl.6–10, Aktenvermerk des Ostasienbeauftragten der Wirtschaftsgruppe Luftfahrtindustrie bei der Reichsgruppe Industrie, Kaumann, Peking, 23.3.1945.

zählten vorrangig die I.G.-Firmen[73] – wurden von chinesischer Seite treuhänderisch verwaltet und reorganisiert.[74] Die meisten Firmen wurden wieder zugelassen, bis sie in den 50er Jahren in der Volksrepublik China liquidiert wurden.[75]

---

73 Vgl. Kontrollratsgesetz Nr.9 über die Beschlagnahme und Kontrolle des Vermögens der I.G. Farbenindustrie AG, 30.11.1945, Amtsblatt des Kontrollrats in Deutschland, 1945, Nr.2, S.34. Vgl. dazu auch: Kontrollratsgesetz Nr.5 zur Übernahme und Erfassung des deutschen Vermögens im Ausland, 30.10.1945, ebenda, S.28.

74 Vgl. 2. HACh, Nr.18–3112: K.L. Yuan an He Fengshan, Leiter der Informationsabteilung des chinesischen Außenministeriums, 2.5.1947.

75 Vgl. Ostasiatischer Verein 1960:156. Vgl. auch Leutner 1995:51.

83

Bericht der Verkaufsgemeinschaft Farben der I.G. Farbenindustrie AG[1]

Frankfurt a.M., September 1937

[...][2] Der Ausbruch der Kämpfe am 7. Juli bei Peking eröffnete zunächst noch die Hoffnung auf eine Lokalisierung des Zwistes. Die Folgen beschränkten sich daher anfangs auf den Norden, hier allerdings eine radikale Lähmung des Geschäftslebens bewirkend. Seitdem hat die Lage insofern eine Klärung erfahren, als die japanische Besatzung unumschränkter Herr im Norden ist. Bis aber der Guerilla– und Franktireurkrieg[3] hinter der Front niedergeschlagen ist, bis sich die Bevölkerung beruhigt hat, kurz bis neue, durch japanische Unterstützung gesicherte Verhältnisse entstanden sind, wird noch geraume Zeit vergehen.

Zunächst liegt das Wirtschaftsleben danieder. Das Farbengeschäft mit den Händlern war nach dem Bericht unserer Vertretung[4] im August gleich Null, im September ist eine leichte Besserung eingetreten. Die Industrie steht still, mit Ausnahme eines Teiles der Jiggerfärbereien[5] und Ledergerbereien sowie der Teppichwirkereien, welch letztere für den Export zu tun haben. Eine erfreuliche Nachricht besagt, daß die Baumwollspinnereien in vollem Betrieb sind. Damit eröffnet sich die Hoffnung, daß der empfindliche Mangel an Rohtuchen in absehbarer Zeit behoben sein wird. Auch unsere Mischanlage in Tianjin konnte den Betrieb wieder aufnehmen. Diesem Unternehmen kommt angesichts der nun zur Tatsache gewordenen (bei der Gründung von China–Mischanstalten von vornherein in Rücksicht gezogenen) Abtrennung der Nordprovinzen[6] erhöhte Bedeutung zu.

---

1 Der I.G. Farbenkonzern verfügte von allen deutschen Chinafirmen über das umfassendste China–Berichtssystem: Geschäfts–Statistiken der Verkaufsgemeinschaften, Problemübersichten der Sparten und des I.G. Verbindungsmannes in China, periodische Berichte der China–Firmen der I.G. und deren Verdichtung zu branchenbezogenen Monats– und Quartalsübersichten. Die Verkaufsgemeinschaft Farben stellte aus den laufenden Informationen der DEFAG (Deutsche Farbenhandelsgesellschaft Waibel & Co., Shanghai) von 1933 bis 1944 Monats– bzw. Quartalsberichte zusammen.

2 Aufschlüsselung der Farben–Umsätze in China für Juli und August 1937.

3 Es gelang den Japanern bis Kriegsende nicht, die innerhalb ihres Okkupationsraumes in China bestehen gebliebenen Einflußgebiete der Guomindang–Regierung und der KPCh völlig auszuschalten und deren militärische Operationen hinter den Frontlinien zu stoppen.

4 Deutsche Farbenhandelsgesellschaft Waibel & Co., Hauptsitz in Shanghai, Filialen in Nordchina (Tianjin, Jinan, Qingdao), Mittelchina (Hankou, Changsha), Südchina (Hongkong, ungeachtet des britischen Kronkolonial–Status), Manzhouguo (Mukden, wurde bis 1937 von Shanghai aus bearbeitet), dazu Untervertretungen in Guangzhou (Jebsen & Co. für Südchina), in Fuzhou (Siemssen & Krohn für Mittel– und Südchina), in Dalian und Harbin (China Export–Import & Bank–Co., Ltd., für Manzhouguo).

5 Breitfärbetechnik.

6 Provinzen Shandong, Hebei, Shanxi von der Großen Mauer bis zum Huanghe; Standort der japanischen Nordarmee mit Hauptquartier in Peking.

Ob die neubesetzte Zone ein eigenes Zollgebiet bilden oder als Auftakt zu einer späteren Verschmelzung mit Manzhouguo eine enge Interessengemeinschaft mit diesem eingehen wird, – in beiden Fällen kann uns eine inländische Mischanlage für die Bearbeitung des vom chinesischen Mutterlande abgeschnürten Nordens nur von Nutzen sein. Einstweilen, d.h. solange noch keine Zollgrenze zwischen Nord und Süd errichtet ist, wird die Tianjiner Anlage nicht nur für das eigene Hinterland arbeiten, sondern auch anstelle der bis auf weiteres noch lahmgelegten Mischanlage in Shanghai durch Lieferungen nach Hongkong/Kanton und über diese Plätze auch für Mittelchina einspringen.

Der Mandschurei haben die Vorgänge in China bis jetzt keinen erheblichen Abbruch getan.[7] Die Verselbständigung Manzhouguos unter japanischem Protektorat ist seit 1932 auch wirtschaftlich so weit fortgeschritten,[8] daß der Krieg Manzhouguo mehr durch die Rückwirkungen in Japan[9] – z.B. durch Krediteinschränkungen – als unmittelbar von China berührt. Die Gefahr eines sowjetischen Einbruchs[10] scheint nach den Berichten unserer Vertretung die Gemüter in der Mandschurei wenig zu erregen; die Bevölkerung verfolgt die Dinge mit Gleichmut und rechnet trotz des Krieges mit einem ziemlich ungestörten Fortgang des Geschäftslebens.

Die anfängliche Hoffnung, daß der Konflikt auf Nordchina beschränkt bleiben würde, wurde durch den Zusammenstoß chinesischer und japanischer Truppen bei Shanghai[11] und den unerwarteten chinesischen Fliegerangriff auf das vor dem japanischen Generalkonsulat in Shanghai ankernde Flaggschiff „Idzumo" am 13. August gründlich zunichte gemacht. Ein Sprengstück drang bei diesem Bombardement in den 8. Stock unseres Bürogebäudes ein, und da das die Uferstraße sich entlang ziehende Geschäftsviertel in der Operationslinie der

---

[7] Vgl. Kühlborn 1942:111–124. Im Sommer 1937 beschloß die mandschurische Regierung jedoch bereits Einfuhrverbote.

[8] Der für 1937–1941 beschlossene Fünfjahresplan von Manzhouguo zielte auf Erschließung der Bodenschätze, der Wasserkräfte, des Verkehrs sowie auf den industriellen (u.a. Schwerindustrie) und landwirtschaftlichen Sektor.

[9] Der eingeleitete mandschurische Wirtschaftsplan geriet ins Stocken, als Japan Mitte 1937 ebenfalls einen Fünfjahresplan aufstellte und für dessen Finanzierung beträchtliche Mittel von Manzhouguo abzog.

[10] Anspielung auf Spekulationen um den zwischen China und der UdSSR am 21. 8. 1937 abgeschlossenen Nichtangriffsvertrag.

[11] Durch japanische Luft– und Bodenangriffe von August bis November 1937 wurden die meisten außerhalb der Internationalen Niederlassung und der Französischen Konzession gelegenen chinesischen Industrieanlagen zerstört. Die Japaner beschlagnahmten die wenigen unversehrt gebliebenen Werke. Viele chinesische Fabrikanten transportierten ihre Maschinenausrüstung mit Unterstützung der chinesischen Regierung in das Landesinnere. Die Wirtschaftsschäden an den chinesischen Fabriken in Shanghai veranschlagte die chinesische Stadtverwaltung von Shanghai auf ca. 800 Millionen US–Dollar. Nach dem China–Monatsbericht Nr.8/9 der I.G. Verkaufsgemeinschaft Farben für die Zeit vom 21.9.–20.11.1937 beliefen sich die unmittelbaren Kriegsschäden an I.G. Warenvorräten in Shanghai auf etwa 50.000 China–Dollar. Der Fall von Shanghai am 12.11.1937 desorganisierte die chinesische Verteidigung in Mittelchina. Zu den Kämpfen um Shanghai vgl. Ma Zhendu 1986. Vgl. dazu auch Osterhammel 1989:315.

Flieger und Abwehrbatterien lag, wurden die Geschäftsräume geschlossen und der Bürobetrieb der DEFAG – wie der meisten übrigen Firmen – behelfsmäßig im westlichen Wohnviertel der Stadt aufrecht erhalten.

Am 27. August, nachdem der Druck von der Fremdenniederlassung[12] gewichen war, sind die Büros wieder zugänglich geworden. In der Zwischenzeit spielten sich die bekannten Vorgänge ab, die beispiellos in der Geschichte der internationalen Schutzzone sind.[13] Glücklicherweise ist dabei von dem I.G.–Stab nebst Angehörigen niemand zu Schaden gekommen. Nachdem am 17. August der Abtransport der britischen und amerikanischen Kolonie von Shanghai angeordnet worden war – im August haben 4.000 Eingländer und 2.000 Amerikaner Shanghai verlassen –, stellte sich die „Gneisenau"[14] für die Evakuierung der deutschen und österreichischen Staatsangehörigen zur Verfügung. Es handelte sich um einen freiwilligen Abtransport in der Hauptsache von Frauen und Kindern. [...][15]

Vom Hinterland abgeschnitten und in der Zufuhr von der See behindert, ist Shanghai, der Umschlagplatz für etwa die Hälfte der chinesischen Gesamtein– und –ausfuhr, bis auf weiteres stillgelegt. Das Abrücken der Kampfzonen von der internationalen Niederlassung bedeutet wohl eine Entlastung, aber keine Beruhigung, geschweige denn die Aussicht auf Betätigungsfreiheit.

Die Bemühungen, die Schiffahrt wieder in Gang zu bringen, werden dadurch erschwert, daß die japanische Militärbehörde den Zutritt zu dem östlichen Stadtteil, wo die Kais und Lagerhäuser liegen, verbietet. Während das Geschäft im August vollkommen brachlag, konnte unsere Vertretung auch im September nur kleine lokale Händlerumsätze und Liefermengen an die Industrie in der Umgebung von Shanghai melden.

Im Süchina–Handel machen sich die Blockade der gesamten Küste mit Ausnahme von Hongkong und Macao, die Beschießung von Swatow und Amoy und die wiederholten Fliegerangriffe empfindlich bemerkbar. Die Japaner sind auch in das Perlflußdelta eingedrungen, haben dort Beschießungen vorgenommen und durchsuchen die Dampfer nach Konterbande. Zu allem Unglück ging über Hongkong in der Nacht vom 1. zum 2. September ein schwerer Taifun nieder, der in der Stadt und in dem überfüllten Hafen verheerend wirkte. Nahezu 20 Schiffe sind – zum Teil bis zur Unbrauchbarkeit – beschädigt worden.

Unser Geschäft in Hongkong liegt ruhig; in Kanton hatte es nach dem Stillstand im August wieder etwas angezogen. Die schweren Fliegerbombardements haben diese Ansätze zur Besserung neuerdings vernichtet. In Hongkong ist die Industrie für den Export gut beschäftigt. [...][16]

---

12 Die Auslandsniederlassungen in Shanghai: „International Settlement" (unter britischer Regierung) und „Französische Konzession" behielten bis 1941 ihren Sonderstatus.

13 Die Shanghaier Auslandsniederlassungen gerieten im Herbst 1937 mit in die Kampfzone, was dort Verunsicherung und Panik auslöste.

14 Deutsches Handelsschiff, das vor dem Zweiten Weltkrieg u.a. auch im Überseeverkehr nach China, u.a. auch im HAPRO–Geschäft, eingesetzt worden ist.

15 Es folgen Angaben zur Zahl der evakuierten DEFAG–Mitarbeiter.

16 Es folgen Angaben zur Versorgung Hongkongs mit Textilrohstoffen.

Die DEFAG hatte den Abgang des Evakuierungsdampfers „Gneisenau“ dazu benutzt, einen der Shanghaier Geschäftsleiter mit zwei Verkäufern und einem Techniker nach Hongkong zu senden, um dort für die Dauer der Ausnahmezeit[17] eine Parallelzentrale bereitzustellen. Diese Maßnahme hat sich als sehr zweckmäßig erwiesen, denn Südchina ist heute[18] das einzige Einfallstor für die Versorgung der Inlandsmärkte. Dies gilt insbesondere auch in bezug auf den großen Hankou–Bezirk. Hankou hatte im Zusammenhang mit den Kämpfen eine Sonderkonjunktur.[19] Die starke Nachfrage wurde dazu benutzt, die Vorräte fast vollständig zu räumen, einerseits um die gefährdeten Inlandslager zu liquidieren, dann aber auch um in Verbindung mit Neuverkäufen die Außenstände hereinzubekommen. Im Einvernehmen mit den Abkommenspartnern[20] konnten dabei Preiserhöhungen bis 25% und 50% erzielt werden. Der Boom hält an, wenn auch in Hankou–Stadt gegenwärtig unterbrochen durch die Bombardierung.

Es wurden daher alle Hebel in Bewegung gesetzt, um über die Kanton–Hankou–Bahn Nachschub zu liefern. Die Bahn ist allerdings mit Truppentransporten und Heereslieferungen stark überlastet. Der Karren– und Dschunkenverkehr gewinnt daher allerorts wieder Bedeutung. Trotzdem gelang es, vier Eisenbahnwagen mit rund 120 t Farbstoff von Kanton bzw. Hongkong nach Hankou durchzubringen. [...][21]

NA/Microcopy T82, Roll 75, Serial 96, I.G. Farben, Aufn. 232777–232783.

---

17 Bis Oktober 1938.

18 Bis zum Fall von Guangzhou vom 22.10.1938.

19 Bis zur japanischen Besetzung von Hankou am 27.10.1938.

20 Die I.G. Farben war seit Ausgang der 20er Jahre durch internationale Kartellabsprachen im Farbstoffexport nach China gebunden (u.a. mit dem französischen Farbstoffkartell CMC – Centrale des Matières Colorantes –, dem britischen Chemiekonzern ICI – Imperial Chemical Industries –, der IG Schweiz).

21 Es folgen Einzelangaben zum Farbenabsatz, zum Warennachschub, zur Vorratsbildung, zur Kriegsrisikoversicherung, zu den Außenständen, zum Zahlungs– und Devisenverkehr, zur Preisentwicklung.

84

Protokoll der Sitzung des Handelspolitischen Ausschusses der Reichsregierung[22]

Berlin, 25. Februar 1938

Anwesend:

nur zu 1.: Ministerialdirektor Wohlthat[23]
Reichsbankdirektor Puhl[24]
Herr von Raumer[25]
Assessor Grosche

nur zu 2.: Generalkonsul Benzler, Amsterdam

1. Verhandlungen mit Japan

Ministerialdirektor Wiehl[26] macht Mitteilung von der Entscheidung des Herrn Reichsministers des Auswärtigen, daß die Verhandlungen mit Japan auf deutscher Seite durch einen Ausschuß unter seiner Leitung geführt werden sollen. Diesem Ausschuß werden auch Ministerialdirektor Wohlthat und Herr von Raumer angehören. Herr Wohthat wird beauftragt, wie bisher den wirtschaftlichen Teil der Besprechungen zu führen und die internen Ressortbesprechungen zu leiten. Über den Gang der Verhandlungen wird er Herrn Wiehl oder nötigenfalls im HAPA berichten.

Es wird festgestellt, daß die offiziellen Verhandlungen auf japanischer Seite nur noch mit der Botschaft, d.h. mit dem Botschafter selbst oder mit dem hierfür besonders beauftragten Handelssachverständigen Shudo geführt werden sollen, da von japanischer Seite inzwischen

---

22 Das Protokoll ist von Ministerialdirektor Emil Karl Josef Wiehl, AA, gezeichnet. Der Handelspolitische Ausschuß der Reichsregierung (HPA), 1925–1945 Koordinierungsgremium der für Außenwirtschaftslenkung zuständigen Behörden (nach 1933/34 vor allem Auswärtiges Amt, Reichswirtschafts-, Reichsfinanz-, Reichsernährungsministerium, Reichsbank, Vierjahresplanbeauftragter, Reichsforstamt) auf Staatssekretärsebene, wirkte öffentlichkeitsabgeschirmt. Seine vertraulich gezeichneten Sitzungsprotokolle stellten stets als Auflage voran: „Im mündlichen und schriftlichen Verkehr mit Behörden soll der Handelspolitische Ausschuß nicht erwähnt und auf seine Entscheidungen nicht Bezug genommen werden." Vgl. auch Herbst 1982:348f.

23 Wohlthat war als Leiter Abteilung VI: Devisenbewirtschaftung im RWM (bis 1938) und deutscher Delegationsführer für Wirtschaftsverhandlungen (u.a. Spanien, Japan) bzw. Ministerialdirektor zur besonderen Verwendung beim Vierjahresplan auf der HPA-Sitzung der maßgebliche Außenwirtschaftskoordinator.

24 Puhl nahm vor allem als Aufsichtsratsmitglied der Deutschen Golddiskontbank teil.

25 Das auslands- und außenwirtschaftspropagandistisch eingeschaltete Reichsministerium für Volksaufklärung und Propaganda war durch den Geschäftsführer des Werberates der deutschen Wirtschaft von Raumer vertreten.

26 Das Auswärtige Amt hatte die Federführung im HPA. Ministerialrat Wiehl, Leiter Wirtschaftspolitischen Abteilung des AA, führte den Vorsitz in der Sitzung.

erklärt worden ist, daß nur die Botschaft zu offiziellen Verhandlungen ermächtigt ist, während die Mission des Herrn Godo privaten Charakter trägt.[27]

Sachlich soll wie folgt vorgegangen werden:

a) Handelsverkehr mit Japan[28]

Es soll versucht werden, zum Abschluß eines Zahlungsabkommens zu gelangen.[29] In diesem Abkommen muß nach Möglichkeit durch Aufstellung von Kontingentslisten sichergestellt werden, daß keine Beeinträchtigung der normalen deutschen Ausfuhr nach Japan durch die japanische Devisenbewirtschaftung[30] eintritt, und daß das Verhältnis der Ausfuhr zur Einfuhr von 4:1 zu unseren Gunsten gewahrt bleibt.

Die Außenstände aus Geschäften vor dem 8. Januar 1937 betragen noch etwa 6,2 Millionen Yen. Der Herr Reichsminister des Auswärtigen legt besonderen Wert darauf, daß die Japaner im Hinblick auf die Anerkennung Manzhouguos eine besondere Geste machen und diesen Betrag von 6,2 Millionen Yen sofort in Devisen zur Verfügung stellen, um diese seit so langer Zeit verhandelte Frage endlich zu regeln.

Ferner soll die japanische Regierung veranlaßt werden, einen Zahlungsplan für die Abtragung der Forderungen von 30 Millionen Yen, die nach dem 8. Januar 1937 entstanden sind, vorzulegen. Hierbei muß dafür Sorge getragen werden, daß die Bezahlung dieser Forderungen nicht auf Kosten unserer Ausfuhr im nächsten Jahr erfolgt. Das gleiche gilt für die Bezahlung der in Japan angelegten Konsignationslager im Werte von ebenfalls 30 Millionen Yen.[31]

Über den japanischen Wunsch, Japan die Vergebung größerer Aufträge auf Kriegsmaterial und sonstiges Material in einer Gesamthöhe von 100 Millionen Yen im Kompensationswege gegen japanische und mandschurische Erzeugnisse zu ermöglichen, kann erst verhandelt

---

27 Im Februar 1938 hielt sich eine japanische Handelsdelegation unter Admiral Godo in Deutschland auf.

28 Im Rahmen des gesamten deutschen Außenhandels nahm der Verkehr mit Japan einen relativ geringen Anteil ein. 1937 betrug er in der deutschen Einfuhr 0,5%, in der Ausfuhr 2%. Unter den wichtigsten Einfuhrländern Japans stand Deutschland nach den USA und Indien an dritter, unter den Ausfuhrländern aber mit weitem Abstand erst an siebenter Stelle. Die japanischen Bezüge aus Deutschland, vor allem großtechnische und chemische Erzeugnisse, waren seit 1929 stark zurückgegangen. Deutschland versuchte im Zuge der Achsenpolitik die Außenwirtschaftsverbindungen auf den von Japan angestrebten Yen–Block auszurichten und den Handelsaustausch besonders auf technische Hilfe (Patente, Verfahren, Lizenzen, aber auch Investitionen) für den Industrieausbau in Japan, Manzhouguo und Nordchina auszurichten.

29 Die Verhandlungen erreichten am 28.7.1939 die Paraphierung eines neuen deutsch–japanischen Wirtschaftsabkommens.

30 Bis 1937 standen Japan aus relativ hohen Aktivsalden bei Schiffahrt, Unternehmungen im Ausland, Fremdenverkehr ausreichend Devisen zur Verfügung. Erst danach wurden Japans Währungsreserven angesichts seines stark passiv gewordenen Außenhandels in großem Umfang beansprucht, um den Yen–Kurs in seiner Relation zum Pfund–Sterling–Kurs zu halten. Japan verschärfte bereits 1936 seine Devisenbewirtschaftung. Mitte 1937 ging Japan analog Deutschland zur staatlichen Außenhandelsregulierung über.

31 Deutsche Japanhandelshäuser und Industrieunternehmen hatten wie in China auch in Japan Warenlagerbestände als Reserveposten bzw. zum kommissionsweisen Verkauf angelegt.

werden, wenn die Regelung des normalen Zahlungsverkehrs und der alten Forderungen klargestellt ist.[32] Gegebenenfalls ist dann darauf Bedacht zu nehmen, daß ein solches Kompensationsgeschäft tatsächlich nur zusätzliche Lieferungen von japanischer und mandschurischer Seite umfaßt.

b) Handelsverkehr mit Manzhouguo[33]

Die von der Reichsstelle für Devisenbewirtschaftung[34] mit den zuständigen Behörden von Manzhouguo abgeschlossene und kürzlich bis zum 31. Mai 1940 verlängerte Vereinbarung über die Regelung des Waren– und Zahlungsverkehrs[35] muß in verschiedenen Punkten abgeändert werden. Zu regeln ist insbesondere die Möglichkeit der Wiederausfuhr[36] sowie die Frage, in welcher Weise verhindert werden kann, daß erhöhte Bezüge Manzhouguos aus Deutschland in diesem Jahr zu einer Senkung der deutschen Ausfuhr nach Manzhouguo in den nächsten Jahren führen.

c) Handelsverkehr mit Nordchina[37]

Der Herr Reichsminister des Auswärtigen legt besonderes Gewicht darauf, daß im Zusammenhang mit der Anerkennung Manzhouguos durch uns eine befriedigende Sicherstellung unserer wirtschaftlichen Interessen in Nordchina durch Japan erfolgt. Es soll versucht werden, von der japanischen Regierung eine Erklärung etwa folgenden Inhalts zu erhalten:

„Zur wirtschaftlichen Erschließung von Manzhouguo und Nordchina werden Deutschland und Japan aufs engste zusammenarbeiten. Hinsichtlich des Waren– und Zahlungsverkehrs, der Erteilung von Konzessionen jeder Art, Rohstoffbezügen, der Niederlassung und der Schiffahrt wird Deutschland nicht schlechter behandelt als Japan. Bei größeren Bestellungen (über 300.000 Yen), auf deren Vergebung die japanische Regierung Einfluß nehmen kann,

---

32 Zur Enttäuschung der NS–Führung blieb die deutsche Waffen– und Rüstungsgüterausfuhr nach Japan im Vergleich zu China, das 1936/37 im Waffenhandel mit Deutschland an erster Stelle stand, weit hinter den hochgesteckten Erwartungen zurück. Vgl. BArch, R901, AA, Nr.68585, Bl.1–28, Jahresbericht der Ausfuhrgemeinschaft für Kriegsgerät der Reichsgruppe Industrie für 1937, o.D.

33 Nach der Abspaltung der Mandschurei von China ging der weitgehend auf mandschurische Sojabohnenlieferungen angelegte deutsch–mandschurische Außenhandel drastisch zurück, bis er sich nach dem 1936 abgeschlossenen Abkommen wieder belebte. Investitionsprojekte der deutschen Industrie kamen in Manzhouguo nur in Ansätzen zum Zuge.

34 Die Reichsstelle für Devisenbewirtschaftung, 1934–1938 im Auftrag des Reichsfinanz– und Reichswirtschaftsministeriums als Aufsichtsinstanz im Devisenverkehr tätig, 1938 dann wieder in das RWM eingegliedert, hatte für die Reichsregierung das deutsch–mandschurische Handels– und Zahlungsabkommen vom 30.4.1936 abgeschlossen, weil beide Länder noch keine diplomatischen Beziehungen unterhielten. Vgl. Deutsches Handelsarchiv 1937:4588.

35 Vgl. ebenda, S.4589, Vereinbarung vom 21.5.1937 über die Abkommensverlängerung bis zum 31.5.1940.

36 Vor allem nach Japan.

37 Anfang 1938 waren die Folgen für eine Umorientierung des deutschen Handels auf das japanisch okkupierte Nordchina noch nicht zu übersehen. Bereits ab Dezember 1937 griffen die Japaner rigoros durch Ausfuhrverbote (vor allem für Wolle, Felle, Pelze, Därme) und Einfuhrdrosselung (Umsatzrückgang vor allem bei deutschen Maschinenimporten angesichts der Kriegszerstörungen und ausgebliebenen japanischen Industrie–Investitionen) in das deutsche Nordchina–Geschäft ein.

wird, falls sie nicht zur unmittelbaren Ausführung an die japanische Industrie gegeben werden, der deutschen Industrie Gelegenheit zu einem Angebot gegeben und ihr der Auftrag erteilt werden, falls nicht im Einzelfall ausnahmsweise besonders zwingende Gründe dem entgegenstehen."

Hierbei ist auf die Gleichstellung mit Japan besonderer Wert zu legen. Auch die Frage, in welcher Weise das Eindringen fremden Kapitals in Nordchina zum Schaden Deutschlands und Japans verhindert werden kann, ist hierbei zu erörtern.

Den Japanern gegenüber ist zu betonen, daß wir bisher in China in der Handelsbilanz im Verhältnis 2:3 aktiv waren,[38] und daß der Zahlungsverkehr sich in der für uns günstigen ungebundenen Form freier Devisenzahlungen abgewickelt hat.[39] Grundsätzlich müssen wir für Nordchina die unveränderte Beibehaltung dieses Zustandes verlangen. Sollte Japan zu diesem Zugeständnis nicht zu bewegen sein, so haben wir Anspruch auf entsprechende Kompensationen.

Die den Verkehr mit Nordchina betreffenden Fragen sollen zunächst in den offiziellen Verhandlungen zwischen der japanischen Botschaft und der deutschen Delegation noch nicht angeschnitten werden, sondern im Zuge der politischen Besprechungen noch weiter vorbereitet werden. Ihre Einbeziehung in die allgemeinen Verhandlungen soll jedoch sobald wie möglich erfolgen.

Zum Schluß der Besprechungen über die Verhandlungen mit Japan macht Herr Wiehl davon Mitteilung, daß der Herr Reichsminister des Auswärtigen wünscht, daß der japanischen Botschaft klargemacht wird, daß die Verhandlungen nunmehr nach der Anerkennung Manzhouguos mit neuer Energie und in einem neuen Geiste beschleunigt zu Ende geführt werden müßten.

2. Verhandlungen mit Holland [...][40]

NA/Microcopy T120, Roll 3515, Serial 9077 H, AA, W VII, Aufn. E637110–E637115.

---

[38] Vgl. Statistisches Reichsamt (Hrsg.), Statistisches Jahrbuch der Weltwirtschaft, Berlin 1937. Vgl. auch Ratenhof 1987:561f (Tabelle 1: „Der Außenhandel des Deutschen Reiches mit China 1890–1942"). Nach der Statistik des Deutschen Reiches bewegten sich die Außenhandelsumsätze 1936–38 in Millionen RM wie folgt: Deutsche Ausfuhr nach China: 1936: 132,5, 1937: 148,3, 1938: 104,6; deutsche Einfuhr aus China: 1936: 113,5, 1937: 93,8, 1938: 106,6.

[39] 1937 ging Deutschland auch im Chinahandel zur vorrangigen direkten Devisenabwicklung über. Bis dahin beglich China nahezu zwei Drittel der deutschen Exportlieferungen durch Kompensationen mit Rohstoffen und anderen Landesprodukten.

[40] Es folgen Ausführungen zur Vorbereitung auf Verhandlungen über die Verlängerung des am 1.4.1938 auslaufenden deutsch–niederländischen Warenabkommens.

85

Bericht des Leiters der HAPRO–Niederlassung, Curt Preu, Hankou

Hankou, 19.April 1938

Stand des Austauschverkehrs aufgrund des Austausch–Vertrages zwischen der deutschen und chinesischen Regierung[41]

Der im August 1934 abgeschlossene[42] und im Frühjahr 1936 unter gleichzeitiger Eröffnung eines Kredits von RM 100 Millionen zwischen der deutschen und chinesischen Regierung in Kraft gesetzte Austausch–Vertrag[43] war fast von Anfang an schweren Belastungen ausgesetzt, teils infolge anfänglicher sehr säumiger Rohstofflieferungen Chinas, teils durch deutsche Lieferverzögerungen, Fehllieferungen und sogar Lieferverbote.

Bereits im Sommer 1936 wurden deutscherseits die Lieferungen im Hinblick auf ausbleibende chinesische Lieferungen kurzerhand gestoppt und im Anschluß daran die deutschen Lieferungen abhängig gemacht von den chinesischen Lieferungen, d.h. die deutschen Lieferungen sollten Zug um Zug gegen chinesische Lieferungen erfolgen, trotzdem China nach dem Austausch–Vertrag ein Anrecht auf deutsche Lieferungen bis zu RM 100 Millionen ohne chinesische Gegenlieferungen hatte.

Die deutschen Lieferungen liefen dann in wechselndem, im wesentlichen aber schleppendem Tempo weiter, bis im Herbst 1936 die erste schwere Krise durch das deutsch–japanische Abkommen[44] eintrat. Vorübergehend schien es, als ob der Austausch–Vertrag dadurch zu Bruch gehen sollte. Die Krisis wurde jedoch überwunden. China fuhr sogar fort, weiterhin erhebliche industrielle und militärische Aufträge zu erteilen. Die deutschen Lieferungen gingen auch weiterhin nur verhältnismäßig langsam vonstatten.

Die zweite schwere Krise trat dann im Sommer 1937 im Verfolg des japanisch–chinesischen Krieges auf. Im August 1937 wurden jegliche deutsche Kriegsgerätelieferungen an China eingestellt. Die letzte Verschiffung deutscher Kriegsgeräte erfolgte am 4. September 1937.

---

41 Botschafter Trautmann übersandte dem AA und dem Beauftragten für den Vierjahresplan Göring am 20.4.1938 den Bericht von Oberst Preu und bemerkte dazu: „Es ist das erste Mal, daß ich seit dem Bestehen des HAPRO–Vertrages über die wirklichen Verhältnisse dieser Firma unterrichtet worden bin, da weder die Heimat noch die hiesige Firma selbst bisher das Bedürfnis gefühlt haben, die Botschaft einzuschalten." (FOSD, War Documents, Microcopy, Serial 218, AA, Abt. W VII, Aufn. 148181).

42 Ausführungsvertrag über den Austausch von Rohstoffen und Landesprodukten Chinas gegen Industrie– und sonstige Erzeugnisse Deutschlands vom 23.8.1934.

43 Vertragstext abgedruckt in: ADAP, CV, Nr.270. Die HAPRO erhielt den Status einer reichseigenen Gesellschaft.

44 Deutsch–japanisches Abkommen gegen die Kommunistische Internationale vom 25.11.1936, in RGBl. II/1937:28.

Im Verlauf von Verhandlungen mit dem um diese Zeit in Deutschland weilenden Finanzminister Dr. H.H. Kung [Kong Xiangxi][45] wurde deutscherseits die Lieferung von Kriegsgerät wieder zugestanden, jedoch ausschließlich gegen Zahlung in Devisen und zwar gegen Vorauszahlung. Finanzminister Dr. H.H. Kung sagte Devisenzahlung zu, verstand diese aber nur gegen seine eigenen Aufträge, nicht aber gegen alte über den Austausch–Vertrag erteilte Aufträge. Er war ferner der Meinung, daß die Devisenzahlungen nach den handelsüblichen Gepflogenheiten, nicht aber im voraus zu erfolgen hätten.

Diese Verschiedenheit in der Auffassung wurde – wohl aus taktischen Gründen – weder von deutscher noch von chinesischer Seite aufgeklärt. Deutschland rechnete jedenfalls damit, noch bis Ende 1937 Devisen im Gegenwert von RM 50 Millionen zu erhalten. Deutschland stellte zwar mit größter Beschleunigung entsprechende Mengen Kriegsgerät bereit, wollte sie jedoch nur in dem Umfange verschiffen, als Devisen im voraus eingingen. China dagegen rechnete mit der Fortsetzung umfangreicher Verschiffungen gegen die alten Aufträge über den Austausch–Vertrag und außerdem mit großen beschleunigten Verschiffungen gegen Kung–Aufträge.

Tatsächlich verschiffte Deutschland genau im Verhältnis zum Eingang der Devisen, und zwar zwei größere Schiffsladungen im November und eine Schiffsladung Mitte Januar, die aber zusammen nach Menge und Lieferzeiten nicht annähernd den chinesischen Hoffnungen entsprachen. Die Tatsache dieser nach chinesischer Auffassung unberechtigten und unverständlichen Verzögerungen in der Verschiffung blieb den Chinesen, trotz aller Bemühungen, ihnen dies zu verheimlichen, natürlich nicht verborgen und löste eine zunehmende Verstimmung aus. Die HAPRO vermied es auch weiterhin peinlichst, etwa zuzugeben, daß die Verschiffungen nur gegen Devisen–Vorauszahlung durchgeführt werden sollten.

Von deutscher Seite wurde unablässig und immer schärfer auf Zahlung der nach dortiger Auffassung fälligen Devisen gedrängt. Ende Dezember 1937 wurde die HAPRO–Hankou zu einem Bericht aufgefordert, warum keine weiteren Devisenzahlungen erfolgen. Die HAPRO, die schon bisher bei der chinesischen Regierung immer wieder auf Devisenzahlungen gedrängt hatte, wurde daraufhin bei Finanzminister Dr. H.H. Kung erneut mit größtem Nachdruck vorstellig.

Anfang Januar wurde der HAPRO ein Vorschlag der chinesischen Regierung an die deutsche Regierung in Aussicht gestellt, der eine Klarstellung der chinesischen Auffassung für die Weiterbehandlung des Austauschverkehrs enthalten sollte.[46] Auf Betreiben der HAPRO war in diesem Vorschlag vorgesehen, daß die chinesische Regierung für die in Deutschland

---

45 Vgl. Dok. PA/AA, R104816, 15.6.1937, Aufzeichnung Schmieden (s. Dok.1, auch: ADAP, CVI, Nr.429) über Kong–Besuch bei Hitler am 13.6.1937 auf dem Obersalzberg. Vgl. auch Bloch 1940:39ff.; Liu 1956:101f.

46 Von der deutschen Seite bedrängt, legte Kong Xiangxi am 26.1.1938 ein Memorandum zum deutsch–chinesischen Warenaustausch vor. Kong wich weiterhin den deutschen Forderungen nach Devisenzahlungen für das gesamte Vorhaben aus. Er plädierte für forcierte Rohstofflieferungen nach Deutschland. Vgl. 2. HACh, Nr.28–2101 (Chiang Kaishek an Weng Wenhao 30.1.1938, Übersendung des Memorandums von Kong Xiangxi vom 26.1.1938).

zur Verschiffung bereitgestellten Waren im Gesamtwert von US–Dollar 11 Millionen zunächst noch einmal Devisen zahlen wolle, daß aber im Anschluß daran alle alten, über den Austausch–Vertrag erteilten Aufträge auch über den Austausch–Vertrag, d.h. gegen Kredit und Rohstofflieferungen abgewickelt werden sollen. Dieser Vorschlag wurde von HAPRO–Hankou der HAPRO–Berlin mitgeteilt. Seine Absendung durch die chinesische Regierung verzögerte sich Woche um Woche. Er war lange Gegenstand von Verhandlungen innerhalb der chinesischen Regierung mit dem Endergebnis, daß der Vorschlag wie folgt abgewandelt wurde:

1. Alle über den Austausch–Vertrag erteilten militärischen und industriellen Aufträge sollen unter möglichst weitgehender Annullierung militärischer Aufträge gemäß Ziffer 2. wie bisher über den Austausch–Vertrag abgewickelt werden. Die chinesische Regierung hat für die Abwicklung dieser Aufträge neuerdings Standard–Dollar 20 Millionen für Rohstoffkäufe zur Verfügung gestellt und wird dafür sorgen, daß je nach Bedarf weitere Mittel für Rohstofflieferungen rechtzeitig zur Verfügung stehen und keine Unterbrechung der Lieferungen erfolgt.
2. Die chinesische Nationalregierung bittet, alle Kriegsgeräteaufträge einschließlich der Kung–Aufträge, soweit noch nicht bereitgestellt oder in Deutschland in Bestellung gegeben, nach Möglichkeit zu annullieren.
3. Im Hinblick auf die angespannte Devisenlage bittet die chinesische Regierung, bei den zur Verschiffung bereitgestellten Waren zwischen Kung–Aufträgen und früher über den Austausch–Vertrag erteilten Aufträge zu unterscheiden, und diese Unterscheidung, wenn irgend möglich, auch auf die seit Anfang November verschifften Waren auszudehnen, d.h. also die in diesen Sendungen enthaltenen Lieferungen aus den Kung–Aufträgen gegen Devisen und die aus den alten Aufträgen stammenden Lieferungen über den Austausch–Vertrag zu verrechnen. Demgemäß wären die bisher bezahlten Devisen von US–Dollar 10,3 Millionen ausschließlich zur Bezahlung der nicht zu annullierenden Kung–Aufträge einzusetzen.
4. Die chinesische Regierung stellt für die Abwicklung der nicht zu annullierenden Kung–Aufträge und für weiterhin sofort zu gebende neue Aufträge insgesamt US–Dollar 17,2 Millionen zur Verfügung. Hiervon werden US–Dollar 7,2 Millionen sofort bezahlt, die restlichen US–Dollar 10 Millionen für die einzelnen Schiffsladungen je zur Hälfte bei Verschiffung und bei Ankunft in Hongkong. Die Sicherung dieser bei Verschiffung und bei Ankunft fälligen Zahlungen erfolgt durch Promissory Notes der Central Bank of China.

Dieser Vorschlag wurde am 30.3.1938 telegrafisch nach Berlin übermittelt.[47]

Nach einer Mitteilung aus Berlin sollte ursprünglich die Entscheidung des Herrn Generalfeldmarschall Göring zu dem Vorschlag der chinesischen Regierung am Mittwoch, den 13. April erfolgen. Kurz vor Ostern erhielt HAPRO–Hankou die Nachricht, daß die Entscheidung erst nach Ostern fallen solle. Aus dem Tenor des Telegramms scheint mit der Möglich-

---

47 Inzwischen vollzogen sich im Februar 1938 einschneidende Veränderungen in den deutschen Fernostbeziehungen (Ende der deutschen Neutralität im chinesisch–japanischen Krieg; Ankündigung der völkerrechtlichen Anerkennung von Manzhouguo). Die chinesischen Vorschläge blieben unbeantwortet.

keit zu rechnen zu sein, daß die Entscheidung vielleicht nicht den Hoffnungen der chinesischen Regierung entspricht.[48] [...][49]

Im Hinblick auf das mehr und mehr sinkende Vertrauen der chinesischen Regierung in die Bereitwilligkeit Deutschlands, China in seiner Notlage zu helfen, sowie im Hinblick darauf, daß die deutschen Forderungen, soweit es sich um die alten Aufträge handelt, keine Begründung im Austausch–Vertrag finden, sollte versucht werden, Entscheidungen zu verhindern, die den Austausch–Vertrag endgültig gefährden könnten. Mit einer solchen Gefahr muß nach allen Vorgängen unbedingt gerechnet werden. Die Folgen einer Erschütterung oder gar eines Zusammenbruchs des Austausch–Vertrages, sind gar nicht abzusehen, denn Deutschland würde damit voraussichtlich bis auf weiteres seinen Absatzmarkt und seine Rohstoffquelle in China verlieren.

Da deutscherseits bei jeder Gelegenheit betont wurde, daß der Austausch–Vertrag auf keinen Fall erschüttert werden dürfe, da auch China durch seinen Marschall[50] und durch seine Regierung immer wieder den ernsten Willen betont hat, mit Deutschland zusammenarbeiten zu wollen, und auf diese Zusammenarbeit große Hoffnung setzt, sollte ernstlich danach gestrebt werden, Entscheidungen herbeizuführen, die diese Zusammenarbeit auch weiterhin ermöglichen.

Eine etwaige Befürchtung, daß China vor dem Zusammenbruch steht, ist kaum begründet. Hierfür fehlen jegliche Anzeichen. Im Gegenteil: Die Widerstandskraft Chinas seit dem Fall von Nanjing ist außerordentlich gewachsen, und es besteht die Aussicht, daß Japan sein Ziel der Vorherrschaft im Fernen Osten nicht erreicht. Wie immer der Krieg aber auch ausgehen mag, das Agrarland China wird bei den mächtigen Impulsen, die seit einigen Jahren in diesem Lande am Werk sind, und die durch den Krieg einen weiteren Antrieb erhalten haben, sich sehr schnell erholen und ein äußerst bedeutungsvoller Handelspartner bleiben. [...][51]

FOSD/Microcopy, German War Documents, GMF 2–5, Serial 218, AA, W VII, Aufn. 148187–148195.

---

[48] Kong Xiangxi bemühte sich im April 1938 um Aufrechterhaltung der Verbindungen nach Deutschland: China sei zur Tolerierung der projapanischen deutschen Außenpolitik bereit, wenn nur die HAPRO–Kooperation bliebe (vgl. 2. HACh, Nr.318–485(4), Kong Xiangxi an Hitler, 12.4.1938).

[49] Es folgen Ausführungen zum Stand des Stahlwerk–Projektes der HAPRO.

[50] Am 27.4.1938 verbot Göring die weitere Ausfuhr von Kriegsgerät nach China. Chiang Kaishek machte Trautmann auf die Folgen aufmerksam. Trautmann telegrafierte am 9.5.1938 an das AA: „Ich habe den Eindruck aus den sehr ernsten Darlegungen von Chiang Kaishek, daß wir jetzt an dem entscheidenden Wendepunkt unserer Beziehungen zu China angekommen sind, und daß wir unsere ganze Aufbauarbeit in China seit dem Kriege und vielleicht auch künftig auf Spiel setzen, wenn wir jetzt ... abrupt vorgehen." (FOSD, German War Documents, Microcopy, Serial 7022 H, AA, Abt. Pol VIII, Aufn. E526391).

[51] Es folgen Ausführungen über die Januar/Februar 1938 vom Central Trust für den Austausch–Verkehr mit Deutschland gekauften Rohstoffe und Landesprodukte und Empfehlungen von Oberst Preu, China entgegenzukommen.

86

Aufzeichnung des Sekretärs des Exekutiv–Yuan, Qi Jun, für Chiang Kaishek[52]

Hankou, 5. August 1938

Angefangen von der Entfremdung in Sachen Militärberater hat unser Land allen Grund, Deutschland mehr und mehr zu mißtrauen.[53] Aus unserem Telegramm an Herrn Klein mit Bitte um Aufklärung der Mißverständnisse hat auch der HAPRO–Vertreter in Hankou, Oberst Preu, mehrfach an die deutschen verantwortlichen Stellen telegraphiert, sich nachdrücklich für die deutsch–chinesischen Beziehungen einzusetzen. In einem Telegramm aus Berlin an die HAPRO heißt es, daß das deutsche Reichswirtschaftsministerium – Generalfeldmarschall Göring hat im Rahmen des Vierjahresplanes vorgeschlagen, dem Reichswirtschaftsminister Funk die Herren Schacht und Brinkmann als Vizeminister zur Seite zu stellen – beabsichtigt, einen HAPRO–Sonderbeauftragten namens Dr. Woidt nach China zu entsenden.[54] Dessen Mission soll darin bestehen, den Standpunkt der deutschen Regierung in den Fragen der deutsch–chinesischen Zusammenarbeit klarzustellen und die Zweifel der chinesischen Regierung gegenüber Deutschland zu zerstreuen. Außerdem soll die Zusammenarbeit auf der Grundlage des Austauschvertrages vorangetrieben werden. Dr. Woidt soll am 3. August in Hongkong eintreffen und am 5. oder 6. nach Hankou kommen, um dann nach Chongqing weiterzureisen. Die deutsche Regierung bittet telegrafisch den Vertreter in Hankou, offiziell unsere Regierung darüber zu informieren, daß sich der HAPRO–Vertreter Preu heute nach Hongkong begibt und bei seiner Rückkehr nach Hankou um ein Gespräch bittet. Es wird darum gebeten, mitzuteilen, ob diesem Wunsch entsprochen wird. [...][55]

2. HACh, 28, Rohstoffkommission der Nationalregierung, Nr.3653.

---

[52] Aus dem Chinesischen übersetzt von Peter Merker.

[53] Ende Juni 1938 veranlaßte Ribbentrop ohne Abbruch der diplomatischen Beziehungen die Rückberufung von Botschafter Trautmann sowie den Abzug der deutschen Militärberater aus China. Vgl. ADAP, DI, Nr.583 und 584, Nr.593 und 599.

[54] Das Reichswirtschaftsministerium (seit 1938 für die HAPRO zuständig) hatte in Abstimmung mit der Auslandsorganisation der NSDAP den Leiter der Wirtschaftsstelle bei der NSDAP–Landesgruppe China, Helmuth Woidt, als Generalbevollmächtigten für Ostasien nicht nur mit Verhandlungen über die Weiterführung der HAPRO–Geschäfte im unbesetzten China, sondern auch mit Japan über Sonderabmachungen für den deutschen Handel in Nordchina beauftragt. Am 19.10.1938 bzw. 29.3.1939 schlossen Kong Xiangxi und Woidt weitere HAPRO–Zusatzabkommen (vgl. 2. HACh, Nr.28–2102, Qi Jun an Chiang Kaishek, 10.10.1938; vgl. BArch, R9208, DBC, Nr.2703, Bl.204–206: Botschaft Chongqing an Botschaft Shanghai, 30.3.1939). Am 17.12.1938 zeichnete Woidt mit der japanischen Marinemission Qingdao ein auf Qingdao begrenztes Handelsabkommen (vgl. BArch, R9208, DBC, Nr.2702, Bl.119–120).

[55] Es folgen Abschriften von HAPRO–Telegrammen, die im Text genannt worden sind, in chinesischer Übersetzung.

87

Bericht des Leiters der Volkswirtschaftlichen Abteilung der I.G. Farbenindustrie AG, Anton Reithinger[56]

Berlin, 1. Dezember 1938

Allgemeiner Bericht über den Japan–China–Konflikt, seinen voraussichtlichen Ausgang und seine Rückwirkungen auf unsere Geschäftsinteressen.

Vorbemerkung

[...][57] Als meine persönliche Ansicht mag zum Schluß [dieser Vorbemerkung] angefügt werden, daß ich bei der Reise durch den Fernen Osten zu der Auffassung gekommen bin, daß der augenblickliche und in seinen größeren militärischen Handlungen wohl in absehbarer Zeit beendigte Krieg zwischen Japan und China nur der Beginn eines langen, vielleicht dem hundertjährigen Krieg zwischen England und Frankreich vergleichbaren Völkerringens mit Waffen, wirtschaftlichen Mitteln und Ideen in Asien ist. Mit seinen im Hintergrunde stehenden indirekten Teilnehmern – Großbritannien, Sowjetrußland und Deutschland – wird man seine Bedeutung und die seiner Rückwirkungen auf die große Weltpolitik der des letzten europäischen Weltkrieges wahrscheinlich an die Seite stellen dürfen. Auch wenn man vom Standpunkt unseres I.G.–Geschäftes zu richtigen Schlußfolgerungen kommen will, darf man die sich zur Zeit in Ostasien abspielenden Ereignisse nicht unter einem zu engen Gesichtspunkt unserer kaufmännischen Interessen beurteilen, sondern muß sie unter größeren politischen und wirtschaftlichen Aspekten betrachten und daraus die Schlußfolgerungen für unsere Geschäftspolitik ableiten.

---

56 Auszug aus dem Reisebericht von Reithinger Nr.22: Politik, Japan, China, Mandschurei, 1.12.1938 (BArch, R8128, I.G. Farben, Nr.A3480), S.1–27. Hervorhebungen im Bericht werden typographisch besonders gekennzeichnet. Reithinger, seit 1929 an der Spitze der bei der I.G.–Zentrale Berlin NW7 etablierten Volkswirtschaftlichen Abteilung, der renommierten Informations–Schaltstelle des Farbenkonzerns, bereiste mit geschäftsstrategischer Zielstellung gemeinsam mit seinem Mitarbeiter Wolfgang von Tirpitz vom 25.10.1937 bis zum 28.10.1938 vor allem das japanisch besetzte Nord–, Mittel– und Südchina sowie Manzhouguo und Japan. Im Ergebnis legte er der I.G.–Führung mehrere Reiseberichte vor (Nr.22; Nr.23: Japan, Politik; Nr.24: Japan, Wirtschaft; Nr.26: China, Wirtschaft; Nr.28: Manzhouguo, Politik und Wirtschaft), darunter auch über andere Stationen seiner Asien– und Australien–Reise.

57 Vorangestellt sind Ausführungen zum Berichtsgegenstand und zur Stimmungslage: „Bemerkenswert war in dieser Hinsicht die unterschiedliche Stellungnahme der China– und Japan–Deutschen. Während die China–Deutschen im allgemeinen Partei für ihr Gastland nahmen und die für China sprechenden Argumente hervorhoben, war die Stellungnahme der Japan–Deutschen gegenüber ihrem Gastland ziemlich reserviert und betonte in der Regel die Schwachpunkte der japanischen Situation. Aber selbst innerhalb Chinas unterlag das persönliche Urteil der Sachkenner erstaunlichen Unterschieden. Es variierte von gläubiger Hoffnung auf den Endsieg Chiang Kaisheks im Süden über die im Fahrwasser der englischen Propaganda liegende antijapanische Stimmung im Shanghai–Settlement bis zur nüchternen, für eine Zusammenarbeit mit Japan eintretende Auffassung der Kriegs– und Geschäftsaussichten in Nordchina."

I. Kriegslage und Kriegsziele der beiden Hauptgegner [...][58]

II. Die politischen und wirtschaftlichen Auswirkungen des Kriegsausganges und die Frage der Friedensvermittlung

1. Die politischen und wirtschaftlichen Auswirkungen des Kriegsausganges
a) für die angelsächsische Mächtegruppe [...][59]
b) für Deutschland [...][60]
2. Die Frage der Friedensvermittlung [...][61]

III. Schlußfolgerungen für unsere I.G.–Geschäftspolitik in Ostasien

Wie in den folgenden Einzelberichten über Japan, Manzhouguo und China eingehend ausgeführt, wird der westeuropäische wie auch der deutsche Handel in China weitgehende Anpassungen an die neue Lage vornehmen müssen, die nicht unbedingt zu einer Verringerung des Geschäftsvolumens, aber sicher zu einer Umschichtung von der laufenden Warenein– und –ausfuhr auf Investitionsgüter führen düften. Schlagwortartig ausgedrückt: Der Kaufmann wird mehr und mehr verdrängt, der Industrielle ein neues Betätigungsfeld finden.

Unsere Positionen werden dabei in den künftig von Japan kontrollierten Gebieten, in erster Linie in Nordchina, nicht so stark betroffen werden wie etwa die Interessen der reinen Export– und Importhäuser, insbesondere soweit sie bisher chinesische Rohstoffe wie Wolle, Häute, Erdnüsse, Eier usw. exportierten. Immerhin haben wir bereits jetzt eine empfindliche Schwächung gegenüber der japanischen Konkurrenz erfahren. Wie in Manzhouguo wird unser bisheriges Geschäftsvolumen nurmehr durch entsprechende Kontingente innerhalb der staatlichen Handelsvertragsbeziehungen einigermaßen erhalten werden können. Denn abgesehen von der Preisfrage werden die nordchinesischen Gebiete innerhalb des Yen–Blocks einer besonderen Export– und Importkontrolle und in irgendeiner Form der Währungs– und Devisenwirtschaft unterworfen werden, so daß sich auch die Teile unseres China–Geschäftes, die künftig im japanisch kontrollierten Gebiet liegen, mehr und mehr auf staatlich festgelegte Quoten einstellen müssen. Nur liegen die Voraussetzungen für ähnliche Kontingente und Quotenregelungen wie in Manzhouguo im Rahmen eines allgemeinen Handelsvertrages für Nordchina wesentlich ungünstiger, weil Deutschland mit Nordchina nicht wie mit Manzhouguo hoch passiv ist und größere Mengen der Landesprodukte nicht abnehmen kann.[62]

---

58 Unter dieser Überschrift folgt eine ausführliche Lageanalyse mit den Abschnitten 1. Japans militärische Lage, Kriegsaussichten und Kriegsziele und 2. Chinas Kriegslage, Widerstandsaussichten und Kriegsziele.

59 Es folgen Mutmaßungen über die Kriegsauswirkungen auf die Handelsinteressen Großbritanniens, der USA und anderer westlicher Staaten mit asiatischem Kolonialbesitz.

60 Es folgen Äußerungen der Genugtuung über Deutschlands Entlastung in Europa durch Englands Kriegsverluste in Ostasien mit Empfehlungen für „eine klare und einheitliche Linie, nach der die deutschen Firmen in Ostasien handeln können“ und dabei Japan einen größeren Stellenwert in ihrer Geschäftspolitik einräumen sollten.

61 Es folgen Äußerungen der Skepsis gegenüber Friedensvermittlungsversuchen „einer dritten Macht“.

62 Anm. im Dokument: „Baumwolle, Wolle, Fette, Erdnußsaat usw. werden von den Japanern selbst benötigt.“

Die Unterstützung unserer Geschäftsinteressen durch die staatliche Handelsvertragspolitik ist notwendig, aber keineswegs ausreichend. Von den vier Sparten haben innerhalb und außerhalb eines solchen Kontingentsrahmens in Nordchina vielleicht noch die Farben- und Bayer-Produkte Aussicht auf eine leidliche Verteidigung ihrer Geschäftspositionen, während die Lage bei Stickstoff und Photographika für die nächsten Jahre beinahe als hoffnungslos bezeichnet werden kann. Dagegen können die Möglichkeiten des Verkaufs von Patenten, Lizenzen und technischen Anlagen und Erfahrungen sowohl in Japan wie in Manzhouguo und später Nordchina recht zuversichtlich beurteilt werden.

Es kommt also für unsere I.G.-Geschäftsinteressen in Ostasien künftig darauf an, unsere Stärke- und Schwächepositionen in einer einheitlichen Politik für den künftigen Yen-Wirtschaftsblock zusammenzufassen und sowohl im Kampfe wie in den Verhandlungen und in dem unvermeidlichen Rückzug auf einzelnen Gebieten elastisch und richtig auszuspielen. Denn während wir im laufenden Geschäft der Verkaufsgemeinschaften im künftigen Yen-Wirtschaftsraum auf den guten Willen der Japaner, uns am Geschäft zu beteiligen, angewiesen sind, liegen bei den Investitionen und technischen Problemen der Sparten und den evtl. damit zu verbindenden Krediten die Positionen des Stärkeren auf unserer Seite.[63] Ein geschicktes und elastisches Ausspielen dieser Positionen würde ein gemeinsames Operieren aller Verkaufsgemeinschaften einschließlich der hier besonders wichtigen technischen Sparte unter einheitlichen Gesichtspunkten zur Voraussetzung haben.

Der Kopf für eine einheitliche Ostasienpolitik besteht im O[st]A[sien]A[usschuß], dem bei einer zielbewußten Inangriffnahme dieser Probleme eine Fülle von schwierigen und verantwortungsvollen Aufgaben erwachsen, die bei der gegebenen Sachlage keineswegs nur auf das rein geschäftliche Gebiet beschränkt bleiben werden. Die vordringlichsten scheinen mir nach meinen Reiseerfahrungen und Eindrücken zu sein:

1. Sofortige planmäßige Herstellung freundschaftlicher Beziehungen draußen zu den japanischen politischen und militärischen Verwaltungsstellen für China in Tokio, Xinjing, Peking, Nanjing und Kanton sowie in den großen Hafenplätzen nach einheitlich bestimmten, übergeordneten Gesichtspunkten. Hierzu wird man zweckmäßig auch auf am Platze sitzende Leute mit langjährigen Verbindungen zu den Japanern oder auf Japaner selbst zurückgreifen, wie dies auch seitens anderer großer Firmen bereits geschieht. Hand in Hand damit sollten sich alle Mitglieder unserer Vertretungen strikteste Neutralität auferlegen und in ihrem persönlichen Benehmen sich jeder feindlichen Haltung oder Äußerung gegen Japan enthalten. Gerade hiergegen wird bei der langjährigen Arbeit der Vertretungen in und für China und der menschlich verständlichen, aber sachlich unzweckmäßigen Einstellung gegen Japan, das alteingefahrene Handelsbeziehungen zerstört oder wegnimmt, seitens der jüngeren Mitglieder unserer Vertretungen noch gelegentlich verstoßen.[64]

---

[63] Verweis bei Reithinger auf seine Länderberichte Nr.23 (Japan, Politik), 24 (Japan, Wirtschaft) und 28 (Manzhouguo, Politik und Wirtschaft).

[64] Anm. im Dokument: „Zugegeben, daß auch das Verhalten der japanischen Besatzungsarmeen den Deutschen gegenüber keineswegs immer freundlich ist.“

2. Vorbereitung einer einheitlichen Investitions– und Verkaufspolitik zu Hause für den gesamten Yen–Raum, d.h. Kombination unserer erwünschten technischen und finanziellen Mitarbeit in Japan, Manzhouguo und Nordchina mit entsprechenden Sicherungen für unser gefährdetes laufendes Verkaufsgeschäft. [...][65]

3. Überprüfung der Geschäftslage und Zukunftsaussichten für jede einzelne Sparte und Verkaufsgemeinschaft unter dem Gesichtspunkt, welche Positionen man unter allen Umständen halten kann und will und welche man besser als Verzichtsobjekt aushandeln oder kompensieren sollte. Als Gesichtspunkt kommen hier die Konkurrenzaussichten gegen japanische Waren, die im Yen–Raum erzielbaren Preise und Gewinne und mögliche Kompensationen auf anderen ostasiatischen Märkten in Frage. Gerade dies ist ein sehr wichtiger Punkt, der in umfassenden Untersuchungen für alle Großprodukte geklärt werden müßte. Die japanische Produktionskapazität dürfte noch auf längere Zeit hinaus nicht in der Lage sein, uns gleichzeitig aus China zu verdrängen und den Export nach den übrigen ostasiatischen Märkten in vollem Umfange aufrecht zu erhalten. Was wir im Yen–Raum verlieren, können wir eventuell im übrigen Ostasien bei besseren Preisen und Gewinnen wieder hereinholen. Hierzu wären die Ansichten der Vertretungen draußen mit der Generalpolitik zu Hause abzustimmen.

4. Eine sorgfältige laufende Beobachtung der politischen und wirtschaftlichen Entwicklung in Japan–China auch nach Beendigung des Krieges, um nicht von unvorhergesehenen Ereignissen überrascht zu werden, und eine schnellere und elastische Anpassungspolitik an die voraussichtlich noch starken Veränderungen unterliegende Gesamtentwicklung sicherzustellen. Diese laufende Beobachtung wird das kleine Archiv in Shanghai in Zusammenarbeit mit dem I.G.–Vertrauensmann[66] und den Außenmitarbeitern übernehmen können, soweit es sich um die politische und allgemeinwirtschaftliche Entwicklung handelt. Für die Geschäftsinteressen der einzelnen Verkaufsgemeinschaften und Sparten ist bis auf weiteres die Beobachtung der Standortverschiebungen der Abnehmer–Industrien und der Wechsel ihrer Besitzereigenschaft und technischen Ausstattung von besonderer Wichtigkeit.[67]

In diesem Zusammenhang muß noch das Problem der Zuständigkeit in den neuen, von Japan kontrollierten Gebieten kurz gestreift werden. Es hat sich bereits gezeigt, daß seit der Besetzung Nordchinas durch die Japaner die deutschen Firmenvertretungen in Tokio mit ihren Angeboten nach Nordchina den deutschen Firmenvertretungen an den chinesischen Plätzen das Geschäft wegzunehmen versuchen. Die Firmenvertretungen in Japan suchen auf diese Weise einen Ersatz für ihre schrumpfenden Importe nach Japan und haben sich bereitwilligst die Auslegung, Nordchina sei jetzt japanische Einflußzone, zu eigen gemacht. Ja, es kommt vor, daß die Vertretungen ein und derselben deutschen Firma von Tokio oder

---

65 Hinweise auf Einzelfragen beim Japan–Verkaufsgeschäft.

66 Carl Gottfried Gadow war seit 9.9.1938 offiziell als I.G.-Verbindungsmann in China bestätigt. Nach außen hin trat er als Mitarbeiter der DEFAG Shanghai in Erscheinung.

67 Anm. im Dokument: „Wird von den einzelnen Vertretungen sorgfältig überwacht, kann aber noch nicht mit den allgemeinen Gesichtspunkten einer einheitlichen Zentralpolitik von zu Hause kombiniert werden."

Shanghai oder Tianjin aus sich gegenseitig bekämpfen und unterbieten. Die Japaner spielen diesen unmöglichen Zustand natürlich geschickt zu ihren Gunsten aus.

Auch innerhalb unserer Firma sind bei Investitionsfragen Schwierigkeiten aufgetreten, die unbedingt beseitigt werden müssen. Man könnte dabei zunächst von dem Grundsatz ausgehen, daß das laufende Geschäft in China innerhalb des japanischen Einzugsgebietes zu Shanghai gehört, weil es überwiegend an die chinesischen Kunden geht. Soweit die japanischen Mills in dieses Geschäft hineingekommen sind, haben die Vertretungen bereits besondere japanische Abteilungen aufgemacht. Dagegen sollte für die nur mit japanischen Behörden oder Firmen zusammen zu bearbeitenden Investitionsgeschäfte ausschließlich die technische Zentrale in Tokio zuständig sein, die bei dem Selbständigkeitsbestreben der einzelnen Armee– und Verwaltungskörper allerdings auch in Xinjing und Peking in irgendeiner Form vertreten sein müßte. Wieweit die Veränderungen der Gesamtlage des Japan–China–Problems später weitere Umstellungen notwendig machen, muß noch offen bleiben.

Reithinger

BArch, R8128, I.G. Farben, Nr.A3480, S.1–27.

88

Telegramm des Sonderbauftragten des Central Trust für den HAPRO–Verkehr mit Deutschland, Kong Lingkan, Hongkong, an Ministerpräsident Kong Xiangxi[68]

Hongkong, 2. Dezember 1938

An den Vorsitzenden des Exekutiv–Yuan in Chongqing. Geheim.

Die in Hongkong erscheinende „China Southwest Morning Post" druckte eine Domei–Meldung aus Tokio vom 29. [November] ab, wonach der deutsche Sonderbeauftragte für Handelsangelegenheiten in Qingdao mit den zuständigen Behörden Nordchinas verhandelt und ein Warenaustauschabkommen abgeschlossen hat.[69] Nordchina will Erdnüsse und Erdnußöl liefern, die Deutschen dafür Industrieprodukte. Die Finanzierung soll anteilig durch die Yokohama Specie Bank und die Deutsche Reichsbank erfolgen. Bei den obengenannten Produkten handelt es sich um Erzeugnisse aus den besetzten Gebieten. Deutschland hat sich nicht an uns mit der Bitte um Lieferung gewandt, statt dessen ist es nun an die japanische Marionettenregierung herangetreten. Hier zeigt sich der beginnende Niedergang der deutsch–

---

68 Aus dem Chinesischen übersetzt von Peter Merker.

69 Der Generalbevollmächtigte für Ostasien, Woidt, verhandelte mit der japanischen Marinemission in Qingdao über ein auf Qingdao begrenztes Warenaustauschabkommen, das am 17.12.1938 unterzeichnet wurde (vgl. BArch, R9208, DBC, Nr.2702, Bl.119–120).

chinesischen Beziehungen. Unter diesen Umständen muß der deutsch–chinesische Warenaustausch grundlegend neu durchdacht werden. Ich bitte um Mitteilung, ob diese meine Auffassung geteilt wird.[70]

Hochachtungsvoll.

Dong. Hua.[71]

2. HACh, 318, Central Trust, Nr.489(3).

89

Protokoll der Sitzung von Gesamtvorstand und Beirat des Ostasiatischen Vereins Hamburg–Bremen e.V.[72]

Hamburg, 4. Dezember 1939 Vertraulich!

[...][73] Tagesordnung:

1. Lage des Ostasiengeschäftes.
2. Vertrauliche Mitteilungen des Vorsitzenden.[74]
3. Verschiedenes.

1. Lage des Ostasiengeschäfts. Nach Eröffnung der Sitzung durch den Vorsitzenden gibt Dr. Richter einen Überblick über die Auswirkungen der verschärften englischen Blockademaßnahmen, die am 4. Dezember 1939 in Kraft getreten sind.[75] Selbst wenn aufgrund einer

---

70 Am 5.12.1938 antwortete Kong Xiangxi: „Diese Situation erfordert in der Tat, neue Überlegungen in der Frage des deutsch–chinesischen Warenaustausches anzustellen. Nach der Rückkehr von Yu Dawei, dem Chef des Waffenamtes, aus Hongkong werde ich mit ihm geeignete Maßnahmen ergreifen" (2. HACh, Nr.318, 489(3)).

71 „Dong" und „Hua" sind die Codenamen des Telegramms.

72 Das Protokoll wurde im Auszug in den Mitteilungen des Ostasiatischen Vereins (OAV) Nr.8 (4. Dezember 1939) abgedruckt und einem festgelegten Verteilerkreis vertraulich zugänglich gemacht.

73 Anwesenheitsliste.

74 Emil Helfferich (Firma Strait und Sunda Syndikat) war von 1934–1941 Vorsitzender des OAV. Ihm folgte von 1942–1946 Alfred Albers (Firma Kunst & Albers). Aufschlußreich, aber nicht unumstritten ist dazu die Erinnerungsschrift von Helfferich 1968.

75 Nach der Kriegserklärung an Deutschland gab Großbritannien in Hongkong und Shanghai Bestimmungen über den Handel mit dem Feind heraus, die am 4.9.1939 scharf durchgeführt wurden. Die britischen Banken verweigerten Auszahlungen von Guthaben an Deutsche, und die englischen Lagerhaus–Gesellschaften die Auslieferung von Waren, die von Deutschen eingelagert waren. Es war auch nicht mehr möglich, Wertpapiere zu übertragen, die bei britischen Gesellschaften auf den Namen von Deutschen standen. Mitte September 1939 lockerten die Briten auf japanische Intervention hin ihre Restriktionen. Vgl. „Britains forbidden to trade with enemy, Shanghai, 5.9.1939, Notice issued by the British Embassy", Anlage 1 zum Allgemeinen Situationsbericht der DEFAG Shanghai an die I.G. Frank-

neuen Vereinbarung zwischen England und Japan auch der Teil der in Deutschland in Bestellung gegebenen Waren auf dem Seewege nach Japan usw. verschifft werden könnte,[76] wird sich der Verkehr und Handel mit Ostasien in der nächsten Zeit in stärkstem Umfange auf den Landweg über Sibirien konzentrieren. Anscheinend werden die Transporte anstatt über Wladiwostok in erster Linie über die Mandschurei gelenkt werden, zumal die zuerst vermuteten Transportschwierigkeiten (Zölle und Sondergenehmigungen) nicht bestehen.[77] Von Mukden aus könnte die Eisenbahnlinie nach Tianjin zur Entwicklung des Nordchina–Geschäfts benutzt werden. Allerdings bedingt der Transport durch die Mandschurei noch eine Mehrfracht von schätzungsweise 20% der Gesamtfracht, solange diese Streckenführung in dem Durchgangstarif noch nicht einbezogen ist. Über die Liefer– und Zahlungsbedingungen im Export und Import gehen die Meinungen der deutschen und japanischen Regierung, die beide von der cash and carry–Klausel ausgehen, noch auseinander, und es wird einige Zeit vergehen, bis ein den beiderseitigen Ansprüchen der Wirtschaft gerecht werdender Verkehr sich eingespielt haben wird.

Im Anschluß an diese Ausführungen werden eine große Anzahl Einzelfragen erörtert, insbesondere Frachtsätze, Versicherungsmöglichkeiten, Zölle, Speditionsfirmen, die Verladungskapazität auf der Ausfuhrseite, Sojabohnentransporte, Benutzung der sibirischen Bahn für den Export nichtdeutscher Waren und den Import von Produkten aus entfernteren Gebieten nach Deutschland und anderen Ländern, und Kompensationsmöglichkeiten.

Herr Staatsrat Helfferich macht vertrauliche Mitteilungen über das Rußlandgeschäft.

2. Vertrauliche Mitteilungen des Vorsitzenden. Herr Staatsrat Helfferich gibt seine Absicht bekannt, Ende Dezember mit Dr. Richter nach Ostasien zu fahren.[78] Die Reise soll in Übereinstimmung mit den Regierungsstellen erfolgen und etwa drei Monate dauern. Sie trägt den Charakter einer privaten Reise, die Herr Staatsrat Helfferich in seiner Eigenschaft als Vorsitzender des Ostasiatischen Vereins Hamburg–Bremen unternimmt. Es ist insbesondere zu hoffen, daß die Reise durch die Besprechungen in Japan und durch das Studium der russischen Angelegenheiten dazu beitragen wird, die für den deutschen Ostasien–Handel schwe-

---

furt/Main vom 16.9.1939 (NA/Microcopy T82, Roll 247, Serial 244, I.G. Farben, Aufn. 2029653–2029661).

76 Die japanisch–britischen Verhandlungen über die weitere Benutzung der Seewege verliefen ergebnislos. Vgl. NA/Microcopy T82, Roll 363, Serial 259, Aufn. 2064933–2064935, Aktenvermerk, Dr. Otto Richter, OAV, über Ostasien–Ressortberatung bei RWM vom 8.12.1939.

77 Initiativen zur Erschließung neuer Außenhandelswege über den Fernen Osten, darunter auch die Landverbindungen durch die UdSSR, waren vor allem von deutschen Großunternehmen (u.a. Wolff, Krupp MAN, AEG) ausgegangen. Vgl. NA/Microcopy T82, Roll 388, Serial 270, Firma Otto Wolff, Aufn. 2188214–2188215, Siedersleben an RWM, 13.10.1939.

78 Helfferich und Richter hielten sich in Abstimmung mit der Reichsregierung vom 21.1.–23.6.1940 in Nord– und Mittelchina sowie in Japan und Manzhouguo zur Erkundung der Lage und zur Sondierung der weiteren deutsch–japanischen Handelsbeziehungen nach Ausbruch des europäischen Krieges sowie der Kooperationsmöglichkeiten im japanisch besetzten China auf. Dabei ging es auch um die Behebung der Transportschwierigkeiten auf dem Transitwege über die UdSSR. Vgl. HKH, Archiv, Gruppe Vereine und Verbände, Ostasiatischer Verein Hamburg–Bremen e.V., Protokoll der Ostasienreise von Herrn Staatsrat Helfferich, 29.7.1940, S.1–54. Vgl. auch Dok.74.

benden Probleme rascher und besser zu lösen. Auf diese Weise kann die Ostasienreise des Geschäftsführers, die infolge des Krieges abgebrochen werden mußte, doch noch realisiert werden. Die Versammlung erklärt sich lebhaft zustimmend mit der Durchführung der Reise und der Übernahme des Kostenanteils für den Geschäftsführer einverstanden.

3. Verschiedenes. Es wird ein Telegramm der Deutschen Handelskammer für die Mandschurei vom 2. Dezember 1939 verlesen und beschlossen, die darin niedergelegten Wünsche der unbedingten Einhaltung der Kontingente seitens der mandschurischen Regierung und der Einräumung eines weiteren Überbrückungskredites innerhalb des ursprünglichen 45 Millionen–Kredites in Deutschland in Berlin befürwortend zu unterbreiten.[79]

Als Firmenmitglied wurde aufgenommen:
Schoeller–Bleckmann Stahlwerke Aktiengesellschaft,
Wien I, Wildpretmarkt 10.

Schluß der Sitzung um 16.45 Uhr.

NA/Microcopy T82, Roll 363, Serial 259, I.G. Farben, Aufn. 2165735–2165736.

90

Niederschrift über die 11. Sitzung des Ostasien–Ausschusses der I.G. Farbenindustrie AG[80]

Berlin, 4. Dezember 1940

[...][81] Vor Eintritt in die Tagesordnung begrüßt Herr Kommerzienrat Waibel im besonderen Herrn Geheimrat Dr. Schmitz[82] sowie die Herren der technischen Betriebe. Sodann weist er darauf hin, daß die deutsch–japanischen Beziehungen als Auswirkung des Dreimächtepak-

---

79 Das deutsch–mandschurische Handelsabkommen war am 8.9.1939 von der Manzhouguo–Regierung außer Kraft gesetzt worden, „da das Abkommen unter den augenblicklichen Verhältnissen nicht durchführbar sei“ (NA/Microcopy T82, Roll 363, Serial 259, I.G. Farben, Aufn. 2165192, OAV–Rundschreiben Nr.21, 13.9.1939). Im Frühjahr 1940 liefen Verhandlungen über die Erneuerung des Abkommens an. Der gesamte deutsch–mandschurische Warenverkehr sollte auf Verrechnung im Verhältnis 1:1 umgestellt werden.

80 Auszug aus: Niederschrift von Hermann Waibel über die 11. Sitzung des I.G.–Ostasien–Ausschusses (OAA) am 4.12.1940, gefertigt am 7.12.1940.

81 Protokoll–Teile: Tagesordnung, Anwesenheitsliste.

82 Vorstandsvorsitzender der I.G. Farbenindustrie AG.

tes[83] einen neuen Auftrieb erhalten werden und es zweckmäßig erscheint, die Sitzungen des Ostasien–Ausschusses in Zukunft in kürzeren Abständen einzuberufen.[84]

Punkt 1: Japan und Manzhouguo

a) Allgemeiner Überblick über die politische und wirtschaftliche Lage in Japan und Manzhouguo

Herr Waibel gibt einen allgemeinen Überblick über die gegenwärtigen politischen Verhältnisse in Japan und Manzhouguo. Die wirtschaftliche Lage Japans ist nach wie vor schwierig. Da die Außenhandelsbilanz im besonderen in bezug auf die Devisenländer ein unbefriedigendes Bild ergibt, ist mit einer weiteren Drosselung der Einfuhr aus diesen Ländern zu rechnen. Kennzeichnend für die innere Situation des Landes ist eine starke Veränderung der wirtschaftlichen Struktur. Die Drosselung der Konsumgüterproduktion hat u.a. die Verkümmerung der Hausindustrie zur Folge. Der Lebensstandard ist seit Ausbruch des China–Konfliktes um 50%, das allgemeine Lohn–Niveau um 30% gestiegen. Obgleich die Finanzen infolge des Chinakrieges, der bisher ca. 12. Mrd. Yen gefordert hat, und durch die Investitionen in der Mandschurei in Höhe von 5 Mrd. stark angespannt sind, wird Japan auch finanziell auf längere Zeit noch durchhalten können.

Die Lage in der Mandschurei hat sich in letzter Zeit wesentlich schwieriger gestaltet, da Japan nicht mehr wie früher größere Yen–Beträge im Lande investieren kann.[85] Die Folge ist eine starke Teuerung, Rationierung der Güter und die Einrichtung von besonderen Im– und Export– sowie Devisenkontrollen. Diese Kontrollmaßnahmen werden wahrscheinlich in Zukunft weiter verschärft werden. Andererseits ist die Mandschurei bemüht, eine wesentliche Steigerung der landwirtschaftlichen Produktion zu erzielen, um einen Ausgleich in der Handelsbilanz herbeizuführen. Die schwebenden großen Industrieprojekte mußten mit Ausnahme des weiteren Ausbaus der Kohlen– und Eisenproduktion zunächst zurückgestellt werden.

aa) Auswirkungen des Dreimächtepaktes für ganz Ostasien

Herr Waibel gibt ein umfassendes Bild über die Motive, die zum Abschluß des Dreimächtepaktes geführt haben. Das Ziel Japans ist die Verwirklichung des Führungsanspruches im großostasiatischen Raum. Wirtschaftlich gesehen, muß Japan sich die dringend benötigte Rohstoffbasis und neue Absatzmärkte schaffen; in sozialer Beziehung ist es bemüht, der wachsenden Überbevölkerung des Landes ein ausreichendes Dasein zu sichern.

Als Japan einsah, daß es mit englisch–amerikanischer Hilfe sein Ziel nicht verwirklichen konnte, mußte es sich mit einer anderen Mächtegruppe verbinden. So führte die Entwicklung des europäischen Krieges schließlich zum Abschluß des Dreimächtepaktes am 27. September 1940. Während Japan einen erheblichen Teil Chinas unter seine Führung und Kontrolle nehmen wird, scheint es keine territorialen Ambitionen in Indochina und Niederländisch–In-

---

83 Der Dreimächtepakt zwischen Deutschland, Italien und Japan vom 27.9.1940 (RGBl. II/1940:280).

84 Die weiteren OAA–Sitzungen fanden zu folgenden Terminen statt: 12. Sitzung am 6.3.1941; die 13. Sitzung am 24.2.1942; die 14. Sitzung am 17.11.1942; die 15. und letzte Sitzung am 30.6.1943.

85 Vgl. Kühlborn 1942:122f.

dien zu haben, solange andere Länder keine Änderung des jetzigen Mächteverhältnisses zwangsweise herbeiführen; allerdings fordert Japan wirtschaftliche Sonderrechte, da es auf die Rohstoffe auch dieses Raumes stark angewiesen ist.

Der Dreimächtepakt wird eine engere wirtschaftliche Zusammenarbeit zwischen Deutschland und Japan zur Folge haben. Die Japaner bemühen sich zur Zeit, ein Waren– und Zahlungsabkommen mit Deutschland abzuschließen und eine engere technische Zusammenarbeit für die Entwicklung der Industrie in den Yen–Block–Ländern herbeizuführen.[86] Sie haben zunächst einen Vorschlag für ein umfassendes Clearing–Abkommen mit den Yen–Block–Ländern auf Basis 1:1 unterbreitet. Der Ostasien–Ausschuß vertritt den Standpunkt, daß dies keinesfalls im deutschen bzw. I.G. Interesse liegt und versucht werden müßte, mit jeder Zone Separatabkommen zu treffen, da Japan einerseits nicht imstande ist, ein derartig umfassendes Abkommen durchzuführen, andererseits die Gefahr besteht, daß die Rohstoffe, z.B. aus Nordchina, nach Japan abwandern. Ferner sind die Verhältnisse in den einzelnen Zonen so verschieden, daß eine Störung in einer Zone die Abwicklung des Gesamtabkommens in Frage stellen könnte. Da Japan kaum über genügend Export–Produkte verfügt, um ein Clearing–Abkommen auf Basis 1:1 durchzuführen, ist daran gedacht, daß Japan die restlichen Exportgüter, die Deutschland interessieren, aus dem Südostraum bezieht, und dadurch auch das Gesamthandelsvolumen zwischen Deutschland und Japan wesentlich erhöht wird. Die I.G. ihrerseits muß dabei bemüht sein, Kontingente und möglichst auch Zusagen für eine spätere Erhöhung derselben bei Besserung der wirtschaftlichen Lage zu erhalten.

Herr Waibel schließt seine Ausführungen mit dem Hinweis, daß der fernöstliche Raum später wieder stark an Bedeutung gewinnen wird, wobei allerdings Voraussetzung für eine planmäßige Entwicklung dieses Gebietes die politische Bereinigung sein muß, d.h. eine Verständigung Japans mit Rußland und schließlich eine endgültige Beilegung des Chinakonflikts. Dann aber ist mit einer Erhöhung der Kaufkraft und Hebung des Wohlstandes in Ostasien zu rechnen. Wenn auch Japan dieses Gebiet weitmöglichst selbst beliefern wird, so ist doch ein starker Auftrieb des deutschen Geschäfts in der Mandschurei, in den besetzten Zonen und Altchina[87] sowie eine gewisse Erholung des Geschäfts in Japan zu erwarten, wobei die ausländische Konkurrenz, mit Ausnahme von Italien, in Zukunft weitgehend vom ostasiatischen Markt ausgeschaltet sein sollte.

In diesem Zusammenhang gibt Herr Waibel bekannt, daß die Reichsgruppe Industrie einen Ostasien–Ausschuß neu gebildet und ihn gebeten hat, den Vorsitz zu übernehmen.[88]

---

[86] Im Frühjahr 1941 entsandte Deutschland zur weiteren Abkommensvorbereitung eine Wirtschaftsdelegation unter Leitung von Ministerialdirektor Helmuth Wohltat nach Japan, die dort bis Kriegsende blieb.

[87] Gemeint ist das unbesetzte Gebiet Chinas. Diese Sprachregelung wurde in Anlehnung an das „Alt–Reich“ (Deutsches Reich in den Grenzen vom 31.12.1937) gewählt.

[88] Der Ostasien–Ausschuß der Reichsgruppe Industrie befaßte sich von Dezember 1940 an in regelmäßigen Sitzungen als Kontaktgremium zwischen Regierungsstellen und Großunternehmen vor allem mit Außenhandel, Rohstoffbeschaffung, ferner mit Produktions–, Währungs–, Zoll– sowie Fragen des gewerblichen Rechtsschutzes. Vgl. Ausführungen von Hermann Waibel auf der Ostasien–Zusammenkunft

b) Handelspolitische Lage in Japan und Manzhouguo

Japan: Herr Waibel teilt mit, daß der alte Vertrag[89] noch in Kraft ist, jedoch ziemlich ungeklärte Verhältnisse herrschen. Auch die I.G. ist ausschließlich auf Importbewilligungen angewiesen, und es wäre zu begrüßen, wenn als Ergebnis der neuen Verhandlungen ein Clearing–Abkommen mit festen Kontingentszuteilungen zustande käme.

Während das Handelsverhältnis zwischen Deutschland und Japan bis August des Jahres noch 4:1 war, ist in letzter Zeit durch Lieferung neuer Rohstoffe seitens Japans mehr oder weniger ein Ausgleich geschaffen worden.

Manzhouguo: Der deutsche Export nach Manzhouguo hat sich von 5 Millionen RM im Jahre 1935 auf 32,9 Mill. RM 1939 erhöht. Die deutschen Einfuhren stiegen in diesem Zeitraum von 46 Millionen RM auf 74,6 Mill. RM. Aus diesen Zahlen ist die steigende Bedeutung des mandschurischen Marktes ersichtlich.

Das 3. Kontingentsjahr des deutsch–mandschurischen Abkommens läuft vom 1. Juni 1940 bis 31. Mai 1941. Das Abkommen konnte sich aber infolge der Kriegsverhältnisse praktisch nicht auswirken.[90] Kürzlich ist es jedoch durch Verhandlungen gelungen, eine umfassende Verständigung herbeizuführen, basierend auf einem Import von 300.000 t Sojabohnen = 35 Mill. RM und einem deutschen Export in gleicher Höhe. Über die Einzelheiten dieses neuen Abkommens sind die Herren Mitglieder des Ostasien–Ausschusses durch Rundschreiben Nr.89 vom 15.10.1940 verständigt worden. [...][91]

Punkt 2: China

a) Allgemeiner Überblick über die politische und wirtschaftliche Lage in China

Herr Waibel berichtet über die politische und wirtschaftliche Entwicklung in China. Die Lage in Nordchina hat sich besonders schwierig gestaltet. Dürre und Überschwemmungen, schlechte Ernten, Kämpfe und Beunruhigungen durch die Guerrillas haben eine starke Verarmung der Bevölkerung und ein Sinken der Konsumkraft zur Folge. Hinzu kommen die

---

der Reichsgruppe Industrie in Berlin vom 9.6.1943 (NA/Microcopy T82, Roll 364, Serial 259, I.G. Farben, Aufn. 2166485–2166504).

89 Das am 28.7.1939 paraphierte, nach Beginn des Zweiten Weltkrieges nicht unterzeichnete und nicht veröffentlichte deutsch–japanische Wirtschaftsabkommen, wurde bereits ab 15.8.1939 vorläufig angewendet. Es ging von der Beibehaltung des laufenden Geschäfts sowie von einem Zusatzgeschäft aus, das Japan zusätzliche Bestellungen im Verrechnungswege und ohne sofortige Devisenzahlungen, d.h. aufgrund eines deutschen Kredites, ermöglichen sollte (vgl. NA/Microcopy T82, Roll 425, Serial 277, Friedrich Krupp AG, Aufn. 2234686–2234689: Streng vertrauliche Information der Reichsgruppe Industrie vom 4.8.1939).

90 Am 12.9.1940 kam das Abkommen über die Verlängerung der Geltungsdauer des „Abkommens über den Waren– und Zahlungsverkehr zwischen dem Deutschen Reich und Manzhouguo“ zustande, ergänzt durch eine „Vereinbarung über die Durchführung des Abkommens und seine Anpassung an die gegebenen Verhältnisse“ (vgl. Kühlborn 1942:122f).

91 Es folgen Protokoll–Teile: Einzelfragen der I.G. Kontingente für Manzhouguo, c) Transitverkehr via Sibirien nach Manzhouguo, China, Japan und über Japan hinaus (Einzelfragen), d) Umsätze der I.G. (Japan, Manzhouguo), e) derzeitiges Risiko der I.G. (Japan, Manzhouguo), f) Aussprache über technische Probleme der I.G. (Japan, Manzhouguo), g) Verschiedenes.

äußerst verworrenen Währungsverhältnisse und die ungeschickte Verwaltungstaktik der Japaner, welche alle Antriebskräfte im Keime erstickt.

In Mittel– und Südchina ist die wirtschaftliche Lage nicht so schlecht wie in Nordchina, aber auch nicht unbefriedigend. Die politische Unsicherheit lähmt jede geschäftliche Initiative. Auch in diesen Gebieten ist die Konsumkraft erheblich gesunken, zumal sie von ihrem Hinterland abgeschnitten sind.

Im Zuge der Neuordnung des ostasiatischen Raumes muß jedoch mit einer Besserung der Verhältnisse gerechnet werden.

In Altchina ist es Chiang Kaishek mit primitiven Mitteln gelungen, einen gewissen Aufbau durchzuführen. Die Chongqing–Regierung selbst hat durch die kürzlich gewährten amerikanischen Kredite zweifellos eine wesentliche Stärkung ihrer Abwehrkraft gegen Japan erhalten. Auf lange Sicht gesehen, muß es jedoch auch im Interesse Chiang Kaisheks liegen, einen Kompromiß mit Japan zu schließen und den Krieg zu beenden.[92]

b) Handelpolitische Lage in China

In Nordchina ist bereits seit längerer Zeit eine Im– und Exportkontrolle eingeführt. Bis jetzt ist es den Vertretungen noch möglich gewesen, Devisen im Schwarzen Markt zu kaufen. Da jedoch die Devisenbewirtschaftung immer straffer gehandhabt wird, ist zu gegebener Zeit eine gesonderte Regelung des deutsch–nordchinesischen Handels in Form eines Verrechnungsabkommens auf Basis 1:1 zu begrüßen. Da jedoch allgemein gesprochen, die japanischen Wünsche in bezug auf Investitionsgüter wahrscheinlich nicht prompt erfüllt werden können, werden auch diese Verhandlungen zur Zeit nicht forciert, abgesehen davon, daß aufgrund der Entwicklung in Nordchina konkrete Abmachungen für dieses Gebiet noch nicht getroffen werden können.

Aus Mittel– und Südchina können die Verkaufserlöse noch in Devisen remittiert werden. Die Geschäftsmöglichkeiten sind, abgesehen von der allgemein schlechten Geschäftslage dadurch weiter begrenzt, daß praktisch keine Verschiffungsmöglichkeit Yangzi aufwärts und nach Kanton besteht, weil die ausschließlich verkehrenden japanischen Dampfer nur „Militärgüter“ mitnehmen. Hierdurch ist der gesamte Im– und Exporthandel Deutschlands mit diesen Gebieten stark behindert.

Herr Waibel teilt mit, daß zur Zeit auf diplomatischem Wege versucht werden soll, diese Schwierigkeiten auszuräumen. Diese Verhandlungen stellen sich dadurch schwierig, daß die Japaner selbst Wünsche in bezug auf Absatzmöglichkeiten in den von Deutschland besetzten Gebieten in Europa geltend machen. Eine Aussprache über diesen Punkt ergibt, daß versucht werden müßte, die Japaner auf ihre Absatzbasis von 1938 zu beschränken; ferner müßte eine Kontingentierung der Importwaren vorgenommen sowie eine Preisregelung herbeigeführt

---

[92] Dr. Ludwig Fabel, seit 1938/39 im Dienste der Volkswirtschaftlichen Abteilung der I.G. für die Berichterstattung über Guomindang–China, konstatierte im Sommer 1940 eine politische und wirtschaftliche Annäherung Chinas an USA und UdSSR, aber ein in Erwartung der diplomatischen Anerkennung der Marionettenregierung in Nanjing gespanntes Verhältnis zu Deutschland. Vgl. NA/Microcopy T82, Roll 77–78, Serial 98, I.G. Farben, Aufn. 236981–236986: Fabel, Bericht zur „politisch–wirtschaftlichen Lage in Frei–China“ für I.G. Farben, 10.8.1940.

werden, um nicht den Markt, der mühsam z.Zt. durch Verhandlungen geordnet wird, wieder zu stören. Bei Artikeln, für welche größere Kartelle bestehen, müßte erwogen werden, daß die Japaner an diese liefern.

Herr Mann[93] bat zu überlegen, ob die deutschen Firmen dann nicht den Vertrieb der japanischen Waren übernehmen könnten. Es besteht allerdings die Gefahr, daß bei zu großen deutschen Forderungen die Japaner ähnliche Ansprüche für die von ihnen besetzten Gebiete stellen werden.

Es wurde beschlossen, daß der Ostasien–Ausschuß den Verkaufsgemeinschaften über diese Schwierigkeiten berichtet und um Stellungnahme bittet, welche Sicherungen sie fordern für den Fall, daß Japan im Zuge von Regierungsverhandlungen diesbezügliche Zugeständnisse erhält.

c) Transitverkehr über Rußland bzw. Indochina nach Altchina

Herr Waibel berichtet über die Transportmöglichkeiten nach Altchina über Alma–Ata und teilt mit, daß nach mehrfachem Umdisponieren ein Waggon mit Farbstoffen und Pharmazeutika in Alma–Ata eingetroffen ist. Es war in Aussicht genommen, diese Transportmöglichkeiten für gewisse chinesische Exportwaren auszunutzen. Infolge der Wiedereröffnung der Burma–Straße sind jedoch die zur Verfügung stehenden Lastkraftwagen zurückgezogen worden. Da im Winter keine Transportmöglichkeit besteht, müssen die Waren bis zum Frühjahr eingelagert werden.

Per Flugzeug können nur geringe hochwertige Güter nach Chongqing gebracht werden. Allgemein ist zu sagen, daß der Transportweg über Alma–Ata erst nach endgültiger Bereinigung der politischen Schwierigkeiten an Interesse gewinnen kann. [...][94]

NA/Microcopy T82, Roll 364, Serial 259, I.G. Farben, Aufn. 2166159–2166170.

91

Aktenvermerk der Geschäftsführung des Ostasiatischen Vereins Hamburg–Bremen e.V.

Hamburg, 25. Juni 1941 Persönlich und streng vertraulich!

Am 24. Juni 1941 hatte der Ostasiatische Verein in Gemeinschaft mit der Industrie– und Handelskammer Hamburg die am Ostasiengeschäft beteiligten Firmen zu einer Besprechung über die durch den Ausbruch des Krieges mit Rußland entstandene Lage gebeten.

---

93 Generalkonsul Wilhelm Rudolf Mann, ab 1938 I.G.–Vorstandsmitglied, war Chef der I.G. Verkaufsgemeinschaft Pharmazeutika.

94 Es folgen Protokoll–Teile: d) Derzeitiges Risiko der I.G. (China), e) Umsätze der I.G. (China), f) Technische Probleme (China), g) Verschiedenes.

Durch den Ausbruch des Krieges ist die sibirische Eisenbahn, das einzigste Verkehrsmittel, mit dem seit 1939 größere Warenmengen nach und aus Ostasien befördert werden konnten, gesperrt worden. Die Anzahl der in der Ost–West–Richtung laufenden Waggons, die jetzt in Rußland festgehalten werden, beträgt schätzungsweise 3.000 Stück mit 50.000 t Produkten, von welchen 2/3 Sojabohnen sein dürften. Die nach Manzhouli und Wladiwostok unterwegs befindlichen Einfuhren von ostasiatischen und anderen Produkten werden sich wohl in der Hauptsache in Dairen und Tsuruga ansammeln. Der Empfänger in Deutschland wird über diese Importe verfügen müssen, da die Kaufverträge, je nach der Herkunft, auf den Abmachungen f.o.r.[95] Manzhouli, f.o.r. Harbin, o.m.f. Dairen, f.o.r. oder f.o.b.[96] Japan basieren, wobei Zahlung bei Eintreffen in Manzhouli oder Dairen oder, wenn die Ware aus Japan kommt, nach 90 Tagen zu leisten ist. In der West–Ost–Richtung muß vermutet werden, daß die ab 1. Mai von Königsberg versandten Waren in Rußland festgehalten werden. Da die Russen seit Dezember 1940 viele Durchfuhranträge unbearbeitet haben liegen lassen – Mitte Juni wurden 2.000 unerledigte Anträge gezählt – ist anzunehmen, daß nur eine begrenzte Anzahl von Partien, vielleicht Waren von 500 Anträgen, in Rußland blockiert sind. Die meisten Exportsendungen sind, mit Ausnahme einer Anzahl neuer c.i.f.[97] Kontrakte für Japan, auf der Basis f.o.r. Königsberg, Zahlung bei Passieren von Königsberg, abgeschlossen.

Die Anzahl der in beiden Richtungen auf der Durchreise in Rußland befindlichen deutschen Ostasiaten dürfte vielleicht 40 betragen.

Der einzig mögliche Postweg ist zunächst die italienische Luftpostverbindung Rom–Rio de Janeiro und von dort weiter mit Luftpost und/oder japanischen Dampfern. Die Weiterbeförderung in Rio de Janeiro müßte zweckmäßig von einem dortigen Korrespondenten oder der dortigen Deutschen Handelskammer veranlaßt werden.

Auch der Devisenverkehr mit Ostasien ist zunächst unterbrochen. Unter Führung der Reichsbank müssen neue Zahlungsmöglichkeiten herausgefunden werden. Die amerikanischen Maßnahmen zur Verhinderung deutscher Warenaktionen mit U.S.–Dollar werden sich vielleicht weniger in Nordchina, als vielmehr in Shanghai bemerkbar machen. Die größeren deutschen Firmen in Shanghai dürften aber über erhebliche flüssige Dollar–Mittel und auch über einige Goldbestände verfügen, die über die erste Zeit hinweghelfen. Ganz wesentlich wird sein, ob das Geschäft mit Amerika noch weitergeht, und wie stark der englisch–amerikanische Druck auf Japan sein wird, wenn die Japaner die Absicht haben, unsere finanzielle Position leichter zu machen.

Die Frage, ob die Ausfuhr– und Einfuhrgeschäfte zu annulieren sind, läßt sich noch nicht endgültig beantworten. Vor übereilter Annullierung ist auf jeden Fall zu warnen. Man könnte

95 Abkürzung für free on rail: Der Verkäufer trägt alle Risiken und Spesen bis zur Einlieferung in die Güterannahmestelle der Bahn.

96 Abkürzung für free on board: Der Verkäufer trägt alle Risiken und Spesen, die entstehen, bevor sich die Ware an Bord des Schiffes befindet.

97 Abkürzung für cost, insurance, freight: Der Verkäufer trägt alle Risiken und Spesen bis zum Verladehafen, die Seefracht bis zum Bestimmungshafen und die Löschkosten sowie die Kosten der Seeversicherung.

sich vorstellen, daß die deutsche Einkaufstätigkeit in China zwecks Vorratsbildung zum späteren Abtransport auf neuen Wegen sogar verstärkt werden könnte. Für Ausfuhr–Aufträge nach Ostasien wird wichtig sein, die Einstellung der wichtigsten Käufer in Japan und der Mandschurei kennenzulernen. [...][98]

In der Besprechung überbrachte Herr Staatsrat Helfferich eingangs die Grüße des Leiters der Reichsgruppe Handel,[99] Dr. Hayler, mit dem er eine fernmündliche Besprechung hatte. Dr. Hayler hat dabei zum Ausdruck gebracht, daß bei der wirtschaftlichen Druchdringung des in Rußland besetzten Gebietes zusammen mit den Beamten der Verwaltung auch Männer aus der praktischen Wirtschaft herangezogen werden können und sollen. Im Hinblick auf diese Möglichkeiten werden die Ostasienfirmen ihre Spezialkenntnisse in einzelnen Geschäftszweigen und die persönliche Arbeitskraft zur Verfügung stellen können.[100] Auf diese Weise ergeben sich unter Umständen neue Möglichkeiten für den Ausfall des Ostasiengeschäfts und in weiterer Zukunft neue, zusätzliche Betätigungsgebiete.

NA/Microcopy T82, Roll 363, Serial 259, I.G. Farben, Aufn. 2165742–2165744.

92

Eingabe des Sekretärs des Exekutiv–Yuan, Qi Jun, an Chiang Kaishek[101]

[Chongqing,] 1. Dezember 1941

„Über die Behandlung der HAPRO nach Abbruch der diplomatischen Beziehungen zwischen Deutschland und China“

Bevor ich das letzte Mal Berlin verließ, hatte ich mit den Verantwortlichen der HAPRO eine Unterredung über das weitere Schicksal dieser Gesellschaft nach Abbruch der diplomatischen Beziehungen zwischen beiden Staaten. Darüber erlaube ich mir wie folgt zu berichten:

1. Gegenwärtiger Stand der Verantwortlichkeiten bei der HAPRO
Beiratsvorsitzender: Reichswirtschaftsminister[102]

---

98 Einzelfragen der Inanspruchnahme der Kriegsversicherung sowie der Zahlung unberechtigter Frachtgelder.

99 Reichsgruppe Handel bei der Reichswirtschaftskammer (1935–1945), die dem Reichswirtschaftsminister unterstellt war, 1938–1943 unter Leitung von Franz Hayler, der vom 16.11.1943 bis 29.1.1944 mit der Führung der Geschäfte des Staatssekretärs im Reichswirtschaftsministerium beauftragt, vom 30.1.1944 bis 8.5.1945 Staatssekretär im RWM war.

100 Anmerkung im Dokument: „Sie können Ihre diesbezüglichen Fähigkeiten melden.“

101 Aus dem Chinesischen übersetzt von Peter Merker.

102 Walther Funk. Später, nachdem die erwogene Auflösung der HAPRO vom Reichswirtschaftsministerium am 13.5.1942 zurückgestellt worden war, übernahm RWM–Unterstaatssekretär von Jagwitz, bis

Beiratsmitglieder: Dr. Voß als Vertreter von Görings Vierjahrsplanbehörde (Hauptgeschäftsführer), Herr Keppler als Vertreter von Hitlers Büro (Stellvertretender Leiter), General Thomas als Vertreter der Wehrmacht, der Stellvertretende Beiratsvorsitzende von Jagwitz als ständiges Mitglied, Herr Wiehl als Vertreter des Auswärtigen Amtes (Leiter der Wirtschaftsabteilung), Herr Niemetz als Vertreter des Finanzministeriums (Leitender Mitarbeiter), Dr. Dohr[103] als Vertreter der Reichsbank (Direktor der Golddiskontbank) und ein Vertreter des Reichsernährungsministeriums[104] (noch nicht nominiert).
Geschäftsführer: Herr Kraney.
2. Auch nach Abbruch der diplomatischen Beziehungen wünscht die deutsche Wirtschaft den status quo der HAPRO aufrechtzuerhalten. General Thomas, Dr. Voß und Geschäftsführer Kraney haben sich wie folgt erklärt:
a) Wenn es die chinesische Regierung für nicht angebracht hält, die offizielle Bezeichnung „HAPRO" weiter bestehen zu lassen, bitten wir sie, den derzeit in Chongqing befindlichen Vertreter der HAPRO, Herrn Ludwig Werner, als privaten Geschäftsmann in Chongqing belassen zu dürfen, um auch künftig stets die Möglichkeit der Kontaktaufnahme zu gewährleisten.
b) Über die HAPRO werden alle Verbindlichkeiten mit den deutschen Unternehmen abgewickelt. Außerdem regelt die HAPRO die finanziellen Angelegenheiten der chinesischen Studenten in Deutschland sowie deren Arbeitsvermittlung. Gleichzeitig hoffen wir, daß die chinesische Regierung die Lebenskosten des Herrn Werner trägt, die auf das Konto der HAPRO anzurechnen wären.
c) Wir bitten die chinesische Regierung, für die Sicherheit von Herrn Werner und dessen Familie zu garantieren.
d) Streng vertraulich: Der Vertreter der Skoda–Werke, die ein Teil der Hermann–Göring–Werke sind, beabsichtigt, von Shanghai nach Chongqing zu kommen. Aufgrund des Abbruchs der diplomatsichen Beziehungen weilt er noch in Shanghai. Will man mit ihm Kontakt aufnehmen, kann man das über Herrn Werner tun.
Ich bitte um Entscheidung, wie weiter verfahren werden soll.

Über Minister Weng Wenhao an den Vorsitzenden der Militärkommission Chiang Kaishek.

Hochachtungsvoll
Qi Jun.

2. HACh, 28, Rohstoffkommission der Nationalregierung, Nr.3637.

15.12.1943 Leiter der Hauptabteilung V (Außenhandel, Devisenwirtschaft, Exportförderung) im RWM, den Vorsitz im Beirat der HAPRO. Vgl. Zusammensetzung des HAPRO–Beirates von Januar 1944 (BArch, R2301, Rechnungshof, Nr.6459/2).

103 Ständiger Reichsbank–Vertreter im HAPRO–Beirat war seit 1937 Reichsbankdirektor Hermann Junne, Berlin.

104 1943/44 vertrat Ministerialdirektor Dr. Walter das Reichsministerium für Ernährung und Landwirtschaft im HAPRO–Beirat, zuvor REM–Staatssekretär Herbert Backe.

93

Niederschrift über die 13. Sitzung des Ostasien–Ausschusses der I.G. Farbenindustrie AG

Berlin, 27. Februar 1942[105] Geheim!

[...][106] Zu Beginn der Sitzung führte Herr Waibel aus, daß infolge des Ausbruchs des russischen Krieges[107] und der Unterbrechung der Verbindung mit Ostasien die in der letzten Sitzung geäußerte Absicht, OAA–Sitzungen wieder in kürzeren Abständen einzuberufen, sich leider nicht verwirklichen ließ. Die wenigen aufgetretenen Einzelfragen konnten auf schriftlichem Wege behandelt werden. Wahrscheinlich werden aber nunmehr die Dinge wieder mehr in Fluß kommen, so daß Veranlassung entstehen wird, OAA–Sitzungen häufiger stattfinden zu lassen.

Punkt 1. Deutsch–japanische Zusammenarbeit im großostasiatischen Wirtschaftsraum

Herr Waibel wies einleitend darauf hin, daß infolge der militärischen und politischen Ereignisse in Ost– und Südostasien[108] ein neues Zeitalter in diesem Raum unter Führung Japans anbricht. Auf wirtschaftlichem Gebiet wird die Auswirkung dieser einschneidenden Veränderungen dahin führen, daß die Arbeit der deutschen Kaufleute und Techniker in diesem Raum nicht leicht sein wird; trotzdem ergeben sich aufgrund der neuen Situation beträchtliche Möglichkeiten nicht nur für die Erhaltung, sondern auch für einen erheblichen Ausbau des Wirtschaftsverkehrs Deutschlands mit dem großostasiatischen Raum, jedenfalls auf Jahre hinaus. Außerdem bringen die neuen Verhältnisse die Voraussetzung für eine nutzbringende deutsch–japanische Zusammenarbeit auf breiterer Basis und in größerem Umfange als bisher, indem der europäische und der ostasiatische Großraum sich weitgehend ergänzen und sich dadurch mannigfache Möglichkeiten zu gegenseitiger Hilfestellung ergeben. Wichtig ist indessen, daß deutscherseits die Wünsche und Anregungen für die Gestaltung der deutsch–japanischen Zusammenarbeit möglichst rasch zusammengestellt und mit der japanischen Regierung ausgehandelt werden, damit die Japaner bei ihren wirtschaftlichen Planungen für den großostasiatischen Wirtschaftsraum über die deutschen Wünsche orientiert sind, und wir nicht zu spät kommen. Mit dieser Auffassung hat Herr Waibel volles Verständnis gefunden bei den zuständigen Gremien der Wirtschaft (Ostasien–Ausschuß der Reichsgruppe Industrie sowie Ostasiatischer Verein) und bei den zuständigen Regierungsstellen.

---

[105] Die 13. Sitzung des Ostasien–Ausschusses (OAA) fand am 24.2.1942 statt.

[106] Auslassung des Protokollteils: Anwesenheitsliste, Tagesordnung.

[107] Gemeint ist der Überfall Deutschlands auf die UdSSR am 22.6.1941.

[108] Japanische Eroberungen Anfang 1942: Manila (2.1.), Kuala Lumpur (10.1.), Rabaul (23.1.), Pontiniak, Hauptstadt von Niederländisch–Borneo (1.2.), Makassar, Hauptstadt von Celebes (9.2.), Singapur (15.2.).

Es finden nunmehr morgen und übermorgen Besprechungen in den beiden oben erwähnten Wirtschaftsgremien für die Ausarbeitung des deutschen Wunschprogramms[109] statt und anschließend daran übermorgen eine gemeinsame Sitzung mit sämtlichen zuständigen Regierungsressorts, der Reichsbank und der Auslands–Organisation. Das Ergebnis dieser letzteren Aussprache wird dann in einer gemeinsamen Denkschrift des Ostasien–Ausschusses der Reichsgruppe Industrie und des Ostasiatischen Vereins den Regierungsstellen übermittelt. Der wesentliche Inhalt des Wunschprogramms wird sodann vom Auswärtigen Amt telegrafisch an die deutsche Delegation in Tokio[110] hinausgelegt mit dem Ersuchen, das Wunschprogramm mit den japanischen Regierungsstellen auszuhandeln.

Der von Herrn Waibel vorgelegte Entwurf für das deutsche Wunschprogramm wurde im Ostasien–Ausschuß eingehend besprochen und in der in der Anlage beigefügten Form genehmigt. [...]
gez. Waibel

Anlage zu Punkt 1. der Niederschrift über die 13. OAA–Sitzung am 24.2.1942

Geheim!

1. Befriedigende handels – und zollpolitische Vereinbarungen[111]
a) Direkte Abkommen mit den einzelnen souveränen Ländern Ost– und Südostasien[112]

---

109 In Vorbereitung auf das deutsch–japanische Handelsabkommen, das erst am 20.1.1943 in Berlin und Tokio unterzeichnet wurde, überreichte Japan Anfang 1942 an Deutschland Wunschlisten für Japan und China, die Gegenstand des Abkommens sein sollten (Liste A: deutsche Lieferungen an Stahl, Farben, Chemikalien, Kali, Werkzeugmaschinen, Arzneimittel usw.; Liste B. japanische Einfuhr von Maschinen, Einrichtungen, Patentrechten, Zeichnungen usw. sowie Berufung deutscher Techniker). Daraufhin arbeiteten deutsche Industrieunternehmen, vor allem der I.G. Farbenkonzern, in Abstimmung mit dem Reichswirtschaftsministerium und dem OKW, nach Überprüfung der japanischen Wünsche ihre eigenen Wunschprogramme zur Weiterleitung an die deutsche Delegation für die Japan–Verhandlungen. Das „I.G. Wunschprogramm" (aufgeschlüsselt für „Japan" sowie für „Nordchina und Mandschurei") wurde auf der 12. Sitzung des I.G.–OAA am 6.3.1941 nach Verständigung mit den I.G.–Vertreterkonferenzen in China und Japan abgestimmt. Vgl. NA/Microcopy T82, Roll 363, Serial 259, I.G. Farben, Aufn. 2065561–2065564, Sitzungsniederschrift, 6.3.1941. Dabei ging es der I.G. wie auch anderen deutschen Industrie– und Handelsfirmen um die Festschreibung garantierter Ein– und Ausfuhrkontingente im Ostasiengeschäft.

110 Gemeint ist die deutsche Wirtschaftsdelegation unter Leitung von Ministerialdirektor Helmuth Wohlthat Mitte März 1941 nach Tokio. Vgl. Ratenhof 1987:530.

111 Der am 20.1.1943 unterzeichnete „Vertrag zwischen Deutschland und Japan über die wirtschaftliche Zusammenarbeit" erfüllte als Rahmenvertrag für weitere in Berlin und Tokio abgeschlossene Zusatzvereinbarungen nicht die im Wunschprogramm abgesteckte Zielstellung für „befriedigende handels– und zollpolitische Vereinbarungen". Der Rahmen–Vertrag vom 20.1.1943 wurde u.a. abgedruckt in: Jahrbuch für Auswärtige Politik, 9. Jg. 1943, Berlin 1943:S.34f.

112 Direkte Abkommen mit einzelnen souveränen Ländern Großostasiens kamen u.a. mit Manzhouguo zustande, und zwar am 7.2.1942 das „Abkommen zur Fortführung der deutsch–mandschurischen Wirtschaftsbeziehungen" mit einer Geltungsdauer vom 1.11.1941 bis zum 31.5.1942. Da der bilaterale Handelsverkehr weitgehend eingestellt worden war, ging es im Abkommen vor allem um die Aufrechterhaltung der Verbindungen und um die Regelung der beiderseitigen Verbindlichkeiten durch weitere Kreditgewährung. Vgl. Kühlborn 1942:124.

b) Gleichberechtigung mit den Staatsangehörigen Japans und der übrigen souveränen Staaten. Sofern volle Gleichberechtigung absolut nicht erreichbar, dann mindestens eine starke Bevorzugung gegenüber den Staatsangehörigen der fremden nicht der Achse angehörigen Mächte.
c) Niederlassungsrecht und Sicherstellung unbehinderter wirtschaftlicher Betätigung der deutschen Firmen, soweit solche in den einzelnen Gebieten auch japanischen Firmen eingeräumt werden.
d) Im Falle des Bestehens oder der Gründung von Marktverbänden oder Marktordnungsverbänden soll den deutschen Firmen, ihren Niederlassungen oder ihren Vertretungen, das Recht vorbehalten bleiben, ihre Geschäfte selbständig und unabhängig von diesen Verbänden zu tätigen; gegebenenfalls unter Abschluß einer Abmachung mit diesen Verbänden, welche ihnen den für die Marktordnung erforderlichen Überblick über das Gesamtvolumen ermöglicht, ohne jedoch in Einzelheiten über die Geschäftsbehandlung und Geschäftsabwicklung einzugreifen.
Die deutschen Firmen sollen das Recht haben, sich solchen Verbänden mit den gleichen Rechten wie die inländischen Firmen anzuschließen.

Sofern mit dem Beitritt zu einem solchen Verband die Aufgabe der Geschäftspersönlichkeit verbunden wäre, sollen die deutschen Firmen unter allen Umständen das Recht haben, ihre Geschäfte selbständig im direkten Verkehr mit Lieferanten und Abnehmern zu führen, wobei dem Verband lediglich eine Oberaufsicht, jedoch kein Eingreifen in Einzelheiten, zuzugestehen wäre, soweit diese Oberaufsicht nicht ohnehin schon durch vertragliche Regelung zwischen beiden Regierungen in Form von Kontingenten gegeben ist.
e) Weitgehende Erleichterung und Förderung des Transitgeschäftes der deutschen Firmen.
f) Bei Zahlungsabkommen sicherzustellen, daß die eingehenden Erlöse sogleich nach Eingang von der Kundschaft überwiesen werden können. Soweit der Verkauf mit Kreditgewährung verknüpft ist, Möglichkeit der Kurssicherung vom Zeitpunkt des Verkaufs bis zum Zeitpunkt der Überweisung.
2. Gegenseitig bedingte Regelung des Wirtschaftsverkehrs[113]
Deutsche Forderungen:
a) Lieferung von Rohstoffen an Deutschland und zwar nicht nur solchen, die im Überfluß vorhanden sind, sondern auch solchen, die weniger reichlich zur Verfügung stehen, aber von Deutschland dringend benötigt werden.
b) Bezug von deutschen Industrie-Erzeugnissen, vor allem solchen, welche die japanische Industrie überhaupt nicht oder nicht in ausreichenden Mengen zu liefern vermag. Außerdem

113 Kompromißregelungen dazu enthielten die gleichfalls am 20.1.1943 im Führerhauptquartier signierten Zusatzdokumente (Geheimes Zusatzprotokoll über Vereinbarungen anläßlich der Unterzeichnung des Vertrages zwischen Deutschland und Japan über die wirtschaftliche Zusammenarbeit; Geheime Zusatzvereinbarung anläßlich der Unterzeichnung des Zusatzprotokolls) sowie der am gleichen Tage in Tokio vom japanischen Außenminister Masuyuki Tani, Botschafter Eugen Ott und Wirtschaftsdelegationsleiter Helmuth Wohlthat unterschriebenen Dokumente (Abkommen zwischen Deutschland und Japan über den Warenverkehr; Geheime Zusatzvereinbarung anläßlich der Unterzeichnung zwischen Deutschland und Japan über den Warenverkehr). Vgl. BArch, R9208, DBC, Nr.3900, Bl.6–14.

aber auch gewisser Bezug anderer Industrie–Erzeugnisse, an deren Lieferung Deutschland besonders gelegen ist. Festlegung von Kontingenten.

Deutsche Gegenleistungen:

c) Gewährung deutscherseits von technischer Unterstützung, die im einzelnen auszuhandeln wäre.

d) Gewährung deutscherseits von Staatskrediten.

3. Betätigung und Einrichtung von Stützpunkten eines deutschen Bankinstitutes in sämtlichen Gebieten des großostasiatischen Raumes[114]

4. Deutscher Schiffs – und Flugverkehr für Waren und Passagiere im großostasiatischen Raum

5. Patente und Warenzeichen[115]

Soweit in den Ländern des großostasiatischen Raumes gewerbliche Schutzrechte deutscher Inhaber (Patente, Muster, Warenzeichen) bestehen oder angemeldet sind, müssen dieselben in vollem Umfange den deutschen Inhabern erhalten bleiben. Soweit solche Rechte während des Krieges nicht aufrecht erhalten oder nicht rechtzeitig angemeldet werden konnten, sequestriert oder mit sonstigen Zwangsmaßnahmen belegt wurden, ist der frühere Zustand wiederherzustellen.

Soweit zur Aufrechterhaltung der Rechte Zahlungen notwendig sind, gelten bei fehlenden Transfermöglichkeiten die Zahlungsverpflichtungen als erfüllt, sofern die Beträge innerhalb einer Frist von einem Jahr nach Abschluß des Abkommens bei einer von der Heimatbehörde bestimmten Kasse eingezahlt sind.

6. Rückerstattung des deutschen Eigentums in den bisher feindlichen Gebieten, und zwar in Natura soweit noch vorhanden, sonst die bei der Veräußerung erzielten Erlöse.[116]

BArch, R8128, I.G. Farben, Nr. A 2378, Bl.25–28.

---

[114] Dieses Ziel wurde mit der Gründung der Deutschen Bank für Ostasien am 9.12.1942 erfüllt. Unter Beteiligung führender deutscher Bankinstitute (vor allem Allgemeine Deutsche Kreditanstalt, Bank der Deutschen Arbeit, Bayerische Hypotheken– und Wechselbank, Deutsche Bank, Dresdner Bank, Reichskredit–Gesellschaft) nahm sie in Berlin und mit einer Zweigstelle in Tokio ihre Tätigkeit auf. Sie sollte keine eigenen Handelsgeschäfte betreiben, sondern sich vorrangig in die Förderung des deutsch–ostasiatischen Handels– und Finanzverkehrs einschalten. Vgl. BArch, R9208, DBC, Nr.2988, Bl.3.

[115] Entsprechende Regelungen sollten auf der Grundlage des ebenfalls am 20.1.1943 in Tokio abgeschlossenen Abkommens zwischen Deutschland und Japan über die technische Zusammenarbeit (einschließlich Geheimer Zusatzvereinbarung) getroffen werden. Vgl. BArch, R9208, DBC, Nr.3900, Bl.16–10.

[116] In China requiriertes deutsches Eigentum wurde japanischerseits nur zum Teil zurückgegeben bzw. entschädigt. Die meisten Rückerstattungsanträge wurden von den deutschen Firmen zurückgezogen, um nicht von Japan bei 1943/44 in Aussicht gestellten Rüstungsaufträgen ausgegrenzt zu werden.

94

Telegramm des Geschäftsträgers Erich Kordt, Nanjing, an das AA[117]

Nanjing, 6. Mai 1943

I. Für Beurteilung derzeitiger Lage und Betätigungsmöglichkeit deutscher Firmen in China hinweise zunächst allgemein auf folgendes:

Wirtschaftsgebiet chinesischer Nationalregierung[118] einschließlich Nordchina bis jetzt umfaßt weniger als die Hälfte eigentlichen Chinas ohne Außenprovinzen. Hiervon abzurechnen militärische Operationsgebiete, welche praktisch keinen oder nur geringen Beitrag zu Wirtschaft Nationalregierung leisten. Japaner aufwandten seit Besetzung Chinas – abgesehen von Investierungen in ausschließlich japanischer Regie unterstehenden Unternehmungen – kaum nennswerte Mittel für Erhaltung und Steigerung Produktion. Chinesische Regierung besitzt für aktive Wirtschaftspolitik weder Bewegungsfreiheit noch ausreichende Mittel (Kriegsbudget Nationalregierung für 1. Hälfte 1943 beträgt nur 600 Millionen CRB–Dollar,[119] gegenwärtig unter 15 Millionen Reichsmark). Japanischer Besatzungsapparat und umfangreiche Rohstoff– und Lebensmittelkäufe für das japanische Mutterland beanspruchen die geschwächte Produktionskraft und Reserven nationalchinesischen Wirtschaftsgebietes nunmehr seit fünf Jahren bis zur äußersten Grenze Leistungsfähigkeit.

In diesem Zusammenhang sind streng geheimgehaltene Zahlen aus Statistik japanisch geleiteten Seezolls in Shanghai[120] – weitere handelsstatistische Angaben nicht vorliegen – aufschlußreich. Danach betrug die Einfuhr über Shanghai im Jahre 1942 insgesamt 45,7 Millionen Goldeinheiten – gegenüber 285 Millionen Goldeinheiten im Jahre 1941 –, wovon 31,7 Millionen auf Japan, 5 Millionen auf Deutschland entfallen. Demgegenüber belief sich über Shanghai geleitete Ausfuhr 1942 insgesamt auf 335 Millionen Goldeinheiten – gegenüber 751 Millionen im Jahre 1941 –, wovon über 309 Millionen auf Japan und 2,9 Millionen auf Deutschland entfallen. Mißverhältnis zwischen Ein– und Ausfuhr vergrößert sich noch durch

---

[117] Das AA hatte mit Telegramm Nr.50 vom 11.2.1943 von der Deutschen Botschaft in Nanjing Auskunft verlangt, „inwieweit deutsche Firmen im besetzten China durch Einwirkung japanischer Maßnahmen, insbesondere wirtschaftliche Kontrollmaßnahmen in ihrer geschäftlichen Betätigung noch ganz oder teilweise behindert werden." Martin Fischer, Generalkonsul von Shanghai, verwies in seiner Stellungnahme für die Deutsche Botschaft Nanjing vom 29.4.1943 vor allem auf das dirigistische, geschäftsfeindliche Wirtschaftsüberwachungssystem der Japaner. Vgl. BArch, R9208, DBC, Nr.2472, Bl.340–343.

[118] Gemeint ist die Marionettenregierung in Nanjing.

[119] Gemeint ist der von der Federated Reserve Bank, der am 10.3.1938 von der „Vorläufigen Regierung von Nordchina" mit Sitz in Beijing gegründeten Staatsbank, zunächst für das japanisch besetzte Nordchina herausgegebene CRB–Dollar, auch Nordchina–Yuan (Nordchina–Dollar) in Abgrenzung zum guomindang–chinesischen National–Yuan (National–Dollar) genannt.

[120] Die von Großbritannien für den Hafenumschlag im chinesischen Gesamtterritorium im 19. Jahrhundert aufgebaute und geleitete Chinesische Seezollverwaltung in Shanghai wurde nach Übernahme durch die Japaner im Dezember 1941 in ihrer Kompetenz beibehalten.

nichtberücksichtigte Ausfuhr über nordchinesische Häfen sowie durch Verschiffungen militärischer Stellen unter Umgehung Seezolls.

II. Trotz der vor einiger Zeit erfolgten teilweisen Übertragung der Handels- und Warenkontrolle an chinesische Organe (vgl. Drahtbericht Nanjing Nr. 97 vom 20. März und Shanghai Nr. 98 vom 9. März)[121] wird chinesische Wirtschaftspolitik auch heute noch grundsätzlich von Japanern bestimmt. Japans Führungsanspruch wird in der Praxis japanischer Militär- und Zivilverwaltungen oft zu alleinigem japanischem Betätigungsanspruch. Seiner Sicherung dient – am schärfsten tritt das in Shanghai zutage – ein überspitztes bürokratisches System (umständliche Beschaffung Einzelgenehmigungen für Waren–An– und –Auslieferungen, –Bewegungen, –Vertrieb und Rohstoffbeschaffung), mit dessen Hilfe wirtschaftliche Betätigung überwacht und mitunter bis zur Unmöglichkeit erschwert wird.

Schärfe und Ausdehnung der das chinesische Wirtschaftsleben lähmenden Kontrollmaßnahmen durch militärische Notwendigkeiten häufig nicht mehr gerechtfertigt. Nachgeordnete Dienststellen hinweisen im einzelnen auf folgende Auswirkungen japanischer Wirtschaftspolitik in China.

1. Shanghai: Japaner versuchen häufig, deutsche Waren, teilweise schon vor Verzollung, unter Begründung kriegswichtiger Verwertung zu requirieren bzw. unter Druck anzukaufen. Derartige Waren sind teilweise später zu höheren Preisen wieder auf Shanghaier Markt erschienen. Durch schleppende Behandlung genehmigungspflichtiger deutscher Geschäfte und Transporte wird vielfach Einschaltung japanischer Großfirmen erzwungen. Transportwege – soweit überhaupt geöffnet – ausschließlich japanischen Spediteuren vorbehalten. Direkter Verkehr zwischen deutschen Importeuren und chinesischen Händlern und Konsumenten wird durch Zwischenschaltung japanischer Stellen zu unterbinden versucht. So gut wie keine Berücksichtigung deutscher Firmen bei öffentlichen Ausschreibungen.

Selbständige Beschaffung von Rohstoffen mit Hilfe früherer Lieferanten deutscher Firmen in chinesischem Hinterland ist infolge Monopolisierung fast sämtlicher Rohstoffe in der Hand japanischer Militärorganisationen praktisch unmöglich. Ankäufe nur nach langwierigen Verhandlungen deutscher mit japanischen Behörden, häufig unter Zuhilfenahme Tokios, möglich. Dagegen erhalten in großer Anzahl neuauftretende japanische Geschäftsleute ohne Fach- und Landeskenntnis selbst in militärischen Operationsgebieten Handelserlaubnis. Weitere Erschwerung Rohstoffbeschaffung infolge fehlender Bereitwilligkeit japanischer Banken, den Firmen früher stets verfügbare Packkredite heute zur Verfügung zu stellen. Ähnliche Behinderung deutschen Ausfuhrgeschäfts infolge Zurückhaltung Ausfuhrgenehmigungen, Monopolisierung Verpackungsmaterials in japanischer Hand und amtliche Begünstigung japanischer Großfirmen Verwirklichung japanischen Bestrebens, Ausfuhr aus China nach Deutschland gegen deutsche Einfuhr nach Japan zu verrechnen, würde infolge Kursunterschied vier- bis fünffacher Verteuerung deutscher Rohstoffankäufe gleichkommen.

---

[121] Beide nicht gedruckt.

2. Tianjin–Peking: Deutsche Firmen seit Gründung japanischer Monopolorganisationen[122] von Einfuhr und Ausfuhrgeschäft mit Japan völlig ausgeschaltet. Willkürliche und oft verschleppte Entscheidung über deutsche Anträge im Handelsverkehr mit Mittel– und Südchina. Deutsche Firmen in Nordchina sind vom Tuchhandel prinzipiell ausgeschlossen. Weitere Benachteiligung deutscher gegenüber japanischen Firmen durch Nichtzulassung zu vereinfachtem Verrechnungsverfahren über Nordchina–Mittelchina–Barterabkommen.[123] Ständige Gefahr Beschlagnahme deutscher Einfuhrwaren zu willkürlich und unter Marktpreis festgesetzten Höchstpreisen. Lahmlegung deutscher Einkaufsorganisationen[124] im Innern zugunsten japanischer Firmen. Japanischer Druck auf örtliche Fabrikunternehmungen, ihre Vertretungen ausschließlich Japanern anzuvertrauen. Verspätete Unterrichtung der Reichsvertretung und deutscher Wirtschaftsstellen über wirtschaftspolitische Maßnahmen japanischer Behörden. Im übrigen wie Shanghai.

3. Shandong (Qingdao, Jinan, Zhifu): Bemühungen deutscher Firmen, zum Ausgleich für fortgefallenes Überseegeschäft in chinesischem Küstenhandel Fuß zu fassen, hatten bisher infolge japanischer Maßnahmen wenig Erfolg. Beteiligungsquote an Hauptausfuhrartikeln Shandongs (Erdnuß und –Produkte, Bohnen) für alle Ausländer einschließlich Deutscher insgesamt auf 15% beschränkt (Japaner 60%, Chinesen 25%). Im übrigen wie Tianjin.

4. Hankou (militärisches Operationsgebiet): Handelsbetätigung deutscher Firmen so gut wie vollständig lahmgelegt.[125] Für deutsche Firmen bedeutungsvolles Einlagerungsgeschäft infolge Bevorzugung japanischer Firmen stillgelegt. Einschneidende Beschränkungen für Güter und Personenverkehr auf Yangzi werden einseitig auf europäische Firmen angewandt.

5. Kanton und Shantou (militärisches Operationsgebiet): Bis jetzt nur in Einzelfällen Genehmigung deutscher Exportanträge zu erlangen. Zu Auffüllung deutscher Lagerbestände erforderliche Importe aus Shanghai infolge Verweigerung Einfuhrgenehmigungen durch japanische Kontrollstellen so gut wie unmöglich gemacht. Japanische Lokalbehörden in Kanton

---

[122] Die 1938/39 im okkupierten Nord– und Mittelchina etablierten japanischen Monopolorganisationen (lanciert durch sogenannte halbstaatliche Entwicklungsgesellschaften, wie die „North China Development Co." (und die gegeneinander konkurrierenden japanischen Konzerne) wurden durch staatliche Aufsichtsinstanzen koordiniert, vor allem durch das vom japanischen Außenministerium, dem Wirtschaftsministerium und der Wehrmacht im Dezember 1938 in Tokio gemeinsam errichtete Asienentwicklungsamt mit Liaison–Ämtern in Peking, Qingdao, Datong bzw. Kalgan, Shanghai, Amoy. Vgl. NA/Microcopy T82, Roll 363, Serial 259, I.G. Farben, Aufn. 2065652–2065655, Bericht, Dr. Wilhelm Haas, Peking, 23.1.1941 zur Wirtschaftskontrolle in China durch das Ko–a–in (Asienentwicklungsamt).

[123] Gemeint sind Austauschabkommen.

[124] Seit Herbst 1938 war in Tianjin die Deutsche Handelsvereinigung Tianjin GmbH für Handelsgeschäfte mit den innermongolischen Grenzgebieten (Mengjiang) tätig. Ab Frühjahr 1942 versuchte das Reichswirtschaftministerium, die deutschen Ostasienfirmen zu Kartellen gegenüber der japanischen Restriktion zusammenzufassen, in China unterstützt durch 1942 aufgebaute Fachgruppen und regionale deutsche Wirtschaftsverbände. Vgl. NA/Microcopy T82, Roll 363, Serial 259, I.G. Farben, Aufn. 2065305–2065306, OAV, Dr. Otto Richter, 11.3.1942, an Reichsgruppe Handel, Dr. von Poll.

[125] Vgl. Berichte des Deutschen Generalkonsulats Hankou zur Geschäftslage in Hankou im Jahre 1942 vom 29.1.1943 (BArch, R9208, DBC, Nr.2625, Bl.103–125) sowie im Jahre 1943 von Januar 1944 (ebenda, Bl.36–56).

verfolgen Tendenz, deutsche Einfuhr, wenn überhaupt, nur über japanische Gilden[126] zuzulassen und deutsche Handelsbetätigung quotenmäßig festzulegen.
III. Hieraus sich ergebende hauptsächliche Wünsche deutscher Firmen:
1. Sicherung unbeschränkter Verfügungsrechte deutscher Firmen über die mit Sondertransport in China eingehenden Waren.
2. Freier direkter Geschäftsverkehr mit Kunden, Aufhebung Beschränkungen hinsichtlich Bewegungen deutscher Waren innerhalb besetzter Gebiete, soweit nicht japanische Kriegsnotwendigkeiten bzw. chinesische staatliche Planungsmaßnahmen entgegenstehen.
3. Unbehinderte Ermöglichung Beschaffung von Landesprodukten unter Benutzung deutschen Firmen genehmer Vermittler, nachdem im Einzelfall mit einer verantwortlichen japanischen Stelle Verständigung erzielt worden ist.
4.[127] Direkte Verrechung (das heißt nicht über Tokio) der chinesischen Einfuhr aus Deutschland gegen chinesische Ausfuhr nach Deutschland.
IV. Da gegenwärtige Wirtschaftsverhältnisse in China anormal und zukünftige wirtschaftliche Stellung Japans in China nicht zu übersehen, erscheint Festlegung unsererseits auf augenblickliches kriegsbedingtes Wirtschaftssystem nicht angezeigt. Bestimmte Ein– und Ausfuhrkontingente sollten solange wie möglich vermieden werden. Zu interner Unterrichtung muß auch festgestellt werden, daß eine Anzahl deutscher Chinafirmen dank langjähriger Erfahrung und Anpassungsfähigkeit im Rahmen beschränkter Möglichkeiten aus ungeklärten chinesischen Verhältnissen auch Nutzen zu ziehen verstanden. Eine genaue Festlegung unseres Anteils am Chinageschäft könnte unter Umständen erhebliche Nachteile mit sich bringen. Erwünscht wäre, alle im Rahmen Kriegspolitik zulässigen Möglichkeiten weitgehend offenzuhalten.

Falls dort, wie in obigem Drahterlaß ausgeführt, aufgrund Vertrags über wirtschaftliche Zusammenarbeit bei japanischer Regierung Frage Betätigung deutscher Firmen in Chinahandel aufgenommen werden sollte, wäre Erfüllung der in Ziffer III aufgeführten Wünsche in geeigneter Weise anzustreben. Allgemein sollte dahin gewirkt werden, daß dem im Artikel 4 und 7 des Zusatzprotokolls festgelegten Grundsatz größtmöglicher wohlwollender Berücksichtigung deutscher Interessen und bevorzugte Schutzgewährung durch die japanischen

---

126 Japanische Gilden, vergleichbar den im Frühjahr 1942 gebildeten Fachgruppen deutscher China– und Japanfirmen, wurden 1943/44 zur Einschaltung in die Warentransportkontrolle bzw. –Kontingentierung nach dem Prinzip kaufmännischer Selbstverwaltung weiter ausgebaut und im japanisch besetzten China dem 1943 errichteten ACCA (All China Commercial Control General Association) unterstellt. Vgl. BArch, R9208, DBC, Nr.2764, Bl.79–84, Tätigkeitsbericht des Deutschen Wirtschaftsverbandes Shanghai für 1943, 27.3.1944). Parallel dazu erfolgte analog zu den deutschen Wirtschaftsgruppen der Reichsgruppe Industrie eine organisatorische Zusammenfassung der japanischen Wirtschaft in Wirtschaftsgruppen, allerdings ohne einheitliche Spitzenorganisation. Vgl. NA/Microcopy T82, Roll 363, Serial 259, I.G. Farben, Aufn. 2064882–2064883, vertrauliche Mitteilung des Ostasiatischen Vereins, Hamburg, 6.11.1943.

127 Die Passage zu Punkt 4 ist im Text handschriftlich zugefügt.

militärischen und zivilen Stellen in China auch in der Praxis mehr als bisher[128] Rechnung getragen wird.

Tokio mit Kurier. [...][129]

BArch, R9208, DBC, Nr.2472, Bl.301–309.

95

Telegramm des Botschafters Ernst Woermann, Nanjing, an die Deutsche Wirtschaftsdelegation in Tokio

Nanjing, 14. September 1943 Geheim

Für Delegation.
Unter Bezugnahme auf Drahterlaß Berlin Nr.2051 vom 14.8.1943 nach Tokio und auf mündliche Besprechung mit Staatsrat Wohlthat.

Zu angezogenem Drahterlaß nehme ich wie folgt Stellung:

Belange deutscher Firmen in China werden von Japanern noch nicht mit dem im Vertrag und Zusatzprotokoll[130] vorgesehenen größtmöglichen Wohlwollen berücksichtigt. Die im Drahtbericht Nr.167 vom 12. Mai[131] nach Berlin aufgeführten Einzelheiten, die im ganzen auch heute noch zutreffen, beweisen dies. Ursache mag teilweise in Nichtvollendung der Organisation chinesischer und japanischer Planwirtschaft in China[132] und sonstigen Schwächen der Organisation liegen. In der Hauptsache dürfte jedoch die japanische Ausschaltungspolitik gegenüber ausländischen Firmen Schuld tragen. Bemühungen deutscher Firmen, sich durch Wirtschaftsverbände und Fachgruppen in chinesische Planwirtschaft einzuschalten, können zur Zeit noch kein endgültiges Ergebnis haben, weil Japaner nach eigener Aussage Kontrolle über chinesische Wirtschaftsplanung behalten wollen, und infolgedessen die deutschen Be-

---

128 Die in diesem Absatz hervorgehobenen Wörter sind in der Vorlage korrigierend handschriftlich nachgetragen.

129 Es folgen Weiterleitungsvermerke.

130 Der am 20.1.1943 zwischen Deutschland und Japan geschlossene Vertrag mit Zusatzvereinbarungen bestand im wesentlichen aus drei Teilen (1. Geheimabsprachen zur wirtschaftlichen Zusammenarbeit im großostasiatischen Raum; 2. Waren- und Zahlungsabkommen; 3. Abkommen über technische Zusammenarbeit). Vgl. BArch, R9208, DBC, Nr.3900, Bl.3–23.

131 Vgl. Dok.94.

132 Die 1942/43 in Japan sowie im besetzten China eingeleitete Reorganisation der staatlichen Handels- und Industrielenkung (seit 1.7.1943 bestand in China die „Japanese Foreign Trade Federation in Central China, Chuboren" zur Außenhandelssteuerung; seit 11.3.1943 die mit Chinesen besetzte „All China Commercial Control General Association, ACCA" für Warentransportkontrolle) sollten 1944 fortgeführt werden.

lange nach wie vor von japanischem Einfluß bestimmt werden. Das Bestreben der deutschen Chinafirmen, sich aus eigener Kraft bis Kriegsende unter Anpassung an Notwendigkeiten der Kriegsführung aktiv zu erhalten, verdienen meines Erachtens jede mögliche Förderung. Daher erscheinen mir auch im Drahtbericht Nr.167 zusammengestellte Mindestwünsche deutscher Firmen als berechtigt.

Zu III des angezogenen Drahtberichts bemerke ich noch: zu 1. Trotz Einschränkung der Transporte erscheint mir die grundsätzliche Sicherung des freien Verfügungsrechts deutscher Firmen über mit Sondertransport zukünftig in China eingehende oder für China bestimmte und anderswo jetzt oder später gelagerte Waren wichtig.

Zu 2. und 3. Freiere Bewegung deutscher Waren und unbehinderte Ermöglichung der Beschaffung von Landesprodukten sollte angestrebt werden.

Zu 4. Über Verrechnungsfrage besteht wohl Einverständnis aller Beteiligten, Punkt könnte daher fortfallen.

Eine grundsätzliche Änderung von der jetzigen Haltung der Japaner zum praktisch fühlbaren Wohlwollen gegenüber deutschen Firmen und Staatsbürgern ist meines Erachtens nur möglich, wenn von den maßgebenden japanischen Stellen entsprechende Weisungen an ihre untergeordneten Organe in China und soweit für China zuständig auch in Japan ergehen.

Die Auswirkung einer derartigen Weisung müßte sich bei japanischen und chinesischen Organen sofort zeigen, wenn sie mit entsprechendem Nachdruck erteilt wird.
Woermann

BArch, R9208, DBC, Nr.2472, Bl.276–277.

96

Rede des Vorsitzenden der Deutschen Handelskammer und des Deutschen Wirtschaftsverbandes in Shanghai, Carl Gadow[133]

Shanghai, 30. März 1944

Überblick des Vorsitzenden, Herrn Gadow, über das Jahr 1943, vorgetragen auf der Jahresversammlung der Handelskammer am 30. März 1944

---

[133] Das Redemanuskript für den Jahresrückblick 1943, den der Vorsitzende der Deutschen Handelskammer Shanghai, Carl Gottfried Gadow, auf der 22. Jahresversammlung der Deutschen Handelskammer Shanghai am 30.3.1944 krankheitshalber nicht halten konnte, lag dem Protokoll der 2. Jahresversammlung des Deutschen Wirtschaftsverbandes Shanghai vom 30.3.1944 als Anlage bei bzw. war dem Protokoll der 22. Jahresversammlung der Deutschen Handelskammer inseriert. Der stellvertretende Vorsitzende, Dr. G. Probst, Siemens China Co., hatte diesen Überblick auf der Jahresversammlung vorgetragen. Vgl. BArch, R9208, DBC, Nr.2731, Bl.12–15.

Den Jahresrückblick der Handelskammer, den wir nach altem Brauch gelegentlich der Jahreshauptversammlung anstellen, richten wir am besten nach den wichtigsten Ereignissen aus, die sich im Laufe des Geschäftsjahres zugetragen haben, und setzen die dabei festgestellten Ergebnisse in das wirtschaftliche Gesamtbild ein, welches sich für unsere gegenwärtige Lage wie für einen Ausblick auf 1944 ergibt.– Eine chronologische Darstellung aller Ereignisse im Geschäftsjahr 1943 ist im Bericht des Geschäftsführers enthalten, der zur Einsicht in der Geschäftsstelle ausliegt.[134] Von einer Drucklegung wird auch dieses Jahr abgesehen.

Marksteine auf politischem Gebiet waren der 9. Januar 1943, als der Tag der Kriegserklärung Nanjing–Chinas an England und die USA und gleichzeitig der Tag des Verzichtes auf Konzessionen und Exterritorialität seitens Japans;[135] weiter der 30. Oktober 1943, als Tag des Abschlusses des Bündnisvertrages Japan/Nanjing–China,[136] der für Chongqing–China die Brücke abgeben sollte, um sich seiner Gemeinschaftspflichten unter den Völkern Ostasiens zu erinnern.

Alle diese Ereignisse haben keine einschneidenden Auswirkungen auf die Wirtschaft des Landes gehabt.

In allgemeinen wirtschaftspolitischen Ereignissen, die uns schon näher angehen, registrieren wir vor allem den Eckstein der zukünftigen deutsch–japanischen Wirtschaftsbeziehungen, der so umfassend gesetzt worden ist, um auch weiteren „Ostasien–Großraum"–Entwicklungen Rechnung zu tragen; ich meine: Die deutsch–japanischen Wirtschaftsverträge, die am 20. Januar 1943 durch Herrn Staatsrat Wohlthat in Tokio abgeschlossen wurden, gleichzeitig mit einem dazugehörigen und in Berlin gezeichneten Rahmenabkommen zwischen unserem Reichsaußenminister und Botschafter Oshima.[137] Als erste unmittelbare

---

[134] Vgl. vertraulicher Jahresbericht 1943 des Geschäftsführers der Deutschen Handelskammer Shanghai, Dr. Georg Voss, o.D., BArch, R2908, DBC, Nr.2731, Bl.16–20. Die Handelskammer–Jahresberichte wurden ab 1939 nicht mehr veröffentlicht.

[135] Am 9.1.1943 unterzeichneten Wang Jingwei und der damalige Botschafter Japans in Nanjing, Shigemitsu, außer einer gemeinsamen Erklärung der Marionettenregierung in Nanjing und Japans über die militärische, politische und wirtschaftliche Zusammenarbeit ein Abkommen über die Rückgabe der Konzessionen und die Aufgabe der Exterritorialität. Das Abkommen legte fest, daß Japan China die japanischen Konzessionen zurückgeben wird und die baldmöglichste Übernahme der Verwaltungsrechte durch Nanjing–China in der Internationalen Niederlassung in Shanghai und Amoy wie auch im Legation Quarter in Peking anerkennen wird. Italien (am 14.1.1943), Frankreich (am 23.2.1943) und einige neutrale Länder erklärten sich gleichfalls zur Aufgabe der Konzessionen und Exterritorialität bereit. Ähnliche Erklärungen gaben auch die USA und Großbritannien gegenüber der chinesischen Regierung in Chongqing ab.

[136] Der am 30.10.1943 abgeschlossene Bündnisvertrag hob den „Vertrag über die Grundbeziehungen zwischen China und Japan" vom 30.11.1940 auf. Mit dem Bündnisvertrag verzichtete Japan auf frühere Rechte zur Truppenstationierung in China gemäß Pekinger Protokoll nach dem Boxer–Aufstand 1901 und auf besondere wirtschaftliche Interessensphären in Nordchina, Mengjiang, unteres Yangzi–Gebiet. Japan behielt aber seine Schlüsselstellungen in China (z.B. beim Seezoll, bei der Polizei, bei der Central Reserve Bank), war auch administrativ weiterhin massiv präsent (vier Dienststellen bei der japanischen Botschaft, 19 Generalkonsulate) und verstärkte laufend seine Kampf– und Etappen–Streitkräfte.

[137] Vgl. BArch, R9208, DBC, Nr.3900, Bl.3–23. Die deutsch–japanischen Wirtschaftsverträge vom 20.1.1943 hatten den Grundsatz der gegenseitigen Unterstützung zur Stärkung des Kriegspotentials

Auswirkung dieser neuen Abmachungen trat am 8. Juni 1943 das deutsch–japanische Banken–Abkommen in Kraft, in dessen Folge kurz danach die Tokio–Filiale der „Deutschen Bank für Ostasien" ihre Tätigkeit aufnahm.[138] Wir haben inzwischen gehört, daß deren Tätigkeit sich zunächst auf die Abwicklung des kriegsbedingten deutsch–japanischen Warenverkehrs beschränkt, daß der Bank in der weiteren Entwicklung wohl aber auch umfassendere Betätigungen zuwachsen werden, wie sich solche aus der Natur „allgemeiner Verrechung" zwischen den beiden wirtschaftlichen Großräumen – auch bezüglich des Kapitalverkehrs – in und mit Ostasien von selbst stellen werden.

Diese in Tokio abgeschlossenen Wirtschaftsverträge erfordern unsere ernste Aufmerksamkeit; ihre Auswirkung auf China ist heute noch nicht abzusehen; sie lassen jedoch bereits die Bedeutung erkennen, welche einem japanischen „Führungsanspruch" auch im Wirtschafts–Sektor für die bisherigen deutschen wirtschaftlichen Belange innewohnt.

Werfen wir nach diesen Feststellungen allgemein wirtschaftspolitischer Ereignisse einen Blick auf die während des Jahres sich ablösenden rein chinesischen Wirtschaftsmaßnahmen, und zwar soweit dieselben die Nanjing–Gebiete betreffen:

Hier konnten wir in dem Zurückziehen der japanischen Besatzungsbehörden aus der unmittelbaren Kontrolle des Warensektors mit der Verordnung vom 12. März 1943 – unter Betreuung der „All China Commercial Control General Association" mit der gleichen Aufgabe – die erste Auswirkung der neuen Politik sehen: „Direktive in japanischer Hand". „Executive durch oft 'ad hoc' geschaffene chinesische Institutionen".[139]

Sowohl Ihre Kammer wie der mit der Betreuung der praktischen Handelsinteressen besonders beauftragte Wirtschaftsverband haben entsprechend der Bedeutung dieser 2. Phase einer Planwirtschafts–Ausrichtung unsere eigenen Behörden auf die Dringlichkeit hingewiesen, die eine rechtzeitige Einschaltung durch geschlossene Berücksichtigung unserer deutschen Firmen hat. Unsere Auffassungen mit dem Ziele einer Anerkennung der „deutschen Wirtschaftsverbände" auf gleicher Ebene wie die japanischen „Central–Kumiai's" bzw. Chinesischen „Central–Gilden" wurden in einem Bericht vom 19. Mai niedergelegt und durch einen weiteren vom 16. August ergänzt. Verhandlungen seitens unserer Behörden werden mit der Gegenseite seitdem unseres Wissens ununterbrochen geführt.[140]

Infolge der bekannten generellen behördlichen Empfehlung, nach welcher sich unsere Firmen grundsätzlich einer Einreihung in chinesische oder andere Gilden enthalten sollen, ergibt

---

festgelegt und den wechselseitigen Führungsanspruch in den Großräumen Europa und Ostasien bekräftigt.

138 Die „Deutsche Bank für Ostasien" war bereits am 9.12.1942 gegründet worden. Der deutsch–chinesische Handels– und Zahlungsverkehr sollte weiterhin mit von der Deutsch–Asiatischen Bank betreut werden.

139 Durch einen gemeinsamen Erlaß der japanischen Armee, Marine und Botschaft vom 12. 3. 1943 gingen japanische Warenkontrollkompetenzen auf die am 11.3.1943 durch Gesetz des chinesischen Oberkriegsvaters errichtete ACCA über. Die ACCA war nach außen hin eine chinesische Selbstverwaltungsorganisation der chinesischen Kaufmannschaft. Hinter ihr stand jedoch die japanische Botschaft.

140 Vgl. Dok.94.

sich, daß, je länger obiger ungeklärter Zustand andauert, desto häufiger Situationen eintreten, in denen auch die Ausnutzung der wenigen sich bietenden Geschäftsmöglichkeiten unmöglich wird.

Die Behandlung der Verordnungen zwecks Kontrolle der meist als „essential goods" bezeichneten Warengruppen, die in bunter Reihe sich ablösten, gehört zum unmittelbaren Arbeitsgebiet des Wirtschaftsverbandes. Nur auf eine dieser Verordnungen sei auch an dieser Stelle eingegangen, auf die Verordnung vom 10. August über die Beschlagnahme sämtlicher Baumwollgarn und Baumwollstoff–Bestände und deren Übernahme zu regierungsseitig fixierten Preisen und Bedingungen.[141] Dieses Vorgehen, welches im Falle des Artikels Baumwolle nur eine beschränkte Anzahl deutscher Firmen und auch dann nicht einschneidend betraf, erforderte deshalb besondere Beachtung, weil bei seiner Bekanntgabe eine Ausdehung des Verfahrens auch auf andere Groß–Artikel in Aussicht gestellt wurde. Der weitere Verlauf der Baumwoll–Aktion ist bekannt: Die „Stabilisation des allgemeinen Preis–Niveaus", die davon erwartet wurde, ist nicht erfolgt, und die Begleiterscheinungen waren solche, daß man von weiteren derartigen Aktionen bis heute abgesehen hat. Für Schritte, die aus diesem Anlaß seitens unserer Behörde, zwecks möglichster Wahrung unserer deutschen Belange auch in Zukunft, unternommen werden, sind wir ihr besonders verpflichtet.

Als nächster uns unmittelbar betreffender Vorgang hat sich der Vertrag herausgestellt, der am 31. Juli 1943 zwischen China und Japan gezeichnet wurde und die grundsätzliche Anwendung der chinesischen Steuergesetzgebung auch Japanern gegenüber zugesteht.[142] Diesem Grundgesetz sind Ergänzungen gefolgt, die teilweise wie diejenigen über die Einkommensteuer und Geschäftssteuer erst zu Beginn 1944 erlassen worden sind, so daß die weitere Behandlung der Frage über den Rahmen dieses Berichtes hinausgeht. Ich darf auf die inzwischen ausgegebenen Rundschreiben der Geschäftsstelle verweisen, welche die noch schwebenden Verhandlungen seitens unserer eigenen Behörden behandelt.

Bei Betrachtung der lokalpolitischen Ereignisse erinnern wir uns in erster Linie der bereits erwähnten Rückgliederung der Konzession und des Settlements in Shanghai am 31. Juli bzw. 1. August. Die Zeit, in der anstelle des bisherigen sogenannten „fremden" Einflusses offiziell der „japanische" eingetreten ist, war nur kurz.

Damit ist für Shanghai, wie für alle in China domizilierten deutschen Firmen eine Periode im wesentlichen abgeschlossen, die eine geschäftliche Betätigung unter anderem Vorzeichen ermöglichte.

---

141 Die von Japan an Nanjing auf Teilgebieten übertragene Wirtschaftslenkung trieb mangels Waren– und Verkehrsaufkommen zu Inflation, Korruption und zur Flucht in die Sachwerte. Als Gegenmaßnahme hatte der Oberste Landesverteidigungsrat auf Betreiben der Japaner am 9.8.1943 den Aufkauf sämtlicher in Shanghai vorhandenen Baumwollvorräte zu Festpreisen verfügt. Am 18.12.1943 erreichte der Deutsche Wirtschaftsverband die Freigabe der beschlagnahmten deutschen Vorräte.

142 Am 31.7.1943 schlossen der Nanjinger Außenminister Chu Minyi und Japans Botschafter Tani einen Vertrag, nach dem japanische Staatsangehörige ab 1.8.1943 den chinesischen Steuerbestimmungen unterlagen.

Unserem an eruptiven Ereignissen bestimmt nicht armen Shanghai wurde sodann am 9. September durch die Versenkung der „Conte Verde“ und des Kanonenbootes „Lepanto“ der Zusammenbruch des italienischen Widerstandes demonstriert, durch welches Ereignis auch unsere deutsche Kaufmannschaft für einige Zeit zusätzlichen Belastungen ausgesetzt wurde.[143]

Unter diesen vorstehend nur andeutungsweise umrissenen, oft ungeklärten und dauernd sich ändernden Verhältnissen galt es für unsere Firmen, sich zunächst der Inflation zu erwehren.

Über die Entwicklung der Währung und das Verhalten des Geldmarktes im einzelnen verweise ich auf den in der Geschäftsstelle ausliegenden Sonderbericht. Die unaufhaltsam weiterschreitende Inflation des CRB–Dollar[144] fand ihren sichtbaren Ausdruck in einer Verzehnfachung des Ende 1942 mit ca. 2 Milliarden angegebenen Notenumlaufs.– Der Schwund der inneren Kaufkraft des Dollars offenbarte sich in den für Güter und Waren bewilligten Preisen in erheblich höherem Maße als in der Bewertung der sogenannten freien Devisen. Anders als in Deutschland in 1922/23 hat also die chinesische Bevölkerung sehr schnell die hier latent vorliegenden Gefahren erkannt und läuft in der Preisstellung für die Landeserzeugnisse der Inflation vielfach voraus! [...][145]
Gadow.

BArch, R9208, DBC, Nr.2731, Bl.44–48.

97

Bericht des Generalkonsuls Martin Fischer, Shanghai, an die Deutsche Botschaft Nanjing

Shanghai, 27. Juli 1944

Betrifft: Lage der deutschen Firmen in Shanghai

---

143 Nach dem Abfall Italiens von der Achse Berlin–Rom–Tokio versenkten die Italiener am 9.9.1943 im Huangpu ihre Schiffe und wurden interniert.

144 Gemeint ist die von der Central Reserve Bank für die Regierung in Nanjing emittierte Währung. Der Notenumlauf hatte sich 1943 in Nordchina verdoppelt, in Mittel– und Südchina verachtfacht. 1943 gab es Ende 1943 angesichts der verschärften Inflation 170 Banken in Nanjing–China.

145 Abschließender Dank an den Handelssachverständigen Winterfeldt, Botschafter Woermann, Staatsrat Wohlthat mit Durchhalte–Appell: „Andererseits sehen wir aber im Durchhalten und in der Verteidigung der altüberlieferten deutschen Wirtschaftsposition in China unseren Beitrag zu den Kriegsanstrengungen unserer Heimat [...] ebenso [...] aufrichtige Bereitschaft unserer Firmen, unseren japanischen Verbündeten auf dem Gebiet der verstärkten Heranschaffung wichtiger Landeserzeugnisse jede gewünschte Hilfeleistung zu geben.“

Die ständig schrumpfenden Geschäftsmöglichkeiten der deutschen Firmen, das fast völlige Fehlen von Rohstoffaufträgen aus Deutschland, die Aussichtslosigkeit, auf dem Gebiet der Rohstoffbeschaffung für Japan tätig zu sein, und anderes mehr haben zunehmende Geldsorgen besonders der mittleren und kleinen deutschen Firmen in Shanghai zur Folge. Eine vor einiger Zeit vorgenommene Prüfung der Geldlage der Firmen durch den Finanzausschuß der Handelskammer zwecks Ermittlung der Aufbringungsmöglichkeiten der Handelskammer- und der Wirtschaftsverbands-Unkosten beleuchtet die Lage der Firmen deutlich. Die Untersuchung ergab, daß von 146 Handelskammer-Mitgliedern 97 nur 11% zu den Unkosten beitragen können. Weitere 23 bringen 13%, 14 Firmen können zu 17% herangezogen werden, und die restlichen zwölf müssen die fehlenden 59% zahlen.

Zugegebenermaßen haben einige, besonders die kapitalkräftigen Firmen es verstanden, aus den Inflationserscheinungen, dem Schwarzen Markt und dem Küstenhandel Nutzen zu ziehen. Auch ist bisher nur eine Firma so weit, daß sie auf Reichsunterstützung angewiesen ist, und eine, die aus der Hilfskasse Subventionen erhält.

Dennoch wollte ich nicht unterlassen haben, auf diese Lage hinzuweisen, unter der besonders die Einzelkaufleute, die nicht von der von Staatsrat Wohlthat verwalteten Hilfskasse profitieren, leiden. Die allgemeine Schrumpfung des Geschäftes ist eine Tatsache, die auch in Berlin nicht mehr unbekannt sein kann. Immerhin verdient sie wohl in der Drahtberichterstattung über die wirtschaftlichen Vorgänge erwähnt zu werden. Ich darf entsprechende weitere Veranlassung anheimstellen.

Die Dienststelle hat Durchschlag erhalten.

BArch, R9208, DBC, Nr.2764, Bl.55.

98

Schreiben des Generalkonsuls Martin Fischer, Shanghai, an den japanischen Generalkonsul Yano Shotaro, Shanghai

Shanghai, 31. Juli 1944

Sehr verehrter Herr Kollege!

Wir haben vor kurzem die Frage des deutschen Einsatzes in der Kriegsproduktion erörtert.[146] Ich habe Gelegenheit genommen, die Möglichkeit zu prüfen, und bin nunmehr in der Lage, Ihnen das vorläufige Ergebnis meiner Feststellungen mitzuteilen:

---

146 Das von Fischer zusammengestellte Angebot ging auf Wünsche zurück, die der japanische Regierungsbeauftragte für Rüstungsfragen in einer Beratung zu den deutschen Einsatzmöglichkeiten für die japanische Kriegsproduktion am 23.12.1943 in Shanghai angefordert hatte. An dieser Beratung waren von deutscher Seite Teilnehmer u.a. M. Fischer, Generalkonsul in Shanghai; Winterfeldt, Handelssachverständiger; Gadow, Vorsitzender der Deutschen Handelskammer und des Deutschen Wirtschaftsverban-

Zu diesem Zweck überreiche ich Ihnen anbei zwei Listen:
A. Vorhandene Fabrikationsmöglichkeiten unter deutscher fachmännischer Leitung
B. Vorhandene Einzelpersonen: 1. Ingenieure, 2. Andere.

Zu B1. ist zu bemerken, daß es sich bei den nicht namentlich aufgeführten Ingenieuren um Festangestellte bei deutschen Firmen handelt, die nicht ohne weiteres abkömmlich sind.

Unter B2. sind abkömmliche Personen aufgeführt. Bei ihrem Einsatz sollten wenn möglich ihre besonderen Familienverhältnisse Berücksichtigung finden.

Bei allen Anfragen dürfte es sich empfehlen, sie über den Deutschen Wirtschaftsverband Shanghai, 452 Kiangse Road (Telefon 11510), an die betreffenden Firmen zu leiten. Notwendig für die Fabrikation sind Muster oder genaue Zeichnungen des gewünschten Artikels, Einzelheiten über gewünschte Menge und anderes. Die deutsche Firma wird dann ein detailliertes Angebot mit Preisen ausarbeiten, Lieferzeit angeben sowie die für die Herstellung benötigte Kohle, die Kraftstoff– und Rohstoffmengen aufführen. Angesichts der bestehenden Schwierigkeiten würden Kohle, Kraftstrom und Material wahrscheinlich in den meisten Fällen von japanischer Seite bereitgestellt werden müssen.

Ich möchte erwähnen, daß sich Ansätze zu praktischer Zusammenarbeit bereits in verschiedenen Fällen und Gegenden Chinas gezeigt haben, so z.B. in Shanghai: bei der Zusammenarbeit der Siemens China Co. mit dem Hauptquartier in Nanjing, bei der Fa. Siemssen & Co.[147] bei der Lieferung von Werkzeugmaschinen und bei anderen kleinen Firmen, in Nordchina: bei der Fa. Bosch durch Schulungskurse für Fahrzeugmonteure des japanischen Militärs, Organisation eines größeren zentralen Ersatzteillagers für Fahrzeuge und Flugzeuge, Planungsleitung bei der Einrichtung eines zentralen Reparaturbetriebes für Dieselfahrzeuge, in Hankou: Verhandlungen der Militärbehörde mit einer deutschen Meierei zur Herstellung von Großfabrikation von Nährmitteln für die japanische Armee. Ein deutscher Leiter der Firma ist zur Zeit in Shanghai, um die erforderlichen Maschinen zu kaufen.

Indem ich hoffe, daß die vorstehenden Anregungen zu einer Fortsetzung unseres Gedankenaustausches und zu praktischen Ergebnissen führen, verbleibe ich

---

des in Shanghai; Korff, Melchers & Co., Vorstandsmitglied der Deutschen Handelskammer Shanghai. Die deutscherseits seit 1942 anvisierte Einbeziehung der Chinafirmen in die japanische Kriegswirtschaft wurde für Japan erst nach der Wende im Pazifik–Krieg Gesprächs– und Verhandlungsgegenstand. Vgl. BArch, R9208, Nr.2472, Bl.175–180, Besprechungsniederschrift vom 23.12.1943. Dabei ging es vorrangig um die Mitwirkung deutscher Firmen an der Industrieproduktion sowie bei der Rohstoffbeschaffung für die Kriegführung. Die japanische Seite verhielt sich gegenüber weiteren deutschen Vorstößen sehr distanziert.

147 Die Handelsfirma Siemssen & Co. war bereit, Werkzeugmaschinen für die japanische Luftwaffe zu beschaffen. Unter der Leitung von Dr. Kaumann verhandelte die Beijinger Außenstelle der Wirtschaftsgruppe Luftfahrtindustrie (Kaumann war am 22.9.1944 aus Berlin nach Peking zurückgekehrt) in Anknüpfung an frühere Bemühungen mit der Trägerin des Luftverkehrs in Nanjing–China, der Chung Hua–Gesellschaft, deutsche Firmen in den Nachschub für die durch US–Luftangriffe schwer angeschlagene japanische Flugzeugindustrie einzubeziehen. Die im Herbst 1944 signalisierte Kooperationsbereitschaft kam bis Ende März 1945 über erste deutsch–japanische Verständigungsansätze nicht hinaus. Vgl. BArch, R9208, DBC, Nr.2472, Bl.6–10, Aktenvermerk, Kaumann, Peking, 23.3.1945, Anlage zum Bericht der Deutschen Botschaft Nanjing an AA, 24.3.1945.

Ihr sehr ergebener
gez. M. Fischer

Anlage 1.
A. Vorhandene Fabrikationsmöglichkeiten unter deutscher fachmännischer Leitung.
Es ist möglich:
1. die Fabrikation von Stacheldraht,
2. die Fabrikation von Draht 6x6,
3. Formen, Pressen, Bohren, Malen, Lackieren von Eisen und Blechen,
4. Fabrikation elektrischer Schweißapparate,
5. Fabrikation von Elektroden,
6. besondere Schweißarbeiten, z.B. beim Schiffsbau,
7. Herstellung von Eisenfässern,
8. Herstellung von Gasgeneratoren, z.B. für Automobile,
9. Stahl–Härten, Herstellung von Werkzeugmaschinen und Werkzeugen,
10. Herstellung und Reparatur hochwertiger optischer Instrumente,
11. Herstellung von Drahtseilen,
12. Einrichtung von Benzinpumpen und Tankanlagen nach modernsten Erfahrungen,
13. Autoreparaturen in deutschen Werkstätten,
14. Wiederingangsetzen von chinesischen Fabriken aller Art,
15. Fabrikation von Hefe,
16. Fabrikation von technischer Glukose,
17. Fabrikation von Gelatine,
18. Fabrikation von Büromaterialien,
19. Wollaufbereitung.

Die vorstehende Aufstellung geht zum Teil bereits auf japanische Anregungen zurück. Es wird betont, daß deutsche Firmen und die ihnen durch jahrelange Geschäftsverbindungen verpflichteten chinesischen Fabriken in der Lage sein würden, weit mehr Artikel herzustellen, wenn entsprechende präzise Anfragen von japanischer Seite geäußert werden.

Ihre Bereitschaft, auf den vorgenannten Gebieten je nach Anlage mitzuarbeiten, haben bereits verschiedene deutsche Firmen mit technischen Einrichtungen und technisch geschultem deutschen Personal geäußert.

Anlage 2 [...][148]

BArch, R9208, DBC, Nr.2472, Bl.131–134.

---

[148] Anlage 2 nennt als „Vorhandene Einzelpersonen" nicht namentlich 23 Ingenieure, davon fünf Maschineningenieure für Projektierung und Vertrieb, je zwei Ingenieure für Dampf– und Wasserkraftwerke, für Diesel–Kraftanlagen, elektrisches Nachrichtenwesen, Farbchemie sowie je einen Ingenieur für Fahrzeugtechnik, Aluminiumverarbeitung, Eisenkonstruktion, Heizungsanlagen, Industriegaserzeugung, Schiffbau und Waffen, ferner einen Architekt. Drei Ingenieure wurden als „sofort verfügbar" bezeichnet. Fünf weitere Personen, die nicht Ingenieure waren, wurden namentlich aufgeführt.

99

Bericht des Generalkonsuls Wilhelm Stoller, Shanghai, an die Deutsche Botschaft Nanjing

Shanghai, 19. Januar 1945

Oberst Niemöller[149] eintraf Shanghai 15. Januar, wieder abflog 19. Januar nach Tokio. Er hat in Shanghai auf Wunsch japanischer Armee Beziehungen zu japanischem Armeebüro Shanghai aufgenommen und u.a. auch mit Gadow als Präsident deutscher Handelskammer sowie Dr. Probst als Vorsitzenden Vereins Deutscher Ingenieure Besprechungen geführt. Zweck und Inhalt Aufenthalt: Verstärkter Einsatz deutscher Firmen und Ingenieure für japanische Rüstung, Aufkauf und Weitertransport nach Japan von Werkzeugmaschinen und dergleichen, örtliche Herstellung von solchen Maschinen sowie Zusammenfassung deutscher Ingenieure, Werkmeister usw. für evtl. Einsatz in japanischen Armeebetrieben. Verhandlungen hierüber sollen zwischen japanischer Armeekommission und noch näher zu bestimmender deutscher Kommission, die volles Vertrauen japanischer Armee genießt, geführt werden.

Oberst Niemöller hat auf besonders dringliche Notwendigkeit dieser Maßnahmen hingewiesen und bat um weitgehende deutsche Unterstützung. Er wird zwecks Aufbau Organisation Major Merkel aus seinem Büro vorübergehend nach Shanghai entsenden. Alle technischen und wirtschaftlichen Einzelheiten sollen zwischen Kommission besprochen werden. Deutscherseits wird Kommission voraussichtlich Dr. Probst und Major Huber, letzterer als Verbindungsmann zur japanischen Armee, u.a. angehören. Dr. Probst hält Plan ohne Schwierigkeiten für durchführbar, Gadow bittet jedoch Anweisung seitens Botschaft, um Handelskammer entsprechend einsetzen zu können.

Neben Hilfe für japanische Rüstung sollen Maßnahmen unter Ausschaltung japanischer Privatfirmen Stärkung und Vertiefung deutsch–japanischer Beziehungen dienen.

Erbitte Mitteilung, ob an Gadow entsprechende Weisung zu geben.

Stoller

BArch, R9208, DBC, Nr.2472, Bl.37–38.

100

Rundverfügung des Botschafters Ernst Woermann, Nanjing, an die diplomatischen und konsularischen Dienststellen in China

Nanjing, 12. Mai 1945

---

[149] Oberst Niemöller war im Auftrag des Militärattachés bei der Deutschen Botschaft Tokio tätig.

Konsul Hoops ist am 9. Mai in Shanghai von dem dortigen japanischen Generalkonsulat die Mitteilung gemacht worden, daß zwar eine Weisung aus Tokio noch nicht vorliege, daß er aber gebeten wurde, dem Vorsitzenden der Handelskammer [Gadow] und dem Leiter der Reichsdeutschen Gemeinschaft[150] mündlich eine Mitteilung zu machen, deren Inhalt sich aus der Anlage ergibt.

Wenn es sich dabei zunächst formal auch nur um eine Regelung für Shanghai zu handeln scheint, empfehle ich doch, auch dort die Vorsitzenden der Handelskammer oder der Zweigstelle und die Leiter der Reichsdeutschen Gemeinschaften mündlich zu unterrichten.[151] Von einer schriftlichen Weitergabe bitte ich jedoch abzusehen.

Anlage[152]

Die Deutschen Firmen, die Deutsche Bank[153] und Private können ihrer bisherigen Tätigkeit weiter nachgehen. Es wird ihnen zugesagt, daß ihr Besitz nicht enteignet wird,[154] es sei denn, sie tun einen der folgenden, als feindliche Handlungen angesehenen Schritt:

1. Zerstörung von Eigentum.
2. Schein–Übertragung von Waren und Immobilien.
3. Abzug von Bank–Konten über das übliche Maß hinaus, und zwar sowohl seitens der Firmen wie Privatpersonen, und Übertragung solcher Gelder an dritte Personen oder dritte Plätze.

In den obigen drei Fällen werden die Firmen bzw. Privatpersonen als Feinde angesehen und ihr Besitz beschlagnahmt.[155]

BArch, R9208, DBC, Nr.1794, Bl.240–241.

---

[150] Alfred Glathe, Handelshaus Glathe & Witt. Die Reichsdeutsche Gemeinschaft, Anfang Mai 1945 als „Deutsche Notgemeinschaft Shanghai/Deutsche Gemeinschaft Shanghai" zur Fortführung der früheren Deutschen Gemeinde Shanghai gegründet, bildete einen Beirat (Breuer, Gadow, Löhning, Röhreke) und eine Geschäftsstelle (Generalsekretär Hoops, I. Wohlfahrtsabteilung, II. Finanzabteilung, II. Rechtsabteilung). Vgl. BArch, R9208, DBC, Nr.1794, Bl.171–172.

[151] Gemeint sind die entsprechenden Stellen in Peking, Tianjin und Qingdao.

[152] Übermittlung überschriftlich gekennzeichnet: „Zu VS/2789/45 vom 12. Mai 1945".

[153] Gemeint ist die Deutsch–Asiatische Bank.

[154] Im Mai/Juni 1945 verlangten die Japaner von deutschen Firmen in Shanghai (u.a. Siemens China Co., DEFAG) die Auflistung ihrer Warenbestände. Vgl. BArch, R9208, DBC, Nr.1794, Bl.27–28, 177–183.

[155] Am 14.5.1945 telegraphierte Röhreke, Deutsches Generalkonsulat Hankou, an Woermann: „Anläßlich Erwiderungsbesuchs für Kondolenzbesuch zum Führertod mitteilte mir hiesiger Oberkommandierender der Armee sowie der Marine übereinstimmend, daß sie die Deutschen nach wie vor als Verbündete betrachten und zu behandeln gedächten. In nachfolgender mündlicher Vereinbarung mit Hauptquartier und Japanischem Generalkonsulat wurde festgelegt, daß für die Deutschen keinerlei Veränderungen gegenüber Status vor Waffenstillstand eintreten sollen. [...] Auch Firmen–Eigentum unangetastet. Einzige Einschränkung ist vorübergehende Einstellung aller Verkäufe und Bewegungen von im deutschen Besitz befindlichen Waren sowie von Warenlisten deutscher Firmen. Japaner beabsichtigen, die für sie kriegswichtigen deutschen Waren käuflich zu übernehmen zum „normalen" Kaufpreis. [...] Die nicht von den Japanern übernommenen deutschen Waren sollen später deutschen Firmen zum Verkauf wieder freigegeben werden" (BArch, R9208, DBC, Nr.1794, Bl.45).

Kapitel 6

Kultur und Propaganda

Das faschistische Deutschland wollte auch nach Beginn des chinesisch–japanischen Krieges seine kulturpolitische Stellung in China behaupten. Dafür boten sich anfangs im unbesetzten China noch relativ günstige Rahmenbedingungen, da die chinesische Regierung einerseits weiterhin allgemein ausländische Kulturarbeit in China begrüßte und andererseits in der Guomindang–Führung durchaus auch Affinitäten zu nationalsozialistischem Gedankengut vorhanden waren. Die Pro–Japan–Politik der nationalsozialistischen Führung wirkte sich jedoch zunehmend auf die Kulturarbeit aus, und viele chinesische Intellektuelle lehnten aus einer antijapanischen Haltung heraus auch die deutschen Aktivitäten in China ab. Nach Abbruch der Beziehungen zwischen Deutschland und China 1941 kamen die offiziellen kulturellen Verbindungen völlig zum Erliegen.

In den besetzten Gebieten traf Deutschland auf einen rigorosen Japanisierungsanspruch seiner verbündeten Achsenmacht. Deutschlands und Japans Kulturpolitik unterschied sich in Zielsetzung, Sendungsbewußtsein sowie in den ethnischen und historischen Bindungen. Hitlers "Großgermanisches Reich deutscher Nation" und Japans Träume von einer "Großostasiatischen Wohlstandssphäre" begegneten sich allerdings durch ihre gemeinsamen expansiven Kriegsziele. Voneinander getrennt, auch zum Teil ohne gegenseitige Fühlungnahme, richteten sie ihre Kriegspolitik auf "Großräume" aus, die sie totalitär beherrschen und auch kulturpolitisch dominieren wollten. Dabei knüpfte die nationalsozialistische Kulturpolitik an das in China allgemein existierende Interesse an der deutschen Sprache und Kultur an.

Über ein breites Spektrum staatlicher und halbstaatlicher Träger fand von deutscher Seite aus eine intensive kulturpolitische Beeinflussung in China statt, während umgekehrt von chinesischer Seite nur geringe Möglichkeiten zu kulturpolitischen Aktionen in Deutschland bestanden. Mit der Orientierung auf Japan wurde darüber hinaus eine starke Propagandaoffensive deutscher Stellen gestartet; umgekehrt suchte auch die chinesische Regierung bis zum Abbruch der Beziehungen mit Deutschland 1941 für ihre antijapanische Haltung Sympathien in Deutschland zu gewinnen. Eher unabhängig oder gar von offizieller Seite beargwöhnt wirkten in den Kriegsjahren die deutschen Missionen weiter mit ihrem sozial– und kulturpolitischem Engagement, auf das von chinesischer Seite positiv reagiert wurde.

Träger chinabezogener Kulturpolitik

Der deutsch–chinesische Kulturaustausch hatte bis 1937 noch geregelt stattgefunden, wenn er auch im Vergleich zu den Westmächten angesichts begrenzter Fördermittel bescheiden ausfiel.[1] Unter Ribbentrop zeigten sich alsbald Auswirkungen der Pro–Japan–Pressekampagne von Goebbels.[2] Die offiziellen Kulturbeziehungen gingen ab 1938/39 trotz des weiterhin beachtlichen Anteils chinesischer Studenten an deutschen Universitäten und Hochschulen bis zum Abbruch der Beziehungen im Juli 1941 stetig zurück.[3] Das nach dem Ersten Weltkrieg ausgebaute Netz der Kultureinrichtungen, Presseorgane, Ausbildungsförderung, Schulen und Forschungsstätten blieb aber trotz der quantitativen Reduzierung über die Einschnitte von 1938 und 1941 hinweg relativ intakt. Dabei handelte es sich vor allem um Institutionen und Aktivitäten unterschiedlicher, zumeist akademischer und privater Träger, die in Deutschland und China staatlich gefördert wurden:

1. Institute, die sich in beiden Ländern über den universitären Bereich hinaus der Kulturvermittlung und wissenschaftlichen Forschung widmeten und innerhalb der offiziellen NS–Auslandspropaganda einen gewissen Handlungsspielraum besaßen. Dazu zählten insbesondere das Deutschland–Institut in Peking und das 1925 von dem Missionar und Sinologen Richard Wilhelm an der Universität Frankfurt/Main gegründete China–Institut.
2. Deutsche Schulen in China, die nach 1933 von den Deutschen Gemeinden verwaltet und finanziert wurden, seit 1934 auf die auslandsschulpolitischen Leitlinien der NSDAP–Auslandsorganisation und des Reichsministeriums für Wissenschaft, Erziehung und Volksbildung festgelegt waren, seit 1940/41 kriegsbedingt zunehmend unabhängig von Berlin agierten.[4] Daneben bestanden außerhalb der NSDAP–Einbindung deutsch–chinesische Mittelschulen in Hankou, Shanghai und Qingdao.
3. Universitäten und Hochschulen in China, an denen deutsche Lehrkräfte ohne spezifische nationalsozialistische Einbindung unterrichteten.[5]

---

1 Vgl. Kreissler 1989a:33–43, 179–203. Vgl. dazu auch Abelein 1968 passim; Stange 1937:61–70.

2 Vgl. Kreissler 1989a:98–110; Fox 1982:241

3 Vgl. Wang Qisheng 1992:84 f.

4 Vgl. Kreissler 1989a:77–82 zur Entwicklung der Schulen in China 1933–45. Vgl. auch BArch, R9208, DBC, deutsche Schulen in Hankou (Nr.3447, 1942–1944), in Kanton (Nr.3449, 1941–1943), in Kunming (Nr.3450, 1939/40), in Nanjing (Nr.3454, 1943–1945), in Peking (Nr.3464, 1941–1945), in Shanghai (Nr.3466, 1943–1945), in Tianjin (Nr.3469, 1942–1945), in Qingdao (Nr.3472, 1941–1945).

5 Dazu gehörten die deutschen Dozenten an der Sun–Yatsen–Universität Kanton (Medizinische Fakultät der Zhongshan Daxue, nach der japanischen Eroberung im Oktober 1938 nach Luoding, an die Grenze von Guangdong und Guangxi verlegt), an der Katholischen Universität in Peking (Furen Daxue), an der Tongji–Universität in Shanghai, die nach der japanischen Okkupation in das unbesetzte Landesinnere auswich (September/Oktober 1937: Jinhua/Zhejiang; November 1937 – Anfang 1939: Ganxian/Jiangxi; Anfang 1939–1941: Kunming/Yunnan; 1941–1946: Lizhuang/Sichuan). Vgl. Kreissler 1989:150–178; BArch, R9208, DBC, Nr.3497, 3501–3503, 3519–3520. Hinzu kamen weitere höhere Lehranstalten (Tongji–Technische Hochschule, Shanghai; Deutsche Medizinische Akademie Shanghai u.a.) und Wissenschaftliche Institute und Vereinigungen deutscher Wissenschaftler und Hochschullehrer.

4. Sinologische Lehrstühle und Seminare an deutschen Universitäten unter unmittelbarer Regie des Reichserziehungsministeriums, die ab 1940/41 in den Schatten der japanpolitischen Konjunktur gerieten.[6]
5. Offizielle deutsche Zeitungen und Zeitschriften im japanisch besetzten China, die in Verbindung mit der deutschen Presse und Nachrichtendiensten (vor allem Transocean, Deutsches Nachrichtenbüro) Hauptfelder der von Goebbels dirigierten Auslandspropaganda waren, insbesondere nachdem im Pazifikkrieg in den Shanghaier Auslandsniederlassungen die angloamerikanische und die Emigranten–Presse ausgeschaltet worden waren.[7]
6. Kulturpolitisch engagierte Interessenverbände, die gemeinsam mit staatlichen Ressorts, Kultur– und Bildungseinrichtungen in China und Deutschland mehr oder weniger in offizieller Mission auftraten, ab 1941 vorrangig im Dienste des für den großostasiatischen Raum anvisierten deutsch–japanischen Kulturaustausches standen. In China trat bis 1945 vor allem der Deutsch–Chinesische Kulturverband in Erscheinung, 1935 in enger Anlehnung an die chinesische Regierung und die Deutsche Botschaft in Nanjing zum Zwecke des deutsch–chinesischen Kulturaustausches gegründet (mit eigenem Publikations–, Austausch– und Finanzkomitee), 1938 im Zuge des deutschen Japan–Schwenks unterbrochen, 1940/41 am Sitz der Nanjinger Marionettenregierung unter der dortigen Deutschen Botschaft mit ähnlicher Zielstellung für den japanischen Besatzungsraum in China reaktiviert. In Deutschland war es vor allem der 1914 in Berlin gebildete Verband für den Fernen Osten e.V., ab 1942 in Deutsch–Chinesischer Verband e.V. umbenannt, der sich in amtlicher Absicherung der „Pflege und Vertiefung des freundschaftlichen Verhältnisses zwischen Deutschland und China, insbesondere der Förderung der gesamten kulturellen Beziehungen der beiden Länder“ verschrieben hatte.[8]
7. NSDAP–gleichgeschaltete Deutsche Gemeinden in Shanghai, Guangzhou, Hankou, Tianjin, Peking und Qingdao, die unter der Regie der NSDAP–Auslandsorganisation, ihrer

---

6 Sie bestanden u.a. an der Friedrich–Wilhelms–Universität Berlin, wo 1940 die von Franz Alfred Six geführte Auslandswissenschaftliche Fakultät entstand, die sich im Konnex zum Reichssicherheitshauptamt und der Kulturpolitischen Abteilung des Auswärtigen Amtes auch mit ostasienbezogenen Fragen beschäftigte. Vgl. dazu Haiger 1991:94–136; Leutner 1987:48ff. Sinologie–Lehrstühle gab es auch an den Universitäten Göttingen, Frankfurt/Main, Hamburg, Heidelberg, Leipzig, München. Vgl. auch OAR 9,10/1943:124 und ebenda 7,8/1942:159. Vgl. Bericht des Reichsministeriums für Wissenschaft, Erziehung und Volksbildung über die Lage der Sinologie und Japanologie in Deutschland 1942, in: Newsletter Frauen und China, Berlin 7/1994:1–17.

7 Vgl. Kreissler 1989a:98–110 u. 229–238, vor allem Ostasiatischer Lloyd, Shanghai, 1936–1945; XXth Century, Shanghai, 1941–1945, Ostasiatischer Beobachter, Shanghai, 1935–1940; Deutsch–chinesische Nachrichten, Tianjin, 1939/40; Ostasiatische Rundschau, Hamburg, Jahrgänge 1–25, 1919–1944. Zur Presse der Emigranten vgl. Kap. 7.

8 Vgl. NA/Microcopy T82, Roll 74, Serial 92, I.G. Farben, Aufn. 023815: Satzung des Deutsch–Chinesischen Verbandes e.V., 12.3.1943.

Landesgruppe China und deren Ortsgruppen direkten weltanschaulich–erzieherischen Einfluß auf die Chinadeutschen, ihre Schulen und Vereine auszuüben versuchten.[9]

8. Deutsche Kirchengemeinden in Peking, Guangzhou, Nanjing, Shanghai, Qingdao und Tianjin sowie über das besetzte und unbesetzte China verteilte Missionsstationen, die versuchten, sich ungeachtet wirtschaftlicher, rechtlicher und finanzieller Unterstützung aus offiziellen Bindungen herauszuhalten.[10]

Nach 1941 wurden die kulturpolitischen Verbindungslinien nach China, die sich bis Kriegsende nur noch auf das japanische Besatzungsgebiet erstreckten, auf ein Minimum reduziert. Die deutschen Kultur– und Bildungseinrichtungen in China wie auch alle Wissenschaftler, Lehrer, Ärzte und Mitarbeiter waren in ihrer Tätigkeit seitdem weitgehend auf sich allein gestellt. Da die Nanjinger Kultur–Instanzen auf Grund der antijapanischen Haltung breiter intellektueller Kreise Chinas auf allen Verwaltungsebenen stark isoliert waren, fiel die japanische Marionettenregierung als Partner und Multiplikator für die nationalsozialistische Kulturpolitik nahezu aus.

In Deutschland wiederum verlagerten Reichsressorts, NSDAP–Stellen und Interessenverbände ihre Propaganda– und Kulturaktivitäten stärker auf Japan und den von ihm beherrschten ostasiatischen Raum. Dabei traten Organisationen und Einrichtungen in den Vordergrund, die sich hauptsächlich Japan widmeten.[11] Chinesische Sprach– und Kulturmittlung traten daher auch in Deutschland in den Hintergrund. Das wirkte wiederum auf die deutsche Sprach–, Literatur–, Kunst– und Religionsarbeit in China entsprechend zurück.[12]

Deutsche und chinesische Propaganda

Die nationalsozialistischen Leitlinien und Praktiken in der Kultur– und Propagandaarbeit im China der Kriegsjahre waren von der unverblümten Parteinahme der Nationalsozialisten und ihrer Presse für Japans Angriffskrieg gegen China geprägt. Sie bestimmten durchgängig bis zu den Durchhalteparolen von 1944/45 den Grundtenor der offiziellen deutschen Stellungnahmen. Sogleich nach Beginn der japanischen Aggression 1937 legte das Reichspropagandaministerium die deutsche Medien–Berichterstattung und –Kommentierung einheitlich auf

---

[9] Über die NSDAP–Ortsgruppen und –Gliederungen (NS–Frauenschaft, NS–Lehrerbund, Hitler–Jugend usw.) hinaus organisierten die Deutschen Gemeinden auch Literatur–, Film–, Musik–, Theater– und Sportveranstaltungen bis zum Kriegsschluß.

[10] Vgl. BArch, R9208, DBC, Nr.3655–3656 (Deutsche Kirchengemeinden in China, 1938/39, 1942–1945), Nr.3633–3635 (Missionen, wirtschaftliche Lage, Devisenzuteilungen, 1937–1945).

[11] Dazu zählten v.a. die Deutsch–Japanische Gesellschaft, die Deutsche Gesellschaft für Natur– und Völkerkunde in Hamburg und Tokio, die Gesellschaft für Ostasiatische Kunst in Berlin und nicht zuletzt auch das mit Unterstützung von NSDAP– und Reichsstellen im September 1943 in Berlin errichtete Ostasieninstitut.

[12] Vgl. dazu v.a.: BArch, R9208, DBC, Nr.3377 (Kulturberichte der DB Nanjing an das AA, 1941–1944; Nr.3382–3383 (Kulturausgaben 1940–1945); Nr.2633 (Devisenzuteilungen für die deutsche Missionsarbeit in China, 1937–1941).

eine projapanische Sprachregelung fest (Dok. 102). Zu einem solch frühen Zeitpunkt, als die deutsche Außenpolitik noch zwischen beiden Kriegsparteien lavierte und die deutschen Presse– und Rundfunkstimmen noch abweichende Ansichten zu den Ereignissen verbreiteten, stieß Goebbels bereits unverhüllt Drohungen gegen Redaktionen aus, die seiner Linie bislang nicht gefolgt waren. Damit setzte er zugleich auch die kultur– und nachrichtenpolitische China–Arbeit des Auswärtigen Amtes unter Druck.[13]

Die China–Außenstellen von Transocean und Deutschem Nachrichtenbüro sorgten in starker Konkurrenz zu den westlichen Nachrichtenagenturen für die Verbreitung der aktuellen Meldungen in China. Seit dem 1. September 1939 waren sie auch gehalten, die deutschen Siege nachhaltig herauszustellen. Möglichst viele Chinesen sollten Deutschland nach seiner militärischen Stärke und nationalsozialistischen Vorbildwirkung beurteilen und bewundern. In den Vordergrund rückten Frontberichterstattung, Heroisierung der deutschen Kriegsführung und Waffentechnik sowie die Idealisierung des Nationalsozialismus bei der Mobilisierung für den Endsieg. Die Transocean–Agentur war bei ihren Bemühungen, möglichst viele Meldungen sowohl im besetzten als auch im unbesetzten China zum Abdruck zu bringen, bis 1940 recht erfolgreich (Dok. 108).

Die von 1936 bis 1945 in Shanghai erscheinende Zeitung Ostasiatischer Lloyd wandte sich als Sprachrohr des offiziellen Deutschland vor allem an die China–Deutschen. Die Deutsch–Chinesischen Nachrichten in Tianjin gaben ebenfalls die nationalsozialistischen Positionen wieder. Außerdem betrieb die NSDAP–Landesgruppe China ein eigenes Propaganda–Organ, den Ostasiatischen Beobachter. Da diese Zeitschriften auf deutsch erschienen, erreichten sie allerdings kaum chinesisches Publikum.

Da Englisch dominante Fremdsprache war, setzte die deutsche Auslandspropaganda auch chinesische und englische Nachrichtenmittler ein: die ab September 1939 in Tianjin vertriebene englischsprachige Zeitung German News, ab 1940 die Illustrierte Yuandong Huabao (Fernost-Illustrierte) in Chinesisch und ab 1941 die politische Monatszeitschrift XXth Century in Englisch, die unter Chefredakteur Klaus Mehnert in Shanghai herausgegeben wurde.[14] XXth Century befaßte sich vornehmlich mit Fragen der internationalen Politik und weniger mit China. Ungeachtet einiger stärker differenzierender Einzelbeiträge vertrat sie in ihrer Tendenz prononciert den nationalsozialistischen Standpunkt. Mehnert beklagte, daß kaum sachkundige deutsche Sinologen in seiner Zeitschrift Beiträge über die aktuelle Lage in

---

13 Vgl. BArch, R9208, DBC, Nr.3375, Bl.91–105 – Kulturbericht der Dienststelle Chongqing der DB vom 4.10.1938 an AA. Vgl. auch Fox 1982:241.

14 Vgl. Kreissler 1989a:107f. Die XXth Century entnahm ihre Informationen aus Veröffentlichungen und Presseorganen, die ihr aus Deutschland, Schweden, der Schweiz und zum Teil auch aus der Sowjetunion zugingen. In ihr kamen Autoren wie z.B. Oskar Trautmann, Lily Abegg und Fritz van Briessen zu Wort.

China publizierten und damit die nationalsozialistische Propaganda unzureichend unterstützten.[15]

Mit dem Pazifikkrieg ging das Reichspropaganda–Amt Ausland des Goebbels–Ministeriums zu einer Koordinierung in der Nachrichten– und Publikationsverbreitung über. Dazu entstand die Deutsche Informationsstelle Shanghai (DISS), die im japanisch besetzten China nach Ausschaltung der alliierten Konkurrenz–Agenturen für alle deutschen Institutionen, vorrangig für die deutsche Presse und die Nachrichtenbüros DNB und Transocean, aber auch für andere interessierte Tageszeitungen, Zeitschriften und chinesische Verlage aktuelle Informationen aus Deutschland und aller Welt vermittelte.[16] Die DISS legte dazu einen umfangreichen Datenspeicher an, der u.a. auch Abhörmeldungen von Rundfunksendern im Pazifischen Raum und Materialien über Chongqing–China mit einbezog.[17] Sie gab Druckschriften–Reihen und Flugblätter heraus.

Die Chinesen standen dieser Propaganda aber überwiegend distanziert bzw. ablehnend gegenüber.[18] Daran änderte auch nichts, daß die deutschen Rundfunksender von Shanghai aus seit November 1941 Kultursendungen in chinesischer Sprache verbreiteten.[19]

Auf Anforderung der japanischen Armee beteiligte sich die DISS 1944 erstmals an der Flugblattpropaganda für amerikanische Soldaten an der japanisch–amerikanischen Front in China. In Zusamenarbeit mit der NSDAP–Auslandsorganisation übernahm sie auch propagandistische Sonderaufgaben zur Information über die deutschen "Vergeltungswaffen" (V1, V2) und zur „Bekämpfung der Flüsterpropaganda“ in der Endphase des Krieges (Dok. 114).

---

15 Vgl. BArch, R9208, DBC, Nr.3389, Bl.145–146 – Mehnert, Shanghai, an DB Nanjing, 25.10.1943. „Die paar Sinologen, die wir hier draußen haben, ... zeigen im allgemeinen in ihrer wissenschaftlichen Arbeit für die Probleme des heutigen China wenig Interesse und vergraben sich in an sich interessante, aber ganz unaktuelle Fragen... Die Gleichgültigkeit, mit der fast alle Sinologen der chinesischen Gegenwart gegenüberstehen, ist in meinen Augen ein Fehler, umso mehr als wir uns im Kriege befinden und sich jeder verpflichtet fühlen müßte, nicht nur das zu machen, was ihn persönlich interessiert, sondern was auch der deutschen Sache dient.“

16 Vgl. BArch, R9208, DBC, Nr.688, o. Bl. – Bericht der DISS 1. Halbjahr 1944, S.1–146: In der DISS waren 1944 insgesamt 77 Mitarbeiter beschäftigt (36 Deutsche, 1 Russe, 1 Japaner, 39 Chinesen). Sie gliederte sich in sieben Abteilungen (Schriftleitung, Herstellung, Versand, Zentralkartei, Bücherei, Bildarchiv, Werbung). Das Bildarchiv verwahrte im ersten Halbjahr 1944 20.196 Fotos, 2.908 Negative, 4.582 Bilder und stellte 1.060 Fotos für 13 Tageszeitungen, 8 Zeitschriften und 4 amtliche Stellen zur Verfügung.

17 Die DISS führte ihre Daten in einer besonderen Ostasienkartei zusammen. Auf dieser Grundlage berichtete sie regelmäßig an die Deutsche Botschaft Nanjing.

18 Vgl. BArch, R9208, DBC, Nr 3377, Bl.16–17 – Vertraulicher Bericht DK Qingdao, Saucken, an DB Nanjing, 20.1.1943: „Europäische Achsenmächte spielen nur noch in Kriegspropaganda bescheidene Rolle“.

19 Vgl. BArch, R9208, DBC, Nr.3406, Bl.210 – Telegramm deutscher Rundfunkattaché Shanghai, Randow, an AA, 19.11.1941: „Anfang Dezember wird über XHHB chinesischer Sprachunterricht in Deutsch in Zusammenarbeit mit Deutscher Sprachschule Shanghai begonnen. Anfang Januar zweiter lokaler chinesischer Sender gesichert, über den recht weitgehendes Programm geplant, da hier viel gebrauchte Volksempfänger XGRS nicht einschalten können.“

Um ein günstiges Klima für China in der deutschen Öffentlichkeit zu schaffen und der projapanischen Tendenz der deutschen Zeitungen entgegenzuwirken, hatte sich auch China nach Beginn des Krieges mit Japan im Juli 1937 um eine angemessene Präsenz in der deutschen Presse bemüht. Oftmals fanden aber chinesische Stellungnahmen zum Kriegsgeschehen keinen Abdruck, während die Meldungen der japanischen Seite ungekürzt durch die deutschen Zeitungen Verbreitung fanden.[20] Nach dem Amtsantritt von Chen Jie 1938 verstärkte China seine Informations- und Propagandaarbeit in der deutschen Öffentlichkeit. Sprachrohr war dabei besonders die von der Sektion der Guomindang in Deutschland herausgegebene Zeitschrift Das neue China, in welcher ein positives Bild von China und seinen Siegeschancen gezeichnet und für eine Wiederannäherung zwischen Deutschland und China geworben wurde.[21] Eine ähnliche Rolle spielte die vom Chinesischen Kultur–Dienst unter Leitung von Lin Qiusheng redigierte China–Post.[22] Im Februar 1939 wurde ein Interview mit Zhu Jiahua publiziert, in dem dieser unter Berufung auf die Tradition guter deutsch–chinesischer Beziehungen und in Überzeugung vom Sieg Chinas über Japan für eine rasche Überwindung der Probleme in den bilateralen Beziehungen plädierte (Dok. 104).

Kulturpolitische Aktivitäten im besetzten und unbesetzten China

Die deutsche Kulturarbeit in China, die ein breites Spektrum kultureller, schulischer, literarischer und wissenschaftlicher Interessen bedient hatte, hatte sich nach Beginn des chinesisch–japanischen Krieges auf eine komplizierte Lage einzustellen. Die kulturpolitischen Aktivitäten des diplomatischen deutschen Chinadienstes setzten sowohl in den besetzten wie den unbesetzten Gebieten Chinas auf Anpassung und „pflegliche Behandlung dessen, was wir praktisch aufgebaut und an Beziehungen zum geistigen Leben Chinas gewonnen haben" (Dok. 103). Dabei kollidierten sie allerdings zunehmend mit der projapanischen Außenpolitik ihres Vorgesetzten Ribbentrop.

Das geistige Zentrum Chinas begann sich allerdings in das unbesetzte China zu verlagern. Der größte Teil der chinesischen Intelligenz, die meisten Shanghaier Zeitungen und nahezu sämtliche Universitäten und Akademien von Rang wanderten dorthin ab. Auch waren viele deutsche Wissenschaftler nach Beginn des Ostasienkrieges wieder nach Deutschland zu-

---

20 Vgl. Cheng Tianfang 1967:203f.

21 Neben einem „Rundblick", in welchem die neuesten Entwicklungen in China vorgestellt wurden, folgten Beiträge von bekannten Guomindang–Repräsentanten, wie Chen Lifu, Weng Wenhao, Song Meiling und westlichen China–Beobachtern wie Sven Hedin und Wolf Schenke. Daneben wurde die chinesische Kultur und Tradition gebührend herausgestellt. Direkte Aussagen zum deutsch–chinesischen Verhältnis vermied die Zeitschrift.

22 Um dem Verdacht der Propaganda entgegenzutreten, war jeder Ausgabe folgende Passage vorangestellt: "Die China–Post propagiert keine Idee und wirbt um keine Anhänger. Ihr Ziel ist, über Tatsachen unverzerrt zu berichten. Ihr Wunsch ist, daß sich jede Nation innerhalb ihrer eigenen materiellen Interessen und gemäß ihren eigenen sittlichen Idealen objektiv verhalte."

rückgekehrt oder in andere Länder abgewandert.[23] Daher verloren die japanischen Besatzungsgebiete kulturell und wissenschaftlich mehr und mehr an Bedeutung und Perspektive. Überdies zeigte Japan an einer Förderung der chinesischen Kultur und Wissenschaft grundsätzlich wenig Interesse. In den Vordergrund rückten Japanisierungsbestrebungen in Erziehung und Verwaltung. So versuchte die japanische Marionettenregierung in Nanjing, chinesisch–japanische Kontakte anzubahnen, die sich jedoch zu keinem Zeitpunkt der Aufsicht der Besatzungsmacht entziehen konnten[24] und auf passiven Widerstand intellektueller Kreise stießen. In diesem Rahmen fand auch der von der Nanjing–Regierung wiederbelebte, pro-japanisch ausgerichtete Deutsch–Chinesische Kulturverband nur begrenzt Akzeptanz und wenig Ausstrahlung (Dok. 107). Aus diesen Gründen sahen deutsche Stellen größere Möglichkeiten kulturpolitischer Arbeit in den nicht von Japan besetzten Gebieten. So erhielt die Provinz Yunnan, wo die meisten der vor den Japanern evakuierten Hochschulen neu aufgebaut worden waren, von deutscher Seite 1940/41 einen höheren Stellenwert zugesprochen als die japanischen Gebiete,[25] zumal sich die chinesische Regierung selbst um Fortsetzung der Beziehungen im Kulturbereich bemühte.[26]

So setzte sich auch das Auswärtige Amt verstärkt für eine deutsche Kulturwerbung ein, als sich 1939/40 abzeichnete, daß Deutschland in China insgesamt kulturpolitisch an Einfluß verlor (Dok. 106). Dem Reichserziehungsministerium gingen Berichte zu, die mehr Unterstützung für chinesische Bildungsstätten anmahnten, wo deutsche Hochschullehrer tätig waren, so u.a. auch für die 1939 nach Kunming ausgewichene Shanghaier Tongji–Universität (Dok. 105).

Bis zum Kriegseintritt des unbesetzten China hatte sich die China–Förderung im wesentlichen auf drei Stützpunkte konzentriert: die Tongji–Universität in Kunming (Dok. 105), die Spitzeninstitute in Shanghai, aus Sicht der Deutschen Botschaft „in gewissem Grade noch eine Insel für ungestörte Kulturarbeit der dorthin geflüchteten chinesischen Kreise wie auch der ausländischen Nationen,“[27] und das Deutschland–Institut in Peking.[28]

---

23 Vgl. BArch, R9208, DBC, Nr.3376, Bl.12–52 – Bericht DB Peking, Altenburg, an AA, 5.6.1941, zur kulturpolitischen Lage.

24 Seit 1941 entstanden chinesisch–japanische Vereinigungen kultureller Art, z.B. die Ostasien–Liga und die Chinesisch–japanische Kulturgesellschaft.

25 Vgl. BArch, R9208, DBC, Nr.3376, Bl.171–185 – Kulturbericht für 1940 des DGK Kanton, Siebert, an DB Peking, 28.11.1940: „Die deutsche Politik gegenüber Ostasien hat zweifellos den im 'freien' China arbeitenden Trägern deutscher kulturpolitischer Arbeit zeitweise Erschwerungen, insbesondere Mißtrauen und unfreundliche Gesinnung seitens der Bevölkerung, der Presse und der Behörden eingebracht. Das ist aber nie bis zu dem Grade der Fall gewesen, daß die Arbeit hätte eingestellt werden müssen... Hierzu werden wir uns darüber klar sein müssen, daß uns im 'freien' China erheblich bessere Aussichten zu kulturpolitischer Tätigkeit winken als im besetzten Gebiet, allwo sie recht gering sind, wenigstens was das Schulwesen anbelangt.“

26 Vgl. Shi Quansheng 1990:1075–1082.

27 Vgl. BArch, R9208, DBC, Nr.3376, Bl.12–52 – Kulturbericht der DB Peking, Altenburg, an AA, 5.6.1941, hier Bl.21. Das AA plante in Shanghai deutsche Sprachkurse an chinesischen Mittelschulen,

Das Deutschland–Institut in Peking

Insbesondere dem Deutschland–Institut war ein hoher kulturpolitischer Stellenwert zugesprochen worden. Gegründet 1933 als „Institut für deutsche Kultur", fühlte sich das Institut dem Grundsatz verpflichtet, „die Wissenschaft beider Länder zu untersuchen, die Kulturen zu verbinden, die wissenschaftliche Zusammenarbeit zu fördern und das gegenseitige Verständnis der Akademiker für die Wissenschaft und die ureigene Kultur beider Länder zu vertiefen."[29] Trotz dieser Proklamation war das Institut jedoch „keine rein akademische Organisation des wissenschaftlichen Austausches jenseits des Einflußbereichs national–sozialistischer Politik."[30] Das Pekinger Deutschland–Institut erhielt auch nach 1941 als „Kulturschwerpunkt" besondere Unterstützung, es unterhielt nach 1938 engere Verbindungen zur Deutschen Akademie in München, die seit Oktober 1940 auch die Abendschule des Deutschland–Instituts betreute.[31] Die Doppelfunktion des Instituts, jungen deutschen Sinologen sowohl als Praktikumsstätte zu dienen als auch sie an kulturpolitischen Aktivitäten zu beteiligen, wurde verstärkt. Dabei hatte nach wie vor die deutsche Sprachwerbung große Priorität. Hinzu kam eine umfangreiche Publikations– und Veranstaltungstätigkeit (Dok. 109), in der das nationalsozialistische Deutschland präsentiert wurde. Dem Deutschland-Institut fiel dabei insgesamt die „Rolle eines Propagandisten des Dritten Reiches"[32] zu, auch wenn die meisten Vertreter des Instituts sich einer pro–nationalsozialistischen Stellungnahme enthielten und danach strebten, sich auf die kulturell–wissenschaftlichen Aufgaben zu konzentrieren.[33] Daran hatte der deutsche Geschäftsführer des Instituts, Wolfgang Franke, wesentlichen Anteil.[34] Auch war das Institut darum bemüht, den Kontakt zu den ins unbesetzte China geflohenen Kuratoriumsmitgliedern und anderen Vertretern der chinesischen Intelligenz nicht abreißen zu lassen. Die japanischen Besatzer ihrerseits scheinen sich nicht in die inneren Angelegenheiten des Instituts eingemischt zu haben, und einige wichtige Politiker des Nordchinesischen Rates, wie Kuratoriumsmitglied Wang Yintai, waren dem Institut persönlich gewogen (Dok. 113).

---

die Gründung einer eigenen deutschen Mittelschule für Chinesen, die Förderung deutschen medizinischen Unterrichts am Paulun–Hospital, ferner die Errichtung einer Hochschule für Betriebswissenschaft und Fachausbildung.

28 Vgl. zum Deutschland–Institut Franke 1995; Ding Jianhong/Li Xia 1996; Jansen 1998.

29 Deutschland–Institut 1941:3.

30 Jansen 1998.

31 Jansen 1998.

32 Kreissler 1989a:188.

33 Vgl. Wallenstein 1985:154–157; Franke 1995:67, 111f.

34 Vgl. Ding Jianhong/Li Xia 1996:320.

Im November 1941 nahm der Leiter des Deutschland–Instituts, Max Loehr, auch Fühlung zu offiziellen Vertretern der Marionettenregierung in Nanjing auf.[35] Der Nanjing–Regierung kamen kulturpolitische Vorstöße der Deutschen sehr gelegen, da man danach trachtete, durch diese Kontakte die Spielräume gegenüber Japan zu erweitern. Die Deutsche Botschaft bremste allerdings alle Initiativen, von denen sie glaubte, daß Deutschland gegen Japan ausgespielt werden sollte und konnte (Dok. 58). In Nanjing wurde also keine Zweigstelle des Instituts errichtet, da sich der projapanische Deutsch–Chinesische Kulturverband gegen die Repräsentanz weiterer Institutionen am Ort wehrte.[36]

Nach 1941 schritten die Japaner in China zur Schließung sämtlicher amerikanischer und britischer Schul– und Kultureinrichtungen und gingen so dazu über, die bisherige Dominanz der englischsprachigen Kultur zu brechen. Die japanischen Behörden erklärten in der eroberten Shanghaier Internationalen Niederlassung Japanisch zur Amtssprache. Sie führten in den chinesischen Schulen ihres Besatzungsgebietes japanischen Sprachunterricht als obligatorisch ein. Im öffentlichen Leben richteten sie die gesamte Propaganda auf den ostasiatischen Gemeinschaftsgedanken aus. Dadurch wurde auch der kulturpolitische Einfluß des faschistischen Deutschland reduziert (Dok. 112).

Auch die chinesische Regierung maß der allgemeinen Kulturarbeit eine große Bedeutung bei. Die Mitglieder der chinesischen Botschaft in Berlin hielten bis 1941 engen Kontakt zu den mit Ostasien befaßten Organisationen und Einrichtungen in Deutschland.

Deutsche Missionsarbeit in China

Teilweise unabhängig von nationalsozialistischer Propaganda und Kulturarbeit wirkten die Missionare.[37] Sie waren oft seit Jahrzehnten in China tätig. Mit der Aufspaltung in das besetzte und unbesetzte Gebiet verloren sie häufig ihre wechselseitigen Verbindungen, blieben jedoch auf beiden Seiten der Front ihren religiösen, sozialen, medizinischen und kulturell–erzieherischen Anliegen weiterhin verpflichtet (Dok. 103). In den Mittelpunkt rückten in Zusammenarbeit mit dem Roten Kreuz kriegsbedingt die Verwundetenfürsorge, die Hilfe für Flüchtlinge und Kriegsopfer. Einzelne Missionare setzten sich auch aktiv bei der Erziehung der studierenden Jugend im antijapanischen Widerstand ein.

---

35 Vgl. BArch, R9208, DBC, Nr.3388, Bl.275–276 – Aufzeichnung DB Nanjing, Böhling, 1.12.1941. Loehr traf während seines Nanjing–Aufenthaltes vom 21.–30.11.1941 u.a. mit folgenden Regierungsspitzen zusammen: Außenminister Chu Minyi, Erziehungsminister Li Shengwu, Präsident des Prüfungs–Yuan Jiang Kanghu.

36 Vgl. BArch, R9208, DBC, Nr.3388, Bl.355 – Vermerk DB Nanjing, Gipperich, zum Chinesisch–Deutschen Kulturverband, 22.7.1941.

37 Ungeachtet bestimmter Devisenzuteilungen waren die Missionen zunehmend auf eigene Rücklagen und Einkünfte aus Grundbesitz wie auch auf nichtstaatliche Spenden aus dem Ausland angewiesen und damit auch finanziell unabhängig.

Trotz der ablehnenden Haltung vieler Chinesen gegenüber der projapanischen Politik des nationalsozialistischen Deutschland waren die deutschen kirchlichen Organisationen nach wie vor im schulischen und medizinisch–fürsorglichen Bereich tätig (Dok. 110, 111).

Dadurch konnten die deutschen Missionen in den Kriegsjahren ihre Stellung in China festigen. Das galt vor allem für die katholischen Institutionen in Shandong: die deutschen Franziskaner im Vikariat Jinan; die Steyler Missionare in den Vikariaten Yanzhou, Caozhou, Qingdao und Yizhou; schließlich die Ostasien–Mission, die neben zwei Krankenhäusern in Qingdao auch die traditionsreiche Richard–Wilhelm–Schule betreute (Dok. 110).

Die personell zahlenmäßig geringeren protestantischen Missionen erreichten durch ihre vielfältigen, organisatorisch aufgegliederten, dennoch gebündelt ausgeführten Aktivitäten eine viel beachtete Wirkung (Dok. 111). Ihre Schwerpunkte glichen denen der katholischen Missionen. Sie wirkten vornehmlich in den ländlichen Gebieten Südchinas.[38]

Die NS–Führung vermied zwar eine offene Konfrontation, stand der konfessionell gebundenen Auslandsmissionsarbeit jedoch grundsätzlich mißtrauisch bis feindlich gegenüber. Die missionarische Tätigkeit in China wurde argwöhnisch überwacht (Dok. 106). Das Auswärtige Amt verlangte von den diplomatischen und konsularischen Vertretungen wiederholt Analysen zur Missionsarbeit in China. Damit verband man die Absicht, die konfessionellen Einrichtungen zielgerichtet als kostengünstiges, weit gespanntes Propagandanetz zu nutzen und langfristig durch neue Institutionen des Reiches zu verdrängen (Dok. 111), eine Absicht, deren Realisierung durch die deutsche Kriegsniederlage vereitelt wurde.

---

[38] Zum Wirken von Basler Mission, Berliner Mission, Rheinischer Mission, Breklumer Mission, Blindenmission und den mit der China–Inland–Mission verbundenen deutschen Missionen während des Zweiten Weltkriegs in China vgl. Oehler 1951:395–408. Zur Geschichte der einzelnen Missionen vgl. Lehmann 1989; Witschi 1971; Franz 1993; Menzel 1978.

101

Niederschrift über die Pressekonferenz des Reichsministeriums für Volksaufklärung und Propaganda[1]

Berlin, 29. Juli 1937

Pressekonferenz vom 28. Juli 1937
Leiter: Min[isterial]rat Berndt[2]
Min[isterial]rat Berndt: Ich habe oft genug die Presse darauf hingewiesen, daß wir bei der Behandlung des japanisch–chinesischen Konflikts vorsichtig sein müssen, und daß wir insbesondere kein Interesse daran haben, die Japaner irgendwie zu verärgern. Ich muß feststellen, daß trotzdem immer wieder eine Reihe von Zeitungen nicht davon lassen kann, sich in einer Art „Abessinien–Stimmung"[3] für die „armen unterdrückten Chinesen" einzusetzen und die Japaner anzugreifen. Das ist erst gestern wieder geschehen! Es wurde gestern in einer Zeitung behauptet, die Japaner hätten die Chinesen in einen Hinterhalt gelockt und sie dann überfallen; ferner wurde von „Winkelzügen" der Japaner gesprochen usw.

Ich habe Ihnen mitzuteilen, daß wir von nun an, falls noch einmal eine Zeitung in diesen Ton verfällt, die betr[effende] Zeitung beschlagnahmen und eventuell sogar für eine Woche verbieten werden! Wir werden auch das größte Blatt nicht davon ausnehmen. Bitte, übermitteln Sie das Ihren Redaktionen mit aller Eindringlichkeit! Es ist das erste Mal, daß ich hier eine solche Drohung aussprechen muß! Wir können die Interessen der deutschen Außenpolitik nicht dadurch gefährden, daß einzelne deutsche Zeitungen nicht Disziplin zu halten vermögen.

Ich habe Ihnen von einer Erklärung Kenntnis zu geben, die die japanische Regierung gestern in Tokio der Presse übergeben hat. Sie weist zunächst darauf hin, daß die sogenannten chinesischen Armeen, die in Nordchina stehen, sehr stark bolschewistisch durchsetzt seien.

---

1 Die „Geheim!" eingestufte Niederschrift ging am 29.7.1937 als „Geheime Reichssache vom Reichspropagandaministerium an des Büro von Reichsaußenminister Konstantin Freiherr von Neurath mit folgendem Begleittext: „Berlin, den 29. Juli 1937. Herrn Reichsminister. Geheim. Anliegende Niederschrift aus der Pressekonferenz vom 28. Juli mit der Bitte um Kenntnisnahme vorgelegt. Ich habe mit Ministerialrat Berndt die Angelegenheit besprochen und alles Verständnis bei ihm gefunden." Da diese Zeilen nicht mit Ausstellerangabe versehen und nicht unterschriftlich gezeichnet sind, bleibt offen, ob sie noch im Goebbels–Ministerium oder erst im AA entstanden. Vgl. auch Fox 1982:241.

2 Die vom Propaganda–Ministerium abgehaltenen Pressekonferenzen wurden, wenn nicht von Goebbels und Otto Dietrich (Reichspressechef der NSDAP 1933–1945, Goebbels' Sekretär sowie zugleich Pressechef der Reichsregierung 1937–1945) anders angewiesen, von der Presseabteilung (in den Kriegsjahren aufgeteilt in Abteilung Deutsche Presse und Abteilung Auslands–Presse) geleitet. Ministerialrat Berndt leitete bis 1939 die Abteilung IV: Presse des Reichsministeriums für Volksaufklärung und Propaganda, die gleichzeitig als Presseabteilung der Reichsregierung fungierte. Danach übernahm Berndt die Leitung der Schrifttums–Abteilung dieses Ministeriums.

3 Anspielung auf die kritische Stellungnahme einiger deutscher Zeitungen zu Italien, als es am 3.10.1935 Abessinien (Äthiopien) überfiel und anschließend zur italienischen Kolonie erklärte.

Das ist Tatsache. Unsere eigenen Stellen in Nordchina bestätigen, daß es sich bei den ganzen Plänkeleien dort um Ausflüsse der Agitation einzelner kommunistischer Agenten handelt, und daß ganz ohne Zweifel den Anlaß zu den jüngsten Zwischenfällen die Chinesen gegeben haben. Die Japaner besitzen seit langer Zeit das Recht, die Eisenbahnlinie Tianjin–Peking militärisch zu sichern, weil sie die bei weitem stärkste Fremdenkolonie in Peking stellen und weil diese Bahnlinie für die Transporte nach dem Hinterland von größter Wichtigkeit ist. Chinesische sogenannte Truppenteile haben die japanischen Telegrafenlinien längs der Eisenbahn zerstört und dann japanische Nachrichtenabteilungen, die die Eisenbahn– und Telegrafenlinien wieder herstellen wollten, angegriffen und beschossen. Sie haben ferner ein japanisches Bataillon, daß zur Verstärkung des Schutzes der japanischen Kolonie in Peking entsandt worden war, zwar in die Stadt Peking hineingelassen, es aber auf dem Marsch zum japanischen Viertel unter Feuer genommen. Daraus haben sich dann die weiteren Zwischenfälle ergeben. Dies, so stellt die japanische Regierung fest, seien die wahren Ursachen. Es wird noch einmal klargestellt, daß man sich sein Urteil nicht durch die chinesische Propaganda vernebeln lassen dürfe, die in sehr geschickter Weise betrieben wird, und zwar in erster Linie von UP und INS,[4] deren Meldungen mit größter Vorsicht aufzunehmen sind.

Ich bemerke heute nochmals, daß wir in China wirtschaftliche, in Japan politische Interessen haben. Wenn wir schon wählen müssen, dann sind jedenfalls im Augenblick unsere politischen Interessen in Japan größer als unsere wirtschaftlichen Interessen in China. Wenn wir also überhaupt in diesem Konflikt zu einer Stellungnahme jemals gezwungen sein sollten, dann kann sie nur für Japan und niemals für China lauten.

Ich bitte, diese Mitteilungen unbedingt vertraulich zu behandeln!

BArch, R901, AA, Nr.60955, Bl.19–21.

102

Bericht der Dienststelle Chongqing der Deutschen Botschaft an das AA[5]

Chongqing, 4. Oktober 1938

Die gewaltige Kräfteanspannung des chinesisch–japanischen Krieges beherrscht zwar heute alle Gebiete des öffentlichen Lebens in solchem Maß, daß eine Bilanz der kulturellen Be-

---

[4] Gemeint sind die US–amerikanischen Nachrichtenagenturen United Press und International News Service.

[5] Der Bericht, gekennzeichnet als Nr. 614 vom 4.10.1938 unter dem Aktenzeichen 1502/6007/38, ist als Abschrift überliefert. Martin Fischer hat ihn in seiner Eigenschaft als deutscher Geschäftsträger bei der Guomindang–Regierung unterzeichnet.

strebungen, insonderheit der vom Ausland auf China einwirkenden Kulturpolitik, zunächst schwierig zu ziehen scheint. Immerhin zeichnen sich schon bestimmte stärkere Linien ab, die den folgenden Versuch einer zusammenfassenden Darstellung rechtfertigen:

Es muß als eine der unbestreitbaren Leistungen der Zentralregierung in diesem Kriege verzeichnet werden, daß man von Beginn des Konflikts an bis auf den heutigen Tag sich ganz konsequent bemüht hat, das vor Kriegsausbruch auf allen Gebieten aufblühende kulturelle Leben, vor allem das Erziehungswesen, unter den größten Opfern zu erhalten. Gewiß steht heute alles, was kulturell geleistet wird, unter dem ersten Gesichtspunkt der Nützlichkeit im Kriege: Theater und Film sind in dem Zeitraum von einem Jahr viel intensiver an die Massen des Volks herangetragen worden, als dies bei friedlicher Entwicklung erwartet werden konnte. Die Buchhandlungen in den kleinsten Städten und in entlegenen Provinzen sind voll von Kriegs– und Propagandaliteratur, und die Abwanderung fast der ganzen chinesischen Intelligenz in jene Gebiete hat einen neuen, früher nicht bestehenden Kreis von Interessenten an allen Arten moderner Druckerzeugnisse gebracht. Die meisten der früher in Shanghai erschienenen einflußreichen Zeitungen sind abgewandert und erscheinen in Auflagen, deren Ziffern zwar den Vorkriegsstand nicht erreichen, aber immerhin die Existenz einer breiten Leserschicht bezeugen. Mit allen nur irgendwie erdenklichen Hilfsmitteln hat man erreicht, daß trotz der Papierknappheit des verkehrsmäßig isolierten Hinterlandes der Druck auf heimischen Ersatzstoffen durchgeführt werden kann.

In gleicher Weise ist das Erziehungswesen mit allen Anstrengungen aufrechterhalten worden und zwar in allen seinen Zweigen. Die Regierung hat ihren unteren Organen eingeschärft, daß die Durchführung des Elementar– und Mittelschul–Unterrichts die unerläßliche Voraussetzung für die nationale Aufklärungsarbeit der politischen Organe sei und hat sie zur Aufrechterhaltung selbst unter den größten Opfern angehalten. Tatsächlich mehren sich die Nachrichten, daß selbst in Gebieten, die längst hinter der japanischen Frontlinie liegen, die dort fungierenden Behörden mit allen Anstrengungen jedenfalls den Elementarunterricht weiterführen, teilweise sogar Mittelschulen nach den Anordnungen und Lehrplänen der Zentralregierung durchhalten.

Anders ist die Lage bei den Hochschulen. Ihr komplizierter Lehr– und Demonstrationsapparat läßt sich nicht gewissermaßen „geheim“ auch in einem nominell besetzten Gebiet weiterführen, und so zeigt die heutige Übersicht, daß praktisch alle Universitäten und Akademien der Nationalregierung in das unbesetzte China verlegt sind. Eine Ausnahme machen nur die Hochschulen, die schon immer unter ausländischem Einfluß und Schutze standen und die – in geringer Zahl übrigens – in Peking und Shanghai verblieben sind. Von ihnen wird später noch zu reden sein.

Die Verlegung der Universitäten in die geschützteren Provinzen vor allem Westchinas wurde fast immer von den meisten Studenten mitgemacht. Nicht nur mußten sie in der besetzten Zone als „nationalistisch–verdächtig“ der größten Unannehmlichkeiten gewärtig sein, auch die Sorge um das künftige Fortkommen legte ihnen den Umzug, teilweise fern von ihrer Heimatprovinz, nahe. Für die abgehenden geprüften Studenten soll sich bisher niemals Mangel an Neueintragungen gezeigt haben, die übrigens ebenfalls aus Provinzen kommen, die eigentlich längst als an Japan verloren angesehen werden müßten.

Wer diese Universitäten in Guangxi, Hunan, Yunnan und Sichuan besucht hat, muß natürlich als neutraler Beobachter zugeben, daß der unbestreitbare Idealismus, mit dem Professoren wie Studenten sich den oft primitivsten Lebensverhältnissen, Gehaltskürzungen, Zahlungsstockungen und anderen Nachteilen aussetzen, den objektiven Rückgang des akademischen Leistungsniveaus nicht ganz ersetzen kann. Gewiß ist es erstaunlich, wie überhaupt unter diesen Schwierigkeiten Regelmäßigkeit durchgehalten werden kann. Es zeigt sich hier wieder die bemerkenswerte Fähigkeit der Chinesen, selbst in einem scheinbaren Chaos noch eine leidliche Ordnung zu improvisieren. Aber der sachliche Leistungsrückgang wird von der Führung bewußt in Kauf genommen. Man hält ihn für das geringere Übel gegenüber dem Gewinn, daß eine Schicht von Intelligenz, deren China gerade bei den schwierigen Aufgaben der nächsten Jahre nicht entraten kann, auf jeden Fall fortlaufend erneuert wird. Aus diesem Gesichtspunkt der ununterbrochenen Kontinuität heraus betont man heute auch – teilweise unter Zurücksetzung fachlicher Schulung – die politische Ausrichtung der Studenten. Nicht nur werden sie geistig in jeder Beziehung zu Vorkämpfern der Widerstandsidee geschult, man zieht sie neuerdings auch mehr und mehr zu militärischer Ausbildung heran. Darin liegt eine wichtige Neuerung, da noch in den ersten Monaten des Krieges Universitätsstudium vom Kriegsdienst praktisch befreite, in falscher Überschätzung des vermeintlichen Überschusses an „Soldatenmaterial". Inzwischen hat man erkannt, daß eine Durchsetzung der Truppe mit geschulten propagandistischen Elementen den Widerstandsgeist erheblich steigern kann, und handelt dementsprechend.

Es ist nur eine selbstverständliche Folge, wenn die zahlreichen ausländischen Kreise, die aktive Kulturpolitik in China treiben, heute die neuen Forderungen in ihre Arbeit einsetzen und versuchen, sie mit ihren eigenen, meist auf eine bestimmte nationale Aufgabe gestellten Zielen, in Einklang zu bringen trachten. Hier ist wohl in erster Linie der Arbeit der verschiedenen Missionen zu gedenken, die ja in ihren Kirchengemeinden seit Jahrzehnten auf christlicher Grundlage die Gedanken der organisierten Hilfe, der Zusammenarbeit auch außerhalb des chinesischen Familien– und Sippenverbandes gepflegt haben und ihre Erfahrungen sofort in den Dienst der neuen kriegsbedingten Aufgaben stellen konnten. Zu gedenken ist hier der Organisation ärztlicher Hilfestellen meist in Zusammenarbeit mit dem Roten Kreuz, der Ausbildung geschulten Hilfspersonals für Pflege und Verwundetenfürsorge, der Organisation bei der Unterbringung von Flüchtlingen und Kriegsopfern – eine neuartige Aufgabe im chinesischen Staatswesen, die ohne die Hilfestellung der Missionen wohl sehr im Argen geblieben wäre; aber nicht nur dabei, sondern auch in aktiver Erziehung der studierenden Jugend zu den Zielen des antijapanischen Widerstands und der Propaganda des nationalen Gedankens unter den unpolitischen breiten Massen findet man einzelne Missionare eingesetzt.

Die Missionare haben mit dieser rechtzeitigen Einsatzbereitschaft und Anpassungsfähigkeit eine große Chance wahrgenommen. Noch nie in der Geschichte der angefeindeten Missionstätigkeit in China ist die öffentliche Meinung so einmütig in der Wertschätzung der Missionen, so dankbar und voll von Anerkennung für das Geleistete. Es ist aber nicht nur eine von oben befohlene Missionsfreundlichkeit zu Werke, die allerdings in der Umgebung der Gattin des Marschalls Chiang Kaishek intensiv gefördert wird, sondern zahlreiche Erfahrungen im Hinterland bestätigen stets von neuem, daß diesmal die Anerkennung und das Gefühl, in schwerer Zeit von Freunden nicht verlassen worden zu sein, bis weit in die Masse der Bevölkerung gehen. [...][6]

Kulturarbeit in China kann, ohne Rücksicht unter welchem Regime sie getrieben wird, nicht im luftleeren Raum aufbauen. Ihre Basis muß immer eine zu grundsätzlicher Förderung bereite, vielleicht kleine, aber angesehene Schicht von Chinesen sein, die im Geistesleben ihres Volkes als Führer Vertrauen genießen. Unsere Vorkriegserziehung von intelligenten Chinesen in deutschen Lehranstalten vornehmlich in Shanghai und Qingdao wäre niemals fruchtbar geworden, wenn nicht gleichzeitig auch sonst in China eine immer wachsende Zahl von einflußreichen chinesischen Intellektuellen der deutschen Ausbildung fördernde Interessen dargebracht hätten.

Wie sind nun im Gebiet der neuen Regierungen japanischer Provenienz die so geschilderten Voraussetzungen künftiger Kulturarbeit? Es ist eindrucksvoll zu sehen, wie bis heute alles, was den Anspruch erheben kann, der geistigen Führerschicht in China anzugehören, in das Gebiet der Nationalregierung abgewandert ist. Dabei gibt es keinen Unterschied zwischen den Intellektuellen der verschiedenen ausländischen Ausbildungsrichtungen. Die angelsächsisch orientierten chinesischen Akademiker halten sich in Peking und Shanghai nur noch dann, wenn sie im Schutz immuner, da exterritorialer Institute (Peking Union Medical College, Yanjing Universität u.a.) eine Erziehungsarbeit leisten können, die japanischer Kontrolle nicht untersteht und die in vielen Kanälen immer noch ihre Direktiven von den Instanzen der Nationalregierung erhält. Von den namhaften chinesischen Gelehrten, die wegen ihrer Verdienste um die Förderung unserer kulturellen Arbeit mit deutschen akademischen Graden ausgezeichnet wurden oder deutschen wissenschaftlichen Vereinigungen zugewählt wurden, wüßte ich nicht einen zu nennen, der seine Mitarbeit den neuen japanisch gestützten Regierungen[7] zur Verfügung gestellt hätte. Ja, selbst die große Gruppe der in Japan ausgebildeten chinesischen Akademiker, die eigentlich die natürliche Stütze für jede neue Erziehungsarbeit im Gebiet der neuen Regierungen gewesen wäre, steht heute, nach einem Jahr japanischer Besetzung und intensivsten Bemühungen um eine tragbare Zusammenarbeit einflußlos und enttäuscht abseits. Man kann sich tatsächlich kaum einen schlechteren Ausgangspunkt für die Aktivierung der deutschen Kulturpolitik in diesem Lager denken.

---

6 Es folgen Ausführungen zu den Arbeitsgebieten der deutschen Missionen, zur finanziell und personell weitaus überlegenen Kulturarbeit der USA und Großbritanniens in China sowie zur „wachsenden Stimmung des Mißtrauens, die heute durch alle Kreise der Studenten, Lehrer und fertigen Akademiker deutschen Ausbildungsgangs geht, und die ihre Ursache in der politischen Entwicklung des deutsch–chinesischen Verhältnisses hat".

7 Gemeint sind die von 1937/1938 bis zur Etablierung bzw. Startphase der Nanjing–Marionettenregierung in Nord– und Mittelchina tätig gewesenen Regionalregierungen (vor allem die „Föderative Autonome Regierung der Mongolei) mit Sitz in Kalgan für die Provinzen Chahar und Suiyuan sowie den Norden der Provinz Shanxi; die „Provisorische Regierung der Republik China" mit Sitz in Peking für das übrige Nordchina; die „Erneuerungsregierung" mit Sitz in Nanjing für Mittelchina).

Noch problematischer als die bisher erörterte Frage der tragfähigen Grundlage auf der chinesischen Seite ist die heute noch völlig offene Frage: Will man auf japanischer Seite überhaupt, daß wir in Zukunft intelligente und lernfreudige junge Chinesen im Sinne unseres Ausbildungsganges und seiner besonderen Vorzüge heranziehen, wie wir dies seit nunmehr dreißig Jahren in China mit unbestreitbarem Erfolg getan haben? Liegt es in der Linie der japanischen China–Politik, chinesische Ärzte mit deutschen Arbeits– und Forschungsmethoden, chinesische Ingenieure, die nach deutschen Normen arbeiten, chinesische Chemiker, die in deutschen Laboratorien geschult sind, und chinesische Volkswirtschaftler mit der Kenntnis jener besonderen in Deutschland verfeinerten Lehrgebiete der Wirtschaftsplanung, der Wehrwirtschaft, der gelenkten Währung in dem japanisch beherrschten „kommenden China" wirken zu sehen? Denn dies sind die Ziele, denen wir im China der Nationalregierung trotz Mittelknappheit mit Erfolg nachgestrebt sind, und die wir uns auch im anderen China setzen müssen, wenn sich die Arbeit überhaupt lohnen soll.

Bei aller Vorsicht, die man bei der Beurteilung solcher Zukunftsaussichten an den Tag legen muß, glaube ich doch, daß die Frage neuer kultureller Betätigungsmöglichkeiten im besetzten Gebiet bis auf weiteres verneint werden muß. Die Erfahrungen in Manzhouguo haben gezeigt, daß den Japanern an der Ausbildung einer chinesischen geistigen Oberschicht gar nichts gelegen ist. Sie begnügen sich mit dem Ausbau des Elementarschulwesens, allenfalls noch einer gewissen Mittelschul– und Fachausbildung. Was darüber strebt, muß nach Japan oder wird in rein japanisch orientierten Hochschulen ausgebildet und zwar nur bis zu der Reife, die den japanischen Kolonisationsplänen zusagt. Und selbst wenn sich unter solchen Umständen noch Aussichten für unsere kulturpolitischen Bestrebungen böten, so würden sie nicht die Feindschaft aufwiegen, die wir uns in allen national gesinnten Kreisen zuziehen würden. Die Einrichtung von eigenen „Erziehungsministerien" in den Regierungen in Peking und Nanjing beweist im übrigen noch gar nichts. Da ihnen nicht einmal die bescheidensten Geldmittel für staatliche Aufgaben zur Verfügung stehen, wird man gut tun, selbst die Sicherstellung einer leidlichen Grundschulausbildung in ihren „Gebieten" als ein vorläufig noch unerreichbares Ziel anzusehen.

So bleibt zusammengefaßt ein reichlich ungewisses Bild für die Zukunft. Die anderen Mächte haben auf diesem Gebiet ziemlich eindeutig für die bestehende Zentralregierung und ihre künftigen Aufbauziele Partei genommen, eine Parteinahme, die unter einigermaßen gleichbleibenden inneren Verhältnissen in China nicht so leicht rückgängig gemacht werden kann. Die deutschen Aussichten in diesem Lager sind nach wie vor nicht schlecht, wenn sie auch aus technischen und politischen Gründen nicht mehr so günstig sind wie besonders in den letzten Jahren vor Ausbruch des Krieges. Im anderen Lager ist vorläufig alles, Pläne, praktische Ansatzmöglichkeiten und Aussichten noch ganz im Dunkel.

Ich wüßte vorläufig nichts Besseres vorzuschlagen als die pflegliche Behandlung dessen, was wir praktisch aufgebaut und an Beziehungen zum geistigen Leben Chinas gewonnen haben.

gez. M. Fischer.

BArch, R9208, DBC, Nr.3375, Bl.91–105.

103

Artikel des Präsidenten des chinesisch–deutschen Kulturverandes in China, Zhu Jiahua[8]

Berlin, Februar 1939

Deutschland und China[9]

Die Beziehungen zwischen China und Deutschland setzten mit der kulturellen Berührung beider Länder ein. Deutschland ist auf dem europäischen Kontinent das Land gewesen, welches früher als die übrigen Staaten China von der geistigen Seite zu erfassen und zu würdigen verstanden hat; denn schon im 17. Jahrhundert lernte Leibniz durch Übersetzungen der Jesuiten die bedeutendsten Werke der großen chinesischen Denker kennen und war über ihre edlen und harmonischen Welt– und Lebensanschauungen so begeistert, daß er in einer Schrift „Novissima Sinica" ehrfurchtsvoll äußerte, man könnte sich eigentlich denken, daß solch ein geistig wie sittlich hochstehendes Volk Missionare nach Europa entsenden müßte, um hier unter den Völkern die heilige Lehre zu verbreiten. Auch Friedrich der Große war ein Bewunderer der chinesischen Kultur. Andere große deutsche Denker und Dichter, wie Goethe, Schiller, Rückert, Strauß u.a. wußten sich die fremdartigen geistigen Werke anzueignen, indem sie chinesische Ideen in ihren Werken lyrisch oder dramatisch umzuwerten versuchten, um auf diese Weise die chinesische Kultur dem deutschen Geist näherzubringen. Was die deutschen Sinologen heute in dieser Richtung geleistet haben und leisten, ist Ihnen im allgemeinen wohl bekannt und braucht hier nicht eingehend ausgeführt zu werden.

Da der Prozeß der kulturellen Berührung zweier Völker sich niemals einseitig vollzieht, so wirkten seit der Annäherung zwischen China und Deutschland auch deutsche kulturelle Einflüsse auf China zurück. Im Hinblick darauf, daß China mit der technischen Entwicklung des neuen Zeitalters nicht mitgekommen ist, legte man bei uns von Anfang an besonderen Wert auf die Vermittlung der deutschen angewandten Wissenschaften, wie z.B. der Medizin und Technik. Doch während der letzten dreißig Jahre kamen auch die deutsche Literatur und Philosophie durch Pflege und Förderung an den Universitäten zur besonderen Würdigung. Die deutsche Sprache ist jetzt auf allen chinesischen Hochschulen und zum Teil auch in den Mittelschulen obligatorisch und ist gut vertreten, in dem Sinne, daß sie den jungen Chinesen als ein Schlüssel zur Erschließung deutscher Wissenschaft sowie zum Eindringen in das geistige Empfinden Deutschlands dient. Ferner ist deutlich zu beobachten, wie sehr sich die chinesisch–deutsche Zusammenarbeit auf dem Gebiet der Kultur immer mehr entfaltet. Deut-

---

8 Der Artikel stammt aus der Zeitschrift „Das neue China", die in Berlin erschien. Auf der Titelseite war vermerkt: Illustrierte Monatsschrift für Chinakunde, Herausgeber: Sektion der Guomindang in Deutschland, Chinesische Nationalpartei.

9 Anm. i.O.: Aus einem den Berichterstattern des Deutschen Nachrichtenbüros und des „Transozean" gewährten Interview. – Der Überschrift folgt die Zeile: Professor Dr. Zhu Jiahua, Präsident des Chinesisch–Deutschen Kulturverbandes in China.

sche Professoren, die an chinesischen Universitäten ihre Lehrstühle einnehmen, sind zahlreich.

Wir sind der festen Überzeugung, daß der Kulturaufbau die Grundlage des riesenhaften Werkes bildet, China wiederaufzubauen, und daß dieser Aufbau durch die kulturellen Beziehungen zwischen unseren beiden Völkern eingeleitet worden ist. Seitdem nun China gegen Japan im Abwehrkampf steht, sind alle Aufbauarbeiten, ganz besonders alle modernen Einrichtungen, die in den letzten Jahrzehnten von uns unter unsäglichen Mühen geschaffen worden sind, zum größten Teil dem Einfall Japans zum Opfer gefallen; sie liegen in Trümmern. Alte kulturelle Bauten sowie moderne Forschungsinstitute, Bibliotheken, Universitäten und Schulen wurden ganz besonders von der japanischen Zerstörungswut heimgesucht. Aber China ist durch diese grausame Behandlung nicht im geringsten entmutigt worden, im Gegenteil, China läßt seine seelischen Kräfte, welche sich in einem 5000jährigen kulturellen Prozeß im Volke angehäuft haben, jetzt zur Entwicklung und Entfaltung gelangen. Unsere Seele und unser Geist sind nicht nur unzerstört erhalten, sondern sie lodern im Kriegsfeuer heftig auf und ballen sich stärker als jemals zusammen, da der feste Glaube uns alle beseelt, mit dieser unerschütterlichen Entschlußkraft alle Schwierigkeiten zu überwinden. Sie erinnern sich wohl Fichtes klassischer Worte, als das deutsche Volk sich während der napoleonischen Zeit in einer nationalen Krise befand, wie diese Willensnatur der eigenen Nation laut zurief: „Das, was den Sieg entscheidet, ist weder die Gewalt der Armee noch die Überlegenheit der Waffen, sondern einzig die Kraft des Geistes.“ Die deutsche Geschichte hat uns den Beweis erbracht, wie recht Fichte mit diesem Satz hatte! Mit solch einem, das ganze Volk beseelenden Geist, nehmen wir darum einerseits den zähen, hartnäckigen Abwehrkampf gegen Japan auf, um dessen Imperialismus Einhalt zu gebieten, und andererseits ringen wir um das Wiederaufblühen unserer traditionellen Morallehre sowie des sittlichen Lebens als Grundpfeiler unseres Vaterlandes. Abgesehen davon, daß sämtliche materiellen Aufbauarbeiten hinter der Front mit großer Energie weitergeführt werden, legen wir besonderen Wert auf unseren kulturellen Aufbau und sammeln alle Kräfte, um China neuzugestalten und zum Aufstieg zu bringen, und zwar unter dem Geist der Drei Volksprinzipien Dr. Sun Yatsens. Es bestehen jetzt gleichzeitig drei neue Kulturzentren, nämlich in Chongqing, Chengdu und Kunming. China ist fest davon überzeugt, daß es mit dem Aufgebot seiner uralten Kraftreserven alle bevorstehenden Schwierigkeiten überwinden wird und bereits den Grundstein zu einem modernen Staate gelegt hat.

China pflegt und fördert mit fremden Mächten freundschaftliche Beziehungen, um die Gerechtigkeit und den Weltfrieden aufrechtzuerhalten. Wenn auch die chinesisch–deutsche Kulturarbeit, die auf eine sehr alte Tradition zurückblickt, jetzt durch unerwartete politische Hindernisse bedroht ist, so ist China trotzdem bemüht, sie zu pflegen, zu fördern und zu würdigen. Vergegenwärtigen wir uns das chinesisch–deutsche Verhältnis im letzten Jahrzehnt, das sich auf dem Gebiet der wirtschaftlichen und technischen Zusammenarbeit bewegt hat. Der deutsche Handel kam wie vor dem Weltkriege in China immer mehr zur Blüte; unter Mitwirkung deutscher Fachleute und militärischer Berater entstanden in China eine moderne Industrie und ein modernes Heer. Dieses war ein ganz natürlicher Vorgang, der durch kein unnatürliches Hemmnis, wie es in der letzten Zeit eingetreten ist, zurückgedrängt wurde. Solche Hemmungen können im Höchstfalle jedoch nur dazu beitragen, die Entwicklung der oben dargestellten Beziehungen vorübergehend ins Stocken zu bringen, was beiden Ländern zum großen Schaden gereicht, aber sie sind nicht fähig, das Wachstum der in den verborgenen Tiefen wirkenden Lebenskräfte zu ersticken. Ich hoffe, daß Ihre weitsichtigen Landsleute davon eine klare Erkenntnis gewinnen werden. In diesem Sinne verbinde ich mit der Siegeshoffnung für mein Vaterland die besten Wünsche für das Wohlergehen Deutschlands im kommenden Jahr.

Das neue China, 33/1939:13–15.

104

Bericht des Professors Heinrich Stübel, Tongji–Universität, Kunming, an das Reichsministerium für Wissenschaft, Erziehung und Volksbildung[10]

Kunming, 1. Juli 1940

Nachdem Ende April d[es] J[ahres] Herr Prof. Dr. Kraus aus Deutschland zurückgekehrt ist und seine Tätigkeit an der Tongji–Universität wieder aufgenommen hat, habe ich durch ihn erfahren, daß auf deutscher Seite auch weiterhin großes Interesse an der Tongji–Universität besteht. Als einziges deutsches Mitglied der medizinischen Fakultät der Tongji–Universität liegt es mir daher besonders am Herzen, zu betonen, daß ich meinerseits das Schreiben, das Herr Prof. Kraus am 27.6.40 an das Reichsministerium für Wissenschaft, Erziehung und Volksbildung gerichtet hat, auf das wärmste befürworte. Meine Erfahrungen über die Tongji–Universität stimmen mit denjenigen von Herrn Prof. Kraus in jedem Punkte überein, und ich halte die Vorschläge, die Herr Prof. Kraus bezüglich eines weiteren Ausbaues der Tongji–Universität unter deutscher Leitung gemacht hat, für den gangbarsten und aussichtsreichsten Weg, den man von deutscher Seite aus einschlagen könnte, um die Entwicklung der Tongji–Universität in erfolgversprechende Bahnen zu leiten.[11]

---

10 Der Bericht ging abschriftlich zusätzlich als Anlage zum Bericht der Deutschen Botschaft in Shanghai Nr. Sh. 731/Kult 10/12/5849/40 („Inhalt: Lagebericht Prof. Dr. Stübel über Medizinische Fakultät an der Tongji–Universität“) vom 17.9.1940 an das AA. Der Botschaftsbericht weist darauf hin, daß die von Stübel erbetene Beihilfe für das Physiologische Institut der Tongji–Universität am 12.6.1940 vom AA bereits bewilligt worden war.

11 Prof. Dr. Walter Kraus, gleichfalls Hochschullehrer an der Tongji–Universität in Kunming, stimmte in seiner Eingabe vom 27.6.1940 mit Auffassungen überein, die Prof. Dr. Heinz Öttel in einer Denkschrift zur universitären Situation in Shanghai vertreten hatte. Die Deutsche Botschaft Shanghai gab in ihrem Bericht an das AA vom 17.9.1940 jedoch zu bedenken, daß Stübels Empfehlungen für eine deutsch

Herr Prof. Kraus hat in seinem Schreiben auf die Bedeutung gut eingerichteter technischer Institute und Lehrwerkstätten für Zwecke der deutschen Kultur– und Industrie–Propaganda hingewiesen. Selbstverständlich gilt dasselbe für entsprechende medizinische Laboratorien und für eine gut geleitete und gut ausgestattete Klinik. Eine Musterwerkstätte für feinmechanische Arbeiten, in dem von Herrn Prof. Kraus bezeichneten Sinne bestand z.B. durch das Entgegenkommen der Firma Leitz, Wetzlar, am Physiologischen Institut. In den zweieinhalb Jahren ihres Bestehens entwickelte sich diese Werkstatt weit über eine kleine Institutswerkstatt hinaus und kam nicht nur zahlreichen Abteilungen der Tongji–Universität, sondern auch anderen wissenschaftlichen Instituten in Shanghai und Nanjing zugute, was sicherlich eine vorzügliche Propaganda für die deutsche feinmechanische und optische Industrie war.

Bezüglich der medizinischen Fakultät möchte ich hervorheben, daß ihre Bedeutung ebenso wie die der technischen weit über das Maß einer bloßen Propaganda für die Industrie hinausgeht, sofern man in Betracht zieht, welch große Bedeutung medizinisch–wissenschaftliche Institute und eine auf wissenschaftlicher Basis gegründete Klinik für die medizinische Forschung gerade in einem Lande wie China haben könnten, wo auf medizinischem Gebiete bei der Eigenart des Landes, des Klimas, der Bevölkerung und der Kultur eine Fülle bedeutender wissenschaftlich–medizinischer Fragestellungen der Lösung harren. Wenn die Möglichkeiten zu medizinisch–wissenschaftlicher Arbeit an der Tongji–Universität bis jetzt nur verhältnismäßig wenig fruchtbringend ausgenutzt werden konnten, so hat das folgende Gründe:

1. Die Stellung der theoretischen Mediziner, die natürlich unter ungünstigeren Bedingungen arbeiteten und mehr durch Unterricht belastet waren als in Deutschland, war infolge des schlechten Dienstvertrages zu unstabil und wirtschaftlich zu dürftig, so daß die Dozenten stets nach kurzer Zeit den Drang zur Rückkehr nach Deutschland hatten.

2. Das Paulun–Hospital[12] war als eine in erster Linie Erwerbszwecken dienende Privatklinik in keiner Weise für wissenschaftliche Forschungen geeignet.

Bei der Beurteilung der jetzigen Lage und der Weiterentwicklung der medizinischen_Fakultät sind noch besondere Verhältnisse zu berücksichtigen, die die Stellung dieser Fakultät von der der technischen unterscheiden:

Die technische Fakultät der Tongji ist die einzige deutsch–orientierte und deutsch–sprachige technische Fakultät in China.[13] Die medizinische Fakultät ist eine unter einer ganzen Anzahl deutscher medizinischer Fakultäten. Allerdings haben die meisten derselben ebenso schwer oder noch schwerer gelitten als die Tongji–Universität, bis auf einige zur Zeit erklärlicherweise besonders begünstigte Militär–Medizinschulen. An allen diesen medizinischen Fakultäten ist der Lehrkörper zu einem großen Teile aus Tongji–Absolventen zusammenge-

---

geleitete Tongji–Universität „für die heutigen national eingestellten Chinesen, die schon in den letzten Jahren hartnäckig um die Besetzung der leitenden Stellen bei der Tongji–Universität durch ihre eigenen Landsleute gekämpft haben, kaum noch diskutabel" wäre.

12 Das Paulun–Hospital, von Deutschen gegründet, gehörte zur Shanghaier Tongji–Universität. Vgl. BArch, R9208, DBC, Nr.3718 (1932–1938) und 3719 (1941–1945).

13 Vgl. ebenda, Nr.3537 (Technische Hochschule der Tongji–Universität, 1941).

setzt, von denen die meisten nach ihrem Tongji–Studium eine weitere Ausbildung in Deutschland genommen haben. Somit nimmt die medizinische Fakultät der Tongji–Universität eine zentrale Stellung unter diesen Fakultäten ein. Ganz oder teilweise deutsch orientiert sind folgende staatliche oder provinziale Fakultäten:

Die medizinische Fakultät der Sun–Yatsen–Universität Kanton (zur Zeit in Yunnan, zieht demnächst wieder in die Provinz Guangdong um);[14] die medizinische Fakultät der Zentral–Universität Peking (jetzt Xibei–Universität in Shaanxi); die Militär–Medizinschule in Kanton (jetzt in Guizhou); die Provinzial–medizinischen Akademien in Hebei (Baoding, jetzt bei der Xibei–Universität in Shaanxi), Shandong (Jinan, jetzt in Sichuan), Jiangsu (Jinjiang, jetzt in Sichuan); Henan (vormals in Kaifeng); Fujian (vormals in Fuzhou).[15]

Zur Zeit sind neben der Tongji–Universität die medizinische Fakultät der Kantoner Universität und die Kantoner Militär–Medizinschule von besonderer Bedeutung. Letztere befindet sich jetzt in der Provinz Guizhou zusammen mit der früheren Nanjinger Militär–Medizinschule. Beide Fakultäten werden von dem unmittelbar dem Marschall Chiang Kaishek unterstehenden, ganz deutsch orientierten General Zhang Jian geleitet. Auf diese Weise ist also auch die Nanjinger Militär–Medizinschule unter deutschen Einfluß gekommen. Dasselbe gilt von der kürzlich von der Zentralregierung übernommenen Militär–Medizinschule in Yunnan, die den ausdrücklichen Wunsch hat, mit der Tongji zusammenzuarbeiten und die die besseren Lehrkräfte der Tongji–Universität zu sich herüberzuziehen sucht. Auch das unter Leitung des Tongji–Absolventen stehende neu eingerichtete große Yunnan–Provinzialhospital sucht Anschluß an die Tongji. Die Militär–Medizinschule der Provinz Guangxi (früher in Nanning), die ganz deutsch orientiert war, hat leider ihren Unterricht einstellen müssen. Jedoch beabsichtigt man, an der reorganisierten Universität der Provinz Guangxi (Leiter ist jetzt wieder der deutsch orientierte Dr. Ma Junwu) die Einrichtung einer medizinischen Fakultät. Diese soll im Anschluß an die medizinische Fakultät der Sun–Yatsen–Universität in Kanton entwickelt werden, käme dann also auch in die deutsche Interessensphäre, umsomehr, als man in Guangxi von jeher besondere Sympathie für Deutschland gehabt hat.

Es ist zu erwarten, daß sich die Nachfrage nach deutscher wissenschaftlicher Ausbildung in nächster Zeit noch erheblich steigert. So wurde mir vor wenigen Tagen von gänzlich un–voreingenommener chinesischer Seite mitgeteilt, daß sozusagen im Augenblick des deutschen Sieges über Frankreich an der hiesigen französisch orientierten Provinzialuniversität sich unter den Studenten eine Neigung zur Erlernung der deutschen Sprache und zum Übertritt an die Tongji bemerkbar macht.

Der Tongji–Universität fällt also die nicht zu unterschätzende Aufgabe zu, für den Nachwuchs der medizinischen Lehrkörper zahlreicher anderer medizinischer Fakultäten in China zu sorgen. Bei der Einstellung der Chinesen zum ausländischen Unterricht würde das aber nach den am Paulun–Hospital gemachten Erfahrungen in erfolgversprechender Weise nur möglich sein, wenn die medizinische Fakultät zwar unter deutscher Leitung aber in möglichst

---

[14] Vgl. ebenda, Nr.3496 und 3497 (Sun–Yatsen–Universität in Kanton, 1937–1942).

[15] Vgl. ebenda, Nr.3494 (Universitäten in China, 1941–1945).

enger Berührung mit den chinesischen Unterrichtsbehören und den an den Beziehungen mit Deutschland besonders interessierten chinesischen Kreisen zusammenarbeiten würde, unter Berücksichtigung der eigenartigen Mentalität und des durch den Widerstand gegen Japan verstärkten Nationalbewußtseins der chinesischen Intellektuellen.

Eine medizinische Fakultät, die sich diese Aufgabe stellt, müßte natürlich auf einem entsprechend hohen wissenschaftlichen Niveau stehen. Nachdem das Paulun–Hospital in dieser Beziehung versagt hat und von den Chinesen abgelehnt worden ist, würde ich vorschlagen, in Erwägung zu ziehen, die medizinische Fakultät in engerem Anschluß an ein entsprechendes deutsches wissenschaftliches Institut, z.B. das Tropen–Institut in Hamburg, zu entwikkeln.

Eine Ausbildung von Chinesen zu Lehrern medizinischer Fächer in der Weise, daß die Betreffenden ihr Studium von vornherein in Deutschland beginnen würden, dürfte sich nicht empfehlen, da zu viele Erfahrungen – nicht nur von deutscher, sondern z.B. auch von amerikanischer Seite – gegen diesen Modus sprechen. Die Zahl der ins Ausland gehenden Studenten kann stets nur verhältnismäßig klein sein, und damit ist die Auswahl geeigneter Leute geringer – abgesehen davon, daß man niemals von einem Anfänger sagen kann, ob er sich – zumal während eines Aufenthaltes im Ausland – in entsprechender Weise entwickelt.

Insbesondere durch die Tatsache, daß man Anfang 1938 nur noch einen deutschen Dozenten an der Tongji–Universität übrig ließ, stand ich unter dem Eindruck, daß das Interesse für die Tongji bei den maßgebenden deutschen Stellen stark zurückgegangen sei. Nachdem ich jetzt von Herrn Prof. Kraus erfahren habe, daß in Deutschland weiterhin Interesse an der Tongji vorhanden ist, möchte ich dringend darauf aufmerksam machen, daß es sehr kurzsichtig wäre, wenn man die infolge des fernöstlichen Krieges stark in Mitleidenschaft gezogene Tongji–Universität nicht so schnell als möglich unterstützen und sie vor der Gefahr des Unterganges retten würde. Herr Prof. Kraus hat in seinem Bericht vom 19.6. auf einen möglichen Weg hingewiesen, der aber nur als eine vorläufige Notstandsmaßnahme zu betrachten wäre. Wie groß die Beihilfe, deren Gewährung Herr Prof. Kraus vorgeschlagen hat, sein könnte, entzieht sich hier der Beurteilung. Wesentlich kommt dabei in Betracht, ob man sich entschließt, wieder wie vor dem Weltkriege eine Hochschule unter deutscher Leitung aufzumachen, oder ob man sich darauf beschränkt, nur die jetzt bestehende chinesische Tongji–Universität zu unterstützen. Ich möchte nochmals auf die Ausführungen von Herrn Prof. Kraus hinweisen, aus denen, ebenso wie aus meiner 16jährigen Erfahrung, hervorgeht, daß nur die Einrichtung einer deutsch–geleiteten Universität einen dauernden Erfolg versprechen würde.

Im Laufe der letzten Monate ist die Teuerung in Kunming lawinenartig angewachsen,[16] damit ebenso lawinenartig die Nöte der Tongji–Universität: Unzufriedenheit und schließlich Abwanderung von Dozenten und bewährten Beamten, Beunruhigung unter den Studenten, Abwanderung des Rektors, große Schwierigkeiten, in dieser Lage einen geeigneten Ersatz für ihn zu finden, große Schwierigkeiten, geeignete Räume für den Unterricht zu behalten,

---

16 Vgl. BArch, R9208, DBC, Nr.1617 zur Lage in Kunming 1940–1942.

schließlich allmähliche Desorganisation des Unterrichtes. Die Verhältnisse sind jetzt bedeutend schlechter, als sie nach den drei Situationsberichten, die ich seit meiner Ankunft in Kunming an das Generalkonsulat Shanghai geschickt habe, erscheinen.

In diesem Zusammenhang möchte ich mein besonderes Bedauern ausdrücken, daß mir bis jetzt der – an sich schon reduzierte – Reichszuschuß für das Physiologische Institut im laufenden Geschäftsjahr noch nicht bewilligt worden ist. Hierdurch ist es nun sogar unmöglich geworden, Institutsbetrieb und Personal des einzigen noch mit einer deutschen Lehrkraft besetzten Institutes aufrecht zu erhalten, was natürlich auf chinesischer Seite einen sehr ungünstigen Eindruck gemacht hat. Eine sofortige, möglichst telegrafische Bewilligung des Zuschusses ist dringend notwendig. Ich habe mich kürzlich in diesem Sinne bereits an die Botschaft in Shanghai gewendet.

Zum Schluß möchte ich bitten, noch folgenden Gesichtspunkt in Erwägung zu ziehen:

Frankreich hat in seiner Ecole Francaise d'Extrême–Orient eine wissenschaftliche Anstalt ersten Ranges zur Erforschung der Ethnologie, Geschichte, Literatur, Kunst, Sprache und der ganzen Kultur des fernen Ostens, neben zwei hervorragenden Museen in Hanoi. Hierzu kommt die von der französischen Jesuitenmission geleitete weltberühmte meteorologische Station und Bibliothek in Zikawei (Shanghai), das von derselben Mission organisierte Musée Heude und die ganz mit französischen Mitteln unterhaltene Université de l'Aurore in Shanghai.

England hat in Shanghai das ganz modern mit sehr großen Mitteln eingerichtete und unterhaltene Lester–Institut, das sich ausschließlich der Erforschung der in China in so reichem Maße vorhandenen medizinischen Probleme widmet, dazu die Bibiliothek und das Museum der Royal Asiatic Society. In Hongkong besteht eine gut eingerichtete stark besuchte Universität.

Die Vereinigten Staaten haben im Peking Union Medical College eine hervorragend ausgestattete medizinische Unterrichtsanstalt, die den größten Einfluß auf die Entwicklung der modernen Medizin in China ausgeübt hat. Dazu kommt die Yanjing–Universität in Peking, die – in engem Anschluß an Harvard – wertvolle Beiträge zur wissenschaftlichen Erforschung Chinas liefert.

Hiermit sind nur einige der wichtigsten wissenschaftlichen Institute anderer Großstaaten in China genannt.[17] Jedoch muß hervorgehoben werden, daß der angelsächsische Einfluß auf das moderne Kulturleben Chinas durch zahlreiche, hauptsächlich von Missionen unterhaltene Universitäten, die sich zum Teil eines guten Rufes erfreuen, ein sehr großer ist. Ich erinnere beispielsweise an die St. Johns Universität in Shanghai, aus der ein großer Prozentsatz der Leute hervorgegangen ist, die das heutige China politisch leiten. Das wissenschaftliche Leben Sichuans, der volkreichsten Provinz Chinas, steht stark unter dem Einfluß der vereinigten angelsächsischen Missions–Universität in Chengdu, die z.B. auf ethnologischem Gebiet viel geleistet hat. Aus der amerikanischen Missionsuniversität in Kanton sind eine Reihe

---

[17] Vgl. dazu auch: BArch, R9208, DBC, Nr.3404 (Kulturpolitische Beziehungen Chinas zu anderen und zwischen anderen Ländern, 1941–1945).

wertvoller Beiträge zur Kenntnis Südchinas hervorgegangen. Die Missionsuniversität in Nanjing hat das bei weitem beste landwirtschaftliche Institut Chinas, das auf die moderne Entwicklung der chinesischen Landwirtschaft von größtem Einfluß ist, usw.

Deutschland hat demgegenüber in China immer noch als das wesentlichste die Beziehungen zu der auf dem letzten Loche pfeifenden staatlichen chinesischen Tongji–Universität aufzuweisen, die von deutscher Seite jetzt kaum nennenswerte Unterstützung erhält und für die auf die Dauer keine weiteren deutschen Lehrkräfte zu gewinnen sein werden, solange man dieselben in so ungenügender Weise unterstützt wie bisher.

Dieses Mißverhältnis ist zu groß, und es ist von jeher zu groß gewesen.

gez. H. Stübel

BArch, R9208, DBC, Nr.1600, Bl.139–145.

105

Erlaß des AA an die Deutsche Botschaft Peking[18]

Berlin, 26. November 1940

Die politische Entwicklung in China hat dazu geführt, daß eine Reihe deutscher kultureller Positionen verlorengegangen sind und zahlreiche auf kulturpolitischem Gebiet tätige deutsche Persönlichkeiten China verlassen haben. Es sei in diesem Zusammenhang nur an die kulturpolitische Stellung erinnert, die Deutschland vor dem chinesisch–japanischen Krieg durch die Tongji–Hochschule in Shanghai und an den Hochschulen in Kanton gehabt hat. Wenig betroffen von diesen Rückschlägen sind die konfessionellen katholischen Institutionen, in erster Linie das Missionswesen selbst, aber auch Institutionen wie katholische Krankenhäuser u. dergl.

Es ist jedoch heute nicht mehr tragbar, die kulturelle Beeinflussung chinesischer Kreise durch deutsche und von Reichsdeutschen besetzte Stellen in dem bisherigen großen Umfang im wesentlichen konfessionellen katholischen Institutionen zu überlassen. Ich halte es daher für dringend erforderlich, die Verbindungen mit China auf kulturellem Gebiet, die von dem Neuen Deutschland ausgehen, zu verstärken und weitere derartige Verbindungen zu schaf-

---

18 Die als Handdepesche übersandte Anweisung Nr. Kult Gen 2911 vom 26.11.1940 ist „im Auftrag" vom Leiter der Kulturpolitischen Abteilung des AA, Ministerial–Dirigent und Gesandter I. Klasse, Dr. von Twardowski unterzeichnet worden. Sie traf in der Botschaft am 19.12.1940 ein. Folgende handschriftlichen Randverfügungen wurden von der Botschaft am 14.1.1941 zur weiteren Sachbearbeitung hinzugesetzt: „Diese Linie ist hier bereits verfolgt worden. Mittelschule in Shanghai (eventuell Qingdao? Kanton?). D[eutschland]–Institut in Peking. Verstärkung der Sprachkurse? (Stipendien als Lockmittel) Abstimmung P[eking]–T[singtao]–Sh[anghai]. Besprechung mit M[artin] F[ischer] soll abgewartet werden. 14.1."

fen, um allmählich in dieser Hinsicht die Bedeutung der Beziehungen auf konfessioneller Basis zurückzudrängen. Ich bin bereit, hierzu entsprechende Mittel zur Verfügung zu stellen, und bitte um Vorschläge, in welcher Weise eine verstärkte deutsche Kulturwerbung in diesem Sinne in China vorbereitet werden kann, um im gegebenen politischen Moment entsprechend eingesetzt zu werden.

Bereits im Gange befindlich ist eine Verstärkung des Mitarbeiterstabes des Deutschland–Instituts in Peking. In Aussicht genommen ist ferner die Gründung einer Zweigstelle dieses Instituts oder eines ähnlichen Instituts in Kunming. In Frage käme ferner später ein Einsatz von Hochschullehrern und Universitätslektoren sowie eine verstärkte Sprachwerbung, zu der die Deutsche Akademie herangezogen werden könnte.

BArch, R9208, Nr.3376, Bl.165, 165 Rs.

106

Bericht des Generalkonsuls Hermann Gipperich, Nanjing, an die Deutsche Botschaft Peking[19]

Nanjing, 10. Dezember 1940

Die chinesisch–japanischen Feindseligkeiten haben zu der Zeit, da Nanjing zum Hauptkriegsschauplatz wurde, jede kulturelle Arbeit erstickt, und alle Versuche der Wiederaufnahme dieser Arbeiten sind bisher gescheitert oder in den Anfängen steckengeblieben.

Träger der deutsch–chinesischen Kulturarbeit in Nanjing ist der Chinesisch–Deutsche Kulturverband,[20] der mit der Feier des fünften Jahrestages seiner Gründung seine Tätigkeit wieder aufgenommen hat, worüber besonders berichtet worden ist. So erfreulich dies als Kundgebung für die deutsch–chinesische Zusammenarbeit in Nanjing auch ist, so dürfen daran doch nicht allzu große Hoffnungen auf eine sofortige intensive Kulturarbeit geknüpft werden. Sie wird vielmehr erst in verstärktem Maße einsetzen können, wenn die äußeren und inneren Voraussetzungen dafür wieder gegeben sind, wenn keine fremden Bajonette mehr in Nanjing blitzen und wenn von den Chinesen ihre eigenen Sorgen, die sich aus der Unsicherheit der politischen Verhältnisse ergeben, gewichen sind. Zur Zeit ist der Chinesisch–Deutsche Kulturverband nur das allerdings sehr nützliche Instrument für die Aufnahme der Bezie-

---

[19] Gipperich wurde nach Bildung der japanischen Marionetten–Regierung in Nanjing mit einer Sondermission zur Sondierung der Deutschlandpolitik Wang Jingweis betraut.

[20] Der Chinesisch–Deutsche Kulturverband, der 1935 im Zusammenwirken mit der Guomindang–Regierung gegründet wurde und nach Kriegsbeginn seine Tätigkeit unterbrach, wurde 1940 in Anlehnung an die Wang–Jingwei–Regierung neu aufgezogen.

hungen zu denjenigen chinesischen Kreisen, die an einer Zusammenarbeit mit Deutschland besonders interessiert sind oder deren Interesse für Deutschland geweckt werden sollte.

BArch, R9208, DBC, Nr.3376, Bl.170.

107

Bericht des Transocean Press Service, Shanghai, an die Transozean GmbH, Berlin[21]

[Shanghai] 10. Dezember 1940

Einliegend senden wir Ihnen die Statistiken für November[22], die wir Ihnen bereits telegrafisch übermittelten. Wir konnten auch weiterhin unsere Stellung als führende ausländische Nachrichtenagentur im Fernen Osten beibehalten.

In Shanghai ging unser Abdruck in der Wang–Jingwei–Presse etwas hinunter, jedoch hatten die anderen ausländischen Agenturen ebenfalls eine Verminderung ihres Abdruckes zu verzeichnen. Der Grund hierfür lag darin, daß die Wang–Jingwei–Presse im letzten Monat nur recht wenig Platz für Nachrichten aus dem Ausland hatte, daß sie mit Meldungen über die bevorstehende Zeichnung des Paktes zwischen Japan und Nanjing angefüllt war.

Besonders erfreulich war die Tatsache, daß wir an den beiden größten pro–Chongqing–Zeitungen in Shanghai unseren Abdruck erheblich vermehren konnten. In der „Shun Bao" stehen wir wieder an erster Stelle und desgleichen auch in der „Xin Wanbao", wenn man be-

---

21 Die unterschiedliche Schreibweise „Transocean" und „Transozean" entspricht den unterschiedlichen Standorten der Agentur. In Shanghai bezeichnete sich die Agentur in englischer, in Berlin in deutscher Sprache. Im alltäglichen Schriftverkehr wechselten die Schreibweisen häufig.

22 Die Statistik nennt – bei gleichzeitiger Anführung der entsprechenden Angaben für Oktober 1940 – die genauen Zahlen für Transozean–Meldungen und in vielen Fällen die Vergleichszahlen zu Meldungen von Reuter, Havas, UP (United Press), INS (International News Service) sowie der japanischen Nachrichtenagentur Domei in 17 Zeitungen der chinesischen Presse Shanghais; 12 der deutschen, englischen und russischen Presse Shanghais; 9 chinesischen Zeitungen in Chongqing; 2 in Hankou; 3 in Qingdao; 7 in Peking; 7 chinesischen, russischen, deutschen und japanischen Zeitungen in Tianjin; 6 chinesischen Zeitungen in Nanjing und 8 chinesischen Zeitungen in Mittelchina, die von Nanjing aus beliefert wurden; 1 in Xinjing. Eine Addition aller abgedruckten Meldungen in diesen 62 Zeitungen ergibt eine Zahl von fast 25.000 – das sind im Durchschnitt beachtliche 400 Meldungen pro Zeitung und Monat und damit im Durchschnitt mehr als 10 pro Zeitung und Tag. Gesondert ausgewiesen ist die Übernahme von Artikeln und Bildern. Bei Artikeln ergibt sich die Gesamtzahl der Abdrucke von 133. Die Statistik enthält außerdem u.a. Angaben zu Fotos in Shanghaier Zeitungen, eine Übersicht über Artikel, die per Post an Shanghaier Zeitungen versandt worden sind, und ein Musterblatt für die tägliche Erfassung der durch die einzelnen Zeitungen von Transozean übernommenen Meldungen am Beispiel der „Shanghai Evening Post".

denkt, daß ein guter Teil der United–Press–Meldungen eigentlich auf unser Konto zu schreiben ist.

Es ist in Shanghai eine neue chinesische Morgenzeitung hinzugekommen, und zwar die „New China Daily News“. Sie gehört dem Asia Development Board, steht also sowohl Wang Jingwei als auch den Japanern sehr nahe. Durch das Erscheinen dieser Zeitung ist jetzt die Stellung der pro–Chongqing– und pro–Nanjing–Presse in Shanghai ziemlich ausgeglichen, da jetzt beide über je fünf Morgenzeitungen verfügen.

Die chinesischen Zeitungen „Damei Wanbao“ und „Damei Zhoubao“ sowie die englischsprachige „Shanghai Evening Post“, die alle drei demselben amerikanischen Konzern gehören, nehmen immer mehr den offiziellen amerikanischen Standpunkt ein, was sich für uns natürlich nicht mehr günstig auswirkt. Der „Huamei Wanbao“, die ebenfalls amerikanisch registriert ist, jedoch von Chongqing aus kontrolliert wird, ist ebenfalls zu verstehen gegeben, daß sie nicht eine zu pro–deutsche Stellung einnehmen sollte. Der Redakteur sagte uns, daß er daher vorübergehend etwas vorsichtig sein müßte. Wir bleiben jedoch bei dieser Zeitung nach wie vor die führende Agentur.

Die Zeitung „Ping Bao“, in der unser Abdruck größer ist als der aller anderen Agenturen zusammen, hat ihre Auflage erheblich vergrößern können. Während sie bei ihrem ersten Erscheinen vor einigen Monaten nur eine Auflage von mehreren tausend hatte, erreichte sie jetzt fast 50.000, wovon ungefähr 10.000 nach Plätzen außerhalb Shanghais geliefert werden. [...][23]

Nachdem wir in Chongqing im Oktober durch den Dreimächtepakt in unserem Abdruck einen erheblichen Rückschlag erlitten, konnten wir im November unseren Abdruck fast verdoppeln. Wie Herr Trendel[24] uns telegraphiert, geht die Aufwärtsbewegung weiter vor sich.

In Hankou ging unser Abdruck etwas herunter, da die stark japanisch beeinflußte Presse sehr mit Meldungen über die 2600–Jahr–Feier in Japan angefüllt war. Wir sind jedoch nach wie vor die einzige fremde Nachrichtenagentur, die in der dortigen chinesischen Presse etwas zu melden hat.

In Qingdao konnten wir besonders in der „Xinmin Bao“ unseren Abdruck stark vergrößern, während Reuter und Havas nach wie vor in der chinesischen Presse überhaupt nicht vertreten sind.

In Peking konnten wir besonders in der chinesischen Presse unseren Abdruck verbessern. Auch hier haben die übrigen Agenturen in der chinesischen Presse überhaupt nichts zu melden, und wir bleiben nach wie vor die einzige ausländische Agentur, deren Nachrichten gedruckt werden. Beachtlich ist, daß in der „Peking Chronicle“ sechs unserer längeren Meldungen als Leitartikel verwendet wurden.

Auch in Tianjin zeigt der Abdruck einen Aufstieg. Besonders in der „North China Star“, in der wir auf über 1.000 Meldungen im Monat kamen. In Tianjin konnten wir ebenfalls unse-

---

23 Es folgt ein Absatz zum Übertragungsweg einer einzelnen Transozean–Meldung von Shanghai nach Berlin und von dort in eine chinesische Zeitung in Chongqing.

24 Transozean–Vertreter in Chongqing.

ren Abdruck von Artikeln und Bildern erhöhen und brachten es auf 62 Artikel und 249 Bilder.

In Manzhouguo blieb unser Abdruck in der „Manchurian Daily News“ ungefähr derselbe, d.h. wir hatten wieder ungefähr doppelt soviel Meldungen wie alle anderen Agenturen zusammen. Den Abdruck von Artikeln und Bildern konnten wir erheblich erhöhen und kamen auf 44 Artikel und 221 Bilder. Zusätzlich wurden noch einige Artikel im Rundfunk verwandt.

Der Abdruck in Japan blieb ungefähr auf derselben Stufe. Die Zusammenarbeit mit dem japanischen „Asia Gaho“–Verlag zur Verbreitung von Artikeln und Bildern macht weitere Fortschritte. Wir verweisen Sie in diesem Zusammenhang auf unseren Brief No. 370. Es ist allerdings dabei zu bedenken, daß wir nicht nur Transocean Bilder und Artikel an diesen Verlag geben, während wir in den Statistiken lediglich das Transocean–Material aufführen.

In Nanjing sowie den von Nanjing aus belieferten Plätzen, wie Suzhou, Hangzhou & Wuxi, stehen wir weiterhin allen anderen Agenturen weit voran. Es ist beachtlich, daß wir in den meisten Zeitungen sogar Domei[25] einwandfrei schlagen konnten, obwohl diese Zeitungen alle stark japanisch beeinflußt sind. Reuter, Havas und United Press hatten in diesen ganzen Zeitungen außerordentlich wenig zu melden, und man kann ohne Bedenken feststellen, daß mindestens 90% der Auslandsmeldungen in der Nanjinger Presse sowie der von Nanjing aus belieferten Presse von Transocean stammen. [...][26]

Die Verbreitung unseres Dienstes im ganzen Fernen Osten durch Rundfunk ging weiter gut von statten. Wir hatten ebenfalls überall gute Erfolge mit unseren Artikeln und Fotographien. In Shanghai allein konnten wir z.B. fast 300 Fotographien im November in der Auslandspresse unterbringen.

Heil Hitler!
Melchers

BArch, R9208, DBC, Bd.2333, Bl.16–26.

108

Tätigkeitsbericht des Deutschland–Institutes in Peking

[Peking, Februar 1942][27]

Sinn des Deutschland–Institutes:[28] Ähnlich wie das China–Institut in Frankfurt a.M. sich die Interpretation chinesischer Kultur in Deutschland zum Ziel gesetzt hat, soll es die Aufgabe

---

25 Japanische Nachrichtenagentur.

26 Es folgen Ausführungen zur Transocean–Tätigkeit in Bangkok (Thailand) und Manila (Philippinen).

27 Da dieser Tätigkeitsbericht nicht datiert ist, wurde das Monatsdatum aus dem Kulturveranstaltungskalendarium erschlossen, das in der Übersicht mit dem 25.1.1942 abschließt.

des Deutschland–Institutes in China sein, eine Verbindung mit dem geistigen Leben Deutschlands herzustellen und das Verständnis für den Wert deutschen kulturellen Schaffens in China zu vertiefen oder zu erwecken. Mit anderen Worten ist dies eine Kulturarbeit auf lange Sicht, der es nicht auf eine mehr oder weniger politisch–aktuelle Gegenwartspropaganda ankommt, sondern darauf, die geistig führenden akademischen Kreise, die seit 1918 zum größten Teil unter anglo–amerikanischem Einfluß stehen, zu gewinnen und ihnen zu zeigen, daß Deutschland nicht allein mit Naturwissenschaften und Technik China ewas zu bieten habe, sondern auch auf den Gebieten der Geisteskultur und Geisteswissenschaften. Da diese Kreise aufgrund ihrer anglo–amerikanischen Ausbildung oft auch politisch mehr zu jener Seite neigen, muß sich das Deutschland–Institut in dieser Hinsicht eine gewisse Zurückhaltung auferlegen, um nicht von vornherein eine große Anzahl sonst vielleicht Interessierter abzustoßen. Auch kommt es nicht auf eine Wirkung in die Breite an, sondern auf eine solche in die Tiefe. Das heißt wir wenden uns nicht an die große Masse, sondern an die oberste Schicht der Gebildeten, die naturgemäß nicht sehr zahlreich ist. Die Erfahrungen in der Arbeit des Institutes bestätigen, daß es nur auf diese Weise möglich ist, die untergeordnete Stellung, welche die deutsche Geisteswelt in der Vorstellung und Kenntnis westlicher Kultur in China einnimmt, allmählich zu beseitigen.

Seit Beginn des chinesisch–japanischen Krieges im Sommer 1937 wurden folgende Arbeiten vom Deutschland–Institut durchgeführt:

1. Allgemein

Pflege der Beziehungen zu chinesischen akademischen Kreisen:

Durch die nach der japanischen Besetzung Nordchinas erfolgte Abwanderung der meisten chinesischen Hochschulen einschließlich der überwiegenden Zahl ihrer Dozenten hatte das Deutschland–Institut etwa 90% seiner früheren Mitglieder, Mitarbeiter und Freunde verloren, doch konnten seitdem – meist aufgrund persönlicher Beziehungen – fünfzehn neue Mitglieder, eine Reihe neuer Mitarbeiter sowie ein größerer Kreis von Freunden gewonnen werden. Freundschaftliche Beziehungen, wie z.B. zur Yanjing–Universität (der führenden Hochschule Nordchinas von 1937 bis Dezember 1941), mit der vorher kaum Verbindung bestanden hatte, wurden begründet und aufrechterhalten.[29] Es besagt viel, daß diese unter amerikanischer Leitung stehende Universität der Arbeit des Deutschland–Institutes bis zum Schluß durchaus wohlwollend gegenüberstand (s.a. unten S.9).[30] Auch mit den übrigen von den Japanern unabhängigen wissenschaftlichen Institutionen wie der Fujen–Universität, der National–Library, dem Fan–Memorial Institute u.a. standen wir in freundschaftlichem Verhältnis. Die positive Haltung der der neuen Regierung unterstehenden Institutionen zum Deutschland–Institut versteht sich von selbst.

Auch die schriftliche Verbindung mit einigen Mitgliedern des Institutes (insbesondere Herrn T.L. Yuan) im unbesetzten China konnte aufgrund persönlicher Bekanntschaft auf-

---

[28] Das Deutschland–Institut in Peking wurde am 4.5.1933 gegründet.

[29] Vgl. BArch, R9208, DBC, Nr.3501–3503 (Beziehungen zur Pekinger Universität 1936–1945).

[30] Verweis von Wolfgang Franke.

rechterhalten werden. Nur dadurch war es möglich, daß über das Deutschland–Institut und seine Arbeit in Zeitschriften des unbesetzten China berichtet und diese anerkannt wurde (vgl. Bericht an die Botschaft vom 8.5.1940).[31] Die Einrichtung einer Zweigstelle des Institutes in Kunming war – vor der Aufnahme des Planes in Berlin – schriftlich vom Unterzeichneten eingeleitet worden.[32] Daß diese nicht weiter gedeihen konnte, lag daran, daß bald darauf die Postverbindung zwischen Peking und Kunming abgebrochen wurden.

Besondere Veranstaltungen:

Außer den jährlichen Mitglieder–Versammlungen, Ausschußsitzungen und Studenten–Teenachmittagen wurden folgende gesellige Veranstaltungen für chinesische Freunde und Mitglieder oder für Studenten des Institutes durchgeführt:

Eröffnungsfeier des neuen Hauses am 29.10.1938.

Frühstück für Pekinger Hochschulprofessoren am 19.11.1938.

Besichtigung des Institutes und Abendessen für Direktoren Pekinger Mittelschulen am 14.12.1938.

Besichtigung deutscher Firmen durch Schüler der Städt. Höheren Handelsschule im Winter 1938/39.

Sinologen–Nachmittag für Prof. Rousselle[33] am 24.7.1939.

Geselliges Beisammensein chinesischer und deutscher Freunde des Institutes am 11.5.1940

Desgleichen am 23.5.1941

Außerdem fanden Empfänge und Essen für Mitglieder, deutsch–interessierte Chinesen und Freunde des Institutes in größerem oder kleinerem Kreise im Hause des jeweiligen Institutsleiters oder auch im Restaurant statt.

Auskunft und Studienberatung:

Im Laufe des Jahres 1937/38 wurde eine Reihe chinesischer Studenten, die sich nach Deutschland begeben wollten, über Studienverhältnisse, Lebenshaltung usw. in Deutschland beraten und mit dem Deutschland–Institut in Verbindung stehenden Verbänden und Behörden empfohlen; auch wurden diesen Studenten Bescheinigungen über die zum Hochschulstudium erforderlichen Kenntnisse in der deutschen Sprache ausgestellt und ihre chinesischen Zeugnisse ins Deutsche übersetzt. In den letzten Jahren bestand für chinesische Studenten keine Möglichkeit mehr, nach Europa zu fahren. Ferner wurden Anfragen interessierter chi-

---

31 Verweis von Wolfgang Franke.

32 Im Frühjahr 1940 richtete das Deutschland–Institut in Kunming innerhalb der Nationalbibliothek eine Verbindungsstelle ein, nachdem die Hauptzentren des chinesischen Geisteslebens von Peking, Nanjing und Kanton nach Chongqing, Chengdu, Kunming und Tali verlegt worden waren und weitere, früher unbedeutende Städte des Südwestens wie Nanchin (Shensi), Guiyang, Anshun (Guizhou), Peipai (Sichuan), kulturelles Ansehen erlangt hatten. Vgl. BArch, R9208, DBC, Nr.3387, Bl.79–81: Leiter des Deutschland–Instituts in Peking, Dr. Walter Fuchs, an Dienststelle Peking der Deutschen Botschaft vom 24.10.1940.

33 Prof. Dr. Erwin Rousselle leitete bis Anfang November 1943 unter Präsident Dr. Herbert von Borch das China–Institut Frankfurt a.M. Vgl. dazu auch Ostasiatische Rundschau, 24. Jg., Nr. 11/12, Hamburg, Dezember 1943, S.142.

nesischer Kreise aus verschiedenen Gebieten des deutschen wissenschaftlichen Lebens sowie des Erziehungswesens beantwortet.

Nach der deutschen Seite hin stand – bis zum Abbruch der Verbindungen – das Institut insbesondere mit der Deutschen Akademie in München sowie dem Deutschen Akademischen Austauschdienst, dem Deutsch–Ausländischen Buchtausch und der Reichszentrale für wissenschaftliche Berichterstattung in Berlin in Verbindung.

Berichte:

Außer den Jahresberichten des Institutes wurden für die Dienststelle der Deutschen Botschaft einige größere Berichte geliefert (z.B. „Über die kulturpolitische Lage in Peiping im Herbst 1939" vom 17./18. Nov. 1939, „Vorschläge zur Förderung der deutschen Sprache in China" vom 17. September 1941; beide wurden vom Unterzeichneten abgefaßt). Mehrere kleinere Berichte, Gutachten usw. wurden für die Botschaft und andere amtliche und private Stellen in Deutschland und China ausgearbeitet.

Versand von Zeitschriften:

Bis zum Abbruch der Postverbindung mit Deutschland wurden vom Institut regelmäßig Exemplare der Zeitschriften „Geist der Zeit", „Kurzbericht", „Forschungen und Fortschritte", „Research and Progress" sowie eine Reihe medizinischer Fachzeitschriften an chinesische Interessenten verschickt, außerdem noch die in China herausgegebenen Zeitschriften „Far Eastern Illustrated News" und „International News".

Besucherzahlen:

Geschäftsstelle und Bibliothek des Institutes hatten folgende Besucherzahlen:

1937/38:	477
1938/39:	973
1939/40:	1.244
1940/41:	1.468

Prämien zur Förderung des Studiums der deutschen Sprache:

Die bis 1938 vom Institut gepflegte Sitte, einigen wenigen chinesischen Studenten Pekinger Hochschulen, die neben ihrem eigentlichen Studienfach die deutsche Sprache lernten, größere Geldbeträge als sog. „Stipendien" zur Verfügung zu stellen, wurde 1939 als unzweckmäßig abgeschafft. Die dadurch freigewordenen Beträge fanden Verwendung einmal als Prämien zu kleineren Beträgen von FR.$20,– bis FR.$50.–,[34] die auf Vorschlag des zuständigen Dozenten jeweils an die besten Schüler der deutschen Sprachkurse in den verschiedenen Pekinger Hochschulen, der Li–Hsien–Mittelschule in Qingdao und der Abendschule des Deutschland–Institutes verteilt wurden. Ferner wurden deutsche Aufsatzwettbewerbe ausgeschrieben für Studenten aller chinesischen Hochschulen und die besten davon mit einem Geldbetrag prämiert. Vermittels dieser Prämienverteilungen und Aufsatzwettbewerbe wird eine wesentlich größere Anzahl von Schülern als früher durch die Stipendien betroffen. Auch für entsprechende öffentliche Bekanntmachung in den betreffenden Hochschulen wie in der

---

[34] Federal Reserve Bank–Dollar, auch Nordchina–Yuan genannt, die 1938 von Japan in Nordchina eingeführte Währung.

Presse wurde gesorgt. Im folgenden Jahr (1940) änderten wir dieses Verfahren insofern um, daß keine Bargeld–Prämien mehr verteilt wurden, sondern Gutscheine auf einen bestimmten Reichsmark–Betrag, für den sich der Student durch das Deutschland–Institut beliebig von ihm zu wählende Bücher aus Deutschland bestellen konnte. Mitbestimmend war hierbei der Gedanke, für das deutsche Buch zu werben, das bei dem unglücklichen Kursverhältnis für einen chinesischen Studenten aus eigener Tasche unerschwinglich ist. Zahlreiche Bestellungen wurden durch das Institut ausgeführt, bis der Abbruch der Verbindung diese einstweilen unterbrach.
Deutsche Sprachkurse:
Im Schuljahr 1937/38 bestand die Abendschule des Deutschland–Institutes aus zwei Kursen in acht Wochenstunden mit zusammen 25 Schülern. In den folgenden Jahren wurden diese ständig erweitert und ausgebaut, so daß im Herbst 1940 die Deutsche Akademie die Kurse als Lektorat übernahm, da die Dozentengehälter den Etat des Institutes zu stark belasteten. Außer den in den Räumen des Institutes stattfindenden Kursen wurde im Herbst 1940 eine Zweigschule im Südwesten der Stadt eingerichtet, um in anderen Stadtteilen wohnhaften Schülern, die den weiten Weg zum Institut scheuen, eine Gelegenheit zur Teilnahme am Unterricht zu geben. Schon vorher war provisorisch ein Kurs in der Privatwohnung eines Bekannten des Unterzeichneten eingerichtet worden. Heute umfassen die Sprachkurse (einschließlich der Zweigschule) neun Kurse in 44 Wochenstunden mit insgesamt 174 Schülern.

Außerdem wurden im Dezember 1941 vom Institut zwei Anfängerkurse an der Technischen Fakultät der Staatlichen Peking–Universität eingerichtet. [...][35]

BArch, R9208, DBC, Nr.3388, Bl.142–154.

109

Bericht des Konsuls Hans von Saucken, Qingdao, an die Deutsche Botschaft Nanjing[36]

Qingdao, 20. März 1942

Inhalt: Konfessionelle Einrichtungen in der Provinz Shandong
Deutsche katholische Missionen in Shandong

---

[35] Es folgt ein Überblick über die Veröffentlichungen, Filmveranstaltungen, Bibliotheksarbeit und personelle Besetzung des Deutschland–Institutes.

[36] Der Bericht erging mit Kurier auf den Botschafts–Erlaß vom 22.2.1942 – Pers. Si 7–3/1211/42 – zum „Inhalt: Konfessionelle Einrichtungen in der Provinz Shandong" und traf am 8.4.1942 in der Botschaft Nanjing ein.

I. Deutsche Franziskaner im Vikariat Jinan.

1. Schultätigkeit

Im Stadtbezirk Jinan unterhalten deutsche Franziskaner mehrere Schulen. An der Liming Schule vor den Toren der Stadt, die von 1500 Schülern und Schülerinnen besucht wird, arbeiten deutsche Schulbrüder unter der Oberaufsicht des deutschen Bischofs Cyrill Rudolf Jarre. In der Stadt Jinan selbst leiten die Missionare eine Volksschule mit über 800 Schulkindern. In unmittelbarer Nähe der Stadt unterhalten deutsche Schwestern ein Mädchenwaisenhaus nebst Schule mit über 100 Kindern.

Weitere Schulen bestehen in den Städten Tai'an und Dezhou. Beide Schulen werden von je 400 – 500 Schülern und Schülerinnen besucht.

Außerdem werden auf dem Lande noch verschiedene Schulen von deutschen Missionaren geleitet. Im Jahre 1941 besuchten insgesamt über 3.000 Schüler und über 2.000 Schülerinnen die Jinaner Missionsschulen.

2. Sanitäre Tätigkeit

Von den deutschen Schwestern der Mission Jinan werden mehrere Armen–Apotheken unterhalten; ferner besorgen die Schwestern auch die ambulante Krankenpflege.

Mehrere chinesische Missionare, die in deutschen ärztlichen Instituten ihre Ausbildung erhielten, üben – soweit die andere Missionsarbeit es erlaubt – die Krankenpflege unter der Bevölkerung aus. Soweit als möglich werden nur deutsche Mediziner verwandt.

Die Mission verfügt über einen Stab von mehr als 70 deutschen Missionskräften.

II. Steyler Missionare im Vikariat Yanzhou

1. Schultätigkeit

Die Stadt Yanzhou ist die geistige Zentrale der Schul– und Karitasunternehmungen in Shandong. Yanzhou selbst hat neben den Missionswerken (dabei auch eine der besten Missionsdruckereien Chinas, die auch Werke im Sinne der deutschen China–Forschung und Sinologie herausgab) zwei Volksschulen mit 500 Schülern und Schülerinnen.

Die wichtigsten Schulunternehmungen liegen aber in der zeitlich von der Mission früher erfaßten Stadt Jining am Kaiserkanal, wo das Franz Xaver Kolleg (bereits seit 1914 als staatlich anerkannte Schule) von deutschen Missionskräften geleitet wird. Die Schülerzahl der doppelten Mittelschule samt den Vorstufen beträgt 1200. Die Schule war lange Jahre führend in der Herausgabe von Lehrbüchern für das Deutschstudium von Chinesen, welcher Aufgabe es sich in Zukunft wieder mit neuen Aufgaben und besonderer Hingabe widmen zu können hofft.

Andere Zentren sind Linzheng, ein bekannter Bahnpunkt, an dem 400 Schüler die Missionsschulen besuchen; alsdann Taikia [Daijia], das eine durch Jahrzehnte blühende Lehrer–Präperandie beherbergte, die der politischen Wirren wegen vorläufig geschlossen werden mußte. Nur die Primärschule und die philosophisch–theologischen Kurse konnten noch fortgesetzt werden. In den letzteren obliegt der später einheimische Klerus in Sonderheit dem Deutschstudium.

2. Sanitäre Tätigkeit

Der deutsche Bischof von Yanzhou, Th. Schu, errichtete ein neuzeitliches Krankenhaus mit deutschen Kräften. Damit verbunden ist die Tätigkeit in dem Leprosenheim außerhalb der Stadt.

An anderen Plätzen sind noch drei kleine Hospitäler und zwanzig Armen–Apotheken, die bei einer Jahresfrequenz von 116.000 Konsultationen deutsche Medikamente in Anwendung bringen.

Die Mission arbeitet mit dem größten Missionsstab in Shandong, und zwar mit etwa 130 deutschen Missionskräften.

III. Steyler Missionare im Vikariat Caozhou

1. Schultätigkeit

Caozhou ist die nahe an der Henan–Grenze liegende letzte große Zentrale der katholischen West–Shandong–Mission, in der sich die Kulturarbeit in den Schulen bald nach der Ablösung von der Muttermission Yanzhou selbständig zu entwickeln begann.

In Caozhou selbst hat der deutsche Bischof, J. Hoowarts, wenige Jahre nach Übernahme der Mission mit der Eröffnung einer Doppel–Mittelschule begonnen, die sich bemüht, die Traditionen des Jininger Kolleges auch in der Pflege des deutschen Sprachtums weiterzuführen. Bis jetzt beträgt die Anzahl der Schulbesucher samt den Vorstufen etwa 3–400.

Drei weitere Volksschulen werden in Caoxian unterhalten. Im ganzen zählt die Mission etwa 2000 Schüler und Schülerinnen in Stadt und Land.

2. Sanitäre Tätigkeit

Die Mission unterhält sechs kleinere Hospitäler und 24 Armen–Apotheken. Hierin überflügelt sie bereits die Muttermission.

Über 70 Missionskräfte deutscher Zunge teilen sich in die Arbeiten.

IV. Steyler Missionare im Vikariat Qingdao

1. Schultätigkeit

Seit dem Anfang der deutschen Kolonisations–Ära hat die Mission ein Pensionat und Lyzeum für den weiblichen Teil der europäischen Jugend geführt, das – samt dem Kurs des deutschen Lyzeums – auch heute noch besteht. Für chinesische Schülerinnen existiert seit zehn Jahren eine Mittelschule mit 400 Schülerinnen, die als die am besten organisierte der Stadt anerkannt wurde – inclusive Vorstufen über 1.000 Schülerinnen. Für Knaben besteht seit Jahrzehnten eine Volksschule, die von der gehobeneren Schicht der chinesischen Bevölkerung bevorzugt wird und zur Zeit über 500 Schüler hat. Die Fortführung derselben auf die Höhe einer Mittelschule scheiterte bisher an mangelnden Geldmitteln.

In den Vorstädten bestehen Volksschulen. In Jiaozhou ist neben den stark besuchten Volksschulen (sie zählen etwa 400 Schulbesucher) die früher als Lehrerinnenseminar geführte Schule nunmehr als Mittelschule umgebaut worden. Da als ihr Abschluß die Furen–Universität in Peking zu denken ist (was auch für die Qingdao–Mittelschule gilt) so wird eine stärkere Betonung des Deutsch–Unterrichts eine Erfordernis der Zukunft sein müssen.

Volksschulen existieren noch in der Stadt Chucheng und an vielen kleineren und größeren Orten. Die Gesamtzahl der Schulbesucher beträgt etwa 2.500.

2. Sanitäre Tätigkeit

In der Stadt Qingdao besitzt die Mission ein kleines Hospital für Chinesen; in allen Städten Armen–Apotheken, deren jährliche Konsultationen sich auf etwa 70.000 belaufen.

In der Mission gruppieren sich etwa 50 deutsche Missionskräfte um den derzeitigen deutschen Administrator der Mission, P.J. Dahlenkamp, der dieselbe nach dem Tode des 1. deutschen Bischofs von Qingdao, G. Weig, vorläufig leitet.

V. Steyler Mission im Vikariat Yizhou

1. Schultätigkeit

Die Mission hat in der neuen Missionszentrale Yizhou (die sich erst vor drei Jahren von Qingdao ablöste) Volksschulen, an deren Ausbau zu Mittelschulen der neue deutsche Bischof, K. Weber, durch Ankauf von Plätzen und Bemühungen um den Lehrerstab heranging.

Zur Zeit sind in fast allen Städten der Mission Volksschulen mit einer Gesamtzahl von 900 Schulbesuchern, wobei zu beachten ist, daß gerade dieser Teil der Provinz schwer unter den Kriegswirren gelitten hat und noch leidet. Es ist ohne Frage ein Zeichen persönlicher Einsatzbereitschaft der Missionare, auf ihren exponierten Posten bisher ihre Tätigkeit fortgesetzt zu haben.

In letzter Zeit gelang die Errichtung einer Stick– und Strick–Schule, die mit acht deutschen Spinnrädern und vier Strickmaschinen arbeitet, worin zur Zeit 28 Mädchen ausgebildet werden.

In den Bergen des Mengshan gibt die Mission das Vorbild einer Baum– und Forstschule, wo in 40jähriger systematischer Aufforstarbeit aus dem Nichts ein Wald von 800.000 erstand und der näheren und weiteren Umgebung Anregung gab.

2. Sanitäre Tätigkeit

In den acht Apotheken, die sich über die ganze Mission verteilen, wurden von den deutschen Brüdern und Schwestern etwa 50.000 Behandlungen ausgeführt und etwa 1.500 Hausbesuche gemacht.

Die Mission arbeitet mit einem deutschen Stab von rund 50 Missionarskräften.

Bedeutung der katholischen Missionsschulen

Die Volksschulen bringen einem ansehnlichen Teil des einheimischen Elementes Verständnis für deutsche Arbeit und Wissenschaft bei. Die Chinesen fühlen die Superiorität des deutschen Volkes; sie werden durch die Verbindung mit der Mission bekannt mit den Erzeugnissen der deutschen Industrie (wie Hausgeräte, Fahr– und Motor–Räder, Fotosachen) und der heimatlichen Pharmazie, die in den Missionsapotheken bevorzugt wird.

Aus den Mittelschulen gehen Angestellte hervor, die später bei deutschen Firmen und Unternehmen eintreten. Ein Teil geht an die mit den katholischen Mittelschulen eng verbundene Furen–Universität in Peking, wo er dank des einheitlichen, stark deutsch orientierten Durchbildungs–System als bevorzugtes Hochschulmaterial gilt.

Finanzielle Lage

Die finanzielle Lage der katholischen Missionen in Shandong ist zur Zeit zweifellos sehr ungünstig. Nach Einführung der deutschen Devisenmaßnahmen gelang es den Missionen, sich zunächst mit Spenden von Deutsch–Amerikanern über Wasser zu halten. Nach Eintritt

Amerikas in den Krieg ist naturgemäß auch diese Quelle versiegt. Die katholischen Missionen in Shandong stehen vor der unmittelbaren Notwendigkeit, ihre über die gesamte Provinz aufgebaute Organisation in weitem Ausmaß preisgeben zu müssen, falls ihnen nicht baldigste Hilfe [zuteil] wird.

Ostasien–Mission

Die Ostasien–Mission unterhält in China außer zwei Krankenhäusern (eins in Jining, eins in Qingdao) eine Schule in Qingdao. Sie ist das einzige rein deutsche Schulunternehmen in China, das den letzten Weltkrieg überdauert hat. Sie reicht in ihren Anfängen bis in die erste Zeit der deutschen Kolonie Kiautschou zurück und besteht seit 1900 unter dem jetzigen Namen Lixian–Schule als Erinnerung an ihren Gründer Dr. Richard Wilhelm (chinesisch– Wie Lixian), der damals zusammen mit Dr. E. Faber hier im Dienste der Ostasien–Mission arbeitete. Ursprünglich auf die Unterrichtsziele eines amerikanischen College angelegt, beschränkte sie sich nach Gründung der Deutsch–Chinesischen Hochschule in Qingdao auf den Dienst als Zubringerschule zu dieser gemeinsamen Unternehmung der deutschen und chinesischen Regierung. Während des früheren Weltkrieges wurde sie durch chinesische Gönner am Leben erhalten und mußte sich 1922, nachdem inzwischen ihr Leiter Dr. Wilhelm abgelöst war, an das chinesische Schulwesen angliedern. So wurde sie chinesische Mittelschule mit einer oberen und unteren Abteilung. Religion war nie ihr Pflichtfach, sondern wurde immer außerhalb der Unterrichtszeit an Freiwillige unterrichtet.

Die deutsche Unterrichtssprache als einzige Fremdsprache ließ sich in der Zeit nach dem Verlust der deutschen Kolonie nicht mehr durchführen, zumal da die Knappheit der von Deutschland kommenden Mittel zu einer möglichst wirtschaftlichen Gestaltung der Schule zwang. So wurde die untere Mittelschule ganz nach dem Lehrplan der chinesischen Regierungsschulen, d.h. mit Englisch als Fremdsprache, geführt, die Oberstufe aber in eine deutsche Abteilung mit Deutsch als erster Fremdsprache und eine allgemeine Abteilung mit Englisch als erster und Deutsch als zweiter Fremdsprache geteilt. Auf diese Weise mußten die stärker besuchte Unterstufe und die allgemeine Abteilung der Oberstufe den wirtschaftlichen Aufbau der Schule bilden, während der eigentliche Lebenszweck in der deutschen Abteilung lag, die bald ihre Schüler an die Tongji–Universität in Wusong–Shanghai abgeben konnte und immer darauf stolz war, dieser Schule besonders gutes Studentenmaterial zu stellen.

Auf diese Weise hat die Schule bis zum Ausbruch des chinesisch–japanischen Konflikts bestanden. Die Mittel zum Betrieb kamen in dieser Zeit zu je einem Drittel aus Schulgeldeinnahmen, monatlicher Unterstützung der chinesischen Regierung und Zuschuß der Mission, einschließlich der seit dem Jahre 1924 jährlich empfangenen Reichsschulunterstützung. Die Lehrkräfte waren Chinesen außer dem deutschen Leiter und einem später hinzugekommenen deutschen Gehilfen. Die Ostasien–Mission hat seit ihrer Gründung in Europa einen deutschen und einen schweizerischen Zweig. Während der Inflationszeit wurde die Arbeit ganz von der Schweiz erhalten. Als später die finanzielle Leistungsfähigkeit der deutschen Seite nicht ausreichte, wurde die Unterstützung der Arbeit so aufgeteilt, daß die deutsche Seite die Schule finanzierte, die schweizerische Seite die Hospitalarbeit. Nachdem das von 1930 an nicht mehr durchführbar war, bezahlte die Schweiz zusätzlich das Gehalt einer europäischen Lehrkraft an der Schule und besetzte diesen Posten mit einem schweizerischen akademisch gebildeten Lehrer, während der deutsche Gehilfe abgebaut werden mußte.

Mit dem Ausbruch des japanisch–chinesischen Konflikts wurde die Lage der Schule schwierig, da nun die chinesische Regierungsunterstützung, die ein Drittel der Betriebsgelder ausgemacht hatte, in Wegfall kam. Die der Mission gewährte Devisenzuteilung und die Reichsschulunterstützung der deutschen Regierung konnten das Defizit nicht ausgleichen. Die Schule konnte nur dadurch am Leben erhalten werden, daß chinesische Freunde freiwillige Zuschüsse zahlten und die beiden europäischen Angestellten, besonders der deutsche Leiter, auf einen wesentlichen Teil ihres Gehaltes verzichteten.

Nach Errichtung der neuen japanisch–chinesischen Verwaltung mußte die Schule Japanisch als Unterrichtssprache für alle Klassen einführen und den Unterricht in Englisch entsprechend reduzieren. Das anfänglich gestellte Ansinnen, auch den deutschen Unterricht einzuschränken, ist nach längeren Verhandlungen japanischerseits fallengelassen worden. Die Schule mußte aber einen Japaner als Schulberater anstellen, der jetzt die Verbindung mit den japanischen und den japanisch–chinesischen Behörden unterhält. Die deutsche Abteilung hat neuerdings wieder einen Auftrieb erhalten durch Gründung der Deutschen Medizinischen Akademie in Shanghai, für deren erstes Studienjahr die Schule fast die Hälfte der Studenten gestellt hat.

Die Schule bedarf, wenn sie weiter bestehen soll, einer wesentlichen Verstärkung ihres finanziellen Rückhalts. Nach mehr als einem Jahrzehnt fortwährender Sparmaßnahmen muß die Dürftigkeit der Leistung, besonders in Gehältern der Lehrer und in Ausstattung, existenzgefährdend werden, zumal wenn nach Beendigung dieses Krieges die japanische Seite größere Mittel für kulturelle Propaganda frei haben und diese in ihrer gewohnten großzügigen Weise zum Einsatz bringen wird.

Die nicht von chinesischer Seite kommenden Einkünfte setzten sich in den letzten Jahren folgendermaßen zusammen:

Leistung der deutschen Abteilung der Ostasien–Mission jährlich	RM	12.000,--
Leistung der schweizerischen Abteilung	RM	4.800,--
Örtliche Einnahmen der Mission	RM	2.200,--
	RM	19.000,--
Reichsschulunterstützung	RM	2.000,--
zusammen:	RM	21.000,--

Um die Schule auch in ihrer äußeren Erscheinung vorbildlich hinzustellen, wäre eine einmalige Summe von mindestens RM 80.000,-- zur Errichtung neuer Schulgebäude und Reparatur der bestehenden, sowie zur Verbesserung der Einrichtung nötig; der jährliche Zuschuß müßte mindestens um die Hälfte erhöht werden. Die dringend zu fordernde Anstellung einer weiteren deutschen Lehrkraft würde den Jahresbedarf noch um dieses Gehalt erhöhen.

Sollte die deutsche Abteilung der Ostasien–Mission nach dem Kriege nicht imstande sein, diese Schularbeit finanziell zu tragen, so fiele die Schule automatisch dem schweizerischen Zweig der Ostasien–Mission zu. Das würde zum mindesten die Ausschaltung des deutschen

Leiters zur Folge haben. Es darf aber wohl als sehr fraglich bezeichnet werden, ob die schweizerischen Unterstützer bereit wären, so große Opfer zur Fortführung einer rein deutschen Tradition zu bringen. Sehr wahrscheinlich würde die Schule alsbald ihren Charakter verändern. Da die Schule von der hiesigen Bevölkerung zweifellos als die beste beurteilt wird, in der Provinz Shandong überall einen guten Ruf besitzt und bei einer Schülerzahl von über 600 Schülern einen weiten Einflußkreis öffnet, würde die japanische Seite nur zu gerne bereit sein, diese Arbeit an sich zu bringen. Gerade in Qingdao würde die Übernahme einer so alten, alle bisherigen politischen Wechselfälle überdauernden Arbeit ein besonderer Erfolg der japanischen Propagandaarbeit bedeuten, da diese ja sonst hier schwer gegen den in der ganzen Anlage und im ganzen Stadtbild verewigten deutschen Kultureinfluß aufkommen kann. Die chinesischen Lehrer der Schule haben bereits durch den japanischen Schulberater die Zusicherung erhalten, daß man sie von japanischer Seite unterstützen werde, falls die deutsche Mission die Betriebsmittel nicht mehr aufbringen könne.

Entscheidend wird aber die Frage sein, welchen Eindruck ein Aufhören dieser Schule auf chinesischer Seite machen müßte. Das ist nicht nur eine lokale Frage, da sich bei einer so lange bestehenden Arbeit ihr Schüler– und Freundeskreis über das ganze Land ausdehnt. So befinden sich unter den hohen Beamten sowohl der Regierung in Nanjing als auch in Chongqing verschiedene Schüler der Schule. Der derzeitige Leiter der Ostasien–Mission, Herr Dr. Seufert, hat mir hierzu einmal folgendes ausgeführt:

„Für das chinesische Kulturbewußtsein ist Geschichte niemals Vergangenheit, sondern bleibt immer fortwirkende Gegenwart. Ferner muß bedacht werden, daß dieses Kulturbewußtsein durch die politische Niederlage des chinesischen Staates unberührt ist, sich im Gegenteil neu aufrichtet, gerade mit Hilfe der japanischen Großasien–Propaganda, die auf kulturellem Gebiet nur mit chinesischem Gedankengut arbeitet. Für dieses chinesische Kulturbewußtsein wird es niemals begreiflich zu machen sein, daß Deutschland, das immer betont hat, seine Kulturleistung sei seine vornehmste Kolonialleistung in Qingdao gewesen, eine Weiterführung dieser Arbeit als Ehrung der Vergangenheit aufgibt, solange noch der ganze Platz unwillkürlich Zeugnis ablegt und deutsche Gräber die Verpflichtung zur Pflege des Vergangenen unterstreichen. Der Krieg mag so glänzend ausgehen, als es irgend denkbar ist, eine freiwillige Aufgabe einer durch die Vergangenheit geschaffenen Position wird von keinem Chinesen von Bildung und Charakter anders beurteilt werden als ein Eingeständnis der Schwäche, wenn nicht auf politischem, dann gewiß auf kulturellem Gebiet, doppelt eindrucksvoll, wenn es an so exponierter Stelle gegeben wird.

Hinsichtlich der etwa auftauchenden Frage, ob Kulturarbeit durch eine Mission betrieben werden kann, möchte ich glauben, daß in dieser Beziehung der Chinese wenig zum Theoretisieren veranlagt ist. Er nimmt das ihm gut Erscheinende von dem, der es ihm bietet; er lehnt ab, was ihm nicht wesensgemäß ist. Kultur und Religion sind für sein Bewußtsein gar nicht zu trennen, liegen vielmehr ineinander. Nichts wird ihn davon abhalten, alles Europäische im Rahmen der Geschichte zu sehen, durch die es hindurchgegangen ist, die es darum eigenartig geprägt hat. Mit diesem Realismus des chinesischen Denkens hat wohl jede Kulturpropaganda zu rechnen. Damit rechtfertigt sich für den Chinesen eine Missionsarbeit, die nicht kleinliche Proselytenmacherei, sondern großzügige Selbstdarstellung des Kulturerbes ist. So mißtrauisch der Chinese gegen eine Propagandaarbeit ist, die allzu deutlich ihren Zweck erkennen läßt, so aufgeschlossen wird er dort, wo er in einer Arbeit als tragende Grundlage die Selbstlosigkeit erkennt. Es ist noch niemals anders gewesen und wird nie anders sein, als daß die eigentliche wirksame Propaganda nicht allein durch Institution und bewußte Leistung geschieht, sondern nebenher durch den Charakter und die Opferwilligkeit ihrer Träger. Von diesem Gesichtspunkt aus gesehen dürften die Missionen der nationalen Propaganda nicht die schlechtesten Leute zu stellen imstande sein, ganz abgesehen davon, daß sie am längsten im Lande weilen, darum die beste Sprachen– und Landeskenntnis sich erwerben und in ihrer ordensmäßigen Verbundenheit die Erfahrung aufspeichern, die dem Neuling die Not und den Wahn des Neuanfangens erspart. Was hier innerhalb der Mission zur Verfügung steht, muß sich jede andere Organisation der Propaganda erst erarbeiten. Es wäre ein Fehler, die Macht und Bedeutung der Tradition nicht anzuerkennen in einem Lande, das ganz aus der Tradition lebt und jetzt um seiner Existenz willen sich auf sie zurückziehen muß."

Hinsichtlich der katholischen Mission in der Provinz Shandong darf ich noch folgendes ausführen:

Shandong als Geburtsland der chinesischen Geistesheroen nimmt im Kulturbewußtsein aller Chinesen eine Sonderstellung ein. Wenn dieses Shandong mit einem ganz dichten Netz von katholischen Missionsstationen überzogen ist, in denen mehrere hundert deutsche Missionsangehörige arbeiten, so stellt diese Tatsache fraglos ein Moment dar, daß nicht unterschätzt werden darf. Es gibt keine Provinz neben Shandong, die auf kulturellem Gebiet so einheitlich von einem deutschen Arbeiterstab besetzt ist. Hinzu kommt, daß in Peking in der Furen–Universität bereits eine Spitze geschaffen ist, die die übrige Arbeit in Nordchina beeinflussen muß. Es gibt kaum eine Möglichkeit, ein anderes so weit gespanntes Propaganda–Netz von neuem zu schaffen. Wenn man an Methode und Technik der Propaganda denkt, dann würde sich meines Erachtens empfehlen, ein solches System zu benutzen. Ich glaube, daß die Willigkeit zur Betätigung im neuen deutschen Sinne bei den katholischen Missionen Shandongs gefördert werden könnte. Ich bin mir darüber klar, daß die katholische Kirche nichts tut, was nicht letzthin eine katholische Abzweckung hat. Ich glaube aber, daß das erreichbare Nebenergebnis für die deutsche Sache doch sehr bedeutungsvoll wäre. Bei den geringen Aufwendungen, die die katholische Mission für ihre Arbeit zu machen hat, glaube ich, daß sie mit der gleichen Summe Geldes das vielfache von dem aufzubauen imstande ist, was eine staatliche Organisation vermag, die ganz andere Gehälter zahlen, ganz andere Lebensverhältnisse schaffen und viel weitgehendere Fürsorge für ihre Leute ausüben müßte. Ich bin nicht der Meinung, daß die katholische Mission in Shandong zur Zeit über zahlreiche überragende Kräfte verfügt, daß sie jedoch eine ganze Anzahl von Kräften tüchtigen Mittelmaßes und großer Zähigkeit besitzt. So wenig ich die Schwächen der katholischen Mission verkenne, so sehr muß ich die Organisation bewundern, die sie geschaffen hat – und zwar geschaffen durch ihren ordensmäßigen Charakter.

BArch, R9208, DBC, Nr.1999, Bl.51–68.

110

Bericht des Generalkonsuls Franz Siebert, Kanton, an die Deutsche Botschaft Nanjing[37]

Kanton, 14. Mai 1942

Betrifft: Behandlung der von Deutschen besetzten oder geleiteten konfessionellen Einrichtungen im Ausland.

I. Allgemeine Vorbemerkung
II. Die Einrichtung der katholischen Missionen.
III. Die Einrichtungen der protestantischen Missionen.
  a) Allgemeine Vorbemerkungen.
  b) Die einzelnen Missionen
    1. Berliner Mission.
    2. Rheinische Mission.
    3. Schleswig–Holsteinische Evangelisch–Lutherische Mission.
    4. Friedenshorter Diakonissen–Mission.
    5. Liebenzeller Mission.
    6. Vandsburger Mission.
    7. Hildesheimer Blindenmission.
    8. Shekki–Blindenmission.
    9. Basler Mission.
IV. Neueinrichtungen des Reichs anstelle der bestehenden konfessionellen Einrichtungen.

3 Durchschläge.

I. Der jetzige Augenblick erschwert die Beantwortung der durch den Erlaß aufgeworfenen Fragen. Die gegenwärtigen Verhältnisse im unbesetzten China, in dem der weitaus größere Teil des Amtsbezirks dieses Generalkonsulats liegt, sind ungeklärt und zur Zeit nicht erforschbar. Soweit innerhalb des Bereichs nichtdeutscher Missionsgesellschaften Einrichtungen von Deutschen geleitet werden oder wenigstens bis vor kurzem geleitet wurden, bedarf es zu einer abschließenden Stellungnahme über die zu empfehlende künftige Haltung des Reichs der jetzt noch nicht möglichen Beantwortung der Frage, wie sich die Beziehungen dieser Missionsgesellschaften zum Reich gestalten werden. Die Kriegsverhältnisse bringen es im übrigen da und dort mit sich, daß unsererseits wie auch bei der beteiligten Gegenseite manches in einem nur vorläufigen Zustande gehalten wird, weil bei der Ungewißheit der Lage feste Entschlüsse nicht gefaßt werden können.

---

[37] Der Bericht des Deutschen Generalkonsulats Kanton – Pers Si 7 – 193/795/42 – vom 14.5.1942 erging auf Botschafts–Erlaß vom 22.2.1942 – Pers Si 7 – 3/1211/42.

Es ist also durchaus möglich, daß die jetzt im folgenden ausgesprochenen Stellungnahmen späterhin auf ihre Berechtigung überprüft werden müssen.

II. Bei einer Stellungnahme zu Kultureinrichtungen katholischer Missionen darf nicht übersehen werden, daß diese Missionen, auch wenn sie ausgesprochenermaßen deutschen Charakters sind, sich – unbeschadet der keineswegs verleugneten und gern bestätigten deutschen Gesinnung des einzelnen Missionars – als überstaatlich, als römisch (vatikanisch) betrachten und es – wenn auch nur grundsätzlich – ablehnen, sich selbst und ihre Einrichtungen als national im Sinne der völkerrechtlichen Zugehörigkeit zu einem bestimmten Staatswesen anzuerkennen. Unter Umständen können dennoch besondere Voraussetzungen gegeben sein, die es rechtfertigen, Schulen oder andere Anstalten katholischer Missionen als Träger wichtiger deutscher kulturpolitischer Belange zu behandeln. Im Amtsbezirk dieses Generalkonsulats fehlt es aber an dieser Voraussetzung.

Die Frage, ob Devisengenehmigungen zugunsten kulturpolitischer Einrichtungen von katholischen Missionen zu befürworten sind, ist demnach hier gegenstandslos. Es soll damit allerdings nicht gesagt sein, daß auch Devisengenehmigungen für katholische Missionare deutschen Charakters oder für einzelne katholische Missionare, wenn sie der Förderung von allgemeinen Missionsbestrebungen zu dienen bestimmt sind, als untunlich zu beurteilen seien. Zu einer Stellungnahme zu diesem Punkte erachte ich mich nicht für befugt, denn das ist, wie ich glaube, eine grundsätzliche, der Entscheidung der obersten politischen Leitung des Reichs vorzubehaltende Frage von mehr als nur kulturpolitischer Bedeutung.

Aus– und Einreisegenehmigungen an einzelne katholische Missionare (Priester, Laienbrüder und Schwestern) scheinen mir zu befürworten zu sein, weil nach meinen Beobachtungen der einzelne katholische Ordensangehörige meist ein guter Vertreter seiner deutschen Heimat ist. Und wo der Missionsbetrieb in den Händen einer geschlossen deutschen Missionsgesellschaft liegt, ist diese wohl immer ein zielbewußter und erfolgreicher Werber für unser Vaterland. Wir würden also wertvolle Vorkämpfer des Deutschtums aus der vordersten Linie ziehen, wenn wir unseren katholischen Priestern das Verweilen auf dem Missionsfelde erschwerten oder unmöglich machten, zumal da sie fast ausnahmslos gut gebildete Leute sind, die ihren Standpunkt geschickt zu vertreten wissen. Auch unter den Brüdern findet man vortreffliche Deutsche. Die Schwestern allerdings gehen vielfach so in ihrer religiösen Betätigung auf, daß sie national kaum noch von Wert sind; sie leben gewissermaßen schon auf Erden im Jenseits. Immerhin sind sie für uns zumindest keine Belastung.

Mit den im vorangehenden Absatz entwickelten Gesichtspunkten berührt sich die weiter oben angedeutete Frage, ob man Devisenüberweisungen zugunsten deutscher katholischer Missionsgesellschaften oder einzelner deutscher katholischer Missionare zulassen soll. Im Amtsbezirk kommt insoweit die Apostolische Präfektur in Shiqian in der Provinz Guizhou in Betracht, die hauptsächlich – wenn nicht gar ausschließlich – mit Herz–Jesu–Missionaren aus Hiltrup in Westfalen besetzt ist.

III. a) Es liegt in der Natur der Sache, daß die protestantischen Missionen überall als nationale Gliederungen ihrer Heimat auftreten, mögen sie auch mehr oder weniger überzeugt und klar dem Gedanken eines kosmopolitischen Christentums nachhängen. Man darf deshalb in jedem deutschen protestantischen Missionar einen Mann oder eine Frau sehen, der für Deutschland wirbt, mag es selbst mitunter in unbeholfener Form geschehen. Und darum wäre es jedenfalls keine Stärkung unserer Stellung, wenn wir die Missionsgesellschaften durch Versagung paßrechtlicher Erleichterungen allmählich zum Erliegen brächten. Die Verweigerung von Devisengenehmigungen müßte den gleichen Erfolg herbeiführen. Aber auch insoweit gilt die unter II. ausgesprochene Ansicht, daß die Entscheidung der obersten politischen Leitung des Reichs vorbehalten bleiben muß. Die Fragestellung wird zu lauten haben: „Wollen wir überhaupt noch protestantische deutsche Missionare im Ausland haben?" Eine verneinende Antwort hieße, wie mir scheint, wegen zweifelloser Nachteile Vorteile aufgeben, die die Nachteile bei weitem überwiegen. Bejahen wird man aber nur mit Vorbehalten können. Vor allem wird eine straffere Zusammenfassung der Missionsgesellschaften und ihrer Arbeit, eine klarere Zielsetzung und die Heranzüchtung eines im Durchschnitt besser gebildeten Personals erstrebt werden müssen.

Unabhängig hiervon ist die Frage, ob kulturpolitisch wichtige Einrichtungen weiterhin den Missionen überlassen bleiben sollen. Sie ist durch die Stellungnahme des Herrn Außenministers bereits eindeutig entschieden. Aber damit hat wohl nicht ausgesprochen werden sollen, daß die Missionen von aller kulturpolitischen Mitarbeit auszuschließen seien. Sie werden sich in den niederen, gewissermaßen sich nur nebenher kulturpolitisch auswirkenden Verrichtungen getrost nützlich – für ihre Umgebung und für das Reich – erweisen können, wenn sie sich auf die ihnen freigegebenen Gebiete beschränken und an die ihnen erteilten Richtlinien halten. Hierbei wird ein Zusammenarbeiten mit den vom Reich geförderten kulturpolitischen Einrichtungen oft im Bereich der Möglichkeit liegen. Unter diesen Voraussetzungen – daß also das missionarische Arbeiten im allgemeinen deutschen Interesse liegt – werden weiterhin Devisengenehmigungen erteilt werden können. Völlig auszuscheiden hierbei aber werden Aufwendungen für reine Wohltätigkeitszwecke (Altersheime, Flüchtlingslager, Speisung Notleidender) sein, die missionarisch wichtig erscheinen mögen, kulturpolitisch aber ganz wertlos sind.

b) Im Sinne dieser allgemeinen Ausführungen werden nun die Verhältnisse der einzelnen protestantischen Missionen des Amtsbezirks geprüft werden können. Dabei lasse ich den Amtsbereich des früheren Konsulats Chongqing, der augenblicklich auch zu dem von Kanton gehört, unberücksichtigt, weil ich insoweit nicht über die notwendigen näheren Sachkenntnisse verfüge.

1. Die Berliner Mission betreibt im Rahmen ihrer allgemeinen Missionstätigkeit Schulen und Krankenhäuser. Wegen Mangel an Geldmitteln sind die Schulen zur Zeit geschlossen. Der Hospitalbetrieb hat stark eingeschränkt werden müssen und wird nur noch in Form von Verbandstätten oder Leistung erster Hilfe fortgeführt. Genaues über die Finanzierung der Mission ist nicht bekannt. Alle Missionen verlassen sich darauf, daß Gott hilft. Geld haben sie nie, sie verhungern aber nicht. Zum Teil lebt die Berliner Mission von Einnahmen aus eignem Grundbesitz. Bis zum Ausbruch des pazifischen Krieges flossen ihr auch Mittel aus amerikanischer, anscheinend sogar auch englischer Quelle zu.

Die Mission hat sich zweifellose Verdienste durch den Betrieb der „Deutsch–Chinesischen Mittelschule Kanton“ und später durch die Mitarbeit an ihr erworben. Auf die einzelnen Phasen der Entwicklung, die zu einer immer weiter fortschreitenden Einengung dieser Mitarbeit führten, braucht hier nicht eingegangen zu werden. Heute liegen die Dinge so, daß die Mission nur noch durch die Gestellung eines Missionars für den Deutsch–Unterricht beteiligt ist. Dieser wird ausschließlich vom Reich bezahlt. Doch ist wohl anzunehmen, daß seine Familie zu Hause von der Missionsleitung einen Zuschuß zum Lebensunterhalt empfängt. Man kann deshalb nicht gut sagen, daß die Mission finanziell an der Arbeit für die Mittelschule überhaupt nicht mehr beteiligt sei. Doch wird ihre Entlassung auch aus diesem Anteil am Unterhalt der Schule und dessen Übernahme durch das Reich wünschenswert und vertretbar und höchstwahrscheinlich auch der Mission willkommen sein. Entsprechende Bemühungen schwebten bereits bei Ausbruch des Krieges mit Rußland (der Botschaft vorliegender Bericht ans Auswärtige Amt vom 30. Mai 1941 – Nr.227/781/41).[38] Eine nähere Würdigung der jetzt in Macao betriebenen „Deutsch–Chinesischen Mittelschule“ im Sinne ihrer kulturpolitischen Bedeutung für das Reich glaube ich mir mit Rücksicht auf meine ausführliche Sonderberichterstattung versagen zu dürfen. Wenn die im vorigen Sommer begonnenen Bemühungen um Wiedererrichtung der ursprünglichen Haupt–Mittelschule an einem Orte im Norden der unbesetzten Guangdong–Provinz Erfolg haben sollten, so wäre an sich die Berliner Mission auch an ihr in irgendeiner Form zu beteiligen. Ich bezweifle indes nicht, daß sie in diesem Falle ebenfalls willig zugunsten des Reichs zurücktreten würde.

Die sonstigen Einrichtungen der Berliner Mission sind kulturpolitisch für das Reich ohne besonderen Belang, sie tragen aber dazu bei, die deutsche Flagge im Innern des Landes zu zeigen.

2. Die Rheinische Mission betreibt im Rahmen ihrer allgemeinen Missionsarbeit ein Aussätzigenheim und ein Hospital, beides in Tungkun. Das Aussätzigenheim steht vor dem wirtschaftlichen Zusammenbruch, kann sich aber vielleicht noch einige Zeit mit Hilfe der chinesischen Provinzregierung notdürftig über Wasser halten. Es darf wohl als Musterbetrieb bezeichnet werden und macht daher dem deutschen Namen Ehre, ist aber nicht als so wichtig zu beurteilen, daß ein Einspringen des Reichs zu befürworten wäre. Hierfür würden sehr beträchtliche Mittel benötigt werden.

Das Hospital ist für uns kulturpolitisch ohne alle Frage wichtig. Es erfreut sich eines ausgezeichneten, in mehr als 50jähriger gewissenhafter Arbeit erworbenen Rufes. Anscheinend erhält es sich aus eignen Einnahmen und Zuwendungen von chinesischen Freunden. Eine Loslösung von der Mission wird nicht in Frage kommen können. Ich befürworte eine Förderung des Hospitals in der bisherigen – jährliche Reichsunterstützung von RM 1.000,-- – oder in noch freigiebigerer Weise.

Auf die Erhaltung der eigentlichen Missionsarbeit ist kein außergewöhnlicher Wert zu legen.

---

[38] Verweis von Dr. Franz Siebert.

3. Die Schleswig–Holsteinische Evangelisch–Lutherische Missionsgesellschaft in der Gegend von Beihai ist ein kleines Unternehmen, das so ziemlich aller Mittel entblößt zu sein scheint und neben eigentlicher Missionsarbeit in geringem Umfang Schulen betreibt oder wenigstens betrieb. Es fehlt alle Verbindung mit ihr, so daß Genaues über den jetzigen Stand der Dinge bei ihr nicht zu erfahren ist. Ein öffentliches deutsches Interesse an ihr besteht nicht. Die beste Lösung wäre Angliederung dieser Mission an eine größere, lebensfähigere Missionsgesellschaft.

4. Die Friedenshorter Diakonissen–Mission, vertreten durch unverheiratete Missionarinnen in einigen Orten der Provinz Guizhou, betätigt sich in Krankenpflege. Woher die Mittel zum Unterhalt kommen, ist unbekannt. Wenn durch sie die deutschen Farben in einer so abgelegenen Provinz wie Guizhou gezeigt werden, so ist das sicherlich mit Freude zu begrüßen. Besondere kulturpolitische Bedeutung ist hierüber hinaus nicht zu erkennen.

5. Die Liebenzeller Mission ist bisher an drei Orten der Provinz Guizhou tätig gewesen. Ob das jetzt noch der Fall ist, ist hier unbekannt. Da es sich um eine große Missionsgesellschaft mit dem Hauptsitz in Hunan handelt, glaube ich, eine sachliche Stellungnahme dem Generalkonsulat Hankou überlassen zu dürfen.

6. Die Vandsburger Mission ist mit einfachen Heilstätten, niederen Schulen und einer Blindenschule in den Orten der Provinz Yunnan vertreten. Über die Herkunft ihrer Unterhaltsmittel ist nichts bekannt. Obgleich ihr eine besondere kulturpolitische Bedeutung wohl nicht beizumessen ist, so wirkt sie doch allein durch ihre Anwesenheit für das deutsche Ansehen. Eine der Schwestern wirkt in Kunming als Zahnärztin und erfreut sich als solche eines ausgezeichneten Rufs. Die Einnahmen aus ihrer Praxis tragen wahrscheinlich nicht unerheblich zum Unterhalt der Mission bei. Es liegt hier eine Tätigkeit vor, die jeder Förderung durch das Reich würdig ist. Loslösung von der Mission kommt kaum in Frage.

Zu 4. – 6.: Die genannten Missionen sind der China Inland Mission angeschlossen. Es ist anzunehmen, daß diese in gewissem Umfange geldlich für sie gesorgt hat. Ob sich aus der Verbindung mit der China Inland Mission besondere Bedingungen ergeben, die im deutschen Interesse als nicht wünschenswert angesehen werden könnten, läßt sich hier nicht feststellen.

7. Die Hildesheimer Blindenmission in Meixian (Guangdong) ist ein kleines Unternehmen, dessen heimatliche Organisation aufgelöst worden sein soll. Das Blindenheim ist inzwischen der Basler Mission – unten 9.[39] – angegliedert worden.

8. Die Shekki–Blindenmission in Zhongshan, Provinz Guangdong, wird von zwei deutschen Missionarinnen betrieben und erhält sich aus eignen Einnahmen. Ein ernstes deutsches kulturpolitisches Interesse an ihr besteht nicht. Die gegebene Lösung wäre Angliederung an eine größere deutsche Missionsgesellschaft.

9. Eine eigentümliche Sonderstellung nimmt – oder nahm wenigstens bisher – die Basler Mission ein, die, wie ihr Name besagt, schweizerischer Nationalität ist, aber wegen der Herkunft ihrer Mittel und ihres Personals sehr eng mit dem Reich verknüpft ist. Ihr Schwerpunkt liegt im unbesetzten Teil der Provinz Guangdong. Erst vor kurzem ist wegen

---

[39] Verweis von Dr. Franz Siebert.

des Verhältnisses Berlin – Chongqing der bisherige deutsche Präses in China durch einen Schweizer ersetzt worden.

Ausgezeichnet entwickelt ist das Schulwesen der Mission, das deutscherseits als kulturpolitisch wertvoll behandelt worden ist und über das wir, ungeachtet aller augenblicklichen Rückschläge, Einfluß zu behalten uns bemühen sollten. Es war eine glückliche Fügung, daß sich die Schulen aus eignen Mitteln unterhalten konnten, so daß das Reich lediglich durch Buchspenden für Prämienzwecke sein wohlwollendes Interesse zu bekunden brauchte. Es handelte sich um folgende Schulen:

vor allem die gehobene Mittelschule in Meixian;
die Unter–Mittelschule in Lokyuk[40];
in bescheidenem Umfange das Predigerseminar in Pingtang.

Unlängst hat mir der Leiter der Schule in Meixian mitteilen lassen, daß der Deutsch–Unterricht in der Schule – durch ihn und eine Missionarin – wohl für immer aufgehört habe. Ich nehme an, daß er hiermit den deutschen Einfluß als endgültig beseitigt hat bezeichnen wollen.

Auch durch die von deutschen Ärzten geleiteten Krankenhäuser in Meixian und Heyuan hat die Basler Mission für das Reich wichtige kulturpolitische Belange gepflegt. Obgleich mir keine genauen Berichte über die jetzigen Zustände an diesen beiden Anstalten vorliegen, ist doch soviel sicher, daß die chinesischen Behörden es auf eine Zurückdrängung des deutschen Einflusses angelegt haben.

Soweit bisher Bindungen der Basler Mission ans Reich bestanden haben, ist deren Weiterentwicklung vor allem mit der Frage verknüpft, wie sich das grundlegende Verhältnis der Mission zu Deutschland gestalten wird. Wollen wir und will die Schweiz beziehungsweise die Basler Missionsleitung diese Bindungen erhalten oder vielleicht gar vertiefen, oder wird von einer oder von beiden Seiten eine reinliche Trennung erstrebt? Solange diese Ungewißheit besteht, dürfte es unsererseits nicht angebracht sein, Zukunftspläne zu machen. Diese würden zudem namentlich deshalb in der Luft hängen, weil man nicht weiß, wie sich die Dinge hier an Ort und Stelle gestalten werden. Grundsätzlich, aber mit allen aus der augenblicklichen Lage sich ergebenden Vorbehalten möchte ich erklären, daß eine Erhaltung der beiden Schulen in Meixian und Lokyuk erstrebenswert ist, ihre Loslösung von der Mission aber wahrscheinlich kaum möglich sein dürfte. Dasselbe gilt für die beiden Krankenhäuser.

IV. Es sei nun doch die Frage behandelt, ob einige der vorstehend genannten Einrichtungen durch Neueinrichtungen des Reichs ersetzt werden können.

Bei der „Deutsch–Chinesischen Mittelschule" in Macao handelt es sich nicht um eine Schule der Berliner Mission, sondern lediglich um Mitbeteiligung der Mission am Deutsch–Unterricht. Diese Mitbeteiligung ist nicht ganz selbstlos, denn es werden damit Vorteile auf missionarischem Gebiet erstrebt. Wie aber bereits erwähnt wurde, ist anzunehmen, daß sie sich ohne ernstlichen Widerstand der Mission beseitigen lassen wird. Für das Reich werden dadurch nur geringfügige Mehrkosten – neben den bereits gezahlten Zuschüssen – in Form

---

40 „Schule" auf Hakka.

einer Erhöhung des dem Deutschlehrer gezahlten Gehalts entstehen. Wahrscheinlich wird denn auch, vorausgesetzt, daß die Schule durch die jetzige Krisenzeit gut durchkommt, ein zweiter oder sogar ein dritter Lehrer vom Reich gestellt werden. Auch das werden keine sehr hohen Aufwendungen sein.

Die Lage bezüglich der zwei Schulen der Basler Mission ist bereits im letzten Absatz von III.b.9. angedeutet worden. Es ist im jetzigen Augenblick unmöglich, auch nur annähernde Berechnungen über die voraussichtlichen einmaligen und fortlaufenden Kosten aufzustellen, die eine Veränderung des jetzigen Status der Mittelschulen im Sinne einer vom Reich zu erstrebenden stärkeren Einflußnahme mit sich bringen würde. Obendrein ist es zweifelhaft, ob ein derartiger Plan überhaupt wird verwirklicht werden können. Auch etwaige personelle Anforderungen sind ungewiß.

Was von den Schulen der Basler Mission gilt, trifft entsprechend auch für die beiden Hospitäler in Meixian und Heyuan zu.

BArch, R9208, DBC, Nr.1999, Bl.2–12.

111

Bericht des Generalkonsuls Martin Fischer, Shanghai, an die Deutsche Botschaft Nanjing[41]

Shanghai, 25. Februar 1943

Bis zur Besetzung des Settlements durch die Japaner im Dezember 1941 bildete dieses, daneben in geringerem Umfange auch die Französische Konzession[42] ein Asyl für die politisch im wesentlichen nach Chongqing ausgerichteten und teilweise unter starkem englischen und amerikanischen Einfluß stehenden chinesischen Unterrichtsanstalten sowie der Kulturinstitute dritter Staaten. Bei den letzteren handelte es sich, abgesehen von den Franzosen, auf die ich weiter unten noch zurückkomme, um vorwiegend englische und amerikanische Institute. Mit der Besetzung des Settlements änderte sich dieses Bild schlagartig. Die unter dem Einfluß Chongqings stehenden chinesischen Anstalten stellten ihren Unterrichtsbetrieb fast ausnahmslos ein. Leiter und Lehrer verließen in vielen Fällen Shanghai. Ein Teil der Anstalten wurde in der Folgezeit, nachdem die Garantie für die Ausschaltung von Japan feindlichen

---

[41] Der Bericht führte die Nr.83 und das Aktenzeichen Kult 2–1/756/43. Er bezog sich auf den Botschafts–Erlaß vom 15.1.1943 – Kult 2–1a/224/43 zur Kultur–Lage–Berichterstattung und ging am 26.2.1943 in der Deutschen Botschaft in Nanjing ein.

[42] Die Vichy–Regierung von Frankreich hatte bereits 1940 auf Sonderrechte im Gebiet der Shanghaier Französischen Konzession zu Japans Gunsten verzichtet. Japan gestand den Franzosen im Gegenzug Spielräume in ihrer Kulturarbeit zu.

Einflüssen gegeben war, wieder eröffnet. Die englischen und amerikanischen Institute schlossen ebenfalls ihre Tore. Einige wurden später, nachdem sie von chinesischer Seite übernommen worden waren, wieder eröffnet und weitergeführt.

Das Jahr 1942 zeigt eine starke Aktivierung der japanischen Kulturarbeit auf allen Gebieten. Japan macht alle Anstrengungen, die durch den Ausfall Englands und Amerikas geschaffene Lücke auf kulturellem Gebiet auszufüllen. Japan hat klar erkannt, daß die erste Voraussetzung für eine wirkungsvolle Zusammenarbeit mit den Chinesen die Überbrückung der Sprachschwierigkeiten ist. Es betreibt daher mit allen Mitteln die systematische Verbreitung der japanischen Sprache in allen chinesischen Volkskreisen. Diesem Zwecke dienen die zahlreich eingerichteten Sprachkurse, deren Teilnahme bei den von den Japanern wirtschaftlich abhängigen Chinesen nicht immer eine freiwillige ist. Die japanische Sprache beginnt sich auch im öffentlichen Leben mehr und mehr durchzusetzen. Sie ist im Settlement bereits zur Amtssprache erklärt worden.

Die Japaner sehen insbesondere in den Schulen eine große Möglichkeit zur Ausbreitung ihres Einflusses. In den chinesischen Schulen ist der japanische Sprachunterricht obligatorisch eingeführt worden. Daneben wird das gesamte Lehrmaterial fortlaufend daraufhin überwacht, daß es mit den japanischen Bestimmungen in Einklang steht. Die japanischen wissenschaftlichen Institute versuchen daneben, den Chinesen die japanische wissenschaftliche Arbeit näher zu bringen. Den Erfolg dieser Bestrebungen wird man bei der allgemein wenig freundlichen Einstellung der Chinesen heute noch nicht sehr hoch veranschlagen dürfen. Jedenfalls sind aber in Ermangelung anderer ausreichender Möglichkeiten die Chinesen heute, soweit sie es nicht vorgezogen haben, Shanghai zu verlassen, gezwungen, ihre Kinder weitgehend in die japanischerseits kontrollierten Schulen zu schicken.

Daneben haben die Japaner es sich angelegen sein lassen, den englisch–amerikanischen Kultureinfluß auf anderen Gebieten, vor allem aber auch im öffentlichen Leben, zu unterbinden und sich soweit möglich an die Stelle zu setzen. So ist insbesondere neben dem englischen Theater auch die Vorführung englischer und amerikanischer Filme verboten worden. Die Anti–British und Anti–American Association versucht, offenbar unter japanischem Druck, die Beseitigung der Denkmäler englischer Persönlichkeiten im Settlement zu erreichen und die englischen Straßennamen umzubenennen. Die Arbeit der englischen und amerikanischen Missionen ist durch die Internierung der Missionare stillgelegt worden.

Die französische Kulturarbeit hatte ihr Hauptzentrum von jeher in der Französischen Niederlassung und hat deshalb durch die Ereignisse seit 1937 am wenigsten gelitten. Der Rückschlag durch den Zusammenbruch Frankreichs ist in der Zwischenzeit weitgehend ausgeglichen worden. Die im wesentlichen in der Französischen Konzession gelegenen Hochschulen, Schulen, Kulturinstitute und Missionsanstalten der Franzosen sind sehr rege bei der Arbeit. In letzter Zeit konnte sogar eine gewisse Aktivierung der französischen Kulturpolitik festgestellt werden.

Deutscherseits ist die kulturelle Arbeit insbesondere konzentriert auf die Deutsche Medizinische Akademie, Shanghai, die Deutsch–Chinesische Mittelschule, Shanghai, und die Deutsche Sprachenschule Shanghai (Lektorat der Deutschen Akademie München). Diese drei Institute sind vor dem Einmarsch der Japaner bereits ins Leben gerufen worden und haben sich bis heute trotz der oft recht schwierigen Verhältnisse zufriedenstellend entwickelt. Durch die sich fortwährend verschlechternden Verhältnisse, vor allem auf wirtschaftlichem Gebiet, durch die enorme Steigerung sämtlicher Lebenskosten in Shanghai und die damit verbundene Abwanderung der Chinesen aufs Land, ist der Zudrang zu unseren Instituten in letzter Zeit allerdings etwas gesunken. Im ganzen kann jedoch gesagt werden, daß der Wunsch der Chinesen nach der Aufnahme von deutschem Kulturgut sich inzwischen eher vergrößert als verringert hat. Da Ende 1942 das Auswärtige Amt durch Telegramme, die auch der Botschaft abschriftlich mitgeteilt worden sind, ausführlich über den Stand der einzelnen Institute unterrichtet worden ist, darf ich davon absehen, auf die Entwicklung der genannten Anstalten im einzelnen nochmals einzugehen.

BArch, R9208, DBC, Nr.3377, Bl.4–6.

112

Ansprache des Kurators der Nanjing–Regierung für das Deutschland–Institut in Peking, Wang Yintai[43]

[Peking, 4. Mai 1943][44]

Verehrte Anwesende!

Am heutigen Tage vor zehn Jahren haben gleichgesinnte Chinesen und Deutsche in unserem Peking das Deutschland–Institut gegründet. Zu dieser zehnjährigen Jubiläumsfeier eingeladen, ist es mir ein Ehre und Freude, bei dieser Gelegenheit meine Glückwünsche aussprechen zu können.

Das Deutschland–Institut hat in den zehn Jahren seiner Entwicklung durch die gemeinsame Forschungsarbeit chinesischer und deutscher Wissenschaftler beachtliche Leistungen erzielt und der Wissenschaft wie auch der allgemeinen Gesellschaft überhaupt keine geringen Dienste erwiesen. Diese Tatsachen berechtigen vollauf zu unseren herzlichen Glückwünschen.

Wir müssen bedenken: Nicht nur China und Deutschland, sondern fast die ganze Welt lebt heute im Kriegszustand, und alle Länder der Erde sind unmittelbar oder mittelbar davon betroffen; man kann sagen, daß alle Reserven an Menschen und Material auf den Krieg einge-

---

43 Die wörtliche Redefassung liegt abschriftlich als Typoskript in deutschsprachiger Übersetzung vor, die im Deutschland–Institut in Peking angefertigt worden ist. Wang Yintai stand im Rang eines Ministers der Nanjing–Regierung.

44 Das Typoskript ist nicht datiert. Das Tagesdatum wurde aus dem Dokumenteninhalt erschlossen. Die Ansprache wurde genau am 10. Gründungstag des Institutes (4.5.1933) in Peking gehalten.

stellt sind. In einer solchen Zeit trifft man leicht Menschen, die die Frage stellen, wie es überhaupt noch möglich sei, Zeit und Kraft wissenschaftlichen Bestrebungen zu widmen. Dieser Einwand ist nur scheinbar berechtigt. Gewiß gibt es in Kriegszeiten neben Wissenschaftsgebieten, die einen außerordentlichen Auftrieb erfahren, auch solche, die zurücktreten müssen oder sogar durch die Ungunst der Zeit völlig untergehen. Aber der Krieg ist nur eine zeitweilige Erscheinung, die schließlich eines Tages wieder verschwinden muß. Menschheit und Wissenschaft dagegen sind für immer unzertrennliche Begriffe. Der sogenannte Fortschritt der Menschheit ist eine Frucht des Fortschrittes der Wissenschaft. Alles Geschehen steht notwendig in einem kausalen Zusammenhang. Die Vergangenheit ist die Ursache der Gegenwart, die Gegenwart wieder ist die Ursache der Zukunft. Wenn wir in der Gegenwart guten Samen aussäen, so werden wir in der Zukunft mit Gewißheit gute Frucht ernten. Vernunft und Einsicht der Menschheit stehen über allem. Durch unsere Vernunft können wir zum zukünftigen Glück der Menschheit beitragen. Wenn unsere heutige Forschung derartige ideale Vorbedingungen schaffen könnte, würden sich die künftigen Probleme der Menschheit auf rationalem Wege, ohne den Appell an die Waffen, lösen lassen. Das würde die Verwirklichung der höchsten Menschheitsideale bedeuten.

Wo keine Gerechtigkeit herrscht, kann es keinen Frieden geben, oder wie das chinesische Sprichwort heißt: „Ungerechtigkeit macht schreien." Erst mit der Erlangung der Gerechtigkeit kann Friede einkehren. Sind nicht die jetzigen Kriegswirren auch das Ergebnis der Ungerechtigkeit? China steht mit Deutschland und Japan im gleichen Lager, wir kämpfen gegen die Ungerechtigkeit, wir kämpfen, um die Vorbedingungen für eine glückliche Weltzukunft zu schaffen. In dieser Lage sind gemeinsames Forschen und gegenseitiges Verstehen notwendige Forderungen.

China blickt auf eine uralte Geschichte zurück. Aber in den letzten Jahren hat es endlose Demütigungen, Vergewaltigungen und Erpressungen erdulden müssen; darum konnte es nicht ausbleiben, daß die politische, wirtschaftliche und kulturelle Entwicklung ins Stocken gerieten und rückständig wurden. Man verglich China daher mit einem schlafenden Löwen. Kann aber der Löwe in der jetzigen Lage, in der heutigen Welt mit ihrem Lärm und Streit noch immer schlafen? Das aus seinem Schlafe erwachende China findet sich mit den Völkern gleicher Weltanschauung zusammen, um neue Ideale und eine neue Welt zu schaffen. Eine herrliche Zukunft liegt vor uns.

Auch Deutschland hat in den letzten 150 Jahren einen häufigen Wechsel von Blüte und Verfall, von Auf und Nieder erlebt. Das deutsche Volk, arbeitsam und sparsam, bieder und treu, geweckt und lernbegierig, hat alles zu überwinden vermocht. Heute hat es die führende europäische Stellung inne, und auch seine Zukunft bietet unbegrenzte Möglichkeiten.– Sie alle wissen, mächtige Feinde stehen uns gegenüber, sie wollen unsere Kultur vernichten und uns bis aufs Mark aussaugen. Ist es daher nicht selbstverständlich, daß sich die Völker gleichen Willens und gleichen Weges zusammenschließen und für sich und für die anderen mit allen Kräften für die gemeinsame Sache kämpfen?

Die chinesisch–deutsche Wissenschaftsgemeinschaft hat sich in der kurzen Spanne von zehn Jahren dieses bescheidene Institut geschaffen und ist dabei, in angespannter harter Arbeit guten Zukunftssamen auszustreuen. Man kann mit Sicherheit voraussagen, daß die Zukunft glänzende Ergebnisse zeigen wird.

Ich selbst bin seit zehn Jahren im Vorstande des Instituts. Ich muß mit Bedauern feststellen, daß ich keinerlei Beitrag geleistet habe. Jetzt bin ich mit vielen Amtsgeschäften überlastet. Vor allem heißt es jetzt, da selbst unsere tägliche Lebenshaltung in Frage gestellt ist, auf eine allseitige Lösung hinarbeiten. Daher bleibt mir sehr wenig Zeit, um hierherzukommen und mitzuhelfen oder um mich mit Ihnen zu unterhalten und Anregungen zu empfangen. All dies kann ich nur lebhaft bedauern.

Ich interessiere mich sehr für chinesische Archäologie und Kunst; in meiner Jugend habe ich mehrere Jahre an deutschen Museen gearbeitet, wo ich mit den ausländischen Sinologen verkehrte und manche Anregung empfing. Jetzt freilich bin ich von diesen Studien abgekommen. Wenn ich heute so viele junge Wissenschaftler hier so eifrig an der Arbeit sehe, so denke ich mit Sehnsucht und Neid an meine eigene Jugend zurück.

Zum Schluß danke ich noch von Herzen für die besondere Einladung und schließe meine einfachen Worte damit, daß ich Ihren Bemühungen den besten Erfolg und dem Deutschland–Institut eine weitere glückliche Entwicklung wünsche.

BArch, R9208, DBC, Nr.3389, Bl.217–219.

113

Bericht der Deutschen Informations–Stelle Shanghai[45]

[Shanghai, 30. Juni 1944]

Leistungsübersicht

Weniger eine an tägliche militärische und politische Ereignisse gebundene Aufklärungsarbeit schien der Lage gerecht zu werden als eine zeitlich weitergreifende Propaganda, die wieder und wieder in verschiedener Form die militärische, wirtschaftliche und politische Stärke Deutschlands und der mit ihm kämpfenden Völker herausstellte.

Außer der Verbreitung der amtlichen deutschen Erklärungen in sechs Sprachen: Chinesisch, Japanisch, Englisch, Russisch, Französisch und Deutsch, waren in erster Linie folgende Schriften für die Erfüllung der genannten Aufgaben bestimmt:

---

45 Der Halbjahresbericht der DISS über ihre Tätigkeit vom 1.1.–30.6.1944 ging der Deutschen Botschaft Nanjing ohne Tagesdatum zu. Zur Datierung wurde das Schluß–Tagesdatum für den Berichterstattungszeitraum herangezogen. Der Bericht enthält zehn Teilberichte und eine Aufstellung zur Personalbesetzung der DISS. Zum Abdruck gelangt an dieser Stelle nur der einführende „Leistungsbericht“ (S.1–6 des Gesamtberichts).

18 neue Folgen des viersprachigen (deutsch–englisch–chinesisch–japanisch) DISS–Bilderdienstes mit einer Gesamtauflage von 234.000. Davon hatten 11 Folgen militärische und 7 innenpolitische deutsche Themen zum Inhalt.
4 Folgen einer neugeschaffenen 16–seitigen chinesisch–sprachigen Bilderheftreihe.
8 neue Veröffentlichungen der chinesisch–sprachigen „Deutschlandreihe" der „China Book Co."
2 neue Bände der zweisprachigen (deutsch–chinesisch/deutsch–japanisch) im Verlag der Fa. Max Nössler & Co. erschienenen „Deutschen Schriftenreihe".
4 neue Bände der „Kurzberichte aus Deutschland" in deutscher Sprache und einer in japanischer Sprache, Verlag der Fa. Max Nössler & Co.
2 Nummern der in deutscher Sprache bei der Fa. Max Nössler & Co. in deutscher Sprache erscheinenden „Europaschau – die Stimme der Heimat" u.
1 Nummer des chinesisch–sprachigen Gegenstücks dieser Veröffentlichung unter der Bezeichnung „Eu Fen Shie Tsin" im Verlag der „Far Eastern Book Co.".

Insgesamt wurden von der DISS selbst in der Berichtszeit 85 verschiedene Druckschriften mit einer Gesamtauflage von rund 665.000 (664.680) veröffentlicht. Der Verlag der „China Book Co." publizierte darüber hinaus mit Unterstützung der DISS acht weitere chinesischsprachige Bändchen der „Deutschlandreihe" mit einer Gesamtauflage von 16.000.

Die Gesamtsumme der durch die DISS und durch von ihr unterstützte Verlage veröffentlichte Druckschriften beträgt somit 93 Einzelveröffentlichungen mit einer Gesamtauflage von 680.680.

Diese Summe bringt die Zahl der von der DISS seit ihrem Bestehen (1.7.41) veröffentlichten Aufklärungsschriften auf 480 verschiedene Publikationen mit einer Gesamtauflage von 3.379.012.

Die Versandabteilung verschickte aufgrund des Anschriftenmaterials der Zentralkartei 624.650 einzelne Propagandaschriften.

Die inzwischen um 6.130 Anschriften erweiterte Zentralkartei zählt 87.900 Einzelanschriften mit einer Versandkapazität von 98.970 nach 3.436 Ortschaften in China, 178 in Manzhouguo sowie zahlreichen Orten in Französisch–Indochina, Taiwan, Thailand und nach Tokio. Der Aufbau der Zentralkartei nach Berufsgruppen ermöglicht es, die einflußreichsten und propagandistisch wichtigsten Personen in China aus den verschiedensten Interessengebieten direkt zu erfassen und mit den Schriften der DISS zu beliefern.

Die Bücherei der DISS wurde im vergangenen Halbjahr um 263 Bände bereichert, die teils eigene Publikationen, teils Stiftungen und teils Neukäufe auf dem örtlichen Büchermarkt waren. Die Bücherei umfaßt somit am 30.6.1944 insgesamt 3.015 Buchbände, 200 verschiedene Zeitschriften mit 2.893 Einzelheften. Es wurden 1.365 Buchbände und 423 Zeitschriftenhefte ausgeliehen.

In Zusammenarbeit mit dem nunmehr 332.600 Ausschnitte umfassenden Textarchiv wurden 296 Anfragen beantwortet. Es waren in steigendem Maße Anfragen der deutschen

Nachrichtenbüros TO und DNB[46], des XXth Century, des deutschen Rundfunksenders XGRS, der Pressebüros der Kaiserlich Japanischen Armee, Marine und Botschaft in Shanghai sowie zahlreicher deutscher, französischer, russischer, chinesischer und japanischer Einzelpersonen.

Die Persönlichkeitskartei (Wer ist's?) enthält nunmehr 5.282 (1.228 mehr) Personalkarten führender Männer aus dem politischen, militärischen, wirtschaftlichen und kulturellen Leben der USA, Englands, Deutschlands und anderer Länder. Die Deutsche Botschaft in Nanjing erhielt jeweils Kopiekarten.

Infolge der beschränkten Papierzuteilung an die chinesischen Tageszeitungen und Zeitschriften und ihrem daraus folgenden geringeren Umfang war die Zahl der aus dem Bild– und Druckstockarchiv der DISS zur Verfügung gestellten Fotos und Klischees im Vergleich zum 2. Halbjahr 1943 geringer.

13 Tageszeitungen, acht Zeitschriften, der Dienststelle der Deutschen Botschaft in Peking, dem Deutschen Generalkonsulat in Kanton, den Pressebüros der Kaiserlich Japanischen Armee und Marine in Shanghai wurden insgesamt 1.075 Fotos überlassen, von denen nachweislich 430 veröffentlicht wurden, das sind 40%.

Aus Filmen, deutschen und schweizerischen Tageszeitungen und Zeitschriften wurden 603 Reproduktionen neuer aktueller Fotos hergestellt. Dadurch konnte dem ständig steigenden Bedarf an neuem Fotomaterial einigermaßen gerecht geworden werden. Das Bildarchiv verfügt somit über 20.196 Fotos (234 mehr), 2.908 Negative (603 mehr) und 4.582 reproduktionsfähige Bilder (0 mehr).

Das Druckstockarchiv wurde neu geordnet. Es enthält jetzt 2.267 Druckstöcke. Von 584 ausgeliehenen Blocks wurden 304 abgedruckt.

Durch die Konzentrierung der gesamten nicht–kommerziellen deutschen Filmarbeit in der Hand der DISS wurden eine wesentliche Steigerung der Zahl der Vorführungen und der Besucher sowie eine regelmäßige Versorgung der deutschen Amtsstellen und Reichsdeutschen Gemeinschaften in China erzielt.

In Zusammenarbeit mit der Landesgruppe der AO NSDAP,[47] der Deutschen Medizinischen Akademie Shanghai, der Deutschen Sprachschule und der Deutsch–Chinesischen Mittelschule wurden von der DISS 57 verschiedene Filme in 148 Vorstellungen rund 85.000 (85.142) Besuchern gezeigt.

Durch das Entgegenkommen der „China Film Corp." war es möglich, weitere neun deutsche Filme in 169 Vorstellungen vor 131.424 vornehmlich chinesischen Kinobesuchern zu zeigen.

Damit ergibt sich als Endsumme der von der DISS selbst oder durch ihre Vermittlung vorgeführten Filme die Zahl von 66 in 317 Einzelvorführungen mit 216.566 Besuchern.

Das am 26.2.1944 im Japanischen Militärklub von der DISS und der Informationsabteilung der Kaiserlich Japanischen Botschaft veranstaltete Deutsch–Japanische Kamerad-

---

[46] Transocean und Deutsches Nachrichtenbüro.

[47] Auslandsorganisation der NSDAP.

schaftstreffen sowie die auf Initiative der gleichen Institutionen veranstaltete Vorführung des japanischen Filmes „Jagdgeschwader Katoh" diente der Vertiefung der persönlichen Beziehungen zwischen Deutschen und Japanern in Shanghai.

Die Werbung für die im Verlage der Fa. Max Nössler & Co., der China Book Co. und der Far Eastern Book Co. erschienenen Schriften, die Gestaltung der Einbände, Anzeigen, Werbetexte u.ä. lag in den Händen der Werbeabteilung der DISS.

Nicht unerwähnt bleibe endlich die in der DISS erfolgte Auswertung der Abhörberichte und sonstigen feindlichen Informationsmaterials in der sogenannten „Ostasienkartei". Der Deutschen Botschaft in Nanjing konnten daraus die Berichte „Die Neuorganisation der US State Departments" vorgelegt werden. Berichte über „Industrieverpflanzung in China", „Rüstungsproduktion und Ernährungslage in Chongqing–China" sowie über die „Propagandalage in Australien" waren weitere Ergebnisse dieser Auswertungsarbeit.

Zum ersten Mal seit dem Bestehen der DISS erfolgte eine größere Propagandaaktion für die Kaiserlich Japanische Armee in Kanton in der Form, daß die DISS zwei englischsprachige Flugblätter herstellte, die von der Japanischen Armee über den amerikanischen Stützpunkten in Chongqing–China abgeworfen wurden. Die Gesamtauflage dieser Flugblätter betrug 40.000.

Die systematische Beobachtung der feindlichen, insbesondere der sowjetrussischen Propaganda im Wirkungsbereich der DISS unterrichtete laufend über die propagandistische Arbeit unserer Gegner und lieferte Unterlagen für unsere eigenen Gegenmaßnahmen, soweit diese aufgrund der eingangs aufgezeigten Lage möglich waren.

BArch, R9208, DBC, Nr.4527, o.Bl. (S.1–146).

Kapitel 7

Deutsche in China – Chinesen in Deutschland

Die Deutschen in China, darunter viele Kaufleute und im Wirtschaftssektor Beschäftigte, lebten nach den japanischen Okkupationswellen von 1937/38 vorwiegend im japanisch besetzten Gebiet, etwa die Hälfte von ihnen in Shanghai. Sie blieben in der Mehrzahl ihren Sympathien nach prochinesisch, wurden durch den Kriegsverlauf jedoch immer stärker an Japan gekettet. Unter dem dominanten Einfluß der NSDAP–Auslandsorganisation sowie aus der wachsenden Sorge um ihre ungewisse Zukunft schlossen sie sich im Rahmen der Deutschen Gemeinden unter nationalsozialistischen Vorzeichen enger zusammen. Nach dem faschistischen Pogrom vom November 1938 nahm die Zahl der Flüchtlinge aus Deutschland zu, die begünstigt durch liberale Einwanderungsbestimmungen vor allem deutsche und österreichische Juden, aber auch Hitler–Gegner in zuvor nicht gekanntem Ausmaß nach Shanghai führten. Die Emigranten waren zahlreichen Diskriminierungen seitens der offiziellen deutschen Vertretungen ausgesetzt und wurden bereits vor der Aberkennung der Staatsbürgerschaft 1941 größtenteils quasi wie Ausgebürgerte behandelt. Viele waren auf die Unterstützung durch jüdische Hilfskomitees angewiesen. Im Februar 1943 verfügten die Japaner, daß alle jüdischen Emigranten Shanghais im Stadtteil Hongkou, der zur „restricted area" erklärt wurde und quasi als Ghetto organisiert war, wohnen mußten. Japan schloß sich allerdings der seit der Wannsee–Konferenz von 1942 von der nationalsozialistischen Führung beschlossenen systematischen Vernichtung der Juden nicht an. Die Mehrzahl der jüdischen Emigranten als auch die politischen Exilanten, die in Shanghai aktiv in Widerstandsaktionen eingebunden waren, überlebten daher die japanische Okkupation.

Deutschland war in den 30er Jahren ein bevorzugtes Studienland chinesischer Studenten, die oftmals nach Rückkehr in die Heimat einflußreiche Stellungen einnahmen. Nach Beginn des antijapanischen Widerstandskrieges 1937 kehrten viele in die Heimat zurück. Auch die chinesischen Studenten in Deutschland, die blieben, engagierten sich aktiv gegen die japanische Aggression. Die in den Kriegsjahren in Deutschland verbliebenen Chinesen, insbesondere die Kleinhändler aus Qingtian, unterstanden der besonderen Aufsicht der nationalsozialistischen Sicherheitsinstanzen. Eine Reihe von ihnen war Verfolgungen ausgesetzt.

Die deutsche und die japanische Gewaltpolitik griffen insgesamt tief in das Leben der Deutschen und Chinesen in beiden Ländern ein. Die meisten mußten sich nach dem Krieg von ihrem Gastland trennen bzw. verließen freiwillig ihren Exilort.

Deutsche Gemeinden und der Einfluß der NSDAP

Bei Kriegsausbruch im Juli 1937 lebten in China etwa 4.500 Deutsche.[1] Sie waren bei den deutschen Konsularbehörden offiziell als Reichsdeutsche registriert. Viele hatten sich schon vor Jahren, oftmals vor Jahrzehnten mit ihren Familien im Lande niedergelassen. Ein großer Teil hielt sich jedoch nur kurze Zeit in China auf und kehrte bald wieder nach Deutschland zurück. Angesichts der Fluktuation schwanken die statistischen Angaben.[2]

Die Chinadeutschen waren überwiegend in den großen Städten ansässig,[3] fast die Hälfte davon in Shanghai. In der Vier–Millionen–Metropole wohnten damals unter ungefähr 65.000 Ausländern rund 2.000 Deutsche.[4] Nach ihrer sozialen und beruflichen Struktur können im wesentlichen vier Gruppen unterschieden werden. Die Gruppe der Kaufleute, Industrierepräsentanten, Techniker, Ingenieure, Angestellte im Wirtschafts– und Dienstleistungssektor sowie kleine Gewerbetreibende waren zahlenmäßig am stärksten vertreten. Ihnen folgten Wissenschaftler, Lehrer, Ärzte, Anwälte, Architekten, Journalisten und Spezialisten, die im Dienste der chinesischen Regierung und anderer chinesischer Stellen standen. Hinzu kamen die im diplomatischen und konsularischen Dienst sowie bei anderen amtlichen deutschen Einrichtungen tätigen Diplomaten und Mitarbeiter. Eine besondere Gruppe bildeten die im Land verstreut wirkenden Missionare.[5]

Die Zahl der Deutschen in China, die in den 20er und 30er Jahren stetig angestiegen war, ging ab Beginn des Krieges zunächst zurück. Als die Kampfhandlungen im August 1937 auf Shanghai übergriffen, verließen viele China. Andererseits löste die verstärkte Verfolgung von Juden und Andersdenkenden 1938/39 in Deutschland eine Fluchtwelle nach China aus.[6] Durch den Kriegsbeginn in Europa im September 1939 suchten wiederum Deutsche, die bis dahin in den englischen und französischen Kolonialgebieten Asiens gelebt hatten, in China Zuflucht.[7] Mit dem Überfall auf die UdSSR und dem Pazifikkrieg 1941 brachen dann für die

---

1 Vgl. OAR 14/1937:387. Eine amtliche Aufstellung von Mitte 1937 wies in China 4.506 deutsche Staatsangehörige aus.

2 In der Literatur wird mitunter die etwas zu niedrige Zahl von 4.000 Chinadeutschen angegeben. Vgl. Fabritzek 1973:145; Martin 1986:349.

3 Vgl. OAR 14/1937:387. Die Deutschen verteilten sich regional wie folgt: 1. Städte: Shanghai 1990, Nanjing 228, Peking 225; 2. Räume: um Shanghai 110, Tianjin 592, Hankou 333, Kanton 375, Jinan 315, Qingdao 305, Chongqing 33.

4 Vgl. Ostasiatischer Beobachter 45/1.2.1937:73.

5 Zur Tätigkeit der Missionare vgl. Kap. 6.

6 Die jüdische Emigration wird im nachfolgenden Text behandelt.

7 Vgl. 2. HACh, Nr.2029–59 – Aufstellung der Handelsabteilung des japanischen Außenministeriums, Anfang 1940. Danach betrug die Gesamtzahl der in China lebenden Deutschen 3.811, wovon 1.299 in Nord–, 1.920 in Mittel– und 592 in Südchina lebten. Nicht mitgerechnet in der Statistik sind die deutschen Emigranten.

Deutschen nahezu alle Verbindungswege nach Deutschland ab,[8] so daß die Zahl der sog. amtlich registrierten sog. Reichsdeutschen in China bis Kriegsende konstant bei rund 3.000 blieb.[9]

Die NSDAP hatte bis 1937 unter der Regie ihrer Auslandsorganisation[10] den Einfluß auf die in China lebenden Deutschen schrittweise ausgebaut. Ihre Gesamtmitgliederstärke bewegte sich zwischen 600 und 700.[11] Die Landesgruppe China der NSDAP–Auslandsorganisation, die bis Kriegsende von Siegfried Lahrmann geleitet wurde, stützte sich an den wichtigsten Plätzen der deutschen Präsenz auf Ortsgruppen.[12] Einflußstarke Ortsgruppen wirkten in Shanghai,[13] Tianjin und Kanton.[14]

In den amtlichen China–Vertretungen, in den Firmen und Interessenorganisationen vor Ort blieb weiterhin der deutschnationale, konservative Einfluß dominant. Nationalsozialisten hatten jedoch seit 1933/34 Schlüsselpositionen inne und wirkten von dort aus auf die Stimmung und Meinungsbildung der Reichsdeutschen und auf die Durchsetzung der in Deutschland getroffenen Entscheidungen wesentlich ein.

---

8 Viele Deutsche wurden am 22.6.1941 vom Überfall der Wehrmacht überrascht, als sie sich auf der Bahnfahrt durch die Sowjetunion befanden. Sie wurden über die Türkei ausgetauscht. Vgl. Barth 1984:116–130.

9 Vgl. BArch, R9208, DBC, Nr.3321, Bl.8 – DGK Shanghai, Fischer, an DB Nanjing, 16.2.1944: „Die vom Landesgruppenleiter (der NSDAP) angegebene Zahl umfaßt die ordentlichen Mitglieder der Reichsdeutschen Gemeinschaft einschließlich ihrer Familienangehörigen." Die deutschen Emigranten sind hier nicht erfaßt.

10 Die 1933/34 reorganisierte Auslandsorganisation der NSDAP wurde im Januar 1937 in das Auswärtige Amt eingegliedert. Ihr Chef, Gauleiter Ernst Wilhelm Bohle, fungierte seitdem als Staatssekretär des AA. Vgl. RGBl. I, 1937:187. Vgl. auch Döscher 1987:160.

11 Vgl. China Dienst II/1933, Nr.21, S.830f., Artikel: „Die nationalsozialistische Bewegung in China" ging davon aus, daß 1933 in der NSDAP–Landesgruppe China „über 600 Parteigenossen" zusammengeschlossen waren. Martin 1986:349 spricht davon, daß 14% aller Chinadeutschen NSDAP–Mitglieder waren; Adolphi 1988:14 geht für die 40er Jahre von über 700 NSDAP–Mitgliedern aus. Vgl. auch 2. HACh, Nr.18–2976, Repatriierungslisten mit Vermerken über die NSDAP–Mitgliedschaft.

12 Ortsgruppen bestanden in Shanghai, Tianjin, Qingdao, Jinan, Peking, Nanjing, Hankou, Kanton und Hongkong. Die einzelnen Ortsgruppen waren in Zellen untergliedert. Auch unter den nach Aufspaltung Chinas in den unbesetzten Gebieten Verbliebenen gab es zahlreiche Parteimitglieder, die aber nach außen hin nicht organisatorisch in Erscheinung traten. So waren von den 1940 in Kunming lebenden 45 Deutschen 15 Mitglieder der NSDAP. Vgl. BArch, R901, AA, Nr.4065/5091: Dienststelle Kunming, Röhreke, an DB Shanghai, 27.2.1940.

13 Von 1864 Reichsdeutschen in Shanghai gehörten 286 der NSDAP als Mitglieder an. Hinzu kamen 49 Anwärter. Vgl. BArch, R9208, DBC, Nr.3321, Bl.5: Bericht Landesgruppe NSDAP, Lahrmann, Frühjahr 1944.

14 1935 gehörten in Kanton von 419 Reichsangehörigen 70 der NSDAP als Mitglied an. In der Ortsgruppe hatten an chinesischen Universitäten beschäftigte Ärzte die Führungsposition inne. Sie organisierten ab 1936 den NSDAP–Ärztebund China, als dessen Obmann der Ortsgruppenleiter Rudolf Hellmann fungierte.

Eine besondere Rolle spielten dabei die Deutschen Gemeinden.[15] Seit Mitte der 20er Jahre als gemeinnützige Zusammenschlüsse deutscher Vereinigungen und Einrichtungen an wichtigen Plätzen neu aufgebaut, wurden die Deutschen Gemeinden in Anlehnung an die Deutsche Gemeindeordnung vom 30. Januar 1935 nach den Grundsätzen des Führerprinzips ausgerichtet. Sie behielten ihre organisatorische Selbständigkeit, standen aber fortan unter der Aufsicht der NSDAP–Ortsgruppenleiter.[16] Von diesen gingen auch die Initiativen zur Gründung neuer Deutscher Gemeinden auf der Grundlage nationalsozialistischer Gemeindeordnungen aus: Peking und Hankou 1935, Qingdao 1937. In Qingdao wurde erst nach langen Verhandlungen, „die Gemeinde zur Anerkennung des absoluten Führungsanspruchs der Partei" veranlaßt.[17] Die NSDAP–Instanzen wandten sich dabei entschieden gegen die von einigen deutschen Diplomaten gemachten Vorschläge, jeden deutschen Staatsbürger ohne Unterscheidung nach Rasse und Glaubensbekenntnis, „also einschließlich der Juden", als Gemeindemitglieder zuzulassen.[18]

Die bisher selbständig fungierenden Clubs, Schulen sowie Frauen–, Sport– und Theatervereine wurden in die Gemeinden eingegliedert. Um die Gemeinden gruppierten sich eine Reihe von Einrichtungen, vor allem die Schulen, die Kirchengemeinden und die örtliche Presse. Die deutschen Handelskammern standen mit den Gemeinden in enger Verbindung. Die NSDAP–Auslandsorganisation lenkte über diese Strukturen die Öffentlichkeits– und Propagandaarbeit vor Ort.

Unter den in China lebenden Deutschen nahmen mit dem Totalitätsanspruch des Nationalsozialismus und der zunehmenden Ausgrenzung und Diskriminierung der zahlreichen deutschen Emigranten die Spannungen zu. Angesichts der großen Ferne von Deutschland unterschied sich jedoch der Wirkungsgrad nationalsozialistischer Einflußnahme von dem in anderen Ländern. Divergierende Interessenlagen und innere Spannungen unter den Auslandsdeutschen bedingten, daß der Aktionsradius der NSDAP in den einzelnen Städten verschieden stark ausgeprägt war.[19]

---

15 Vgl. BArch, R9208, DBC, Nr.3322, Bl.162ff. Übersicht über die Deutschen Gemeinden und die in ihnen zusammengeschlossenen deutschen Einrichtungen in Beantwortung eines Fragespiegels des Zweckverbandes der Deutschtumsvereine, 15.6.1923. Vgl. auch Krafft 1960:137f. zur Wiederaufnahme der Tätigkeit der Deutschen Gemeinde in Shanghai 1924/25. Zu den Deutschen Gemeinden in Manzhouguo vgl. Kirschbaum 1942:45–48.

16 Vgl. NA/Microcopy, T120, Aufn. L459976–459979: DG Peking, Trautmann, an AA, 18.6.1935: Zur Gründung der Deutschen Gemeinde in Peking am 21.5.1935.

17 BArch, R9208, DBC, Nr.3336, Bl.1–3: Bericht OGL Qingdao über die Gründung der Deutschen Gemeinde in Qingdao, Anlage zum Bericht GK Qingdao, Bracklo, an AA 5.10.1937.

18 Vgl. BArch, R9208, DBC, Nr.3336, Bl.17–18: DB Peking, Fischer, an Bracklo, 12.8.1936: Zum Streit um neue Gemeindeordnungen und um die Akzeptanz der liberalen Shanghaier Gemeindeordnung.

19 In Tianjin bestimmten eindeutig pronationalsozialistische Kräfte die Atmosphäre. In Shanghai herrschte durch die Verbindung mit den ausländischen Niederlassungen eine weltoffenere Einstellung vor, im Mittelpunkt des Interesses standen geschäftliche Fragen. In Peking dominierte der intellektuelle Einfluß. In Kanton standen sich die in der Ortsgruppe führenden nationalsozialistisch ausgerichteten Ärzte und die dazu in Distanz stehenden Mitglieder konträr gegenüber. Dies traf auch für Jinan zu. Einige

Die Mehrzahl der Chinadeutschen nahm bei Ausbruch des chinesisch–japanischen Krieges eindeutig prochinesisch Stellung. Der 1937 nach außen hin lavierende Fernost–Kurs der deutschen Außenpolitik bestärkte sie zunächst in ihrer Haltung. Sie befürchteten, daß das deutsche Verhältnis zu den Chinesen ernsthaft in Gefahr geriete.[20] Die Spitzen der NSDAP–Landesgruppe China mußten darauf eingehen, um ihr Gesicht nicht zu verlieren und sich zugleich auch als davon selbst Betroffene zu behaupten (Dok. 120). Mit Botschafter Trautmann stimmten sie hinsichtlich der Gefahren überein, die von der Japan–Politik Hitlers für die Rahmenbedingungen deutschen Wirkens in China ausgingen, und plädierten für eine strikte Unparteilichkeit (Dok. 116).

Die Deutschen in Chongqing reagierten mit Empörung auf die Meldung des deutschen Rundfunks, „daß Japan in Ostasien den Bolschewismus bekämpfe."[21] Unter der deutschen Kaufmannschaft und Industrierepräsentanz in China schlugen wegen der projapanischen Haltung der deutschen Presse die Wellen des Unmuts hoch. Die Deutsche Handelskammer Shanghai faßte diese Stimmung in einem Protestschreiben an den Ostasiatischen Verein zusammen (Dok. 118).

Nach der Anerkennung Manzhouguos und weiteren projapanischen Entscheidungen im ersten Halbjahr 1938 setzte dann eine verstärkte Disziplinierung der Deutschen im Sinne der nationalsozialistischen Ostasienpolitik ein. Der Ostasiatische Verein unterdrückte fortan jegliche kritische Stellungnahme der Handelskammern in China.[22] Der Chef der Auslandsorganisation der NSDAP, Ernst Wilhelm Bohle, verpflichtete den Leiter der Landesgruppe China, Siegfried Lahrmann, dazu, der „Japanpolitik des Führers... in blindem Vertrauen ohne Zögern zu folgen". Wirtschaftliche Schädigungen der deutschen Chinakaufleute seien dabei bewußt in Kauf zu nehmen (Dok. 121). Diese Instruktionen waren nunmehr die verbindliche Grundlage für die deutsche Presse– und Öffentlichkeitsarbeit in China. Der Ostasiatische Beobachter, das Organ der NSDAP–Landesgruppe China, der noch im März 1938 Auszüge

---

Deutsche, wie z.B. der Publizist und Verleger Vincenz Hundhausen in Peking, waren demonstrativ aus der Deutschen Gemeinde ausgetreten.

20 Vgl. Jahresbericht der Deutschen Handelskammer Shanghai 1937/38, 13.3.1938: „Wir haben in diesem Land ... einen Goodwill zu verlieren, das Ergebnis 20jähriger zäher Aufbauarbeit des deutschen Kaufmanns nach dem Kriege aus dem Nichts heraus. Von der Stimmung dieser kaufenden und verkaufenden Volksmassen sind wir, auch in den von Japan besetzten Gebieten, wirtschaftlich abhängig. Ihre Stimmung ist jetzt gegen uns. Mit etwas Zurückhaltung hätte sich das vermeiden lassen." Dieser Jahresbericht wurde vom AA nicht zur Veröffentlichung freigegeben.

21 BArch, NL Trautmann 25, Bl.2: DK Chongqing, Scheffler, an DB Nanjing, 24.8.1937.

22 Vgl. NA/Microcopy T82, Roll 342, Serial 249, IG Farben, Aufn. 2/144743–144746: OAV, Helfferich und Richter, an DHK Shanghai, 2.8.1938: „Es ist unseres Erachtens ein Ding der Unmöglichkeit, daß eine Deutsche Auslandshandelskammer in aller Öffentlichkeit z.B. schreibt, daß die Einstellung der deutschen Presse, die bekanntlich unter Regierungskontrolle steht, den Deutschen in China mehr gekostet habe als Geld und Gut, daß sie dem Deutschen das Vertrauen des chinesischen Volkes auf ihre Ehrlichkeit und Anständigkeit genommen habe... Wie scharf man in Berlin vorgeht, wenn eine Opposition gegen die Regierungspolitik zu vermuten ist, haben Vorfälle der letzten Zeit gezeigt, denen vielleicht nicht die direkte Absicht zugrunde lag, die Ostasien–Politik der Regierung herabzusetzen, die aber tatsächlich die gleiche Wirkung zur Folge hatten."

aus dem Tagebuch von John Rabe zum Nanjing–Massaker abgedruckt hatte (Dok. 48), enthielt sich künftig jeglicher Stellungnahme zum Krieg in Ostasien.

Die Mehrzahl der deutschen Kaufleute und Gewerbetreibenden fand sich in der Folge lediglich mit der durch die Japaner geschaffenen Lage ab, ohne ihre reservierte Grundeinstellung zum Hauptkonkurrenten aufzugeben (Dok. 119). Daher blieb die Auslandsorganisation der NSDAP mit der Stimmung und Haltung der Chinadeutschen unzufrieden. Wiederholt entsandte die NSDAP Mitglieder, die dafür werben sollten, „die Sympathien für die Japaner eindeutiger zum Ausdruck" zu bringen (Dok. 131).

In den Kriegsjahren waren die Deutschen Gemeinden, die zur Reichsdeutschen Gemeinschaft zusammengeschlossen wurden, und die einzelnen deutschen Institutionen die örtlichen Mittelpunkte für das gesellschaftliche und kulturelle Leben der Reichsdeutschen. Die NSDAP–Ortsgruppen nutzten die im Kriegsverlauf voranschreitende Isolation der Chinadeutschen zur Stärkung ihres Zusammengehörigkeitsgefühls in den Gemeinden nach den Leitbildern der nationalsozialistischen Volksgemeinschaft. Nach der Kriegswende von Stalingrad und El Alamein wie auch angesichts der sich abzeichnenden Niederlage der Japaner suchten die Chinadeutschen, ungeachtet ihrer unterschiedlichen Stellung zum NS–System, in den Gemeinden Schutz und Unterstützung im Überlebenskampf. Die NSDAP–Strukturen in China wurden am 9. Mai 1945 aufgelöst (Dok. 137).

Deutsche Emigration in China

Nach der „Reichskristallnacht" vom 9. zum 10. November 1938 ging die NS–Führung dazu über, die Juden aus Deutschland systematisch zu vertreiben und ihre Auswanderung zu forcieren. Auch die Flüchtlingsströme nach China erreichten ein zuvor nicht gekanntes Ausmaß. Vor 1938 hatten nur einige wenige jüdische Emigranten Zuflucht in Shanghai gesucht.[23] Shanghai galt als „schlechter" Exilort.[24]

Der Völkerbund, den Japan und Deutschland 1933 verlassen hatten, erwies sich als unfähig, auf die wachsenden Flüchtlingsbewegungen Einfluß zu nehmen.[25] Mit restriktiven Einwanderungsbestimmungen verschlossen sich die westlichen Länder den Verfolgten. Die USA beharrten auf Beibehaltung ihrer 1924 eingeführten Länderquoten.[26] Auch Großbritannien war nicht gewillt, die Aufnahmekapazität für sein Mandatsgebiet Palästina zu erweitern.

23 Dabei handelte es sich vorrangig um Ärzte, Rechtsanwälte und Akademiker, die in Deutschland von Berufsverboten betroffen waren, und um politische Gegner des faschistischen Regimes. Vgl. Kreissler 1991:293.

24 Vgl. Hochstadt 1997.

25 Die von US–Präsident Roosevelt im Juli 1938 einberufene Konferenz zur internationalen Flüchtlingshilfe von Evian les Bains mit Delegierten aus 32 Staaten blieb erfolglos.

26 Im Johnson Emigration Act von 1924 waren für bestimmte Länder feste Einwanderungsanteile bestimmt worden.

Jüdischen Flüchtlingen gab in dieser Situation nur die Emigration nach Shanghai eine echte Überlebenschance.[27] Sie benötigten dafür zunächst keine Pässe, Einreisevisa, Kapitalnachweise, Landegelder und Bürgen für ihren Lebensunterhalt, wie das andere Länder verlangten. Ihnen genügten im wesentlichen Reisepässe und gültige Transitdokumente. Deshalb rieten die Israelitischen Kultusgemeinden von Berlin und Wien sowie weitere jüdische Organisationen zur Auswanderung nach Shanghai.[28]

Die chinesische Regierung hatte nach der Niederlage in Shanghai im November 1937 keinerlei Einfluß auf die Zuwanderung jüdischer Emigranten. Ihre Botschaft in Berlin war in die Organisation der Ausreise offiziell nicht eingeschaltet.[29] Allerdings gab es Anfang 1939 in der Regierung ernsthafte Diskussionen darüber, wie man den bedrängten jüdischen Flüchtlingen helfen könnte. Der zum probritischen und prosowjetischen Flügel zählende Sun Ke brachte den Vorschlag ein, ein jüdisches Siedlungsgebiet in der Provinz Yunnan in Südwestchina zu errichten (Dok. 125). Dieser Vorschlag scheiterte aber an finanziellen und außenpolitischen Erwägungen.[30]

Als die vorwiegend deutsche jüdische Zuwanderung für die Stadt Probleme mit sich brachte und sich einzelne Gruppen der alteingesessenen Shanghaier einem zunehmenden ökonomischen Konkurrenzdruck ausgesetzt sahen, verschärfte der Municipal Council von Shanghai im August 1939 die Einwanderungsbestimmungen in die Internationale Konzession (Dok. 126). Die Japaner hatten ihrerseits bereits vorübergehend den Zuzug in den von ihnen beherrschten Stadtteil Hongkou gestoppt.[31]

Von 1937 bis 1941 trafen 18.000 bis 20.000 Juden[32] und Gegner des Nationalsozialismus in Shanghai ein, die meisten davon bis Ende 1939. Sie scheuten nicht vor den Strapazen und

---

27 Zur Gesamtproblematik der jüdischen Emigration nach Shanghai vgl. vor allem Hinzelmann 1948; Hannah 1975:246–263; Kaminski/Unterrieder 1980:775–812; Nobel/Nobel 1979:882–894; Kranzler 1976, Dreifuß 1979:447–517, ders. 1985:156–211; Kneucker 1984; Tausig 1987; Wang Qingyu 1987:165–172; Kreissler 1991:293–314; Heppner 1993; Ross 1994; Löber 1997:10–41; Armbrüster 1997:42–64 u. 70–81. Vgl. auch den Roman von Baum 1953.

28 Vgl. Kreissler 1991:293f; Löber 1997:13.

29 Vgl. Heppner 1993:29: „Einige Berliner Juden hatten in dem Versuch, zusätzliche Informationen zu erhalten, die chinesische Botschaft aufgesucht. Sie berichteten, daß man ihnen nicht viel gesagt habe – außer, daß es gefährlich sei, nach Shanghai hineinzukommen. Man müsse eine bewachte Brücke überqueren und unter Stacheldraht hindurchkriechen, und das tue man am besten nachts."

30 Vgl. Merker 1995:12.

31 Vgl. Kranzler 1976:161; Kreissler 1992:110.

32 Die ankommenden Flüchtlinge wurden von den zuständigen Behörden zwar registriert. Exakte Statistiken wurden aber nicht veröffentlicht. Einige Emigranten nutzten Shanghai als Durchgangsstation. Die Zahl 18.000 für die Gesamtzahl der jüdischen Shanghai–Flüchtlinge 1940 ist entnommen einem Bericht von Generalkonsul Fischer, Shanghai, an das AA vom 11.1.1940 (BArch, R9208, DBC, Nr.2330, Bl.36–53. – Inhalt: Judentum in Shanghai) und findet sich auch in der bisher umfassendsten Darstellung der jüdischen Shanghai–Emigration durch Kranzler 1976:19. Die Zahl 12.000 für die Zahl der jüdischen Deutschen ist daraus abgeleitet. Nobel/Nobel 1979:882 nennen zwar die Zahl 15.000. Eine bei Kranzler 1976:606 gedruckte Statistik für das am 18. Februar 1943 in Shanghai errichtete jüdische Ghetto beziffert die Zahl der Bewohner dieses Ghettos jedoch mit insgesamt 14.245, unter denen sich 8.114 Deut-

ungewissen Aussichten der langen Reise zurück, die bis September 1939 bzw. Juni 1940[33] vornehmlich per Schiff, danach bis Juni 1941 mit der Transsibirischen Eisenbahn unternommen wurde. Häftlinge in deutschen Konzentrationslagern und Gefängnissen erreichten in größerer Zahl ihre Freilassung, wenn ihnen jemand die Schiffspassage bezahlte.[34]

Die meisten Neuankömmlinge waren auf die Lebensbedingungen in Shanghai unzureichend vorbereitet. Sie verfügten weder über gewerbliche und handwerkliche Berufserfahrungen noch über englische und chinesische Sprachkenntnisse, um sich vor Ort eine gesicherte Existenz aufbauen zu können.[35] Die jüdischen Emigranten stammten zu einem großen Teil aus Deutschland. Etwa ein Viertel kam aus Österreich. Mehr als tausend Flüchtlinge waren Polen, einige hundert Tschechen, Rumänen und Ungarn. Die Mehrzahl entstammte kleinbürgerlichen Verhältnissen, war politisch wenig interessiert und kaum organisiert. Sie unterschieden sich nach aschkenasischen Juden aus Osteuropa, die bereits jahrzehntelang in Deutschland und Österreich heimisch waren, und assimilierten Juden, die durch die Rassegesetzgebung der Nazis zur Auswanderung gezwungen worden waren. Aus den unterschiedlichen politischen und religiösen Auffassungen resultierten Spannungen und Zerwürfnisse, die auch während der Emigrationszeit in Shanghai nie ganz abgebaut werden konnten.[36]

Die Neuankömmlinge trafen in Shanghai auf bereits etablierte jüdische Gemeinden. Tonangebend waren die zur Shanghaier Oberschicht zählenden sephardischen Juden.[37] Eine weitere, zahlenmäßig starke jüdische Gemeinde umfaßte russische Emigranten, die nach der Oktoberrevolution als Gegner des Sowjetsystems über die Mandschurei nach China ausgewandert waren.[38]

---

sche, 3.942 Österreicher, 1.248 Polen und 236 Tschechoslowaken befanden. Bei der Befreiung 1945 befanden sich lt. Kranzler 1976:606 insgesamt 15.511 europäische Flüchtlinge in Shanghai.

33 Mit Kriegseintritt Italiens entfiel der Seeweg für die Flüchtlinge endgültig.

34 Vgl. dazu die Berichte der zur Shanghai–Emigration gehörenden Dreifuß 1979:455–456, Nobel/Nobel 1979:884 u. Heppner 1993:24 über die Ende 1938 einsetzende und bis zum deutschen Überfall auf Polen am 1.9.1939 anhaltende Politik der Gestapo, im Zusammenhang mit dem Ziel, Deutschland „judenrein“zu machen, in großer Zahl jüdische Häftlinge aus Gefängnissen, Zuchthäusern und Konzentrationslagern unter der Bedingung zu entlassen, daß diese innerhalb kürzester Frist aus Deutschland auswandern. Heppner 1993:24 berichtet: „In vielen Fällen jedoch kam eine Ehefrau, eine Mutter oder eine Tochter (des im Konzentrationslager oder Zuchthaus Gefangengehaltenen) mit den erforderlichen Papieren zum Gestapo–Hauptquartier, um dann dort zu erfahren, daß der Gefangene 'beim Fluchtversuch gestorben' sei.“

35 Ärzten war es noch relativ gut möglich, in Shanghai Arbeit zu finden. Vgl. BArch, R9208, DBC, Nr.3866, Bl.64–66: DB Shanghai, Fischer, an AA, 28.3.1939: Zum Umfang des formalen Rechtsschutzes für reichsangehörige Emigranten (Ausstellung von Bescheinigungen).

36 Dreifuß 1979:468f. verweist z.B. auf Widersprüche zwischen Zionisten, liberalen Juden und Atheisten innerhalb der jüdischen Emigration, die sich u.a. auch in unterschiedlichen von den Emigranten herausgegebenen Zeitungen widerspiegelten. Kranzler 1976:532 macht zudem auf das Problem der Existenz einiger Nazi–Kollaborateure innerhalb der Emigration aufmerksam.

37 Von diesen stammte auch ein Großteil der Gelder für die Unterstützung der europäischen Flüchtlinge.

38 Vgl. Dreifuß 1979:461–465; Löber 1997:22f.

Das von amerikanischen Juden unterstützte Committee for the Assistance of European Jewish Refugees in Shanghai war für alle zentrale Anlauf– und Beratungsstelle.[39] Einige Emigranten wanderten in andere Städte des besetzten[40] und, soweit das noch möglich war, auch des unbesetzten China, wie nach Kunming,[41] weiter.

In der Regel trafen die Einwanderer völlig mittellos in Shanghai ein. Lediglich zehn Reichsmark und eine begrenzte Menge persönliches Umzugsgut hatten sie aus Deutschland mitnehmen können.[42] Die meisten kamen im Stadtteil Hongkou unter, der nach den schweren Kriegszerstörungen vom Herbst 1937 von vielen chinesischen Einwohnern verlassen worden war. Dort boten sich für sie erste Arbeitsmöglichkeiten beim Wiederaufbau.[43] Mit der Zeit gelang es einigen, bei ausländischen Firmen unterzukommen oder eigene Geschäfte zu betreiben (Dok. 123). Die Mehrheit lebte jedoch in relativer Armut und war auf Zuwendungen des Jüdischen Hilfskomitees und privater Hilfsfonds angewiesen.[44] Die meisten Emigranten konnten sich kaum an ihre chinesische Umgebung gewöhnen. Shanghai wurde als Zwischenstation gesehen, als Ort, den man bald wieder verlassen wollte.

In Hongkou entwickelten die Emigranten ein reichhaltiges kulturelles Leben. Zwischen 1939 und 1941 gab es etwa 30 verschiedene Zeitungen mitteleuropäischer Emigranten. In deutscher Sprache erschienen zwei Morgenzeitungen und eine Abendzeitung, dazu mehrere Wochen– und Monatsblätter.[45] Die Gelbe Post, die 1939 halbmonatlich in einer Auflage von 1.000 Exemplaren von Adolf Joseph Storfer herausgegeben wurde, galt durch die Mitarbeit angesehener Intellektueller kurzzeitig als eine der bedeutendsten Publikationen des Shanghaier Exils.[46]

Der Zustrom von Künstlern unterschiedlichster Sparten brachte ein vielfältiges Kultur– und Unterhaltungsangebot hervor. Es umfaßte Theater– und Musikzirkel, Tanzorchester,

---

39 Das Flüchtlingskomitee führte das Zentralregister der Emigranten. Zugleich beriet es in Fracht– und Gepäckfragen, half bei Berufsberatung und Arbeitsvermittlung, unterstützte die Wohnungssuche und organisierte englische Sprachkurse. Vgl. Löber 1997:23f.

40 In Tianjin hatten sich ca. 100 jüdische Emigranten niedergelassen. Vgl. Wallenstein 1985:148.

41 Vgl. BArch, R901, AA, Nr.4065/5091: Dienststelle Kunming, Röhreke, an DB Shanghai, 27.2.1940: „Die Emigranten arbeiten größtenteils in der französischen Firma Teissier Chine, der Vertreterin von Renault. Der hiesige Leiter der Firma, der früher bei Otto Wolff tätige, sehr geschäftsgewandte Jude Erich Nothmann, hat die Firma zu einem bedeutenden Faktor im Transportwesen Südwestchinas und gleichzeitig zu einem Asyl jüdischer Flüchtlinge gemacht." In Kunming lebte auch zurückgezogen der wegen „nichtarischer Abstammung" aus dem AA entlassene Erich Michelsen.

42 Vgl. Hochstadt 1997.

43 Vgl. Kaufmann 1976:14; Kranzler 1976:114–122. Nach den Baumaßnahmen erhielt das ärmliche Hongkou teilweise mitteleuropäisches Aussehen. Einige Viertel nannte man „Klein–Berlin" und „Klein–Wien".

44 Vgl. Kranzler 1976:91ff.; Löber 1997:24.

45 Vgl. Seywald 1987 mit einem Überblick über die Exilpresse in Shanghai.

46 Die Zeitschrift gab sich politisch neutral und informativ, mißfiel aber den Japanern wegen ihrer prochinesischen Tendenz. Als Storfer 1940 Shanghai verließ, stellte die Gelbe Post ihr Erscheinen ein. Vgl. Kreissler 1994:265–279.

Kabaretts, Kleinkunstbühnen, Varietés, Bildungs– und Vortragsreihen und anspruchsvolle Theater– und Musikaufführungen.[47]

Kontakte zwischen den alteingesessenen Deutschen und den Emigranten blieben insgesamt eine Ausnahme.[48] Die NSDAP und amtliche Vertretungen hatten wiederholt auf „das Unzulässige jeden geschäftlichen Verkehrs mit den Juden hingewiesen" (Dok. 133). Angesichts der komplizierten Verhältnisse in Shanghai verzichteten sie aber auf eine konzentrierte antisemitische Hetze. Während einerseits die deutsche Presse weitgehend Zurückhaltung übte,[49] wurde andererseits eine subtile Diskriminierung und Verächtlichmachung der Emigranten betrieben, wiederholt aber auch durch anonyme Flugblätter zum Boykott der jüdischen Geschäfte etc. aufgerufen.[50]

Hintergrund dafür war, daß die verantwortlichen China–Diplomaten, seit 1935 vom Auswärtigen Amt mit der regelmäßigen Berichterstattung über die jüdische Emigration beauftragt,[51] für eine rigorose Drosselung des Einwanderungsstromes plädierten, und die breite Öffnung Shanghais zwar grundsätzlich den Vertreibungszielen Hitlers, möglichst viel rassisch und politisch Verfolgte in das Ausland abzuschieben, entsprach, der Exilort Shanghai jedoch eine Enklave mit internationalem Status in einem Kriegsgebiet war. So forderte Generalkonsul Bracklo am 20. März 1939, eine weitere Flüchtlingszuwanderung nach Shanghai zu unterbinden, da die Juden als Gegner des Reiches die "Schädigung des deutschen Ansehens" und eine „Gefährdung der kulturpolitischen und wirtschaftlichen Positionen des Deutschtums" herbeiführen würden (Dok. 128).

Bis zur Ausbürgerung 1941[52] standen die deutschen Emigranten, die mit deutschen Pässen[53] eingereist und formal–rechtlich den anderen Deutschen gleichgestellt waren, unter dem Schutz der Konsularbehörden des Deutschen Reiches. Dieser Schutz war allerdings von vornherein stark eingeschränkt. So durften beispielsweise Juden deutscher Staatsangehörigkeit sich im Kriegsgebiet nicht durch die deutsche Flagge sichern, sondern sich lediglich durch weiße Fahnen oder Armbinden kenntlich machen (Dok. 117).

---

47 Vgl. Fischer 1958:86f.; Kranzler 1976:368–376; Dreifuß 1979:490–501.

48 Vgl. Dreifuß 1979:467.

49 Das Organ der NSDAP–Landesgruppe China, der Ostasiatische Beobachter, äußerte sich kein einziges Mal zur jüdischen Emigration in Shanghai.

50 Vgl. Powell 1945:348–352; Dreifuß 1979:467.

51 Vgl. BArch, R9208, DBC, Nr.2328, Bl.25: Weisung des AA an die diplomatischen und konsularischen Vertretungen im Ausland.

52 Vgl. RGBl. I/1940:722, Elfte Verordnung zum Reichsbürgergesetz vom 25.11.1941, §1: "Ein Jude, der seinen gewöhnlichen Aufenthalt im Ausland hat, kann kein deutscher Staatsbürger sein." Die Jüdische Gemeinde in Shanghai bekam am 29.11.1941 vom deutschen Generalkonsulat die Ausbürgerungsbestimmungen mitgeteilt. Vgl. Heppner 1993:301. Vgl. dazu auch Kranzler 1976:620f.

53 Die jüdischen Deutschen besaßen deutsche Pässe mit dem Aufdruck „J" (Erlaß v. 5.10.1938) und der Ergänzung der Zwangsvornamen Sara bzw. Israel (Erlaß v. 17.8.1938). Diese Erlasse kamen auch in der deutschen Presse in China zum Abdruck, so letzterer am 14.11.1938 in den Deutsch–Chinesischen Nachrichten.

Als die japanischen Besatzungsbehörden und ihre chinesischen Marionetten wiederholt durch Paßentzug und andere Maßnahmen in den Rechtsstatus der deutschen Emigranten eingriffen, nahmen die deutschen Konsularbehörden das nicht hin. Sie wollten verhindern, daß die Stellung der Deutschen insgesamt herabgesetzt wurde (Dok. 122). Geschäftsträger Fischer trat daher für eine großzügigere Auslegung des formalen Schutzes ein.[54] Dem schloß sich das Auswärtige Amt nicht an. Berlin verlangte, daß die Emigranten faktisch wie Ausgebürgerte behandelt werden sollten.[55] Mit Juden verheiratete Deutsche, die wieder nach Deutschland zurück wollten, wurden ebenfalls von der Hilfe durch deutsche Instanzen ausgeschlossen (Dok. 127).

In den deutschen Konsulaten wurden auf Anordnung des Auswärtigen Amtes über unliebsame Personen „Schwarze Listen" geführt.[56] Die Behörden „warnten" sich gegenseitig vor jüdischen Emigranten, die im chinesischen Landesinnern eine Existenz aufbauen wollten (Dok. 132). Wichtige Entscheidungen zur Behandlung der jüdischen Emigranten wurden auch von der in Shanghai tätigen Gestapo–Gruppe und der Gestapo–Zentrale in Berlin gefällt, mit der die amtlichen deutschen Auslandsvertretungen in Kontakt standen.[57]

Nachdem auf der Wannsee–Konferenz vom 20. Januar 1942 die vollständige Vernichtung der jüdischen Bevölkerung beschlossen worden war,[58] wirkte sich dies auch auf die Emigranten in Shanghai aus. Auch ihr Leben war gefährdet. Unter den Flüchtlingen nahm die Angst zu, als bekannt wurde, daß der „Schlächter von Warschau", Josef Meisinger, und andere hohe Gestapo–Beamte im Fernen Osten eingetroffen waren. Man befürchtete, daß der an der Botschaft in Tokio als Polizei–Verbindungsführer eingesetzte Meisinger den japani-

---

54 Vgl. BArch, R9208, DBC, Nr.3866, Bl.64–66: DB Shanghai, Fischer, an AA, 28.3.1939: „Die Frage der Schutzgewährung für jüdische Emigranten liegt in China anders als in Japan und in China wiederum besonders schwierig in Shanghai... (Es) ist auf die Gefahr hingewiesen worden, die für deutsche Volksgenossen in China entsteht, wenn örtliche Polizei– und andere Stellen eine Diskriminierung von Inhabern deutscher Ausweispapiere gegenüber den Exterritorialen widerspruchslos gestattet wird... Ich wäre daher für eine Weisung dankbar, ob Einverständnis besteht, daß künftig einheitlich bei den deutschen Dienststellen in China hinsichtlich der Ausstellung von Bescheinigungen für reichsangehörige jüdische Emigranten im Rahmen der bisher in Shanghai geübten Schutzgewährung verfahren wird."

55 Vgl. BArch, R9208, DBC, Nr.2328, Bl.5: Weisung des AA, 30.4.1939, in der „zum wiederholten Male" darauf aufmerksam gemacht wird, daß „Bescheinigungen für jüdische Emigranten, die einer Empfehlung gleichkommen,... allgemein nicht im deutschen Interesse (liegen) und ... daher grundsätzlich abzulehnen (sind), also auch für Ärzte, Apotheker und Anwälte." Bei der „Bereinigung von Schwierigkeiten, die diesen Emigranten bei ihrer Niederlassung begegnen", hätten „nicht die deutschen Auslandsbehörden, sondern die ortsansässigen jüdischen Organisationen mitzuwirken".

56 Vgl. BArch, R9208, DBC, Nr.2000, Personenauskünfte.

57 Vgl. BArch, R9208, DBC, Nr.2328, Bl.3–4: Aufzeichnung der DB Peking vom 17.7.1939, wonach sich in Peking und Tianjin die „Praxis herausgebildet" habe, bei allen Paßausstellungen oder –verlängerungen für jüdische Emigranten bei der Gestapo in Berlin Rückfrage zu nehmen.

58 Vgl. ADAP, Serie E, Bd.I, Dok.150: Protokoll der Wannsee–Konferenz. "Anstelle der Auswanderung ist nunmehr als weitere Lösungsmöglichkeit nach entsprechender vorheriger Genehmigung durch den Führer die Evakuierung der Juden nach dem Osten (gemeint war v.a. Polen und die UdSSR) getreten... Im Zuge dieser Endlösung der europäischen Judenfrage kommen rund 11 Millionen Juden in Betracht..." Die jüdischen Emigranten in Übersee waren in diesen Vernichtungsplan nicht einbezogen.

schen Achsenverbündeten zur Annahme von Plänen zur Liquidierung der Juden in Shanghai bewegen würde (Dok. 134). Meisinger kam 1942 auch zu Besprechungen mit japanischen Stellen nach Shanghai. Die Japaner folgten jedoch eigenen Erwägungen und schlossen sich der deutschen Ausrottungspolitik nicht an.[59] Die Marionettenregierung in Nanjing wurde von den Japanern nicht an den Entscheidungen über die Behandlung der jüdischen Emigranten beteiligt. Im Zusammenhang mit der Ghettoisierung der Flüchtlinge bezog diese in einer für chinesische Politiker bis dahin unbekannten Weise antisemitische Positionen.[60]

Nach Ausbruch des Pazifikkrieges hatten die Japaner schrittweise die Staatsangehörigen der gegen Japan kriegführenden Staaten interniert. Die Emigranten waren von diesen Maßnahmen zunächst nicht betroffen. Am 18. Februar 1943 wurde dann jedoch von den japanischen Marinebehörden angeordnet, für alle nach 1937 in Shanghai eingetroffenen Staatenlosen eine „restricted area" in Hongkou einzurichten.[61] Neben den von den Japanern für diese Zwangsumsiedlung vorgebrachten militärischen Gründen spielte der deutsche Druck eine wichtige Rolle.[62]

Dieses weltweit einzige Ghetto in einem nicht von der Wehrmacht kontrollierten militärischen Einflußbereich war zwar nicht hermetisch abgeriegelt und konnte über drei Kontrollpunkte von den Bewohnern mit Ausnahmegenehmigungen zu vorgeschriebenen Zeiten verlassen werden,[63] führte jedoch zu einer dramatischen Verschlechterung der Lebensbedingungen der Emigranten (Dok. 123, 134).

Das Leben der Emigranten war geprägt durch mannigfaltige Einschränkungen der Bewegungsfreiheit und offene japanische Polizeiwillkür. Die Zahl der Arbeitslosen stieg, die Un-

---

59 Zwar existierte auch in Japan in den 30er Jahren ein gewisser Antisemitismus. Dieser hatte jedoch auf das Leben der dortigen Juden kaum Auswirkungen, sondern wurde vielmehr als propagandistische Waffe gegen die Westmächte eingesetzt. Vgl. Kreissler 1992:107–111. Japan wollte mit Rücksicht auf das Schicksal Zehntausender in den USA internierter Japaner eine zusätzliche Belastung des Verhältnisses zum Kriegsgegner USA vermeiden. Vgl. Kranzler 1976:620f.

60 Kranzler 1976:487 verweist auf eine in der Xinwanbao (Neue Abendzeitung) vom 15.2.1943 – also drei Tage vor der Einrichtung des Ghettos in Shanghai – veröffentlichte Rede Wang Jingweis, in der dieser erklärte, daß es „kein Wunder" sei, daß sich Deutschland der Juden entledige. Juden und Bolschewisten seien gleichermaßen vaterlandslose Gesellen, Achtung einer Nation oder eines Landes sei ihnen fremd, und die Juden machten in China und in Japan ihr Glück auf Kosten ihrer Gastgeberländer.

61 Die amtlichen japanischen Verlautbarungen vermieden die Begriffe „Juden" und „Ghetto".

62 Dazu zitiert Kranzler 1976:488 eine Aussage des deutschen Generalkonsuls in Tianjin, Fritz Wiedemann, der zuvor persönlicher Adjutant Hitlers gewesen war, aus dem Jahre 1951: „Ich erkläre hiermit, daß ich vollständig mit der Situation im japanisch okkupierten Teil Chinas vertraut war und daß ich die Weisungen der deutschen Regierung in all meinen dortigen Aktivitäten befolgte. Ich bestätige daher, daß die Internierung der zentraleuropäischen Emigranten – in der Regel vor allem Juden, die aus Deutschland und Österreich emigriert waren – auf ein Insistieren der damaligen deutschen Regierung hin erfolgte. Die Japaner selbst waren nicht antisemitisch, und wir hatten den Auftrag, die japanischen Behörden über die Rassenpolitik Deutschlands zu instruieren und geeignete Maßnahmen vorzuschlagen. Es gibt meiner Meinung nach keinen Zweifel daran, daß die Internierung der Juden im Shanghai-Ghetto auf Drängen der deutschen Behörden stattfand. Aus meiner Arbeit mit Hitler weiß ich, daß auf befreundete Regierungen Druck in dieser Richtung ausgeübt worden ist."

63 Vgl. Löber 1997:36f.

terstützungssätze für Hilfsbedürftige sanken, auch nachdem die Finanzverbindungen Shanghais zu den USA abgebrochen und amerikanische und britische Firmen von Japanern übernommen worden waren.

Trotz dieser Einschränkungen überlebten Juden und Antifaschisten die Kriegsjahre, weil die Japaner nicht zu physischen Gewaltakten schritten, vor allem um die in den USA internierten Landsleute nicht zu gefährden. Das Schicksal ihrer europäischen Leidensgefährten blieb den Emigranten in Shanghai erspart.[64]

Deutscher antifaschistischer Widerstand in China

Eine kleine Zahl Deutscher war in China über Jahre hinweg im antifaschistischen Widerstand tätig.[65]

Die stärkste organisatorische Geschlossenheit erreichte dabei eine Gruppe innerhalb der jüdisch–deutschen Shanghai–Emigration, der 70 bis 80 im Untergrund tätige KPD–Mitglieder angehörten, die sich fast alle schon in Deutschland am aktiven Widerstand beteiligt und deswegen in Zuchthäuser und Konzentrationslager verschleppt worden waren. Ihr Wirken konzentrierte sich auf drei Arbeitsfelder: erstens auf die propagandistische Unterstützung der Alliierten gegen die Achsenmächte, was insbesondere durch eine Mitarbeit bei der sowjetischen Nachrichtenagentur TASS, die in Shanghai auch einen Rundfunksender mit zum Teil deutschsprachigen Sendungen unterhielt, ermöglicht wurde, aber auch die Mitarbeit an den innerhalb der Emigration erscheinenden Zeitungen einschloß; zweitens auf die Mitwirkung am kulturellen und politischen Leben innerhalb der Emigration; und drittens auf die Vorbereitung der Rückkehr nach Deutschland. Eine direkte Zusammenarbeit mit der chinesischen kommunistischen Bewegung hingegen blieb angesichts der strikten japanischen Überwachung der Emigranten und der Illegalität der Arbeit der KPCh in Shanghai die Ausnahme (Dok. 124, 134).

Kontakt hatte die Gruppe mit zwei deutschen Antifaschisten, die schon viele Jahre früher nach Shanghai gekommen waren: mit Richard Paulick, deutscher Architekt und Sozialdemokrat, bereits 1933 nach Shanghai emigriert, unter dem Pseudonym Peter Winslow Mitbegründer der Zeitschrift Voice of China[66] und Vertrauensperson der Jüdischen Gemeinde für Kontakte zu deutschen und japanischen Behörden,[67] und mit Heinz Grczyb. Heinz Grczyb hatte die engsten und am längsten andauernden Beziehungen eines deutschen Kommunisten zur KPCh und zum von ihr geführten antijapanischen Widerstand. Nachdem er schon in den 20er Jahren bei einem ersten China–Aufenthalt für die nationalrevolutionäre Bewegung gearbeitet hatte, ging er Anfang der dreißiger Jahre erneut nach China und kam dort im Kampf

64 Vgl. Kranzler 1976:620f.

65 Vgl. dazu vor allem Dreifuß 1979; Nobel/Nobel 1979; Kampen 1995.

66 Vgl. Kampen 1995.

67 Vgl. Kranzler 1976.

gegen Japan gemeinsam mit Soldaten der von der KPCh geführten Neuen Vierten Armee am 30.11.1941 in der Provinz Shandong ums Leben.[68]

Daneben gab es auch andere Widerstandsgruppen, die nicht mit der KPCh liiert waren. Hans Heinz Hinzelmann schildert in seinen Erinnerungen die Arbeit einer kleinen internationalen „Partisane", zu der auch chinesische antijapanische Widerstandskämpfer gehörten (Dok. 123).

Einige deutsche Antifaschisten hielten sich im unbesetzten China auf, um die antijapanische Einheitsfront voranzutreiben. Anna Wang, die nach zweimaliger Verhaftung in Deutschland 1936 gemeinsam mit ihrem chinesischen Ehemann, dem KPCh-Funktionär Wang Bingnan, nach China gekommen war, unterstützte in Chongqing als Mitarbeiterin von Song Qingling internationale Aktivitäten zur Stärkung der antijapanischen Einheitsfront (Dok. 129).

Chinesen in Deutschland

Die Anzahl der in Deutschland[69] lebenden Chinesen läßt sich nicht exakt beziffern, da zuverlässige Statistiken fehlen. Der chinesische Botschafter in Berlin, Cheng Tianfang, ging für 1937 von ca. 3.700 in Deutschland lebenden Chinesen aus.[70] Die meisten von ihnen lebten in Berlin.[71] Ein weiteres Zentrum stellte Hamburg dar.[72]

Die chinesische Regierung war diplomatisch und konsularisch nur mit wenigen Repräsentanten in Deutschland vertreten. Bei Kriegsausbruch 1937 verfügte die Chinesische Botschaft in Berlin, nebst der ihr angegliederten Handelsabteilung,[73] über 12 Mitarbeiter.[74] Außerdem existierte ein Generalkonsulat in Hamburg.

---

68 Vgl. Nobel/Nobel 1979; Dreifuß 1979; Adolphi 1989c; Kampen 1995.

69 Zur Lage der Chinesen in Deutschland vgl. vor allem Liang 1978:158–172; Yü-Dembski 1991:341–344; dies. 1996a:329–348.

70 Vgl. Cheng Tianfang 1967:331. Vgl. auch Gao Xin 1966:134: Die Kommission für die Angelegenheiten der Auslandschinesen vermerkte für 1937 1.800 Chinesen in Deutschland. Da die meisten Händler aus Qingtian offiziell nicht gemeldet waren, beruht die Angabe von 3.000 auf einer Schätzung der Chinesischen Botschaft in Berlin.

71 Zu den Chinesen in Berlin vgl. vor allem Yü-Dembski 1996b:32–36.

72 Zu den Chinesen in Hamburg vgl. vor allem Eberstein 1988:259f.

73 Bei dem nach außen hin als Handelsabteilung (shangwuchu) firmierenden Büro handelte es sich um die Ankaufzentrale für Rüstungsgüter der Regierung in Europa. Hier wurden sämtliche Waffeneinkäufe, die nicht über westliche Firmen in China selbst oder durch regierungsseitige Spezialverträge getätigt wurden, koordiniert und abgewickelt. Das Büro unterstand direkt dem Vorsitzenden der Militärkommission und damit Chiang Kaishek persönlich. Es wurde von 1933 bis zum Abbruch der Beziehungen 1941 von Tan Boyu geleitet. Vgl. Kirby 1984:56; Tan Guang 1990:138; Merker 1996a:52.

74 Vgl. Cheng Tianfang 1967:324: Ursprünglich waren im Haushaltsplan 16 Mitarbeiter bewilligt worden. Vier Diplomaten kehrten Anfang 1937 turnusmäßig in die Heimat zurück, wurden nach Kriegsausbruch im Juli 1937 aber nicht mehr durch Neuzugänge ersetzt. Die Botschaft arbeitete in diesem Bestand bis 1941.

Bedingt durch politische Affinitäten hatte die Zahl der in Deutschland studierenden Chinesen in den 30er Jahren ständig zugenommen. Viele hohe Guomindang–Politiker und Parteifunktionäre hatten ihre Söhne nach Deutschland zum Studium geschickt (Dok. 114). Obwohl politisch interessirt, beschäftigten sich die chinesischen Auslandsstudenten vorrangig mit den Problemen Chinas. Eine kritische Stellungnahme zum Faschismus in Deutschland blieb in diesen Jahren die Ausnahme (Dok. 115).

1937 besuchten schließlich 700 chinesische, überwiegend männliche Studenten deutsche Hochschulen.[75] Davon hatten ca. 500 Berlin als Studienort gewählt.[76] Die übrigen verteilten sich auf andere Universitätsstädte. Hinzu kamen noch einige Delegierte aus Heer, Marine und Wirtschaftsinstitutionen, die sich auf Grund von Austauschverträgen zu längeren Praktika in Deutschland aufhielten.

Die zahlenmäßig größte Gruppe stellten Kleinhändler. Rund 1.000 wohnten in Berlin, 300 bis 400 in Hamburg, der Rest verstreut übers ganze Land. Über 95% von ihnen stammten aus Qingtian in der Provinz Zhejiang. Die übrigen Chinesen kamen aus Wenzhou oder aus den Provinzen Shandong und Guangdong. Letztere betrieben auch Restaurants, Läden, Geschäfte etc. und galten deshalb als relativ begütert. Chinesische Import–Exportfirmen existierten in Deutschland jedoch nicht. Verglichen mit dem Lebensniveau ihrer Landsleute in anderen Ländern war der Lebensstandard der Chinesen in Deutschland insgesamt recht niedrig.

Bei den Einwanderern aus Qingtian handelte es sich zumeist um Kleinhändler und Hausierer, die illegal nach Deutschland gekommen waren. Häufig wechselten sie ihre Wohnorte. Oft verfügten sie über keinen Paß, fast nie über eine Gewerbeerlaubnis. Deshalb gerieten sie ununterbrochen mit der Polizei in Konflikt. Die Chinesische Botschaft setzte sich für ihre Belange ein und versuchte, für sie einen legalen Status in Deutschland zu erreichen. Nach langwierigen Verhandlungen wurde schließlich den illegalen Einwanderern die Aufenthaltsgenehmigung gewährt. Am 25. Januar 1938 wurde durch einen Erlaß des Gestapo–Chefs Heydrich eine "Zentralstelle für Chinesen" eingerichtet, die fortan in Abstimmung mit der Chinesischen Botschaft die Belange der Chinesen in Deutschland regelte.[77]

Nach Ausbruch des Krieges zwischen China und Japan im Juli 1937 ging die Zahl der Chinesen in Deutschland spürbar zurück. Besonders Studenten kehrten in die Heimat zurück, um sich dem antijapanischen Kampf anzuschließen. Die in Deutschland Verbliebenen beteiligten sich an zahlreichen politischen Aktionen. Sie waren nach wie vor in Anhänger der Guomindang und der KPCh gespalten. Die kommunistischen Studenten hatten sich in der deutschen Sektion der europaweit organisierten „Vereinigung zur Unterstützung des antijapanischen Befreiungskampfes" zusammengeschlossen. Dem stand die Guomindang–Studen-

---

75 Vgl. Xingjie Ribao 5.3.1937, Unsere Auslandsstudenten in Deutschland: 80% der Studenten waren Selbstzahler. Vgl. auch Cheng Tianfang 1967:316; Wang Qisheng 1992:84.

76 Vgl. Yü–Dembski 1996a:339.

77 Vgl. Cheng Tianfang 1967:315. Bei der Botschaft in Berlin und dem Generalkonsulat in Hamburg ließen sich 1.800 chinesische Händler für einen Gewerbeschein registrieren. Diese Nachweise gingen an die „Zentralstelle für Chinesen", die sie später für ihre Verfolgungsmaßnahmen nutzte.

tenorganisation „Vereinigung zur Unterstützung des Widerstandskampfes hinter der Front in Berlin“ gegenüber.[78] Die chinesische Botschaft setzte durch, daß die Studentenvereinigung der Kommunisten 1938 ihre Aktivitäten einstellen mußte.[79]

Im Zuge der Verschlechterung der politischen Beziehungen 1938 wurden keine neuen Studenten mehr aus China nach Deutschland entsandt. Daher studierten 1939 in Deutschland nur noch etwa 200 Chinesen.[80] Sie wurden durch den „Verein der Chinesischen Studenten in Deutschland“ vertreten. Als mit dem Dreimächtepakt vom September 1940 der deutsche Japan–Schwenk vollends sichtbar wurde und selbst der Ostasiatische Verein öffentlich gegen Chongqing Stellung nahm, legte der chinesische Studentenverband energischen Protest ein (Dok. 130).

Die Zahl der Studenten ging bis 1941 noch weiter zurück. Nur etwa 80 blieben über den gesamten Kriegsverlauf hinweg in Deutschland.[81] Einige setzten ihre Studien fort, andere fanden eine Anstellung bei deutschen Unternehmen, medizinischen Einrichtungen etc. (Dok. 135). Der Deutsch–chinesische Verband übernahm soziale Betreuungsaufgaben.

Als am 2. Juli 1941 nach der deutschen Anerkennung der japanischen Marionettenregierung in Nanjing die Beziehungen zwischen China und Deutschland abgebrochen wurden, verblieben die Chinesen vorerst ohne diplomatische Betreuung. Die Wang–Jingwei–Regierung in Nanjing entsandte im Sommer 1942 Wang Deyin, der zuvor in Madrid gewesen war, als Konsul nach Berlin. Da der designierte Botschafter Li Shengwu sein Amt nicht antreten konnte, übernahm Wang zugleich provisorisch die diplomatische Vertretung gegenüber der Deutschen Reichsregierung. Obgleich er 1944 von Nanjing zum offiziellen Geschäftsträger ernannt wurde, gelang es ihm nicht, enge politische Kontakte zur NS–Führung herzustellen.[82] Die in Deutschland lebenden Chinesen konnten aus der Einstufung Nanjing–Chinas in die Gruppe der „befreundeten Mächte“ Deutschlands keine Vorteile ziehen. Überdies akzeptierten viele die Nanjing–Stelle in Berlin nicht als ihre Interessenvertretung. Einige chinesische Studenten boykottierten die konsularische Tätigkeit von Wang.[83] Sie waren nicht bereit, in der Nanjing–Vertretung ihre Pässe verlängern zu lassen und taten das illegal bei der chinesischen Botschaft in der Schweiz.[84]

---

78 Yü–Dembski 1989:256 nennt unter den Mitgliedern dieser Vereinigung den aktiven Kommunisten Zhu Jianghu; ferner den Mathematikstudenten Cheng Qixiang, Bruder der 1933 aus Deutschland ausgewiesenen Aktivistin des Internationalen Sozialistischen Kampfbundes, Cheng Qiying; weiter Zhou Toufen; Wen Kanglan; Zhao Xilin; schließlich Qiao Guanhua, später Außenminister der VR China.

79 Vgl. Cheng Tianfang 1967:321.

80 Vgl. 2. HACh, 1–393: Übersicht über die chinesischen Auslandsstudenten. Die meisten studierten naturwissenschaftliche Fächer, nur 31 Studenten Geisteswissenschaften.

81 Vgl. Wang Qisheng 1992:85. Yü–Dembski 1991:343 nennt für Berlin die Zahl 30.

82 Vgl. Kap. 4 und Liang 1989:66.

83 Vgl. Liang 1978:166.

84 Zu dem fehlgeschlagenen Versuch der Nationalregierung, die konsularische Betreuung auch nach dem Abbruch der diplomatischen Beziehungen aufrechtzuerhalten, vgl. Dok.71. Zur Schließung der chinesischen Botschaft bis zum Eintreffen Wang Deyins im Sommer 1942 vgl. Liang 1978:165f.

Die chinesischen Händler lebten in den Kriegsjahren oft ohne vorschriftsmäßig verlängerte Pässe in Deutschland. Da sie unter diesen Umständen keine Gewerbeerlaubnis erhielten, verdienten sie sich ihren Lebensunterhalt mit kleinen Schwarzmarktgeschäften (Dok. 114). Die „Zentralstelle für Chinesen", die urprünglich als Paß– und Meldeaufsichtsinstanz wirkte, verwandelte sich in ein Verfolgungs– und Ermittlungsorgan. Einer Reihe von Chinesen wurde vorgeworfen, sich wegen illegaler Geschäfte „kriegswirtschaftlicher Vergehen" schuldig gemacht zu haben.[85] Andere wurden verfolgt, weil sie unter dem Verdacht standen, für China tätig zu sein. Man verurteilte sie wegen „Spionage für die Alliierten" oder „Feindbegünstigung" zu Zwangsarbeit (Dok. 136). Etwa 100 Chinesen kamen in Konzentrationslager, zahlreiche weitere Einweisungen erfolgten in Gefängnisse und Arbeitslager. Mindestens 20 verloren ihr Leben.[86]

Zur Diskriminierung und Verfolgung der Chinesen gehörte auch, daß Eheschließungen mit deutschen Frauen – es gab deren etwa 70[87] – in den letzten Kriegsjahren auch dann nicht legalisiert wurden, wenn eine Schwangerschaft bestand oder Kinder aus der Beziehung hervorgegangen waren.[88]

---

85 Liang 1978:167 nennt für Berlin, wo es etwa 280 chinesische Händler gab, 27 Fälle, in denen diese auf Grund von Schwarzmarktgeschäften verurteilt und in das Gefängnis Plötzensee eingeliefert wurden. Diese Art „Tatbestände" wurde übrigens bei einem Präzedenzurteil 1950 über einen Antrag eines chinesischen Staatsbürgers auf Wiedergutmachung in Hamburg dazu genutzt, eine solche Wiedergutmachung abzulehnen, da die Verhaftung „nicht aus Gründen politischer Opposition gegen den Nationalsozialismus oder aus rassischen Gründen" erfolgt sei. Vgl. Yü–Dembski 1996:343.

86 Yü–Dembski 1996a:339 berichtet von 32 chinesischen Staatsbürgern, die allein im KZ Sachsenhausen inhaftiert waren, des weiteren von sieben chinesischen Frauen im KZ Ravensbrück und von je einem chinesischen Häftling in den KZ Dachau und Buchenwald. Aus Hamburg sind noch größere Zahlen bekannt geworden. Allein 165 Chinesen wurden im Mai 1944 während einer Razzia verhaftet und in ein Arbeitslager gebracht. Siebzehn von ihnen kamen dort ums Leben. Auch in Bremen kam es zu Verhaftungen von Chinesen. Vgl. Eberstein 1988:260; Yü–Dembski 1997:75f; vgl. auch Wang Qisheng 1992:85.

87 Vgl. Yü–Dembski 1995:36.

88 Yü–Dembski 1996:340f. zitiert u.a. aus den (in Privatbesitz befindlichen) Akten zu Ehefragen aus dem chinesischen Konsulat in Berlin eine Mitteilung des Konsulats an einen deutschen Rechtsanwalt, eine deutsch–chinesische Ehe betreffend: „Erfahrungsgemäß würde sich auch die Geheime Staatspolizei einer solchen Eheschließung entgegenstellen. Es mag hierbei auch erwähnt sein, daß die Geheime Staatspolizei in sehr vielen Fällen eingreift, in denen intime Beziehungen zwischen deutschen Frauen und Chinesen vorliegen und daß – besonders wenn es sich auf Grund einer Anzeige durch einen deutschen Staatsangehörigen – um Erregung öffentlichen Ärgernisses handelt, die Chinesen mit langfristigen Haftstrafen im Gefängnis oder Konzentrationslager bestraft werden."

114

Aus den Erinnerungen des chinesischen Studenten und Dozenten in Deutschland, Ji Xianlin[1]

[Berlin und Göttingen, 1935–1945]

Zum ersten Mal in Berlin [1935]

Berlin war das Ziel meiner Weltreise und die Sehnsucht meiner Studienleidenschaft; das Ende meines alten und der Beginn meines neuen Lebens. In meiner Vorstellung war Berlin ein unvergleichlich schöner Ort. Nach unzähligen Strapazen und einer beschwerlichen Reise war ich nun endlich angekommen. Mein Herz war voll gemischter Gefühle: Aufregung, Neugier und Wissensdurst paarten sich mit einem gehörigen Maß an Verstörtheit. Über Nacht wurde ich aus dem rückständigen China in eine gigantische Stadt mit riesigen Häusern und breiten Straßen versetzt. Ich fühlte mich wie ein winziger Tropfen im weiten Ozean. [...][2]

Mein alter Kommilitone von der Qinghua–Universität, Wang Dianhua, und dessen deutsche Frau waren uns dabei behilflich, in der Weimarer Straße im Stadtteil Charlottenburg ein Zimmer zu suchen. Der Besitzer, ein Herr Rosenau, war allem Anschein nach Jude. Wenn man auf das Problem der Zimmersuche im Ausland zu sprechen kommt, denkt man unwillkürlich an Lao Shes Roman[3], in dem beschrieben wird, wie die beiden Herren Ma sich um eine Unterkunft bemühten. Was war das für eine Tortur! Wurde im Aushang nicht extra vermerkt, daß auch Chinesen genehm waren, brauchte man erst gar nicht nachzufragen, man erhielt hundertprozentig eine Abfuhr. In Deutschland lagen die Dinge ganz anders. In Berlin konnte man jedes x–beliebige Zimmer mieten. Einzige Ausnahme bildeten solche Orte, an denen zuvor Chinesen logiert hatten. Dort wurde man garantiert scheel angesehen und abgewiesen. Die Gründe dafür dürften auf der Hand liegen und jedem klar sein; also schweige ich besser zu diesem Thema.

Da ich gerade die Juden erwähnte, muß ich ein paar Worte über ihre damalige Stellung in Deutschland und die faschistische Herrschaft verlieren. Hitler kam 1933 an die Macht. Ich erreichte Deutschland im Jahre 1935 und verfolgte die Entwicklung bis zu Hitlers verdientem Ende, habe also fast seine gesamte Herrschaftsperiode miterlebt. Als unmittelbarer Augenzeuge des deutschen Faschismus glaube ich, einige Kompetenz zu besitzen, mich in dieser Frage zu äußern. Als ich in Berlin eintraf, war vom faschistischen Geist zwar schon einiges zu spüren, aber er hatte sich noch nicht vollends durchgesetzt. Allerorten hingen Hitler–Bil-

---

1 Aus dem Chinesischen übersetzt von Peter Merker. Eine Besprechung der Erinnerungen von Ji Xianlin bei Harnisch 1995:38–43.

2 Es folgen Ausführungen zu allgemeinen Verhältnissen bei der Zimmervermietung und Reflexionen zur deutschen Lebensweise: „Wie sehr die Deutschen auf Sauberkeit achten, ist allgemein bekannt."

3 Gemeint ist Lao Shes Roman „Er ma". Vgl. Lao She wenji (Gesammelte Werke), Bd.1, Beijing 1980, deutsch von Irmtraut Fessen–Henjes, „Eine Erbschaft in London", Berlin 1988.

der und wehten Hakenkreuz–Flaggen. Die Leute grüßten nicht mehr wie früher mit „Guten Morgen“, „Guten Tag“ oder „Guten Abend!“ und verabschiedeten sich auch nicht mehr mit „Auf Wiedersehn!“, sondern rissen zackig den rechten Arm nach oben und brüllten „Heil Hitler!“ Wir chinesischen Studenten grüßten, egal ob im Restaurant oder im Laden, nach alter Sitte mit „Guten Tag!“ bzw. „Auf Wiedersehn!“ Einige Deutsche, die sahen, daß wir Ausländer waren, grüßten uns ebenfalls auf diese Art und Weise. Die meisten Leute brüllten aber unbeirrt ihr „Heil!“ Allerdings hat man uns gewähren lassen, nie ist es zu irgendwelchen Vorkommnissen gekommen. Gemäß Hitlers „Mein Kampf“, der Bibel des Faschismus, zählten sowohl Juden als auch Chinesen zu den minderwertigen Rassen und Kulturzerstörern; nur der blonde „Nordische Typus“ wurde von den Faschisten als hochstehende Rasse und Kulturschöpfer angesehen. Bedauerlich war nur, daß Hitler selbst diesem Ideal nicht entsprach und sein rötlicher Schopf überhaupt nichts „Nordisches“ an sich hatte, was insgeheim zur Zielscheibe des Spottes wurde. Wie auch immer, die Chinesen gehörten in den Augen der Faschisten zu den minderwertigen Rassen und wurden somit zu Leidensgenossen der Juden.

Damals gab es in Berlin sehr viele chinesische Studenten. Die Gründe waren recht einfach. Eingangs habe ich bereits über das sogenannte „Vergolden“ gesprochen. In China war ein in Deutschland absolviertes Studium hoch angesehen und besaß den Stellenwert von etwa 24 Karat. So kamen chinesische Jugendliche, die über die notwendigen Voraussetzungen verfügten, in Schwärmen nach Deutschland. Besonders die hohen Tiere und Geldsäcke wollten sich diese Chance nicht entgehen lassen und schickten ihre Kinder nach Deutschland, um ihnen die spätere Karriere zu ebnen. Chiang Kaishek, Song Ziwen, Kong Xiangxi, Feng Yuxiang, Dai Chuanxian, Ju Zheng und andere führende Persönlichkeiten der Guomindang sandten ihre Kinder und Verwandten zum Auslandsstudium nach Deutschland, vor allem nach Berlin. Denn hier gab es alle erdenklichen Freuden und Genüsse. Man brauchte nicht zu studieren und auch nicht der deutschen Sprache mächtig sein. [...][4]

Das Sinologische Institut

1937 lief meine Studienfrist ab, und der Zeitpunkt rückte heran, an dem ich nach Hause zurückkehren sollte. Doch dann brach am 7. Juli 1937 in China der Krieg aus, und kurz darauf wurde meine Heimatstadt Jinan von den Japanern besetzt, so daß mir der Weg in die Heimat abgeschnitten war. In dieser Situation nahm ich Verbindung zum Sinologischen Institut in Göttingen auf. Ich bin mit der Geschichte des Instituts nicht sonderlich vertraut, habe mich auch nie näher damit beschäftigt. Obwohl die Sinologie zur Orientalistik gehörte, befand sie sich nicht im Gauß–Weber–Institut, sondern in einem Separatgebäude. Vor diesem Gebäude befand sich eine gepflegte Rasenfläche, umkränzt von vielen hohen Eichen. Das Gebäude glich einem Schloß aus alter Zeit und hatte eine große Ausstrahlung. Betrat man es, gelangte man zuerst in einen breiten Flur, dem sich eine geräumiges Treppenhaus aus Holz anschloß.

---

4 Es folgen Schilderungen des „ausschweifenden Lebens“ chinesischer Studenten und der Tätigkeit eines nicht namentlich genannten chinesischen Anwalts, der in Berlin auf für den Autor unerklärliche Weise chinesische Studenten bei kleineren Streitigkeiten mit Deutschen kostenlos verteidigte.

Nie sah man einen Menschen, alles war blitzeblank. Das Institut mit seinen sieben/acht Zimmern war im zweiten Stock untergebracht. In einem Raum befand sich das Büro des Institutsdirektors, in einem anderen der Unterrichtsraum, die restlichen Räume bildeten die Bibliothek. Der Bücherfundus war überaus erstaunlich. Die Räume standen voller Regale, die bis zur Decke mit Büchern bestückt waren. Bei der Mehrzahl der Bücher handelte es sich um chinesische und japanische Ausgaben von chinesischen Klassikern. Daneben existierten einige Regale mit westlicher Literatur. Die Bibliothek besaß zahlreiche Raritäten, so z.B. Originaldrucke von Romanen aus der Ming–Zeit, die auch in China als Kostbarkeiten galten. Da ich kein Fachmann bin, wage ich nicht zu beurteilen, ob einige dieser Bücher in China überhaupt noch vorhanden sind. Ich habe keine Ahnung, wie diese Bücher nach Göttingen gelangt sind, doch werden wohl dabei die Missionare eine Rolle gespielt haben.

Der Institutsdirektor, Prof. Gustav Haloun, war Sudetendeutscher. Von seinem Gefühl her war er eher Tscheche als Deutscher. So war es verständlich, daß er gegen den Faschismus eingestellt war. Kurz nach meiner Ankunft in Göttingen nahm mich Zhang Yong mit zu einem Besuch bei Prof. Haloun. Innerhalb der darauffolgenden zwei Jahre trafen wir zwar ein paar mal zusammen, unsere Beziehungen waren jedoch nicht sehr eng. Als dann die Nachricht vom Ablauf meiner Studienzeit bis zu ihm vordrang, kam er auf mich zu und fragte mich, ob ich nicht bleiben wolle. Ich war damals sehr verzweifelt, nicht in die Heimat zurückkehren zu können. Deshalb war ich über sein Angebot überaus glücklich und nahm nach Ablauf meiner Studienzeit die Stellung eines Dozenten für Chinesisch an. Zuvor war ich nur Gast im Sinologischen Institut, fortan gehörte ich selbst zu den Hausherren. [...][5]

Nach zweijähriger Tätigkeit am Institut teilte Haloun mir überraschend mit, daß er Deutschland bald verlassen und nach England übersiedeln werde, wo er in Cambridge eine Professur übernähme. Haloun hatte viele Jahre still und einsam in Deutschland zugebracht. Von der Universitätsleitung wurde er so gut wie nicht beachtet. Ich habe nie bemerkt, daß er mit irgendwelchen Kollegen näheren Umgang pflegte. Jeden Tag kam er am frühen Morgen mit seiner Frau ins Institut. Seine Frau las viel, manchmal strickte sie auch. Haloun saß übers Pult gebeugt bis in die Nacht in seine Bücher vertieft. Danach gingen sie Hand in Hand nach Hause. In dieser Stille und Einsamkeit verstanden sich die beiden ohne viele Worte, was in mir eine tiefe Sympathie hervorrief. Bevor Haloun abreiste, lud ich ihn noch einmal mit Tian Dewang in die Rathausstuben zum Essen ein. Mit leiser Stimme vertraute er uns an, daß er während der vielen Jahre in Deutschland nur uns zwei Chinesen als wahre Freunde gehabt hätte. Tränen glänzten in seinen Augen. Zu diesem Zeitpunkt konnte ich gut mit ihm mitfühlen. Er wurde aus Deutschland vertrieben und mußte seine geliebte Bibliothek aufgeben – was muß er wohl innerlich durchgemacht haben. Später schrieb er mir aus England und lud mich ein, ebenfalls an der Cambridge–Universität zu lehren. Ich sagte zu. Aber als das Jahr 1946 herannahte, wollte ich endlich zu meiner Familie zurückkehren. Ich konnte sie unmöglich noch länger warten lassen. Ich teilte dies Haloun mit, der in seinem Antwortbrief volles

5 Es folgen Reflexionen über das Verhältnis des Autors zu Gustav Haloun, einem „freundlichen und verträglichen Menschen“.

Verständnis dafür zeigte. Ich habe Haloun nie wieder gesehen. Noch nicht alt, ist er bereits vor einigen Jahren verstorben. Auch heute noch, wenn ich an diesen wahrhaften Freund zurückdenke, krampft sich mein Herz zusammen.

Der Ausbruch des Zweiten Weltkrieges

Bis 1939 verstrich die Zeit wie im Fluge. In den beiden Vorjahren waren jeweils im Frühjahr und Herbst in den Nachbarstaaten Deutschlands ominöse Krankheiten ausgebrochen, die entweder als „Aggressionsfieber" oder als „Verfolgungswut" bezeichnet wurden. Da ich kein Arzt bin, möchte ich mich in den Termini nicht festlegen. Wenn jedenfalls ein solcher Zeitpunkt herangenaht war, überschlugen sich die deutschen Zeitungen und Rundfunkstationen mit tränenreichen Enthüllungsberichten über die Greuel in einem der Nachbarstaaten Deutschlands, wo deutsche Landsleute gequält und verfolgt wurden, finstere Ränke ausgeheckt und zum Krieg gerüstet wurde. Diese Berichte stürzten die Deutschen in äußerste Erregung, und das gesamte Land brodelte. Daraufhin wurde die deutsche Wehrmacht mobilisiert, die das Böse unterdrückte und das entsprechende Land besetzte. Dieser Vorgang wurde stets als „Verteidigung" bezeichnet. Der deutsche Faschismus prägte den Satz: „Wenn man eine Lüge nur tausendmal wiederholt, dann wird sie wahr." Genau nach dieser Prämisse verfuhr die deutsche Presse. Wenn sogar ich ihr am Anfang einigen Glauben schenkte, um wieviel mehr dann die Deutschen. Als aber in periodischen Abständen ein weiterer Nachbar Deutschlands stets an ein und derselben Krankheit litt und kuriert wurde, konnte ich meine Zweifel nicht mehr unterdrücken. Die Deutschen sind eigentlich sehr intelligente Menschen, aber in bezug auf die Politik sind sie wie kleine Kinder. Stets nach dem gleichen Muster gerieten sie in Empörung und ließen das Land erbeben und brachten so Unglück über eines ihrer Nachbarvölker.

Mein Gefühl sagte mir, daß die Situation nichts Gutes verhieß und sich ein Gewitter zusammenbraute. Die Realität zeigte, daß ich mit meinen Vorahnungen leider Recht behalten sollte.

Am 1. September 1939 brach in Polen jene oben beschriebene Krankheit aus. Deutschland „sah sich gezwungen, Truppen zur Verteidigung zu entsenden", und binnen kurzem war die polnische Krankheit geheilt. Es folgten weitere Länder, die eine ähnliche Roßkur durchmachen mußten. Als dann die französische Maginot-Linie überrannt und Paris von deutschen Truppenverbänden besetzt wurde, gab es keinen Nachbarn Deutschlands mehr, dessen Krankheit nicht geheilt worden war. Doch ein ungutes Gefühl sagte mir, daß sich Deutschland einen neuen Kranken suchen würde und dieser Kranke niemand anderes als die Sowjetunion sein könnte. Unglücklicherweise sollte ich auch hierin Recht behalten.

Am Morgen des 22. Juni 1941 teilte mir meine Wirtin mit, daß sich Deutschland bereits mit der Sowjetunion im Krieg befinden würde. Ich schrieb in mein Tagebuch: „Natürlich habe ich damit gerechnet, aber nicht gedacht, daß es so schnell passieren würde." Zweifellos handelte es sich um ein gewichtiges Ereignis, aber die Deutschen nahmen den Krieg gegen die Sowjetunion gelassen hin. Sie hatten sich schon so daran gewöhnt, daß es in jedem Jahr zweimal zu einem neuen Konflikt kam. Da die Deutschen die neue Meldung ganz alltäglich aufnahmen, war auch ich nicht weiter bestürzt. Ich hatte mich an jenem 22. Juni mit meinen beiden deutschen Freunden Pinks und Gross zu einem Ausflug verabredet. Wir fuhren ein Stück mit dem Rad, suchten uns ein Ruderboot, mit dem wir einen kleinen Fluß überquerten, und wanderten ein paar Kilometer im Grünen. Wir amüsierten uns prächtig, sangen Lieder zur Gitarre und verzehrten unser Picknick. Als wir wieder zurückkehrten, waren bereits alle Lichter gelöscht, so daß wir uns im Stockfinstern nach Hause tasteten. Weder bei mir noch bei meinen deutschen Freunden hatte die Nachricht vom Krieg mit der Sowjetunion irgendein tieferes Gefühl ausgelöst.

Hitler–Gegner

Kurz bevor ich China verließ, schärfte mir mein alter Professor von der Qinghua–Universität ein, daß Deutschland eine faschistische Diktatur sei und ich in meinen Äußerungen und Handlungen vorsichtig sein müsse. Besonders in politischen Fragen solle ich mich zurückhalten. Ich nahm mir diese Worte sehr zu Herzen und habe sie stets berücksichtigt.

Als ich nach Deutschland kam, hatte die Judenverfolgung bereits ihren Höhepunkt überschritten. Das deutsche Volk hielt zu Hitler, jedenfalls äußerlich taten die meisten so. Ich konnte keinerlei Unterdrückung gegenüber dem Volk ausmachen. Die Presse war bereits gleichgeschaltet. Nicht alles war nur ein Ergebnis von Repressionen; einige Leuten folgten bewußt, andere unbewußt Hitler – auf jeden Fall folgten sie ihm. Ich lernte einmal eine junge deutsche Frau kennen, deren sehnlichster Wunsch es war, mit Hitler ein Kind zu zeugen. Natürlich ist das ein Extrembeispiel. Bestimmt handelte es sich bei ihr um eine wahre Überzeugung, aber nicht alle Leute waren so. Was in den Deutschen wirklich vorging, konnte ich als Außenstehender nur schwer nachvollziehen.

Während wir Hitlers Innen– und Außenpolitik noch stillschweigend ignorieren konnten, konnte uns seine offene Verunglimpfung der Chinesen nicht ungerührt lassen. Nach Hitlers Thesen galt nur der „nordische Mensch“ als Kulturschöpfer, die Chinesen hingegen zählten zu den Kulturzerstörern. Dieser infame Schwachsinn rief in uns chinesischen Studenten eine unbändige Wut hervor. Doch wir waren nur geduldete Gäste, und so wagten wir es nicht, öffentlich die Stimme zu erheben.

Unter den mir bekannten Deutschen gab es natürlich auch überzeugte Hitler–Gegner. Aus Sicherheitserwägungen gaben sie sich aber nicht offen zu erkennen. Ganz gleich, wie vertraut ich mit den einzelnen Personen war, stets hielten wir uns an den Grundsatz, „keine Staatsangelegenheiten zu diskutieren“. Nachdem wir vertrauter miteinander waren, gaben sich einige jedoch zu erkennen. Sie kamen von sich aus auf Hitler zu sprechen: Erst redeten sie über ihn, dann schimpften sie und am Ende verfluchten sie ihn. Besonders eindrucksvoll tat das ein pensonierter Richter, der bereits ein biblisches Alter erreicht hatte. Ursprünglich kannte ich ihn nicht, er wurde mir durch einen chinesischen Kommilitonen vorgestellt. Dieser Student war mir suspekt; er schien mit den Blauhemden[6] in Verbindung zu stehen, weshalb sich alle von ihm fernhielten. Jedenfalls lernte ich über diesen Menschen den alten Richter kennen. Alles, was Hitler tat, wurde von diesem heftig attackiert. War er nicht in seinen

---

6 Lanyishe: Profaschistische Organisation der Guomindang zur Vorantreibung der Bewegung „Neues Leben“.

eigenen vier Wänden, schien er ein gebrechlicher und vereinsamter Alter zu sein. Erst wenn er mit uns zusammen war, wagte er den Mund aufzumachen und seinem Zorn freien Lauf zu lassen. Diese Schmähreden bereiteten ihm ganz offensichtlich die größte Freude.

Sicherlich gab es in Universitätskreisen noch weitere Regimegegner, wenn man ihre Zahl auch nicht überschätzen darf. Im allgemeinen sind die Deutschen in politischen Fragen nicht sehr sensibel und etwas begriffsstutzig. Es war also ein glücklicher Umstand, daß ich diese beiden Menschen kennenlernte. Wir chinesischen Studenten hatten mit ihnen aber nur hin und wieder Kontakt. Sonntags verabredeten wir uns manchmal zu einem Spaziergang oder einem Ausflug in die Berge, was natürlich nur ein Vorwand war. Ich erinnere mich noch lebhaft an manches Treffen im Frühjahr, als wir bei herrlichem Wetter, von keiner Menschenseele behelligt, durch das frische Grün liefen. Dann saßen wir auf auf einer Bank und schleuderten unsere Flüche gegen Hitler in den Frühlingswind, daß uns ganz frei ums Herz wurde. Im tiefen Wald brauchten wir keine unliebsamen Lauscher zu fürchten. Mutig brüllten wir uns die Lunge aus dem Hals. Die Schönheit der Natur entging uns völlig.

Der alte Richter wird schon lange nicht mehr unter den Lebenden weilen. Der Medizinstudent hingegen könnte noch am Leben sein. Doch nach meiner Abreise aus Göttingen habe ich von dort nichts mehr gehört, so daß ich nichts über sein weiteres Schicksal weiß. Doch manchmal muß ich noch an meinen damaligen Freund denken. Die Welt fließt schnell dahin, Bedeutendes läßt sich nicht zurückholen, Enttäuschungen sind nicht zu vermeiden.

Chinesen in Deutschland

Außerhalb von Göttingen gab es einige Chinesen, die nicht als Studenten, sondern als kleine Hökerer und Hausierer nach Deutschland gekommen waren. Man nannte sie die „Händler aus Qingtian". Wie der Name schon sagt, handelte es sich um Leute aus dem Ort Qingtian in der Provinz Zhejiang. Doch wie waren sie in das ferne Europa nach Deutschland gelangt? Ich habe mich mit den komplizierten Hintergründen nicht genau beschäftigt, sondern weiß nur, daß sie viel Schweres hinter sich hatten. Ihre Ursprünge gehen auf Liu Bowen zurück. Wie hatte sich nur dieser begnadete Halbweise einen solch ungünstigen Ort aussuchen können? Die Bewohner von Qingtian lebten in Not und Elend. Viele von ihnen sahen sich veranlaßt, ihre Heimat zu verlassen und in der weiten Welt ihr Glück zu versuchen. Im Rucksack ein paar Steinschnitzarbeiten aus Qingtian, schlugen sie sich mit Kleinhandel durch und durchquerten ganz China, Mittelasien, Westasien und gelangten schließlich bis nach Europa. Es läßt sich wohl kaum in Worte fassen, wieviel Strapazen, Anstrengungen und Unwegsamkeiten diese Leute aus Qingtian auf sich nehmen mußten. Es übersteigt meine Vorstellungskraft. Einige kamen auch per Schiff. Um die Kosten für die Überfahrt zu sparen, bestachen sie die Verantwortlichen und ließen sich in Frachtgutkisten sperren. In der Nacht kamen sie heimlich heraus, aßen etwas und verrichteten ihre Notdurft, um dann wieder in die Kisten zu steigen. Wenn dann beim Anlegen in Marseilles oder einem anderen Hafen die Kisten geöffnet wurden, befanden sich in einigen bereits Leichen. Es gab viele schreckliche Szenen. Diejenigen, die glücklich ihren Bestimmungsort erreicht hatten, betrieben dort einen kleinen Straßenhandel. Sie kauften z.B. Krawatten und behaupteten, daß es sich um chinesische Seide handeln würde. Obwohl auf den Krawatten der jeweilige europäische Herstellungsort vermerkt war, konnten sie doch von der Berühmtheit der chinesischen Seide profitieren und so kümmerlich ihr Leben fristen. Sie besaßen keine Pässe und hatten niemanden, der sich ihrer annahm. Sie trugen stets den Namen, der in den wechselnden Pässen stand. Heute hießen sie Zhang und morgen Wang. Bei jedem Wohnortwechsel änderte sich auch der Name. Die Pässe wanderten von Hand zu Hand; ging oder starb jemand, so bekam der nächste seinen Paß. Wenn sie Ländergrenzen überschritten, suchten sie sich Schleichwege und mieden den Zoll. Wie es hieß, sollen auch einige von der Grenzpolizei erschossen worden sein. Ihr mühsam verdientes Geld sparten sie, um später nach Qingtian zurückzukehren. Ihr Lebtag vergaßen sie nie ihre Heimat; darin glichen sie ganz den Zigeunern.

Zwar hatte ich schon einiges über die Leute aus Qingtian gehört, aber nie persönlich jemanden gekannt. Eines Tages erhielt ich unerwartet ein Schreiben des Amtsgerichtes Kassel, in dem ich aufgefordert wurde, mich an einem bestimmten Tag dort als Dolmetscher einzufinden. Erschien ich nicht, drohte ein Bußgeld von 100 Mark; als Übersetzerhonorar winkten dagegen 50 Mark. Es war zum Lachen und zum Heulen. Da die Deutschen in Gesetzesfragen sehr gewissenhaft sind, erschien es angezeigt, besser Folge zu leisten. Erst bei Gericht erfuhr ich, daß es sich bei den Angeklagten um Händler aus Qingtian handelte. Sie konnten nicht nur nicht Deutsch sprechen, sondern beherrschten auch kein Hochchinesisch. Deshalb wurde aus ihrer Mitte jemand ausgewählt, der Hochchinesisch verstand. Mit diesem bildete ich ein Übersetzerteam. Das Verhör ging glatt über die Bühne. Es handelte sich um kein Kapitalverbrechen. Ein Händler hatte gegen geltende deutsche Gesetze verstoßen, indem er Markenschwindel begangen und unreelle Preise genommen hatte. Ein paar geprellte Hausfrauen hatten die Sache bei Gericht angezeigt. Einige erschienen vor Gericht, bezeugten Ort und Zeit und identifizierten den Delinquenten. Dieser stritt alles wortreich ab: In den Augen der Deutschen würden alle Chinesen sowieso gleich aussehen, wo gäbe es wirkliche Beweise für seine Tat? Die Richter wußten sich auch keinen Rat, wechselten pro forma ein paar Worte, um sich dann zur Beratung zurückzuziehen. Ein Polizist meinte zu mir: „Wissen Sie, Ihre Landsleute bereiten uns wirklich Kopfzerbrechen. Man kann ihnen kaum etwas anhängen. Wir drücken da schon mal ein Auge zu. Wenn keiner sich beschwert, lassen wir die Sache auf sich beruhen. Es ist jedenfalls noch nie irgend etwas Schlimmes passiert." Ich machte einen Scherz und sagte, sie sollten doch künftig beide Augen zudrücken, worauf er lachen mußte. Zum Abschied schüttelte er mir die Hand.

Ich steckte mir die 50 Mark in die Tasche. Die Qingtian–Händler luden mich zu sich nach Hause ein. In einem kleinen Zimmer wohnten sieben oder acht Leute. Auf der Erde befanden sich notdürftige Schlafstellen, ansonsten gab es nichts im Zimmer. Die hygienischen Bedingungen waren miserabel. Die chinesischen Studenten blickten im allgemeinen auf sie herab, und die chinesische Botschaft beschäftigte sich mit ihnen nur dann, wenn sie es unbedingt mußte. [...][7]

Ji Xianlin, Liude shinian (Meine zehn Jahre in Deutschland), Peking 1992, S.32ff, 61-67, 108ff, 128ff.

---

7 Es folgen Passagen über das freundschaftliche Verhältnis, das sich in der Folge zwischen Ji Xianlin und den Händlern entwickelte.

115

Aus den Erinnerungen des chinesischen Studenten in Deutschland, Liu Shengya[8]

[1937]

Ausflug nach Nürnberg

In Nürnberg verbrachte ich einen Tag. Ich hatte Glück und bekam Hitler zu Gesicht. Außerdem sah ich eine, aus dem Mittelalter überkommene, Foltermaschinerie.

Nürnberg ist nicht nur innerhalb der Grenzen Deutschlands, sondern auch im Ausland sehr bekannt. Wir kamen in diese Stadt Anfang September 1937, genau zu jenem Tag, als der Reichsparteitag der NSDAP zu Ende ging.

Das Wetter war trübe, als wollte es sogleich losregnen. Unser Bus rumpelte über die holprige Landstraße.

Eine amerikanische Mitstudentin beschwerte sich beim Fahrer: „Verflixt noch mal, warum fahren wir denn auf so einem Trampelpfad und benutzen nicht die Reichsstraße?!“

Noch ehe der Fahrer antworten konnte, fuhr ein Landsmann sie auf Englisch an: „Du Dummkopf! Wie kann man auf der Reichsstraße fahren, wo doch heute der Reichsparteitag zu Ende geht!“

In der Tat war es unmöglich, auf der Reichsstraße voranzukommen, wo sich Auto an Auto reihte. Es wäre allerdings verfehlt zu glauben, daß die kleineren Straßen nicht von dem Ereignis betroffen wurden. Da unser Bus recht groß war, mußte er laufend anhalten, um entgegenkommenden Fahrzeugen Platz zu machen.

Wir waren bereits den fünften Tag mit diesem Bus auf Reisen. In den letzten vier Tagen hatten wir uns nicht derart miserabel gefühlt. Heute plagte uns der Hunger, obwohl es erst dreiviertel Zehn war.

„In Nürnberg essen wir erst einmal Mittag“ sagte unser Führer.

„Ja, essen wir Schnitzel“, meinte jemand.

„In Nürnberg gibt's Fleisch.“ Dieser Satz, der nur geflüstert wurde, ließ in allen eine große Hoffnung aufsteigen.

Wir hatten bereits seit acht Tagen kein Fleisch mehr gegessen. Hitler hatte befohlen, sämtliche Fleischerzeugnisse nach Nürnberg zu liefern, um damit ein großes Gelage für die Parteigenossen abzuhalten. Außer in Berlin und einigen anderen größeren Städten war nirgends Fleisch zu bekommen. In jenen Tagen, als wir durch die Städte des Rhein-Main-Gebietes fuhren, bestand ein Essen in der Regel aus Eiern, Wurstersatz und Dörrfleisch. Nachdem wir seit acht Tagen schon kein Fleisch mehr gegessen hatten, erfüllte uns der bloße Gedanke daran mit Heißhunger.

„Vielleicht können wir auch noch den Führer sehen“, warf ein deutscher Kommilitone ein.

---

8 Aus dem Chinesischen übersetzt von Peter Merker.

So hofften wir zu allererst, etwas Fleisch essen zu können. Und schließlich waren wir auch etwas neugierig, Hitler zu Gesicht zu bekommen.

Seit das Wort „Fleisch" gefallen war, hofften wir alle, möglichst bald Nürnberg zu erreichen. Denn dort gab es Fleisch und Hitler.

Im Nebel tauchte die Silhouette von Nürnberg auf. Es nieselte.

In der Innenstadt wimmelte es von Menschen. Unentwegt fuhren Straßenbahnen und Autos. Viele waren zu Fuß unterwegs: braungekeidete SA, schwarzgekleidete SS, Jungen in HJ–Uniform und BDM–Tracht ... Die Straßen waren voll von Leuten.

Unser Bus fuhr im Schneckentempo. So konnten wir in aller Ruhe die langen, regennassen Straßen sehen. Unser Führer steckte den Kopf nach draußen und schrie: „Heil Hitler!"

„Heil Hitler!" erwiderte ein neben unserem Bus gehender SS–Mann.

„Ist der Führer schon fort ?"

„Er ist gerade zum Gasthof 'Das Reich' zurückgefahren", antwortete dieser.

„Wo befindet sich der Gasthof ?"

„Immer geradeaus, dann sehen Sie schon die Standarte des Führers."

„Heil Hitler!"

„Heil Hitler!"

Unser Bus fuhr gemächlich ein paar Minuten in die angegebene Richtung. Vor uns tauchte eine Kirchhofmauer auf. Geraderüber befand sich ein hohes Gebäude, auf dessen Dach die „Fahne des Führes" flatterte.

Jemand brüllte: „Hier wohnt Hitler!"

Der Wagen hielt, und einige stiegen aus. Auch ich wollte Hitler sehen, wollte endlich herausfinden, wer dieser unheimliche Dämon war. Meine Neugier war stärker als die vom Himmel herabprasselnden Regentropfen. So holte ich meinen Regenmantel aus dem Rucksack, warf ihn mir über und trat ins Freie.

Ein amerikanischer Student kam außer Atem zurückgerannt: „Hitlers Wagen sind schon alle vorgefahren!"

Ich stürzte ihm hinterher.

Die Straße war voller Menschen. Doch weil ich ein Gelber war, bahnten mir einige Nazi–Anhänger einen Weg und ließen mich durch. Ich nahm an, daß sie mich ganz bestimmt für einen Japaner hielten. Andernfalls hätten sie einen Farbigen niemals so respektvoll behandelt.

Vor dem Gebäude standen insgesamt drei schwarzfunkelnde Wagen mit Verdeck. Sowohl der vordere als auch der hintere war voll mit SS besetzt. Im mittleren saßen auf den hinteren beiden Sitzreihen ebenfalls SS–Leute, lediglich vorn neben dem Fahrer waren noch zwei freie Plätze. Zu beiden Seiten der Straße warteten Motorräder mit aufgesessener SS, die Maschinengewehre trugen. Alle Fahrzeuge parkten exakt im selben Abstand zueinander. Es war ein Bild der perfekten Ordnung.

„Es sieht so aus, als ob Hitler gleich aufbricht, also warte ich noch ein bißchen", dachte ich bei mir.

Der Regen wurde stärker. In der Krempe meines Hutes hatte sich so viel Wasser angesammelt, daß es nun herunterzurinnen begann.

So stand ich im Regen. Es war bereits fünf vor Zwölf, aber von Hitler fehlte jede Spur.

Der Zeiger der Uhr hatte bereits lange die Zwölf überschritten, als aus dem Gasthof ein SS–Mann herauskam, der einen fein ordentlich zusammengelegten weißen Regenmantel über den Arm geworfen hatte.

In den Zeitungen und Filmen hatte ich oft gesehen, daß Hitler, ganz gleich, wie das Wetter war, stets solch einen Regenmantel trug.

Der SS–Mann brachte den Mantel zum mittleren Wagen und legte ihn auf einen der beiden freien Plätze. Er selbst stellte sich neben das Auto und wartete.

„Hitler kommt!" Außer sich vor Freude stieß mich ein BDM–Mädchen an die Schulter.

Doch wiederum warteten wir vergebens eine Weile. Die jungen Mädchen, die Blumensträuße übereichen wollten, kamen abermals zurück.

Portiers öffneten die gläserne Flügeltür. Alle reckten die Hälse. Schließlich kam ein Mann in gelbem Hemd und schwarzer Hose herausstolziert. Er ging zum Auto und nahm in der Mitte Platz. Der SS–Mann setzte sich neben ihn. Die drei Autos fuhren nacheinander ab.

„Das war nicht Hitler", sagte das Mädchen mit enttäuschtem Lächeln zu mir.

„Ich werde wohl auch gehen", sagte ich, „die meisten sind ja schon fort."

„Ja, wollen Sie denn nicht den Führer sehen?!"

In diesem Augenblick kamen erneut drei Wagen vorgefahren. Das Mädchen sagte daraufhin zu mir: „Warten Sie noch ein wenig. Vielleicht kommt der Führer aus dem Seitenflügel..."

Hitler kam aber nicht aus dem Seitenflügel, er wählte den Haupteingang. Die noch verbliebenen Menschen fingen an zu schreien.

Hitler benahm sich so, wie ich es im Film gesehen hatte. Lächelnd erhob er die rechte Hand zum Gruß.

SS, SA und Polizei bildeten einen Kordon und ließen niemanden auf den Vorplatz des Gasthofes.

Hitler stieg ins Auto und fuhr ab. Die Menschen zerstreuten sich. Zurück blieb eine stille Straße im Regen.

Wir aßen zu Mittag. Leider gab es doch kein Fleisch. Ich bekam nur sieben, acht Nürnberger Würstchen.

Hitler hatte keinen besonders tiefen Eindruck auf mich gemacht. Viel interessanter war es für mich zu beobachten, daß es die meisten Hitler–Anhänger nicht lange im Regen ausgehalten hatten und vorzeitig gegangen waren. Bei Hitlers Machtantritt hatten sich noch unzählige Unwissende für ihn begeistert. Nun ging es allmählich bergab. Viele Menschen waren bereits von Hitler enttäuscht, so wie heute die im Regen wartende Menge.

In Nürnberg besichtigte ich außerdem noch eine Folterkammer. Dieses Erlebnis hat mich bis ins Mark meiner Knochen erschüttert. Deshalb will ich davon berichten.

Nürnbergs Kirchen sind wirklich prächtig, aber ich kann mich nicht mehr genau an sie erinnern. Nürnbergs Pfefferkuchen sind vorzüglich, doch kann ich mich nicht mehr so recht an ihren Geschmack entsinnen. Und auch die Nürnberger Würstchen duften herrlich – doch ich möchte keine mehr essen. Das einzige, was sich mir von Nürnberg unvergeßlich ins Gedächtnis eingegraben hat, ist das Nürnberger Schloß mit seiner Folterkammer.

Am Nachmittag hatte der Regen zwar aufgehört, doch das Wetter blieb weiterhin trüb. Als unsere kleine Schar von Studenten durch den Schloßhof schritt, schien der Himmel uns fast zu erdrücken. Man konnte kaum frei atmen. Das Schloß befand sich hoch oben auf einem Berg. Nachdem wir es uns zu Ende angeschaut hatten, besichtigten wir noch die Folterkammer.

Die Folterkammer war in einem dreistöckigen Turm untergebracht, der ein wenig Ähnlichkeit mit den Pagoden des Osten hatte. Der Turm befand sich am Rande eines Felsvorsprunges, wobei ein Teil des Gebäudes noch über den Fels ragte. Heute war die Folterkammer längst in ein Museum umgewandelt worden. Früher war es bestimmt nicht einfach, an diesen Ort zu gelangen. Und wer hier vorbeikam, konnte die Schreie der hier gepeinigten Männer und Frauen vernehmen. Schreie, bei denen einem das Trommelfell platzen und die Haare zu Berge stehen mußten.

Der Felsen war vom eigentlichen Berg durch einen künstlichen Graben getrennt, über den eine hölzerne Zugbrücke führte. Über diese gelangten wir zum Turm.

Wir kauften die Eintrittskarten und betraten das Erdgeschoß. Hier waren etliche, mit dem Blut der Opfer getränkte Folterwerkzeuge ausgestellt. An den Wänden hingen Peitschen verschiedener Größe, für die Hinrichtungen benutzte Schwerter, die roten Gewänder der Richter und Henker sowie Foltereisen, mit denen Knochen gebrochen, die Haut abgezogen, Zähne extrahiert oder die Zunge herausgerissen werden konnten. Drei Vorrichtungen haben mich besonders erschaudern lassen. Die Beschilderung verwies zwar ausdrücklich darauf, daß es sich um Nachbauten handele, aber ...

Ich konnte mir plastisch vorstellen, wie der Henker dem Delinquenten die Kleider vom Leibe riß, ihn auf die Folterbank spannte, schwere Steine an die Füße band, das Räderwerk in Gang setzte und so die Gliedmaßen des Opfers auseinanderzog – bis die Knochen aus den Gelenken herausgerissen wurden.

Eine andere Variante bestand darin, einen dicken oder käftigen Menschen in ein mit an den Innenwänden mit Nägeln versehenes Faß zu stecken, das so lange hin und her geschwenkt wurde, bis das Blut aus unzähligen Wunden spritzte. Auf diese Weise ertrank das Opfer nach langer Qual im eigenen Blut.

Außerdem existierte noch ein mit Nägeln besetzter „Beichtstuhl", auf den vornehmlich Frauen gebunden wurden. Die Henker werden sich daran ergötzt haben, wie das Blut über den nackten Körper rann. Die Konstrukteure waren sehr gewissenhaft vorgegangen: mit Ausnahme des Kopfes hatte die Frau binnen kurzem keine heile Stelle mehr am Leib. Mit welch grausamer Bestialität wurde hier vorgegangen!

Im oberen Stockwerk demonstrierte man die Hinrichtungen durch Rädern und das Zerreißen mittels Pferden. Am fürchterlichsten erschien mir die „Eiserne Jungfrau".

Die „Eiserne Jungfrau" war aus Metall gefertigt und bestand aus drei Teilen. Der hintere Teil war flach. In diesen wurde die noch lebendige Frau gesteckt. Dann schloß man die Türen. An diesen waren fünf Cun lange Nägel angebracht, ebenfalls am Kopfteil. Wie man mir sagte, soll das Opfer erst nach langen Qualen den Tod gefunden haben. Mit der Folter wurde am Abend begonnen. Am Morgen des nächsten Tages wurde die untere Bohle herausgezogen und eine Klappe geöffnet. Der Leichnam fiel dann vom Felsen in den Graben hinab.

Der Museumsführer teilte uns mit, daß vor nicht allzu langer Zeit ein Schild gehangen hätte, auf dem es hieß: „Kommunisten und Demokraten, nehmt Euch in acht!“ Doch wegen der Olympischen Spiele sei es dann entfernt worden.

Nach dem Verlassen des Verließes brauchte ich eine ganze Weile, um wieder normal Luft zu bekommen. Dann dachte ich darüber nach, was ich über viel schlimmere Dinge, die sich in den Konzentrationslagern ereignen sollen, gehört hatte.

Nürnberg ist ein grausamer Platz. Vielleicht hatte ihn deshalb die NSDAP für die Abhaltung ihrer Parteitage auserkoren.

„Na, wie fandest du es ?“, fragte ein deutscher Kommilitone.

„Grausam“ antwortete ich. [...]

Liu Shengya, Wanziqi xia (Unter der Hakenkreuzfahne), in: Liu Shengya xuanji (Ausgewählte Werke Liu Shengyas), Chengdu 1983, S.429–435.

116

Telegramm des Botschafters Oskar Trautmann, Nanjing, an das AA

Nanjing, 2. August 1937

Habe heute mit Landesgruppenleiter[9] sowie Leiter Wirtschaftsstelle[10] Lage und Folgen Ausbreitung Konflikts über Nordchina hinaus besprochen. Es bestand Übereinstimmung in der Auffassung, daß japanische Gewaltpolitik auch auf unsere politische Stellung in China ungünstige Rückwirkung haben kann angesichts des Mißtrauens, das infolge deutsch–japanischen Abkommens in weiten Kreisen Chinas festgewurzelt ist und von kommunistischer und anderer Seite genährt wird. Für unsere wirtschaftliche Betätigung kann ein Krieg die bisherige Arbeit und die ständig wachsenden Zukunftsaussichten zunichte machen und Existenz von 4.500 Chinadeutschen gefährden.

Es ist vom Standpunkt hiesiger Interessen dringend geboten, daß wir die Zusammenarbeit mit China betont weiter pflegen, um die chinesischerseits angezweifelte Unparteilichkeit zu beweisen.

In der Besprechung wurden die eventuell zum Schutz Deutscher erforderlichen Maßnahmen erörtert. Ich wäre dankbar für vorsorgliche Bereitstellung von Mitteln zu eventuellen

---

9 Leiter der NSDAP–Landesgruppe China, Siegfried Lahrmann.

10 Leiter der Wirtschaftsstelle der NSDAP–Landesgruppe China, Helmuth Woidt.

Hilfsaktionen für Deutsche, die bei der Ausdehnung [des] Konflikts nicht nur im Norden, sondern auch in anderen Teilen Chinas erforderlich werden können. Verweise in dieser Hinsicht auf Maßnahmen des Frühjahrs 1927 (Drahterlaß 91 vom 16.4.1927).[11]

NA/Microcopy T120, Roll 3184, Serial 7069H, AA Pol. VIII, Aufn. E525977.

117

Erlaß des Botschafters Oskar Trautmann, Nanjing, an die deutschen Dienststellen in China

Nanjing, 11. Oktober 1937

Auf Antrag des Generalkonsulats in Tianjin ist unter dem 4. September d[es] J[ahres] folgender Drahtbericht an das AA gerichtet worden:

„Dürfen Juden deutscher Staatsangehörigkeit, die außerhalb der Konzessionen wohnen, die deutsche Flagge zu ihrem Schutze zeigen, so wie es an sich vom japanischen Generalkonsulat vorgeschlagen?"

Daraufhin ist unter dem 9. Oktober d[es] J[ahres] folgender Drahterlaß des AA eingegangen:

„Nein. Reichsangehörige Juden sollen die Reichsangehörigkeit durch weiße Flaggen oder Armbinden mit entsprechender Beschriftung kenntlich machen."

BArch, R9208, DBC, Nr.2326, Bl.83.

118

Schreiben der Deutschen Handelskammer Shanghai an den Ostasiatischen Verein, Hamburg–Bremen e.V.[12]

Shanghai, 6. November 1937

[11] Im Zusammenhang mit dem siegreichen Nordfeldzug der Guomindang 1927, in deren Ergebnis die neue Zentralregierung etabliert wurde, hatte das Auswärtige Amt Maßnahmen zum Schutz der deutschen Staatsbürger im chinesischen Kriegsgebiet angewiesen.

[12] Das vertraulich gekennzeichnete Schreiben ging dem AA abschriftlich zur Kenntnis.

Zur allgemeinen Lage hatten wir Veranlassung, Ihnen dieser Tage wiederum laut Anlage[13] zu kabeln.

Es ist bedauerlich, daß Ihr Einfluß anscheinend doch nicht groß genug ist, um die absolut schädliche Betonung des japanischen Standpunkts in der deutschen Presse zu inhibieren. Nicht nur wir, sondern auch unsere diplomatischen Vertretungen, Auslandsorganisation der Partei und maßgebende Wirtschaftskreise haben im Laufe der letzten Monate fortwährend nachdrücklich auf die Gefahren hingewiesen, die sich aus dieser Einstellung der deutschen Presse ergeben. Trotzdem müssen wir nach wie vor (in den Zeitungen bis zum 10. Oktober 1937) erkennen, daß alles dies offenbar nichts fruchtet. Es ist richtig, daß die ganze krasse Einstellung der ersten Zeit (August), die darin gipfelte, daß die Japaner sich hier auf einer Art Kreuzzug gegen den Kommunismus befänden, gewichen ist; aber doch nur, um der in ihrer versteckten Art vielleicht noch unsympathischeren Tendenz Platz zu machen, alle Meldungen von japanischer bzw. pro–japanischer Seite, und eigentlich nur diese, im Fettdruck zu geben, in bezug auf chinesische oder pro–chinesische Meldungen hingegen bestenfalls von „angeblichen" Vorgängen zu reden und im übrigen immer wieder das „Kämpfen gegen den Kommunismus" durchblicken zu lassen. Sie selbst sind davon nicht frei: Ihr Leitartikel in Nr.17 der „Ostasiatischen Rundschau"[14] bemerkt, „daß man für den chinesisch–russischen Nichtangriffspakt Verständnis haben könnte, – wenn nicht gerade das kommunistische Sowjet–Rußland der Partner wäre".

Sollten sich die Chinesen denn von den Japanern ruhig abschlachten bzw. unterjochen lassen, wenn anders nur durch russische Hilfe eine Rettung möglich ist? Zu bewundern ist vielmehr, daß Nanjing trotz aller Not und trotz verlockender Angebote erwiesenermaßen nur sehr „reluctantly" auf Rußland zurückfällt. Daß aber ein solches Zurückfallen überhaupt stattgefunden hat und sich im Zuge der Ereignisse vermutlich weiter konsolidiert und auswirkt, das hat lediglich Japan auf dem Gewissen, und daher ist es eine Verdrehung der Tatsache, die Behauptung aufzustellen, daß Japan hier den Kommunismus bekämpft. Jeder, der die Grundeinstellung des chinesischen Volks und die örtlichen Verhältnisse kennt, muß dieses Argument als verfehlt bezeichnen.

Die Folgen dieser, den Chinesen nicht verborgen bleibenden und von Reuter,[15] Havas[16] entsprechend akzentuierten deutschen Einstellung sind ein mehr und mehr wachsendes Mißtrauen der Chinesen in die Aufrichtigkeit unserer Freundschaft mit ihnen. Es ist bereits vorgekommen, daß deutsche Kaufleute von chinesischen Pressevertretern gewarnt worden sind, die deutsche Flagge zu führen.

Die Heimat mag auf dem Standpunkt stehen, daß es darauf und letzten Endes auf die Existenz der hier ansässigen Deutschen nicht entscheidend ankommt. Wir müssen daher immer

---

13 Anlage in der benutzten Quelle (Mikrofilmkopie des US–Kriegsgeschichts–Stabes) nicht überliefert.

14 „Ostasiatische Rundschau. Die Zeitschrift für den Fernen Osten, Australien und die Südsee" wurde in ihrem 18. Jahrgang 1937 von Max Linde, Friedrich Wilhelm Mohr sowie von Erwin Rousselle gemeinsam herausgegeben.

15 Reuters Telegrafenbüro, seit 1849 maßgebender britischer Nachrichtendienst.

16 Havas (Agence Havas), 1856 gegründetes bedeutendstes französisches Nachrichtenbüro.

wieder Veranlassung nehmen, zu betonen, daß unsere pro–chinesische Einstellung sich nicht nur aus der Sorge um die Existenz der Deutschen hier erklärt, auch nicht – um Ihre Worte (Nr.19 der „Ostasiatischen Rundschau") zu gebrauchen – aus krankhaft verzerrten Gerechtigkeits– und Humanitätskomplexen geboren ist, sondern von der Überzeugung durchdrungen, daß die deutsche Position in einem von Chinesen regierten China grundsätzlich und auf lange Sicht gesehen hundertmal wertvoller ist, als das, was wir durch die Japaner im besten Falle erreichen können. Die Japaner versprechen alles und halten nichts. Die Chinesen sind auch keine Engel, aber so viel intelligenter, toleranter und humorvoller, daß man weiter mit ihnen kommt. Und allgemein betrachtet kann es überhaupt keinem Zweifel unterliegen, daß die Möglichkeiten des jetzt erst in das erste Stadium der Schließung eintretenden chinesischen Marktes unendlich viel größer sind als die des japanischen und die allerdirekt oder indirekt unter japanischer Regie stehenden chinesischen Gebietsteile. Ein Blick auf die Entwicklung der letzten Jahre in der Mandschurei genügt, um diese Behauptung zu beweisen. Genau so, wie man dort die deutschen Firmen herausekelt, wird man in anderen unter japanischen Einfluß kommenden Gebieten verfahren.

Wenn Sie, wie der rechts Unterzeichnete in seiner Praxis als Rechtsanwalt, mit sich immer mehr als rein japanisch enthüllenden Behörden in Mukden und Changchun zu tun hätten, dann würden Ihnen die Augen aufgehen über das, was wir von der Zusammenarbeit mit diesem Bundesgenossen zu erwarten haben. Es ist zum Beispiel vorgekommen, daß legale Vollmachten der größten deutschen Industriewerke zurückgewiesen wurden, weil sie mit „1937" statt „in the 4th Year of Kang Teh" datiert waren! Zu derartigen Dingen versteigen sich chinesische Behörden, mangelhaft wie sie sein mögen, denn doch nicht.

Wir wollen die Hoffnung nicht aufgeben, daß es uns mit Ihrer und anderer Hilfe doch noch gelingt, einer anderen Betrachtung der hiesigen Lage in Deutschland Bahn zu brechen. Die gegenwärtige Stimmung unter den Deutschen hier ist aber jedenfalls die, daß die Heimat in China Fenster einwirft, die von uns hier draußen bezahlt werden müssen, – und das einem Phantom zuliebe.

Deutsche Handelskammer Shanghai
gez. Vorsitzender[17] gez. Geschäftsführer[18]

FOSD, War Documents, Microcopy, GFM 2–5, Serial 2910H, AA, Abt. Pol. VIII, Aufn. D565698–D565701.

---

[17] Hans Boolsen.

[18] Rechtsanwalt A. Lorentz. Von Lorentz stammte auch die Diktion des Schreibens, die er fast in gleichem Wortlaut in einem Brief an den Chefredakteur der Deutsch–Chinesischen Nachrichten, Huldermann, vom 4.11.1937 wiederholte: „Ich würde Ihnen gönnen, daß Sie nur ein Mal, wie ich, mit den stupiden und böswilligen japanischen Behörden in Mukden und Changchun zu tun hätten..." (BArch, R9208, Nr.3901, Bl.11–12).

119

Aus den Erinnerungen des Bergbauingenieurs Carl Nimz

[1937–1945]

[...][19] 1937 hatte ich einen festen Auftrag auf den ersten Teil einer neuen Schachtanlage für eine Grube im Zixian Kohlenfeld, nahe der Henangrenze, vorliegen, die erste Lieferung belief sich auf 20.000 Pfund, wofür ich die Wechsel bereits im Geldschrank liegen hatte. Der beginnende Japan–China–Konflikt machte die Abwicklung des Geschäftes unmöglich, und dieser Konflikt brachte das ganze Bergwerksgeschäft zum Erliegen, er zerstörte auch die so rosig scheinenden Zukunftsaussichten. Die Japaner marschierten längs der Eisenbahnen durch ganz Nordchina, ohne nennenswerten Widerstand zu finden, ihr nächstes Ziel waren die Kohlengruben, besonders jene, die gute Kokskohle förderten, denn Japan ist arm an guter Kokskohle. Solange das Militär die Hand über eine Organisation hielt, klappte alles noch einigermaßen, aber die nachfolgenden Zivilverwaltungen waren meistens nur Versager, ganz besonders im Bergbau. Es wurde Raubbau betrieben, ohne Rücksicht auf Sicherheit und Wirtschaftlichkeit. Es wurden zwar sehr große Pläne aufgestellt, so z.B. für den Ausbau des nordchinesischen Bergbaus ein Plan, der die Ausgabe von 700 Millionen Yen vorsah, er ist natürlich Papier geblieben. [...] Dieses Versagen der japanischen Organisation ist umso erstaunlicher, als sie in der Mandschurei wirklich Großartiges geleistet und dieses große Stück Land wirtschaftlich außerordentlich auf die Höhe gebracht hatte.

Wir deutschen Firmen versuchten natürlich, uns einzuschalten – waren wir doch Freunde und Kampfgenossen geworden – aber viel ist nicht dabei herausgekommen. Auch ich habe verschiedentlich Kostenanschläge eingereicht, jedoch ohne Erfolg, sie fielen dann meist in die Hände japanischer Konkurrenzfirmen. Eine Grube, die auch unter japanische Regie gekommen war, hatte dringend einige neue Kessel nötig, genau solche, wie ich sie bereits der Grube geliefert hatte. Ich bin deswegen 5– oder 6mal nach Peking gefahren, wo die zentrale Minenverwaltung saß, endlich waren wir uns einig, der Vertrag wurde gemacht und die nötigen Stempel der Abteilungs–etc.–Leiter darunter gesetzt, fehlte nur noch der des obersten Direktors, der aber nicht anwesend war. Am nächsten Tag war der Herr nach Tokio geflogen, ich sollte nächste Woche wiederkommen oder man würde mir telefonieren. Nichts geschah, die Möglichkeit der Verschiffung über Italien war durch die eingetretenen Verhältnisse hinfällig geworden, blieb noch die Möglichkeit des Versendens über Sibirien, die natürlich einen ganz anderen Preis bedingte. Bei meinem nächsten Besuch in Peking war schon alles wieder umorganisiert [...] – das Geschäft kam nicht zustande, und man half sich, indem man in Tianjin einige Kessel aus Eisenblechen zusammenhaute. In meinem Lagerhaus hatte ich mit Chinesen kontrahierte Waren wie Fördermaschine, Schüttelrutschen, Drahtseile etc.

---

19 Carl Nimz war seinem Erinnerungsbericht zufolge bereits 1907 von Amerika aus nach Qingdao gekommen und hatte seitdem als kaufmännischer Angestellter bei der Shandong–Bergbau–Gesellschaft gearbeitet.

liegen, ich mußte dieselben unter Druck an die Japaner ausliefern, die ausstehenden Restbeträge wurden aber bezahlt. [...]

Im übrigen haben es die Japaner sehr gut verstanden, sich den Haß der Chinesen zuzuziehen. Ob System oder Unverstand, statt sich die Chinesen zur Mitarbeit heranzuziehen, wozu viele bereit waren, da sie Geld verdienen wollten und mußten, wurden sie vor den Kopf gestoßen und schlecht behandelt. Die Intelligenz wurde ganz ausgeschaltet, jeder kleinste Schreiberposten wurde mit Japanern besetzt und meistens durch unfähige und korrupte Elemente. Am Fahrkartenschalter, Schaffner in den Zügen, Stopfkolonnenführer, überall Japaner, nur der chinesische Kuli war brauchbar. [...] Die Einwanderung der Japaner nach China nahm ungeheuer zu, selbst weit im Innern, in kleinen Provinzstädten, machten kleine Händler ihre Läden auf, Rauschgifthändler und andere üble Elemente überschwemmten das Land. Uns Deutschen standen die Japaner recht kühl gegenüber, wir wurden zwar nicht interniert wie Amerikaner und Engländer, man ließ uns im großen und ganzen in Ruhe. Versuche, die deutsch–japanische Freundschaft durch Veranstaltungen zu vertiefen, sind bald wieder eingestellt worden. Gelegentlich eines Gastmahles sagte es dann ein japanischer Oberst auch ganz offen, daß Japan die Führung in Asien übernehmen würde und daß alle Ausländer in China überflüssig seien, da wir Deutschen aber ihre Freunde wären, kämen wir zuletzt dran. Und es kam dann doch anders, die Japaner mußten China zuerst verlassen, wir waren dann allerdings die nächsten.

Carl Nimz: Streiflichter aus dem Leben eines Chinakaufmanns, 1953. BArch, Kleine Erwerbungen 56, 0170/1, Bl.35–39.

120

Neujahrsbotschaft des Leiters der NSDAP–Landesgruppe China, Siegfried Lahrmann, an die Chinadeutschen

Januar 1938

Ein schweres Jahr, voll der schwersten Ereignisse, ist zu Ende gegangen. Vielversprechend begann es. Der Handel, der lange darniedergelegen hatte, belebte sich.

China, geeint unter der Zentralregierung und geleitet von seinem großen Staatsmann Chiang Kaishek, schritt mehr und mehr dazu, seine weiten Gebiete der modernen Industrie zu erschließen.

Daran hat Deutschland großen Anteil genommen, und die Handelsniederlassungen in den großen Plätzen Chinas schienen einer neuen Blüte entgegen zu gehen.

Da brach um des Jahres Mitte der Krieg, wenn auch unerklärt, in das Land. Im Norden begann es, doch bald wurde auch Shanghai, das wirtschaftliche Herz des Reiches der Mitte, mit hineingezogen. Das Jahresende findet die Dinge noch in vollem Fluß. Nanjing genommen, das mittlere Yangzibecken, ja selbst Südchina vom Kriege bedroht.

Weite Strecken Chinas sind verwüstet, Hunderttausende erschlagen.

Wir können nur entsetzt zusehen.

Wir Deutschen haben keinen Streit, weder mit dem chinesischen noch mit dem japanischen Volke. Mit beiden sind wir gut befreundet. So geht es uns, die wir hier in China wohnen, wie einem Mann, der zusehen muß, wie zwei seiner besten Freunde sich streiten.

Die deutschen Handelsniederlassungen sind schwer in Mitleidenschaft gezogen.

Wir denken an die große Krise des Deutschtums in China während des Weltkrieges und dann daran, wie nach dem Waffenstillstand, der den Streit beenden sollte, alle in China ansässigen Deutschen auf Antrieb der damaligen britischen Regierung zwangsweise nach Hause geschickt wurden.

Heute bedroht uns ein anderes, teils ähnliches Geschick. In Shanghai mußten im letzten August Frauen und Kinder aufgefordert werden, die kriegsbedrohte Stadt zu verlassen. Nanjing mußte von seiner deutschen Kolonie kürzlich verlassen werden, und niemand weiß, wann sie zurückkehren kann. In Hankou, in Kanton und vielleicht noch an anderen Plätzen droht ein ähnliches Geschick.

Das Deutschtum in China und damit unsere Landesgruppe sind vor schwere Aufgaben gestellt worden und haben bereits viele gelöst. Schwerere sind vielleicht noch zu lösen.

Ich bin sicher, die Gruppen der Auslands-Organisation werden weiter alles daransetzen, das Deutschtum durch die schweren Zeiten hindurchzubringen. Der Erfolg, den das Winterhilfswerk, das trotz allem auch in diesem Winter eröffnet worden ist, schon gezeitigt hat, verspricht, daß wir durchhalten werden und können als eine Volksgemeinschaft im Kleinen, nach dem Vorbild der Heimat und im Geiste unseres Führers Adolf Hitler.

Hohe Anerkennung gebührt allen Volksgenossen und Volksgenossinnen, die sich eingesetzt haben, wo Deutsche, wo deutsche Belange gefährdet waren.

Hoffen wir trotz aller Fährnisse, daß das neue Jahr bald den Frieden bringt, zum Wohle unserer Gastvölker und zum Wohle des Deutschtums im Fernen Osten.

S. Lahrmann, Landesgruppenleiter.

Ostasiatischer Beobachter, Shanghai, Folge 55, Jahrgang VI, Januar 1938, S.2.

121

Brief des Chefs der Auslandsorganisation der NSDAP, Ernst Wilhelm Bohle, an den Leiter der NSDAP–Landesgruppe China, Siegfried Lahrmann

Berlin, 18. Juni 1938

Lieber Pg. Lahrmann!
Es ist Ihre Pflicht gegenüber Führer und Reich, die Japan–Politik des Führers zu unterstützen, so sehr menschliches Verständnis für die wirtschaftlichen Schädigungen hier besteht, die unsere deutschen Kaufleute durch den Krieg erleiden.

Persönliche Sympathien gegenüber den Chinesen und materielle Verluste unserer Volksgenossen dürfen aber unter gar keinen Umständen vor die Bedürfnisse der großen Politik gestellt werden. Infolgedessen wiederhole ich, was Ihnen vom Amt VIII des öfteren mitgeteilt worden ist, daß Sie als Landesgruppenleiter mir dafür verantwortlich sind, daß die Japan–Politik des Führers von allen Volksgenossen dort, und insbesondere von unseren Parteigenossen, rücksichtslos vertreten wird. Es darf unter gar keinen Umständen auch nur der leiseste Eindruck bei Japanern und Chinesen entstehen, daß unsere Chinadeutschen eine andere Auffassung als das Reich vertreten, weil das Entstehen eines solchen Eindrucks eine moralische Unterstützung der Chinesen bedeutet, die im Interesse des Reichs unerwünscht und unbedingt schädlich ist.

Ich weiß, daß diese Anweisung Ihnen eine nicht sehr leichte Aufgabe stellt, aber gerade jetzt müssen die Männer der AO draußen zeigen, daß sie bedingungslos und ohne Zögern dem Reich auch dann folgen, wenn die Wege des Reiches manchmal nicht verständlich sind. Das Schicksal des Reiches liegt in den Händen des Führers, dem wir Nationalsozialisten in blindem Vertrauen ohne Zögern folgen.

Diese Anweisung ist geheim und für Sie persönlich bestimmt. Es ist Ihre Sache, im Einvernehmen mit der Reichsvertretung dafür zu sorgen, daß die Einstellung der Chinadeutschen zum gegenwärtigen Konflikt so wird, wie ich sie oben niedergelegt habe.
Heil Hitler!
Ihr Gauleiter

FOSD/Microcopy, War Documents, GFM2–5, Serial 689, AA, Staatssekretär und Chef der AO der NSDAP, Aufn. D700691.

122

Bericht des Geschäftsträgers der Deutschen Botschaft Shanghai, Martin Fischer, an das AA

Shanghai, 23. Dezember 1938

Inhalt: Zuzug jüdischer Emigranten deutscher Staatsangehörigkeit
mit Beziehung auf den Drahtbericht Nr.41 vom 21. ds. Mts.
Zur Erläuterung der am Schluß meines Drahtberichtes dargelegten Bedenken darf ich noch erwähnen, daß die deutschen Dienststellen in der Nachkriegszeit Anlaß gehabt haben, ihre besondere Aufmerksamkeit der Gefahr der Diskriminierung deutscher Staatsangehöriger ge-

genüber exterritorialen Ausländern zuzuwenden. Man kann von den unteren chinesischen Instanzen nicht erwarten, daß ihnen die nationalsozialistischen Grundsätze über die Reinhaltung des deutschen Volkstums klar und geläufig sind. Bei ihnen handelt es sich häufig nur darum, ob vertragliche Rechte und amtliche Vertretungen vorhanden sind, die einen Ausländer schützen, oder ob Eigenmächtigkeit und Willkür, wie oft im Falle der Weißrussen,[20] ungestraft walten dürfen.

BArch, R9208, DBC, Nr.2329, Bl.200–201.

123

Aus den Erinnerungen des Shanghai–Emigranten Hans Heinz Hinzelmann

[1938–1943]

[Über das Shanghaier Stadtvierteil Hongkou]
Dieser Stadtteil liegt jenseits des Huangpo, ist also durch einen Strom und den Suzhou-Creek, Shanghais Hafen, vom eigentlichen Shanghai getrennt. Dieses Hongkou ist eine echt chinesische, vor Übervölkerung wimmelnde Millionenstadt für sich und war den Chinesen von den Japanern im Jahre 1937, mitten in einem Scheinfrieden, nach blutigen Artillerieüberfällen entrissen worden. Hongkou lag also zum größten Teil in Ruinen. Da aber die Japaner keinen offiziellen Krieg mit China führten, nannten sie ihre Besatzung das japanische Konsular–Settlement, entsprechend dem Vorbilde der weißen Kolonialmächte im modernen Shanghai, drüben auf der anderen Seite des Huangpo. Groß–Shanghai war also plötzlich unter stillschweigender Duldung der anderen Konsularmächte, England, Amerika, Frankreich und Italien, zu einer Fünfmächtestadt geworden.

Die Chinesen sind von altersher Zerstörungen gewohnt. In Hongkou gingen sie sofort wieder an den Neuaufbau ihres Hafens und ihrer Häuserviertel, um die Ruhe und Ordnung des zivilen Lebens wiederherzustellen. In den Jahren 1939 und 1940 geschah nun das Seltsame, daß von den Tausenden von europäischen Flüchtlingen, die nach China verschlagen worden waren, die Mehrzahl bei den chinesischen Kleinbürgern und Arbeitern in Hongkou wohnen blieb. Hier fanden diese Flüchtlinge ganz offensichtlich besonderes Verständnis für ihre Lage, während die Weißen drüben in den Settlements, in ihren Klubs und ihrem Wolkenkratzerluxus die weißen Refuges aus Europa in überstiegener Arroganz als Parias ansahen. [...]

---

20 Als „Weißrussen“ wurden in China russische Emigranten bezeichnet, die im Ergebnis der Oktoberrevolution 1917 nach China ausgewandert waren und sich vor allem in der Mandschurei und in Shanghai angesiedelt hatten. Sie bildeten eine diplomatisch und konsularisch nicht betreute Bevölkerungsgruppe.

[Über illegale Arbeit]

Es pocht gegen die Stubentür. An diesem Pochen erkenne ich meinen Freund und Partisanenkameraden Doktor Joseph: „Herein! Aber bitte recht fix!" Er schließt schnell die knapp geöffnete Tür: „Morgen, Chief! Welche Kälte!" Er zieht die Wollhandschuhe aus, bläst tüchtig in die Finger, wir schütteln uns kräftig die Hände. Der Doktor war der zweite Leiter der Partisane, die wir aus unserem Flüchtlingskreis in Gemeinschaft mit der Guomindang zusammengestellt hatten. Von Beruf war er Arzt, geflüchtet aus Berlin. Er verfügte über eine wunderbare Ruhe und eine immer gleichbleibende Freundlichkeit: „Also Chief, was macht heute die Gesundheit, Puls, Stuhlgang, alles normal?"

„Nein, Doktor, nichts normal. Ich grüble und grüble –"

Er setzt sich zu mir: „Iß und trink und leg los, ich werde dich dabei psychoanalysieren."

„Bitte. Welcher Chinese will mich sprechen? Und wo? Und worüber?"

Doktor Joseph hatte auch so allerlei Chinaerfahrungen gesammelt: „Er wird dich sprechen, bestimmt. Wie er das anstellt, laß seine Sache sein! Die Gedankenkombinationen der Chinesen verstehen wir weißen Teufel doch nie. Ich komme auch mit einer ziemlich ernsten Meldung, Chief ..."

„Auch Chinesisches?"

„Nein! Leider rein deutsch. Die Nazideutschen in Shanghai lassen wieder heimlich einen Küstendampfer als Blockadebrecher nach Japan laufen ..."

„Woher hast du die Nachricht?"

Er nannte den Namen. Danach stimmte die Angabe. Der Kamerad war zuverlässig. Obwohl er, wie viele Deutsche, gezwungenermaßen in der SA in Shanghai Dienst tat, war er aus religiöser Überzeugung Antifaschist. Von ihm erfuhren wir viele Maßnahmen aus erster Hand, Informationen, die sich durch die Gegenaktionen der Guomindang als zuverlässig erwiesen hatten.

Auf diese Weise wußten wir, daß bereits zwei von den Nazideutschen in Shanghai gecharterte Blockadebrecher auf dem Wege nach Japan draußen im Chinesischen Meer mit Mann und Maus untergegangen waren. Die U–Boot–Blockade der Alliierten vor der Yangzimündung war nicht zu durchbrechen.

„Diesmal ist unter den 17 Jungens, die sie vom deutschen Arbeitsnachweis als Schiffsbesatzung zwangsweise verpflichtet haben, auch unser Kurt –"

„Ausgeschlossen! Wir lassen ihn nicht auf einem solchen Totenkasten versaufen!" Ich war aufgesprungen, Kurt war unser jüngster Partisan, ein Flüchtlingskind, dessen jüdischer Vater hier im Tropensommer gestorben war. Die mittellos hinterbliebene Witwe hatte sich an die deutsche Gemeinde in Shanghai um Unterstützung gewandt. Nun schickten sie ihren einzigen Jungen als Trimmer auf den Blockadebrecher, den die U–Boote der Alliierten so sicher versenken würden wie die beiden vorherigen. [...]

[In japanischer Haft]

Das Bridgehouse war das politische Untersuchungsgefängnis der Japaner. Sie haben es durch Tausende von unter Martern Gemordeten zum berüchtigtsten Todeshaus Asiens gemacht. Zuerst empfand ich nur lähmende Müdigkeit. Alles Blut in meinen Adern schien zu flüssigem

Blei geworden. Aber dann riß mich ein innerer Warnruf aus der Betäubung: „Du wirst jeden Funken klaren Verstandes gebrauchen!“ Dabei stiegen wir die schmale Treppe zum ersten Stockwerk hinauf.

Seit Ausbruch des Pazifikkrieges hatten die Japaner alle amerikanischen und englischen Kriegsgefangenen, wenn ihnen ein besonderes Verhör zweckmäßig erschien, ins Bridgehouse gebracht. Hier war ein ausgeklügeltes Vernehmungssystem herausgebildet worden, unter Anwendung von asiatisch grausamen Martern. Viele gefangene amerikanische Flieger aus der Jagddivision des Generals Doolittle sind hier für immer verschwunden. Aber auch Tausende von Chinesen, politische Gefangene, vor allem, wenn sie der Mitgliedschaft der Guomindang und des Wissens über aktive Gegenwehr verdächtig waren, gingen hier durch alle Stufen japanischer Todesquälerei. In Shanghai hieß es: Wer ins Bridgehouse kommt, läßt alle Hoffnung fahren.

Unwillkürlich machte ich einen halben Schritt in das Amtszimmer hinein und sah hinter der Tür einen Eisenkäfig mit Gitterstäben vom Fußboden bis zur Decke. Einen Menschenkäfig! Darinnen hockten, zusammengepfercht, mehr Menschen, als eigentlich in den engen Raum hineinpaßten. Ein Gewoge von Menschenentsetzen, ein Haufen vernichteter Menschengesichter. Die zusammengebrochenen Gestalten waren überdies noch an den Handgelenken aneindergefesselt.

Und dem Menschenkäfig gegenüber saßen japanische Beamte, rauchten, befächelten sich, scherzten, malten in den Akten. [...]

Ich stand mit dem Rücken zur hinteren Wand des Zimmers. Der Weißrusse saß vor seinem Schreibtisch, wippte im Sessel, legte die Füße auf die Schreibtischkante, aß einen Apfel, rauchte zahllose Zigaretten. Dabei fummelte er fortwährend mit der Schußwaffe herum.

Mit immer neuen Nichtigkeiten suchte er Beschuldigungen zurechtzuformen, die sich alle um den gleichen Fragenkern drehten: „Wer sind die Amerikaner, mit denen Sie verkehren? Welche Engländer sind ihre Freunde?“

Als ob es in diesem von den Japanern terrorisierten China noch Tausende von versteckten Amerikanern und Engländern gäbe! Wie groß muß ihre Angst gewesen sein! Ich blieb aufrichtig dabei: „Ich kenne hier keine Amerikaner oder Engländer, noch habe ich jemals welche gekannt!“

„Aber Sie sind ein Japanfeind!“

„Ich bin ein Antinazi!“ [...]

[Nach der Zerstörung des vom Verfasser betriebenen Fotogeschäfts durch Unbekannte]

Schließlich sammeln wir uns zu einiger Vernunft. Wir lassen einen Kameraden holen, einen Chinadeutschen, der auch japanisch spricht. Er zeigt sich bereit, mit mir zu dem Blockwart der japanischen Bewohner unserer Lane zu gehen und über den Vorfall zu berichten. Er macht uns aber wenig Hoffnung: „Die Japaner wollen, soweit es ihnen möglich ist, das Geschäftsleben Shanghais in die Hände bekommen.“

„Etwa durch offenen Raub?“

„Die Japaner sind in China nichts als faschistische Eroberer. Ihre Zivilorganisationen stellen die Soldaten zur Übernahme der wirtschaftlichen Unternehmungen.“

„Auch der der Europäer?"

„Erst recht! Deren Besitz ist am meisten begehrt, deren Konkurrenz von ihnen am meisten gefürchtet. Sie brauchen auch den kleinsten Besitz, um Raum und Existenz zu schaffen für die nach China kommenden japanischen Einwanderer." [...]

[Nach der Vertreibung aus Laden und Wohnung durch die Japaner]

Von dem Fenster meiner Chinesenkammer aus erlebte ich nun tausenderlei des täglichen chinesischen Lebens und Treibens. Ich war gezwungenermaßen selbst tief eingetaucht in den chinesischen Alltag. Meinen winzigen Raum konnte ich jedoch als einen unbezahlbaren Schatz betrachten, denn die Wohnungsnot war durch das Eindringen der Japaner erschrekkend groß geworden. Dazu kam eine Gewalttat gegen die europäischen Flüchtlinge, die meine kleine Wohnkammer noch besonders beneidenswert machte.

Durch einen Federstrich nämlich wurden sämtliche aus Europa vor dem Nazismus geflüchteten Weißen von einem Tag zum andern interniert. Das Internierungsareal bestand aus drei schmalen und streng begrenzten Straßenzeilen in Hongkou. Was sie auch außerhalb dieses Gebietes aufzubauen begonnen hatten, was sie an Häusern und Geschäften besaßen, mußten die Flüchtlinge nunmehr den Japanern überlassen. Das so streng umgrenzte Internierungsareal umfaßte als mittlere Straßenzeile ausgerechnet meine Tongshan Road, und ich durfte in meiner Kammer wohnenbleiben.

Wie wurde ich von vielen der europäischen Flüchtlinge beneidet, von denen nur wenige eine solche Kammer als Heim hatten. Sie mußten zu Tausenden in die überfüllten Flüchtlingslager, und keiner durfte ohne Sondererlaubnis der japanischen Flüchtlingskommissare und ohne Weißrussen als Polizeiwache die Straßengrenze des Internierungsgebietes überschreiten.

Hans Heinz Hinzelmann: O China Land auf alten Wegen. Wahrhaftige Entdeckungen auf einer west–östlichen Lebensfahrt, Braunschweig 1948, S.51; 74f.; 84f.; 114f.; 123f.; 130.

124

Aus den Erinnerungen der Shanghai–Emigranten Genia und Günter Nobel

[1939–1945]

[...][21] Alle Genossen kamen praktisch mittellos und ohne Verbindung in Shanghai an und waren – wie fast alle Emigranten der Jahre 1939 und später – auf die materielle Unterstüt-

---

21 Die Erinnerungen beginnen mit einer Schilderung der illegalen kommunistischen Tätigkeit der Autoren in Berlin, ihrer Festnahme durch die Gestapo 1936 und ihrer Entlassung Anfang August 1939 unter der

zung, besonders die Unterbringung in lagerähnlichen Massenquartieren, die sehr mangelhafte Verpflegung, ärztliche Behandlung in Krankheitsfällen u.ä. durch internationale und und örtliche jüdische Hilfsorganisationen angewiesen. Nur ganz wenige konnten eine regelmäßige Arbeit finden. [...][22]

Wesentlich für die Entwicklung der Gruppe und ihrer Arbeit war es, daß in Shanghai ein hochqualifizierter Genosse seit Jahren im Auftrag der Komintern ansässig und tätig war, der Genosse Heinz Grczyb. Unter dem Namen Erich Möller war er als Korrespondent der „Roten Fahne" bekannt geworden. Heinz Grczyb arbeitete in Shanghai auch legal als Journalist unter dem Pseudonym „Asiaticus" für angesehene bürgerliche Zeitschriften. Er war ein hervorragender Kenner des Fernen Ostens und Chinas. Heinz Grczyb hatte enge Kontakte zur KP Chinas und zur chinesischen Volksbefreiungsarmee, besonders zur Neuen 4. Armee, die unweit von Shanghai stand.

Für die Gesamtheit der in Shanghai angekommenen Genossen war eine enge Zusammenarbeit mit der chinesischen Partei – die damals in einem Kampf auf Leben und Tod gegen die japanischen Invasoren stand – nicht möglich. Sie hatte dort genügend eigene Kräfte, und eine Handvoll mit den Verhältnissen nicht vertrauter, der Sprache unkundiger, als Europäer auffallender und als Antifaschisten den Verdacht der Behörden erregender Emigranten hätte – unter den herrschenden Bedingungen harter Illegalität – weit eher eine Gefährdung als eine Unterstützung bedeutet. Einige Genossen konnten z.T. später einzelne Arbeiten für die chinesischen Genossen durchführen. Einige wenige Genossen hatten in dieser Periode bis zum Eintritt Japans in den Krieg gegen die Alliierten im Dezember 1941 Spezialaufträge, die der Unterstützung der chinesischen KP dienten, dazu gehörten z.B. Walter Czollek sowie Trude Rosenberg, die sich jedoch nach Kriegsende zur Renegatin entwickelte. [...]

[Nach dem Angriff auf die Sowjetunion]

[...][23] Seit dem Spätsommer 1941 strahlte er [der TASS–Sender] in vier Sprachen (russisch, chinesisch, englisch und deutsch) für die Bevölkerung wichtige Informationen aus: die täglichen Frontberichte von TASS, die Reden der Führer der Antihitlerkoalition, fundierte Analysen der politischen und militärischen Lage, Kommentare zum Kriegsverlauf, Informationen über das politische Geschehen in der Welt. Der Sender konnte entsprechend bestehenden

---

Maßgabe, Deutschland in den nächsten vier Wochen zu verlassen, sowie ihres Weges nach Italien zum Schiff nach Shanghai.

22 Die Autoren beschreiben einen Kreis von illegalen KPD–Mitgliedern innerhalb der jüdischen Shanghai–Emigration, die in ihrer Mehrzahl „unmittelbar vor ihrer Emigration aus Zuchthäusern und Konzentrationslagern entlassen worden (waren), nachdem sie sich am Widerstandskampf gegen den Faschismus beteiligt hatten", und nennen dabei folgende Namen: Berthold Manasse; Jacob und Annemarie Fass; Walter Czollek; Johannes König; Edith Weiß; Arthur Cohn; Max Lewinsohn; Alfred Dreifuß; Theo Levi; Harry Ucko; Willi Jeglinski; Hermann Krips; Kurt Raphael; Manfred Nußbaum und Peter Heß.

23 In diesem Abschnitt beschreiben die Autoren zunächst die politische Arbeit in der illegalen KPD–Gruppe als darauf konzentriert, „die Genossen zusammenzufassen und zu schulen", um „für die erste Möglichkeit der Rückkehr in die Heimat zu produktiver politischer Arbeit vorbereitet zu sein". Mit dem Überfall Deutschlands auf die Sowjetunion hätten sich dann die Aufgaben verändert.

internationalen Verträgen von den Japanern auch nicht geschlossen werden, als sie im Dezember 1941 ganz Shanghai besetzten, einschließlich des ehemals von einer Anzahl imperialistischer Mächte verwalteten „International Settlement". Erst Ende 1944 – als die Kriegsereignisse in Europa zu offensichtlich den unabwendbaren Sieg der Antihitlerkoalition ankündigten – schränkten die japanischen Militaristen die Sendungen zunächst ein und machten sie dann ganz unmöglich.

Die Gruppe deutscher Kommunisten hatte die Möglichkeit, die Kräfte für die deutschen Sendungen zu stellen. Sie bewältigte damals eine in ihren politischen Auswirkungen bedeutsame Arbeit. Hans König, der Leiter unserer Gruppe, schrieb im Auftrag von TASS den wöchentlichen, später in kürzeren Abständen gesendeten Kommentar zu den politischen und militärischen Ereignissen. Die Kommentare erhielten z.T. große Anerkennung und wurden wiederholt auch in andere Sprachen übersetzt. Die Mitautorin dieses Berichts arbeitete direkt im TASS–Büro – auch das mußten die Japaner, wenn auch höchst ungern, gestatten – als Nachrichtenredakteur und Übersetzer, wobei aus dem Gesamtmaterial von TASS und auch anderen Agenturen drei Sendungen täglich von je 15 Minuten zusammenzustellen, zu redigieren und zu übersetzen waren. [...][24]

Günter Nobel, Genia Nobel: Als politische Emigranten in Shanghai, in: Beiträge zur Geschichte der Arbeiterbewegung, Berlin, Heft 6/1979, S.884–887.

125

Antrag des amtierenden Präsidenten des Legislativ–Yuan, Sun Ke, an die Oberste Verteidigungskommission[25]

Chongqing, 17. Februar 1939

Antrag auf Einrichtung eines jüdischen Siedlungsgebietes in Südwestchina – Begründung des Antrages

---

24 Es folgt eine Darstellung der Übertragung der Gesamtverantwortung für die deutschen Sendungen an Genia Nobel, zur Arbeit des Sprechers des Senders, Kurt Raphael, und zur Wirksamkeit des Senders, der unter den Emigranten eine solche Rolle gespielt habe, „daß die Bewohner der großen Massenunterkünfte sich oft zu gemeinsamem Empfang versammelten".

25 Aus dem Chinesischen übersetzt von Peter Merker. Der Vorschlag wurde Anfang März von der Obersten Verteidigungskommssion angenommen und an den Exekutiv–Yuan mit der Auflage, vorbereitende Aufgaben in Angriff zu nehmen, weitergeleitet. Der Exekutiv–Yuan seinerseits forderte dann vom Innen–, Außen–, Kriegs, Finanz– und vom Verkehrsministerium Stellungnahmen ein. Die sich anschließende Debatte um das Projekt, in der die innen– und außenpolitisch begründeten Vorbehalte immer mehr zunahmen, ist bis zum Mai 1939 dokumentarisch belegt. Zu einer Realisierung des Projekts kam es nicht (vgl. Merker 1995:10–12).

Gegenwärtig gibt es auf der Welt über 16 Millionen Juden. Davon sind über vier Millionen in den USA und etwa drei Millionen in Polen und der Sowjetunion beheimatet. Die übrigen Juden leben über viele Länder verstreut; auf der ganzen Welt sind ihre Spuren zu finden. Das jüdische Volk mußte harte Prüfungen durchmachen. Es lebt seit über 2.600 Jahren in der Diaspora und war in den einzelnen Ländern verschiedenen Diskriminierungen ausgesetzt.

Nach dem Aufkommen des Faschismus in Europa werden die Juden brutaler als je zuvor verfolgt. Am zugespitztesten verhält sich die Situation in Deutschland. Nach der Annexion Österreichs durch Hitler verübte man unter den jüdischen Einwohnern ein großes Massaker. Als kürzlich ein Sekretär der deutschen Botschaft in Paris einem jüdischen Attentat zum Opfer fiel[26], wurde das zum Anlaß genommen, um eine großangelegte Aktion gegen die Juden Deutschlands einzuleiten[27]. Dabei griff man zu unerhört grausamen Mitteln. In den angelsächsischen Ländern erhob sich eine Welle der Entrüstung. England beabsichtigte, den Juden ihren alten Siedlungsraum in Palästina zurückzugeben. Da dieses Unterfangen aber auf heftigen arabischen Widerstand stieß, ließ es sich bis heute nicht in die Tat umsetzen. Amerika übt auf Deutschland ständigen Druck aus,[28] die Stimmung ist äußerst gereizt. In den USA entfaltete sich eine machtvolle Bewegung zur Unterstützung des notleidenden jüdischen Volkes. Die amerikanischen Zeitungen veröffentlichen heute die meisten Meldungen zur Judenfrage. In jüngster Zeit ergoß sich nach Shanghai ein nicht abreißen wollender Strom jüdischer Emigranten. Die meisten konnten nur schwer Aufnahme finden. Es wird gegenwärtig darüber nachgedacht, den Zugang zu begrenzen.

Deshalb wird vorgeschlagen, im Südwesten Chinas ein spezielles Gebiet für die jüdischen Emigranten einzurichten.

Dafür sprechen folgende Gründe:

1. Es entspricht den Maximen unserer Staatspolitik, uns mit kleinen schwachen Nationen zu verbünden und diesen zu helfen. So lautet auch das Vermächtnis unseres vormaligen Präsidenten Sun Yatsen.

2. Unser Eintreten für die Juden würde uns große Sympathien im englischen Volk schaffen. Noch weit gewichtiger ist der Umstand, daß die englische Fernostpolitik stark von der Haltung der Großkaufleute und Bankiers in China abhängt. Die anfänglichen Schwierigkeiten und die letztendliche Gewährung englischer Wirtschaftshilfe für China wurden maßgeblich von den hiesigen Firmenchefs beeinflußt. Da nun ein Großteil dieser Unternehmer und Bankiers Juden sind, würde sich bei der Verwirklichung des Projektes die englische Haltung uns gegenüber wesentlich verbessern.

---

26 Gemeint ist das von Herszel Grynszpan am 7.11.1938 an dem Diplomaten Ernst vom Rath verübte Attentat.

27 Mit den Pogromen in der Nacht vom 9. zum 10.11.1938 („Kristallnacht") wurde mit der Verhaftung von 20.000 jüdischen Bürgern, der Zerstörung von 7.500 Geschäften und zahlreichen Morden der Vernichtungsfeldzug gegen die deutschen Juden eingeleitet.

28 Am 14.11.1938 wurde USA–Botschafter Dodd mit direktem Bezug auf die Judenverfolgung „zur Berichterstattung" aus Berlin in die USA zurückberufen.

In Amerika ist momentan das Augenmerk aller auf die Förderung der Bewegung zur Unterstützung des notleidenden jüdischen Volkes gerichtet. Dadurch ist die Hilfe für China stark in Vergessenheit geraten. Wenn wir das Projekt in Angriff nehmen, gewinnen wir nicht nur viele Freunde in Amerika, sondern uns würde auch wieder mehr Aufmerksamkeit zuteil. Der propagandistische Erfolg wäre immens.

4. Für das Projekt spricht auch der daraus erwachsende Vorteil für den weiteren Aufbau unseres Landes. Die Juden sind besonders wohlhabend und talentiert. Nachdem wir ihre Sympathie erhalten haben, werden sie uns großzügig unterstützen, was für uns von unabsehbarem Nutzen wäre.

Vorgeschlagene Maßnahmen:

1. In Südwestchina soll ein mehrere Quadratkilometer betragendes, in der Nähe der internationalen Verkehrslinien liegendes Gebiet den jüdischen Emigranten als Siedlungsraum überlassen werden.

2. Es soll eine Kommission von Vertretern der Zentral– und Lokalregierung gebildet werden, die die Einrichtung und den Bau des Gebietes koordiniert und überwacht.

3. Diese Kommission soll sich an einflußreiche jüdische Vertreter im In– und Ausland wenden, um mit ihnen gemeinsam das Projekt in die Tat umzusetzen.

4. Es ist eine Behörde einzurichten, in der sich jüdische Techniker und Spezialisten ohne Beschäftigung registrieren lassen sollen. Ihnen ist möglichst eine ihrem Fachgebiet entsprechende Tätigkeit zuzuweisen, die im Rahmen der Aufbauarbeiten im Hinterland benötigt wird.[29]

2. HACh, 1, Nationalregierung, Nr.5657.

---

29 Ohne Unterschrift. – Die deutsche Chinadiplomatie nahm von diesem Projekt anhand einer Transocean–Meldung am 13.3.1939 Kenntnis (BArch, R9208, DBC, Nr.2329, Bl.85. – Kempe an DB Shanghai, Chongqing 13.3.1939). Am 21.6.1939 veröffentlichte die „North China Daily News" einen Artikel unter der Überschrift „Plan für die Ansiedlung von 100.000 Emigranten in der Provinz Yunnan", aus dem hervorgeht, daß auch private Industrielle – unter ihnen der Deutsche J. Berglas – in das Projekt einbezogen seien. Geschäftsträger Fischer sandte diesen Artikel mit dem Vermerk nach Berlin: „Näheres über das Projekt und seine Aussichten ist hier bisher nicht bekannt geworden. Die unrichtige Behauptung, daß die deutschen amtlichen Stellen dem Plan günstig gegenüberständen, habe ich dementieren können. Auch die chinesischen Stellen sind, wie aus einer Transocean–Meldung aus Chongqing hervorgeht, inzwischen deutlich von dem umfassenden Plan abgerückt" (ebenda, Bl.12–16).

126

Bericht des Generalkonsuls Enno Bracklo, Shanghai, an die Deutsche Botschaft Shanghai[30]

Shanghai, 20. März 1939

Inhalt: Transport jüdischer Auswanderer nach Shanghai mit einem Schiff der Woermann Linie.

Gegen den Transport von 500 jüdischen Auswanderern nach Shanghai mit einem Schiff der Woermann Linie, wie überhaupt gegen jeglichen weiteren Zuzug von Juden nach Shanghai bestehen hier die größten Bedenken. Ich darf in diesem Zusammenhang auch auf meinen Bericht an das Auswärtige Amt vom 24. Februar d[es] J[ahres] – B.124 – verweisen, von dem der Botschaft Abschrift vorliegt.

Die Ausführungen des grundsätzlichen Erlasses des Auswärtigen Amtes vom 25. Januar d[es] J[ahres] – 83–26 19/I – über die im deutschen Interesse liegende Weckung bzw. Förderung des Antisemitismus in anderen Ländern durch den Massenzuzug jüdischer Emigranten treffen für China im allgemeinen und für Shanghai im besonderen nicht zu. Für den Chinesen, der ja seit vielen Jahrzehnten an den mit mehr oder minder großen Privilegien ausgestatteten und mit entsprechenden Ansprüchen auftretenden Fremden in seinem Lande gewöhnt ist, bedeutet der jüdische Einwanderer keine Konkurrenz. Er sieht in diesem vielmehr nur einen Vertreter der „weißen Rasse" und Exponenten desjenigen Landes, dessen Staatsangehörigkeit er besitzt. Da die Betätigung der Fremden in China sachlich auf wenige Gebiete beschränkt und dazu praktisch auf bestimmte geöffnete Plätze und Fremdenniederlassungen konzentriert ist, bedeutet ein vermehrter Zuzug von Fremden gleich welcher Rasse für den Chinesen keine weitere Beengung seines Lebensraumes und somit keine irgendwie fühlbare Belastung, sondern im Gegenteil eher eine Entlastung. Denn die Überfüllung des den Fremden in China zur Verfügung stehenden Lebensraumes muß naturnotwendig zu einem Konkurrenzkampf zwischen den Fremden führen, von dessen Begleiterscheinungen, wie gegenseitiger Preisunterbietung, billigem Arbeitsangebot, Unrentabilität kleinerer Unternehmungen und daher Übergang dieser in chinesische Hände auf demWege der Finanzierung und dergleichen, der Chinese nur profitieren kann. Darüber hinaus deuten gewisse Anzeichen sogar darauf hin, daß man chinesischerseits durchaus geneigt ist, sich die Fähigkeiten qualifizierter Emigranten zunutze zu machen, indem man diese, die zunächst einmal froh sind, überhaupt ein Unterkommen zu finden, und daher sehr niedrige Gehaltsansprüche stellen, als Lehrer, Dozenten, Ärzte, Techniker, Berater usw. anstellt, ohne daß dadurch etwa chinesischen Staatsangehörigen Posten fortgenommen oder die Gefahr einer wesentlichen jüdischen Einflußnahme auf das nationale Leben Chinas heraufbeschworen würde.

---

30 Der Bericht erging auf Erlaß der DB in Shanghai vom 14.3.1939.

Der Prozeß des Eindringens der jüdischen Emigranten in die beschränkten Betätigungsgebiete der Fremden in China und der Ausnutzung ihrer Kenntnisse durch die Chinesen ist bereits in vollem Gange. Die Gefahren, die sich daraus für die deutsche Stellung in China ergeben, sind im wesentlichen folgende:

1. Schädigung des deutschen Ansehens.

Wie bereits bemerkt, wird der aus Deutschland kommende Jude, der im Besitze eines deutschen Passes ist, von dem Durchschnittschinesen, mit dem er in Berührung kommt, in erster Linie als „Deutscher" betrachtet. Alles, was er sich zuschulden kommen läßt (kriminelle Handlungen, üble Geschäftspraktiken, Unmoral, Skandalaffären etc.) wird daher dem Deutschtum ganz allgemein angerechnet. Insbesondere läßt es sich gar nicht verhindern, daß diesbezügliche Pressenachrichten, z.B. über Gerichtsverhandlungen, den Juden deutscher Staatsangehörigkeit schlechthin als Deutschen bezeichnen und damit – bewußt oder unbewußt – der Öffentlichkeit einen ganz falschen Eindruck von der Wesensart des Deutschen vermitteln.

2. Gefährdung unserer kulturpolitischen Position.

Diese Gefahr ist sehr groß. Mit Hilfe der internationalen jüdischen Organisationen und der deutschfeindlich eingestellten ausländischen Kreise werden Emigranten in steigendem Maße an chinesischen und ausländischen Schulen, Universitäten und Hospitälern in Shanghai selbst wie im Inneren als Lehrer, Dozenten, Ärzte, Techniker u[nd] d[er]gl[eichen] untergebracht, wobei natürlich die Billigkeit ihrer Arbeitskraft eine ausschlaggebende Rolle spielt. Zahlreiche jüdische Ärzte eröffnen auch eine eigene Praxis hier und gewinnen rasch Patienten, und zwar nicht nur, weil sie vorhandene ausländische Ärzte preislich unterbieten, sondern auch, weil sie manchen von diesen, die durch langen Aufenthalt in China etwas eingerostet sind, an Kenntnissen in der modernen Medizin tatsächlich überlegen sind. Daß alle diese Emigranten den hier ansässigen Deutschen der gleichen Berufe das Brot wegnehmen und die Möglichkeiten für die dringend wünschenswerte Verstärkung unserer Kulturpropaganda durch Besetzung der als Ansatzpunkte eventuell in Frage kommenden Positionen wesentlich verringern, und daß sie, wenn sie erst einmal Fuß gefaßt haben, alles tun werden, um den deutschen Kultureinfluß in China zu zerstören, bedarf wohl keiner weiteren Ausführungen.

3. Gefährdung unserer wirtschaftlichen Position.

Die Gefahr, die dem deutschen Handel mit China durch den Massenzuzug der Juden droht, kann nicht ernst genug eingeschätzt wertden. Nicht nur, daß ja der Handel die eigentliche Domäne erfolgreicher jüdischer Betätigung ist, sondern diese Gefahr erwächst uns hier auch in einer Zeit und unter Verhältnissen, die für uns die denkbar ungünstigsten sind. In Shanghai findet der jüdische Kaufmann heute eine geradezu ideale Basis für seinen Aufstieg: ein ansässiges, in Shanghai schwer reich gewordenes internationales Judentum als Rückhalt, Deutschfeindlichkeit der meisten mit dem deutschen Handel in schärfstem Wettbewerb stehenden Fremden, wachsendes Mißtrauen gegenüber Deutschland auf Seiten der Chinesen, verworrene politische und administrative Verhältnisse, Rechtsunsicherheit und unzulängliche polizeiliche Kontrolle, eine labile Währung sowie Notbetrieb auf allen Gebieten wirtschaftlicher Tätigkeit.

Bei diesem günstigen Nährboden ist es unerheblich, ob der jüdische Zuwanderer hier mit gefüllter oder leerer Tasche eintrifft. Gewiß wird dieser und jener zugrunde gehen oder weiterwandern, die Mehrzahl aber muß und wird hier vorankommen und damit gefährlich werden. Diese Entwicklung wird jedoch nicht etwa auf Kosten der Chinesen gehen, sondern in erster Linie auf Kosten des deutschen Kaufmanns und der deutschen Wirtschaft, gegen die sich der Jude nur allzu bereitwillig mit den Angehörigen anderer Nationen verbünden wird. Schon jetzt, wenige Monate nach der Ankunft der ersten größeren Emigrantenschübe, machen sich die ersten Anzeichen dieser Entwicklung bemerkbar, so z.B. auf dem Gebiete deutscher pharmazeutischer Produkte, denen die jüdischen Emigranten durch von ihnen selbst hergestellte billige Surrogate ähnlicher Art Konkurrenz zu machen beginnen. Es ist durchaus damit zu rechnen, daß in verhältnismäßig kurzer Zeit ein Teil der zugewanderten Juden aus Deutschland hier zu Wohlstand und Einfluß gelangt sein wird, und daß ihr Aufstieg eine progressive Zerstörung der deutschen wirtschaftlichen Position in Shanghai und damit in China mit sich bringen wird.

4. Antideutsche Propaganda.

Mit dem m[eines] E[rachtens] unvermeidlichen allmählichen wirtschaftlichen Erstarken der jüdischen Emigranten in China von der Basis Shanghai aus wird ohne Zweifel auch eine systematische antideutsche Propaganda auf allen Gebieten von dieser Seite her einsetzen. Die demokratische chinesische und halbchinesische Presse in Shanghai, deren Ton gegenüber Deutschland wegen des deutsch–japanischen Verhältnisses sowieso schon sehr feindselig ist, bietet dafür ein besonders gutes Betätigungsfeld. Daß eine solche Propaganda nicht nur von den mit uns in China wirtschaftlich und kulturell rivalisierenden Ländern, sondern auch sonst ausgenutzt werden wird, und daß darunter der deutsche Handel wie überhaupt alle deutsche Betätigung in China sehr leiden wird, liegt auf der Hand.

In Shanghai befinden sich heute bereits gegen 5.000 jüdische Emigranten aus Deutschland. Wenn diese Zahl weiter anschwillt, so kann das eines Tages dahin führen, daß die jüdische Kolonie hier die stärkste sein und im internationalen Shanghai allmählich einen ausschlaggebenden Einfluß ausüben wird. Aus den oben angeführten Gründen dürfte es daher im dringenden deutschen Interesse liegen, diese Entwicklung deutscherseits nicht nur nicht zu fördern, sondern nach Möglichkeit zu unterbinden.

BArch, R9208, DBC, Nr.2329, Bl.90–95.

127

Anweisung der Auslandsorganisation der NSDAP an den Leiter der Landesgruppe China, Siegfried Lahrmann[31]

Berlin, 26. Juni 1940

Wiederholte Vorkommnisse veranlassen mich, Sie zu bitten, Personen, die mit nach Ostasien emigrierten Juden verheiratet sind und in das Reich zurückzukehren wünschen, keine irgendwie geartete Hilfe zukommen zu lassen, da es weder im Interesse der NSDAP noch ihrer Gliederungen und angeschlossenen Verbände (z.B. NSV) noch überhaupt in dem des Reiches liegen kann, solche Personen bei der Rückwanderung ins Reich zu unterstützen.

Diese Personen haben in dem Augenblick der Heirat jede Verbindung zu ihrer ehemaligen Heimat verloren; es schadet daher dem deutschen Ansehen im Ausland durchaus nichts, wenn ein derartiger Personenkreis von der Hilfe durch deutsche Behörden und Parteidienststellen ausgeschlossen wird.

Ich bitte, auch auf die zuständigen Stellen des Reiches entsprechend einzuwirken.

FOSD/Microcopy, War Documents, GFM 2–5, Serial 689, AA, Staatssekretär und Chef der AO der NSDAP, Aufn. D700691.

128

Verfügung des Stadtrates von Shanghai[32]

Shanghai, 27. Oktober 1939

Einreise europäischer Emigranten

Im letzten August verkündete der Stadtrat von Shanghai, daß er gezwungen sei, den weiteren Zuzug europäischer Emigranten in die Internationale Niederlassung in Shanghai zu verbieten.

Der Stadtrat gibt jetzt bekannt, daß dieses Verbot für jene Personen nicht gilt, die unter die folgenden Kategorien fallen:

1. Personen, die für den Verbrauch in Shanghai nicht weniger als US$ 400 im Falle eines Erwachsenen oder nicht weniger als US$ 100 im Falle eines Kindes unter 13 Jahren besitzen, bzw. entsprechende Summen in anderer Fremdwährung.

---

31 Das Schreiben stammt aus dem Persönlichen Referat des Chefs der Auslandsorganisation der NSDAP, Ernst Wilhelm Bohle, und ist von Schenk gezeichnet.

32 Aus dem Englischen übersetzt von Ingrid Dammalage–Kirst.

Die Verantwortung, den Besitz der erforderlichen Summen vor der Buchung von Passagen zu überprüfen, obliegt den Reedereien oder Eisenbahnbetrieben oder anderen Reiseagenturen, die eine Bescheinigung vom Komitee zur Unterstützung europäischer jüdischer Emigranten in Shanghai erhalten müssen, daß die entsprechenden Summen in Shanghai zur Verfügung stehen.

2. Personen, die eine Einreiseerlaubnis vom Stadtrat aus dem Grund erhalten, daß

a) sie enge Verwandte (Eltern, Ehemann, Ehefrau, Kinder) mit nachgewiesenem Vermögen unter den in Shanghai lebenden Emigranten haben; oder

b) sie einen Arbeitsvertrag mit einem Bewohner Shanghais haben; oder

c) sie beabsichtigen, einen Ortsansässigen in Shanghai zu heiraten.

Anträge für solche Einreisegenehmigungen müssen beim Stadtrat durch das Komitee zur Unterstützung europäischer jüdischer Emigranten in Shanghai gestellt werden und sollten an Raum 446, Cathay Hotel, adressiert sein. Die Gewährung oder Ablehnung einer Genehmigung liegt im Ermessen des Stadtrats. Anträge, die durch das Komitee zur Unterstützung europäischer jüdischer Emigranten eingereicht werden, werden von einer Spezialabteilung der Polizei überprüft, bevor die Genehmigungen ausgestellt werden.

Zur Beachtung. Zur Zeit sind diese Bestimmungen nur anwendbar auf den Bereich der Internationalen Niederlassung, der südlich des Suzhou Creek liegt. Emigranten, die sich im Bereich nördlich des Suzhou Creek in der Internationalen Niederlassung anzusiedeln wünschen, müssen die Bestimmungen der japanischen Behörden erfüllen.

Municipal Gazette (Shanghai), 27.10.1939.

129

Aus den Erinnerungen der Journalistin Anna Wang[33]

[Frühjahr 1940]

Zusammenarbeit mit Madame Sun [Song Qingling][34]

---

33 Anna Wang ging 1936 mit ihrem chinesischen Ehemann Wang Bingnan, damals kommunistischer Funktionär innerhalb der Gruppe der chinesischen Studenten in Europa, nach China. Die Nähe Wang Bingnans zur Führung der KPCh brachte Anna Wang ebenfalls mit dieser Führung in Berührung. Sie lebte in China bis 1955. Über ihren Weg nach China schreibt sie einleitend im hier auszugsweise wiedergegebenen Erinnerungsbuch: „Mein chinesischer Mann trennte sich schwerer von Deutschland als ich. [...] Doch sehnte sich auch Bingnan nach einem aktiveren Leben, in China hofften wir mehr tun zu können als in Europa, und so packten wir unsere Koffer, nahmen Abschied von meiner Mutter und unseren Freunden und verließen im Februar 1936 Berlin. Wir wählten den Landweg über Sibirien, weil Bingnan es vorzog, über den politisch ungefährlicheren Weg, durch die 'Hintertür' also, über Nordchina in seine Heimat, die im Nordwesten gelegene Provinz Shaanxi, zu fahren, ohne die unter der Kontrolle der antikommunistischen Nanking–Regierung stehenden Ostprovinzen zu berühren" (S.22f.).

Als Madame Sun im Frühjahr 1940 nach Chongqing kam, besuchte ich sie nur selten. Sie wohnte in dem „Schloß" der Kongs[35] als Gast ihrer älteren Schwester, und obwohl nach außen hin das Verhältnis innerhalb der Song–Familie recht herzlich war, so fühlte sie sich doch nicht so frei wie in ihrer eigenen Wohnung in Hongkong.

Ihre Schwestern Madame Kong und Madame Chiang[36] taten ihr Bestes, um die große Wiedervereinigung der Song–Familie[37] offenkundig zu machen, Empfänge, Besichtigungen, Abendessen mit ausländischen Diplomaten, und immer wieder Reporter und Photographen, die das seltene Bild der drei Schwestern oder das noch sensationellere von Chiang Kaishek und seiner widerspenstigen liberalen Schwägerin auf ihre Filme bannten. [...]

Über die verhängnisvolle Rolle, die ihre Familie, die Song–Dynastie, in den Kriegsjahren spielte, gab sie [Song Qingling] sich keinen Illusionen hin. Sie mißbilligte Chiang Kaisheks autoritäre, undemokratische Haltung, sie wußte von Madame Kongs Spekulationsgeschäften und Madame Chiangs unzeitgemäßem Luxus. Wenn sie mit guten Freunden zusammen war, machte sie darüber manche bittere oder satirische Bemerkung, aber ihre erstaunliche politische Gewandtheit und ihre in vielen Jahren erlernte Selbstbeherrschung hielten sie damals davor zurück, ihre Einstellung noch deutlicher zu machen. Sie wollte nicht radikaler sein als die Kommunisten, man mußte eben sehen, wie man mit List und diplomatischem Geschick fortschrittliche Institutionen und nützliche Projekte fördern konnte, ohne sich allzu offen den herrschenden Gewalten entgegenzustellen.

Trotz ihrer an der Oberfläche so verbindlichen, fast nachgiebigen Haltung gegenüber dem „Hof" ihrer mächtigen Familie verlor sie niemals das Vertrauen der oppositionellen Intellektuellen und der fortschrittlichen Jugend, ein Vertrauen, das sich auf ihre stets eindeutigen Handlungen gründete, die konsequent der ihrer Überzeugung nach richtigen Linie folgten. Man wußte, daß sie als einzige ihrer Familie nie für ihren eigenen Vorteil, sondern stets für eine bessere Zukunft ihres Volkes lebte und handelte. Das Volk nannte sie „das Gewissen Chinas".

Es ist schwierig für jeden, der sie kannte, und noch schwieriger für jemand, der jahrelang mit ihr verbunden war, zu schildern, wie stark ihre leidenschaftliche Hingabe an die Sache der chinesischen Revolution auf ihre Umgebung einwirkte. Ihre innere Heiterkeit, ihr Mut brachten uns über manche schwere Stunde hinweg.

„Du wirst es in Chongqing nicht leicht haben", sagte sie mir zum Abschied, bevor sie wieder nach Hongkong zurückflog, „aber ich weiß, daß du es ablehnen würdest, nach Hongkong zu kommen, und du hast recht. Ich sage das nicht nur aus egoistischen Gründen", fügte

---

34 Weiter vorn in ihrem Buch (S.156–160) schildert Anna Wang eine erste Begegnung mit Song Qingling 1938 als Beginn einer Zusammenarbeit, die bis 1955 dauerte.

35 Haus von Ministerpräsident Kong Xiangxi und Ehefrau Song Ailing (der älteren Schwester von Song Qingling).

36 Song Meiling, jüngste der drei Song–Schwestern.

37 Song Qingling hatte 1927 mit Chiang Kaishek gebrochen. Nun – 1940 – war sie im Interesse des gemeinsamen antijapanischen Kampfes zunächst kurzzeitig nach Chongqing gekommen. Nach dem japanischen Überfall auf Pearl Harbour siedelte sie Anfang 1942 ganz nach Chongqing über.

sie lächelnd hinzu, „natürlich weiß ich, daß du für unsere China Defense League sehr nützlich sein kannst, wir brauchen die Verbindung zur Achten Armee, und wir brauchen jemand, der uns die notwendigen Berichte über die Hospitäler in Nordchina liefert.“

So würde ich also weiter bei Zhou Enlai den Ruf nach Berichten erheben und versuchen, aus unvollkommenen und unzusammenhängenden, mühsam zusammengesuchten Einzelheiten etwas zu schreiben, was den Ansprüchen unserer ausländischen Freunde genügen könnte.

Madame Sun machte sich große Sorgen um die Versorgung der Hospitäler mit den für sie bestimmten Medikamenten: „Wie können wir unseren ausländischen Freunden erklären, daß die Regierung die Transporte nicht durchlassen will?“ schrieb sie mir aus Hongkong. „Ich zögere noch immer, ihnen reinen Wein einzuschenken, aber wenn sogar Mitglieder des britischen Hilfswerks an der Blockadelinie scheitern, wird es sich ja nicht verheimlichen lassen.“

Wir mußten in der Tat in den nächsten Jahren jeden Versuch dieser Art aufgeben und uns darauf beschränken, der Vertretung der Achten Armee in Chongqing das im Ausland für die Hospitäler gesammelte Geld zu übergeben.

Anna Wang: Ich kämpfte für Mao. Eine deutsche Frau erlebt die chinesische Revolution, Hamburg 1964, S.350f.

130

Offener Brief des Vereins Chinesischer Studenten e.V. an den Geschäftsführer des Ostasiatischen Vereins, Otto Richter

Berlin, November 1940

Es ist uns eigentlich etwas peinlich, gerade an Sie, Herr Dr. Richter, einige Fragen richten zu müssen, nachdem wir Ihre Meinung unter der Überschrift „Das Echo aus Chongqing“ in der Ostasiatischen Rundschau Nr.10 vom Oktober 1940 gelesen haben, wo Sie doch jede Gelegenheit benutzt haben, Ihren Wunsch sowie auch den des von Ihnen geführten „Ostasiatischen Vereins“, die Vertiefung der freundschaftlichen Beziehungen zwischen China und Deutschland, zu bekunden. Offenheit und Ehrlichkeit sind zwei Tugenden, die unseren beiden Völkern eigen sind, und darum wollen wir ganz offen und ehrlich unsere Meinung sagen. Außerdem glauben wir, daß der Artikel „Das Echo aus Chongqing“ dieses oben genann te Ziel nicht fördern, sondern im Gegenteil ihm hinderlich sein könnte und Sie uns daher dieses nicht übelnehmen werden.

Ihnen als Schriftleiter, der berufen ist, über Ostasien zu schreiben, dürfte die politische Denkart des chinesischen Volkes, besonders während des schon mehr als drei Jahre dauernden Krieges, bekannt sein. Trotzdem ist es vielleicht doch nicht überflüssig, sie an dieser Stelle nochmals zu wiederholen, sie ist äußerst einfach. China kämpft weder für irgendeine fremde Idee noch für irgendein fremdes Interesse noch für irgendeine fremde Macht oder irgendwelche fremde Mächte. Es kämpft einzig und allein für die Existenz und die Zukunft des chinesischen Volkes. Es hat ferner von Anfang an auch nicht auf fremde Hilfe gerechnet und im Laufe der drei Jahre weder darauf gewartet noch damit gekämpft. Es hat sich auch von niemandem in die Arme ziehen lassen, der ihm Unterstützung gewährte, und auch niemandem einen Vorwurf gemacht, der ihm keine Hilfe geleistet hat. In diesem Falle gilt bei dem Chinesen das Sprichwort „Nur dem wird geholfen, der sich selbst hilft", als Grundsatz. China ist der Meinung, daß jede Nation, die sich im Kampf um ihre Existenz befindet, die Berechtigung hat, alles zu unternehmen, was ihr zum Siege verhelfen kann. So handelt China und so würden auch alle anderen Nationen handeln. Daher haben die Chinesen auch stets Verständnis für alle deutschen politischen Aktionen wie den „Antikominternpakt", den „Deutsch–Russischen Nichtangriffspakt" und den „Dreimächtepakt" gezeigt, obwohl diese Abkommen vielen Chinesen nicht als übereinstimmend erscheinen. Deswegen ist es besonders bedauerlich, daß Sie, Herr Dr. Richter, der Sie sich doch so intensiv mit den Problemen Ostasiens beschäftigt haben, unserem Lebenskampf, der schon 40 Monate lang dauert und der von China so viele Opfer an Menschen und Material gefordert hat, kein Verständnis entgegenbringen, wie Ihr Artikel „Das Echo aus Chongqing" zeigt. Nennen Sie es einen unfreundlichen Widerhall, wenn der chinesische Außenminister zu der Unterzeichnung des Dreimächtepaktes nichts anderes erklärte, als, daß China die Führung Japans bei der Schaffung einer Neuordnung im Großasiatischen Raum nicht anerkennt, und daß die Unterzeichnung eines Paktes zwischen dritten Mächten in keiner Weise die Stellung Chinas, sein Recht und seine Interessen berührt?

Meinen Sie nicht, Herr Dr. Richter, daß es Chinas eigene Sache sei, ob es die Führung Japans in Ostasien anerkennt oder nicht, oder meinen Sie, daß China diese auch anerkennen müsse, wenn Deutschland und Italien sie anerkennen? Nennen Sie es unfreundlich, wenn China sich nicht damit abfindet, daß dritte Mächte das Recht und die Interessen Chinas bestimmen wollen? Oder wären Sie damit einverstanden, wenn dritte Mächte irgendeine Aktion abschließen, die die Rechte und die Interessen Ihres Vaterlandes bestimmen würden?

Da sowohl der Text des Dreimächtepaktes als auch die Erklärung des Deutschen Außenministers kein Wort davon enthalten, daß auch China die Führung Japans bei der Schaffung der Neuordnung in Ostasien anerkennen müßte, müssen wir annehmen, daß es Ihrem Wunsche oder dem der deutschen Exportfirmen, die jahrzehntelang mit China in guten wirtschaftlichen Beziehungen stehen und die den Ostasiatischen Verein gebildet haben, nicht entspricht, wenn China die Führung Japans in Ostasien nicht anerkennt.

Ob es der chinesischen Regierung besser oder schlechter geht, ist ihre Sache. Diese dürfte wohl besser über ihre eigene Lage Bescheid wissen, als Sie, Herr Dr. Richter. Die Worte, wie „Marschall Chiang Kaishek befindet sich in größter Bedrängnis", „seine demokratischen Freunde aus London und Paris haben ihn im Stich gelassen" und „aus New York wirft man ihm ein paar lumpige Dollars hin mit dem schönen Gruß 'ohne mehr für heute, freundschaftlichst...'" und „... nachdem sich die japanischen Truppen in Indochina eine Basis geschaffen haben, von der aus sie den Verkehr auf der Burmastraße nach Belieben lahmlegen können", die Sie in Ihrem Artikel anführen, sind sämtlich Worte der japanischen Propaganda. Daher messen wir auch diesen Ihren Worten keine Bedeutung bei und sehen Sie nur als Sprachrohr der japanischen Propaganda an. Sie hätten aber Japan keinen besonderen Dienst erwiesen, wenn Sie sagen würden, daß Japan nur von ein paar lumpigen Dollars Amerikas drei Jahre lang in Schach gehalten wird. Was Sie über die Burma–Straße sagen, ist auch mehr als interessant. Sicherlich würde es den Japanern sehr willkommen sein, wenn sie wirklich nach Belieben den Verkehr auf der Burma–Straße lahmlegen könnten, wie Sie es angegeben haben.

Eines können wir Ihnen, Herr Dr. Richter, versichern, nämlich, daß wir weder demokratische noch faschistische noch nationalsozialistische noch kommunistische Freunde unterscheiden. Jeder, der nicht unseren Feind gegen uns unterstützt, und jeder, der Sinn für eine gerechte Sache hat, ist und bleibt unser Freund. Dabei spielt für uns Chinesen die politische Ideologie keine Rolle. Außerdem können Sie, Herr Dr. Richter, versichert sein, daß keine chinesische Zeitschrift, die die Aufgabe hat, die deutsch–chinesischen Beziehungen zu fördern, wie Ihre Ostasiatische Rundschau, englische Propagandaworte gegen Deutschland als eigene Meinung wiedergeben würde, wie Sie sich, ob absichtlich oder unabsichtlich wissen wir allerdings nicht, bei der Beurteilung chinesischer Angelegenheiten ausschließlich japanischer Propagandaworte bedient haben.

Es tut uns sehr leid, daß Sie trotz des jahrelangen heldenmütigen Kampfes der Chinesen, der große Bewunderung in der ganzen Welt und auch in ihrem Feindland, Japan, hervorgerufen hat, noch immer nicht den „Schlüssel zum Verständnis der Haltung der Chinesischen Regierung", die die Führung Japans in Ostasien nicht billigen kann, haben finden können. Sie meinen, daß „man in Chongqing vielleicht glaubt, den Kampf mit Japan immer noch nach alten asiatischen Methoden und nach gut asiatischer Sitte, für welche Zeitbegriffe keine ausschlaggebende Rolle spielen, durchstehen zu können". Meinen Sie, Herr Doktor, daß China nichts unternimmt und alles der Zeit überläßt? Was verstehen Sie denn unter „ostasiatischer Methode" und „gut asiatischer Sitte"? Glauben Sie, daß China mit ostasiatischen Methoden und gutasiatischer Sitte Japan drei Jahre lang erfolgreichen Widerstand geleistet hätte? Glauben Sie, daß Japan des Krieges schon überdrüssig ist und die Japaner in der letzten Zeit sowohl im Süden als auch in Mittel– und Nordchina den Rückzug angetreten haben, von dem Sie vielleicht noch nichts wissen oder nichts wissen wollen, weil die Chinesen in diesen drei Jahren auf Zeit gewartet und dabei fest geschlafen haben? Oder glauben Sie, daß es sich hier um einen „siegreichen Rückzug" handelt?

Wir können Ihnen, Herr Dr. Richter, ehrlich sagen, daß wir keinen Haß gegen die Japaner haben. Auch die chinesischen Staatsmänner haben mehrmals betont, daß der Untergang Japans kein Glück für China sein kann. Eine Überbrückung der Spannungen zwischen China und Japan wird erst dann leichter sein, wenn es auch Japan bewußt geworden ist, daß Chinas Untergang kein Glück für Japan sein wird, und nicht, wie Sie vorschlagen, wenn „Japan die Führung in Ostasien innehat". Japan kann, wenn es dazu imstande ist, den anderen Mächten gegenüber in Ostasien unternehmen, was es will. Es ist uns auch gleichgültig, was für eine Neuordnung geschaffen werden soll und wo sie geschaffen werden soll. Wir Chinesen müssen aber unsere Freiheit und unsere Unabhängigkeit besitzen und unseren Lebensraum, um sich einer deutschen politischen These zu bedienen, die Sie, Herr Doktor, selbst mit Nachdruck betont haben, wahren. Wir glauben, daß auch Sie, Herr Dr. Richter, es den 450 Millionen Chinesen gönnen müssen, einen eigenen Lebensraum zu haben und sich auch damit abfinden müssen, wenn China nicht unter japanischer Führung leben will. Es ist daher überflüssig zu betonen, daß China nicht den Kampf auf Leben und Tod gegen Japan führt, nur weil die „Führung Japans in Ostasien für manche Chinesen im ersten Augenblick befremdend ist", wie Sie sagten. Können Sie nun gar nicht begreifen, was es für die Weltgeschichte und die Weltentwicklung bedeutet, wenn China, das beinahe so groß wie ein ganzer Erdteil ist, einen blutigen Kampf für seine Freiheit und seine Unabhängigkeit erfolgreich führt und was es für die Menschheit überhaupt bedeutet, wenn ein Volk von 450 Millionen Menschen einig und geschlossen, selbstbestimmend und friedliebend in der Welt auftritt?

Da Ihre Meinung sehr eigenartig und vielsagender als die der deutschen amtlichen Stellen ist, glauben wir, daß es notwendig ist, dieselbe ins Chinesische zu übersetzen und in chinesischen Zeitschriften zu veröffentlichen. Wir können nicht vorhersagen, was sie für eine Reaktion bei den Chinesen auslösen wird. Wir können uns aber sehr gut vorstellen, wie das deutsche Volk und auch Sie, Herr Dr. Richter, darauf reagieren würden, wenn eine chinesische Zeitschrift schreiben würde, „daß Deutschland durch irgendeine fremde Macht zum Krieg gegen England gereizt wurde", und daß „die Überbrückung der Spannungen zwischen Deutschland und England leichter sein wird, auch wenn, für manchen Deutschen erst befremdend, England die Führung bei der Neuordnung im europäischen Großraum innehat". Ihre Hoffnung, „daß die Chongqing–Regierung, vertreten und verkörpert durch den Marschall Chiang Kaishek, nach objektiver Prüfung des Berliner Dreimächtepaktes eine klare, endgültige Stellungnahme bekunden wird, die China in seiner Gesamtheit in den Kreis der Nationen des Dreimächtepaktes einbezieht", können Sie eigentlich als erfüllt ansehen. Sie können auch beruhigt sein, daß Marschall Chiang Kaishek den Berliner Dreimächtepakt objektiv geprüft hat. Vielleicht sogar objektiver, als Sie denken. Obwohl wir stets, wie schon gesagt, Verständnis für Deutschland und seine politischen Aktionen haben, wird China doch sein Recht behalten müssen, anzuerkennen und zu unternehmen, was es für richtig hält. Denn Sie werden doch schließlich nicht glauben, daß das chinesische Volk und die chinesische Regierung nicht wissen, was sie zu tun haben. Sie werden auch sicherlich nicht annehmen, daß Marschall Chiang Kaishek die politische Lage nicht so gut übersehen kann wie Sie, Herr Dr. Richter. Sie haben vorgeschlagen, daß „wir den Berliner Dreimächtevertrag einer objektiven Prüfung unterziehen sollen". Wir können Ihnen an dieser Stelle sagen, daß wir Chinesen, worüber Sie sich keine Sorge zu machen brauchen, stets eine sehr reale Politik treiben und alles, was China betrifft, subjektiv, und zwar absolut subjektiv, und alles, was das Ausland betrifft, objektiv, und zwar absolut objektiv, beurteilen, was die Außenpolitik Chinas auch deutlich beweist. Das scheint leider bei Ihnen, Herr Dr. Richter, wenn man Ihren Artikel liest, nicht der Fall zu sein. Und daher glauben wir, in Anbetracht der Weiterentwicklung der guten deutsch–chinesischen Beziehungen, die Sie sich ebenfalls zum Ziel gesetzt haben, der Hoffnung Ausdruck geben zu dürfen, daß Sie bei der Beurteilung der ostasiatischen Angelegenheiten in Zukunft ebenfalls Objektivität bewahren möchten, auch wenn Sie selbst,

Herr Dr. Richter, weder in China gewesen sind, noch die chinesische Kultur, Schrift oder Sprache kennengelernt haben und im allgemeinen als projapanisch angesehen werden.

Hrsg. vom Verein Chinesischer Studenten e.V., Berlin W, Sächsische Str. 71. Im Besitz der Preußischen Staatsbibliothek Berlin.

131

Bericht des Reichshauptamtsleiters beim Reichsorganisationsleiter der NSDAP, Claus Selzner, über eine Reise nach Japan

München, 30. Januar 1941

Bericht über die Japanreise der Parteigenossen Reichshauptamtsleiter Claus Selzner und Reichshauptamtsleiter Otto Gohdes.
Berichterstatter Pg. Claus Selzner, Delegationsführer.

[...][38] Unterhaltungen mit dem Landesgruppenleiter der NSDAP Japan, Pg. Hillmann, und dem Deutschen Botschafter Pg. General Ott haben erkennen lassen, daß die Haltung der in China lebenden Deutschen eindeutiger die Sympathien für die Japaner zum Ausdruck bringen müsse. Die bisherige Ansicht, daß sie ihre Sympathien den Chinesen schenken müßten, sei insbesondere seit dem Abschluß des Dreimächtepaktes in keiner Weise mehr haltbar und müsse einer Revision unterzogen werden. Sowohl Pg. Hillmann wie Pg. General Ott glaubten, dem Delegationsführer und seinem Begleiter die Fähigkeit zutrauen zu können, eine überzeugende Gleichschaltung der überholten Ansichten der Chinadeutschen herbeizuführen. Hierdurch wurde eine Reise nach Shanghai notwendig. Die deutsche Delegation fand sich sofort bereit, diesem Wunsch der Pgg. Hillmann und Ott zu entsprechen. Sie flogen nach China und haben dort in einem dreitägigen Programm versucht, der ihnen gestellten Aufgabe gerecht zu werden. Nach der Ansicht aller Beteiligten ist ihnen das auch gelungen. In einer Rede, die der Delegationsführer vor den Spitzen des Deutschtums in China in der Wohnung des Generalkonsuls Dr. Fischer hielt, wurde vor einer qualifizierten Zuhörerschaft dieser Effekt erreicht. Auf einer Veranstaltung, an welcher die gesamte deutsche Gemeinde teilnahm, sprachen Pg. Selzner und Pg. Gohdes mit großem Beifall, ferner wurde die Besatzung des

38 Der Bericht beginnt mit einem Überblick über das Reise– und Besuchsprogramm der Delegation in Japan. Hier gedruckt ist ein Abschnitt der Seiten 10 und 11, der sich mit einem Kurzaufenthalt der Delegation in China befaßt. Zweck der Reise waren Gespräche zur Vertiefung der deutsch–japanischen Zusammenarbeit nach dem Abschluß des Dreimächtepaktes. Den äußeren Rahmen bildeten die japanischen Feierlichkeiten zum 2600jährigen Bestehen des japanischen Kaiserhauses am 10. und 11.11.1940 und die in ihrem Umfeld stattfindenden Veranstaltungen, mit denen Japan seinen Führungsanspruch in „Großostasien“ demonstrierte.

vor Shanghai liegenden Dampfers „Ramses" besucht. Ein Besuch bei dem japanischen Generalkonsul ging über den Charakter eines Höflichkeitsbesuchs hinaus und führte zu der Feststellung der beiderseitigen Bereitschaft, hinkünftig immer zusammen und in Gemeinschaft mit dem italienischen Generalkonsul und dem Faschio in Shanghai in der Öffentlichkeit aufzutreten und so die Solidarität auch zu zeigen. Der Unterhaltung mit dem japanischen Generalkonsul, der entsprechend der Bedeutung des Platzes Shanghai eine starke Persönlichkeit ist, wohnte der Landesgruppenleiter der Auslandsorganisation der NSDAP China, Pg. Lahrmann[39] , bei. Alsdann traten wir den Rückflug nach Tokio an.

In Tokio erledigten wir nur den Abschied und begaben uns auf die Heimreise.

Die Heimreise war so vorbereitet, daß wir auch die Landesgruppe Manzhouguo der Auslandsorganisation der NSDAP besuchten. Im Programm war vorgesehen der Besuch der Deutschen in Dalian, Xinjing und Harbin. [...][40] Durch den Unfall reichte die Zeit für Dalian nicht mehr aus, und es ergab sich die Möglichkeit eines Besuches der Deutschen in Mukden [Shenyang]. Hier trafen wir den Deutschen Gesandten Pg. Dr. Wagner und die Deutsche Gemeinde. Wir sprachen beide zu den Versammelten und reisten daraufhin nach Xinjing weiter, wo wir ebenfalls eine Versammlung abhielten und woselbst wir uns abends mit dem Gesamtkabinett der mandschurischen Regierung trafen, und zwar anläßlich eines Banketts, gegeben durch den Deutschen Gesandten zu Ehren des Dreimächtepakts. Die Veranstaltung nahm einen glanzvollen Verlauf.

Daraufhin besuchten wir die deutsche Ortsgruppe in Harbin, wo wir ebenfalls eine Versammlung abhielten, um dann nach Manzhouli, der mandschurisch–russischen Grenzstation, zu reisen. Da in Manzhouguo die Pest herrschte, mußten wir auf der russisch–mandschurischen Grenzstation Otpor uns einer achttägigen Quarantäne unterziehen.

Alsdann reisten wir mit dem Sibirien–Expreß nach Moskau und flogen von Moskau nach Berlin, wo wir am 20.12.40 eintrafen. [...][41]

Delegationsführer

BArch, NS22, Reichsorganisationsleiter der NSDAP, Nr.660, Bl.89–102 (S.1–13).

---

39 Fehlerhafte Schreibweise. Richtig: Lahrmann.

40 Es folgt die Schilderung eines Schiffsunfalls bei der Überfahrt von Shimonoseki nach Fusan.

41 Es folgen Schlußbemerkungen, in denen Selzner einzelne deutsche Diplomaten charakterisiert und abschließend vorschlägt, an der deutschen Botschaft in Tokio einen „ständigen Delegierten der Parteileitung" zu stationieren, „um dem dauernden Bedürfnis nach Beratung Befriedigung zu verschaffen. Stellung etwa titl. Generalkonsul oder Botschaftsrat."

132

Bericht des Generalkonsuls Franz Siebert, Kanton, an die Dienststelle der Deutschen Botschaft Nanjing

Kanton, 5. März 1941

Am 3. März d[es] J[ahres] verließ der am 20.10.1892 zu Berlin geborene Jude Dr. Albert Israel Marck Kanton, um in Nanjing bei der chinesischen Regierung eine Stellung als „ärztlicher Berater" anzutreten. Er wird begleitet von seiner Ehefrau Dolly Sara Marck und deren Tochter Inge Sara Colssen.

Obwohl politisch nichts über Marck und seine Familie zu berichten ist, darf ich vertraulich zur dortigen Unterrichtung bemerken, daß es sich, besonders bei den Frauen, um typische Vertreter ihrer Rasse handelt, die sich mit echt jüdischer Unverfrorenheit wahllos allen aufdrängen, die ihnen ihrer Meinung nach irgendwie nützlich sein könnten. Ihre Zumutungen werden um so dreister, als man unvorsichtig ist, ihnen in der geringsten Kleinigkeit entgegenzukommen. Ihre schmeichlerische Aufdringlichkeit ist nicht nur in deutschen, sondern auch in ausländischen Kreisen Kantons unangenehm aufgefallen.

Da ich annehmen muß, daß der von mir im Rahmen des unbedingt Erforderlichen gewährte amtliche Beistand von ihnen der dortigen Dienststelle gegenüber in der gewohnten Weise ausgenutzt werden wird, um eine über das Notwendige hinausgehende Hilfe zu erlangen, möchte ich hiermit vor der Familie Marck warnen.

Die Karteikarten folgen mit nächster Post.

gez. Dr. Fr. Siebert

BArch, R9208, DBC, Nr.2327, Bl.15.

133

Bericht des Geschäftsträgers der Deutschen Botschaft Peking, Felix Altenburg, an das AA

Peking, 20. Juni 1941

Inhalt: Angebliche Geschäftsbeziehungen deutscher Kreise in Shanghai zu dortigen emigrierten Juden.

Ich beehre mich, den nachstehenden Bericht des Generalkonsuls in Shanghai[42] zu der nebenbezeichneten Angelegenheit vorzulegen:

---

[42] Martin Fischer.

„Es trifft zu, daß die aus Deutschland nach Shanghai emigrierten Juden sich hier in erster Linie an Mitglieder der reichsdeutschen Kolonie heranzumachen versuchen. Das hat seinen Grund darin, daß sie meist über keine englischen oder chinesischen Sprachkenntnisse verfügen und deshalb zunächst die Deutschen aufsuchen, um durch Verkauf von Sachen, die sie aus dem Reich haben mit sich führen können, eine gewisse Summe Geldes in die Hand zu bekommen, mit der sie sich hier eine Existenz zu gründen vermögen. Sowie sie aber die ersten englischen Sprachkenntnisse erworben haben, wenden sie sich an das gesamte ausländische Käuferpublikum, wobei sie Engländern und Amerikanern wegen ihrer Kaufkraft den Vorzug geben.

Wenn die Deutschen Shanghais zum Teil bei Juden kaufen und ihnen Aufträge geben, so geschieht das deshalb, weil der Jude besser als der Chinese und billiger als Europäer und Amerikaner liefert. Mitleid spielt als Motiv bei den Deutschen keine Rolle; das dürfte nur bei den Angelsachsen häufiger der Fall sein.

Die Partei hat immer wieder das hiesige Deutschtum auf das Unzulässige jeden geschäftlichen Verkehrs mit Juden hingewiesen, und ich glaube, daß die Zahl derer, die bewußt diese Warnung mißachten, nicht sehr umfangreich ist. Allerdings wird mancher unbewußt und indirekt in geschäftliche Beziehungen zum Juden treten, was auf die sich aus den bestehenden örtlichen Verhältnissen ergebende zum Teil vorzügliche Tarnung zurückzuführen ist, die diese anwenden. Es ist ihnen geglückt, in zahlreiche chinesische und ausländische, insbesondere russische Unternehmungen, einzudringen und dort Fuß zu fassen. Sie beginnen fast stets in einer völlig untergeordneten Stelle als Austräger, Pförtner oder dergleichen und arbeiten sich allmählich in gehobenere Stellungen empor. Nach außen hin behält das Unternehmen seinen ursprünglichen Charakter, so daß der Kunde gar nicht auf die Idee kommt, daß der Nutznießer der von ihm gegebenen Aufträge zu einem erheblichen Teil ein Jude ist.

Es kommt hinzu, daß die Juden auf gewissen Gebieten ein Monopol haben, so daß auch der Deutsche zwangsläufig mit ihnen in Berührung kommt. So liegt z.B. der gesamte Autohandel – einschließlich der Vertretung deutscher Fabrikate – überwiegend in den Händen von – meist ausländischen – Juden. Ferner sind sämtliche besseren Nachtlokale in jüdischen Händen bis auf zwei, die aber auch jüdische Angestellte haben.

Die Beamten und Angestellten des Generalkonsulats sind von mir persönlich wiederholt auf das Unzulässige des geschäftlichen Umgangs mit Juden hingewiesen worden; ich halte es für ausgeschlossen, daß sie bewußt hiergegen verstoßen.

Über die angeblichen ständigen Besuche des Landesgruppenleiters Lahrmann in jüdischen Lokalen ist mir nichts bekannt."

Die Ausführungen des vorletzten Absatzes gelten auch für die Beamten und Angestellten der Dienststelle der Botschaft in Shanghai.

BArch, R9208, DBC, Nr.3375, Bl.1–3.

134

Aus den Erinnerungen des Shanghai–Emigranten Alfred Dreifuß[43]

[1943–1945]

Das Hongkou–Ghetto und die „Baojia"

Der schwärzeste Tag in der Geschichte der Shanghai–Emigration war der 18. Februar 1943. An diesem Tag proklamierte die japanische Militärbehörde nach vorausgegangenen Besprechungen mit der Gestapoleitstelle Shanghai die Eröffnung des Ghettos.

Proklamation über Wohn– und Geschäftsbeschränkung für staatenlose Flüchtlinge[44]

I. Auf Grund militärischer Notwendigkeit wird hiermit der Platz für Wohnungen und Geschäfte der staatenlosen Flüchtlinge im Shanghaier Gebiet auf das nachstehend genannte Gebiet in der Internationalen Niederlassung beschränkt. Östlich der Linie, die Chaoufung Road, Muirhead Road und Dent Road verbindet; westlich der Yangtzepoo Creek; nördlich der Linie, die East Seward Road und Wayside Road verbindet, und südlich der Grenze der Internationalen Niederlassung.

II. Die staatenlosen Flüchtlinge, die gegenwärtig in einem anderen Distrikt als dem vorstehend angegebenen Gebiet ansässig sind und/oder Geschäfte betreiben, haben ihre Wohn– und/oder Geschäftssitze bis zum 18. Mai 1943 in das vorstehend bezeichnete Gebiet zu verlegen. Für die Übertragung, den Verkauf, den Erwerb oder das Vermieten von Räumen, Häusern, Läden oder anderen Etablissements, die außerhalb des bezeichneten Gebietes gelegen sind und deren Inhaber oder Benutzer gegenwärtig staatenlose Flüchtlinge sind (sic!), ist eine Genehmigung der japanischen Behörden einzuholen.

III. Personen, die keine staatenlosen Flüchtlinge sind, dürfen nicht ohne Genehmigung der japanischen Behörden in das in Abschnitt I erwähnte Gebiet umziehen.

IV. Personen, die diese Proklamation verletzen oder ihre Durchsetzung behindern, werden streng bestraft.

Oberbefehlshaber der Kaiserlich–Japanischen Armee im Gebiet Shanghai.

Oberbefehlshaber der Kaiserlich–Japanischen Flotte im Gebiet Shanghai.

18. Februar 1943

Nahezu sämtliche bisher in der City wohnenden Emigranten, die ab 1939 eingewandert waren, mußten ihre Wohnungen und Geschäfte aufgeben, zu den niedrigsten Schleuderpreisen durchweg an Japaner verkaufen und in den Hongkou–Distrikt ziehen, dessen offizielle Be-

---

43 Alfred Dreifuß schreibt im Nachwort, daß er dank der Hilfe seiner Mutter im April 1939 aus dem Konzentrationslager Buchenwald entlassen wurde, und von Juni 1939 bis Juni 1947 politischer Emigrant in Shanghai war. Zum Charakter seiner Erinnerungen notiert er, daß sie weder eine Untersuchung noch eine Analyse des Faktums Emigration, sondern einen Erlebnisbericht darstellen, für dessen Wahrheitsgehalt und Richtigkeit er die volle Verantwortung übernehme. Er habe sich auf Berichte der deutschsprachigen Emigrantenpresse, seine eigenen Arbeiten, Erlebnisse und Beobachtungen sowie auf Akten der Deutschen Botschaft China gestützt.

44 Dreifuß verweist auf den Text in englischer Sprache bei Kranzler 1976:489f.

zeichnung nun „Designated Area“ lautete. Auch der Ausdruck „Segregation der Emigranten“ war geläufig. Ausgenommen waren Spezialisten wie Ärzte, Chemiker, Ingenieure und ähnliche technische Berufe, dazu noch die kleine Anzahl der vor 1933 Eingewanderten.

Die Japaner, nach Stalingrad am militärischen Sieg Hitlerdeutschlands zweifelnd, versuchten plötzlich lieb Kind mit den Chinesen zu sein und dies auch in Shanghai zu spielen. Ihre eigenen großen Verluste zu Wasser und zu Land (Pazifische Inseln) müssen als Ursache ihrer Kursänderung mit einbezogen werden. Es erfolgten, man kann sagen über Nacht, Aufrufe an die in Hongkou lebenden Chinesen, ihre dortigen Wohnungen aufzugeben und in bessere, in anderen Stadtteilen gelegene Wohnungen zu ziehen, damit für die Emigranten genügend Platz vorhanden wäre. Doch die meisten Chinesen dachten nicht daran, dies zu tun. Nicht etwa aus Trotz gegen die Emigranten, nein, im Gegenteil, aus Widerstand gegen die Japaner, ja – es gibt Hinweise genügend dafür – aus Mitgefühl für die Emigranten. Die Geschichte des Hongkou–Ghettos weist zahlreiche Beispiele chinesischer Hilfeleistungen aus. Angesichts der politischen Gesamtsituation und der regen, von verschiedenen Seiten betriebenen Spitzeltätigkeit waren diese Hilfeleistungen nicht immer ganz einfach zu tätigen.

An dieser Stelle müssen genannt werden die Schöpfer respektive die zuständigen Beherrscher dieses Ghettos. Vorangestellt werden muß, daß schon wochenlang vor der Proklamierung dieser Einrichtung Gerüchte umgingen, daß aus Nazideutschland besondere Spezialisten für KZ–Bau, Ghettofragen usw. in Shanghai eingetroffen waren und in Kontakt mit den japanischen Militärbehörden standen. Diese Gerüchte bewahrheiteten sich. Es waren die verbrecherischen Nazitypen: der „Schlächter von Warschau“, Robert Meisinger, der für die Massenmorde im Warschauer Ghetto zuständige Hans Neumann und Adolf von Puttkamer, einer der Experimentierärzte aus Auschwitz und Bergen–Belsen. Anläßlich eines von einem amerikanischen Militärgerichtshof durchgeführten Spionageprozesses (1946/47) hatte der Autor dieses Berichtes, der als Reporter für die Emigrantenpresse an den Verhandlungen teilnahm, Gelegenheit, sowohl die Protokolle der Vereinbarungen der oben Benannten mit den Japanern wie auch Werkzeichnungen zur Errichtung eines Vergasungslagers für die Emigranten auf der im Huangpu–Fluß gelegenen Insel Pootung einzusehen. Daß die Japaner nicht zur Vergasung der Emigranten schritten, hatte mit Humanität nichts zu tun, es war lediglich die Angst vor Vergeltungsmaßnahmen, da in amerikanischen Internierungslagern in den Vereinigten Staaten Abertausende japanischer Zivilisten, die in den USA lebten, untergebracht waren.

Die Japaner Ghoya und Kubota leiteten das sogenannte „Stateless Refugee Office“. Die Offiziere Watanabe und Okura, beide neben den oben Benannten in jenem Office tätig, hatten die Aufgabe, den Flüchtlingen einen sogenannten „Spezialpaß“, der zeitweilig zum Verlassen des Ghettos diente, auszustellen, der immer wieder erneuert werden mußte. Das liest sich einfach, aber wer miterlebt hat, unter welchen Demütigungen und Beleidigungen, ja mitunter mit Backpfeifen, die Aushändigung solcher Pässe vor sich ging, der bekam vom „Land der Kirschblüte“, wie die Japaner ihr Inselreich bezeichnen, einen anderen Eindruck. Mister Ghoya, der Chef des Office, nannte sich mit geschwellter Brust „The King of the Jews“. Mir wurde, als ich um die Ausstellung eines Spezialpasses bat, erwidert: „You never get a passport you are wellknown as a communist."[45] Woher wußte der Offizier, daß ich Kommunist war? Einerseits von der Gestapoleitstelle in Shanghai, die es wiederum aus Deutschland wußte, da jeder Emigrant gemeldet wurde, andererseits durch einen der zahlreichen Spitzel. Bei meiner Entlassung aus Buchenwald brüllte mich ein SS–Oberscharführer an: „Benimm dich draußen anständig, Saujud, unser Arm reicht weit." Der Mann hatte recht, der Nazi–Arm reichte bis Shanghai.

Wenn bis zum Februar 1943 der Stadtteil Hongkou zu einem beträchtlichen Teil von den Flüchtlingen nicht nur bewohnt, sondern auch wieder aufgebaut wurde, so waren es nun von den Japanern sorgfältig ausgesuchte Straßenzüge, die bezogen werden mußten. Diese lagen alle in der unmittelbaren Nähe der japanischen Admiralitäts– und sonstiger Stabsgebäude, auch von Häusern, in denen Kriegsmaterialien hergestellt wurden. Hier mußten dann für Löcher von Zimmern und Wohnungen, die bar jeder hygienischen Einrichtungen, zum Teil ohne Wasserleitungen waren, Riesensummen an sogenanntem „Schlüsselgeld" gezahlt werden, bevor man ein solches Loch zugewiesen bekam. Die Japaner rechneten damit, daß, wenn Flüchtlinge in ihrer Nachbarschaft wohnen, amerikanische Luftangriffe, die zu erwarten waren, mit Rücksicht auf die Emigranten unterbleiben würden. Hier hatten sie sich jedoch getäuscht. Es erfolgten verschiedene Bombardements genau in jene Stadtviertel. Beim schwersten Angriff am 17. Juli 1945 gab es auch unter den Emigranten zahlreiche Todesopfer und Verwundete.

Die japanische Marine– respektive Militärbehörde übte eine Schreckensherrschaft aus. Wegen geringfügiger Verstöße gegen ihre zahlreichen Bestimmungen gaben sie Gefängnisstrafen in typhusverseuchten Gefängniszellen, Prügel, Ausgehverbote, Paßentziehungen usw. Der Tod ging um: Avitaminose, Typhus, Hungerödeme, Amöbendysenterie grassierten. Unsere Ärzte standen ohne hinreichenden Medikamentenvorrat vor ihren Patienten, die Pfleger und Krankenschwestern ohne genügend Verbandzeug, Diät– oder Normalessen. In dem in der Ward Road gelegenen und nach dieser Straße benannten Emigrantenhospital wurde unter der Leitung des österreichischen Arztes Dr. Kunfi Heroisches geleistet. Eine Statistik aus den ersten acht Monaten der Ghetto–Zeit wies aus, daß bei 400 ambulatorisch erfaßten Patienten Untergewicht zwischen 20 und 70 Pfund bei der Hälfte dieser Personen festgestellt wurden. [...]

Aber auch etwas Positives muß gesagt werden: Die Japaner errichteten eine Reihe von Läden, so eine Art von Konsum, in denen die Emigrantenfrauen ihren Haushaltsbedarf dekken sollten. Doch die zogen es vor, ihre wenigen chinesischen Dollars, die ihnen für Lebensmittel und ähnliches zur Verfügung standen, den chinesischen Standbesitzern in der Markthalle zukommen zu lassen. [...][46]

Alfred Dreifuß, Shanghai – Eine Emigration am Rande, in: Exil in den USA, Leipzig 1979, S.447–517, hier: S.478–482.

45 „Sie bekommen niemals einen Paß, Sie sind als Kommunist wohlbekannt."

46 Es folgen ausführliche Kapitel zum kulturellen Leben innerhalb der Emigration unter den Überschriften „Unser Theater", „Stücke von Shanghai–Autoren", „Emigranten im Dienst des Shanghaier Musiklebens", „Die Presse der Emigration" und „Wissenschaft/Pädagogik".

135

Telegramm des Generalkonsuls Heinrich Betz, AA, an die Deutsche Botschaft Nanjing

Berlin, 1. April 1944

Auf Drahtbericht Nr.13 vom 7. Januar[47]

Chinesische Akademiker fortsetzen ihre Studien ungehindert. Eine Anzahl als Ingenieure oder Ärzte in industriellen Unternehmungen, Krankenhaus usw. berufstätig. Bisher keine Notlage, da Fortzahlung der Studienbeihilfen und im Bedarfsfall Unterstützung durch den Verband.[48] Vereinzelt materielle Verluste bei Terrorangriffen. Soweit bekannt, keine tot oder schwerverwundet.

BArch, R9208, DBC, Nr.3505, Bl.57.

136

Schreiben des Generalstaatsanwalts beim Hanseatischen Oberlandesgericht, Hamburg, an den Oberreichsanwalt beim Volksgerichtshof, Berlin

Hamburg, 14. September 1944

Haftsache!
Ausländer!

---

47 Vgl. BArch, R9208, DBC, Nr.3505, Bl.6: DB Nanjing, Woermann, an AA, 7.1.1944: Woermann erbat vom AA eine allgemeine Auskunft über das Befinden der in Deutschland lebenden Studenten. Vgl. auch ebenda, Bl.6–7, Aufzeichnung DB Shanghai, Bünger 31.12.1943: „Gelegentlich eines Essens sprach mich kürzlich der frühere chinesische Gesandte in Berlin, Liu Chongjie, auf die in Deutschland lebenden chinesischen Studenten an, die jetzt teilweise ihre Studien beendet haben und mangels einer Möglichkeit heimzukehren, vielfach Stellungen in Deutschland angenommen haben. Von einigen dieser jungen Leute hätten die Familien seit langem keine Nachricht erhalten und sie wüßten nicht einmal, wo sie sich aufhielten. Er bäte daher, die Deutsche Botschaft in China zu prüfen, ob es möglich wäre, über die Botschaft Erkundigungen über den Aufenthalt und das Befinden dieser Chinesen einzuziehen...“

48 Deutsch-Chinesischer Verband. Dieser war durch Umbenennung am 23.3.1942 aus dem Verband für den Fernen Osten hervorgegangen und hatte nach Abbruch der diplomatischen Beziehungen zwischen Deutschland und China wichtige Fragen der Betreuung der chinesischen Studenten in Deutschland übernommen.

Betrifft: Strafsache gegen Wei Ren Feng [Feng Weiren][49] und andere wegen Feindbegünstigung

Ohne Vorgang.
Anlage: Ermittlungsakte Js. 48/44[50]

Gemäß Rundverfügung vom 18.12.1934 – III a 25371 –, betrf. Behandlung wichtiger Strafsachen, Ziffer III, übersende ich die Ermittlungsakte Js 48/44 gegen die chinesischen Staatsangehörigen

1. Wei Ren Feng, geboren am 25.7.1910 in Hainan
2. Manuel Mansen, geboren am 5.10.1906 in Trujillo
3. Tin Lam Chong, geboren am 14.7.1907 in Canton
4. Bing Li, geboren am 15.1.1900 in Canton
5. Hok Tseng, geboren am 29.3.1912 in Canton
6. John Bing Yim, geboren am 19.6.1900 in Tau Schan[51]

wegen Verdachts der Feindbegünstigung.

Den Beschuldigten wird vorgeworfen, für chinesische Seeleute, die auf englischen Schiffen gefahren sind und von deutschen Kriegsschiffen aufgebracht wurden, die Ausreise aus Deutschland nach der Türkei vorbereitet und betrieben zu haben, obwohl sie wußten, daß die Chinesen von der Türkei aus wieder in englische Dienste treten würden. Nach den Ermittlungen besteht der Verdacht, daß die Beschuldigten Chongqing–Anhänger sind. Hinsichtlich der Einzelheiten darf ich auf den Schlußbericht der Staatspolizei Hamburg vom 16.8.1944 (Bl.72.78 d.A.) Bezug nehmen.

Gegen die Beschuldigten ist Haftbefehl vom Amtsgericht in Hamburg wegen Verdachts dere Feindbegünstigung erlassen worden. Sie befinden sich hier in Untersuchungshaft in der Untersuchungshaftanstalt Hamburg–Stadt.

Über die Weiterleitung des Briefes des Wei Ren Feng an den Geschäftsträger der Chinesischen Botschaft Berlin vom 30.9.1944[52] ist noch nicht entschieden worden.

Sofortige Maßnahmen durch den Ermittlungsrichter beim Volksgerichtshof werden nicht für erforderlich gehalten.

Im Auftrage:
gez.: Wollmann

BArch Berlin (ehem. Document Center), Akte Volksgerichtshof, Handakten Haft 784–789, o.Bl.

---

49 Die deutsche Transkription chinesischer Namen ist nicht eindeutig; daher wurde die im Dokument benutzte Schreibweise beibehalten.

50 Nicht gedruckt.

51 Im Begleitschreiben sind die Personenangaben ergänzt: 1. Feng, Weiren, Student aus Berlin–Charlottenburg; 2. Chong, Tin Lam, Koch aus Hamburg; 3. Li, Bing, Küchenhelfer aus Hamburg; 4. Tseng, Hok, Heizer aus Hamburg; 5. Yim, John Bing, Artist aus Hamburg; 6. Mansen, Manuel, Student aus Berlin–Charlottenburg.

52 Konnte nicht ermittelt werden.

137

Telegramm des Leiters der NSDAP–Landesgruppe China, Siegfried Lahrmann, an den Ortsgruppenleiter in Tianjin, A.F. Wetzel[53]

Shanghai, 9. Mai 1945

Auf Grund Dönitz Rundfunkansprache Flensburg achten Mai und aus Rücksicht auf Besatzungsmacht in China anordne Ortsgruppe sofort zu schließen. Folgende Organisationen sind fortzuführen und der Reichsdeutschen Gemeinschaft anzuschließen: NSV als Deutsche Hilfe, DAF als Arbeitsamt, Auslandsdeutsche Frauenschaft unverändert. Sportabteilung als Sportbund. HJ als Deutscher Jugendbund. Deutsche Rote Kreuz Beträge Einwilligung Spender an Deutsche Hilfe. Organisationsgelder nach endgültiger Abwicklung an E.H. Becker wie üblich. Parteiuniformen und Abzeichen sind nicht mehr anzulegen. Sämtliche Parteiakten sind zu vernichten mit Ausnahme der bei Fortführung der Organisation benötigten. Anordnung ist sofort durchzuführen und drahtzubestätigen. Unterrichtet sofort Peking und Zhifu. In unverändert enger Verbundenheit. Heil Hitler.
Lahrmann

BArch, R9208, DBC, Nr.1794, Bl.232.

---

53 Lahrmann ließ sein Telegramm Nr.25 von der Dienststelle der Deutschen Botschaft in Shanghai über das Deutsche Generalkonsulat in Tianjin an den Ortsgruppenleiter der NSDAP in Tianjin, A.F. Wetzel, weiterleiten.

Kapitel 8

Deutschland und China nach Kriegsende

Mit dem Ende des deutschen Faschismus am 8. Mai 1945 verlagerten sich die Endkämpfe der Anti–Hitler–Koalition von Europa nach Ostasien. Japan und die Truppen ihrer Marionettenregierungen in China setzten den Krieg fort, bis der alliierte Angriff auf die japanischen Inseln, die Einnahme von Okinawa und schließlich die US–Atombomben–Abwürfe auf Hiroshima am 6. August und auf Nagasaki am 9. August 1945 auch in Fernost den Krieg beendeten. Die militärische Besetzung Japans[1] und seiner okkupierten Gebiete durch US–amerikanische, britische, sowjetische und chinesische Verbände war innerhalb eines Monats Anfang September 1945 abgeschlossen.[2]

Nach dem Ende des nationalsozialistischen Staates am 8. Mai 1945 fanden mit der japanischen Kapitulation vom 2. September 1945 auch die Nanjinger Marionettenregierung und das Kaiserreich Manzhouguo ein Ende. Die Republik China unter Staatspräsident Chiang Kaishek nahm de jure seitdem wieder ihre Hoheitsrechte in ganz China wahr.

Die Deutschen in China vom 8. Mai bis zum 2. September 1945

Nach der deutschen Kapitulation begann für die in China lebenden Deutschen eine Zeit zwischen den Fronten. Die alliierte Luftoffensive verstärkte sich auch gegen das japanisch besetzte China, besonders gegen Hankou und Shanghai. Der schwerste Angriff auf Shanghai am 17. Juli 1945 forderte unter Chinesen und Emigranten viele Todesopfer und Verwundete.[3]

---

1 Die UdSSR hatte entsprechend ihrer auf der Jalta–Konferenz vom 4.–11.2.1945 gegebenen Zusicherung, drei Monate nach dem Ende des Krieges in Europa in den Krieg gegen Japan einzutreten, am 8. August 1945 den sowjetisch–japanischen Neutralitätspakt von 1941 gekündigt und die Kriegserklärung abgegeben. Ihre Truppen marschierten in die Mandschurei und in Nordkorea bis zum 38. Breitengrad ein. Die US–Streikräfte zogen in chinesische Küstengebiete, v.a. in Shanghai, in Südkorea und auf die japanischen Inseln ein.

2 Am 8.9.1945 rückten amerikanische Truppen in Tokio ein.

3 Vgl. Lorenz 1949:91; Dreifuß 1979:481; Kreissler 1995:14.

Die japanischen Militärstellen verschärften ihr Polizeiregime. Die Emigranten, die den 8. Mai 1945 als Tag der Befreiung erlebten, befürchteten Rache– und Vergeltungsmaßnahmen, zumal das Shanghaier Ghetto bis zum 3. September 1945 bestehen blieb.[4]

Die in Shanghai und anderen Großstädten des besetzten China ansässigen, vom amtlichen Chinadienst als Auslandsdeutsche registrierten Reichsangehörigen unterstanden nach dem 8. Mai 1945 weiterhin den noch tätigen deutschen diplomatischen und konsularischen Vertretungen (Dok. 140). Daran änderte sich auch nichts, als Japan und die Regierung in Nanjing nach der von den Vier Mächten in Deutschland am 5. Juni 1945 erklärten Regierungsübernahme Botschaft und Konsulate des Deutschen Reiches in „Deutsche Ämter" umwandeln ließen und diesen nur noch Betreuungsfunktionen gegenüber den Chinadeutschen einräumten.[5] Auf die Note der Kaiserlichen Japanischen Botschaft vom 12. Juni 1945, welche die „Einstellung der Funktionen der diplomatischen und konsularischen Beamten" anordnete,[6] folgte das „Memorandum des Außenministeriums der Chinesischen Nationalregierung in Nanjing an die Deutsche Botschaft" vom 18. Juni 1945, das die Betreuung der Deutschen durch deutsche Behörden sanktionierte (Dok. 142). Die „Deutschen Ämter" an den bisherigen Standorten des diplomatischen und konsularischen Dienstes waren bis über die japanische Kapitulation hinaus Anlaufstellen für Ausweis–, Melde–, Grundregister–, Personenstands–, Nachlaß– und soziale Anliegen der Deutschen.[7]

Die Deutschen Gemeinden, in der die meisten Auslandsdeutschen und ihre Einrichtungen und Vereine unter NSDAP–Führung offiziell zusammengeschlossen waren, setzten in Shanghai und auch an anderen Orten ihre Tätigkeit zunächst fort.[8] Bevor die NSDAP–Landesgruppe China und ihre Ortsgruppen ab 9. Mai 1945 formell aufgelöst wurden (Dok. 127), veranstalteten sie noch Trauerfeiern zum Tode Hitlers (Dok. 143). Lahrmann, Glathe und andere nationalsozialistische Funktionsträger in Shanghai versuchten, einige der NSDAP angeschlossene Verbände[9] in die Deutsche Gemeinde überzuleiten. Im Rahmen der Ge-

---

4 Die Japaner hatten von der Einrichtung von Konzentrationslagern für die Emigranten, vor allem aus Furcht vor Gegenmaßnahmen der USA, Abstand genommen. In amerikanischen Internierungslagern befanden sich Tausende japanischer Zivilisten, die in den USA lebten. Vgl. Lorenz 1949:92–94; Kreissler 1995:13f; Löber 1997:38f.

5 Vgl. Erklärung in Anbetracht der Niederlage Deutschlands und der Übernahme der obersten Regierungsgewalt hinsichtlich Deutschlands vom 5.6.1945, in: Amtsblatt des Kontrollrats in Deutschland, Ergänzungsblatt Nr.1:7–9. Nach Art. 1 galt die "bedingungslose" Befolgung der alliierten Forderungen aus der Niederlage Deutschlands für „alle deutschen Behörden" (auch für den deutschen Chinadienst) und „sofort für alle Kriegsschauplätze" (auch für Ostasien).

6 Vgl. BArch, R9208, DBC, Nr.1794, Bl.8.

7 Vgl. ebenda, Bl.31: Strukturaufstellung, Deutsches Amt Shanghai, 25.6.1945. Dem „Deutschen Amt Shanghai" oblag auch die Abwicklung der Dienststelle der Botschaft und des Generalkonsulats in Shanghai.

8 Vgl. zur Thematik v.a. Freyeisen 1995:18–25 und Adolphi 1995:1–5.

9 Siegfried Lahrmann, der NSDAP–Landesgruppenleiter, wies in seinem an die Ortsgruppenleiter noch unverändert mit „Heil Hitler" unterzeichneten Telegramm Nr.32/45 vom 9.5.1945 an, die Nationalsozialistische Volkswohlfahrt (NSV) als „Deutsche Hilfe", die Deutsche Arbeitsfront (DAF) als

meinde sollte eine „Deutsche Notgemeinschaft Shanghai“ aufgezogen werden, die neben den im Mai 1945 noch existenten Botschafts– und Konsulatsbehörden sämtliche Rechts– und Sozialfragen für die Chinadeutschen vertreten sollte.[10] Dazu kam es aber nicht. Vielmehr wurden diese Aufgaben den neuen "Deutschen Ämtern" zugeordnet.

Freizügigkeit und Existenzgrundlagen der Auslandsdeutschen im japanisch besetzten China blieben bis zum Einmarsch der alliierten Truppen im wesentlichen unangetastet. Handelskammern und Firmen behielten ihren Status (Dok. 141), ebenso die deutschen Vereine und Medien.[11] Von der Emigrantenpresse hatte ab Dezember 1941 nur der mit den Japanern kollaborierende Shanghai Jewish Chronicle überlebt. Während der japanischen Besetzung war keine demokratische Tageszeitung zugelassen worden.[12]

Die meisten Chinadeutschen hatten sich den nationalsozialistischen Vorgaben in der Auslandsarbeit angepaßt. Sie waren sich teilweise des tiefgreifenden Einschnittes vom 8. Mai 1945 kaum bewußt. Die nationalsozialistische Propaganda zeigte bei ihnen tiefe Spuren, zumal auch ihre Wortführer in der Übergangszeit bis zur japanischen Kapitulation ihren Einfluß behielten (Dok. 139). Maßgebliche japanische Kreise wirkten vor allem durch Lobpreisung der deutschen Militärleistungen zielgerichtet antideutschen Stimmungen entgegen. Insgesamt war jedoch bei den Chinadeutschen die Sorge um die eigene Zukunft vorherrschend, zumal in vielen Fällen kaum noch enge Kontakte zu Deutschland existierten (Dok. 144).

Am 22. August 1945 endete die japanische Besetzung Shanghais. Am 9. September 1945 kapitulierten die japanischen Truppen in China vor Chiang Kaishek. Die Guomindang–Militärinstanzen übernahmen die Kontrolle in den chinesischen Großstädten. Die Deutschen wurden ihrer Aufsicht unterstellt.

Repatriierung und Abwanderung der Emigranten aus Shanghai

Die meisten jüdischen Emigranten wollten 1945 Shanghai baldmöglichst wieder verlassen.[13] Anfangs noch zur Rückkehr nach Deutschland und Mitteleuropa bereit, entschlossen sie sich in ihrer Mehrzahl bald, in Palästina, den USA, Australien, Südamerika, Südafrika

---

„Arbeitsamt“, die Hitlerjugend als „Deutscher Jugendbund“ weiter bestehen zu lassen. Vgl. BArch, R9208, DBC, Nr.1794, Bl.232.

10 Vgl. ebenda, Bl.171–172, Struktur– und Personal–Übersicht für die geplante „Deutsche Notgemeinschaft Shanghai“, von Botschafter Woermann am 19.5.1945 in Umlauf gegeben. Diese Gemeinschaft sollte unter Leitung des früheren Shanghaier Ortsgruppenleiters aus drei Abteilungen (Wohlfahrts–, Finanz– und Rechtsabteilung) bestehen, wobei der Rechtsabteilung vorrangig Paß–, Ausweis–, Personenstands–, Nachlaß–, Grundregister–, Forderungs–, Unterrichts– und Religionsangelegenheiten sowie die Firmenbetreuung (Handelskammer, Wirtschaftsverband) zugedacht waren.

11 Die deutsche Rundfunkstation XGRS wurde zwar im Juni/Juli 1945 der Nanjing–Regierung übergeben (vgl. 2. HACh, Nr.2061–2125), das Deutsche Nachrichtenbüro (DNB) für Ostasien, das deutsche Informationsbüro in Shanghai, die NS–Zeitung Ostasiatischer Lloyd, die von Klaus Mehnert herausgegebene The XXth Century stellten ihre Tätigkeit jedoch erst im Oktober 1945 ein.

12 Vgl. Dreifuß 1979:504–505.

13 Vgl. Armbrüster 1995:242ff.

oder in Westeuropa eine neue Heimat zu suchen. Der Exekutiv–Yuan der chinesischen Regierung beschloß am 23. Dezember 1945 entsprechende Auswanderungsbestimmungen (Dok. 149). Die Ausreise begann ab Mai 1946 in größeren Schüben;[14] sie fand erst 1949 ein Ende, da die Erteilung von Einreisevisa insbesondere in die USA, nach bestimmten Quoten erfolgte.[15] Sie wurde von der Hilfs– und Wiedergutmachungsvereinigung der Vereinten Nationen (UNRRA) und amerikanischen Behörden gegen den Widerstand der chinesischen Regierung[16] durchgesetzt.

Die wenigen Emigranten, nur etwa 500, die sich für eine Repatriierung nach Deutschland registrieren ließen, stießen auf noch größere Hindernisse. Am 1. November 1945 hatten sich antifaschistisch gesinnte Flüchtlinge aus Deutschland in Shanghai unter der Bezeichnung „Die Gemeinschaft der demokratischen Deutschen in Shanghai“ (Resident Association of Democratic Germans in Shanghai) zu einer Interessenvertretung zusammengeschlossen. Sie nahm die Rechte und Entschädigungsansprüche der vom Faschismus geschädigten Personen wahr und setzte sich, gestützt auf das Potsdamer Abkommen vom 2. August 1945, für Kontakte zum Alliierten Kontrollrat in Deutschland ein, „um Möglichkeiten für diejenigen zu finden, die nach Deutschland zurückzukehren wünschen“ (Dok. 147). In dieser Richtung suchte sie auch Unterstützung durch internationale Organisationen. Maßgebende UNRRA–Vertreter in Shanghai widersetzten sich in Abstimmung mit der Truman–Administration über lange Zeit jedoch einer Rückkehr jüdischer Flüchtlinge nach Deutschland. Erst zähe Verhandlungen brachten die Zustimmung zur Rückreise, und erst am 25. Juli 1947, nachdem am 20. Februar 1947 bereits das dritte Repatriierungsschiff mit Auslandsdeutschen ausgelaufen war, beförderte der amerikanische Truppentransporter „Marine Lynx“ auf einer Nonstop–Schiffsreise politische und jüdische Emigranten bis nach Neapel. Mit Unterstützung sowjetischer Dienststellen gelangten die Heimkehrer dann in Güterwagen über den Brenner nach Deutschland.[17] Von ihnen ging jeweils die eine Hälfte in die Ostzone, die andere in die Westzonen.

---

[14] Die Schiffstransporte wurden vorrangig von den jüdischen Hilfsorganisationen „JOINT“ und „HICEM“ getragen sowie von der UNRRA beaufsichtigt.

[15] Vgl. Armbrüster 1995:245ff, der den komplizierten Prozeß der Rück– und Weiterwanderung der Emigranten anhand von Zeitzeugnissen dokumentiert.

[16] Die chinesischen Stellen tendierten dazu, die in China lebenden Emigranten als „besiegte Deutsche“ zu behandeln.

[17] Vgl. Dreifuß 1979:486 und Nobel/Nobel 1979:882–894. Konflikte bei der Repatriierung hatten sich aber nicht nur aus dieser Verzögerung des Transports rückkehrwilliger Emigranten ergeben, sondern auch daraus, daß einige der Flüchtlinge mit Angehörigen der „Deutschen Kolonie“ gemeinsam repatriiert werden sollten und dies ablehnten. So teilte Hans Heinz Hinzelmann am 18.6.1946 der „German Affairs Commission“ in Shanghai auf einem Kopfbogen mit dem Aufdruck „Free German Partisan China – The Deputy for China“ das Folgende mit: Am Vortage habe er erfahren, daß für ihn und seine „Partisane“ auf „dem Schiff, das zur Nazi–Deportation vorgesehen ist“ (gemeint ist das erste Repatriierungsschiff „Marine Robin“), 14 Plätze reserviert seien. Er machte darauf aufmerksam, daß er und seine Mitstreiter „Flüchtlinge und Todfeinde Nazi–Deutschlands“ seien, im Krieg China gedient hätten und nun „nicht zusammen mit Nazis nach Deutschland reisen“ würden. Die „Partisane“ stehe unter dem

Repatriierung der Chinadeutschen

Die Repatriierung der Jahre 1946/47 erfaßte – ohne Emigranten – etwa 2.500 Deutsche.[18] Sie ging auf gemeinsame amerikanisch–chinesische Grundsatzentscheidungen zurück. Maßgebend dafür war der Anteil der Deutschen an der Ausschaltung der amerikanischen Militär–, Finanz– und Handelspräsenz sowie an der Schädigung von US–Bürgern in China nach Ausbruch des Pazifik–Krieges. Erheblich trugen zu dieser Entscheidung auch Deutschlands Einflußnahme auf die Einrichtung des jüdischen Ghettos in Shanghai sowie Versuche zur Ausdehnung antisemitischer Vernichtungsstrategien auf Ostasien bei.

Unmittelbar nach der Wiederinbesitznahme Nord–, Mittel– und Südchinas setzte Chiang Kaishek eine von Generalmajor Yang Wenli geleitete Armeebehörde ein, die Listen von Aktivisten der NSDAP und zugleich von sog. unbelasteten Chinadeutschen aufstellte, um über Ausweisung oder Bleiben zu befinden. Dazu waren auch jüdische Emigranten aus Shanghai mit herangezogen worden.[19]

Im Herbst 1945 übertrug man die Entscheidungen über die Repatriierung von Chinadeutschen einer „Regierungskommission für deutsche Angelegenheiten", die weiterführende Listen zum politischen Belastungsgrad anlegen ließ und über Repatriierung oder Bleiberecht abschließend befand.[20] Die Repatriierungstransporte übernahmen später Schiffe der US–

Schutz der UNRRA, der chinesische General Tang Enbo habe ihnen Schutz nicht nur in China, sondern auch für ihre Rückkehr nach Deutschland zugesichert (2. HACh, Nr.18–2974).

[18] Diese Zahl schließt Ehefrauen und Kinder ein. In den hier zitierten Repatriierungslisten wurden in aller Regel nur die Männer erfaßt, Frauen nur dann, wenn sie selbst berufstätig waren. Daraus ergeben sich in der Literatur zuweilen stark voneinander abweichende Zahlenangaben.

[19] Hinzelmann 1948:161–163 erinnert sich, daß er „eine freundliche, wenngleich militärisch gehaltene Aufforderung" erhielt, „zur Beratung in allen Fragen bezüglich der Nazideutschen beim Oberkommando tätig zu sein." So sei er „Mitarbeiter im Stabe des Major–Generals Yang Wenli" geworden, und es sie die Aufgabe gestellt gewesen, „die Schuldfrage zu klären und festzustellen, welche Deutschen in China und Shanghai belastet waren, aber auch, welchen Angehörigen anderer Nationalitäten die Kollaboration mit den Japanern nachgewiesen werden konnte."

[20] Diese Repatriierungslisten vgl. 2. HACh, Nr.18–2974 u. 18–2976. – Eine Gesamtliste existiert nicht. Ein Gesamtbild ergibt sich aus der Zusammenstellung und dem Vergleich vieler Einzeleintragungen. Als wichtigste Einzellisten, die die Namen von ausdrücklich als Funktionäre oder Mitglieder der NSDAP, der SA oder anderer NSDAP–naher Gliederungen, als Gestapo– oder Geheimdienstangehörige sowie als Mitarbeiter des politischen und des Propagandaapparates ausgewiesenen Personen enthalten, seien hier genannt: 1.) Eine 340 Namen aus Shanghai enthaltende Liste mit der Überschrift „American Original List"; 2.) eine weitere, 81 Namen aus Shanghai enthaltende „Supplementary List"; 3.) eine Liste mit weiteren 17 bis dahin noch nicht erfaßten Namen aus Shanghai, 48 aus Peking, 46 aus Tianjin, 31 aus Qingdao, 2 aus Jinan, 6 aus Nanjing, 9 aus Hankou, 18 aus Kanton, 2 aus Chongqing, 1 aus Shantou, 1 aus Kunming, 16 aus Mukden; 4.) eine Liste mit weiteren 46 Namen aus Shanghai, 2 aus Peking, 18 aus Tianjin, 3 aus Qingdao, 1 aus Chongqing, 8 aus Changchun; 5.) eine 81 Namen umfassende Liste mit der Überschrift „Partial List of Obnoxious Germans", auf der Personen noch einmal ausdrücklich als „unerwünscht" aufgeführt sind, deren Namen bereits in anderen Listen notiert wurden. Viele der Eintragungen sind mit Geburtsdatum und –ort und Vermerken zur ausgeübten Tätigkeit und zur Dienststelle/Firma versehen. Insgesamt sind auf den genannten Listen 719 Personen erfaßt. Eine für Tianjin erhalten gebliebene Liste macht deutlich, daß auch Listen von Personen angefertigt wurden, de-

Marine ab Shanghai: am 7. Juli 1946 die „Marine Robin“, im Herbst 1946 die „General Franklin“, am 20. Februar 1947 die „Marine Jumper“.[21]

Im Herbst 1945 begann auch in China entsprechend den in Deutschland angewandten alliierten Maßstäben die Internierung von führenden NSDAP– und Staatsfunktionären. Ab Oktober 1945 waren davon beispielsweise rund 90 Personen in Shanghai betroffen, die in das Lager Jiangwan gebracht wurden (Dok. 145). Die Kriterien für die Internierung wichen örtlich voneinander ab.[22] Die Lagerbedingungen wurden von Zeitzeugen im Vergleich zu japanischen Internierungspraktiken als „viel erträglicher“ beurteilt.[23]

Viele als politisch belastet eingestufte Auslandsdeutsche versuchten, sich einer Repatriierung zu entziehen. Sie befürchteten, von den Besatzungsbehörden in Deutschland weitaus strenger als in China zur Rechenschaft gezogen zu werden. Da sie mitunter bereits in zweiter oder dritter Generation in China ansässig waren, führte ihre Ausweisung zum Verlust ihrer Existenzgrundlage und zum Aufbruch in eine ungewisse Zukunft. Die „Regierungskommission für deutsche Angelegenheiten“ erhielt laufend entsprechende Bittgesuche Betroffener mit Loyalitätserklärungen und Kooperationsangeboten.[24] Genaue Zahlen liegen nicht vor, doch in vielen Fällen, in denen keine besondere politische Belastung vorlag, wurden Ausnahmegenehmigungen bereits dann erteilt, wenn chinesische Firmen Unabkömmlichkeitsbescheinigungen vorwiesen (Dok. 150).

Einige Deutsche entzogen sich der Repatriierung durch die Flucht in das Landesinnere. Andere wiederum nahm die chinesische Regierung von einer Ausweisung aus. Nach wie vor bestand chinesischerseits Interesse an der Fortsetzung der vor 1937 bzw. vor 1941 erfolgreichen Zusammenarbeit mit deutschen Spezialisten. So arbeiteten beispielsweise noch zahlrei-

---

nen ein Bleiben ermöglicht werden sollte. Im Falle Tianjins umfaßte diese Liste 103 Namen. Unvollständige Listen für Shanghai weisen einmal 75 und einmal 31 Namen aus.

21 Vgl. 2. HACh, Nr.18–2974 und 18–2976: Repatriierungslisten zu „Marine Robin“ und „Marine Jumper“. Vgl. Freyeisen 1995:31 zu „General Franklin“.

22 Daß die Internierung „ohne besondere Auslese“ stattgefunden habe, wie es der internierte Journalist Mehnert in seiner „Chronik von Jiangwan“ vermerkt (Dok. 145), kann durch die Repatriierungslisten nicht bestätigt werden. Interniert wurden auch vier Deutsche in Nanjing und einige in Chongqing, dort aber unter anderen Voraussetzungen. Aus den Akten im 2. HACh, Nr.18–2974, Nr.18–2976 geht hervor, daß die dortigen Internierungen nicht nach den gleichen Maßstäben wie in Shanghai erfolgten. Interniert waren in Nanjing den Listen zufolge der Botschaftssekretär Horst Böhling, der Vertreter der Bayer–Werke Dr. Lombard, der Militärattaché Wolfgang Reinhold und der Botschaftsarzt und Privatarzt von Wang Jingwei, Kurt Noll. Die Namen Reinhold und Noll sind in den Listen mit dem Vermerk „Anti–Nazi“ versehen.

23 Freyeisen 1995:29 schreibt im Ergebnis der Befragung zahlreicher Zeitzeugen: „Die Lebenssituation in Jiangwan war sehr viel erträglicher als beispielsweise in den Lagern, wo die Angehörigen der Alliierten von den Japanern festgehalten worden waren. Es herrschte auch weniger Bedrängnis als in den Heimen von Hongkou, die die jüdischen Flüchtlinge nach 1938 aufnahmen.“ Vgl. auch Tonn 1949.

24 Vgl. 2. HACh, Nr.18–2976: Fünf Listen weisen 800 Antragsteller nach, die von der Repatriierung ausgenommen wurden.

che Deutsche, v.a. ehemalige Mitarbeiter der DEFAG, in der von Kong Lingkan kontrollierten Yangzi Co.[25]

Die flexible Auslegung der alliierten Repatriierungsmaßstäbe durch die chinesische Regierung führte zu Spannungen mit den USA und Großbritannien, die unmittelbar nach Kriegsende den deutschen Einfluß in China möglichst vollständig beseitigen wollten. Sie hatten bereits Ende 1944 vor einer möglichen Nachkriegszusammenarbeit zwischen der Guomindang und Deutschland gewarnt (Dok. 138). Mitte Juli 1947 machten die chinesische und die internationale Presse wiederholt auf Aktivitäten ehemaliger Nationalsozialisten in China aufmerksam (Dok. 153). Solche Befürchtungen verloren jedoch in dem Maße an Gewicht, wie die Truppen Chiang Kaisheks im Bürgerkrieg von der Volksbefreiungsarmee der KPCh immer stärker zurückgedrängt wurden.

Der Sieg der Volksbefreiungsarmee und die Gründung der Volksrepublik China am 1. Oktober 1949 waren für die wenigen in China verbliebenen Deutschen ein weiterer Einschnitt. Viele verließen jetzt das Land. Diejenigen, die bleiben wollten, waren zunehmend vom sich verschärfenden Ost–West–Konflikt betroffen und spürten die unmittelbare Rückwirkung des Koreakrieges auf ihre berufliche und persönliche Lage. Vor diesem Hintergrund wuchs in der VR China Anfang der 50er Jahre das Mißtrauen gegenüber Ausländern. Einige Chinadeutsche erhielten unbegründete jahrelange Haftstrafen (Dok. 150). So behielten nur in Ausnahmefällen deutsche Staatsangehörige in der VR China ihren Dienst– und Wohnsitz. Bis 1954 gingen nahezu alle Deutschen auf dem Wege der Flucht oder der Repatriierung aus dem Lande.[26] Im Zuge der gegen die westlichen Missionsgesellschaften gerichteten Maßnahmen der KPCh wurde auch den deutschen Missionaren das Betätigungsfeld auf dem chinesischen Festland entzogen.[27]

---

25 Vgl. Song Zi'ang 1990:217.

26 Ein Beispiel dafür, wie langwierig sich für einzelne der Weg bis zur Repatriierung gestaltete, gibt van Briessen 1977:107f. mit Auszügen aus einem Bericht von Hermann W. Breuer, in der Nachfolge Fred Siemssens Vorstand der Deutschen Gemeinde in Shanghai, der 1946/47 mehrfach auf den Repatriierungslisten gestanden hatte, dann durch Intervention der chinesischen Regierung als „für China wertvoll" eingestuft und von der Repatriierung ausgenommen wurde (vgl. auch 2. HACh, Nr.18–2974 und 18–2976) und nach wiederholt widersprüchlichen behördlichen Entscheidungen schließlich Mitte August 1952 repatriiert wurde. Genaue Zahlen über die nach 1947 Repatriierten sind nicht zu ermitteln. Van Briessen 1977:108 nennt für Ende 1952 eine Zahl von 550 Repatriierungen, bei der aber der in Betracht genommene Zeitraum nicht eindeutig ist. Von 1947 bis 1954 dürfte die Zahl bei etwa 1.000 liegen.

27 Vgl. Regensburger 1963:163ff. Als einen der letzten Schritte zur Beendigung der alten deutschen Chinapräsenz schildert van Briessen 1977:108 die Schließung der deutschen Kirchen in Qingdao und Shanghai 1951 und die Ausweisung des letzten deutschen Missionars Wilhelm Seufert aus Qingdao. Vgl. auch Leutner 1995:51, 55–58, 60–62.

Shanghaier US–Militärprozeß gegen das „Büro Ehrhardt“

Das Amt Ausland/Abwehr des Oberkommandos der Wehrmacht[28] hatte 1940 mit dem Aufbau der China–Militär–Spionage begonnen[29] und am Generalkonsulat Shanghai die „Kriegsorganisation (KO) China“ installiert[30] Diese war nach Beginn des Pazifik–Krieges unter Leitung von Oberstleutnant Lothar Eisenträger weiter ausgebaut worden.[31] Die KO, nach außen auch „Büro Ehrhardt“ genannt, die der Deutschen Botschaft unterstellt war,[32] hatte die geheim– und sabotagedienstlichen Aufträge in China und ihre Auswertung für Berlin gelenkt sowie die Emigranten, die Auslandsdeutschen und ihre Kontakte, aber auch die chinesischen, japanischen und anderen Auslandsnachrichtendienste observiert und dabei eng mit der japanischen Abwehr kooperiert. Diese Tätigkeit setzte sie in der Zeit zwischen der deutschen und der japanischen Kapitulation fort und verstieß damit gegen die alliierten Waffenstillstandsauflagen.

Die Amerikaner nahmen diesen Straftatbestand zum Anlaß, um gegen KO–Chef Ehrhardt und zwanzig seiner Mitarbeiter vor einem US–Militärgericht in Shanghai vom 26. August 1946 bis zum 17. Januar 1947 einen Prozeß zu führen. Der amerikanische Hauptankläger Captain F.T. Farrell beschuldigte die Angeklagten, „zwischen dem 8. Mai 1945 und dem 15. August 1945 einzeln und als Beamte, Staatsangehörige, Bürger, Agenten oder Angestellte Deutschlands, als sie in der Zeit des Krieges zwischen den Vereinigten Staaten von Amerika und Japan in China, einem Schauplatz militärischer Operationen residierten, wissentlich, vorsätzlich und gesetzwidrig die bedingungslose deutsche Kapitulation verletzt [zu] haben, indem sie gegen die Vereinigten Staaten und ihre Bundesgenossen militärische Aktivitäten unternahmen und fortführten durch Beschaffung, Anordnung, Autorisierung, Zulassen und Nichtbeenden der Hergabe von Hilfe, Unterstützung, Information, Rat, Intelligence, Propaganda und Materialien an die japanischen Streitkräfte und deren Agenturen und durch solche

---

[28] 1938 aus der Abwehrabteilung und der Auslandsabteilung des aufgelösten Reichskriegsministeriums hervorgegangen, war das OKW–Amt Ausland/Abwehr die Zentrale der deutschen Spionage– und Gegenspionage. Bereits 1942 mußte es Aufgaben an das Reichssicherheitshauptamt abgeben. Im Frühjahr 1944, nach Ausschaltung seines Chefs, Admiral Wilhelm Canaris, wurde es zerschlagen. Die China–Spionage übernahm RSHA–Amt VI/Ausland (Gruppe VIc Osten/Russisch–japanisches Einflußgebiet).

[29] Kapitänleutnant W. Schüler, als Kaufmann getarnt, richtete in Shanghai im Juni 1940 eine „Nachrichtenstelle“ ein, die im Spätsommer 1940 von Hauptmann Theodor Siefken weiter betrieben wurde.

[30] Theodor Siefken wurde im Generalkonsulat Shanghai als „Hilfsarbeiter und Schiffahrtssachverständiger“ geführt.

[31] Vgl. Ruland 1973:297–315: Eisenträger lebte in Shanghai als Kaufmann Heinrich Ehrhardt. Er installierte in Tianjin, Qingdao und Kanton zusätzliche Abhörstützpunkte, war in die Beschaffung kriegswichtiger Rohstoffe und in eine 1944 erneut gestartete „Vermittlungs“–Aktion zwischen Japan und China eingeschaltet. Im Sommer 1942 nahm eine Außenstelle der KO China ihre Arbeit in Peking auf.

[32] Ein als deutsche Notstandsküche getarntes Haus in der Ferry Road 225 diente als Shanghaier Spionagezentrum. Vgl. dazu auch Dreifuß 1979:467f. Alfred Dreifuß hatte als Reporter für die Emigrantenpresse an den Militärgerichtsverhandlungen gegen das „Büro Ehrhardt“ teilgenommen.

verräterischen Handlungen Japan in Verletzung der Gesetze und Bräuche des Krieges in seiner Kriegführung gegen die Vereinigten Staaten halfen."[33]

Der Prozeß endete mit Verurteilungen. Ehrhardt wurde zu lebenslänglicher Haft verurteilt. Zweimal lautete das Strafmaß dreißig, viermal zwanzig, einmal fünfzehn, sechsmal zehn, einmal acht und sechsmal fünf Jahre.[34] Nach einer Verfahrensprüfung in den USA überführte man die Verurteilten im Februar 1947 an Bord der „Marine Jumper" nach Deutschland in das US–Militärgefängnis Landsberg am Lech. Sie wurden jedoch bereits 1950 aus der Haft entlassen.[35] Der Prozeß selbst war von Beginn an juristisch umstritten, da die Tätigkeit der KO ab 1941/42 und ihre Verstrickung in Verbrechen gegen den Frieden von vornherein ausgeklammert worden waren. Unbeachtet und ungesühnt blieb auch ihr Vorgehen gegen die jüdische Emigration in Shanghai.[36] Insofern erfüllte das Shanghaier US–Militärgerichtsverfahren nicht die von den Statuten der Internationalen Militärgerichtshöfe von Nürnberg und Tokio vom 8. August 1945 bzw. vom 19. Januar 1946 gesetzten Maßstäbe für einen Kriegsverbrecherprozeß. Vielmehr blieb es auf Straftatsbestände der Spionage und einige für die USA wichtige „Feindaktivitäten" nach dem 8. Mai 1945 eingegrenzt. In der Folgezeit ist das Wirken der deutschen Nationalsozialisten in China kaum thematisiert worden.[37] Die Journalistin Eva Tonn, Augenzeugin des Prozesses, in den Repatriierungslisten als „in Deutschland gesucht"[38] gekennzeichnet, charakterisierte den Shanghaier Prozeß als „Neuauflage des Falles Dreyfus in vergrößerter Form". Sie sah es als hoffnungsvolles Signal, daß die Militärgerichtsurteile von Shanghai einer gerichtlichen Überprüfung in den USA unterzogen wurden (Dok. 154).

---

33 Zitiert aus der Anklageschrift nach Briessen 1977:111.

34 Vgl. ebenda:110–112. Neben Ehrhardt wurden die Diplomaten Felix Altenburg und Franz Siebert, die KO–Mitarbeiter Hans Dethlefs, Siegfried Fuellkrug, Bodo Habenicht, Erich Heise, Hermann Jäger, Hans Heinz Niemann, Heinz Peerschke, Johannes Rathje, Walter Richter, Ingward Rudloff, August Stock und Oswald Ulbricht, sowie Hans Mosberg, ferner Walter Heissig (KO–Verbindungsmann) und Alfred Romain (Deutsches Informationsbüro) abgeurteilt. Vgl. dazu auch 2. HACh, Nr.18–2976.

35 Vgl. Briessen 1977:112f; Heppner 1993:119.

36 Vgl. Kranzler 1976:530–532: Untersuchungen hatten ergeben, daß einige wenige Angehörige der Jüdischen Gemeinde mit den Japanern und Deutschen kollaboriert hatten, darunter auch der Jude Hans Mosberg. Bei der Urteilsfindung sei berücksichtigt worden, daß durch illegale Kontakte zwischen dem Emigranten Richard Paulick und KO–Funktionär Theodor Siefken Gestapo– und „Büro Ehrhardt"–Spitzel innerhalb der Emigration enttarnt werden konnten.

37 Vgl. Liau, C.W. (Alfred Dreifuß), Nazis in Shanghai, in: Weltbühne Nr.2, 11.1.1949; 3, 18.1.1949; 11, 15.3.1949.

38 2. HACh, Nr.18–2976. Eva Tonn war 1945 Angestellte des „Büro Ehrhardt" in Shanghai.

Die chinesische Militärmission und die chinesische Gemeinde in Berlin

China, bei Ausgang des Zweiten Weltkrieges zur Großmacht aufgestiegen, war durch Einbeziehung in die Antihitlerkoalition[39] und den Kriegszustand mit Deutschland auch in europäische Angelegenheiten involviert. Die bedingungslose Kapitulation der deutschen Wehrmacht vom 8. Mai 1945 tangierte also auch China. Die USA, UdSSR und Großbritannien nahmen auf der Potsdamer Konferenz vom 17. Juli bis zum 2. August 1945 die Republik China mit in den für die Vorbereitung von Friedensverträgen eingesetzten Rat der Außenminister auf.[40] Auf der ersten Außenministerkonferenz in London vom 11. September bis 2. Oktober 1945 war China vertreten. Den folgenden Konferenzen blieb Chinas Außenminister allerdings fern. In dieser Situation plante China die Wiederaufnahme von Handelsbeziehungen (Dok. 148) und steckte seine Positionen für einen Friedensvertrag ab. Das chinesische Außenministerium konzipierte entsprechende Forderungen, die einer von den Alliierten anerkannten deutschen Regierung vorgelegt werden sollten (Dok. 151).

Als die Hauptsiegermächte durch Proklamation Nr.2 des Alliierten Kontrollrates vom 20. September 1945 die Vertretung Deutschlands in seinen gesamten Beziehungen zum Ausland übernahmen, gestatteten sie die bereits in ihrem Abkommen über Kontrolleinrichtungen in Deutschland vom 14. November 1944 vereinbarte Errichtung von Militärmissionen beim Kontrollrat.[41] Die Republik China ließ ihre Militärmission ab 21. Januar 1946 in Berlin tätig werden.[42] Sie fungierte vorrangig als konsularische Vertretung mit gewissen diplomatischen Rechten. An ihrer Spitze stand der frühere Militärattaché der chinesischen Regierung, General Gui Yongqing. Er war bereits im Sommer 1940 nach Deutschland entsandt worden und hatte sich seit dem Abbruch der diplomatischen Beziehungen in der Schweiz aufgehalten. Die chinesische Militärmission stellte ihre Arbeit nach dem 1. Oktober 1949 ein, als sich

---

39 Deutlich wird diese Einbeziehung an folgenden Stationen: 1.1.1942: Unterzeichnung des Washington–Paktes; 19.–30.10.1943: Teilnahme an der Moskauer Außenministerkonferenz; 22.–26.11.1943: Chiang Kaishek als Gesprächspartner von Roosevelt und Churchill auf der ersten Kairo–Konferenz; 21.8.–26.9.1944: Beteiligung an der Dumbarton Oaks–Konferenz; 25.4./26.6.1945: Gründungsmitglied der Vereinten Nationen.

40 Vgl. Amtsblatt des Kontrollrats in Deutschland, Ergänzungsblatt Nr.1, S.13–19 (deutsch, englisch, russisch, französisch).

41 Artikel 8 des Abkommens (am 6.2.1945 bzw. 5.6.1945 inkraftgesetzt): „Die notwendige Verbindung mit den Regierungen anderer hauptsächlich interessierter Vereinter Nationen wird dadurch sichergestellt, daß diese Regierungen Militärmissionen bei dem Kontrollrat, denen Zivilisten angehören können, ernennen, die auf geeignetem Wege Zugang zu den Kontrollorganen haben." Vgl. The Conferences of Malta and Yalta 1945, Washington 1955, Dept. of State Publ. 6199, S.124–127 (englisch). Vgl. auch Amtsblatt des Kontrollrats in Deutschland, Ergänzungsblatt Nr.1, S.10, Punkt 5 der Feststellung über das Kontrollverfahren in Deutschland vom 5.6.1945. Vgl. ferner Amtsblatt des Kontrollrats in Deutschland, 1945:9, Abschnitt III/7 der AKR–Proklamation Nr.2 vom 20.9.1945.

42 Ihre Gründung erfolgte zeitgleich mit acht weiteren Missionen auf der Grundlage des vom AKR–Koordinierungskomitee am 3.10.1945 festgelegten Verfahrens der beim Alliierten Kontrollrat akkreditierten Militärmissionen.

einige Missionsmitglieder der neuen Volksrepublik zur Verfügung stellten, und die völkerrechtlichen Bindungen an die Antihitlerkoalition für China ihre Bedeutung verloren.[43]

Da eine deutsche Nachkriegsregierung und ein Friedensvertrag mit Deutschland nicht zustandekamen, liefen sämtliche Betreuungs- und Repatriierungsaufgaben gegenüber den in Deutschland lebenden Chinesen über die chinesische Militärmission und bis 1948 über den Alliierten Kontrollrat. Zum Kriegsende lebten etwa 500 chinesische Staatsangehörige in Deutschland. 80 Studenten und Akademiker kehrten 1946 und 1947 nach China zurück (Dok. 155). 125 Händler sowie 25 Studenten und Akademiker, die 1950 in Berlin lebten, planten gemeinsam ihre Ausreise nach China.[44]

Die chinesische Gemeinde in Berlin wurde seit 1945 durch ein Chinesisches Verbindungsbüro vertreten. Am 11. Oktober 1945 feierte sie den ersten Nationalfeiertag nach der Erringung des Sieges. Daran nahmen auch Repräsentanten des ersten Berliner Nachkriegsmagistrats teil. Der parteilose Oberbürgermeister Arthur Werner vertrat in seiner Ansprache die Auffassung, daß „die tiefbegründete deutsch–chinesische Frendschaft" auch in dieser Zeit „in ihrer Substanz nicht zerstört" worden und es ein Glück sei, ein friedliches Land wie China unter den Siegern zu wissen (Dok. 146). Es war wohl die erste offizielle deutsche Äußerung zu den deutsch–chinesischen Beziehungen nach 1945.

In den ersten Nachkriegsjahren organisierten die Chinesen in Berlin ein reges kulturelles und geselliges Leben mit vielfältigen Kontakten zur Bevölkerung. Etwa 70 Ehen, die in der Kriegszeit chinesische Männer und deutsche Frauen miteinander eingegangen waren, wurden nunmehr legalisiert. Deutsche Frauen erhielten die chinesische Staatsbürgerschaft.[45] Im Mai 1946 öffnete am Lietzensee in Berlin eine chinesische Schule für Kinder und Erwachsene (Dok. 152). Chinesische Kleinhändler bekamen Gewerbescheine und bauten sich eine Existenz auf. Die Währungsreform von 1948 brachte allerdings für die meisten Gewerbetreibenden Rückschläge und Einbußen. Nur die über größere Lagervorräte verfügenden Händler konnten ihren Geschäftsbetrieb unbeschadet fortführen.[46]

Nach Gründung der VR China spaltete sich die chinesische Gemeinde in Deutschland.[47] Die meisten Chinesen gingen in die VR China zurück (Dok. 155). Die alte „chinesische Gemeinde" lebte weder in der DDR noch in der Bundesrepublik Deutschland fort.

---

[43] Zu den Hintergründen dieser Entwicklung vgl. Leutner 1995:42.

[44] Vgl. dazu v.a. Yü–Dembski 1995:33–37 und Harnisch 1995:38–43.

[45] Vgl. Yü–Dembski 1995:36.

[46] Vgl. Gao Xin 1966:135.

[47] Wang Yunfeng in einem Interview mit Wolfram Adolphi am 16.2.1988 in Peking.– Wang berichtete, im November 1949 über die USA–Militärpost ein Exemplar der Xinhua Ribao (Tageszeitung Neues China) aus Peking erhalten zu haben, in dem von der Gründung der Volksrepublik berichtet wurde. Er habe davon seine Landsleute in Kenntnis gesetzt und daraufhin sowohl mit der chinesischen Militärmission als auch mit den US–Behörden im amerikanischen Sektor Schwierigkeiten bekommen, die ihn nach seinen Verbindungen zur Regierung der gerade gegründeten DDR sowie zu Peking befragt hätten. Er sei dann nach einem Gespräch mit dem Bürgermeister Ost–Berlins, Friedrich Ebert, nach Karlshorst in Ost–Berlin übergesiedelt und habe an der Einrichtung des Büros der Nachrichtenagentur Xinhua (Neues China) in Berlin mitgewirkt.

138

Aufzeichnung des Sekretärs des britischen Foreign Office, Berkeley Gage, London[1]

London, 28. November [1944][2]

Sir H. P.–B.[3]

Ich habe gerade im Druck[4] eine Meldung über deutsche Infiltration in Argentinien gelesen (AS 2063/59/51).

Mit der gleichen Gefahr wird man sich – wenngleich in etwas anderer Form – auch in China konfrontiert sehen. Wie Sie wissen, haben die Chinesen ein tiefes Gefühl der Dankbarkeit für die Hilfe, die ihnen von etwa fünfzig deutschen Militärberatern unter General von Falkenhausen zu Beginn des japanischen Krieges in China geleistet worden ist. Diese Leute waren sowohl kompetent als auch taktvoll, und ohne Zweifel können gehässige Vergleiche mit dem Verhalten einiger amerikanischer Offiziere angestellt werden. Wie Sie wahrscheinlich wissen, sind drei dieser Offiziere unter dem Schutz von T.V. Soong [Song Ziwen] und Zhu Jiahua immer noch in Chongqing tätig.[5] (T.V. hegt Gefühle der Dankbarkeit insbesondere gegenüber dem Baron von Stein, der mit seiner Salzbrigade[6] trainierte und kämpfte.)

Zusätzlich dazu gibt es eine kleine, aber sehr aktive Gruppe von ehemaligen [chinesischen] Deutschland–Studenten, die Schlüsselpositionen unter den Professoren sowohl im Zentralen Politischen Institut als auch im Zentralen Ausbildungskorps innehaben. Diese beiden Gruppen arbeiten offensichtlich gleichermaßen daran, die alte deutsche Position in China gleich unmittelbar nach dem Krieg wiederherzustellen. Es mag der deutschen Industrie für

---

1 Aus dem Englischen übersetzt von Wolfram Adolphi. Die Aufzeichnung ist handschriftlich.

2 Das Jahr ergibt sich aus der Vereinnahme zu den Akten des Foreign Office, die mit dem Eingangsstempel „6. Dec. 1944“ dokumentiert ist.

3 Sir H. Pridaux Brune, Central Dept. des Foreign Office.

4 Gemeint ist offensichtlich die regelmäßig im Foreign Office herausgegebene gedruckte Wiedergabe wichtiger Dokumente des Monats für die abteilungsübergreifende Information.

5 Zu den nach 1941 in Chongqing–China verbliebenen Deutschen vgl. Dok.72. Von britischer Seite ist das Verhalten der Nationalregierung gegenüber diesen Beratern und auch gegenüber den sonstigen im unbesetzten China verbliebenen Deutschen auch schon vorher mit Mißtrauen beobachtet worden. Am 20.2.1943 z.B. kabelte der britische Botschafter Seymour aus Chongqing: „Lage der Dinge, die Deutschen in China betreffend, bleibt im wesentlichen unverändert. Die Chinesen sind immer zurückhaltend gewesen im Umgang mit jenen Deutschen, die China wertvolle Hilfe geleistet haben, und es geht die Rede, daß Chiang Kaishek kürzlich angeordnet hat, diejenigen, die ihre guten Dienste geleistet haben, nicht zu internieren“ (PRO, FO 371/35825, F 1034/1034/G10).

6 Im Zusammenhang mit der Durchsetzung des Salzmonopols durch die Regierung 1931 hatte Song Ziwen eine spezielle militärische Truppe, die sog. Salzbrigade, gegründet. Diese mit modernen Waffen ausgerüsteten und von ausländischen Beratern, so u.a. vom deutschen Hauptmann a.D. Bodo Freiherr vom Stein, ausgebildeten Verbände kamen in den Kämpfen gegen die Japaner zum Einsatz. Vgl. Wu Jingping 1992:109–115.

eine Weile nach dem Krieg nicht möglich sein, China die nötigen Erzeugnisse zu liefern, aber technische und Militärberater werden in großer Zahl zur Verfügung stehen, und es wird für die Chinesen eine große Versuchung sein, sie einzustellen – insbesondere dann, wenn die Amerikaner taktlose oder aggressive Methoden in ihrem Umgang mit China anwenden.
B.E.[...][7] Gage

PRO, FO 371/41698, F 5729/5729/10.

139

Bericht des Konsuls Hans von Saucken, Qingdao, an Botschafter Ernst Woermann, Nanjing

Qingdao, 10. Mai 1945

Nach einer von dem hiesigen Ortsgruppenleiter,[8] Herrn Ohlwein, gestern einberufenen Vorbesprechung hat am heutigen Vormittag auf Antrag des Genannten eine Handelskammersitzung stattgefunden, in der Ohlwein eine „Resolution" einbrachte, nach der „ein Wechsel in der Besetzung der hiesigen Reichsvertretung" beantragt werden soll. Der Vorsitzende der Handelskammer, Herr Bälz, hat zunächst darauf hingewiesen, daß ein solcher Schritt, wenn man überhaupt derartiges in Erwägung ziehen wolle, früher und nicht jetzt nach unserem Zusammenbruch – unter Hervorrufung ungünstigster Eindrücke – hätte unternommen werden sollen. Alsdann verlangte er für diesen Antrag eine Begründung zur Diskussion in dieser Sitzung, was Herr Ohlwein mit dem Bemerken ablehnte „das sei nicht nötig". Herr Bälz als Vorsitzender der Handelskammer sowie sein Stellvertreter, Herr Wüst, beides Herren der Defag haben hierauf ihre Ämter niedergelegt. Neu gewählt wurden der hiesige Carlowitz–Vertreter und Stellvertretender Ortsgruppenleiter, Herr Dohse, sowie der Vertreter von Siemssen & Co., Herr Löwenstein. Es ist alsdann eine Abstimmung erfolgt, in der die anwesenden Firmenvertreter, soweit sie zu dem näheren Anhang des Herrn Ohlwein gehören, der Resolution zugestimmt haben; dagegen stimmte der Vertreter der Defag; drei Firmen enthielten sich der Stimme, so daß die Resolution durchging. Dieses Ergebnis ist nur aus der Furcht vor dem hier zur Zeit herrschenden Terror zu erklären. Bemerkenswert erscheint, daß der hiesige Leiter der DAB, Herr Voskamp, sich für diese Sitzung krank gemeldet, jedoch seine zustimmende Stimme Herrn Ohlwein übertragen hatte. Für die Firma Melchers & Co. hat Herr Henzler zugestimmt. Nähere Einzelheiten habe ich bis zum Abgang dieses Berichtes noch nicht feststellen können.

---

7 Eine Initiale unlesbar.

8 Gemeint ist die NSDAP–Ortsgruppe Qingdao. Sie wurde auf Anweisung des Leiters der NSDAP–Landesgruppe China, Siegfried Lahrmann, vom 9.5.1945 aufgelöst.

Des weiteren habe ich zu melden, daß Herr Dr. Seufert heute seinen ersten Gottesdienst nach der deutschen Kapitulation (Himmelfahrt) nur unter dem Schutz der chinesischen Polizei abhalten konnte. Die beiden Kircheneingänge waren mit Polizisten unter Gewehr und gezogenem Säbel bewacht. Während des Gottesdienstes saßen vier Mann unter einem chinesischen Polizeichargierten und einem Russen in Polizeiuniform im Kirchschiff. Zu Zwischenfällen ist es nicht gekommen. Dr. Seufert war gewarnt worden, es wären Störungen bzw. tätliche Angriffe seitens der Partei zu erwarten.

Auch Herrn Dr. F. Eitel und Herrn F. Weitz sind bereits Warnungen zugegangen, die darauf hindeuten, daß diese Herrn tätliche Angriffe seitens der Anhänger Ohlweins zu gewärtigen haben.

Wie ich in meinem Bericht vom 7. des Monats meldete, habe ich den hiesigen japanischen Generalkonsul Kita von dem Überfall auf meine Person beim Verlassen des Deutschen Heims nach der Hitler–Trauerfeier in Kenntnis gesetzt.[9] Schutzmaßnahmen gegen die Herren Ohlwein, Dohse sowie die drei Ausführer des Überfalls, Karl und Hans Geschke und Ottokar Peterhänsel sind bisher nicht erfolgt.

Ich halte es bei diesen unwürdigen, das gesamte Deutschtum schwer schädigenden Zuständen für absolut notwendig, daß durch telegrafisches scharfes Eingreifen der vorgesetzten japanischen Stellen die persönliche Sicherheit der hiesigen anständigen Deutschen für die Zukunft gewährleistet sowie Ruhe und Ordnung sofort wiederhergestellt werden. Nach Ansicht aller ruhigen und urteilsfähigen Personen sind die Hauptverantwortlichen für obige Zustände die Parteigenossen Ohlwein und Dr. Schwabe.[10]

Ein Durchschlag dieses Berichts geht an Herrn Botschafter Dr. Kordt in Shanghai.[11]
Saucken

BArch, R9208, DBC, Nr.2000, Bl.19-21.

---

9 Vgl. BArch, R9208, DBC, Nr.2000, Bl.47–49: Bericht des DK Qingdao, Saucken, an DB Nanjing, Woermann, 7.5.1945: „Ich bin nach einer Parteitrauerfeier am 4. d. Mts. beim Verlassen des Deutschen Heims von Anhängern des hiesigen Ortsgruppenleiters Ohlwein tätlich schwer angegriffen und beleidigt worden ...“

10 Vgl. ebenda, Bl.48: „Es besteht seitens des hiesigen Ortsgruppenleiters Ohlwein nach Ansicht aller urteilsfähigen und anständigen Deutschen die Absicht, nach dem Zusammenbruch unseres Vaterlandes hier in Qingdao chaotische Zustände herbeizuführen. Der hiesige Reichsangehörige Dr. Schwabe hat vor etwa zehn Tagen auf meiner Behörde meinem Konsulatssekretär Illenberger erklärt, daß nach dem deutschen Zusammenbruch die Partei in den ‘Werwolf’ aufgehen würde ...“

11 Durch Vermittlung von Botschafter Woermann wurde der Zwischenfall schließlich beigelegt. Woermann hatte den Vorsitzenden der Reichsdeutschen Gemeinschaft Qingdao, Walter Dohse, gebeten, seinen „Einfluß auf Herrn Ohlwein geltend zu machen, damit er jede Betätigung im Sinne der früheren Ortsgruppe sofort und endgültig einstellt. Ich schließe aus der Tatsache, daß er mir auf Kopfbogen der Ortsgruppe der NSDAP Qingdao schreibt, daß er die dahingehende Weisung des Landesgruppenleiters und den dahingehenden Wunsch der Japanischen Regierung und Besatzungsmacht nicht richtig verstanden hat und nicht befolgt ...“ (ebenda, Bl.41: Woermann an Dohse, 7.6.1945).

140

Memorandum des Außenministeriums der Nanjing–Regierung an die Deutsche Botschaft Nanjing[12]

Nanjing, 16. Mai 1945

In Anbetracht der jüngsten Veränderungen in Europa hat das chinesische Außenministerium beschlossen, gegenüber den Diplomaten Deutschlands und dessen Reichsangehörigen in China folgende Maßnahmen anzuordnen:

1. Diplomatische und konsularische Vertreter

Es ist verboten, chiffrierte Telegramme abzusenden bzw. zu empfangen. Mit Ausnahme genehmigungspflichtiger Reisen unterliegt das alltägliche Leben keinerlei Einschränkungen. Die Beziehungen zu Staatsangehörigen anderer Länder haben sie selbst zu regeln.

2. Deutsche Reichsangehörige in China

Sie werden behandelt wie eh und je. Den Verkehr mit Staatsbürgern anderer Länder haben sie selbst zu regeln.

3. Rechte und Interessen

Hinsichtlich der Besitzrechte an öffentlichem Eigentum erfolgen keine Veränderungen. Auch die Besitzrechte der Botschaft, der Konsulate, der Reichsangehörigen und juristischen Personen verändern sich nicht.

4. Die Verfügung der vorliegenden Verordnung tritt mit dem 15. Mai des Jahres in Kraft.

Es wird darum gebeten, den Inhalt der Verfügung allen in China befindlichen deutschen Reichsangehörigen zur Kenntnis zu bringen.

2. HACh, 2061, Außenministerium der Marionettenregierung unter Wang Jingwei, Nr.2123.

141

Bericht des Leiters der Dienststelle Peking der Deutschen Botschaft, Felix Altenburg, an die Deutsche Botschaft Nanjing[13]

Peking, 23. Mai 1945 Geheim!

---

[12] Aus dem Chinesischen übersetzt von Peter Merker. Das Memorandum ist mit seinerzeit erfolgter amtlicher Übersetzung auch in den Akten der Deutschen Botschaft in China enthalten (BArch, R9208, DBC, Nr.1794, Bl.184–186, 209–210 u. 213).

[13] Der Geheimbericht S12/3503/45 vom 23.5.1945 erging im Anschluß an Bericht Altenburgs S12/3492/45 vom 22.5.1945.

Inhalt: Maßnahmen der japanischen Gendarmerie gegen die Deutschen.
Am 17. Mai nachmittags um 4 Uhr erschienen Beamte der japanischen Militärgendarmerie in den Häusern der deutschen Privat- und Geschäftsleute, um die vorhandenen Radioapparate nachzuprüfen und eine Bestandsaufnahme der Geschäftslager vorzunehmen. Die japanischen Gendarmen befleißigten sich überall eines betont höflichen Benehmens.

Die bereits auf Langwellen beschnittenen Radioapparate wurden nur geprüft und im Hause belassen. Dagegen wurden bei einigen Deutschen, die noch mit Erlaubnis der japanischen Behörde Kurzwellenempfänger hatten, die Apparate kurzerhand abgeholt. Auf unsere Bitte hin ist uns jedoch versprochen worden, daß einigen Deutschen, vor allem einigen der Journalisten, auf deren Mitarbeit die Japaner Wert legen, die Apparate wieder für alle Wellenlängen frei- und zurückgegeben werden. Dies ist teilweise auch bereits geschehen.

Einschneidender scheinen die Maßnahmen zu sein, die die japanische Gendarmerie – offenbar auf Grund unmittelbarer Weisungen von Tokio – gegen die deutschen Geschäftsleute plant.

Denjenigen Firmen, die ein größeres Lager haben, wurde gestattet, die genaue Lagerliste bis zum nächsten Mittag 12 Uhr abzuliefern. Es wurde ihnen, mit den zwei noch zu nennenden Ausnahmen, mündlich gestattet, weitere Verkäufe aus dem Lager vorzunehmen.

Der hiesigen Vertretung der Siemens China Co. wurde jedoch das Lagerhaus versiegelt. Am nächsten Tag wurden die Siegel zwar wieder entfernt, es wurde der Firma dabei jedoch mündlich das Verbot bekanntgegeben, irgendwelche weiteren Verkäufe vorzunehmen. In einem Begleitschreiben bei der Überreichung der Lagerliste hatte die Firma darauf hingewiesen, daß sich im Lager zwei Motoren befänden, die sie gerade verkauft hätte, und zwar einen an den Peking Club und einen an eine japanische Firma. Es wurde der Firma gestattet, diese beiden Motoren ausnahmsweise auszuliefern. Wie ich höre, unterhält die Firma augenblicklich ein größeres Lager in Peking, vor allem von Motoren, die vor kurzer Zeit mit japanischer Erlaubnis nach Peking transportiert worden sind, da man eine Einschränkung des Frachtverkehrs befürchtete. Es liegen Anzeichen dafür vor, daß die japanischen Behörden es besonders auf diese Motoren abgesehen haben.

Am meisten würden die allgemeinen deutschen Interessen durch ein Vorgehen der Japaner gegen das Lager der Defag berührt werden, das, wie ich höre, wohl das größte ist, das die Defag in China unterhält, und über dessen bedeutenden Wert die Japaner doch erstaunt sein werden.[14] Bei einer mündlichen Besprechung des hiesigen Defag-Vertreters bei der japanischen Gendarmerie, an der auch Dr. Bünger[15] teilnahm, wurde zunächst gestattet, eine „outline list" einzureichen. Diese Besprechung zeigte aber bereits mit aller Deutlichkeit, daß die Japaner zumindest an den Erwerb der Farbstoffe für Baumwolle, Wolle und Leder denken. Am nächsten Tag erschien im Büro der hiesigen Defag ein Japaner in Zivil, der sich durch ein unhöfliches Benehmen auszeichnete, das er erst ablegte, als sich die Deutschen höflich, korrekt und bestimmt benahmen und um eine Legitimation baten. Er wies sich dann durch

---

[14] Deutsche Farbenhandelsgesellschaft Waibel & Co., Shanghai, der I.G. Farbenindustrie AG.

[15] Karl Bünger, wissenschaftlicher Hilfsarbeiter im Deutschen Generalkonsulat Shanghai.

eine Übersetzung der am Vortage eingereichten Lagerliste der Defag aus und stellte sich, ohne eine Visitenkarte zu überreichen, als ein Vertreter der zuständigen japanischen Kontrollvereinigung (North China Import Material Control Association) vor. Er forderte nunmehr die Defag auf, unverzüglich eine bis in alle Einzelheiten gehende, mit genauen Mengen– und Preisangaben versehene Lagerliste einzureichen. Das hiesige Büro der Defag, das intern nur eine Zweigstelle der Tianjiner Vertretung ist, arbeitet mit allen Kräften an der Fertigstellung dieser Liste, die in den nächsten Tagen der Gendarmerie vollständig überreicht sein wird.

Die hiesigen Vertreter der Defag und der IG sind in größter Sorge um ihr wertvolles Lager, da nach den bisherigen Besprechungen der Eindruck berechtigt scheint, daß die Japaner zum mindesten an einem erheblichen Teil des Lagers Interesse haben. Da eine telegrafische Verständigung der Defag mit dem Haupthaus in Shanghai sich aus der Beschränkung des Telegrammverkehrs verbietet oder nicht sichergestellt ist, bitte ich ergebenst, das Haupthaus in Shanghai zu benachrichtigen und im Einvernehmen mit ihm die erforderlichen Schritte bei den zentralen Stellen (japanisches Oberkommando in Nanjing, Nationalregierung) zu unternehmen. Von hiesiger höchster Stelle ist mir angeraten worden, die Angelegenheit, deren hiesige Behandlung auf eine zentrale Bearbeitung schließen läßt, sofort dem Herrn Botschafter in Nanjing zu unterbreiten.[16]

Nach Maßgabe des dortseits Veranlaßten darf ich um telegrafische Weisung hinsichtlich meines Verhaltens bitten und sich dabei gegebenenfalls des Stichwortes „Schreiben 3503“ zu bedienen.

Durchschlag dieses Schreibens für Shanghai ist beigefügt.

Altenburg

BArch, R9208, DBC, Nr.1794, Bl.179–182.

---

[16] Am 6.6.1945 teilte die Geschäftsleitung der Defag Shanghai dem DGK Shanghai in der Angelegenheit der Überprüfung ihrer Lagerbestände mit: „Unsere Firma fällt unter den Passus des Protokolles der Besprechung auf der japanischen Botschaft am 26. Mai 1945, wo es unter Punkt 1. lautet: 'Bei den Warenbestandsnachweisen – einzuliefern bei der japanischen Botschafts–Dienststelle – sind diejenigen Firmen bzw. Positionen auszulassen, über die bereits schriftlich direkt mit Militärbehörden verhandelt wurde.' In unserem Falle handelt es sich bei der in Frage kommenden Militärbehörde um die japanische Armee. [...] Diese Behörde hat, nach uns gewordener Mitteilung, allen nachgeordneten Militär– und Gendarmeriestellen in Jinan, Tianjin, Peking und Kanton telegrafisch Mitteilung von Obigem gemacht, so daß danach Meldungen an die japanischen Botschafts–Dienststellen seitens unserer Filialen nicht in Frage kommen“ (BArch, R9208, DBC, Nr.1794, Bl.28).

142

Memorandum des Außenministeriums der Nanjing–Regierung an die Deutsche Botschaft Nanjing[17]

Nanjing, 18. Juni 1945

Auf Grund der nach der Erklärung der deutschen Regierung unter Großadmiral Dönitz vom 22. Mai des Jahres eingetretenen Lage[18] erläßt das chinesische Außenministerium hinsichtlich der Behandlung von deutschen Diplomaten und Reichsangehörigen sowie deren Interessen und Rechte folgende ergänzende Verfügungen:

1. Die Botschaft und die Konsulate stellen ihre reguläre Arbeit als offizielle Behörden ein und beschäftigen sich lediglich mit der Abwicklung der Angelegenheiten von in China lebenden Reichsangehörigen.
2. Nach eingehender Prüfung wird beschlossen, daß der Abwicklungsstelle gestattet wird, im unter 1. genannten Arbeitsbereich im Zusammenhang mit den Angelegenheiten von deutschen Reichsangehörigen chiffrierte Telegramme zu empfangen und abzusenden. Diese Erlaubnis bezieht sich auf die Großostasiatische Sphäre.

Diese Verfügung tritt mit dem 18. Juni des Jahres in Kraft.

2. HACh, 2061, Außenministerium der Marionettenregierung unter Wang Jingwei, Nr.2123.

143

Aufzeichnung des Deutschen Amtes in Hankou[19]

[Hankou, 10. Juli 1945]

---

17 Aus dem Chinesischen übersetzt von Peter Merker. Dem chinesischen Memorandum waren japanische Erklärungen vom 11.6.1945 vorausgegangen.

18 Gemeint ist die von den Alliierten angeordnete Auflösung der „Geschäftsführenden Reichsregierung" (3./5. – 23.5.1945), die mit Duldung der Briten in Flensburg–Mürwik unter Großadmiral Karl Dönitz, der gemäß Hitlers Testament als Hitlers Nachfolger in der Funktion des Reichspräsidenten und Oberbefehlshabers bis zur Verhaftung der Regierungsmitglieder residierte.

19 Die undatierte Aufzeichnung fertigte und unterzeichnete der Hankouer Konsulatssekretär Hans Glatzel. Der Leiter des Deutschen Amtes in Hankou, Heinrich Röhreke, übersandte die Aufzeichnung am 10.7.1945 – das Übermittlungsdatum wurde der Datierung zugrundegelegt – auf dem Kopfbogen „Deutsches Generalkonsulat Hankow" (mit den Konsulats–Geschäfts– und –Aktenzeichen Nr. Nan14, Az: D Pol 3 No.1/773/45) an die „Deutsche Botschaft in Nanking", obgleich diese bereits zum 18.6.1945 in das „Deutsche Amt Nanjing" umgewandelt worden war. Röhreke fügte der Aufzeichnung ein Foto „vom Trauerraum im Generalkonsulat anläßlich des Heldentodes des Führers" in drei Abzügen bei.

Nach dem Bekanntwerden der tragischen Nachricht von dem Heldentod des Führers wurden hier – in Zusammenarbeit mit der Ortsgruppe Hankou der AO der NSDAP – verschiedene Trauerfeierlichkeiten veranstaltet, die sowohl den hier lebenden Reichsdeutschen wie der chinesischen und japanischen Bevölkerung die Bedeutung Adolf Hitlers wie den ungeheuren Verlust, den sein Tod für unser Volk bedeutete, zum Bewußtsein bringen sollte.

Um einen würdigen Rahmen zu schaffen, wurden zwei Zimmer im oberen Stockwerk des Hauptgebäudes des Generalkonsulats entsprechend ausgestaltet. In dem ersten Zimmer, das als Empfangsraum eingerichtet war, wurden die Kondolenzbesucher empfangen und die abgegebenen Kränze aufgestellt. In dem Empfangszimmer war außerdem ein Buch aufgelegt, in das sich die einzelnen Besucher eintrugen.

In dem Hauptraum, dessen Stirnwand mit schwarzem Flor ausgeschlagen war, war eine Büste des Führers aufgestellt, umgeben von dem frischen Grün von Lebensbäumen und dem leuchtenden Weiß blühender Margueriten. Die Büste Adolf Hitlers war flankiert von zwei Pylonen; vor ihr stand ein mit einer Hakenkreuzfahne verkleideter Sockel, vor dem die Kondolenzbesucher Blumensträuße und besondere Beileidsschreiben, wie sie bei Chinesen und Japanern üblich sind, niederlegten. Auf den beiden Pylonen und dem Sockel brannten aus breiten Schalen große Ölflammen, die die einzige Beleuchtung waren und den Raum in ein gedämpftes Licht tauchten.

Zwei Parteigenossen der Ortsgruppe Hankou hielten in SA–Uniform vor dem Bilde des Führers ständige Wacht.

Von dem Flaggenmast des Generalkonsulats wehte die Reichsfahne für die Dauer von vier Wochen auf halbmast.

Die Beteiligung chinesischer und japanischer Kreise an den Trauerkundgebungen war äußerst zahlreich und herzlich.

Die chinesischen und japanischen Zivil– und Militärbehörden untersagten sofort für den ganzen Wuhan–Distrikt alle Festlichkeiten, Essen und so weiter für die Dauer von drei Tagen. Für den gleichen Zeitraum setzten alle Behörden und Militärstellen sowie zahlreiche Privathäuser ihre Fahnen auf halbmast. Bei einer kurzen Rundfahrt durch die Stadt konnte ich beobachten, daß in manchen Straßenzügen nahezu jedes Haus geflaggt hatte.

Unter der großen Zahl der ausländischen Beileidsbesucher befanden sich sämtliche prominenten Vertreter der japanischen und chinesischen Zivil– und Militärbehörden, politischen und kaufmännischen Vereinigungen und Gilden. So vor allem die Oberstbefehlshaber der Kaiserlich Japanischen Armee und Marine, der Japanische Generalkonsul, der Leiter des Liaison–Büros, die Provinzgouverneure von Hubei und Jiangxi, Vertreter des Auswärtigen Amts in Nanjing sowie zahlreiche nachgeordnete Offiziere und Beamte.

Da auch in der lokalen chinesischen und japanischen Presse auf die Trauerfeierlichkeiten im Generalkonsulat in mehreren Artikeln hingewiesen worden war, war auch die Zahl der Zivilisten unter den Trauerbesuchern, die zehn Tage lang vor dem Bild des Führers vorbeidefilierten und dem großen Toten ihre Ehrfurcht nach orientalischer Art durch eine dreimalige Verbeugung erwiesen, sehr groß. Neben vielen allein kommenden Kondolierenden erschienen auch Abordnungen von Schulen, großen Firmen und religiösen Vereinigungen wie der Buddhisten und Shintoisten.

Unter den ausländischen Besuchern ist besonders der Vertreter der hiesigen faschistischen Italiener zu nennen, der einen Kranz vor der Büste Adolf Hitlers niederlegte.

Für die hiesige deutsche Kolonie, die durch die Nachricht von dem Heldentod des Führers aufs tiefste erschüttert war, wurde eine besondere Trauerfeier veranstaltet.

Eine weitere Trauerfeier fand für die Kinder der hiesigen deutschen Schule in dem Trauerraum statt.

Auch die Ortsgruppe Hankou der AO der NSDAP nahm in einer eigenen Feier zum letzten Male Abschied von ihrem obersten Führer.

Neben den verschiedenen, oben bereits erwähnten Hinweisen in der lokalen Presse auf die Trauerfeierlichkeiten im Deutschen Generalkonsulat beschäftigten sich auch mehrere Leitartikel in den chinesischen Zeitungen und der japanischen Bukan Tairiku Shimbun mit der Persönlichkeit Adolf Hitlers, der sie einhellig und rückhaltlos ihre Anerkennung und Bewunderung zollten.

BArch, R9208, DBC, Nr.3830, Bl.2–3.

144

Bericht des Leiters des Deutschen Amtes Hankou, Heinrich Röhreke, an die Deutsche Botschaft Nanjing[20]

Hankou, 14. Juli 1945

Inhalt: Auswirkungen in Hankou der Mai–Ereignisse in Deutschland.[21]
Der Zusammenbruch Deutschlands hat in Hankou verhältnismäßig bescheidene Rückwirkungen gezeitigt.

I.

Die offiziellen Maßnahmen beschränkten sich auf die gemeinsamen Mitteilungen der japanischen Armee, Marine und des Generalkonsulats vom 18. Mai über das Verbot von amtlichen Ziffertelegrammen, von Reisen ohne Sondergenehmigung durch das Hauptquartier und über künftige Zurückhaltung im Verkehr mit Angehörigen dritter Nationen, und vom 11. Juni über die Aberkennung der diplomatischen und konsularischen Vorrechte. Die beiden Mitteilungen

---

[20] Der Bericht Nr. Nan 12 vom 14.7.1945 erging noch auf Kopfbogen des Deutschen Generalkonsulates Hankou und traf am 6.8.1945 im „Deutschen Amt Shanghai" ein.

[21] Bedingungslose Kapitulation der deutschen Wehrmacht vom 8.5.1945. Militärische Kapitulationsurkunde vom 8.5.1945 in: Amtsblatt des Kontrollrats in Deutschland, Ergänzungsblatt Nr.1, S.6.

erfolgten in der bereits gemeldeten, sehr freundschaftlichen Form, die erste in meiner Behörde, die zweite im japanischen Generalkonsulat.

Chinesische Behörden oder Dienststellen sind nicht tätig geworden oder in Erscheinung getreten.

Von einer unfreundlichen oder deutsch–feindlichen Stimmung unter den Japanern oder Chinesen ist bis auf ganz vereinzelte Maßnahmen nichts zu spüren. In den höheren Kreisen der japanischen Armee und Marine sowie der Zivilbeamten besteht eine ausgesprochene Hochachtung vor der gewaltigen Leistung des deutschen Heeres und der Heimat, die auch in Gesprächen stets zum Ausdruck kommt. Chinesische Beamte, insbesondere der Provinzgouverneur, haben sich ebenfalls in diesem Sinne geäußert.

Die hiesigen Zeitungen, soweit sie sich zuweilen in Leitartikeln mit Deutschland befassen, sind auf den gleichen Ton der Hochachtung abgestimmt; in vielen Dingen werden Deutschland und die Haltung des deutschen Volkes im Kriege als Vorbild hingestellt.

Die persönlichen Beziehungen zu Japanern oder Chinesen haben durch die Ereignisse in Europa nicht gelitten.

Im ganzen läßt sich sagen, daß die Japaner und Chinesen hier zu stark mit der Sorge um ihre eigene Zukunft und um die Sicherung ihrer persönlichen Stellung und Habe in den erwarteten kommenden Wirren beschäftigt sind, um sich sehr mit europäischen Problemen im allgemeinen und mit dem deutschen im besonderen zu befassen. Nach dem Fortfall des deutschen Verbündeten und der unmittelbaren Rückwirkung, die die europäische Kriegslage auf Ostasien und damit auf das persönliche Wohl und Zukunftsbild des Einzelnen hatte, sind Deutschland und Europa den meisten recht fern gerückt.

II.

Unter den Deutschen war die Stimmung naturgemäß zunächst sehr gedrückt. Die Ungewißheit um die unmittelbare persönliche Zukunft verstärkte den Pessimismus. Die günstigen Erfahrungen in der Behandlung seitens der Japaner während der vergangenen zwei Monate haben die Stimmung wieder zuversichtlicher werden lassen; die verhältnismäßige Ruhe der letzten Wochen vor größeren Luftangriffen hat das ihrige dazu beigetragen.

Wirtschaftlich kann die Mehrzahl der hiesigen Deutschen aus eigenem, hier vorhandenen Vermögen zwei bis drei Jahre leben. Während des gleichen Zeitraums können alle gegenwärtigen und voraussichtlich künftigen Reichsunterstützungs–Empfänger mit dem amtlichen Schatz, der dank des dortigen großzügigen Entgegenkommens inzwischen hier angesammelt worden ist, ohne Schwierigkeiten über Wasser gehalten werden.

Die Auflösung der Parteiorganisationen erfolgte am 14. Mai den Weisungen entsprechend.

Politische Unstimmigkeiten, insbesondere von seiten demokratisch eingestellter Kreise, die zunächst gelegentlich befürchtet wurden, sind der Gemeinde erspart geblieben. Die Gemeindeversammlung fand am 27. Juni statt und verlief, von einem Luftangriff unterbrochen, durchaus harmonisch. Die Frage der Wiederwahl des bisherigen Vorstandes wurde dadurch umgangen, daß die Neuwahl auf einen späteren Zeitpunkt verschoben und der bisherige Vorstand einstweilen mit der weiteren Geschäftsführung beauftragt wurde.

Allgemein ist zu sagen, daß neben dem guten Willen, den alle besonnenen Elemente der Gemeinde jederzeit bestätigen, die Furcht vor der Übernahme der Gemeinde durch eine russische Dienststelle und die völlige Ungewißheit des persönlichen Schicksals in einem solchen Falle die wenigen noch zu politischen Extratouren Aufgelegten im Zaume hält; dank dieser beiden in der Gemeinde wirksamen Kräfte herrschen in ihr im ganzen eine erfreuliche Einmütigkeit und ein guter kameradschaftlicher Geist.

Über die wirtschaftlichen Auswirkungen folgt gesonderter Bericht.

BArch, R9208, DBC, Nr.1794, Bl.1–3.

145

Erinnerungen des deutschen Publizisten Klaus Mehnert[22]

[1945 – 1946]

Die Chronik von Jiangwan.
Bericht über das Konzentrationslager für Deutsche in Jiangwan bei Shanghai (Herbst 1945 bis Sommer 1946) und die Liquidation des Shanghai–Deutschtums [...][23]

I. 15. Sept. – 17. Okt. 1945

Am 15. September 1945, also gleich nach der japanischen Kapitulation, gab der frisch in Shanghai eingetroffene Kommandeur der III. Nationalchinesischen Armee, General Tang Enbo, einen Presseempfang, auf dem er u.a. auch die Degregierung der in Shanghai lebenden Japaner in bestimmten nördlichen Stadtvierteln und ihre spätere Evakuierung nach Japan in Aussicht stellte. Anschließend wurden ihm eine Reihe von Fragen vorgelegt, darunter von einem Vertreter der Shanghaier Sowjetpresse nach dem Schicksal der Shanghai–Deutschen. Der General erklärte, sie würden ähnlich behandelt werden wie die Japaner.

---

22 Der hier in Auszügen wiedergegebene Bericht „Die Chronik von Jiangwan“ entstand nach Mehnert im „Repatriierungslager“ auf dem Hohenasperg im Herbst 1946. Der Begriff „Konzentrationslager“ für das Lager in Jiangwan ist – wie der Text Mehnerts selbst deutlich zeigt – angesichts der Verhältnisse in den von den deutschen Nationalsozialisten eingerichteten Konzentrationslagern – irreführend. Auslassungen betreffen Einzelfragen. Sie werden gekennzeichnet, aber nicht inhaltlich erläutert.

23 Mehnert beginnt die insgesamt vierzig Schreibmaschinenseiten umfassende Chronik mit einer allgemeinen Betrachtung des Problems „Gefangenenlager“ und meint nach der Feststellung, daß „zwischen 1914 und heute [1946] nahezu fünfzig Millionen Menschen in Gefangenschaft irgendwelcher Art gesessen (haben)“, daß eine wissenschaftliche Beschäftigung mit diesem „in der Weltgeschichte einzigartigen Phänomen“ wohl feststellen werde, „daß aus der Natur der Dinge heraus allen Lagern viele Probleme und Lösungsversuche gemeinsam waren“. Das Lager in Jiangwan sieht er als „das einzige seiner Art in Ostasien“.

In der deutschen Kolonie, damals – ohne Juden – etwa 2.400 stark, entstand ein Rätselraten über den Sinn dieser Worte. Die einen wollten wissen, daß die Deutschen in eines der Lager gesteckt würden, in denen die Alliierten von den Japanern festgehalten worden waren (Zhabei, Longhua), andere, daß sie ins Dongwen College kämen, wieder andere tippten auf Segregierung in Hongkou, und ganz Vorsichtige überlegten schon, ob sie nicht in Hongkou einige Zimmer mieten sollten. Das war auch die Zeit, wo sich mancher überlegte, ob es nicht schlauer sei, aus Shanghai zu fliehen, ehe man in der Falle saß. Zu mir kam damals ein Chinese und bot mir gegen Zahlung von 75 US$ monatlich völlige Diskretion und Unterkunft in einem verschwiegenen chinesischen Hause an. Er garantiere, daß mich dort niemand finden würde, auch wenn ich zwei Jahre bliebe. Wenn mit einer Ausnahme, von der noch zu sprechen sein wird, niemand derartige Fluchtgedanken ernst nahm, so geschah dies, weil die meisten sich sagten, daß sie kein schlechtes Gewissen zu haben brauchten und daß die Welt zu klein geworden war, als daß sich ein Deutscher, den man wirklich suchte, auf die Dauer verstecken könnte.

Am 25. September mußte die Deutsche Schule geräumt werden, am 27. erschienen in einer Reihe von deutschen Häusern und Wohnungen chinesische Soldaten unter unerfreulichen Begleitumständen, quartierten sich – in vielen Fällen auf Kosten der Bewohner – ein, belästigten sie und verboten das Herausschaffen irgendwelcher Gegenstände, wobei man nie recht festetellen konnte, wer hinter dieser Aktion stand und warum gerade der und nicht jener von ihr betroffen war. In der Nacht vom 4. zum 5. Oktober erfolgten in dem Häuserblock der Route Delauny die ersten kurzfristigen Wohnungsräumungen. Kurz vorher war auch zum ersten Mal das Wort Jiangwan aufgetaucht. So heißt ein Neubaugebiet nördlich von Shanghai, wo sich das von der chinesischen Stadtverwaltung der dreißiger Jahre als Musterstadt gedachte Civic Center, der Flugplatz und eine große japanische Mittelschule befanden. Diese Schule, hieß es, sei als Konzentrationslager für die Deutschen vorgesehen.

Es erfolgte nun etwas Sonderbares: Lange ehe Jiangwan offiziell als Deutschen–Lager genannt wurde, begann die deutsche Kolonie ihre Vorbereitungen zum Umzug dorthin. Durch die Ereignisse seit der japanischen Kapitulation, vor allem die täglichen heftigen Angriffe der lokalen Sowjetpresse, schwer beunruhigt, war das Bedürfnis nach einer Antwort auf die Frage 'Was nun?' so stark geworden, daß die erste halbwegs plausible Antwort, nämlich Jiangwan, mit überraschender Bereitwilligkeit aufgegriffen wurde. Viele hatten zweifellos das Gefühl: Besser die Einlieferung nach Jiangwan als weiter diese aufreibende Unsicherheit. Das Bedürfnis, etwas zu tun, etwas für die Zukunft vorzubereiten, und sei es auch nur die Unterbringung in einem Knast, war so stark verbreitet, daß die Vorarbeiten für Jiangwan mit erstaunlichem Schwung in Angriff genommen wurden.. [...]

Diese Vorbereitung erfolgte mit deutscher Gründlichkeit. Es ergingen Aufforderungen an alle Mitglieder der Gemeinde, Öfen, Möbel, Rohre und überhaupt alles, was in einem Lager gebraucht werden kann, zu stiften – die Abteilung 'Rabenklau' des Transportausschusses nahm sich speziell dieser Aufgabe an. Alle arbeitsfähigen Männer und jüngeren Frauen wurden zur Hilfe mobilisiert. Nachts schliefen Wachen in der Turnhalle von Jiangwan, welche als Lagerraum benützt wurde und sich mit Öfen, Kartoffeln, Zwiebeln, Reis, Mehl, Bohnen,

Holz, Badewannen, Schränken, Drehbänken, elektrischen Materialien (Stiftung von Siemens) zu füllen begann.

Wenn es auch Menschen gab, die sich aus Prinzip weigerten, etwas mit dem 'Nazilager' zu tun zu haben (obgleich damals damit gerechnet wurde, daß fast die ganze Gemeinde, gleichgültig welcher politischer Vergangenheit, interniert würde, und andere, die sich, obgleich sie bestimmt damit rechnen mußten, ins Lager zu kommen, von jeder Arbeit zu drücken verstanden), so waren die Wochen vor der Eröffnung des Lagers erfüllt von einem bemerkenswert einmütigen Zupacken. Nach Monaten nervenaufreibender Depression, die lange vor dem deutschen Zusammenbruch eingesetzt und sich danach erheblich gesteigert hatte, nach Bombenangriffen, nach monatelanger Erwartung amerikanischer Großangriffe und erbitterter Straßenkämpfe um Shanghai, in der täglichen Sorge vor Verlust von Haus, Vermögen, Arbeitsplatz, dauernd allen möglichen Angriffen in der Presse ausgesetzt[24] – wurde die Einrichtung des Lagers, so paradox es klingen mag, als eine konstruktive Gemeinschaftsleistung betrachtet. [...]

Ob eine Internierung der Shanghaideutschen durch energischere Haltung der Gemeindeleitung und Ablehnung jeglicher Vorarbeiten hätte abgewendet werden können, wird sich nachträglich nie mehr mit Sicherheit sagen lassen.[25] Persönlich glaube ich, daß die Internierung (und die spätere Repatriierung) nicht zu umgehen war, da die darauf drängenden Kräfte, vor allem die Sowjets und die Amerikaner, viel zu sehr darauf versessen und zu stark waren. Die Chinesen selbst, die weder an Internierung noch an Repatriierung ein Interesse hatten, waren zu schwach, um diesem Druck entgegentreten zu können. So glaube ich, daß es nicht darum ging, ob interniert (und später repatriiert) wurde, sondern in welchem Umfang und in welcher Form. Und während wir auf den Umfang nur geringen Einfluß ausüben konnten, da er sich aus dem Kräftespiel der für und der gegen die Internierung Eintretenden unter den Alliierten ergeben mußte, konnten wir uns die Form, in der die Internierung vor sich ging, mit einschalten. Wenn schon Internierung, dann unter möglichst günstigen Bedingungen, auch wenn es Geld kostete, und selbst auf das Risiko hin, daß es vielleicht aus irgendwelchen Gründen schließlich doch nicht zur Internierung kam und alle Investierungen verloren gehen sollten.

Am 13. Oktober wurde die „German Affairs Commission of the Municipal Government of Shanghai“[26] gegründet – eine kleine Notiz in der Presse, die nicht einmal unterschrieben war, teilte uns ihre Geburt mit. Ihr Vorsitzender wurde ‘Captain’ Yang Yin, ein Mann, der jahrelang Komprador (chinesischer Agent) der Firma Siemens China gewesen war. Er eröffnete ein Bureau in einem Gebäude der Stadtverwaltung und umgab sich mit einem Stab von

---

24 Handschriftlich hinzugefügt: „Wie kommt es, daß die Nazis noch frei in Shanghai herumlaufen und in ihren Hauswohnungen leben, während Hunderte von Alliierten aus Wohnungsmangel noch in den japanischen Lagern hausen müssen?“

25 Handschriftlich hinzugefügt: „Diejenigen, die sie bejahen, machen dem Gemeindeleiter vor allem den Vorwurf, daß er die Verhandlungen mit den chinesischen Stellen allein und ohne Kontrolle durch einen zweiten Vertreter geführt habe.“

26 Kommission der Stadtverwaltung von Shanghai für deutsche Angelegenheiten (GAC).

Freunden – oder Söhnen von Freunden –, wie das landesüblich ist. Aber immer noch hörte man nichts Endgültiges über Jiangwan. Am folgenden Tage tauchte für uns zum ersten Male ein Wort auf, das seither eine mächtige und düstere Rolle in unser aller Leben gespielt hat – Liste. Es hieß, die Liste der ersten, die interniert werden sollten, sei heraus. Einige wollten sie auch schon gesehen haben oder wissen, wer sie gesehen hatte. Das Listenraten und die Listengerüchte nahmen an jenem Tage ihren Anfang. Die ersten Namen wurden genannt – falsche und richtige, und dann war die Liste tatsächlich da, 13 Familien. Es wurde ernst. [...][27]

V. Das Gesetz vom 27. November

Am 27. November 1945 erließ der Exekutiv–Yuan der Chinesischen Regierung ein „Gesetz über die Behandlung Deutscher Staatsangehöriger". Es wurde am 14. Dezember von der chinesischen Nachrichtenagentur Central News aus Chongqing nach Shanghai telegrafiert und dort erst in der chinesischen, dann auch in der westsprachigen Presse veröffentlicht und kommentiert. Da eine amtliche chinesische Übersetzung ins Englische nicht vorlag, besteht keine Einigkeit in den uns zugänglichen Texten. Die für Jiangwan entscheidenden Paragraphen besagten etwa folgendes:

Par. 2. Wer Handlungen begangen hat, die China schädigten, oder im Verdacht steht, sie begangen zu haben, und wer japanischen Truppen gegen China Hilfe leistete, wird nach chinesischen Gesetzen bestraft.

Par. 4. Deutsche Staatsangehörige, frühere österreichische Staatsangehörige und Juden deutscher Staatszugehörigkeit, die nicht unter Par. 2. fallen, werden nach Deutschland repatriiert, mit Ausnahme derer, denen das Ministerium des Inneren und des Äußeren ein Verbleiben in China gestattet. Vor der Repatriierung werden sie von der zuständigen Provinzial–

---

[27] Es folgen die Abschnitte „II. 18. Okt. bis 6. Dezember 1945", „III. Spätere Einlieferungen" und „IV. Unterbringung". Mehnert beschreibt detailliert den Vorgang der Internierung bis zum 6.12.1945 in elf Schüben: Es wurden durch die German Affairs Commission Listen zusammengestellt, die jeweils zehn bis zwanzig Namen umfaßten, und dann die jeweiligen Deutschen aufgefordert, in Jiangwan zu erscheinen. Aus einer Statistik geht hervor, daß sich von Schub zu Schub immer weniger tatsächlich in Jiangwan einfanden. Gründe dafür waren Mehnert zufolge Krankheiten, hohes Alter, dann aber auch „hohe chinesische Protektion". Die German Affairs Commission habe wegen dieser letzteren Fälle kein Interesse daran gehabt, die Zahl der Befreiungen von der Internierung publik werden zu lassen. Eine Gesamtzahl der Internierten nennt Mehnert nicht. Addiert man die Zahl der Erschienenen der elf Schübe, kommt man auf 79 Internierte. Frauen und Kinder als Angehörige der internierten Männer seien wieder freigelassen worden. „Nur drei Frauen" seien „um ihrer selbst aufgegriffen worden": eine „Sekretärin bei der Abwehr", eine „Sekretärin beim Polizeiattaché" und eine „Leiterin des Abhördienstes". Im Zusammenhang mit dem 6. Schub merkt Mehnert an, daß zwei „wegen erfolgter Flucht" nicht erschienen, bald darauf aber „in Nordchina gefangen und in Shanghai ins Gefängnis eingeliefert" worden seien. Unter „Spätere Einlieferungen" vermerkt Mehnert u.a. einzelne Fälle von kleinen Gruppen aus Nanjing, Hankou, Jinan und Kanton. Der Abschnitt endet mit dem Satz: „Außerdem wurde das Lager während der Tage der Verladung aller Repatriierten aufs Schiff für 'processing' verwendet, so daß jeder Shanghaier Repatriand mindestens eine Nacht dort zu verbringen hatte." Zur Unterbringung stellt Mehnert noch einmal fest, daß das Lager ursprünglich für etwa 700 Personen geplant war, die tatsächliche Zahl der Internierten aber „viel geringer" war.

oder Stadtregierung interniert, sofern sie nicht von der zuständigen Behörde nach Vorlage der Bürgschaft einer anerkannten Firma davon befreit werden.

Die Internierung in Jiangwan war durch die GAC, also eine Institution des Stadtrats von Shanghai, durchgeführt worden. Nach dem Bekanntwerden des Gesetzes vom 27. November – die erste Übersetzung erhielten wir etwa am 17. Dezember – war es klar, daß die Internierung im Widerspruch stand zu diesem Reichsgesetz, da nur diejenigen interniert werden sollten, welche keine Bürgschaften beibringen konnten. Uns aber hatte bisher niemand Gelegenheit gegeben, solche Bürgschaften vorzulegen, und wir waren überzeugt, daß es uns allen oder fast allen ohne Schwierigkeiten möglich sein würde, diese Bürgschaften (sog. shop guarantees) zu beschaffen. So tauchte der Wunsch auf, möglichst rasch gemäß dem Gesetz behandelt zu werden. Aber die Feiertage und verschiedenes andere kam dazwischen, ehe in der zweiten Januarhälfte der Lagerobmann und ich als Mitglied des Lagerausschusses von Captain Yang Yin eines Nachmittags in seinem Kabinett in der GAC in Audienz empfangen wurden. Er sagte uns dabei das Folgende, was auch, soweit ich nachträglich beurteilen kann, etwa den Tatsachen entsprach:

Die chinesische Regierung war an der Internierung nicht interessiert und hat sie daher auch im Reichsmaßstab nicht durchgeführt. In Shanghai lagen wegen der starken ausländischen, vor allem amerikanischen und sowjetischen Einflüsse besondere Umstände vor, und unter ihrem Druck wurde die Einrichtung des Lagers beschlossen. Ursprünglich bestand die Absicht, den größten Teil der deutschen Gemeinde zu internieren, und daher wurde mit der Internierung zunächst in flottem Tempo und ohne besondere Auslese begonnen. Ende November stellte sich heraus, daß man es bei einer viel kleineren Zahl von Internierten sich bewenden lassen konnte, und man stoppte die Entwicklung ab. Die bis Anfang Dezember im Lager saßen, das seien nun eben die „Unlucky Ones“, die Pechvögel, die bis auf weiteres in Jiangwan bleiben müßten. Die in dem Gesetz erwähnte Möglichkeit der Beibringung von Bürgschaften sagte der Captain den Internierten zu, ohne ihnen freilich zu versprechen, daß sie dadurch frei würden. Nach diesem Interview war völlig klar, was jeder, der die Chinesen kannte, schon vorher hatte vermuten können: Die Chinesen hatten die Internierung unter Druck von außen durchgeführt, sie bei Nachlassen des Druckes wieder eingestellt. Ob sie sie wieder aufheben oder bis zur Repatriierung beibehalten würden, würde von der künftigen Entwicklung abhängen. Persönlich hielt ich unter diesen Umständen auch wenig von der Bürgenstellung, weil ich mir sagte, daß entweder der Gang der Entwicklung das Lager in den Augen der Chinesen überflüssig machen würde, wobei wir auch ohne jede Bürgschaft wieder herauskämen, oder die Chinesen zwingen würde, das Lager beizubehalten, in welchem Falle wir als Unlucky Ones trotz aller Bürgschaften im Lager bleiben würden. Trotzdem beschlossen wir, von der Möglichkeit der Bürgenstellung Gebrauch zu machen, um durch die Beibringung der shop guaranty den Vorwand zu beseitigen, daß wir als Leute, welche nicht imstande waren, Bürgen beizubringen, gemäß § 2 des Gesetzes vom 27.11. mit Recht im Lager sitzen.

Gegen Anfang Februar [1946] wurden die Garantie–Formulare ausgegeben.[28] Sämtliche Deutsche Shanghais begaben sich auf die Suche nach Bürgen. Bei dem geringen organisatorischen Zusammenhalt der Deutschen in der Stadt ist es unmöglich zu wissen, wieviele ihre Bürgschaften erhielten. Was das Lager betraf, steht fest, daß fast jeder, mindestens 95%, ihre shop guaranties beibrachten. Es waren dabei noch einige komische Bestimmungen einzuhalten. So mußte die Bürgschaft von einem offenen Laden stammen, da nach chinesischer Auffassung der Besitzer eines offenen Ladens weniger Neigung verspüren wird, sich einer Bürgschaft durch die Flucht zu entziehen, als der Geschäftsführer einer Aktiengesellschaft. So wurden Bürgschaften z.B. vom Bäcker oder Fahrradreparaturgeschäft ohne Anstand von der GAC angenommen, während gleichzeitig solche von angesehenen 'geschlossenen' Firmen abgelehnt wurden. In einer Reihe von Fällen wurden die Bürgen später von Vertretern der GAC gefragt, ob sie sich der Tragweite der Bürgschaft bewußt seien, es heißt auch, daß einige Bürgen – aber nicht solche von Lagerinsassen – nachträglich wieder ihre Bürgschaft zurückzogen. Im allgemeinen aber verlief die Aktion sehr glatt und, wie zu erwarten, völlig ergebnislos. Die Lagerinsassen blieben im Lager, auch wenn sie noch so prächtig Garantien beigebracht hatten, die Nicht–Internierten blieben draußen, auch wenn sie nicht imstande gewesen waren, Bürgen zu finden. Im Mai oder Juni wurden pro forma eine Reihe von Mahnbriefen an Personen, die keine Bürgschaften eingereicht hatten, versandt, dabei versehentlich auch an solche, welche sie vorgelegt hatten. Um die allgemeine Unordnung zu charakterisieren, erhielten auch einige Lagerinsassen, welche längst Bürgen gestellt hatten und seit Oktober – einer davon seit dem ersten Tag – interniert waren, derartige Briefe, die mit der reichlich deplazierten Drohung schlossen: „Wenn Sie bis zu dem erforderlichen Datum die shop guaranty nicht beibringen, werden Sie interniert."

Im übrigen gelang es 14 Internierten, bereits vor dem Ablaufen der Bürgschafts–Aktion und durch eigene Beziehungen hinter den Kulissen die zum Teil bis zur Repatriierung dauernde, zum Teil vorübergehende Entlassung aus dem Lager zu erwirken. Die einen ließen sich durch chinesische Firmen herauspauken, die sie angeblich dringend benötigten; die anderen brachten ärztliche Zeugnisse bei und zahlten dem dafür von der GAC eingesetzten Arzt in regelmäßigen Abständen ein erhebliches Honorar, wofür der ihnen jedesmal aufs neue bestätigte, daß sie zu krank seien, um ins Lager zurückzukehren, wieder andere verließen unter irgend einem Vorwand das Lager für einen Tag und arrangierten alles weitere mit der GAC. [...]

Im Kampfe gegen diese Diskriminierung[29] wurden – neben zahlreichen mündlichen Vorstößen – drei Briefe seitens des Lagers geschrieben. Der erste, vom 18.2., war an Professor Ding [Wenyuan] gerichtet. Dieser, der früher Botschaftsrat in Berlin gewesen war und als Kenner deutsch–chinesischer Fragen galt, war Anfang Februar in Shanghai aufgetaucht und schien vom chinesischen Außenministerium einen speziellen Auftrag in deutschen Angele-

---

[28] Handschriftlich hinzugefügt: „Sie lauteten..."

[29] Gemeint ist die im vorhergehenden Absatz beschriebene Situation derjenigen im Lager, die über keine Beziehungen zu Firmen verfügten, und die nun fürchteten, auch bei der Repatriierung schlechter behandelt zu werden als die Nicht–Internierten.

genheiten zu haben. Er besuchte das Lager, wo er eine Reihe von Bekannten aus früheren Tagen hatte, zeigte sich aufgeschlossen für unsere Probleme und hilfsbereit. Der zweite, vom 20.3., ging an Captain Yang, den Chef der GAC, und der dritte, vom 3.6., an K.C. Wu [Wu Tiecheng], den Oberbürgermeister von Shanghai, und gleichzeitig Kopien an Chiang Kaishek, Ministerpräsident Song Ziwen und das chinesische Außenministerium. [...][30]

BArch, Kleine Erwerbungen, Nr.214–1, Bl.1–40. Unterlagen aus dem Nachlaß von Prof. Dr. Klaus Mehnert.

146

Artikel der „Berliner Zeitung"

[Berlin, 12. Oktober 1945]

Nationalfeier der chinesischen Kolonie
Oberbürgermeister Dr. Werner[31] sprach die Glückwünsche des Magistrates aus

Die chinesische Kolonie in Berlin feierte in den Räumen des Café Wien ihren ersten Nationalfeiertag nach der Erringung des Sieges. Unter den Ehrengästen sah man außer hohen Offizieren vom Kontrollrat und der vier Militärregierungen auch den Oberbürgermeister von Berlin, Dr. Werner, der in einer Rede China als das Land feierte, das die Ideen des Friedens und der Harmonie zu seinen Grundprinzipien erkoren hat.

Die Feierlichkeit begann mit der chinesischen Nationalhymne. Darauf ergriff der Vorsitzende des Vorbereitungskomitees für den Nationalfeiertag, Dr. Xiao Yunlai, das Wort zu seiner erst in chinesischer, sodann in deutscher Sprache gehaltenen Festrede. Er wies darauf hin, daß China in diesem Jahr zum ersten Male seit der Revolution von 1911 seinen Nationalfeiertag mit Freude und Stolz feiern könne. Die revolutionäre Lehre Dr. Sun Yatsens, die geniale Führung des Generalissimus Chiang Kaishek, das Opfer der Soldaten, die Hilfe der Zivilbevölkerung und der Bund der Vereinten Nationen seien die Faktoren gewesen, auf die sich der Sieg gegründet habe. Jetzt solle im Geist des verstorbenen Nationalheros Dr. Sun Yatsen die wahre Demokratie in China errichtet und der nationale Aufbau mit allen Kräften in Angriff genommen werden.

---

30 Es folgt Abschnitt „VI. Die chinesische Lagerverwaltung", der Mehnert „erstaunlich viel Geduld und Verständnis" attestiert. Weitere Abschnitte behandeln „Die deutsche Lagerleitung", „Verpflegung", „Die Lagerwache", „Kulturelles Leben", „Familienprobleme", „Kampf um Priviliegien", „Konflikte" und „Repatriierung".

31 Dr. Arthur Werner, parteilos, war am 19.5.1945 vom sowjetischen Stadtkommandanten von Berlin, Generaloberst Nikolai E. Bersarin, zum Oberbürgermeister und Chef des ersten Nachkriegs–Magistrats der Stadt Berlin eingesetzt worden.

Der Leiter des „Chinese Liaison Office",[32] Dr. Yu, hielt dann in englischer Sprache seinen Vortrag über die Bedeutung des chinesischen Nationalfeiertags.

In seiner sich anschließenden Rede führte Oberbürgermeister Dr. Werner aus:

Meine hochverehrten Herren chinesischen Gastgeber!

Meine hochverehrten Herren der alliierten Besatzungsmächte!

Meine sehr geehrten Damen und Herren!

Der Einladung der chinesischen Kolonie, an der heutigen Feier teilzunehmen, bin ich mit herzlicher Freude gefolgt. Denn der Stadt Berlin haben zu allen Zeiten so zahlreiche Gäste aus dem „Reich der Mitte" unentwegt die Treue gehalten, daß es mir als Oberbürgermeister der Stadt ein tief empfundenes Bedürfnis ist, den uns immer willkommen gewesenen chinesischen Gästen zu ihrem heutigen Nationalfeiertag und zu ihrer heutigen Siegesfeier namens der Berliner Bevölkerung und des Berliner Magistrats die herzlichsten Glückwünsche auszusprechen.

Diese Glückwünsche beruhen auf einer ehrlichen und aufrichtigen Mit–Freude, der die weit zurückreichende Sympathie der Repräsentanten wahrer deutscher Geisteskultur für die altehrwürdige, hohe Kultur Chinas zugrunde liegt. Das auf geheimen Sympathien beruhende Interesse Deutschlands an der jahrtausendealten chinesischen Kultur ist auch bei den geistigen Führern Chinas nicht unbemerkt und unerwidert geblieben.

Ich darf daran erinnern, daß der große chinesische Reformator Dr. Sun Yatsen oft mit hoher Achtung und warmer Verehrung von Deutschland gesprochen hat. Mit Recht hat er z.B. einmal in einer Rede, als er der deutschen Wissenschaft großes Lob zollte, darauf hingewiesen, man könne bei den deutschen Gelehrten ein deutliches Bestreben feststellen, „die chinesische Philosophie und den indischen Buddhismus kennenzulernen, um die Einseitigkeit der europäischen Bildung zu überwinden". In der Tat haben sich zu allen Zeiten gerade die führenden deutschen Geister verehrungsvoll vor der tiefen Weisheit der chinesischen Philosophie gebeugt.

Die unglückliche Episode des sogenannten „Dritten Reiches" hat leider diese geistig–kulturelle Freundschaft zwischen dem deutschen und dem chinesischen Volk auf kurze Zeit unterbrochen. In ihrer Substanz zerstören konnte aber auch diese Zeit die tiefbegründete deutsch–chinesische Freundschaft nicht.

Gerade heute haben wir allen Anlaß, mit hoffnungsvoller Erwartung auf das glückliche, siegreiche „Volk der Mitte" im Herzen Asiens zu blicken. Denn wir denken an das nun der Erfüllung nahe Wort Dr. Sun Yatsens, der gesagt hat: „Was wird China tun, wenn es wieder ein geschlossenes, starkes Reich sein wird? Es wird nach dem Worte handeln: Hilf den Schwachen und unterstütze die Gefallenen." Einem Volk, das solche Parolen hat, kann man den Sieg neidlos gönnen.

Wie glücklich wäre die Welt, wenn in ihr die friedfertige politische Maxime der Chinesen Geltung hätte: „Wer keinen Menschen töten will, kann den Staat regieren!" Wenn ein Volk

[32] Das „Chinese Liaison Office" bereitete die im Januar 1946 bestätigte Gründung der Militärmission der Republik China beim Alliierten Kontrollrat für Deutschland in Berlin vor.

so sehr den Frieden in seinem Herzen trägt, dann ist es auch für die anderen Völker ein großes Glück, es unter den Siegern zu wissen.

Daher bringe ich der chinesischen Kolonie hiermit auch mit voller Aufrichtigkeit zur heutigen Feier meine herzlichsten Glückwünsche dar.

Berliner Zeitung, 12.10.1945, S.3.

147

Aufruf der „Gemeinschaft der demokratischen Deutschen in Shanghai"

Shanghai, 1. November 1945

Aufruf.
Mit dem Ende des Krieges und dem Sieg der Demokratie können alle diejenigen wieder frei ihr Haupt erheben, die durch den Faschismus zu rechtlosen Menschen erniedrigt wurden.

Wir haben wieder Rechte! Aber kein Recht ist ein Geschenk! Recht muß wirksam vertreten werden!

Wir müssen daher unser Geschick selbst in die Hand nehmen und die uns zustehenden Rechte wahrnehmen.

Aus allen Schichten der demokratisch gesinnten deutschen Bevölkerung Shanghais kommend, sind die Unterzeichneten zusammengetreten und haben die Gründung der 'Gemeinschaft der demokratischen Deutschen in Shanghai' (Residents Association of Democratic Germans in Shanghai) beschlossen. Diese Vereinigung beabsichtigt:

1. Alle demokratisch gesinnten Personen aus dem Deutschen Reichsgebiet (nach dem Stande vom 31.12.1937) zu erfassen und ihre Interessen ohne Rücksicht auf konfessionelle und politische Auffassungen zu vertreten.
2. Alle Anstrengungen zu machen, die Verbindung mit der Alliierten Kontrollkommission in Berlin aufzunehmen, um Möglichkeiten für die Repatriierung derjenigen zu finden, die nach Deutschland zurückzukehren wünschen.
3. Die Rechte und materiellen Interessen aller durch den Faschismus geschädigten Personen wahrzunehmen.
4. Durch Aufnahme von Verbindung mit internationalen Organisationen die Möglichkeiten für eine Weiterwanderung zu prüfen und zu fördern.
5. Die Schaffung einer Vertretung der Mitglieder gegenüber den zuständigen Behörden.
6. Alle faschistischen Einflüsse und Gedankengänge zu bekämpfen und auszuschalten.

Diese Programmpunkte sind nicht auf dem Wege von Einzelaktionen zu verwirklichen, nur der kollektive Zusammenschluß verbürgt eine wirksame Vertretung unserer gemeinsamen Interessen.

Unbeschadet der Sonderaufgaben, welche die karitativen und konfessionellen Vereinigungen haben, ist die Gemeinschaft der demokratischen Deutschen in Shanghai (Residents Association of Democratic Germans in Shanghai) als eine Organisation, die sich auf die Potsdamer Deklaration vom 2. August 1945 stützt, einzig und allein berechtigt, die staatspolitischen Interessen ihrer Mitglieder wahrzunehmen.

Die Unterzeichner dieses Aufrufs fordern daher zum Beitritt auf.

Dr. Aschner, Amtsgerichtsrat; Dr. med. Blumenberg, Arzt; Walter Czollek, Angestellter; Gerhard Gottschalk, Sozialbeamter; Willi Jeglinski, Zimmermann; Dr. Landauer, Chemiker; Kurt Löwenstein, Angestellter; Prof. Richard Paulick, Architekt; Georg Salomonis, Bücherrevisor; Heinz C. Bacharach, Kaufmann; Herbert Braun, Spediteur; Gerhard Gerechter, Gastwirt; Bruno B. Heinsius, Kaufmann; Johannes König, Übersetzer; Ludwig Lazarus, Buchhändler; Kurt Loewenthal, Kellner; Georg Rosenbaum, Elektromeister; Edgar Sternberg, Fabrikant.

Anmeldestellen: Café Gerechter, 304, Ward Rd.; Kaufhaus Deutsch (Boldes) 19, Tongshan Rd.; Reklame–Haase, Paoting Rd.

Nobel, Günter und Genia: Als politische Emigranten in Shanghai, in: Beiträge zur Geschichte der Arbeiterbewegung, Berlin, Heft 6/1979, S.882–894. – Der Aufruf ist auch gedruckt in: Dreifuß, Alfred: Eine Emigration am Rande, in: Exil in den USA. Kunst und Literatur im antifaschistischen Exil (1933–1945), Leipzig 1979, S.447–517.

148

Ausarbeitung von Shen Jinkang, Handelskommission des chinesischen Finanzministeriums[33]

[Nanjing, November 1945]

Die Periode von der Etablierung der Nanjing–Regierung bis zum Kriegseintritt 1941 war für den deutsch–chinesischen Handel insgesamt gesehen eine sehr günstige.

Bereits im August 1928 erkannte Deutschland die Guomindang–Regierung an und schloß ein vorläufiges Abkommen auf der Grundlage des Vertrages von 1921. Dieser Vertrag war insofern von großer Bedeutung, als es sich um den ersten gleichberechtigten Vertrag handelte. Die Beziehungen gestalteten sich immer enger. Die deutsche Militärberatergruppe leistete einen bedeutenden Beitrag zu unseren Verteidigungsanstrengungen. Die Studienkommission des Reichsverbandes der Deutschen Industrie sondierte Möglichkeiten für den Ausbau der Wirtschaftsbeziehungen. Wichtig war das Wirken von Otto Wolff. Er unterbreitete

33 Übersetzt von Peter Merker. Die Aufzeichnung ist nicht datiert. Sie wird im Zusammenhang mit Ausarbeitungen überliefert, die in Vorbereitung chinesischer Positionen zur Behandlung Nachkriegsdeutschlands auf alliierten Außenministerkonferenzen angelegt worden sind.

Vorschläge zum Ausbau unseres Eisenbahnnetzes, gewährte Kredite und arbeitete eng mit uns zusammen. Einen Höhepunkt erreichten die Beziehungen mit dem HAPRO-Austauschvertrag. Der Handel nahm ständig zu. Bis 1940 blieb Deutschlands Stellung bedeutend.

Durch die Kriegsereignisse sind die Beziehungen zwischen Deutschland und China offiziell unterbrochen.

Welche Bedeutung hatte der deutsch-chinesische Handel? Er blickt auf eine lange Tradition zurück. Obwohl Deutschlands Platz nicht mit dem von England oder den Vereinigten Staaten von Amerika verglichen werden kann, handelt es sich bei Deutschland um ein industriell hochentwickeltes Land, dessen Industrieprodukte, wie Anlagen, Ausrüstungen, Maschinen und Chemieerzeugnisse, wir besonders benötigen. Hinzu kommt, daß sich unsere Wirtschaften ergänzen und wir landwirtschaftliche Produkte und Erze liefern können, die Deutschland benötigt.

Es besteht gar keine Frage darüber, daß unsere Handelsbeziehungen nach dem Krieg in großem Ausmaß fortgesetzt werden. Unsere Regierung benötigt dazu entsprechende Pläne und Vorstellungen.[34] Um dem Rechnung zu tragen, müssen Vor- und Nachteile des früheren Handelsverkehrs gründlich analysiert werden.

2. HACh, 309, Handelskommission, Nr.130.

149

Meldung des Shanghaier Jüdischen Nachrichtenblattes „The Jewish Voice of the Far East"

Shanghai, 27. Dezember 1945

Die Lage der jüdischen Refugees

Associated Press meldet am 23. Dezember aus Chongqing:

Ein Sprecher des chinesischen Auswärtigen Amtes erklärte heute der Associated Press, daß alle Deutschen in China, gleichgültig welcher Religion, gemäß den vom Exekutiv-Yuan am 27. November genehmigten Bestimmungen der Repatriierung unterliegen.

Er erklärte, daß die allgemeine Bezeichnung „Deutsche" auch Österreicher umfaßt.

---

[34] China hatte als Mitglied des Rates der Außenminister an der vom 10.9.-2.10.1945 in London abgehaltenen Außenministerkonferenz teilgenommen. Die chinesische Regierung beauftragte verschiedene Stellen, darunter auch die Handelskommission des Finanzministeriums, für Entscheidungen über die Wiederaufnahme des Handels mit Nachkriegsdeutschland entsprechende Analysen und Empfehlungen vorzulegen, die mit den vier Mächten abgestimmt werden sollten, die in Deutschland von 1945 bis 1949 die Regierungsgewalt ausübten.

Italienische Staatsbürger werden nicht repatriiert, da „Italiener nicht mehr als Feinde betrachtet werden".

Der Sprecher betonte jedoch, daß die Regierungsbeamten bei Ausarbeitung der Bestimmungen über die Repatriierung von Deutschen „eine liberale und großzügige Behandlung" im Sinne hatten. Alle Nazis werden repatriiert, und jeder Deutsche, der der Spionage, Sabotage oder Zusammenarbeit mit den Japanern oder Puppen verdächtig ist, wird vor chinesische Gerichte gestellt und, wenn schuldig befunden, bestraft.

(Es folgen Bestimmungen über Missionare.)

Der Sprecher betonte, daß „verläßliche Techniker", die vorstehender Vergehen nicht verdächtig sind, auf Empfehlung der Regierung oder privater Organisationen in China beschäftigt werden können, vorausgesetzt, daß Außen– und Innenministerium die Genehmigung erteilen.

Bis zur Repatriierung sollen alle betroffenen Deutschen interniert werden, sofern sie nicht zuverlässige Garantien chinesischer oder ausländischer Firmen beibringen.

Ein Sprecher erklärte, daß der Fall jedes Deutschen nach seinen individuellen Verdiensten untersucht wird. Deutsche Juden, wie alle anderen Personen deutscher Staatsangehörigkeit, seien vom rechtlichen Standpunkt gesehen „feindliche Ausländer" und seien als solche zu behandeln. Der Sprecher drückte seine Überraschung über die Konsternierung aus, die die Bestimmungen in Shanghai hervorgerufen haben und betonte erneut, daß die Regierung eine „großzügige Behandlung" beabsichtigt.

Der Sprecher gab jedoch zu, daß Deutsche ohne Visa und Pässe geringere Aussicht auf Aufenthaltsgenehmigung haben als solche mit Pässen. (Hiervon würde eine große Zahl betroffen werden – möglicherweise nicht weniger als 20.000 Juden in Shanghai.)

Besonders wegen der deutschen Juden befragt, erklärte ein Sprecher, daß die Bedingungen, die diese Juden ursprünglich aus Deutschland zu fliehen zwangen, nicht mehr existieren, und er sehe nicht ein, warum sie sich der Rückkehr widersetzen.

Die chinesische Regierung behalte sich das Recht vor, alle Deutschen in China als feindliche Ausländer zu repatriieren, werde jedoch gute Gründe, die für eine Ausnahmebehandlung sprechen, in Betracht ziehen.

Die Bestimmungen wurden, nach ihrer Billigung durch den Exekutiv–Yuan am 27. November, den Provinzregierungen in China zugestellt. Die tatsächliche Repatriierung von Deutschen hängt, wie der Sprecher erklärte, von den Transportmöglichkeiten ab.

The Jewish Voice of the Far East, Shanghai, 6. Jg., Nr.60, 25.12.1945.

150

Erinnerungen des deutschen Chinakaufmanns Paul Wilm[35]

[1945–1949]

Repatriierung
Es mußte ja so kommen. „Raus mit den Deutschen!“ Treibende Kraft waren wohl, wie nach dem Ersten Weltkrieg, die Briten. Die Durchführung überließen diese diesmal den Amerikanern. Die Chinesen schauten nur zu. Sie hatten viele Freunde unter den Chinadeutschen und schätzten deren Verhalten ihnen gegenüber und deren Tüchtigkeit.

Es war bei dieser Repatriierung vom Juni/Juli 1946 nicht schwierig, freigestellt zu werden, besonders nicht, wenn es sich um technisch ausgebildete Personen handelte. Diese wurden von den öffentlichen Einrichtungen (Elektrizitäts– und Wasserwerken, Telefonämtern etc.) als „unentbehrlich“ gemeldet und konnten, oder sollten sogar, bleiben. Ein einflußreicher chinesischer Bekannter deklarierte mich als seinen landwirtschaftlichen Berater, und das genügte. Eine ganze Reihe Chinadeutscher wollte übrigens gerne nach Deutschland zurückkehren und fand es nicht schlecht, umsonst heimreisen zu können. Auch gänzlich Unbelastete, so beispielsweise die Diakonissinnen des Deutschen Hospitals und sämtliche Niederländisch–Indien–Flüchtlingsfrauen ließen sich auf die Repatriierungsliste setzen. Den Amerikanern war es recht, daß sich auf diese Weise die Zahl der Abzuschiebenden nicht verringerte.

Für die Repatriierung stellte die US–Navy einen Truppentransporter, die „Marine Robin“, zur Verfügung. Teilnehmer dieser Repatriierung erzählten mir später, daß Unterbringung und Verpflegung auf der „Marine Robin“ den Umständen entsprechend ganz passabel waren. Der Kapitän, die Besatzung, besonders die Ärzte, wurden gelobt. Schlimm wäre es den Heimkehrern nach Ankunft in Bremerhaven ergangen: Transport in Viehwaggons, Einsperrung auf der Feste Asperg bei Ludwigsburg, die Frauen und Kinder in einem Lager in Ludwigsburg, Verhöre, Entnazifizierung, Entlassung vielfach erst nach Wochen oder Monaten. Der Leiter der Deutschen Schule Peking, Herr Dr. Weiss, war beispielsweise versehentlich als Verbrecher eingestuft worden und mußte zwei Jahre lang in verschiedenen Lagern verbringen. „Der eine hatte Glück, der andere hatte Pech!“ sagte er mir.

Auf diese Repatriierung erfolgten noch zwei weitere. Mehrere gute Bekannte von mir entzogen sich der Abschiebung durch temporäres Verschwinden. Die meisten aber mußten sich in die zerstörte Heimat repatriieren lassen. Auch ich stand erneut auf der Repatriierungsliste, doch konnten wir bleiben, denn ein persönlicher Antrag Lottes[36] an Präsident Chiang Kaishek wurde postwendend zu unseren Gunsten entschieden. Der leider zu früh verstorbene Oberst Bauer[37] würde sich darüber sehr gefreut haben. [...]

---

[35] Der Bericht wird auszugsweise wiedergegeben. Die gekennzeichneten Auslassungen betreffen Randfragen. Sie werden inhaltlich nur erläutert, wenn es zum Verständnis des Textes erforderlich erschien.

[36] Lotte Wilm geb. Cordes, Ehefrau von Paul W. Wilm.

[37] Max Bauer, erster Chef der deutschen Militärberater in China 1928/29.

Ein Jahr unter Chinas Kommunisten

Bis Anfang Dezember war das Jahr 1948 für die Einwohner Pekings, für die Bauern im Dorfe Shifangyuan und für die dort Milchwirtschaft und Gemüseanbau betreibende Familie Wilm ein ruhiges Jahr. Die Bauern konnten mit ihrer Hirse–, Gaoliang–, Mais–, Bohnen– und Erdnußernte zufrieden sein, und unser kleiner Farmbetrieb brachte so viele US–Dollar ein, daß wir gut über die Runden kamen. Doch dann wendete sich das Blatt urplötzlich. Für China begann eine neue Periode, die Periode des Kommunismus, und für uns begann ein Jahr großer Verzweiflung und ein Jahr des Abschieds vom geliebten Peking.

Die erste Bekanntschaft mit den Soldaten der 8ten Armee (Balujun), so hieß die Wehrmacht Mao Zedongs, machten wir am 7. oder 8. Dezember 1948. [...]

Nun begann die Belagerung Pekings. Die Stadt wurde von der gut bewaffneten Armee des nationalen Generals Fu Zuoyi verteidigt. Beide Seiten verschossen viel Munition, die Kommunisten nur aus Maschinengewehren und Minenwerfern, die Nationalen zusätzlich aus Panzern und aus einem Geschütz, das auf einem Eisenbahnwaggon montiert war. Dieser Panzerzug fuhr nun mehrmals am Tage auf dem neben der Weststadtmauer entlangführenden Schienenweg hin und her und befeuerte auch Shifangyuan. Unser Haus wurde nur von Gewehrkugeln getroffen, eine Mine krepierte in unserem Garten, ohne Schaden anzurichten. Unmittelbar neben unserem Grundstück wurden jedoch zwei Bauernhäuser getroffen, und es gab dort Tote und Verwundete. Wir verbarrikadierten daraufhin unsere Fenster mit Sandsäkken und Koffern, die wir für den Notfall gepackt hatten.

Ganz hervorragend war die Disziplin der kommunistischen Soldaten, nicht nur uns, sondern auch der chinesischen Bevölkerung gegenüber. Sie nahmen nicht einmal etwas an, wenn man ihnen eßbare Kleinigkeiten anbot. „Alle Achtung vor Mao Zedongs Verhaltenslehre!“ Die Schießereien wurden immer mal wieder von Ruhepausen abgelöst. Unsere Kinder wollten dann gleich im Garten herumlaufen, doch befolgten sie meinen Befehl, im Schutze der Gebäude zu spielen. In einer solchen Ruhepause erschien ein Soldat bei mir mit den Worten: „Mein Kommandeur möchte mit Ihnen sprechen. Bitte kommen Sie mit!“ Da ich fürchtete, nicht alles richtig zu verstehen, bat ich Lotte mitzukommen. Wir wurden zu einem alleinstehenden Lehmhaus geführt und standen dort einem nicht mehr ganz jungen Soldaten in beinahe schäbiger Uniform ohne jegliches Offiziersabzeichen gegenüber. „Sie sind Deutsche“, sagte er ohne Umschweife. „Ich habe Befehl vom Armeekommando, Ausländer in meinem Kampfabschnitt zu beschützen. Hier wird heftig geschossen. Sie müssen Ihr Haus verlassen und vorübergehend im Dorf Tiancun, 20 Kilometer hinter der Front, wohnen. Ihr Haus wird versiegelt, und nichts wird entwendet werden.“ Wir erwiderten, daß wir dann unsere wertvollen ausländischen Milchkühe und Futter für diese mitnehmen müßten. „Das können Sie, ich werde Ihnen zwei oder drei Maultierkarren zur Verfügung stellen. Ferner erhalten Sie von mir ein Dokument, demzufolge jeder Hausbesitzer im Hinterland Sie unterzubringen hat.“ Wir baten, statt im Dorfe Tiancun in Badazhu wohnen zu dürfen. Das sei nur 5 km weiter, und dort gäbe es ein leerstehendes ausländisches Hotel. „Einverstanden! Abmarsch morgen früh um 7 Uhr!" [...][38]

In den Händen der Funktionäre

Sowohl die Chinesen als auch die Ausländer waren erstaunt und hocherfreut über das tadellose, disziplinierte Verhalten der kommunistischen Soldaten. Diese, beziehungsweise ihre Kommandeure, legten Ausländern keinerlei Beschränkungen auf. Die ausländischen Universitäten blieben allerdings geschlossen, man nahm an, dies sei nur „vorläufig". Sonst konnte jeder seiner Beschäftigung wie bisher nachgehen. Wir verkauften beispielsweise wieder unsere Milch und Milchprodukte, ferner Eier, Salat und anderes Gemüse an die Amerikaner im Gesandtschaftsviertel und an einige der wenigen nicht repatriierten Deutschen. Auch wir glaubten in den ersten Monaten des Jahres 1949, wir könnten in China bleiben, und ich könnte eines Tages wieder Düngemittel verkaufen. Doch das änderte sich langsam, aber systematisch. Erst Anfang der fünfziger Jahre – wir hatten China schon verlassen – wurde es augenscheinlich. Mao Zedong wollte China von allen Europäern säubern. Das führte er auch konsequent durch. [...]

Wir wollten raus aus diesem veränderten China

Im Laufe des Sommers 1949 hatten viele Amerikaner dem Land der Mitte den Rücken gekehrt. Washington unterhielt noch keine diplomatischen Beziehungen zum China Mao Zedongs. Schließlich saß in der US–Botschaft nur noch ein Konsulatsbeamter zur Beaufsichtigung der Gebäude und Büros. Damit hörten für uns der Verkauf unserer Milchprodukte und die so gute Bezahlung für diese auf. Zudem hatte die Peking American School zugemacht, und es gab für Düde und Helmut keine Schule mehr. Anneli sagte als erste: „Wir müssen hier raus", und nun schlossen Lotte und ich uns ihrer Meinung an, und wir begannen mit den Vorbereitungen, verkauften unsere sämtlichen Haustiere und packten langsam unsere Koffer. Doch, bis wir endlich die Ausreise antreten konnten, mußten noch diverse Schwierigkeiten überwunden werden. Wir brauchten Reisepässe, die wir dann in Form von Ausweisen des Internationalen Roten Kreuzes erhielten. Wir brauchten Einreisegenehmigungen für Brasilien. Dorthin wollten wir, und erhielten sie aus Porto Alegre von meinem in Novo Hamburgo wohnenden Bruder Hans. Sie mußten aber noch vom brasilianischen Generalkonsul in Shanghai legalisiert werden.

Vor allem aber brauchten wir Schiffsplätze, um erstmal von Tianjin nach Hongkong zu gelangen. Die wenigen englischen und norwegischen Küstenschiffe auf dieser Route waren für Monate schon ausgebucht.

Während all dieser Vorbereitungen erhielten wir plötzlich den polizeilichen Befehl, unser Haus innerhalb von wenigen Tagen zu verlassen. Das Haus sei beschlagnahmt. Das gelte auch für unser Anwesen in der Eryanjing hutong. Wir fanden liebevollste Aufnahme bei Pro-

---

[38] Es folgt die Schilderung der Umsiedlung nach Badazhu und der erneuten Rückkehr nach Shifangyuan.

fessor Brüll in der Nordstadt und wohnten dort mit gepackten Koffern noch vier Wochen, bis wir endlich die Ausreisegenehmigungen erhielten. [...][39]

Wilm, Paul W.: Damals. Rückblicke eines Neunzigjährigen; Erlebtes in der Heimat, in China und der Mongolei, in Brasilien und Südostasien. Teil IId: Die Jahre 1936–1949 in Tientsin, in der Heimat und in Peking, o.O., o.J. (Bibliothek Historisches Seminar Universität Freiburg), S.100f., 111–114, 120–123.

151

Entwurf der Vertragsabteilung des chinesischen Außenministeriums für einen Friedensvertrag mit Nachkriegsdeutschland[40]

1946

§ 1. Deutschland erkennt an, daß sämtliche zwischen China und Deutschland abgeschlossenen Verträge, Abkommen und Vereinbarungen mit dem 9.12.1941 aufgehoben wurden.[41] Damit verfielen auch alle von der deutschen Regierung oder deutschen Staatsbürgern aus diesen Verträgen, Abkommen und Vereinbarungen ableitbaren Rechte und Privilegien.
(Informationsmaterial)
I. Die chinesische Regierung formulierte in ihrer Kriegserklärung an Deutschland am 9.12.1941: „Die zwischen China und Deutschland bzw. China und Italien geschlossenen Verträge, Abkommen und Vereinbarungen sind hiermit allesamt außer Kraft gesetzt."
II. Zwischen China und Deutschland wurden im Zeitraum zwischen 1918 und 1941 sieben Verträge bzw. Abkommen geschlossen:
1. Versailler Vertrag, §§ 103–156 (unterzeichnet am 8.6.1919).
2. Chinesisch-deutsches Abkommen nebst damit in Zusammenhang stehender Dokumente (unterzeichnet am 22.5.1921, sowie Notenaustausch im Juli desselben Jahres). Der Vertrag wurde nach einer entsprechenden Erklärung der deutschen Regierung abgeschlossen. Mit ihm wurden die freundschaftlichen Beziehungen zwischen beiden Staaten wiederhergestellt und die Handelsverhältnisse geregelt. Der Vertrag basierte auf der Grundlage der gegenseitigen Achtung der Souveränität und der Gleichberechtigung. In seiner Erklärung zum Vertrag verzichtete Deutschland auf alle vor dem 6.3.1918, insbesondere in Shandong erworbenen Rechte, Besitzansprüche, Privilegien und gab die Konsulargerichtsbarkeit auf.

---

[39] In einem Abschnitt „Das Schicksal der Dagebliebenen" schildert Wilm, daß es noch einigen Deutschen und Ausländern gelang, Anfang 1950 China zu verlassen. Von anderen aber berichtet er, daß sie bis zu vier Jahre unter Anschuldigungen wie „Spionage für die Amerikaner" in Gefängnissen in Peking und Tianjin gefangengehalten wurden.

[40] Aus dem Chinesischen übersetzt von Peter Merker.

[41] Vgl. Dok.69.

3. Chinesisch–deutscher Vertrag (unterzeichnet am 17.8.1928, am 21.1.1929 in Kraft getreten). Dieser Vertrag ergänzte das Abkommen von 1921 hinsichtlich der Zollvereinbarungen und einiger konsularischer Angelegenheiten. Beide Staaten gestanden sich die Meistbegünstigungsklausel zu.
4. Postvertrag der EURASIA (unterzeichnet am 21.2.1930).
5. Ausführungsvertrag zum Austausch von Rohstoffen und Landesprodukten Chinas gegen Industrie– und sonstige Erzeugnisse Deutschlands (unterzeichnet am 30.8.1934, sog. HAPRO–Warenaustauschvertrag).
6. Warenkreditvertrag zum Bau der Zhejiang–Jiangxi–Eisenbahnstrecke von Yushan nach Nanchang zwischen chinesischem Bankenkonsortium und der Firma Otto Wolff (unterzeichnet am 20.10.1934).
7. Warenkreditvertrag zum Bau der Zhejiang–Jiangxi–Eisenbahnstrecke zwischen Nanchang und Pingxiang zwischen chinesischem Bankenkonsortium und der Firma Otto Wolff (unterzeichnet am 11.2.1936).
§ 2. Die deutsche Regierung verpflichtet sich, die von den deutschen Truppen 1900/1901[42] geraubten Trophäen sowie alle anderen von Deutschen aus China unrechtmäßig entwendeten Altertümer und Kunstgegenstände innerhalb von zwölf Monaten nach Inkrafttreten des Vertrages zurückzugeben. Außerdem erklärt sich die deutsche Regierung bereit, alle im Zusammenhang damit entstehenden Kosten zu tragen.
Anmerkung: Im Abschnitt 4, § 3, Absatz 4 des Versailler Vertrages wurde lediglich verlangt, daß Deutschland die 1900 geraubten astronomischen Geräte wieder zurückgibt. Auf weitere gestohlene Gegenstände wurde nicht eingegangen. Ganz gleich, ob es sich bei diesen um besonders wertvolle Dinge handelt oder nicht, zieht ihre Ausstellung durch eine andere Macht die Würde unseres Landes in den Schmutz. An in Deutschland befindlichen Objekten, deren Rückgabe zu verlangen ist, konnten bisher festgestellt werden:
1. 1900 erbeutete Fahnen und Banner der chinesischen Armee, die heute im Berliner Zeughaus ausgestellt werden;[43]
2. zwei Götterstatuen des ehemaligen Marine–Yamens, die heute in der Kieler Marineschule aufbewahrt werden (das wurde von Herrn Gesandten Jiang Yuyan [Zuobin] und General Du Xigui während eines Besuches in der Schule festgestellt).
§ 3.[44]
§ 4. Deutschland erklärt sich bereit, für jeden Schaden, der chinesischen Beamten oder Bürgern aufgrund deutscher Zerstörungen auf dem Land, zu Wasser und in der Luft entstanden ist, volle Wiedergutmachung zu leisten.
(Informationsmaterial)

---

42 Deutschland beteiligte sich unter Generalfeldmarschall von Waldersee im sog. Boxerkrieg an der Niederschlagung der Yihetuan–Bewegung.

43 Diese Fahnen und Banner befinden sich noch heute in der im ehemaligen Berliner Zeughaus untergebrachten Ausstellung des Museums für Deutsche Geschichte.

44 Nicht ausgeführt.

I. In § 232, Absatz 2 des Versailler Vertrages wurde formuliert: „Die Regierungen der alliierten kriegführenden Staaten fordern von der deutschen Regierung volle Wiedergutmachung für alle den Bürgern der alliierten kriegführenden Staaten sowie deren Besitz durch die deutsche Aggression zu Lande, zu Wasser und in der Luft entstandenen bzw. damit in Zusammenhang stehenden Schäden.

II. Anlagen des Vertrages:

1. Tote und Verwundete durch direkte Kriegseinwirkung.
2. Zerstörung von Leben und Gesundheit durch Gefängnishaft, Verbannung, Festnahme, Abschiebungen oder Zwangsarbeit.
3. Weitere Schädigungen von Gesundheit, Arbeitskraft oder persönlichem Ansehen.
4. Einbußen durch Zwangsarbeit oder ungenügende Entlohnung.

Anmerkung:

Mit Ausnahme der Schadensmeldung unseres in Holland akkreditierten Botschafters über die 1940 bei deutschen Fliegerangriffen auf Rotterdam eingetretenen Zerstörungen chinesischer Warenlager, sind wir momentan noch nicht ausführlich über die einzelnen Tatbestände im Bilde. Aus diesem Grunde wurden unsere Auslandsvertretungen in Europa angewiesen, ausführlich Bericht zu erstatten.

§ 5. Deutschland verpflichtet sich, für alle der chinesischen Regierung im Zusammenhang mit der Behandlung der deutschen Staatsbürger während der Kriegszeit entstandenen Kosten aufzukommen.

Anmerkung:

Das Innenministerium hat bereits alle Provinzregierungen aufgefordert, über die entstandenen Kosten einen Abschlußbericht einzureichen.

§ 6. Deutschland verpflichtet sich, alle vor, während und nach dem chinesisch–japanischen Krieg getätigten unentgeltlichen Übernahmen von chinesischem öffentlichen und privaten Besitz durch offizielle oder private deutsche Personen, Einrichtungen und Institutionen zurückzugeben bzw. den Wert zurückzuerstatten. Außerdem erkennt Deutschland die Ungültigkeit sämtlicher durch Japan oder die Marionettenregierungen getätigten Übertragungen von Besitz oder Rechten chinesischer privater oder öffentlicher Provenienz an und verpflichtet sich ebenfalls zur Rückgabe an die chinesische Regierung.

Anmerkung:

1. China verabschiedete gemeinsam mit den alliierten Verbündeten auf der Londoner Konferenz im Mai 1943 eine Erklärung, in der Schritte zur Unterbindung der Ausplünderung der von den Feinden besetzten Gebiete vereinbart worden sind. Gleichzeitig wurde bestimmt, daß der Feind und seine Marionettenregierungen Wiedergutmachung zu leisten haben.
2. Laut einer Mitteilung des Verkehrsministeriums vom 5.5.1944 gingen 17 Schiffe, darunter Xinding und Shaoding, in deutschen Besitz über. (Eins der Schiffe ist bereits gesunken.)

§ 7. Die deutsche Regierung hat für sich und alle deutschen Bürger auf sämtliche Ansprüche zu verzichten, die sich aus Liquidation, Beschlagnahme oder Verwaltung von Besitz sowie aus der Inhaftierung oder Repatriierung deutscher Bürger ergeben.

Informationsmaterial:

1. In § 133 des Versailler Vertrages heißt es: „Deutschland verzichtet gegenüber der deutschen sowie gegenüber den Regierungen der alliierten kriegführenden Staaten auf alle Ansprüche, die sich aus der Inhaftierung oder Repatriierung deutscher Staatsbürger in China ergeben. Gleichzeitig verzichtet es auf alle Ansprüche, die sich in China nach dem 14.8.1917 aus der Aufbringung deutscher Schiffe oder der Liquidation, Beschlagnahme und Verwaltung von Besitz und Eigentum herleiten.
2. In § 137 des Versailler Vertrages heißt es: „Deutschland verzichtet für sich und seine Bürger auf sämtliche Ansprüche, die sich in Burma aus der Aufbringung deutscher Schiffe, der Liquidation deutschen Eigentums oder der Inhaftierung deutscher Bürger herleiten."
§ 8. Deutschland hat die Wiedergutmachung nach den Vorgaben der chinesischen Regierung mit industriellen Ausrüstungen und Arbeitskräften (vor allem technischem Fachpersonal) zu leisten.
§ 9. China fordert, an der Demontage der Einrichtungen des deutschen Heeres und der Marine anteilmäßig beteiligt zu werden.

2. HACh, 18, Außenministerium der Guomindang–Regierung, Nr.1441.

152

Artikel der Berliner Tageszeitung „Telegraf"

Berlin, 15. Mai 1946

Fremde Laute am Lietzensee
Berliner Chinesen lernen Chinesisch
Seit Anfang Mai gibt es in Berlin wieder eine chinesische Schule. Sie steht unter dem Protektorat von General Gui Yongqing, Chef der chinesischen Militärmission in Berlin, und zählt gegen 150 Schüler. Der Unterricht findet in der Lietzensee–Schule in Charlottenburg täglich, außer Mittwoch und Sonnabend, statt und wird von Herrn Gao geleitet, Professor der Staatlichen Zentraluniversität in Nanjing und durch sein Studium der Psychologie an die Universität Berlin verschlagen.

Die Kinder der chinesischen Kolonie Berlins, etwa zwanzig Jungen und Mädel zwischen 6 und 16, waren fast sämtlich noch nie in ihrer Heimat. Viele von ihnen wurden in Berlin geboren, und so ist Deutsch die Unterrichtssprache, in der sie sich nun an die Geheimnisse des Chinesischen heranpirschen. Die Lehrbücher aber, auf hauchdünnem Papier gedruckt, kommen aus China.

Eine weitere Klasse umfaßt etwa 40 junge Frauen, die durch Heirat die chinesische Staatsbürgerschaft erworben haben. Während Herr Gao kunstvolle Zeichen der Bilderschrift an die Wandtafel kreidet, erkundigen wir uns bei einer zierlichen Blondine nach den Schwierigkeiten des Chinesischlernens. „Leicht ist es gewiß nicht, aber wer A sagt, muß auch B sagen. Und ich finde diese Sprache sehr schön. Wenn man weiß, daß man das Gelernte eines Tages in China praktisch anwenden kann, so nimmt man die Mühe des Lernens gern auf sich."

Herr Gao berichtet, daß auch Bildungskurse für Chinesen abgehalten werden, die etwa den Zweck und das Niveau der deutschen Volkshochschulen haben und von rund 80 im Reich der Mitte Geborenen besucht werden. Dabei ist die Unterrichtssprache natürlich Chinesisch.

Die Wände des Klassenraumes, in dem auch ein Bild des Generalissimus Chiang Kaishek hängt, sind mit Schriftrollen geschmückt, auf denen Sprichwörter und Aphorismen chinesischer Philosophen prangen. Major Zong von der Militärmission übersetzt uns zwei Kostproben. „Bilde dir nicht ein, du könntest noch morgen lernen, was du heute nicht lernst, und noch nachholen, was du an diesem Tag versäumst." Und ein weiser Mann, der vor 800 Jahren in der Song–Dynastie lebte, meint: „Wer sein ganzes Leben lang faul war, hat umsonst gelebt."

Die Schüler dieser chinesischen Schule Berlins jedoch scheinen durchaus nicht umsonst zu leben. Noch während wir die Treppen des nachmittäglich–verlassenen Schulhauses hinabgehen, klingen uns chinesische Vokabeln nach, die von der ganzen Klasse im Chor gesprochen werden. A.L.

Telegraf, 15.5.1946, S.8.

153

Artikel des amerikanischen Journalisten Robert Martin in der „New York Post"[45]

New York, 1. Mai 1947

Deutsche Nazi–Gruppierungen erlangen erneut Einfluß in Chinas Geschäftswelt

Deutsche Diplomaten, Geheimdienstagenten und andere sind repatriiert worden, aber Nazis, die dem Netz der Alliierten entwischen konnten, üben einen wachsenden, enormen Einfluß aus.[46] Unterstützt von chinesischen Beamten und Geschäftsleuten, die nicht begreifen, wie

[45] Übersetzung aus dem Englischen von Wolfram Adolphi. Der Artikel von Robert P. Martin, Shanghai–Korrespondent der „New York Post", erschienen am 1.5.1947, ist hier entnommen einem im 2. HACh, Nr.18–3112 archivierten Vorgang, in dem der chinesische Korrespondent K. L. Yuan aus New York den Direktor der Informationsabteilung des chinesischen Außenministeriums, He Fengshan, Nanjing, über das Erscheinen dieses Artikels unter Beifügung des entsprechenden Zeitungsausschnitts informierte.

[46] Zu einer ähnlichen Einschätzung gelangte am 22.7.1947 auch der Journalist Walter Logan in der „Shanghai Evening Post" in einem (englischsprachigen) Artikel unter der Überschrift „100 Nazis haben

gefährlich es ist, diesen Leuten Macht zu geben, arbeiten die Deutschen erfolgreich daran, ihr Fernost–Imperium wiederzuerrichten. Zwei der mächtigsten deutschen Konzerne – die Defag (Deutsche Farben Handelsgesellschaft Waibel & Co.)[47] und die deutsche Arzneimittelfirma Bayer sind als chinesische Körperschaften reorganisiert worden. Mächtige chinesische Finanz– und Wirtschaftsgruppen, die selbst Ex–Premier T.V. Soong [Song Ziwen] und den ehemaligen Finanzminister H.H. Kung [Kong Xiangxi] einschließen, haben die deutsche Hilfe akzeptiert – nicht, weil sie sich mit den Nazis verbunden fühlen, sondern in der Hoffnung auf schnelle wirtschaftliche Gesundung. Bayer–Medikamente und Defag–Textilfärbemittel dominierten vor dem Krieg die lukrativen Fernost–Märkte in Japan, China und auf den Philippinen. Viele Nazis und viele deutsche Flüchtlinge wollten nun in China bleiben, um sich eine neue Existenz aufzubauen und um dem schwierigen Leben in Nachkriegsdeutschland zu entgehen. Die Chinesen ihrerseits waren an deren Wissen und technischen Fähigkeiten interessiert. [...][48]

---

sich wahrscheinlich der Repatriierung entzogen" (2. HACh, Nr.18–2976). Möglich geworden sei das, weil „das US–Personal nicht geschult" wäre und einige chinesische Offizielle eine „erstaunliche Apathie" diesem Problem gegenüber an den Tag gelegt hätten. 43 Personen hätten die „Marine Jumper" am 20. Februar 1947 „verpaßt" (dies wird durch eine entsprechende Sonderliste in den Repatriierungslisten im 2. HACh, Nr.18–2976, bestätigt), und unter diesen seien neun „notorische Nazis, die unter falschem Namen leben und Druck ausüben, damit ihre Standorte nicht verraten werden." Im Falle der „Marine Robin" im Juni 1946 habe Song Ziwen persönlich gefordert, zehn Personen ihrer „früheren Verdienste" wegen von der Repatriierung auszunehmen. Die USA hätten dagegen vergeblich bei der chinesischen Regierung protestiert – einige Nazis seien so eng mit dem chinesischen Business verknüpft, daß ständig die Hand über sie gehalten werde.

47 Die ausgeschriebene Firmenbezeichnung ist im Original in deutscher Sprache gedruckt. DEFAG und Bayer Pharma waren Chinafirmen der I.G. Farbenindustrie AG, deren Vermögen durch Gesetz Nr.9 des Alliierten Kontrollrats vom 30.11.1945 beschlagnahmt und unter alliierte Kontrolle gestellt worden war.

48 In der Folge schildert Martin konkrete Einzelfälle, von denen hier nur einige wiedergegeben werden: So habe die chinesische Regierung die Lager deutscher Färbereien beschlagnahmt, deren Bestände ausreichten, den chinesischen Bedarf an Textilfärbemitteln auf zwei bis vier Jahre hinaus zu befriedigen. Nachdem der Chef der Defag in China, Carl Gadow, und dessen „wichtigster Untergebener", Walter Kaufmann – beide werden als Berater Song Ziwens bezeichnet – nach Deutschland zurückgekehrt seien, habe ein anderer Defag–Direktor in China, Karl Kühn, mit einem chinesischen Regierungskredit in Nordostchina mit dem Aufbau einer „Neuen Defag" begonnen und die Leitung der Defag–Fabrik in Qingdao übernommen. 10 „Schlüsselleute" der alten Defag seien auch in der „Neuen Defag" beschäftigt, darunter die registrierten Nazis Kühn, Oskar Franz, Rudolf Dohse, Johannes Hildebrandt, Friedrich Schilk [auf einer im 2. HACh, Nr.18–2976 archivierten Sonderliste mit 20 als „für China wertvoll" eingestuften NSDAP–Mitgliedern erfaßt] und Kurt Mier. Von den Nazis Max Tiefenbacher und Günther Fürst überwacht werde die Reorganisierung von Bayer–Betrieben. Bayer–Manager Fritz von Behring sei in die Schweiz gegangen, um dort über private Kredite für die reorganisierten deutschen Firmen in China zu verhandeln. Dieser letztgenannte Sachverhalt findet in den Repatriierungslisten im 2. HACh, Nr.18–2974 und 18–2976, Bestätigung: von Behring steht dort zunächst auf einer Liste derer, die sich der Repatriierung auf der „Marine Robin" im Juni 1946 entzogen haben, dann auf einer Liste mit 31 Namen von Personen, denen weiterer Aufenthalt gewährt wird, und schließlich ist er mit einer vom 22.6.1946 datierenden Bitte nicht um Bleiberecht, sondern um Ausreise vermerkt. Deutsche Berater seien bei zwei der größten Shanghaier Import–Firmen, die von der Kong–Familie kontrolliert werden, beschäftigt: bei der von David Kong geleiteten Yangtze Development Company unter sieben

2. HACh, 18, Außenministerium der Guomindang-Regierung, Nr.3112.

154

Bericht der deutschen Journalistin Eva Tonn in der „Münchner Allgemeine"

[München, 31. Juli 1949]

Auch ein Kriegsverbrecherprozeß. Shanghai–Deutsche auf der Anklagebank / Tatsachenbericht eines Augenzeugen[49]

[...] Was war das „Büro Ehrhardt"? Unter diesem Namen verbarg sich die KO (Kriegsorganisation) der Abwehr des Oberkommandos der Wehrmacht im japanisch besetzten Teil Chinas, mit einer Zentralstelle in Shanghai und Dienststellen in Peking und Kanton. Ihre Auf-

---

Deutschen auch die Nazis Carl Schrage und Günther Veth beide auf einer im 2. HACh, Nr.18–2976, archivierten Sonderliste mit 20 als „für China wertvoll" eingestuften NSDAP–Mitgliedern erfaßt; und bei der von Jeanette Kong kontrollierten Jia–Lin–Development Company unter drei Deutschen auch Hauptmann a.D. Walther Stennes, ehemaliger Chef der Leibwache Chiang Kaisheks und nun Verwalter der Chiang–Kaishek–Besitzungen in Shanghai. Eine besondere Rolle unter den Deutschen in Shanghai komme Fred Siemssen, einem „traumhaft wohlhabenden Importeur", zu. Er sei durch direkten Einspruch von Song Ziwen bei den Amerikanern von der Repatriierung ausgenommen worden und jetzt Chef der „Deutschen Gemeinde". Ihm sei es zu verdanken, daß mehr als 50 Deutsche – darunter fünf SS–Mitglieder, zwei SA–Mitglieder und drei Angehörige der Abwehr – wichtige Posten bei der chinesischen Regierung erhalten hätten. Im Yates Road Hospital – dem ehemaligen deutschen Paulun–Hospital – seien sieben deutsche Ärzte, die alle NSDAP–Mitglieder seien, an der Ausbildung des medizinischen Personals beteiligt. Werner Jannings, Bruder des Schauspielers Emil Jannings und ehemals NSDAP–Chef in Nordchina, arbeite in Taiyuan bei General Yan Xishan, und 25 weitere NSDAP–Mitglieder, die ursprünglich auf der Repatriierungsliste standen, seien aus Peking und Tianjin geflohen, um mit Jannings zusammenzuarbeiten.

49 Eva Tonn, 1945 Angestellte des „Büro Ehrhardt", war als Journalistin Zeugin des Shanghaier US–Militärprozesses. Im redaktionellen Vorspann des Artikels heißt es: „Am 15. April 1949 fällte der Appellationsgerichtshof in Washington einen Spruch, der ein neues Kapitel in der amerikanischen Rechtsgeschichte einleitet. [...] Amerikanern wie Ausländern steht nunmehr außerhalb der US–Landesgrenzen der Schutz der amerikanischen Verfassung zu, wenn sie in irgendeinem Gebiet der Welt zeitweise unter amerikanischer Militärjustiz leben. Nürnberger Gerichtsurteile zum Beispiel, die bisher ohne jede Berufungsmöglichkeit waren, können jetzt durch ein habeas–corpus–Verfahren in Washington von einem ordentlichen amerikanischen Gericht – nicht der Militärjustiz – überprüft werden. Diese allgemein gültige Entscheidung wurde von dem Bostoner Anwalt A. Frank Reel in seinem Kampf um die Aufhebung des Ehrhardt–Prozesses, einer Neuauflage des Falles Dreyfus in vergrößerter Form in China, erreicht. Der folgende Tatsachenbericht einer Augenzeugin schildert zum ersten Mal in dieser Ausführlichkeit die Hintergründe und tieferen Zusammenhänge eines politischen Großprozesses, der auf der ganzen Welt Aufsehen erregte und in Shanghai ansässige Deutsche auf der Anklagebank sah, weil sie angeblich 'die deutsche Kapitulation gebrochen' hätten."

gabe bestand in der Gewinnung kriegswichtiger Nachrichten, soweit sie auf dem fernöstlichen Schauplatz anfielen. Aufklärungstätigkeit gegen Amerika und die Sowjetunion standen dabei an erster Stelle. China, mit dem Deutschland sich zwar auf dem Papier im Kriegszustand befand, spielte dabei eine untergeordnete Rolle, höchstens insofern, als die dortige Aktivität amerikanischer Streitkräfte in Betracht kam und aus dem Verlauf der chinesisch–japanischen Operationen Rückschlüsse auf die allgemeine Kriegslage (Stärke und Schwäche der japanischen Bundesgenossen) gezogen werden konnten. Ohne ein gewisses Maß an Zusammenarbeit mit den verbündeten Japanern wäre die Arbeit des Büros Ehrhardt unmöglich gewesen, und diese Zusammenarbeit hatte sich am stärksten in Kanton entwickelt, wo die Dienststelle unter Hauptmann Heise mit zwei Funkern eng mit der japanischen Funküberwachung zusammenarbeitete. In der zweiten Aprilhälfte 1945 bereits war die Verbindung zwischen der KO China und dem OKW abgerissen, und als am 8. Mai die deutsche Kapitulation von den alliierten Nachrichtendiensten gemeldet wurde, und Oberstleutnant Ehrhardt immer noch ohne Verbindung mit der Heimat blieb, löste er am 12. Mai von sich aus die KO durch einen Demobilmachungsbefehl auf.

Durch verzifferte Telegramme ging der Befehl nach Kanton und Peking, aber die Japaner, die das Telegraphennetz kontrollierten, ließen am 12. Mai keine verzifferten Telegramme deutscher Stellen mehr durch, ohne den Absender davon zu verständigen. Der Leiter der Pekinger Dienststelle, der noch kurz vor dem Zusammenburch in Shanghai gewesen war, hatte für den Fall des längst erwarteten Zusammenbruchs mündliche Instruktionen von Ehrhardt erhalten, die Dienststelle aufzulösen, und verfuhr dementsprechend. Hauptmann Heise, der Kantoner Chef, wollte aus rein privaten, eigensüchtigen Gründen, die er später zugab, einen Bruch mit den über die deutsche Kapitulation empörten Japanern vermeiden, und ließ seine zwei jungen Funker, zusammen mit den Japanern, ihre Tätigkeit fortsetzen. Ehrhardt in Shanghai wußte nichts davon. Die Verbindung zwischen den beiden Städten war mit dem 8. Mai abgerissen.

Als die chinesischen Truppen im September 1945 nach der japanischen Kapitulation Kanton besetzten, kamen mit ihnen zwei junge amerikanische Offiziere, Capt. Frank T. Farrell, im Zivilberuf Journalist des New Yorker Boulevard–Blattes „New York World Telegramm“, und der 23jährige Leutnant Marvin M. Gray. Sie interessierten sich für die Deutschen: Ernst von Reichenau, ein Bruder des verstorbenen Generalfeldmarschalls und verstoßener Sohn der Familie, bis zur deutschen Kapitulation von Unterstützung des Deutschen Generalkonsulats in Kanton lebend, bot sich ihnen als Informant gegen seine deutschen Landsleute an. Nicht nur Heise und seine zwei Funker, der deutsche Generalkonsul, die Konsulatsbeamten einschließlich der Sekretärin, deutsche Kaufleute und Missionare und der in ganz Südchina einen hervorragenden Ruf genießende deutsche Chef des chinesischen Roten–Kreuz–Hospitals wurden verhaftet. In dem Schreiben, mit dem er die chinesischen Behörden zur Verhaftung dieser gefährlichen deutschen Elemente aufforderte, bezeichnete sich Captain Farrell selbst als besonders geeignet zur Aufdeckung deutscher Umtriebe, da er als Journalist schon früher die Nazi–Untergrundbewegung studiert und ihm eine Arbeit über dieses Thema eine ehrenhafte Erwähnung bei der Verteilung des Pulitzer–Preises eingetragen habe.

Die Kantoner Deutschen sicher im Gefängnis wissend, wo sie unter mittelalterlichen sanitären Bedingungen festgehalten wurden und zum Teil an Cholera erkrankten, bis die Chinesen ihr Los erleichterten, begaben sich Farrell, Gray[50] und von Reichenau nach Shanghai. Dort war die Zentrale des Deutschtums in China, die Dienststelle der deutschen Botschaft, der Sitz des Büros Ehrhardt, dessen Angehörige in Kanton auf der japanischen Seite weitergekämpft hatten.

Als die rechtmäßigen chinesischen Behörden, aus der Fluchthauptstadt Chongqing zurückkehrend, die von den Japanern besetzten Gebiete wieder übernahmen, verhielten sie sich den dortigen Deutschen gegenüber äußerst zurückhaltend. Nirgendwo hatten Chinesen und Deutsche in diesem Kriege gegeneinander gekämpft, und der chinesischen Regierung war wohlbekannt, daß die weitaus größere Mehrzahl der Chinadeutschen die projapanische Politik Berlins immer entschieden abgelehnt hatte. Deutsche technische Fähigkeiten wollten sie für den Wiederaufbau des Landes einsetzen, und die amerikanischen Forderungen, daß alle Chinadeutschen nach Deutschland repatriiert und bis dahin interniert werden sollten, stießen auf Ablehnung. Die Chinesen konnten sich nicht zu mehr bereitfinden, als 180, einschließlich Frauen und Kinder, von den etwa 3.000 Chinadeutschen unter hervorragenden Bedingungen zu internieren. Viele von ihnen wurden bald nach ihrer durch die Shanghaier lokalen Behörden erfolgten Internierung wieder in Freiheit gesetzt. Chinesen gründeten zusammen mit deutschen Kaufleuten neue Firmen. Andere Deutsche wurden sofort in den Regierungsdienst übernommen. Oberstleutnant Ehrhardt und einige seiner engsten Mitarbeiter befanden sich unter denen, die nach wenigen Wochen und Gentleman–Internierung sich wieder frei in Shanghai bewegen konnten.

Vor diesem Hintergrund muß man den geheimen Funkspruch sehen, den die amerikanischen Militärbehörden in China am 19. April 1946 nach Washington schickten. Sie baten um die Ermächtigung, gegen 15–20 deutsche Soldaten, Zivilisten und Konsulate einen Prozeß führen zu dürfen. 'Die örtliche politische Situation (!) macht Verfahren vor einem amerikanischen Militärgericht stärkstens ratsam." Dieser geheime Funkspruch mußte jetzt im Verfahren vor dem Washingtoner Gericht zugegeben werden. Frühere Abmachungen hatten derartige Prozesse dem territorialen Souverän China vorbehalten. Da die Chinesen nichts gegen die Deutschen unternahmen, mußten ihnen die Amerikaner beweisen, wen sie fälschlicherweise für ihre Freunde gehalten hatten, so drückte sich der für den Prozeß verantwortliche Oberst Edward H. Young gegenüber der Presse aus. Das Bild einer großen deutschen Verschwörung in China mußte in aller Öffentlichkeit entrollt werden, um den hartnäckigen Widerstand in der Repatriierungsfrage zu überwinden. [...][51]

---

50 Marvin M. Gray, der zweite der im Bericht als für die Verhaftungen verantwortlich bezeichnete amerikanische Offizier.

51 Es folgen Details zur Prozeßvorbereitung und –durchführung.

Nach der Beweisaufnahme der Anklage stellte die Verteidigung erneut den Antrag, den ganzen Prozeß wegen fehlender Rechtsgrundlagen fallen zu lassen und einen zweiten, das Verfahren niederzuschlagen, weil die Anklage nicht einmal genug Beweismaterial vorgebracht habe, um ihre Anschuldigungen auch nur zu stützen. Wie erwartet, lehnte das Militärgericht den ersten Antrag ab, gab dem zweiten aber in bezug auf die sechs Angeklagten Woermann, Stoller, von Randow, Dr. Otto, Glietsch und Schenke statt. Sie wurden freigesprochen und Oberstleutnant O'Connor damit bescheinigt, daß er sie ohne jeden Grund in den Prozeß hineingezogen hatte. Gerade die drei freigesprochenen Botschaftsmitglieder[52] waren der Eckstein in seinem ganzen Gebäude der großen deutschen Verschwörung in China. Als das Gericht den Freispruch verkündete, brach O'Connor auf seinem Tisch zusammen und vergrub das Gesicht in die verschränkten Arme. Auch als die Freigesprochenen aus dem Saal geführt wurden, schaute er noch nicht wieder auf.

Von diesem Tage an wurde der Kampf von der Anklagebehörde um so erbitterter weitergeführt. Oberst Young, O'Connors Vorgesetzter, der für den Prozeß verantwortlich war, befahl die weitere Inhaftierung der Freigesprochenen. Für ganze sieben Monate nach ihrem Freispruch hielt man sie ohne jede Erklärung im Gefängnis fest. Chinesische Amtsstellen, die die Freilassung der Freigesprochenen forderten, konnten nichts ausrichten. Nach der Prozeßkampagne hatte der Freispruch von sechs Mann mitten im Prozeß wie eine Bombe eingeschlagen. Gerichtspräsident Oberst Mallan wurde in der Pause vor dem Einsetzen der Beweisaufnahme der Verteidigung zum kommandierenden General in Nanjing befohlen. Was dort besprochen wurde, ist unbekannt. Vielleicht liegt ein Schlüssel darin, daß Oberst Young, der Rechtsberater des kommandierenden Generals, später in seiner Durchsicht der Prozeßakten schrieb, daß die Freisprüche bis auf einen, nämlich Schenkes, Fehlentscheidungen seien.

Jedenfalls war die Atmosphäre im Gerichtssaal nach der Rückkehr des Vorsitzenden aus Nanjing merklich verändert. Hatte man bisher im großen und ganzen den Eindruck einer fairen Verhandlungsführung gehabt, so daß jetzt eine Anzahl der Angeklagten nach dem Freispruch der Sechs auf Anraten der Verteidigung überhaupt darauf verzichteten, eine Verteidigung aufzubauen, so hatte man nun immer mehr den Eindruck, als ob das Gericht in seinen Entscheidungen in der Prozeßführung die Anklage begünstigte. Auch wurde dauernd zur Eile angetrieben. Es wurde immer schwerer, sich der unheimlichen Parallele mit dem Fall Dreyfus[53] zu entziehen. Als sich dort nach der Beweisaufnahme das Gericht zur Urteilsfindung zurückgezogen hatte und alle Anwesenden Dreyfus schon zu seinem mit Sicherheit zu erwartenden Freispruch beglückwünschten, überbrachte ein Offizier dem Gericht ein ewig geheim gebliebenes Schreiben des Kriegsministeriums, auf Grund dessen es das Urteil fällte: schuldig.

---

[52] Botschafter Dr. Ernst Woermann, Generalkonsul Wilhelm Stoller und Gesandtschaftsrat Elgar von Randow.

[53] Alfred Dreyfus (1859–1935), französischer Generalstabsoffizier, war 1894 wegen angeblichen Landesverrates zu lebenslänglicher Deportation verurteilt, 1899 begnadigt, 1906 rehabilitiert worden.

Taji Takashima, nunmehr als Zeuge für die Verteidigung auftretend, der Mann, von dem selbst der Kronzeuge der Anklage, Oberst Mori, gesagt hatte, daß Takashima viel besser als er selbst über alle Vorgänge informiert sei, sagte aus, daß nicht ein einziger der Angehörigen des Büros Ehrhardt in Shanghai nach der deutschen Kapitulation für die Japaner weitergearbeitet habe. Als der Zeuge nach monatelanger Haft, in der er wie ein Kuli arbeiten mußte und die nur dann Aussicht auf Freiheit eröffnete, wenn er im Sinne der Anklage aussagte, seine Glaubwürdigkeit vom Ankläger angezweifelt sah, zog er eine Taschenausgabe der Bibel hervor und verlas aus dem Zeugenstuhl zum allgemeinen Erstaunen des Publikums die Worte: „Du sollst nicht falsch Zeugnis reden wider deinen Nächsten." [...][54]

Wenn wir einen Augenblick einmal nicht an das Schicksal von Menschen denken, die unschuldig zu lebenslänglichem oder jahrzehntelangem Gefängnis verurteilt wurden, so verschwindet der Fall Ehrhardt, was seine Bedeutung in der Öffentlichkeit betrifft, vor den Hunderten von Prozessen, die nach dem Kriege durchgeführt wurden. Aber gerade der Kampf um die Bereinigung dieses vergessenen Falles in Shanghai mußte es sein, der jetzt in Washington eine richterliche Entscheidung herbeiführte, auf Grund deren nunmehr die Möglichkeit eröffnet wurde, auch die Rechtsgrundlagen aller übrigen von amerikanischen Kriegsgerichten verhandelten Kriegsverbrecherprozesse, z.B. in Nürnberg, zu überprüfen. Das gibt Menschen, die ungeachtet der sicheren Aussichtslosigkeit konsequent für das Recht eintreten, nach jahrelangen Mühen ein befriedigendes Gefühl, daß eine höhere als alle Menschenmacht ihrer nicht spotten läßt, und daß ihr Wirken, wenn auch manchmal unserem Blick so lange verborgen, daß man fast verzweifeln möchte, dann und wann plötzlich hinter dem Vorhang hervortritt als ausgleichende Gerechtigkeit.

„La vérité est en marche, et rien ne l'arrêtera!" „Die Wahrheit ist auf dem Marsch, und nichts wird sie aufhalten", war die Parole, unter der Zola den Kampf um den unschuldig verurteilten Dreyfus aufnahm. Sie steht auch über dem Fall Ehrhardt.

Tonn, E[va]: Auch ein Kriegsverbrecherprozeß. Shanghai–Deutsche auf der Anklagebank Tatsachenbericht eines Augenzeugen, in: Münchner Allgemeine, 31. Juli 1949.

155

Artikel der Berliner Tageszeitung „Telegraf"

Berlin, 8. Februar 1950

Chinesische Kolonie in Not
Berliner Chinesen möchten gern ins „Reich der Mitte" zurück – Dank für die Gastfreundschaft

[54] Es folgen weitere Passagen zum Prozeßverlauf bis zur Urteilsverkündung und zur Situation im Jahre 1949. Zu den Urteilen vgl. Einleitung zu diesem Kapitel.

Die Ereignisse in China wirken sich sogar hier in Berlin auf das Leben der chinesischen Kolonie aus. Das Schicksal der über 800 noch in Deutschland lebenden Chinesen (150 sind es in Berlin, davon 125 Kaufleute und 25 Studenten[55]) wird ebenso wie das ihrer 450 Millionen Landsleute in der Heimat von der neuen und inzwischen von 22 Staaten anerkannten Regierung Mao Zedongs[56] beeinflußt. Die hiesige chinesische Kolonie sieht sich daher ganz neuen Problemen gegenüber.

Sie ist der Rest der einst bedeutenden Kulturzentrale Chinas rund um das Gebäude Kurfürstendamm 218, die Chinesische Botschaft. Sie ist seit Monaten unbenutzt und steht einsam und verlassen inmitten des wieder lebhaft pulsierenden Geschäftslebens an der Kaiser–Wilhelm–Gedächtniskirche.

Etwa 80 Studenten kehrten bereits in den Jahren 1946 und 1947 nach China zurück.[57] Wegen der schlechten Verkehrsbedingungen und infolge der durch den Bürgerkrieg bedingten Unsicherheit wurde eine Rückkehr aber immer schwieriger. Daher sind auch heute noch viele Chinesen mit ihren Familien trotz ihres Wunsches nach baldiger Heimkehr hier in Berlin. Übrigens sind die sogenannten chinesischen Studenten gar keine Studenten mehr, sondern seit langem im Besitz des Doktordiploms. Sie waren nur im „Verein chinesischer Studierender e.V." zusammengefaßt, der seinen Sitz am Witzlebenplatz in Charlottenburg hatte. Die 125 noch hier lebenden chinesischen Kaufleute hatten sich zum „Verband chinesischer Kaufleute und Angestellter in Deutschland" zusammengetan, der in der Konstanzer Straße seinen Sitz hatte. Nebenstellen dieses Verbandes existierten in vielen größeren Städten Deutschlands, in Naumburg, München, Leipzig, Chemnitz und Hamburg. Die chinesischen Kaufleute handeln hauptsächlich mit Textilien und sind alle im Besitz einer Gewerbegenehmigung wie jeder deutsche Kaufmann auch. Interessant ist, daß die Chinesen, mit Ausnahme der offiziellen Mitglieder der Mission, die ihren Sitz in Dahlem in der Podbielskiallee 62 hat, von den alliierten Behörden als „Deviseninländer" behandelt werden, sie dürfen also weder im Besitz von amerikanischen Dollars, englischen Pfunden noch anderer Devisen sein oder damit handeln. Die hier in Deutschland lebenden Chinesen haben somit dieselben Rechte und Pflichten wie Deutsche.

Seit dem Eintreffen der Militärmission im Februar 1946, die beim Kontrollrat akkreditiert ist und infolge ihres Sitzes im amerikanischen Sektor von den amerikanischen Militärbehörden betreut wird, erhielten die chinesischen „Studenten", die sich fast alle inzwischen mit deutschen Frauen verheiratet hatten und Familie besitzen, einige Unterstützungsgelder durch das chinesische Erziehungsministerium. Seit der Währungsreform ist die laufende Unterstützung nun ganz eingestellt worden. Vermögen besaßen die chinesischen Studenten nie viel.

---

[55] Am 9.5.1946 hatte der „Telegraf" unter Berufung auf die chinesische Wochenzeitung in Berlin „Ho Ping Pao"(Heping Bao, Friedenszeitung) von 500 Chinesen in Deutschland insgesamt und 160 chinesischen Kaufleuten und 40 Studenten in Berlin berichtet.

[56] Die Deutsche Demokratische Republik nahm am 25.10.1949 diplomatische Beziehungen zur VR China auf, die Bundesrepublik Deutschland am 11.10.1972.

[57] Der „Telegraf" gab zu dieser Rückkehr am 10.7.1946 einen Reisebericht aus der „Ho Ping Pao" (Heping Bao, Friedenszeitung) wieder.

Infolge der Sprachschwierigkeiten konnten sie hier in Deutschland auch keine Stellung annehmen. Sie erhalten weder Arbeitslosenunterstützung noch Sozialhilfe, bis auf zwei, die als Lektor bzw. Lehrer tätig waren. Vor einiger Zeit existierte sogar eine chinesische Schule am Lietzensee in Charlottenburg, auf der die hier in Deutschland geborenen Chinesenkinder das ABC erlernen mußten. Infolge der Rückwanderung wurde die Zahl der chinesischen Kinder zu gering, und die Schule mußte ihre Pforten schließen. Die Studenten haben in den letzten Monaten ihre letzten Wertsachen veräußert.

Die Kaufleute der chinesischen Kolonie, die noch einige Mittel hatten, suchten in den Monaten vor Weihnachten auf den zahllosen Verkaufsmessen einen kleinen Verdienst, waren jedoch alle enttäuscht, denn die meisten haben noch nicht einmal ihre Standmieten vereinnahmt. Auch sie stehen hoffnungslos da, denn Kredite erhalten sie nicht.

Auch von dem einst international bekannten chinesischen Restaurant „Taitung" in der Meinekestraße mit seinen exquisiten Speisen ist nichts mehr übrig. Wohl wurden nach 1945 drei neue eröffnet, „Nanking", „Canton" und „Tientsin", alle drei in Charlottenburg, jedoch werden sie hauptsächlich von den Angehörigen der chinesischen Kolonie selbst besucht. Das „Tientsin" ist jetzt eingegangen. In seinem Hause in der Wilmersdorfer Straße Ecke Goethestraße eröffnet eine Schuhfirma in nächster Zeit eine Verkaufsfiliale.

In letzter Zeit hat sich der „Chinesische Verein" neu konstituiert, der künftig als einziges Organ die Interessen aller Landsleute der Kolonie vertreten will. Die chinesische Kolonie will geschlossen nach China heimkehren, falls die Aufforderung hierzu an sie ergeht. Die Chinesen hoffen, daß sie in ihrer eigenen Heimat vielleicht doch bessere Existenzmöglichkeiten haben werden als in der Fremde. Sie betonen jedoch immer wieder, daß sie sich hier in Berlin viele gute Freunde erworben haben und sich heimisch fühlten. Sie werden immer die in Deutschland genossene Gastfreundschaft in dankbarer Erinnerung behalten. W.M.

Telegraf, 8.2.1950, S.8.

Abkürzungen

AA	Auswärtiges Amt
A-B-C-Politik	Amerikanisch-Britisch-Chinesische Politik
ADAP (-Druck)	Akten zur Deutschen Auswärtigen Politik
AEG	Allgemeine Elektrizitätsgesellschaft
AG	Aktiengesellschaft
AKR	Alliierter Kontrollrat
AO	Auslandsorganisation (der NSDAP)
BArch	Bundesarchiv Berlin
BDM	Bund Deutscher Mädchen
BRD	Bundesrepublik Deutschland
CC-Clique	Clique innerhalb der Guomindang, benannt nach ihren Führern Chen Lifu und Chen Guofu
CRB-Dollar	Chinese Reserve Bank-Dollar
DAB (D.A.B.)	Deutsch-Asiatische Bank
DB	Deutsche Botschaft
DBCh	Deutsche Botschaft China
DDB	Dienststelle der Deutschen Botschaft
DDR	Deutsche Demokratische Republik
Defag	Deutsche Farben-Handelsgesellschaft, Waibel & Co.
DGK	Deutsches Generalkonsulat
DHV	Deutsche Handelsvereinigung
D.I.	Deutschland-Institut
DISS	Deutsche Informationsstelle Shanghai
DNB	Deutsches Nachrichtenbüro
DSH	Deutsche Stickstoff Handelsgesellschaft, Krauch & Co.
FRB-Dollar	Federal Reserve Bank-Dollar

Frhr.	Freiherr
GAC	German Affairs Commission of the Municipal Government of Shanghai
GDDS	Gemeinschaft Demokratischer Deutscher Shanghais
Gesandter I. Kl.	Gesandter 1. Klasse
Gestapo	Geheime Staatspolizei
GMD	Guomindang
2. HACh	2. Historisches Archiv Chinas, Nanjing
Hapag	Hamburg-Amerika-Paketfahrt AG
HAPRO	Handelsgesellschaft für Industrielle Produkte
HD	Handelsdelegation
HJ	Hitlerjugend
HPA	Handelspolitischer Ausschuß
IG Farben	Interessengemeinschaft Farbenindustrie AG
INS	International News Service
Komintern	Kommunistische Internationale
KP	Kommunistische Partei
KPCh	Kommunistische Partei Chinas
KPD	Kommunistische Partei Deutschlands
KPdSU	Kommunistische Partei der Sowjetunion
KZ	Konzentrationslager
LGL	Landesgruppenleiter
MAN	Maschinenfabrik Augsburg-Nürnberg
MC	Mengjiang Co. Ltd.
NA	National Archives, Washington
NS	Nationalsozialismus / nationalsozialistisch
NSDAP	Nationalsozialistische Deutsche Arbeiterpartei
NW 7 Zentrale	Berlin NW 7 (Nordwest) Zentrale der IG Farben
OAA	Ostasiatischer Ausschuß
OAR	Ostasiatische Rundschau
OKW	Oberkommando der Wehrmacht
Orig.	Original
PA	Politisches Archiv des Auswärtigen Amtes, Bonn
Pg.	Parteigenosse
Pol.	Politik

pp.	per procura
PRO, FO	Public Record Office, Foreign Office
Prov.	Provinz
RAM	Reichsaußenminister
RGB	Reichsgesetzblatt
RGI	Reichsgruppe Industrie
RLM	Reichsluftfahrtministerium
RM	Reichsmark
RW	Reichswehr
RWiM	Reichswirtschaftsministerium
RWM	Reichswehrministerium
SA	Sturmabteilung
SED	Sozialistische Einheitspartei Deutschlands
Spa	Sparte
SPD	Sozialdemokratische Partei Deutschlands
SS	Schutzstaffel
St.S.	Staatssekretär
Std. $	Standard-Dollar
TASS	sowjetische Nachrichtenagentur
TH	Technische Hochschule
UdSSR	Union der Sozialistischen Sowjetrepubliken
UNRRA	United Nations Relief and Rehabilitation Organization
UP	United Press
USA	Vereinigte Staaten von Amerika
U.St.S.	Unterstaatssekretär
VDI	Verband Deutscher Industrie
VR	Volksrepublik
VS	Verschlußsache
XGRS	German Radio Station in Shanghai
zdA	zu den Akten
z.b.V.	zur besonderen Verwendung
ZK	Zentralkomitee

Quellen- und Literaturverzeichnis

1. Quellen

Bundesarchiv Berlin (BArch)

Bestand R24, Statistisches Reichsamt
Nr. 893, 895

Bestand R43, Reichskanzlei
Film-Nr. 14097

Bestand R901, Auswärtiges Amt (AA)
Nr. 4065/5091, 60955, 60970, 60971, 68585, 68971/6

Bestand R2301, Rechnungshof des Deutschen Reiches
Nr. 5460, 6457, 6459/2, 6460, 6467

Bestand R8119F, Deutsche Bank und Discontogesellschaft
Microfiche P-8378 – P-8384, P-8408, P-8489 – P-8491

Bestand R8128, I.G. Farbenindustrie AG
Nr. A340, A78, A924, A2378, A2703, A3480-85

Bestand R9208, Deutsche Botschaft China (DBC)
Nr. 688, 1600, 1616, 1617, 1787, 1794, 1800, 1801, 1904, 1905, 1999, 2000, 2016, 2102-2106, 2146, 2181-2192, 2206-2208, 2215, 2286, 2321, 2326-2337, 2356, 2388, 2426-2460, 2472, 2494, 2533, 2534, 2574, 2622, 2650, 2651, 2653, 2669, 2676-2678, 2696, 2702, 2703, 2728-2732, 2764, 2765, 2831, 2890, 2976, 2988, 3030, 3321-3327, 3335, 3338, 3362, 3366, 3375-3377, 3385-3399, 3404-3406, 3447-3469, 3496, 3497, 3501-3505, 3519, 3520, 3533-3536, 3582, 3633-3635, 3655, 3656, 3718, 3719, 3737-3757, 3771-3782, 3797, 3798, 3809-3812, 3830, 3866, 3900, 3901, 3922, 3923, 4190, 4243, 4289,4297-4498.

Bestand Nachlaß Botschafter Oskar P. Trautmann (NL Trautmann)
Nr. 9-31

Bestand NS22, Reichsorganisationsleiter der NSDAP
Nr. 660

Bestand 62 Di 1, Dienststellen Reichsleiter Rosenberg
Nr. 374

Bestand 56, Kleine Erwerbungen
Nr. 0170/1, 214-1

Bestand ehemaliges Document-Center, Volksgerichtshof
Handakten Haft 784-789

Foreign Office / State Department, German War Document Project (FOSD), Microcopy, Whaddon Hall 1950/51

GFM 2-5, Serial 218, 1726H, 1927H, 689, 2910H, 3888H, 7072
Serial 7072H, 218

National Archives Microcopy, Washington D.C., Captured German Documents Microfilmed at Alexandria Va. (NA)

T82 Records of Private German Firms and Organizations in Asia
Roll 74, Serial 92; Roll 75, Serial 96; Roll 77-78, Serial 98; Roll 247, Serial 244;
Roll 342, Serial 249; Roll 363, Serial 259; Roll 364, Serial 259; Roll 388, Serial 270;
Roll 389, Serial 270; Roll 422, Serial 277; Roll 425, Serial 277; Roll 548, Serial 320;
Roll 549, Serial 320; Roll 550, Serial 320

T120, Auswärtiges Amt
Roll 1074, Serial 1929; Roll 1423, Serial 2931H; Roll 2195, Serial 4422H;
Roll 3016, Serial 6565H; Roll 3184, Serial 7069H; Roll 3303, Serial 8137H;
Roll 3515, Serial 9077H

Politisches Archiv des Auswärtigen Amtes, Bonn (PA/AA)

R104815, R194816, R104877, R104882, R27915

Weltwirtschaftsarchiv Hamburg (WWAH)

Nr.A9C3, A10M88, Personendossiers

Public Record Office, London (PRO)

Foreign Office
FO371/20958, F8697/9/10
FO371/20959, F9764/9/10
FO371/20959, F9943/9/10
FO371/21635, F5639/138/10
FO371/22109, F8608/84/10
FO371/23458, F2492/87/10
FO371/24702, F4918/3281/10
FO371/35825, F1034/1034/G10
FO371/41698, F5729/5729/10

Zhongguo di er lishi dang'anguan 中国第二历史档案馆 (Zweites Historisches Archiv Chinas, Nanjing, 2. HACh)

Bestand 1: Guomin zhengfu 国民政府 (Nationalregierung)
Nr. 5657

Bestand 2: Xingzhengyuan 行政院 (Exekutiv-Yuan)
Nr. 176

Bestand 3: Caizhengbu 财政部 (Finanzministerium)
Nr. 2047, 2494, 2557, 2627, 2657

Bestand 4: Jingjibu 经济部 (Wirtschaftsministerium)
Nr. 12, 9567, 26680, 27398, 27399, 27402, 27411, 27164, 27402

Bestand 5: Jiaoyubu 教育部 (Bildungsministerium)
Nr. 15346, 15347, 15353, 15399

Bestand 9: Guomindang dangwu xitong dang'an huiji 国民党党务系统档案汇集 (Systematische Akten zu Parteiangelegenheiten der GMD)
Nr. 79

Bestand 18: Waijiaobu 外交部 (Außenministerium)
Nr. 214, 215, 547, 929, 1258, 1396, 1441, 1444, 1471, 1475, 1600, 1631, 1660, 2974, 2976, 2979, 3112

Bestand 20: Jiaotongbu 交通部 (Verkehrsministerium)
Nr. 1160-1162, 1231, 1242, 1254, 1399-1402

Bestand 28: Guomin zhengfu ziyuan weiyuanhui 国民政府资源委员会 (Rohstoffkommission der Nationalregierung, NRC)
Nr. 18, 112, 213, 235-237, 246, 685-694, 1438, 2133-2135, 3635-3655, 5471, 5965, 6079, 6243

Bestand 309: Maoyi weiyuanhui 贸易委员会 (Handelskommission)
Nr. 6, 130, 4054

Bestand 318: Zhongyang xintuoju 中央信托局 (Central Trust)
Nr. 230, 480-490, 549, 964-966

Bestand 711: Guomindang zhongyang zhixing weiyuanhui 国民党中央执行委员会 (Büro des Zentralen Exekutivkomitees der GMD)
Nr. 425, 1021

Bestand 762: Junshi weiyuanhui yuanzhang shicongshi 军事委员会院长侍从室 (Büro des Vorsitzenden der Militärkommission)
Nr. 648, 1379, 1380
Bestand 772: Junshi weiyuanhui zhengzhibu 军事委员会政治 部 (Politische Abteilung der Militärkommission)
Nr. 643

Bestand 773: Xingzhengyuan junzhengbu 行政院军政部 (Militärpolitische Abteilung des Exekutiv-Yuan)
Nr. 711

Bestand 2024: Riben qin Hua ge jingji jigou 日本侵华各经济机构 (Japanische Behörden zur wirtschaftlichen Aggression in China)
Nr. 59

Bestand 2061: Wangwei waijiaobu 汪伪外交部 (Außenministerium der Marionettenregierung unter Wang Jingwei)
Nr. 213, 238, 239, 253, 271, 358, 711, 2123, 2125, 2356, 2366, 2471

2. Literatur

a) Literatur in westlichen Sprachen

Abelein, Manfred: Die Kulturpolitik des Deutschen Reiches und der Bundesrepublik Deutschland, Köln/Opladen 1968.

Adolphi, Wolfram: Die Chinapolitik des faschistischen Deutschland 1937-45, (Diss. B - unveröffentl.), Berlin, Humboldt-Universität 1988a.

Ders.: Quellen zur Geschichte Chinas 1937-1945 im Aktenbestand „Deutsche Botschaft China" des Zentralen Staatsarchivs der DDR in Potsdam. Zu einigen Problemen ihrer Bewertung und Einordnung, in: Zur Geschichte der deutsch-chinesischen Beziehungen (1900-1949). Wissenschaftliche Zeitschrift der Humboldt-Universität zu Berlin, Reihe Gesellschaftswissenschaften, 2,1988b, S.173-182.

Ders.: Diplomatenberichte aus Nanjing, Beijing und anderen „Dienststellen der Deutschen Botschaft China" aus den Jahren 1937-1945 als Quellen zur Geschichte Chinas. Eine Auswahl, in: Zur Geschichte der deutsch-chinesischen Beziehungen (1900-1949). Wissenschaftliche Zeitschrift der Humboldt-Universität zu Berlin, Reihe Gesellschaftswissenschaften, 2,1988c, S.183-193.

Ders.: Chinas neueste Geschichte in der Diskussion. Symposium zur Geschichte der Republik China in Nanjing, in: Zeitschrift für Geschichtswissenschaft, 7,1988d, S.631-636.

Ders.: Die Chinapolitik des faschistischen Deutschland von 1937 bis 1945. Thesen zu einigen Forschungsergebnissen, in: Deutschland und China 1920-1945. Bulletin Faschismus/Zweiter Weltkrieg, Sonderheft 1989, Akademie der Wissenschaften der DDR, Berlin 1989a, S.128-140.

Ders.: Das faschistische Deutschland als „Freund". Archivalien in der VR China zu den Erfahrungen der Guomindangregierung 1935-1941, in: Zeitschrift für Geschichtswissenschaft, 3,1989b, S.211-227. (Auch in: Minguo Dang'an, Nanjing, 2,1989, S.119-130).

Ders.: Mehr über „Asiaticus", in: Die Weltbühne, Berlin, 14,1989c, S.427-429.

Ders.: Das seltsame Ende. Bedenkenswertes aus Archivalien zu den deutsch-chinesischen Beziehungen 1945-1947, in: Newsletter Frauen und China, Freie Universität Berlin, 9, 1995, S.1-9.

Ders.: Chinapläne der deutschen Wirtschaft 1941-1943: Träume oder Kalkül? in: Leutner, Mechthild (Hrsg.): Politik, Wirtschaft, Kultur: Studien zu den deutsch-chinesischen Beziehungen, Münster 1996 (Berliner China-Studien; 31), S.349-354.

Ahlers, John: Japan closing the „Open Door" in China, Shanghai 1940.

Akashi, Yoji: A Botched Peace Effort: The Piao Min Kosaku, 1944-1945, in: Coox, Alvin D. und Conroy, Hilary (Hrsg.): China and Japan. A Search for Balance Since World War I, Santa Barbara/Oxford 1978, S.265-288.

Andersson, J. Gunnar: China Fights for the World, London 1939.

Angus, Henry F.: The Problem of Peaceful Change in the Pacific Area, London/New York/Oxford 1937.

Armbrüster, Georg: 15.000 appellieren an die Welt. Rück- und Weiterwanderung am Ende des Exils in Shanghai, in: Barzel, Amnon (Hrsg.): Leben im Wartesaal. Exil in Shanghai 1938-1947. Ausstellungskatalog, Berlin 1997, S.70-81.

Ders.: Kindheit in Shanghai. Erinnerungen von Sonja Mühlberger, Martin Beutler, Renate Guschke, Ego Kornblum, Bernd Kurzweg und Peter Konicki, in: Barzel, Amnon (Hrsg.): Leben im Wartesaal. Exil in Shanghai 1938-1947. Ausstellungskatalog, Berlin 1997, S.42-64.

Asiaticus (d.i. Heinz Grzyb): Deutschland und das Statut der fremden Niederlassungen in China, in: Europäische Revue, 2,1938, S.102-104.

Ders.: The Fascist Axis vs. the United Front in China, in: Amerasia, 2,1941, S.541-546.

Augustin, Franz X.: Ideologische Gemeinsamkeiten zwischen den Generalberatern und der Kuomintang-Führung, in: Martin, Bernd (Hrsg.): Die deutsche Beraterschaft in China 1927-1938. Militär-Wirtschaft-Außenpolitik, Düsseldorf 1981, S.272-187.

Bagish, Martin und Conroy, Hilary: Japanese Aggression against China: The Question of Responsibility, in: Coox, Alvin D. und Conroy, Hilary (Hrsg.): China and Japan. A Search for Balance Since World War I, Santa Barbara/Oxford 1978, S.323-334.

Barth, Johannes: Als deutscher Kaufmann in Fernost. Bremen - Tsingtau - Tokyo 1891-1981, Berlin 1984.

Barzel, Amnon (Hrsg.): Leben im Wartesaal. Exil in Shanghai 1938-1947. Ausstellungskatalog, Berlin 1997.

Bathe, R.: Weltwende im Fernen Osten, in: Deutsche Rundschau, 2,1939, S.81-87.

Bauer, Wolfgang und Grimm, Tilemann: Deutsch-chinesische Beziehungen, in: China: Gesellschaft, Politik, Staat, Wirtschaft, Düsseldorf 1973, S.54-63.

Bauer, Wolfgang und Hwang, Shen-chang (Hrsg.): German Impact On Modern Chinese Intellectual History: A Bibliography of Chinese Publications, Wiesbaden 1982.

Bauer, Wolfgang: Aspekte deutscher Philosophie im modernen China, in: Kuo Heng-yü und Leutner, Mechthild (Hrsg.): Deutsch-chinesische Beziehungen vom 19. Jahrhundert bis zur Gegenwart, München 1991 (Berliner China-Studien; 19), S.23-42.

Bedeski, Robert E.: China's Wartime State, in: Hsiung, James C. und Levine, Steven I. (Hrsg.): China's Bitter Victory. The War with Japan 1937-1945, Armonk (N.Y.)/London 1992, S.33-50.

Bee, M.C.: Origins of German Far Eastern Policy, in: Chinese Social and Political Science Review, 11,1937, S.65-97.

Bergamini, David: Japan's Imperial Conspiracy, London 1971.

Bergère, Marie-Claire: The Chinese Bourgeoisie, 1911-1937, in: Fairbank, John K. (Hrsg.): The Cambridge History of China, Vol. 12: Republican China 1912-1949, Part 1, Cambridge (Mass.) 1983, S.722-826.

Dies., Bianco, Lucien und Domes, Jürgen (Hrsg.): La Chine au XXe siècle. D'une révolution à l'autre (1895-1949), Paris 1989.

Bericht der China-Studien-Kommission des Reichsverbandes der Deutschen Industrie, Berlin 1930.

Betz, Heinrich: Der Fernostkonflikt und der Völkerbund, in: Zeitschrift für Politik, 12,1938, S.701-709.

Bianco, Lucien; Bergère, Marie-Claire und Domes, Jürgen (Hrsg.): La Chine au XXe siècle. D'une révolution à l'autre (1895-1949), Paris 1989.

Ders.: La Chine dans la guerre (1937-1945), in: Bergère, Marie Claire; Bianco, Lucien et Domes, Jürgen (Hrsg.): La Chine au XXe siècle. D'une révolution à l'autre, Paris 1989, S.185-214.

Bieg-Brentzel, Rotraut: 75 Jahre Tongji-Universität, in: Das neue China, 11-12,1982, S.27-28.

Bloch, Kurt: The German-Japanese Partnership in Eastern Asia, in: Far Eastern Survey, 26.10.1938, S.241-245.

Ders.: The New Berlin-Tokyo Axis, in: Asia, 12,1938, S.743-745.

Ders.: War loans in Eastern Asia, in: Amerasia, 1,1939, S.519-523.

Ders.: German Interests and Policies in Far East, New York 1940.

Bloß, Hartmut: Deutsche Chinapolitik im Dritten Reich, in: Funke, Manfred (Hrsg.): Hitler, Deutschland und die Mächte: Materialien zur Außenpolitik des Dritten Reiches, Düsseldorf 1978, S.407-429.

Ders.: Die Abberufung der Beraterschaft (April-Juli 1938), in: Martin, Bernd (Hrsg.): Die deutsche Beraterschaft in China 1927-1938. Militär-Wirtschaft-Außenpolitik, Düsseldorf 1981, S.249-271.

Boorman, Howard L. (Hrsg.): Biographical Dictionary of Republican China (4 Bde.), New York, 1967-1971.

Boyle, John Hunter: Peace Advocacy during the Sino-Japanese Incident, in: Coox, Alvin D. und Conroy, Hilary (Hrsg.): China and Japan. A Search for Balance Since World War I, Santa Barbara/Oxford 1978, S.243-264.

Braun, Otto: Chinesische Aufzeichnungen (1932-1939), Berlin 1973.

Briessen, Fritz van: Die deutsch-chinesischen Beziehungen. Ein geschichtlicher Abriß, in: Deutsche Gesellschaft für Auswärtige Politik (Hrsg.): Die Außenpolitik Chinas: Entscheidungsstruktur, Stellung in der Welt, Beziehungen zur BRD. München/Wien 1975, S.359-380.

Ders.: Grundzüge der deutsch-chinesischen Beziehungen, Darmstadt 1977, 206 S.

Ders.: Deutsche Institutionen und Persönlichkeiten in China, in: Machetzki, Rüdiger (Hrsg.), Deutsch-chinesische Beziehungen - Ein Handbuch, Hamburg 1982, S.37-92.

Brosius, Hans: Fernost formt seine neue Gestalt, Berlin 1941.

Bunker, Gerald E.: The Peace Conspiracy. Wang Ching-wei and the China War 1937-1941, Cambridge (Mass.) 1972.

Carr, William: Arms, Autarky and Aggression. A Study in German Foreign Policy 1933-1939, London 1972.

Casper, Karl: Deutschland und China im gegenseitigen Warenaustausch. Aus dem Institut für Weltwirtschaft, in: Weltwirtschaftliches Archiv, 45,1937, S.409-442.

Chang Feng-chen: Historical Summary of Sino-German Relations, in: China Quarterly, 3,1937, S.489-500.

Chang Ming-kai und Hsu Long-hsuen (Hrsg.): History of The Sino-Japanese War (1937-1945), Taipei 1971.

Chang Shan-Pao: Beaufsichtigung und Prüfung der Exportwaren, in: Das Neue China, 6,1940, S.622-630.

Chapman, John: The Origins and Development of German and Japanese Military Cooperation 1936-1945, Oxford 1967.

Chen, Theodore Hsi-En: China's Foreign Relations, in: World Affairs Interpreter, 16,1945, S.285-295.

Cheng, Yu-kwei: Foreign Trade and Industrial Development of China. An Historical and Integrated Analysis Through 1948, Washington 1956.

Ch'i, Hsi-sheng: The Military Dimension, 1942-1945, in: Hsiung, James C. und Levine, Steven I. (Hrsg.): China's Bitter Victory. The War with Japan 1937-1945, Armonk (N.Y.)/London 1992, S.157-184.

Chiang Kai-shek: War Speeches, July 1937 - January 1944, Chungking o.J.

Ders.: Selected Speeches and Messages, 1937-1945, Taipei 1955.

Ders. und Wang Chunghui: China's Destiny, Westport 1985.

Chiang, Wego W.K.: How Generalissimo Chiang Kai-shek Won the Eight-Year Sino-Japanese War, 1937-1945, Taipei 1979.

China After Five Years of War. Prepared under the Auspices of the Ministry of Information of the Republic of China, London 1943.

China Handbook 1937-1943. A Comprehensive Survey of Major Developments in China in Six Years of War, Chungking 1943.

Conroy, Hilary und Coox, Alvin D. (Hrsg.): China and Japan. A Search for Balance Since World War I, Santa Barbara/Oxford 1978.

Conroy, Hilary und Bagish, Martin: Japanese Aggression against China: The Question of Responsibility, in: Coox, Alvin D. und Conroy, Hilary (Hrsg.): China and Japan. A Search for Balance Since World War I, Santa Barbara/Oxford 1978, S.323-334.

Coox, Alvin D. und Conroy, Hilary (Hrsg.): China and Japan. A Search for Balance Since World War I, Santa Barbara/Oxford 1978.

Coox, Alvin D.: Recourse to Arms: The Sino-Japanese Conflict, 1937-1945, in: Coox, Alvin D. und Conroy, Hilary (Hrsg.): China and Japan. A Search for Balance Since World War I, Santa Barbara/Oxford 1978, S. 293-323.

Cordes, Ernst: Peking, der leere Thron. Ein Erlebnisbericht aus Nordchina, Berlin 1937.

Cwik, Hans-Jürgen: Deutsche Fernostbibliographie: Deuschsprachige Veröffentlichungen über Ost-, Zentral- und Südostasien, New York/London/Paris/München 1979.

Der Deutsche Akademische Austauschdienst (1925-1975): Beiträge zum 50jährigen Bestehen, Bonn/Bad Godesberg 1976.

Deutsche Handelskammer Shanghai: Jahresberichte Deutscher Handelskammern in China (Shanghai, Hankau, Tientsin, Canton, Mukden), 1939.

Deutsche Schule im Ausland, Anvers 1935-1938.

Deutschland und China 1920-1945. Bulletin Faschismus/Zweiter Weltkrieg, Sonderheft 1989, Akademie der Wissenschaften der DDR, Berlin 1989.

Deutschland-Institut (Hrsg.): Zhong De xuezhi, Deutsch-chinesische Studien, Peking 1941-1943.

Dicker, Herman: Wanderers and Settlers in the Far East: A Century of Jewish Life in China and Japan, New York 1962.

Diercks, Herbert: Friedhof Ohlsdorf. Auf den Spuren von Naziherrschaft und Widerstand. Hrsg. von der Willi-Bredel-Gesellschaft Geschichtswerkstatt e.V., Hamburg 1992.

Ding Jianhong, Li Xia: Das „Deutschland-Institut" und die deutsch-chinesischen Kulturbeziehungen, in: Leutner, Mechthild (Hrsg.): Politik, Wirtschaft, Kultur: Studien zu den deutsch-chinesischen Beziehungen, Münster 1996 (Berliner China-Studien; 31), S.307-328.

Djang, Feng Djen: A Historical Summary of Sino-German Relations, in: China Quarterly, 2:3,1937, S.489-500.

Ders.: The Diplomatic Relations Between China and Germany Since 1898, Shanghai 1938.

Doering, M.: China as a Market for German Machinery, in: Far Eastern Review, 9-10,1937, S.370-371.

Döscher, Hans-Jürgen: Das Auswärtige Amt im Dritten Reich. Diplomatie im Schatten der „Endlösung", Berlin 1987.

Ders.: SS und Auswärtiges Amt im Dritten Reich. Diplomatie im Schatten der „Endlösung", Frankfurt/M./Berlin 1991.

Dolman, Arthur: The Third Reich and Japan: A Study in Nazi Cultural Relations, New York 1966.

Domes, Jürgen; Bergère, Marie Claire und Bianco, Lucien (Hrsg.): La Chine au XXe siècle. D'une révolution à l'autre, Paris 1989.

Dower, John W.: War without Mercy: Race and Power in the Pacific War, New York 1986.

Drechsler, Karl: Deutschland-China-Japan 1933-1939. Das Dilemma der deutschen Fernostpolitik, Berlin 1964.

Ders. (Hrsg.): Das Bündnis der Rivalen. Der Pakt Berlin-Tokio. Neue Dokumente zur Ost- und Südostasienpolitik des faschistischen deutschen Imperialismus im zweiten Weltkrieg, Berlin 1978.

Ders.: Die Chinapolitik der Weimarer Republik und Hitlerdeutschlands 1920-1939. Grundlinien und Zäsuren, in: Deutschland und China 1920-1945, Bulletin Faschismus/Zweiter Weltkrieg, Sonderheft 1989, Akademie der Wissenschaften der DDR, Berlin 1989, S.12-24.

Dreifuß, Alfred: Shanghai: Eine Emigration am Rande, in: Exil in den USA. Kunst und Literatur im antifaschistischen Exil (1933-1945), Leipzig 1979, S.447-517.

Dreyer, Edward L.: China at War 1901-1949, London/New York 1995.

Drucker, Peter: Hitler's Bid in the Orient, in: Asia, 8,1938, S.498-499.

Du Wentang: Zur Persönlichkeit Otto Brauns, in: Deutschland und China 1920-1945, Bulletin Faschismus/Zweiter Weltkrieg, Sonderheft 1989, Akademie der Wissenschaften der DDR, Berlin 1989, S.156-172.

Dubinskij, A.M.: Sovetsko-kitajskie otnosenija (Sowjetisch-chinesische Beziehungen) 1937-1945, Moskau 1980.

Eastman, Lloyd: Nationalist China During the Nanking Decade 1927-1937, in: Fairbank, John K. und Feuerwerker, Albert (Hrsg.): The Cambridge History of China, Vol. 13, Republican China 1912-1949, Part 2, Cambridge (Mass.) u.a. 1986, S.116-167.

Ders.: Nationalist China During the Sino-Japanese War 1937-1945, in: Fairbank, John K. und Feuerwerker, Albert (Hrsg.): The Cambridge History of China, Vol. 13, Republican China 1912-1949, Part 2, Cambridge (Mass.) u.a. 1986, S.547-608.

Ders.: (Hrsg.): The Nationalist Era in China, 1927-1949, Cambridge (Mass.) 1991.

Eberhard, Wolfram: Chinas Geschichte, Bern 1948.

Eberstein, Bernd: Hamburg-China. Geschichte einer Partnerschaft, Hamburg 1988.

Eckert, Walter: Die HAPRO in China. Ein Bericht über Entstehung und Entwicklung des deutsch-chinesischen Austauschvertrages 1930-1937. Hrsg. von Josef Schmuck, Graz 1981.

Eichholz, Dietrich: Geschichte der deutschen Kriegswirtschaft, 3 Bde., Berlin 1969, 1985 und 1996.

Erkes, Eduard: China und Europa. Kontrast und Ausgleich zweier Weltkulturen, Leipzig 1947.

Escarra, Jean: L'honorable paix japonaise, Paris 1938.

Esser, Alfons: Bibliographie zu den deutsch-chinesischen Beziehungen 1860-1945, München 1984 (Berliner China-Studien; 6).

Ders.: Die drei Fernostverträge des Jahres 1936 und ihre Bedeutung für die deutsche Chinapolitik, in: Kuo Heng-yü und Leutner, Mechthild (Hrsg.): Beiträge zu den deutsch-chinesischen Beziehungen, München 1986 (Berliner China-Studien; 12), S.91-112.

Eyll, Klara v., u.a. (Hrsg.): Deutsche Wirtschaftsarchive, Nachweis historischer Quellen in Unternehmen, Kammern und Verbänden der BRD, Wiesbaden 1978ff.

Fabritzek, Uwe G.: Gelber Drache, schwarzer Adler. Geschichte der deutsch-chinesischen Beziehungen, München/Gütersloh/Wien 1973.

Fairbank, John K. (Hrsg.): The Cambridge History of China, Vol. 12: Republican China 1912-1949, Part 1, Cambridge (Mass.) 1983.

Ders.: Geschichte des modernen China 1800-1986, München 1989 (Orig.: The Great Chinese Revolution 1800-1985, New York 1986).

Ders. und Feuerwerker, Albert (Hrsg.): The Cambridge History of China, Vol. 13: Republican China 1912-1949, Part 2, Cambridge (Mass.) 1986.

Fairbank, Wilma: America's Cultural Experiment in China (1942-1949), Washington 1976.

Falkenhausen, Alexander v.: Memoirs d'outre-Guerre, Brüssel 1974.

Felber, Roland: Sun Yatsen und Deutschland (I). Zum Platz Deutschlands im gesellschaftspolitischen Denken Sun Yatsens, in: Zur Geschichte der deutsch-chinesischen Beziehungen (1900-1949). Wissenschaftliche Zeitschrift der Humboldt-Universität zu Berlin, 2,1988, S.121-135.

Ders.: Sun Yatsen und Deutschland (II). Zur Rolle Deutschlands in den politischen Plänen Sun Yatsens nach dem Ersten Weltkrieg, in: Zur Geschichte der deutsch-chinesischen Beziehungen (1900-1949). Wissenschaftliche Zeitschrift der Humboldt-Universität zu Berlin, 2,1988, S.136-147.

Ders.: Forschungen zur Geschichte der deutsch-chinesischen Beziehungen in der DDR - Ergebnisse, Probleme, Perspektiven, in: Deutschland und China 1920-1945, Bulletin Faschismus/Zweiter Weltkrieg, Sonderheft 1989, Akademie der Wissenschaften der DDR, Berlin 1989, S.64-83.

Ders.: Zwischen Anpassung und Widerstand. Notizen über Schicksale von Ostaseinwissenschaftlern in der NS-Zeit, in: Berliner China-Hefte, Freie Universität Berlin, 10, März 1996, S.80-86.

Feuerwerker, Albert und Fairbank, John K.: The Cambridge History of China, Vol. 13, Republican China 1912-1949, Part 2, Cambridge (Mass.) 1986.

Finkelgruen, Peter: Haus Deutschland oder Die Geschichte eines ungesühnten Mordes, Hamburg 1994.

Fischer, Frieda: Chinesisches Tagebuch. Lehr- und Wanderjahre, München 1942.

Fischer, Martin: Vierzig Jahre deutscher Chinapolitik, (Mitteilungen des Instituts für Asienkunde Hamburg; 11) Hamburg 1962.

Fischer, Wolfram: Deutsche Wirtschaftspolitik 1918-1945, Opladen 1968.

Fochler-Hauke, Gustav: Die Mandschurei. Eine geographisch-politische Landeskunde, Heidelberg/Berlin/ Magdeburg 1941.

Fox, John P.: The Klein Projects in China: Arms, Economics, and Foreign Policy in the Third Reich, in: Martin, Bernd (Hrsg.): Die deutsche Beraterschaft in China 1927-1938. Militär-Wirtschaft-Außenpolitik, Düsseldorf 1981, S.216-235.

Ders.: Germany and the Far Eastern Crisis 1931-1938. A Study in Diplomacy and Ideology, Oxford 1982.

Franke, Herbert: Sinologie an deutschen Universtitäten, Wiesbaden 1968.

Franke, Otto: Erinnerungen aus zwei Welten, Berlin 1944.

Franke, Wolfgang: Das Jahrhundert der chinesischen Revolution (1851-1949), München 1958.

Ders. (Hrsg.): China-Handbuch, Düsseldorf 1974.

Ders.: Neuere Veröffentlichungen zu den Beziehungen zwischen Deutschland und China, (Mitteilungen des Instituts für Asienkunde; 69) Hamburg 1975.

Ders.: Im Banne Chinas. Autobiographie eines Sinologen 1912-1950, Dortmund 1995.

Ders. und Dschang, Schau-Dien: Titelverzeichnis chinesischer Übersetzungen deutscher Werke, Peking 1942.

Franz-Willing, Georg: Neueste Geschichte Chinas. 1840 bis zur Gegenwart, Paderborn 1975.

Freyeisen, Astrid: Das Kriegsende und seine Auswirkungen für die Deutschen in Shanghai, in: Newsletter Frauen und China, Freie Universität Berlin, 9,1995, S.18-32.

Fu, Pao-jen: Military Advisers and German Assistance for Chinese Industrialization: An Analysis of Sino-German Economic and Military Collaboration, in: Martin, Bernd (Hrsg.): Die deutsche Beraterschaft in China 1927-1938. Militär-Wirtschaft-Außenpolitik, Düsseldorf 1981, S.187-200.

Ders.: The German Military Mission in Nanking, 1928-1938: A Bridge Connecting China and Germany, (Diss.) Syracuse 1990.

Ders.: The German and American Military Advisers in Turkey and China 1913-1944: A Comparative Study of Liman, Wetzell, and Stilwell, in: Leutner, Mechthild (Hrsg.): Politik, Wirtschaft, Kultur: Studien zu den deutsch-chinesischen Beziehungen, Münster 1996 (Berliner China-Studien; 31), S.225-258.

Furuya, Keiji: Chiang Kai-shek - His Life and Times, New York 1981.

Galik, Marian (Hrsg.): Preliminary Research Guide: German Impact on Modern Chinese Intellectual History, München 1971.

Ganther, Heinz (Hrsg.): Drei Jahre Immigration in Shanghai: Ihr Beginn, ihre Leistungen, ihr Erfolg (1939-1940/41), Shanghai 1942.

Garver, John W.: China's Wartime Diplomacy, in: Hsiung, James C. und Levine, Steven I. (Hrsg.): China's Bitter Victory. The War with Japan 1937-1945, Armonk (N.Y.)/London 1992, S.3-32.

Geschichte der sowjetischen Außenpolitik 1917-1945, Berlin 1980.

Giordano, Ralph: Wenn Hitler den Krieg gewonnen hätte, Berlin 1990.

Goldstein, Steven M.: The CCP's Foreign Policy of Opposition, 1937-1945, in: Hsiung, James C. und Levine, Steven I. (Hrsg.): China's Bitter Victory. The War with Japan 1937-1945, Armonk (N.Y.)/London 1992, S.107-134.

Gossweiler, Kurt: Aufsätze zum Faschismus, Berlin 1986.

Gransow, Bettina: „Draußen in China". Einblicke in die Geschichte der Außenvertretung Berliner Firmen, in: Kuo Heng-yü (Hrsg.): Berlin und China. Dreihundert Jahre wechselvolle Beziehungen, Berlin 1987, S.103-116.

Dies.: Deutsch-chinesische Beziehungen in der Vergangenheit und die daraus zu ziehenden Lehren, in: Zeitschrift für Kulturaustausch, 23:4,1973.

Grimm, Tilemann: Deutsch-chinesische Beziehungen in der Vergangenheit und die daraus zu ziehenden Lehren, in: Zeitschrift für Kulturaustausch 23:4,1973, S.14-15.

Ders. und Bauer, Wolfgang: Deutsch-chinesische Beziehungen, in: China: Gesellschaft, Politik, Staat, Wirtschaft, Düsseldorf 1973, S.54-63.

Griswold, A. Whitney: European Factors in Far Eastern Diplomacy, in: Foreign Affairs, 1,1941, S.297-309.

Ders.: Paving the Way for Hitler, in: The Atlantic Monthly, 37,1941, 314-321.

Groehler, Olaf: China im Kalkül deutscher Militärpolitik 1933-1945, in: Deutschland und China 1920-1945, Bulletin Faschismus/Zweiter Weltkrieg, Sonderheft 1989, Akademie der Wissenschaften der DDR, Berlin 1989, S.96-111.

Haas, Wilhelm: Der japanisch-mandschurische Warenaustausch mit Deutschland, in: Weltwirtschaftliches Archiv, 7,1937, S.272-286.

Hannah, Norman B.: Vienna in Shanghai, in: Asian Affairs, 3-4,1975, S.246-263.

Hänsch, Adolph v.: Jebsen und Co. Hongkong. China-Handel im Wechsel der Zeiten 1895-1945, Alpenrade 1970.

Harnisch, Thomas: „Göttingen ist befreit worden!" - Erinnerungen eines chinesischen Studenten an Krieg und Kriegsende in Göttingen, in: Newsletter Frauen und China, Freie Universität Berlin, 9,1995, S.38-43.

Hass, Gerhart und Schumann, Wolfgang (Hrsg.): Deutschland im zweiten Weltkrieg, 6 Bde., Berlin 1974-1985.

Haushofer, Karl: Japan baut sein Reich, Berlin 1941.

Heine, Jens-Ulrich: Verstand & Schicksal. Die Männer der I.G. Farbenindustrie A.G. (1925-1945) in 161 Kurzbiographien, Weinheim/New York/Basel/Cambridge 1990.

Heinzig, Dieter: Die kommunistische Konkurrenz: Das Erbe der sowjetischen Militärberaterschaft - Die Tätigkeit Otto Brauns in der chinesischen Roten Armee, in: Martin, Bernd (Hrsg.): Die deutsche Beraterschaft in China 1927-1948. Militär-Wirtschaft-Außenpolitik, Düsseldorf 1981, S.147-159.

Helden, P.F.: Hitler's Game in the Orient, in: Asia, 5,1941, S.249-251.

Helfferich, Emil: Vorträge in Japan März-April 1940, o.O., o.J.

Ders.: 1932-1946. Tatsachen. Ein Beitrag zur Wahrheitsfindung, Jever 1969.

Heppner, Ernest G., Shanghai Refuge. A Memoir of the World War II Jewish Ghetto, Lincoln 1993.

Herbst, Ludolf: Der totale Krieg und die Ordnung der Wirtschaft. Die Kriegswirtschaft im Spannungsfeld von Politik, Ideologie und Propaganda 1939-1945, Stuttgart 1982.

Hildebrand, Klaus: Deutsche Außenpolitik 1933-1945. Kalkül oder Dogma?, Stuttgart 1971.

Ders.: The Foreign Policy of the Third Reich, Berkeley 1973.

Hinzelmann, Hans Heinz: O China, Land auf alten Wegen. Wahrhaftige Entdeckungen auf einer westöstlichen Lebensfahrt, Braunschweig 1948.

Hochstadt, Steve: Shanghai als Ort der Zuflucht. Die Schwierigkeiten der Judenvertreibung. Vortragstyposkript 1997.

Hohlfeld, J. (Hrsg.): Dokumente der deutschen Politik und Geschichte von 1848 bis zur Gegenwart, Berlin/München o.J.

Hook, J.O. van: The Genesis of the War in the Pacific Area, in: The Southwestern Social Science Quarterly, 4,1942, S.381-398.

Hou, Chi-ming: Foreign Investment and Economic Development in China 1840-1937, Cambridge (Mass.) 1965.

Howard, Harry Paxton: Fascist Peace Failure in China, in: Amerasia, 8,1940, S.261-270.

Hsia Chang, Maria: The Chinese Blue Shirt Society. Fascism and Developmental Nationalism, Berkeley 1985.

Hsiao Liang-lin: China's Foreign Trade Statistics, 1864-1949, Cambridge (Mass.) 1974.

Hsiao Yunlay: Chinas Stellung zur Welt, in: Deutsche Rundschau, Berlin 69,1946, S.15-20.

Hsiung, James C. und Levine, Steven I. (Hrsg.): China's Bitter Victory. The War with Japan 1937-1945, Armonk (N.Y.)/London 1992.

Ders.: The War and After: World Politics in Historical Context, in: Hsiung, James C. und Levine, Steven I. (Hrsg.): China's Bitter Victory. The War with Japan 1937-1945, Armonk (N.Y.) /London 1992, S.295-306.

Hsu Long-hsuen und Chang Ming-kai (Hrsg.): History of The Sino-Japanese War (1937-1945), Taipei 1971.

Hsü Shu-hsi: Japan and the Third Powers, Shanghai 1941.

Hsü, Wei-chu: Die Tätigkeit des ausländischen Bankwesens in China, insbesondere in Hinsicht auf die „Deutsch-Asiatische Bank", (Diss. - unveröffentl.) o.O., 1941.

Hu Chang-tze: Deutsche Ideologie und politische Kultur Chinas, Bochum 1983.

Hubbard, G.E.: The Far East, in: Survey of International Affairs, 1,1938, S.493-573.

Hudson, G.F.: The Far East in World Politics. A Study in Recent History, London 1937.

Huldermann, Paul: Krieg von historischer Bedeutung in China? in: Deutsche Rundschau, 7,1938, S.1-5.

Ienaga, Saburo: Japan's Last War. World War II and the Japanese, 1931-1945, Oxford 1979.

Iklé, Frank William: German-Japanese Relations 1936-1940, New York 1956.

Iriye, Akira: Japanese Aggression and China's International Position 1931-1949, in: Fairbank, John K. und Feuerwerker, Albert (Hrsg.): The Cambridge History of China, Vol. 13, Republican China 1912-1949, Part 2, Cambridge (Mass.) u.a. 1986, S.492-546.

Issraeljan, V. und Kutakov, L.: Diplomacy of Aggression: Berlin-Rome-Tokyo-Axis. Its Rise and Fall, Moskau 1970.

Jacobsen, Hans-Adolf: Nationalsozialistische Außenpolitik (1933-1938), Frankfurt/M./Berlin 1968.

Ders.: Zur Struktur der NS-Außenpolitik 1933-1945, in: Funke, Manfred (Hrsg.): Hitler, Deutschland und die Mächte, Düsseldorf 1978.

Jaffe, Philipp J.: America and the German-Japanese Pact, in: Amerasia, 3,1937, S.20-23.

Jäger, Jörg-Johannes: Die wirtschaftliche Abhängigkeit des Dritten Reiches vom Ausland. Dargestellt am Beispiel der Stahlindustrie, Berlin 1969.

Janeway, Eliot: Germany is Eager to End Chinese War, in: New York Times, 19.12.1937, S.4.

Jansen, Thomas: Zur Arbeit des Deutschland-Instituts in Peking, 1933-1945, in: Berliner China Hefte 14(1998), im Druck.

Johann, A.E.: Kulis, Kapitäne und Kopfjäger. Fahrten und Erlebnisse zwischen Peking und der Timor-See, Berlin 1936.

Kaim, Julius R.: Influence of the European War on the Far Eastern Market, in: China Weekly Review, 27.1.1940.

Kaminski, G. und Unterrieder, E.: Von Österreichern und Chinesen, Wien/Zürich/München 1980.

Kampen, Thomas: Von Ascaiticus bis Zaisser. KPD-Mitglieder in China, in: das neue China, 2, Juni 1995, S. 31-34.

Katkova, Z.D.: Vnešnjaja politika gomin'danovskogo pravitel'stva v period antijaponskoj vojny (Die Außenpolitik der Guomindang-Regierung in der Periode des antijapanischen Krieges) (1937-1945), Moskau 1978.

Kato, Hiyoshi: Über die zukünftigen Handelsbeziehungen zwischen Deutschland und Mandschukuo, in: Ost-Europa-Markt, Königsberg, 17,1937.

Kirby, William C.: Foreign Models and Chinese Modernization: Germany and China, 1921-1941, (Diss.) Cambridge (Mass.) 1981.

Ders.: Development Aid or Neo-Imperialism? German Industry in China, 1928-1937, in: Martin, Bernd (Hrsg.): Die deutsche Beraterschaft in China 1927-1938, Düsseldorf 1981, S.201-215.

Ders.: Germany and Republican China, Stanford 1984.

Ders.: Intercultural Contacts and International Relations: China's Relations with Germany, the Soviet Union and the United States, 1927-1944, in: Kuo Heng-yü und Leutner, Mechthild (Hrsg.): Deutschland und China, Beiträge des Zweiten Internationalen Symposiums zur Geschichte der deutsch-chinesischen Beziehungen, Berlin 1991, (Berliner China-Studien; 19), S.225-252.

Ders.: The Chinese War Economy, in: Hsiung, James C. und Levine, Steven I. (Hrsg.): China's Bitter Victory. The War with Japan 1937-1945, Armonk (N.Y.)/London 1992, S.185-212.

Ders.: Intercultural Contacts and International Relations: China's Relations with Germany, the Soviet Union and the United States, in: Kuo Heng-yü und Leutner, Mechthild (Hrsg.): Deutschland und China, München 1994 (Berliner China-Studien; 21), S.225-252.

Ders.: The Study of Modern China's Foreign Relations: Trends and Research Agendas in the History of Sino-German and Sino-American Relations, in: Leutner, Mechthild (Hrsg.): Politik, Wirtschaft, Kultur: Studien zu den deutsch-chinesischen Beziehungen, Münster 1996 (Berliner China-Studien; 31), S.385-406.

Ders.: The Internationalization of China: Foreign Relations at Home and Abroad in the Republican Era, in: The China Quarterly 150 (June 1997), S.433-458.

Kirschbaum, Hans-Georg von: Deutschtum in der Mandschurei, in: Zehn Jahre Mandschukuo, Xinjing 1942, S.43-48.

Klemperer, Klemens v. (Hrsg.): A Noble Combat. The Letters of Sheila Grant Duff and Adam von Trott zu Solz, Oxford 1988.

Kneucker, Alfred: Zuflucht in Shanghai. Aus den Erlebnissen eines österreichischen Arztes in der Emigration 1938-1945, Wien 1984.

Kordt, Erich: Nicht aus den Akten ... , Stuttgart 1950.

Krafft, Heinrich: Deutschland-Ostasien. Festschrift des Ostasiatischen Vereins Hamburg-Bremen zum 60jährigen Bestehen, Hamburg 1960.

Kranzler, David: Japanese, Nazis and Jews. The Jewish Refugee Committee of Shanghai, 1938-1945, New York 1976.

Krebs, Gerhard: Japans Deutschlandpolitik 1935-1941. Eine Studie zur Vorgeschichte des Pazifischen Krieges, Hamburg 1984.

Kreissler, Françoise: Deutsch-chinesische Kooperation im Hochschulwesen: Das Beispiel der Tongji-Universität, in: Kuo Hengyü und Leutner, Mechthild (Hrsg.): Beiträge zu den deutsch-chinesischen Beziehungen, München 1986 (Berliner China-Studien; 12), S.10-23.

Dies.: L'action culturelle allemande en Chine, Paris 1989a.

Dies.: Nationalsozialisten in China: Ein verdrängtes Kapitel der Geschichte der deutsch-chinesischen Beziehungen? in: Gransow, Bettina und Leutner, Mechthild (Hrsg.): China - Nähe und Ferne. Deutsch-chinesische Beziehungen in Geschichte und Gegenwart, Frankfurt a.M./Bern/New York/Paris 1989b, S.265-274.

Dies.: Die „Gelbe Post“: Ein Wegweiser durch China, in: Kuo Heng-yü und Leutner, Mechthild (Hrsg.): Deutschland und China, Berlin 1991, München 1994, (Berliner China-Studien; 21), S.265-280.

Dies.: Exil in Shanghai: Problematik und Schwerpunktthemen, in: Kuo Heng-yü und Leutner, Mechthild (Hrsg.): Deutsch-chinesische Beziehungen vom 19. Jahrhundert bis zur Gegenwart, München 1991, S.293-314.

Dies.: Entlassung in die Ungewißheit: Die jüdischen Emigranten und die Befreiung Shanghais 1945, in: Newsletter Frauen und China, Freie Universität Berlin, 9,1995, S.13-17.

Kroker, Bruno: Germany to Build Chinese Railways, in: Far Eastern Review, 1,1937, S.21-24.

Krüger, Joachim (Hrsg.): Bericht des Reichsministeriums über die Lage der Sinologie und Japanologie in Deutschland, 1942, in: Newsletter Frauen und China, 7,1994, S.1-17.

Ders.: Moskaus Vorstoß für eine sowjetische Besatzungszone in Japan, in: Newsletter Frauen und China, 9,1995, S.44-46.

Kuck, Fritz: Deutsche in Fernost, Leipzig 1938, in: Jahrbuch der Auslands-Organisationen der NSDAP, 1,1939.

Kühlborn, Georg: Deutsch-Mandschurische Wirtschaftsbeziehungen, in: Zehn Jahre Mandschukuo, Xinjing 1942, S.111-124.

Kuo Heng-yü (Hrsg.): Von der Kolonialpolitik zur Kooperation. Studien zur Geschichte der deutsch-chinesischen Beziehungen, München 1986 (Berliner China-Studien; 13).

Ders.: Deutschland und China im Jahre 1927. Aus der Sicht deutscher Diplomaten, in: Kuo Heng-yü (Hrsg.): Von der Kolonialpolitik zur Kooperation. Studien zur Geschichte der deutsch-chinesischen Beziehungen, München 1986 (Berliner China-Studien; 13), S.293-324.

Ders. (Hrsg.): Berlin und China. Dreihundert Jahre wechselvolle Beziehungen, Berlin 1987.

Ders. und Leutner, Mechthild (Hrsg.): Beiträge zu den deutsch-chinesischen Beziehungen, München 1986 (Berliner China-Studien; 12).

Ders.: (Hrsg.), Suffa-Friedel, Frank (Bearb.): Deutsch-chinesische Beziehungen 1928-1938. Eine Auswertung deutscher diplomatischer Akten, München 1988 (Berliner China-Studien; 17).

Ders. und Leutner, Mechthild (Hrsg.): Deutsch-chinesische Beziehungen vom 19. Jahrhundert bis zur Gegenwart, München 1991 (Berliner China-Studien; 19).

Ders. und Leutner, Mechthild (Hrsg.): Deutschland und China. München 1994 (Berliner China-Studien; 21).

Kwei Chungshu: Chinese Yearbook, Shanghai 1935-1945.

Lämmert, Eberhard (Hrsg.): Handbuch der deutschen Exilpresse (1933-1945), München/Wien 1976.

Laitenberger, Volkhard: Akademischer Austausch und auswärtige Kulturpolitik 1923-1945, Göttingen/Frankfurt/Zürich 1976.

Ders.: Theorie und Praxis der „Kulturellen Begegnung zwischen den Nationen“ in der deutschen auswärtigen Kulturpolitik der 30er Jahre, in: Zeitschrift für Kulturaustausch, 2,1981, S.196-206.

Lao She: Eine Erbschaft in London. Übersetzt von Irmtraut Fessen-Henjes, Berlin 1988.

Lauer, Thomas L.: German Attempts at Mediation of the Sino-Japanese War, 1937-1938, (Diss. - unveröffentl.) Stanford 1973.

Lausey, B.D.: Why Germany Never Signed the Nine-Power Treaty, in: Far Eastern Quarterly, 1,1942, S.364-377.

Lee Kuo-chi: Kultureinfluß Deutschlands auf China im 20. Jahrhundert, in: Hütter, Joachim, Meyers, Reinhard und Papenfuss, Dietrich (Hrsg.): Tradition und Neubeginn, Internationale Forschung zur deutschen Geschichte im 20. Jahrhundert, Köln 1975, S.115-220.

Lee, Joel: A Survey of Current Nazi Activity in Shanghai, in: China Weekly Review, 1.11.1941, S.275-276.

Leutner, Mechthild: Deutsche Vorstellungen über China und Chinesen und über die Rolle der Deutschen in China, 1890-1945, in: Kuo Heng-yü (Hrsg.): Von der Kolonialpolitik zur Kooperation, München 1986 (Berliner China-Studien; 13) S.401-442.

Dies. und Kuo Heng-yü (Hrsg.): Beiträge zu den deutsch-chinesischen Beziehungen, München 1986 (Berliner China-Studien; 12).

Dies.: Sinologie in Berlin. Die Durchsetzung einer wissenschaftlichen Disziplin zur Erschließung und zum Verständnis Chinas, in: Kuo Heng-yü (Hrsg.): Berlin und China. Dreihundert Jahre wechselvolle Beziehungen, Berlin 1987, S.31-56.

Dies. und Kuo Heng-yü (Hrsg.): Deutsch-chinesische Beziehungen vom 19. Jahrhundert bis zur Gegenwart, München 1991 (Berliner China-Studien; 19).

Dies. und Kuo Heng-yü (Hrsg.): Deutschland und China, München 1994 (Berliner China-Studien; 21).

Dies. (Hrsg.) und Trampedach, Tim (Bearb.): Bundesrepublik Deutschland und China 1949-1995. Politik-Wirtschaft-Wissenschaft-Kultur. Eine Quellensammlung, Berlin 1995.

Dies. (Hrsg.): Politik, Wirtschaft, Kultur: Studien zu den deutsch-chinesischen Beziehungen, Münster 1996 (Berliner China-Studien; 31).

Dies.: Hegemonie und Gleichrangigkeit in Darstellungen zu den deutsch-chinesischen Beziehungen, in: Leutner, Mechthild (Hrsg.): Politik, Wirtschaft, Kultur: Studien zu den deutsch-chinesischen Beziehungen, Münster 1996 (Berliner China-Studien; 31), S.447-460.

Levine, Steven I. und Hsiung, James C. (Hrsg.): China's Bitter Victory. The War with Japan 1937-1945, Armonk (N.Y.)/London 1992.

Liang, Hsi-huey: Die Chinesen in Berlin, 1920-1946, in: Hütterer, J. (Hrsg.): Tradition und Neubeginn. Internationale Forschungen zur deutschen Geschichte im 20. Jahrhundert, Köln/Berlin 1975, S.221-232.

Ders.: The Sino-German Connection. Alexander von Falkenhausen between China and Germany 1900-1941, Van Gorcum 1978.

Ders.: General Alexander von Falkenhausen (1935-1938), in: Martin, Bernd (Hrsg.): Die deutsche Beraterschaft in China, Düsseldorf 1981, S.135-146.

Liau, C.W. (d.i. A. Dreifuss): Nazis in Shanghai, in: Die Weltbühne v. 11.1., 18.1. und 15.3. 1949, S.55-59, 88-90, 375-478.

Lin Han-sheng: A New Look at Chinese Nationalist „Appeasers", in: Coox, Alvin D. und Conroy, Hilary (Hrsg.): China and Japan. A Search for Balance Since Wold War I, Santa Barbara/Oxford 1978, S.211-242.

Lindemann, Fritz: Im Dienste Chinas. Mein Anteil an seinem Aufbau. Erinnerungen aus den Jahren 1929 bis 1940, Peking 1940.

Liu, F. F.: A Military History of Modern China 1924-1949, Princeton 1956.

Liu, James T.: German Mediation in the Sino-Japanese War 1937-1938, in: Far Eastern Quarterly, 8,1949, S.157-171.

Liu Tinghua: China's Contribution to Anti-Fascist War, in: Beijing Review 28:33, 19.8.1985, S.15-19.

Löber, Petra: Leben im Wartesaal. Exil in Shanghai 1938-1947, in: Barzel, Amnon (Hrsg.): Leben im Wartesaal. Exil in Shanghai 1938-1947. Ausstellungskatalog, Berlin 1997, S.10-41.

Lorentz, Anna: China in Bewegung. Kleine Erlebnisse einer Frau, Berlin 1949.

Louven, Erhard: Die frühen Wirtschaftsbeziehungen: Von den preußischen Handelskompanien bis zum Zweiten Weltkrieg, in: Machetzki, Rüdiger (Hrsg.): Deutsch-chinesische Beziehungen. Ein Handbuch, Hamburg 1982, S.157-176.

Löwenthal, Rudolf: The German-language Jewish Press in Shanghai, in: Collectanea Commisssionis Synodalis in Sinis, 13,1940, S.269.

Lückenhaus, Alfred: Von draußen gesehen. Bericht eines deutschen Auslandskorrespondenten aus Großbritannien, den Vereinigten Staaten von Amerika, Japan und China 1924 bis 1945, Düsseldorf 1955.

Ma Zhendu und Zhang Xianwen: Zu Akten und Forschungsstand der deutsch-chinesischen Beziehungen zur Republikzeit, in: Leutner, Mechthild (Hrsg.): Politik, Wirtschaft, Kultur: Studien zu den deutsch-chinesischen Beziehungen, Münster 1996 (Berliner China-Studien; 31), S.369-384.

MacDonogh, Giles: A Good German. Adam von Trott zu Solz, London/New York 1989.

Machetzki, Rüdiger (Hrsg.): Deutsch-chinesische Beziehungen - Ein Handbuch, Hamburg 1982.

Mader, Julius: Hitlers Spionagegenerale sagen aus, Berlin 1970.

Ders.: Dr.-Sorge-Report, Berlin 1984.

Malone, Henry O.: Adam von Trott zu Solz. Werdegang eines Verschwörers 1909-1938, Berlin 1986.

Mancall, Mark: China at the Center: 300 Years of Foreign Policy, New York/London 1984.

Mao Tse-tung: Ausgewählte Werke, 4 Bde., Peking 1967-1970.

Martin, Bernd: Friedensinitiativen und Machtpolitik im Zweiten Weltkrieg 1939-1942, Düsseldorf 1976.

Ders.: Japan - Zur Rezeption und wechselseitigen Beeinflussung von Herrschaftspraktiken und Weltmachtbestrebungen, in: Fondran, Erhard (Hrsg.): Innen- und Außenpolitik unter nationalsozialistischer Bedrohung, Opladen 1977, S.87-109.

Ders. (Hrsg.): Die deutsche Beraterschaft in China 1927-1938. Militär-Wirtschaft-Außenpolitik, Düsseldorf 1981.

Ders.: Die deutsche Beraterschaft - Ein Überblick, in: Martin, Bernd (Hrsg.): Die deutsche Beraterschaft in China 1927-1938. Militär, Wirtschaft, Außenpolitik, Düsseldorf 1981a, S.15-53.

Ders.: Germany Between China and Japan - German Far Eastern Policy of the Interwar Period, in: Martin, Bernd (Hrsg.): Die deutsche Beraterschaft in China 1927-1938. Militär, Wirtschaft, Außenpolitik, Düsseldorf 1981b, S.288-306.

Ders.: Die deutsch-japanischen Beziehungen während des Dritten Reiches, in: Bracher, Karl-Dietrich u.a. (Hrsg.): Nationalsozialistische Diktatur 1933-1945. Eine Bilanz, Düsseldorf 1984a, S.370-389.

Ders.: Das deutsche Militär und die Wendung der deutschen Fernostpolitik von China auf Japan, in: Knipping, Franz und Müller, Klaus-Jürgen (Hrsg.): Machtbewußtsein in Deutschland am Vorabend des Zweiten Weltkrieges, Paderborn 1984b, S.191-207.

Ders.: Das Deutsche Reich und Guomindang-China, 1927-1941, in: Kuo Heng-yü (Hrsg.): Von der Kolonialpolitik zur Kooperation. Studien zur Geschichte der deutsch-chinesischen Beziehungen, München 1986 (Berliner China-Studien; 13), S.325-376.

Ders.: The Influence of German Military Advisers on the Chinese Defense Efforts against the Japanese 1937/38, Vortrag auf der Internationalen Tagung zum 60. Jahrestag des Widerstandskrieges in Taibei, 1997.

McKale, Douglas M.: The Nazi-Party in the Far East, 1931-1945, in: Journal of Contemporary History 12,1977, S.291-311.

Meißner, Werner: Some Remarks on the History of Political Ideas and Political Society in China. Chinese Neoconfucianists and German Idealism in the 1920s, in: Gransow, Bettina und Leutner, Mechthild (Hrsg.): China. Nähe und Ferne. Deutsch-chinesische Beziehungen in Geschichte und Gegenwart. Zum 60. Geburtstag von Kuo Heng-yü, Franfurt a.M./Bern/New York/Paris 1989, S.175-191.

Ders.: Intellektuelle im Zwiespalt: Fallstudien über Chang Chün-mai, Hu Shih und Ch'en Tu-hsiu, in: Pohl, Karl Heinz; Wacker, Gudrun und Liu Huiru (Hrsg.): Chinesische Intellektuelle im 20. Jahrhundert: Zwischen Tradition und Moderne, Hamburg 1993 (Mitteilungen des Instituts für Asienkunde; 220), S.125-146.

Meng Hong (Hrsg.): Chinesen in Berlin, Berlin 1996.

Mende, Günther S.: The Image of China in Germany, 1919-1939, (Diss. - unveröffentl.) Irvine 1975.

Menzel, Johanna: Der geheime deutsch-japanische Notenaustausch zum Dreimächtepakt, in: Vierteljahreshefte für Zeitgeschichte, 2,1957, S.182-193.

Merker, Peter: Israel in Yunnan - Zu den Plänen der GMD-Regierung, in Südwestchina ein jüdisches Siedlungsgebiet einzurichten, in: Newsletter Frauen und China, Freie Universität Berlin, 9,1995, S.10-12.

Ders.: Deutsch-chinesische Wirtschaftsbeziehungen und Großunternehmen 1933-1939. Im Blickpunkt: Die Eisengroßhandlung Otto Wolff und die I.G. Farbenindustrie AG, (Diss., unveröffentl.) Humboldt-Universität zu Berlin 1996a.

Ders.: Die Absatzorganisation der deutschen Wirtschaft in China an der Wende von den 20er zu den 30er Jahren, in: Leutner, Mechthild (Hrsg.): Politik, Wirtschaft, Kultur: Studien zu den deutsch-chinesischen Beziehungen, Münster 1996b (Berliner China-Studien; 31), S.271-296.

Meyer, Hektor: Die Entwicklung der kommunistischen Streitkräfte in China von 1927-1949. Dokumente und Kommentar, Berlin 1982.

Milward, Alan S.: Der deutsche Handel und der Welthandel 1925-1939, in: Hans Mommsen (Hrsg.): Industrielles System und politische Entwicklung in der Weimarer Republik, Düsseldorf 1974.

Mommsen, Hans: Der Kreisauer Kreis und die künftige Neuordnung Deutschlands und Europas, in: Vierteljahreshefte für Zeitgeschichte, 3,1994, S.361-378.

Mossdorf, Otto: Deutschland und der Neunmächtevertrag, in: Deutsche Allgemeine Zeitung, 14.10.1937.

Ders.: Japans fernöstliche Ziele, in: Zeitschrift für Politik, 37,1937, S.525-540.

Ders.: Groß-Ostasien. Japan im Kriege erlebt, Berlin 1941.

Ders.: Der Krieg in Ostasien. Bd. I: Der chinesisch-japanische Konflikt (3. Auflage von „Der Krieg in Fernost"), Leipzig 1943.

Müller, Eva: Zum Deutschlandbild in den Skizzen „Unter der Hakenkreuzfahne" (Wanziqi xia) des S.Y., in: Leutner, Mechthild (Hrsg.): Politik, Wirtschaft, Kultur: Studien zu den deutsch-chinesischen Beziehungen, Münster 1996 (Berliner China-Studien; 31), S.297-306.

Müller, Rolf-Dieter: Grundzüge der deutschen Kriegswirtschaft 1939-1945, in: Bracher, Karl-Dietrich; Funke, Manfred und Jacobsen, Hans-Adolf (Hrsg.): Deutschland 1933-1945. Neue Studien zur nationalsozialistischen Herrschaft, Bonn 1993, S.357-376.

Müller-Jabusch, Maximilian: Fünfzig Jahre Deutsch-Asiatische Bank 1890-1939, Berlin 1940.

Myers, Ramon H. und Chang, Sidney H. (Hrsg.): The Storm Clouds Clear over China. The Memoir of Ch'en Lifu 1900-1993, Stanford 1994.

Nathan, R.S.: Geopolitics and Pacific Strategy, in: Pacific Affairs, 15:7,1942, S.154-163.

Näth, Marie-Luise: La politique étrangère chinoise, in: Bergère, Marie-Claire; Bianco, Lucien und Domes, Jürgen (Hrsg.): La Chine au XXe siècle. D'une révolution à l'autre (1895-1949), Paris 1989, S.235-262.

Nieh, Yü-hsi: Das chinesische Deutschlandbild, in: China aktuell, 12,1975, S.751-753.

Ders.: Zwischen den Kriegen - ein Neubeginn, in: Machetzki, Rüdiger (Hrsg.): Deutsch-chinesische Beziehungen. Ein Handbuch, Hamburg 1982, S.113-120.

Ders.: Die Entwicklung des chinesisch-japanischen Konflikts in Nordchina und die deutschen Vermittlungsbemühungen 1937/38, Hamburg 1970, (Mitteilungen des Instituts für Asienkunde; 33).

Nobel, Günther und Genia: Als politische Emigranten in Shanghai, in: Beiträge zur Geschichte der Arbeiterbewegung, 6,1979, S.882-894 (auch in: Deguo shi yanjiu tongxun, 2,1983, S.119-120).

Norton, Donald H.: Karl Haushofer and his Influence on Nazi Ideology and German Foreign Policy 1919-1945, (Diss. - unveröffentl.) Worcester 1965.

Oehler, Wilhelm: Geschichte der deutschen evangelischen Mission. 2. Bd.: Reife und Bewährung der deutschen evangelischen Mission 1885-1950, Baden-Baden 1951.

Oliver, Frank: Special Undeclared War, London 1939.

Osterhammel, Jürgen: Chinas Weltmarktabhängigkeit und industrielle Entwicklung (1914-1937), in: Lorenz, Richard: Zur Sozialgeschichte der chinesischen Revolution (1911-1949), Frankfurt/M. 1977, S.194-256.

Ders.: China und die Weltgesellschaft. Vom 18. Jahrhundert bis in unsere Zeit, München 1989.

Osthold, Paul: Deutschlands Handel mit Japan und China, in: Der deutsche Volkswirt, 10.9.1937.

Otte, Friedrich: Europas Stellung in Ostasien. Rückblick und Ausblick, in: Zeitschrift für Geopolitik, 4,1939, S.266-268.

Pamier, J.-M.: Weimar en exil, Paris 1988 (2 Bände).

Pang, Bin-chin: Der Außenhandel zwischen Deutschland und China und die deutsch-chinesische Außenhandelspolitik, (Diss. - unveröffentl.) Erlangen 1937.

Pauly, Kunibert: Der deutsche Überseeverkehr mit dem Fernen Osten. Seine grundlegende Entwicklung vor dem Kriege, sein Wiederaufbau nach dem Kriege und seine Ausgestaltung in der neuesten Zeit unter besonderer Berücksichtigung des Verkehrs mit Japan und China, (Diss. - unveröffentl.) Köln 1938.

Peck, Joachim: Kolonialismus ohne Kolonien. Der deutsche Imperialismus und China 1937, Berlin 1961.

Perleberg, Max: Who's Who in Modern China, Hongkong 1954.

Perritzsch, M.G.: Wang Ching-wei, in: Zeitschrift für Politik 32,1942, S.639-642.

Ders.: China im Jahre 1940, in: Jahrbuch für Politik und Auslandskunde 1941, S.300-315.

Ders..: Der Kampf um China, in: Zeitschrift für Politik, 32,1942, S.761-769.

Peters, Helmut: Einige Anmerkungen zu Otto Braun und seiner revolutionären Tätigkeit in China, in: Deutschland und China 1920-1945, Bulletin Faschismus/Zweiter Weltkrieg, Sonderheft 1989, Akademie der Wissenschaften der DDR, Berlin 1989, S.173-190.

Pettenkofer, Anton: Hitler Means to Destroy Japan, in: Asia, 11,1941, S.653-660.

Petzall, H.: Unsere Einstellung zu den Chinesen, in: Die Tribüne, 2,1940, S.22-23.

Pfaff, Wilhelm: China and Nazi Germany, in: Commonwealth v. 8.4.1966.

Pollard, Robert T.: Problems of Sino-German Political Relations, in: China Quarterly, 4,1938-39, S.674-681.

Poole, De Witt C.: Light on Nazi Foreign Policy, in: Foreign Affairs, 10,1946, S.130-154.

Potjomkin, W.P. (Hrsg.): Geschichte der Diplomatie, 3. Bd., Berlin 1948.

Powell, John B.: My Twenty-Five Years in China, New York 1945.

Powell, M.C (Hrsg.): Who's Who in China, 5 Bde., Shanghai 1925-1950.

Presseisen, Ernst L.: Germany and Japan. A Study in Totalitarian Diplomacy 1933-1941, The Hague 1958, New York 1969.

Pringle, J.M.D.: China Struggles for Unity, Harmondsworth 1939.

Puchert, Berthold: Der deutsche Außenhandel im Zweiten Weltkrieg, in: Eichholz, Dietrich: Geschichte der deutschen Kriegswirtschaft, Bd. III: 1943-1945, Berlin 1996, S.393-508.

R.E.A.S.: Bericht über die Lage im Fernen Osten, in: Zeitschrift für Geopolitik, 10 und 11,1939, S.758-759, 814-817.

R.E.A.S.: Wie beurteilen Chinesenfreunde den Krieg in Fernost? in: Zeitschrift für Geopolitik, 3,1938, S.185-192.

Rabinowitsch, D.: Yidn in khine (Die Juden in China), in: Di goldene keit, Tel Aviv, 7,1941, S.214-222.

Ratenhof, Udo: Die Chinapolitik des Deutschen Reiches 1871-1945. Wirtschaft, Rüstung, Militär, Boppard 1987.

Recker, Marie-Luise: Vom Revisionismus zur Großmachtstellung. Deutsche Außenpolitik 1933 bis 1939, in: Bracher, Karl Dietrich; Funke, Manfred und Jacobsen, Hans-Adolf (Hrsg.): Deutschland 1933-1945, Bonn 1993 (Neue Studien zur nationalsozialistischen Herrschaft), S.315-332.

Regensburger, Alois: Sie nannten mich Donner. 21 Jahre in China, Steyl 1963.

Reithinger, Anton: Bericht über eine Reise nach Ostasien, Berlin, Volkswirtschaftliche Abteilung der IG Farben, 1939.

Reute, H.H.: Der Einfluß des abendländischen Rechts auf die Rechtsgestaltung in China und Japan, (Diss. - unveröffentl.) Bonn 1940.

Ribbentrop, Joachim v.: Zwischen London und Moskau. Erinnerungen und letzte Aufzeichnungen. Hrsg. von Annelies v. Ribbentrop, Leoni am Starnberger See 1954.

Rich, Norman: Hitler's War Aims, London 1973.

Richter, Otto: Zur Rückkehr der deutschen Militärberater aus China, in: Ostasiatische Rundschau, 19:14, 16.7.1938, S.339.

Ritschl, Albrecht: Wirtschaftspolitik im Dritten Reich. Ein Überblick, in: Bracher,Karl Dietrich; Funke, Manfred und Jacobsen, Hans-Adolf (Hrsg.): Deutschland 1933-1945. Neue Studien zur nationalsozialistischen Herrschaft, Bonn 1993, S.118-134.

Ritthaler, A.: Ostasiatische Entwicklungslinien 1867-1937, in: Die Hilfe, 48,1942, S.149-191.

Robertson, E. M.: Hitler's Pre-War Policy and Military Plans 1933-1939, London 1963.

Rocholl, Heinrich: Leitgedanken der deutschen Handelspolitik im Fernen Osten, in: Jahrbuch, Hochschule für Politik, Berlin 1940.

Roon, Ger van: Europa und die Dritte Welt. Die Geschichte ihrer Beziehungen vom Beginn der Kolonialzeit bis zur Gegenwart, München 1978.

Rosenfeld, Manfred: Manuscript sans titre (Geschichte der Juden in Shanghai), o.O., o.D.

Rosinger, Lawrence K.: The Far East as reflected in the German Press, in: Amerasia, 8,1937, S.270-275.

Ders.: The Far East and the New Order in Europe, in: Pacific Affairs, 19,1938, S.421-432.

Ders.: Germany's Far Eastern Policy under Hitler, in: Pacific Affairs, 12,1939, S.358.

Ders.: Wang Ching-wei - The Technique of a Traitor, in: Amerasia, 4:8,1940, S.271-275.

Ross, Colin: Das neue Asien, Leipzig 1940.

Ross, James R.: Escape to Shanghai. A Jewish Community in China, New York 1994.

Ross, Ralph Colin: Von Chicago nach Chungking. Einem jungen Deutschen erschließt sich die Welt, Berlin 1941.

Rostek, Horst: Zur Rolle der deutschen Militärberater bei der chinesischen Nationalregierung 1928-1938, in: Deutschland und China 1920-1945, Bulletin Faschismus/Zweiter Weltkrieg, Sonderheft 1989, Akademie der Wissenschaften der DDR, Berlin 1989, S.112-127.

Rudolph, Jörg-Meinhard: Reorganisation und Ziele der universitären gegenwartsbezogenen Chinaforschung in der BRD und ihre Tradition, (MA - unveröffentl.) Berlin 1979.

Ruland, Bernd: Deutsche Botschaft Peking: Das Jahrhundert deutsch-chinesischen Schicksals, Bayreuth 1973.

Ruprecht, Ronald und Petzina, Dieter (Hrsg.): Deutschland und Japan im 2. Weltkrieg, Bochum 1994.

Samson-Aimelstjerna, H. v.: Satzung der Deutschen Gemeinde in Shanghai vom 14.10.1941, Shanghai 1941.

Sapožnikov, B.G.: Kitaj v ogne voiny (China im Feuer des Krieges) 1931-1950, Moskau 1977.

Sayek, Heinz v.: Deutsch-chinesische Zusammenarbeit an der Shanghaier Tungchi-Universität, in: Deutschlands Erneuerung, 7,1940, S.311-315.

Schaeppi, G.: Auf Bergpfaden in China. Aus dem Tagebuch einer Missionarin, Basel 1943.

Scheibner, Brigitte und Scherner, Helga: Deutsche Antifaschisten während des Zweiten Weltkrieges in Shanghai, in: asien-afrika-lateinamerika, 3,1986, S.422-428.

Schenke, Wolf: Reise an der gelben Front, Berlin 1941.

Ders.: China im Sturm. Von Chiang Kai-shek zu Mao Tse-tung, Hamburg 1949.

Ders.: Mit China allein: Entscheidende Jahre (1939-1947), Hamburg 1971.

Scherner, Helga und Scheibner, Brigitte: Deutsche Antifaschisten während des Zweiten Weltkrieges in Shanghai, in: asien-afrika-lateinamerika, 3,1986, S.422-428.

Schmahl, W.: Die ausländischen Konzessionen in China, in: Zeitschrift für Geschichte und Politik, 20,1943, S.212-215.

Schmidt, Burkhard: Die China-Studienkommission des „Reichsverbandes der Deutschen Industrie" im Jahre 1930, in: Kuo Hengyü und Leunter, Mechthild (Hrsg.): Beiträge zu den deutsch-chinesischen Beziehungen, München 1986 (Berliner China-Studien; 12), S.67-90.

Schmokel, Wolf W.: Dream of Empire: German Colonialism 1919-1945, Yale 1964.

Schramm, Percy Ernst: Kaufleute zu Haus und Übersee, Hamburg 1949.

Ders.: Deutschland und Übersee, Braunschweig/Berlin/Hamburg/Kiel 1950.

Schreiber, Gerhard: Deutsche Politik und Kriegsführung 1939-1945, in: Bracher, Karl Dietrich; Funke Manfred und Jacobsen, Hans-Adolf (Hrsg.): Deutschland 1933-1945. Neue Studien zur nationalsozialistischen Herrschaft, Bonn 1993, S.333-356.

Schumann, Wolfgang und Hass, Gerhart (Hrsg.): Deutschland im Zweiten Weltkrieg, 6 Bde., Berlin 1974-1985.

Seps, Jerry Bernard: German Military Advisers and Jiang Kaishek, 1927-1938, (Diss. - unveröffentl.) Berkeley 1972.

Sewostjanow, P.P.: Sowjetdiplomatie gegen faschistische Bedrohung 1939-1941, Berlin 1984.

Seywald, Wilfried: Journalisten im Shanghaier Exil 1939-1949, Salzburg 1987.

Shai, Aron: Origins of the War in Far East: Britain, China and Japan 1937-39, London 1976.

Sheridan, James E.: China in Disintegration. The Republican Era in Chinese History, 1912-1949, New York/London 1975.

Shippe, M.G. (d.i. Heinz Grzyb): Nazi-Nippon Alliance Most Dangerous Threat to China's Sovereignty, in: China Weekly Review, 10.4.1937, S.217.

Siao, Eva: China - Mein Traum, mein Leben, Bergisch Gladbach 1990.

Siedenzahl, F.: 100 Jahre Deutsche Bank 1870-1970, Frankfurt 1970.

Sipols, V. Ja.: Diplomaticeskaja bor'ba nakanune vtoroj mirovoj vojny (Der diplomatische Kampf am Vorabend des Zweiten Weltkrieges), Moskau 1979.

Sladkovskij, M.I., u.a.: Novejšaja istorija Kitaja (Neuere Geschichte Chinas), Moskau 1983 (Bd. 1) und 1985 (Bd. 2).

Snow, Edgar: The Battle for China, New York 1941.

Ders.: Random Notes on Red China 1936-1945, Cambridge 1957.

Sommer, Theo: Deutschland und Japan zwischen den Mächten 1935-1940, Tübingen 1962.

Sorge, Wolfgang: Erlebtes Mandschukuo. Die Jugend eines altneuen Kaiserreiches, Berlin 1938.

Spence, Jonathan D.: To Change China. Western Advisers in China, 1620-1960, New York 1980.

Ders.: Chinas Weg in die Moderne, München/Wien 1995.

Stadtler, E.: Weltrevolutions-Krieg, Düsseldorf 1937.

Stahmer, H.G.: Japans Niederlage - Asiens Sieg. Aufstieg eines größeren Ostasien, Bielefeld 1952.

Stange, Hans O.H.: Deutsch-chinesische Beziehungen in Kultur und Wissenschaft, in: Mitteilungen der Akademie zur wissenschaftlichen Erforschung und zur Pflege des Deutschtums, 4,1937, S.61-70.

Stoecker, Helmuth (Hrsg.): Handbuch der Verträge 1871-1964, Berlin 1968.

Strewe, M.Th.: China schaltet sich in die Weltwirtschaft ein, in: Zeitschrift für Geopolitik, 5,1937, S.353-360.

Ders.: Finanzminister Kung in Berlin, in: Deutsche Allgemeine Zeitung, 9.7.1937.

Suffa-Friedel, Frank (Bearb.), Kuo Heng-yü (Hrsg.): Deutsch-chinesische Beziehungen 1928-1938. Eine Auswertung deutscher diplomatischer Akten, München 1988 (Berliner China-Studien; 17).

Sulton, Donald S.: German Advice and Residual Warlordism in the Nanking Decade: Influences on Nationalist Military Training and Strategy, in: China Quarterly, 91,1982, S.386-410.

Sykes, Christopher: Troubled Loyalty. A Biography of Adam von Trott zu Solz, London 1968.

Tartakower, Arich: The Jewish Refugees: A Sociological Survey, in: Jewish Social Studies, 10,1942, S.311-348.

Taussig, Franziska: Shanghai Passage. Flucht und Exil einer Wienerin, (Biographische Texte zur Kultur- und Zeitgeschichte, Bd. 5) Wien 1987.

Taylor, John: Nazi Front in China, in: Amerasia, 12,1941, S.433-438.

Teichmann, Sir Erich: Affairs of China, London 1938.

Theophile, H.: Der Überseeverkehr Chinas. Ein Beitrag zu den Ostasiatischen Schiffahrtsproblemen, (Diss. - unveröffentl.) Hamburg 1942.

Thielenhaus, Marion: Zwischen Anpassung und Widerstand: Deutsche Diplomaten 1938-1941. Die politischen Aktivitäten der Beamtengruppe um Ernst von Weizäcker im Auswärtigen Amt, Paderborn 1985.

Thornton, Richard C.: China. A Political History, 1917-1980, Boulder 1982.

Tiedke, Kurt (Hrsg.): Aus dem Kampf der deutschen Arbeiterklasse zur Verteidigung und Unterstützung der Revolution in China: Dokumente und Fotos aus den Jahren 1918/19 bis 1988, Berlin 1989.

Timperley, H.J.: What War Means. The Japanese Terror in China, London 1938.

Tokayer, Marvin und Schwartz, Mary: Histoire inconnue des Juifs et des Japonais pendant la seconde guerre mondiale: le plan Fufu, Paris 1980.

Tolischus, Otto: How The Sino-Japanese War Affects German Trade, in: New York Times, 19.9.1937.

Trampedach, Tim (Bearb.) und Leutner, Mechthild (Hrsg.): Bundesrepublik Deutschland und China 1949-1995. Politik-Wirtschaft-Wissenschaft-Kultur. Eine Quellensammlung, Berlin 1995.

Trott zu Solz, Clarita v.: Adam von Trott zu Solz. Eine Lebensbeschreibung, Berlin 1994.

Tsang, Chih: China's Postwar Markets, New York 1945.

Tseng, Ju-pai: Treaties Between the Republic of China and Foreign States (1927-1957), Ministry of Foreign Affairs, Taipei 1958.

Tuchman, Barbara: Sand gegen den Wind. General Stilwell und die amerikanische Politik in China 1911-1945, Frankfurt/M. 1988.

Upshur, Jui-hwa Lo: China Under the Kuomintang. The Problem of Unification 1928-37, University of Michigan 1972.

Utley, Freda: Japan's Gamble in China, London 1938.

Dies.: China at War, London 1939.

Vincke, Harold M.: A History of the Far East in Modern Times, New York 1941.

Vissering, Carl E.: Aus dem Erleben eines China-Deutschen, Peking 1943.

Wakeman Jr., Frederic: A Revisionist View of the Nanjing Decade: Confucian Fascism, in: The China Quarterly 150 (June 1997), S.395-432.

Waldheim, Harald v.: Germany's Economic Position in the Far East, in: Far Eastern Survey, 6,1937, S.59-65.

Wallenstein, Gerd: Transnational Destiny, Atherton 1985.

Walsh, Billie Katherine: Erich Stölzner and the German Military Mission in China, (M.A. - unveröffentl.) San Diego 1971.

Dies.: The German Military Mission in China, 1928-1938, in: Journal of Modern History, 3:46,1974, S.502-513.

Wang, Anna: Ich kämpfte für Mao. Eine deutsche Frau erlebt die chinesische Revolution, Hamburg 1964.

Wang Ching-wei: Facts about the Peace Proposals, in: Far Eastern Review, 5,1939, S.168-170.

Wang Chunghui und Chiang Kaishek: China's Destiny, Westport 1985.

Wang, Y.C.: Chinese Intellectuals and the West (1872-1949), Chapel Hill 1966.

Wehrenalp, E. Barth v.: Deutsche in Übersee, Leipzig 1939.

Wie, William: The Role of the German Advisers in the Suppression of the Central Soviet: Myth and Reality, in: Martin, Bernd (Hrsg.): Die deutsche Beraterschaft in China 1927-1938. Militär-Wirtschaft-Außenpolitik, Düsseldorf 1981, S.175-186.

Weinberg, Gerhard L: Die geheimen Abkommen zum Antikominternpakt, in: Vierteljahreshefte für Zeitgeschichte, 4,1954, S.193-201.

Ders.: German Recognition of Mandschukuo, in: World Affairs Quarterly, 18,1957, S.149-164.

Weizsäcker, Ernst v.: Erinnerungen, München 1950.

Weng Wen-hao: China's Industrial Development and the Necessitiy for Foreign Co-Operation, in: China Quarterly, 1,1939.

Werner, Ruth: Sonjas Rapport, Berlin 1977.

Wickert, Erwin (Hrsg.): John Rabe. Der gute Deutsche von Nanjing, Stuttgart 1997.

Wiethoff, Bodo: Luftverkehr in China, 1928-1949, Wiesbaden 1975.

Ders.: Chinesisch-Deutscher Luftverkehrsbetrieb, 1931-1941. Chronologie und Bilddokumente, in: Kuo Heng-yü (Hrsg.): Von der Kolonialpolitk zur Kooperation. Studien zur Geschichte der deutsch-chinesischen Beziehungen, München 1986 (Berliner China-Studien; 13), S.193-283.

Williams, Frederick Vincent: Behind the News in China, New York 1938.

Williamsen, Marvin: The Military Dimension, 1937-1941, in: Hsiung, James C. und Levine, Steven I. (Hrsg.): China's Bitter Victory. The War with Japan 1937-1945, Armonk (N.Y.)/London 1992, S.135-156.

Wilm, Paul W.: Damals. Rückblicke eines Neunzigjährigen. Teil IIa: 26 China-Jahre; Teil IIb: Abschied von der Mongolei und von Peking, Beginn: „Düngemittel für China"; Teil IId: Die Jahre 1936 bis 1949 in Tientsin, in der Heimat und in Peking, o.O., o.J.

Wistrich, Robert: Wer war wer im Dritten Reich? Ein biographisches Lexikon, Frankfurt a.M. 1987.

Woodhead, H.G.W. (Hrsg.): China Yearbook, London/Tianjin/Shanghai 1912-1939.

Ders.: Germany and Japan. The Formation of the Axis, in: Oriental Affairs, 16:10,1941, S.189-190.

Wu, T'ien-wei: Contending Political Forces during the War of Resistance, in: Hsiung, James C. und Levine, Steven I. (Hrsg.): China's Bitter Victory. The War with Japan 1937-1945, Armonk (N.Y.)/London 1992a, S.51-78.

Ders.: The Chinese Communist Movement, in: Hsiung, James C. und Levine, Steven I. (Hrsg.): China's Bitter Victory. The War with Japan 1937-1945, Amonk (N.Y.)/London 1992b, S.79-106.

Wuu Ma Wen-ying: Die deutsche Beraterschaft in China in der Zwischenkriegszeit 1927-38, Münster 1996.

Yen, W.W.: East-West Kaleidoscope, 1877-1946. An Autobiography, New York 1974.

Young, Arthur N.: China and the Helping Hand, 1937-1945, Cambridge 1963.

Yü-Dembski, Dagmar: Chinesische Intellektuelle in Deutschland, 1922-1941, in: Gransow, Bettina und Leutner, Mechthild (Hrsg.): China - Nähe und Ferne. Deutsch-chinesische Beziehungen in Geschichte und Gegenwart, Frankfurt a.M./Bern/New York/Paris 1989, S.239-263.

Dies.: Lebenskonzepte und politische Aktivitäten chinesischer Intellektueller in Deutschland, 1920-1941, in: Kuo Heng-yü und Leutner, Mechthild (Hrsg.): Deutsch-chinesische Beziehungen vom 19. Jahrhundert bis zur Gegenwart, München 1991 (Berliner China-Studien; 19), S.315-344.

Dies.: Das Kriegsende und die deutsch-chinesischen Beziehungen, in: Newsletter Frauen und China, Freie Universität Berlin, 9,1995, S.33-37.

Dies.: Verdrängte Jahre: Einige Fragen der deutsch-chinesischen Beziehungen während des Nationalsozialismus, in: Leutner, Mechthild (Hrsg.), Politik, Wirtschaft, Kultur: Studien zu den deutsch-chinesischen Beziehungen, Münster 1996 (Berliner China-Studien; 31), S.329-347.

Dies.: Chinesische Studenten, Kaufleute, Revolutionäre in Berlin von den 20er Jahren bis zum Kriegsende, in: Meng Hong (Hrsg.): Chinesen in Berlin, Berlin 1996, S.32-40.

Zehn Jahre Mandschukuo. Anläßlich der Zehnjahresfeier des Kaiserreiches Mandschukuo von der Deutschen Handelskammer für die Mandschurei als Privatdruck herausgegeben, Tientsin/Peking o.J.

Zhang Baijia, The German Factor in the Jiang Jieshi's Government Strategy to Resist Japanese Aggression, in: Deutschland und China 1920-1945, Bulletin Faschismus/Zweiter Weltkrieg, Sonderheft 1989, Akademie der Wissenschaften der DDR, Berlin 1989, S.84-95.

Zhang Xianwen: Zur Lage und zu Entwicklungstendenzen auf dem Gebiet der Erforschung der Geschichte der Republik China, in: Deutschland und China 1920-1945, Bulletin Faschismus/Zweiter Weltkrieg, Sonderheft 1989, Akademie der Wissenschaften der DDR, Berlin 1989, S.191-215.

Ders.: Zur Entwicklung der chinesisch-deutschen Beziehungen in den dreißiger Jahren des 20. Jahrhunderts, in: Deutschland und China 1920-1945, Bulletin Faschismus/Zweiter Weltkrieg, Sonderheft 1989, Akademie der Wissenschaften der DDR, Berlin 1989, S.25-45.

Ders. und Ma Zhendu: Zu Akten und Forschungsstand der deutsch-chinesischen Beziehungen zur Republikzeit, in: Leutner, Mechthild (Hrsg.): Politik, Wirtschaft, Kultur: Studien zu den deutsch-chinesischen Beziehungen, Münster 1996 (Berliner China-Studien; 31), S.369-384.

Zhu Maoduo: Hans Shippe: Ein in Shandong gefallener deutscher Freund, in: Kuo Heng-yü und Leutner, Mechthild (Hrsg.): Deutsch-chinesische Beziehungen vom 19. Jahrhundert bis zur Gegenwart, München 1991 (Berliner China-Studien; 19), S.345-366.

Zumpe, Lotte: Wirtschaft und Staat in Deutschland 1933-1945, Berlin 1979.

b) Literatur in chinesischer Sprache

An Zhuozhang 安作璋 (Hg.): Zhongguo shi yanbian中国史演变 (Abriß der Geschichte Chinas), Jinan 1986.

Beijing kangzhan shihua 北京抗战史话 (Geschichte des antijapanischen Wiederstandskampfes in Peking) hg.v.: Zhonggong Beijing shiwei dangshi yanjiushi 中共北京市委党史研究室, Beijing 1995.

Cai Dejin 蔡德金 (Hg.): Zhou Fohai riji 周佛海日记 (Die Zhou- Fohai-Tagebücher), Beijing 1986.

Cai Dejin/Yang Lixian 蔡德金 / 杨立宪 : Taodeman "tiaoting" chutan 陶德曼"调停"初探 (Zu Trautmanns "Vermittlung" 1937/38), in: Minguo Dang'an 民国档案, 1/1987, S.100-107.

Cheng Tianfang 程天放: Shi De huiyi lu 使德回忆录 (Erinnerungen an meine Zeit als Botschafter in Deutschland), Taibei 1967.

Chu Yukun 储玉坤: Deguo tiaojie Zhong Ri zhanzheng 德国调节中日战争 (Die deutsche Vermittlung im chinesisch-japanischen Krieg), in: Guoxue Zhoubao 国学周报, 13.12.1937.

Ders.: Yi De xieding yu yuandong zhanzheng 意德协定与远东战争 (Das deutsch-italienische Abkommen und der Krieg im Fernen Osten), in: Guoxue Zhoubao 国学周报, 22.11.1937.

Ders.: Zhong Xi jiaotong shi 中西交通史 (Geschichte des Verkehrs zwischen China und dem Westen), Taibei 1959.

Ders.: Zhong De guoji guanxi 中德国际关系 (Die internationalen Beziehungen Chinas und Deutschlands), Shanghai 1941.

Ders.: Zhongguo guomindang waijiao zhengce 中国国民党外交政策 (Die Außenpolitik der Guomindang), Chongqing 1942.

Cong Yiping 丛一平 (Hg.): Xi'an shibian yanjiu 西安事变研究 (Untersuchungen zum Xi'an-Zwischenfall), Xi'an 1988.

Deguo shi lunwen ziliao suoyin 德国史论文资料索引 (1904-1983) (Verzeichnis von Veröffentlichungen zur deutschen Geschichte 1904 -1983), hg. v.: Shandong daxue lishixi shijieshi jiaoyanshi 山东大学历史系世界史教研室, Jinan 1984.

Dong Boxian 董伯现 : Guojizhuyi zhanshi Hansi Xibo zai Shandong de huodong 国际主义战士汉斯希伯在山东的活动 (Die Aktivitäten des internationalistischen Kämpfers Hans Shippe in Shandong), in: Zhong De guanxi shi wencong 中德关系史文丛 , 6/1987, S.69-78.

Dong Changzhi/Li Fan 董长芝/ 李帆: Zhongguo xiandai jingji shi 中国现代经济史 (Wirtschaftsgeschichte der Republik China), Changchun 1988.

Dong Xianguang 董显光: Jiang zongtong zhuan 蒋总统传 (Biographie des Präsidenten Chiang Kaishek), Taibei 1962.

Dongfang Zazhi 东方杂志 (Zeitschrift des Ostens), Shanghai 1904-1948.

Fei Chengkang 费成康 : Zhongguo zujie shi 中国租界史 (Geschichte der ausländischen Konzessionen in China), Shanghai 1992.

Fu Baozhen 傅宝真 : Kangzhan qianji chuqi zhi zhu Hua Deguo junshi guwen 抗战前及初期之驻华德国军事顾问 (Deutsche Militärberater in China vor und zu Beginn des antijapanischen Krieges), in: Jindai Zhongguo 近代中国 (Taiwan), 2/1987, 10/1987 und 4/1987, S.225-242.

Ders. : Dui Deguo guwentuan zai Zhongguo renwu yanjiu de zai renshi 对德国顾问团在中国任务研究的再认识 (Neue Erkenntnisse zu den Aufgaben der deutschen Beraterschaft in China), in: Jindai Zhongguo 近代中国 (Taiwan), 12/1988, S.186-192.

Ders.: Kangzhan chuqi zhi Fa'ergenhaosen yu De guwentuan zhi chetui 抗战初期之法尔根毫森与德顾问团之撤退 (Falkenhausen und der Abzug der deutschen Militärberater in der ersten Phase des antijapanischen Krieges), in: Zhuanji Wenxue 传记文学 (Taiwan), 6/1985, S.110-118.

Ders.: Kangzhan qian zai Hua zhi Deguo junshi guwen yu Zhong De jingji ji junshi hezuo zhi fenxi 抗战前在华之德国军事顾问与中德经济及军事合作之分析 (Deutsche Militärberater in China vor dem anti-japanischen Krieg und die deutsch-chinesische Zusammenarbeit auf wirtschaftlichem und militärischem Gebiet), in: Jindai Zhongguo 近代中国 (Taiwan), 2/1985, S.114-134.

Ders.: Zai Hua Deguo junshi guwen shizhuan 在华德国军事顾问史传 (Geschichte der deutschen Militärberater in China), in: Zhuanji Wenxue 传记文学, 9/1973, S.5-10, 1/ 1974, S.90-98, 7/1974, S.90-98, 8/1974, S.78-87, 9/1974, S.94-103, 12/1974, S.71-78, 5/1975, S.52-60.

Fu Qixue 傅启学: Zhongguo waijiao shi 中国外交史 (Geschichte der außenpolitischen Beziehungen Chinas), Taibei 1960.

Gao Liang 高梁: Yongyuan zhide huainian de putong yi bing - jinian wei zhiyuan Zhongguo renmin kangzhan er xisheng de Hansi Xibo tongzhi 永远值得怀念的普通一兵, 记念为支援中国人民抗战而牺牲汉斯希伯同志 (Ein einfacher Soldat, den man in ewigem Andenken halten sollte. Erinnerungen an den Genossen Hans Shippe, der sein Leben bei der Unterstützung des antijapanischen Widerstandskampfes für das chinesische Volk opferte), in: Jiefangjun Bao 解放军报, 11.7.1987, S.4.

Gao Xin 高信: De huaqiao zhi jin xi 德华侨之今昔 (Die Chinesen in Deutschland: Vergangenheit und Gegenwart), in: Zhong De Wenhua Lunji, 中德文化论集, Taibei 1966, S.133-138.

Gu Mu 谷牧: Xibo tongzhi ersan shi 希伯同志二三事 (Begebenheiten aus dem Leben des Genossen Shippe), in: Dangshi Ziliao Zhengji Tongxun, 当时资料征集通迅, 8/1985, S.20.

Gu Weijun 顾维钧: Gu Weijun huiyi lu 顾维钧回忆录 (Erinnerungen von Wellington Koo), Bde. 2-5, Beijing 1985-87.

Guan Demao 关德懋: Kangzhan qianxi Kong teshituan fang De zhi qianyin houguo 抗战前夕孔特使团访德之前因后果 (Hintergründe und Auswirkungen des Deutschlandbesuchs der Sonderkommission unter Kong Xiangxi am Vorabend des anti-japanischen Abwehrkampfes), in: Zhuanji wenxue 传记文学 1985, 47/1, S.69-75.

Guo Qiuqing 郭秋庆 : Sanshi niandai Deguo dui Hua waijiao zhengce 三十年代德国对华外交政策 (Deutschlands Chinapolitik in den dreißiger Jahren), in: Dongfang Zazhi 东方杂志 (Taiwan), 11/1986, S.57-60.

Guo Weidong 郭卫东 (Hg.): Jindai waiguo zai Hua wenhua jigou zonglu 近代外国在华文化机构综录 (Ausländische Kulturinstitutionen im China der Neuzeit), Shanghai 1993.

Guo Xuyin 郭绪印 (Hg.): Guomindang paixi douzheng shi 国民党派系斗争史 (Die Geschichte der Richtungs-und Fraktionskämpfe in der GMD), Shanghai 1992.

Guoji Zhongguo 国际中国 (Internationale Ereignisse und China), 3/1939.

Han Kuizhang 韩奎章 : Deguoren de hanxue yanjiu 德国人的汉学研究 (Sinologische Forschungen der Deutschen), in: Dongfang Wenhua Yuekan 东方文化月刊, 1/1938, S.72-81, 3/1938, S.39-44, 4/1938, S.27-37.

Han Wenchang/Shao Ling 韩文昌/邵玲 (Hg.): Minguo shiqi zhongyang guojia jiguan zuzhi gaishu 民国时期中央国家机关组织概述 (Organisation und Aufbau der zentralen Staatsorgane in der Republikzeit), Beijing 1994.

Hora Tomio 洞富雄: Nanjing datusha 南京大屠杀(Das Nanjing-Massaker), Shanghai 1987.

Hu Huazhu 胡华主(Hg.): Zhongguo gemingshi jiangyi 中国革命史讲议 (Lehrmaterial zur chinesischen Revolutionsgeschichte), Beijing 1986.

Hu Junyin 胡峻吟: Zhong De Xuehui yu Zhongguo wenhua 中德学会与中国文化 (Das Deutschland-Institut und die deutsch-chinesischen Kulturbeziehungen), in: Zhong De Xuezhi 中德学制 5/1943, S.112-113.

Huang Liren/Zheng Hongquan 黄立人 / 郑洪泉: Lun guomin zhengfu qiandu Chongqing de yiyi yu zuoyong 论国民政府迁都重庆的意义与作用 (Bedeutung und Auswirkung der Verlegung des Regierungssitzes der Nationalregierung nach Chongqing), in: Minguo Dang'an 民国档案 1996, S. 113-123.

Huang Meizhen/Hao Shengchao 黄美真 / 郝盛潮: Zhonghua Minguo shi shijian renwu lu 中华民国史事件人物录 (Nachschlagewerk Ereignisse und Persönlichkeiten der Geschichte der Republik China), Shanghai 1987.

Huang Meizhen/Zhang Yun 黄美真 / 张云: Wang Jingwei jituan panguo toudi ji 汪精卫集团叛国投敌记 (Chronik des Landesverrats und des Überlaufens der Wang-Jingwei-Clique), Henan 1987.

Dies.: Lun diyici guonei geming zhanzheng shiqi de Wang Jingwei 论第一次国内革命战争时期的汪精卫 (Zur Person Wang Jingweis in der Zeit des ersten revolutionären Bürgerkrieges), in: Jindai Zhongguo Renwu 近代中国人物, Chongqing 1983, S.312-327.

Huang Qingqiu 黄庆秋: Deguo zhu Hua junshi guwentuan gongzuo jueyao 德国驻华军事顾问工作绝要 (Zusammenfassung der Aktivitäten der deutschen Militärberater in China), Taibei 1969.

Jiang Tingfu 蒋廷黻: Zhongguo jindai shi dagang 中国近代史大纲 (Überblick über die moderne chinesische Geschichte), Taibei 1959.

Jindai lai Hua waiguo renming cidian 近代来华外国人名词典 (Wörterbuch der ausländischen Persönlichkeiten in China), Peking 1981.

Jiaoyu Zazhi 教育杂志 (Zeitschrift für Erziehung), Shanghai 1909-1948.

Kangzhan qian de Zhong De guanxi, shiliao xuanji 抗战前的中德关系史料选辑 (Ausgewählte Materialien zu den deutsch-chinesischen Beziehungen vor dem antijapanischen Widerstanskampf), in: Jindai Zhongguo 近代中国 (Taiwan), 2/1985, S.82-113.

Ke Cheng 克成: Wo guo dui De Yi juejiao, xiandai shiliao 我国对德意绝交 - 现代史料 (Der Abbruch der diplomatischen Beziehungen zu Deutschland und Italien - Dokumente zur Geschichte der neuesten Zeit), in: Dongfang Zazhi 东方杂志, 38:15/1941.

Kong Zhaiwei 孔宅巍: Lun Nanjing datusha de beijing he fanchou 论南京大屠杀的背景和范畴(Zu Hintergrund und Bedeutung des Nanjing-Massakers), in: Minguo Dang'an 民国档案 1/1995, S.87-92.

Ders.: Nanjing datusha yu Nanjing junmin de fankang 南京大屠杀与南京军民的反抗 (Das Nanjing-Massaker und der Verteidigungskampf von Truppen und Zivilbevölkerung), in: Zhang Haipeng 1995, S.358-372.

Kuang Haolin 况浩林: Jianming Zhongguo jindai jingji shi 简明中国近代经济史 (Kurze Wirtschaftsgeschichte Chinas in der Neuzeit), Beijing 1989.

Li Shengping 李盛平 (Hg.): Zhongguo xiandai shi cidian 中国现代史词典 (Wörterbuch zur neuesten Geschichte Chinas), Beijing 1987.

Li Debin/Shi Fang/Gao Ling 李德滨/ 石方 / 高凌: Jindai Zhongguo yimin shiyao 近代中国移民史要 (Geschichte der Bevölkerungsbewegungen im China der Neuzeit), Harbin 1994.

Lieqiang zai Zhongguo de zujie 列强在中国的租界 (Die Konzessionen der Großmächte in China), Beijing 1992.

Li Julian/Wang Side 李巨廉/王斯德 (Hg.): Di erci shijie dazhan qiyuan lishi wenjian ziliao ji 第二次世界大战起源历史文件资料集 (Historische Dokumente zur Entfesselung des Zweiten Weltkrieges), Shanghai 1985.

Li Lanqin 李兰琴 : Sanshi niandai houqi Deguo dui Hua zhengce qianxi 三十年代后期德国对华政策浅析 (Kurze Analyse der deutschen Chinapolitik in den späten dreißiger Jahren), in: Zhong De Guanxi Shi Wencong 中德关系史文丛, 6/1987, S.230-242.

Li Youren/Guo Chuanxi 李友仁/郭传玺 (Hg.): Zhongguo Guomindang jianshi (1894-1949) 中国国民党简史 (Abriss der Geschichte der chinesischen Guomindang), Beijing 1988.

Liang Weiji/Zheng Zemin 梁为楫/郑则民: Zhongguo jindai bupingdeng tiaoyue xuanbian yu jieshao 中国近代不平等条约选编与介绍 (Chinas Ungleiche Verträge der Neuzeit. Eine kommentierte Auswahl), Beijing 1993.

Liu Yan 刘彦: Zhongguo waijiao shi 中国外交史 (Geschichte der chinesischen Außenbeziehungen), Taibei 1973.

Liu Yan/Li Fangchen 刘彦/李方晨 : Zhongguo waijiao shi 中国外交史 (Geschichte der Außenpolitik Chinas), Taibei 1962.

Lu Min 鲁民 : Xue ran Yimeng, guangzhao qianqiu - ji weida de guojizhuyi zhanshi Zhongguo renmin qinmi de zhanyou Hansi Xibo 血染沂蒙, 光照千秋,记伟大的国际主义战士中国人民亲密的战友汉斯希伯同志 (Sein Leben hat er im Yimeng-Gebiet gelassen - Erinnerungen an Hans Shippe, einen hervorragenden internationalistischen Kämpfer und engen Kampfgefährten des chinesischen Volkes), in: Dazhong Ribao 大众日报, 30.11.1981.

Lu Minghui 卢明辉: Menggu "zizhi yundong" shimo 蒙古"自治运动"始末 (Die sog. "Selbständigkeitsbewegung" der Mongolei), Beijing 1980.

Lu Shideng 陆世澄 : Deguo zhengzhi liuwangzhe zai Shanghai 德国政治流亡者在上海 (Deutsche Emigranten in Shanghai), in: Deguo Shi Yanjiu Tongxun 德国史研究通讯, 2/1983

Luo Zhigang 罗志刚 : De Yi Ri san guo tongmeng tiaoyue de qianding dui shijie jushi de yingxiang 德意日三国同盟条约的签订对世界局势的影响 (Der Abschluß des Dreimächtepaktes zwischen Deutschland, Italien und Japan und die damit verbundenen Auswirkungen auf die Weltlage), in: Wuhan Daxue Xuebao 武汉大学学报, 2/1988, S.113-118.

Ma Qihua 马起华: Kangzhan shiqi de zhengzhi jianshe 抗战时期 的政治建设 (Der politische Aufbau in der Zeit des Widerstandskrieges), Taibei 1986.

Ma Zhendu 马振犊: Bashisan Song Hu zhanyi qiyin bianzheng 八十三淞沪战役起因辨证 (Zu den Ursachen des Ausbruchs der Schlacht um Shanghai am 13.8.1937), in: Jindai Shi Yanjiu 近代史研究 1986/6: S.17-23.

Ma Zhendu/Qi Rugao 马振犊/戚如高: You hu? Di hu? Deguo yu Zhongguo kangzhan 友乎? 敌乎? 德国与中国抗战 (Freund oder Feind? Deutschland und der chinesische Widerstandskrieg), Guilin 1997.

Mao Lei/Liu Jizeng/Yuan Jicheng/Yang Cunhou 毛磊/刘继增/袁继成/杨存厚 : Wuhan kangzhan shiyao 武汉抗战史要 (Geschichte des Abwehrkampfes gegen die japanischen Aggressoren um Wuhan), Hubei 1985.

Sa Benren/Pan Xingming 萨本仁/潘兴明: Ershi shiji de Zhong Ying guanxi 20 世纪的中英关系 (Die chinesisch-englischen Beziehungen im 20. Jahrhundert), Shanghai 1996.

Shang Hai/Kong Fanjun/He Husheng 尚海/孔凡军/何虎生: Minguo shi da cidian 民国史大词典 (Großes Lexikon zur Geschichte der Republikzeit), Beijing 1991.

Shi Quansheng 史全生 (Hg.): Zhonghua minguo jingji shi 中华民国经济史 (Wirtschaftsgeschichte der Republik China), Nanjing 1989.

Ders.: Zhonghua minguo wenhua shi 中华民国文化史 (Kulturgeschichte der Republik China), 3 Bde., Changchun 1990.

Shishi wenti yanjiuhui 时事问题研究会 (Kommission zum Studium aktueller Probleme): Kangzhan zhong de Zhongguo jingji 抗战中的中国经济 (Die chinesische Wirtschaft während des Widerstandskrieges), Chonqing 1940.

Shi Xuancen/Zhao Mingzhong 施宣岑/赵铭忠 (Hg.): Zhongguo di er lishi dang'an guan jianming zhinan 中国第二历史档案馆简明指南 (Kurzer Bestandsführer durch das zweite Historische Archiv Chinas), Beijing 1987.

Shi Yin 市隐: Deguo tiaoting Zhong Ri zhengduan 德国调停中日争端 (Deutschlands Vermittlung im chinesisch-japanischen Konflikt), in: Dongfang Zazhi 东方杂志, 1.12.1937, S.125-127.

Shi Yuanhua 石源华 (Hg.): Zhonghua minguo waijiao cidian 中华民国外交词典 (Wörterbuch zu den auswärtigen Beziehungen der Republik China), Shanghai 1996.

Su Mingfa 苏明发 (Hg.): Zhongguo Deyizhi xueshu muluxubian 中国德意志学术目录续编 (Bibliographie zu den deutsch-chinesischen Studien), Taibei 1975.

Sun Guoda 孙国大: Guomin zhengfu zhong de Deguo junshi guwen shulun 国民政府中的德国军事顾问述论 (Deutsche Militärberater in der chinesischen Nationalregierung), in: Jindai Shi Yanjiu 近代史研究, 6/1988, S.121-137.

Tan Guang 谭光: Kong Xiangxi yu guomin zhengfu de junhuo maoyi 孔祥熙与国民政府的军火贸易 (Kong Xiangxi und der Waffenhandel der Guomindang-Regierung), in: Shou Congyi 寿从一: Kong Xiangxi qi ren qi shi 孔祥熙其人其事 (Kong Xiangxi- Ein Mensch und seine Taten), Beijing 1987, S. 138-142.

Tang Zhenchang 唐振常: Shanghai shi 上海史 (Die Geschichte Shanghais), Shanghai 1989.

Tao Pengfei 陶朋飞: Cong "wo jiang zaiqi" yi kangzhan qianhou de Zhong De guanxi 从"我将再起"忆抗战前后的中德关系 (Rückblick auf die deutsch-chinesischen Beziehungen unmittelbar vor und nach dem antijapanischen Widerstandskrieg), in: Zhuanji Wenxue 传记文学 (Taiwan), 1/1987, S.54-56.

Tao Wenzhao/Yang Kuisong/Wang Jianlang 陶文钊/杨奎松/王建朗: Kangri zhanzheng shiqi Zhongguo dui wai guanxi 抗日战争时期中国对外关系 (Chinas auswärtige Beziehungen zur Zeit des anti-japanischen Widerstandskrieges), Beijing 1995.

Tao Wenzhao 陶文钊: Zhong Mei guanxi shi 中美关系史 (Geschichte der chinesisch-amerikanischen Beziehungen), Chongqing 1984.

Tao Yuande 陶元德 : Deguo neimu 德国内幕 (Deutschland von innen gesehen), Shanghai 1940.

Wang Chengzu 王成组 : Deguo zhi xin xingshi 德国之新形势 (Deutschlands neue Situation), in: Dongfang Zazhi 东方杂志 1.10.1939, S.13-20.

Wang Guanxing 王关兴: Wang Jingwei zhuan 汪精卫传 (Biographie von Wang Jingwei), Hefei 1993.

Wang Jiahong 王家鸿: Jin bainian Zhong De guanxi gaishu 近百年中德关系概述 (Kurze Darstellung der chinesisch-deutschen Beziehungen in den letzten hundert Jahren), in: Zhong De Wenhua 中德文化,Taibei 1966, S.21-27.

Wang Jingwei hanjian zhengquan de xingwang 汪精卫汉奸政权的兴亡 (Aufstieg und Fall des Wang- Jingwei-Marionettenregimes), Shanghai 1987.

Wang Laijun/Sun Wencheng 王来钧/孙文成 (Hg.): Zhu Jiahua xiansheng yanlun ji 朱家骅先生言论集 (Gesammelte Aufsätze und Reden von Zhu Jiahua), Taibei 1987.

Wang Qisheng 王奇生: Zhongguo liuxuesheng de lishi guiji 中国留学生的历史轨迹 (Auf den historischen Spuren der chinesischen Auslandsstudenten), Tongshan 1992.

Wang Song/Jiang Shimin/Rao Fanghu 王 松/蒋 仕 民/饶 方 虎: Song Ziwen zhuan 宋子文传 (Biographie von T.V. Soong), Wuhan 1993.

Wang Xiannan 王霞南: Deguo guwen zai Nanjing shiqi gongzuo de huiyi 德国顾问在南京时期工作的回忆 (Erinnerungen an die Arbeit deutscher Militärberater in Nanjing), in: Zhuanji Wenxue 传记文学, 10/1975, S.52-56.

Wang Zhenghua 王正华: Kangzhan shiqi waiguo dui Hua junshi yuanzhu 抗战时期外国对华军事援助 (Die ausländische Militärhilfe an China während des antijapanischen Widerstandskrieges), Taibei 1987.

Wen Shaohua 闻少华: Chen Gongbo zhuan 陈公博传 (Biographie von Cheng Gongbo), Beijing 1994.

Weng Wenhao 翁文灏 : Zhanhou gongye zhengce de jianyi 战后工业政策的建议 (Vorschläge für die Industriepolitik nach dem Krieg), in Xin Jingji 新经济 9/7, 1943, S.129-133.

Wu Dongzhi 吴东之: Zhongguo waijiao shi. Zhonghua minguo shiqi 1911-49 中国外交史, 中华民国时期 1911-49 (Diplomatiegeschichte Chinas. Die Zeit der Republik 1911-49), Zhongshou 1990.

Wu Jingping 吴景平: Cong Jiao'ao bei zhan dao Ke'er fang hua- Zhong De guanxi 从胶澳被占到科尔访华 - 中德关系 (Von der Besetzung der Jiaozhou-Bucht bis zum China-Besuch Kohls - die deutsch-chinesischen Beziehungen), Fuzhou 1993.

Ders.: Song Ziwen pingzhuan 宋子文评传 (Kritische Biographie von Song Ziwen), Fuzhou 1992.

Wu Shoutian 吴首天: Deguo junshi guwen yu Jiang Jieshi zhengquan 德国军事顾问与蒋介石政权 (Die deutschen Militärberater und das Regime Chiang Kaisheks), in: Minguo Dang'an 民国档案, 1/1988, S.89-97.

Wu Xiangxiang 吴相湘: Di erci Zhong Ri zhanzheng shi 第二次中日战争史 (Geschichte des Zweiten Chinesisch-japanischen Krieges), 2 Bde., Taibei 1973, 1974.

Wu Youfa 吴友法: Tong xiang qinlüe zhanzheng zhi lu - 1936 nian zhi 1939 nian nacui Deguo waijiao pouxi 通向侵略战争之路一九三六年至一九三九年纳粹德国外交剖析 (Der Weg in den Aggressionskrieg. Kritische Analyse der Außenpolitik Nazideutschlands von 1936-1939), in: Wuhan Daxue Xuebao 武汉大学学报, 5/1987, S.84-90.

Xiao Hansen 肖汉森 : Zhanqian Xitele dui wai zhengce renwu yu celüe de yanbian 战前希特勒对外政策人物与策略的演变 (Die durch Hitler vorgenommenen Veränderungen in der Personalpolitik und außenpolitischen Strategie am Vorabend des zweiten Weltkriegs), in: Huazhong Shifan Daxue 华中师范大学学报, 2/1988, S.56-63.

Xiao Jiaoqiin/Li Liangzhi 肖 交 钦/李 良 志: Zhongguo geming shi 中国革命史 (Chinesische Revolutionsgeschichte), Beijing 1983.

Xie Chengping 谢承平: Deguo waijiao zhengce 德国外交政策 (Die Außenpolitik Deutschlands), Chengdu 1939.

Xie Xueshi 解学诗: Wei Manzhouguo shi xinbian 伪满洲国史新编 (Geschichte des Marionettenstaates Manzhouguo. Überarbeitete Ausgabe), Beijing 1995.

Xu Lan 徐蓝: Yingguo yu Zhong Ri zhanzheng 1931-1941 英国与中日战争 1931-1941 (Großbritannien und der chinesisch-japanische Krieg 1931-1941), Beijing 1991.

Xu Youchun 徐友春 (Hg.): Minguo renwu da cidian 民国人物大词典 (Großes Lexikon zu Personen der Republikzeit), Shijiazhuang 1991.

Yan Qi/Zhang Tongxin 彦 奇/ 张 同 新 (Hg.): Zhongguo guomindang shigang 中国国民党史纲 (Geschichte der Guomindang), Harbin 1991.

Yan Ruping/Zheng Zemin 严如平/郑则民: Jiang Jieshi zhuangao 蒋介石传稿 (Biographie von Chiang Kaishek), Beijing 1992.

Yang Bingchen 杨丙辰: Yijiusansan zhi yijiusanjiu nian jian zhi Deguo waijiao zhengce 一九三三至一九三九年间之德国外交政策 (Deutschlands Außenpolitik zwischen 1933 und 1939), Shanghai o.J.

Yang Shubiao 杨树标: Jiang Jieshi zhuan 蒋介石传 (Biographie von Chiang Kaishek), Beijing 1989.

Yang Yuwen/Yang Yusheng 杨玉文/杨玉生: Zhong Ri zhanzheng chuqi nacui Deguo "tiaoting" huodong neimu ji qi jieju 中日战争初期纳粹德国"调停"活动内幕及其结局 (Die wahren Hintergründe und Folgen der "Vermittlungsaktionen" Nazideutschlands in der Anfangsphase des chinesisch-japanischen Krieges), in: Jindaishi Yanjiu 近代史研究, 1/1988, S.253-266.

Yanjiu Yu Jinbu 研究与进步, Peking 1939ff.

Yu Shuping 俞叔平: Zhong De wenhua guanxi zhi huigu yu zhanwang 中德文化关系之回顾与展望 (Die deutsch-chinesischen Kulturbeziehungen: Rückblick und Ausblick), in: Zhengxin Xin Wenbao 征信新文报, o.O. 1963.

Yu Zidao 余子道: Wang Jingwei guomin zhengfu de "Qing xiang" yundong 汪精卫国民政府的清乡运动 (Die "Reine- Heimat-Bewegung" der Wang-Jingwei-Regierung), in: Wang Jingwei hanjian zhengquan de xingwang 1987, S.302-349.

Yu Zidao 余子道: Wang wei zhengquan de "duli, "tongyi" huodong 汪伪政权的"独立","统一"运动 (Die "Selbständigkeits"- und "Vereinigungs"-Bewegung des Wang-Marionettenregimes), in: Wang Jingwei hanjian zhengquan de xingwang 1987, S.393-445.

Zeng Jingzhong 曾景忠: Zhonghua minguo shi yanjiu shulue 中华民国史研究述略 (Überblick über den Forschungsstand zur Geschichte der Republik China), Beijing 1992.

Zhang Beigen 张北根: 1933-1945 nian de Zhong De guanxi 1933-1945 年的中德关系 (Chinesisch-deutsche Beziehungen von 1933-1945), in: Lishi Yanjiu 历史研究 2/1995, S.107-119.

Zhang Jingxing 张静星: Cong geming nüzhishi dao touhao nühanjian- Chen Bijun zhuanji 从革命女志士到头号女汉奸-陈璧君传记 (Von einer Revolutionärin zum Staatsfeind Nr.1- Die Biographie der Chen Bijun), Shanghai 1994.

Zhang Haipeng 张海鹏: Di erjie jin bainian Zhong Ri guanxi shi guoji yantaohui lunwenji 第二届近百年中日关系史国际研讨会论文集 (Sammelband der Beiträge der zweiten wissenschaftlichen Tagung zur Geschichte der chinesisch-japanischen Beziehung), Beijing 1995.

Zhang Hongxiang 张洪祥 (Hg.): Jindai Riben zai Zhonguo de zhimin tongzhi 近代日本在中国的殖民统治 (Japans Kolonialherrschaft in China in der Neuzeit), Tianjin 1996.

Zhang Qiyun 张其昀 (Hg.): Zhong De wenhua lunji 中德文化论集 (Aufsätze zu den deutsch-chinesischen Kulturbeziehungen), Taibei 1966.

Zhang Shuimu 张水木: Liangci shijie dazhan zhijian Zhong De waijiao guanxi zhi yanbian, yi jiu yi jiu - yi jiu san jiu nian 两次世界大战之间中德外交关系之演变，一九一九到一九三九年 (Die Entwicklung der chinesisch-deutschen Beziehungen zwischen den beiden Weltkriegen 1919-1939), Taibei 1985.

Zhang Xianwen 张宪文 (Hg.): Zhonghua minguo shigang 中华民国史纲 (Abriß der Geschichte der Republik China), Henan 1985.

Ders.: Kangri zhanzheng de zhengmian zhanchang 抗日战争的正面战场 (Die Kriegsschauplätze im anti-japanischen Widerstandskrieg), Henan 1987.

Zhang Zhongfu 张忠绂: Zhonghua minguo waijiao shi 中华民国外交史 (Geschichte der Außenpolitik der Republik China), Chongqing 1943.

Zhao Mingzhong/Li Zhaming 赵铭忠/李诈明 (Hg.): Zhongguo di er lishi dang'anguan zhinan 中国第二历史档案馆指南 (Bestandsführer durch das Zweite Historische Archiv Chinas), Beijing 1994.

Zhao Zhenmei 赵振玫 (Hg.): Zhong De guanxi shi wencong 中德关系史文丛 (Abhandlungen zur Geschichte der deutsch-chinesischen Beziehungen), Beijing 1987.

Zheng Senyu 郑森玉: Zhongguo kangzhan yu De Yi 中国抗战与德意 (Deutschland, Italien und Chinas Widerstandskrieg), Chongqing 1938.

Zheng Shoulin 郑寿林 : Zhong De hu pai zhu shi daibiao 中德互派驻使代表 (Die beiderseitigen diplomatischen Vertretungen Chinas und Deutschlands), in: Zhuanji Wenxue 传记文学, 4/1968, S.68.

Ders.: Zhong De wenhua guanxi jianshi 中德文化关系简史 (Kurze Geschichte der chinesisch-deutschen Kulturbeziehungen), in: Xin Zhongguo Pinglun 新中国评论 , 16/1959, S.8-12 und S.19-20.

Zhong De waijiao midang 中德外交密档 1927-1947 (Geheimakten der diplomatischen Beziehungen zwischen China und Deutschland), hg. v.: Ma Zhendu 马振犊, Guilin 1994.

Zhong De xuehui tushuguan dewen tushu mulu 中德学会图书馆德文图书目录 (Katalog der Bücherei des Deutschland-Institus: Deutsche Abteilung), Peking 1940.

Zhong De zhongxue jianxiao wuzhounian jinian xiaokan 中德中学建校五周年记念校刊 (Broschüre zum Gedenken an die fünfjährige Existenz der Höheren Deutsch-Chinesischen Schule), Macao 1943.

Zhongguo Di'er Lishi Dang'anguan 中国第二历史档案馆 : Deguo junshi guwen Fucaier guanyu zhengdun Zhongguo jundui zhi Jiang Jieshi chengwen liang jian 德国军事顾问弗采尔关于整顿中国军队致蒋介石呈文两件 (Zwei Schreiben des deutschen Militärberaters Wetzell an Jiang Jieshi über die Reorganisation des chinesischen Militärs), in: Minguo Dang'an 民国档案, 4/1988, S.32-40.

Zhongguo jindai dui wai guanxi shi ziliao xuanji 中国近代对外关系史资料选辑 (Ausgewählte Dokumente zur Geschichte der auswärtigen Beziehungen Chinas in der Neuzeit), Fudan daxue lishixi 复旦大学历史系 (Hg.), Shanghai 1977.

Zhongguo waijiao shi ziliao xuanji 中国外交史资料选辑 (Ausgewählte Dokumente zur Geschichte der auswärtigen Beziehungen Chinas), Bd.3, hg.v.: Waijiao xueyuan 外交学院, Beijing 1958.

Zhonghua minguo waijiao wenti yanjiuhui 中华民国外交问题研究会 (Hg.): Zhong Ri waijiao shiliao congbian 中日外交史料丛编 (Historische Dokumente zu den chinesisch-japanischen Beziehungen), Bd. 4: Luguoqiao shibian qianhou de Zhong Ri waijiao guanxi 卢沟桥事变前后的中日外交关系 (Die diplomatischen Beziehungen zwischen China und Japan vor und nach dem Zwischenfall an der Marco-Polo-Brücke), Taibei 1966.

Dies.: Bd. 5: Riben zhizao wei zuzhi yu guolian de zhicai qinlue 日本制造伪组织与国联的制裁侵略 (Die Errichtung des japanischen Marionettenregimes und die Maßnahmen des Völkerbundes gegen die japanische Aggression), Taibei 1966.

Zhou Huimin 周惠民: Deguo dui Hua zhengce yanjiu 德国对华政策研究 (Studien zur deutschen Chinapolitik), Taibei 1995.

Zhu Guisheng/Wang Zhende/Zhang Chunnian 朱贵生/王振德/张椿年 (Hg.): Di erci shijie dazhan shi 第二次世界大战史 (Geschichte des zweiten Weltkrieges), Beijing 1982.

Zhu Hanguo 朱汉国 : Nanjing guomin zhengfu jishi 南京国民政府纪实 (Die Nanjinger Nationalregierung. Eine Chronologie der wichtigsten Ereignisse), Hefei 1993.

Zhu Meiqin 朱美琴 : Kangzhan chuqi Taodeman "tiaoting" zhi shiwei 抗战初期陶德曼"调停"之始末 (Trautmanns "Vermittlung" in der Anfangsphase des anti-japanischen Krieges), in: Nantong Shizhuan Xuebao 南通史传学报, 4/1985, S.97.

Zhu Shijia 朱士嘉 : Deguoren zai Zhongguo 德国人在中国 (Die Deutschen in China), in: Lishi Jiaoxue 历史教学, 8/1957, S.21.

Index der Personen und Institutionen[1]

---

[1] Die für Offiziere im Index angegebenen militärischen Ränge beziehen sich stets auf den Zeitraum 1897-1914. Genannt werden nur jene Stellungen, die mit Kiautschou in Beziehung standen.